Forschungen
zur osteuropäischen Geschichte

Band 76

Forschungen zur osteuropäischen Geschichte

Herausgegeben vom Osteuropa-Institut der Freien Universität Berlin
von Holm Sundhaussen und Gertrud Pickhan

in Verbindung mit
J. Baberowski/Berlin, G. L. Freeze/Waltham,
A. Kappeler/Wien, J. Scherrer/Paris

Band 76

2010

Harrassowitz Verlag · Wiesbaden

Religion und Integration im Moskauer Russland

Konzepte und Praktiken, Potentiale und Grenzen
14.–17. Jahrhundert

Herausgegeben von
Ludwig Steindorff

2010
Harrassowitz Verlag · Wiesbaden

Anschrift des Herausgebers: Osteuropa-Institut · Garystraße 55 · 14195 Berlin · Deutschland

Die Reihe FOG wurde 1954 von Horst Jablonowski und Werner Philipp am Berliner
Osteuropa-Institut begründet und erscheint seither in Form von Monographien
oder Sammelbänden.

Bibliografische Information der Deutschen Nationalbibliothek
Die Deutsche Nationalbibliothek verzeichnet diese Publikation in der Deutschen
Nationalbibliografie; detaillierte bibliografische Daten sind im Internet
über http://dnb.d-nb.de abrufbar.

Bibliographic information published by the Deutsche Nationalbibliothek
The Deutsche Nationalbibliothek lists this publication in the Deutsche
Nationalbibliografie; detailed bibliographic data are available in the internet
at http://dnb.d-nb.de.

Informationen zum Verlagsprogramm finden Sie unter
http://www.harrassowitz-verlag.de
© Otto Harrassowitz GmbH & Co. KG, Wiesbaden 2010
Gedruckt auf alterungsbeständigem Papier.
Druck und Verarbeitung: Memminger MedienCentrum AG
Printed in Germany
ISSN 0067-5903
ISBN 978-3-447-06116-2

Inhalt

4. Religiöse Praxis und Alltag im Moskauer Reich

Einleitung

Wie im gesamten mittelalterlichen und frühneuzeitlichen Europa fiel der Religion auch im Moskauer Reich eine Schlüsselrolle bei der Legitimation von Herrschaft und bei der Integration der Gesellschaft zu. Die Angleichung der Lebensformen auf der Grundlage orthodoxer Kirchlichkeit war ein Bindeglied für die meisten Gebiete und weite Bevölkerungsteile des Reiches. Doch konnte religiöser Dissens innerhalb der Orthodoxie die Integration des Reiches auch fallweise in Frage stellen? Wie weit ging die Kommunikation über die religiösen Grenzen hinweg? Waren doch im Moskauer Reich neben der Orthodoxie auch andere christliche Konfessionen, Islam und Naturreligionen präsent. In welchem Verhältnis standen die protonationalen Integrationspraktiken der russischen Orthodoxie zu den Anliegen imperialer Herrschaft? Lässt sich beim Vergleich mit Westeuropa von einer „Gleichzeitigkeit des Ungleichzeitigen" mit Bezug auf Phänomene der religiösen Praxis sprechen? Können wir das Konfessionalisierungsparadigma auf die Geschichte des Moskauer Reiches übertragen?

Diese Fragen waren Gegenstand der X. Internationalen Konferenz zur altrussischen Geschichte, die vom 1. bis 3. Mai 2008 an der Christian-Albrechts-Universität zu Kiel stattfand und an der 21 Historikerinnen und Historiker aus Russland, Deutschland, Frankreich, Großbritannien sowie den USA teilnahmen.

Für die Abhaltung der Konferenz gerade im Jahr 2008 diente dabei als Anlass auch ein Jubiläum: Vor genau 50 Jahren, im Jahr 1958, war an der Kieler Universität das Fach Osteuropäische Geschichte eingerichtet worden.

Der vorliegende Band vereint die teils überarbeiteten und erweiterten Beiträge fast aller Tagungsteilnehmer. Einige Kolleginnen und Kollegen aus Deutschland, Finnland und den USA, die kurzfristig ihre Teilnahme an der Tagung absagen mussten, haben ihre vorgesehenen Beiträge nun in den Tagungsband eingebracht.

Um Antworten auf die Leitfrage nach dem Verhältnis von Religion(en) und Integration zu bieten, haben die Teilnehmer der Kieler Konferenz und die Beiträger zum Tagungsband je nach ihren Forschungsinteressen und speziellen Arbeitsgebieten ganz verschiedene Ansätze gewählt und vielfach auch bisher unbekannte Quellen einbezogen.

Eine erste Gruppe von Beiträgen konzentriert sich auf das Verhältnis von weltlicher und geistlicher Gewalt, von Staat, Dynastie und Kirche. Im Vordergrund stehen dabei Fragen nach der religiösen Legitimation von Herrschaft und herrschaftlichem Handeln wie auch nach der Verflechtung der Tätigkeit von Institutionen der weltlichen und der geistlichen Sphäre.

Unter Einbeziehung des Vergleiches mit Frankreich und mit Rückblick bis in die Zeit des Kiever Reiches untersucht PIERRE GONNEAU (Paris), welche Rolle die Religion – neben Erbrecht und Waffenglück – bei der Begründung individueller Herrschaftsansprüche in Altrussland zukam. In Momenten der dynastischen Krise war es die geistliche Hierarchie, deren Parteinahme für die Legitimierung von entscheidender Bedeutung war.

Wie MICHAIL KROM (St. Petersburg) ausführt, ist es nicht gerechtfertigt, von einer bewussten Reformpolitik der weltlichen Gewalt im Moskauer Reich des späten 15. und 16. Jahrhunderts zu sprechen. Unabhängig davon, dass manche Ad hoc-Maßnahmen langfristige Folgewirkungen entwickelten, zielten sie doch ursprünglich gerade auf die Wahrung der Tradition, und die Sinngebung des politischen Handelns wurde im Religiösen gesucht.

Die Errichtung des Patriarchates 1589 stärkte zugleich die weltliche Gewalt. Die erst jetzt erreichte hierarchische Parallelität der Titel in der Dyarchie festigte die Legitimität des Zarentitels. Doch kann ANDREJ PAVLOV (St. Petersburg) nachzeichnen, wie gleichzeitig die Elite innerhalb der geistlichen Gewalt durch die allmähliche Festschreibung des Kreises der Mitglieder des *osvjaščennyj sobor*, der „Geheiligten Synode", ihre Machtsphäre konsolidierte.

GEORG MICHELS (Riverside, Cal.) untersucht Steuerpolitik, Herrschaftstechnik und Repression in der dem Patriarchen Filaret zugewiesenen *patriaršaja oblast'*, dem „Patriarchengebiet". Die Stellung des Patriarchates wurde durch die Verschränkung von geistlichem Amt und weltlicher Machtausübung in dieser Zeit deutlich gestärkt, zugleich wuchs aber das Potential für den innerkirchlichen Dissens, wie er um die Mitte des 17. Jahrhunderts offensichtlich wurde.

Auch wenn sich das „Stufenbuch" aus der Zeit Ivans IV. als Legitimation der Dynastie lesen lässt, ist doch offensichtlich, wie stark die Komposition zugleich auf die Stellung des Metropoliten, des geistlichen Gegenübers des Herrschers, ausgerichtet ist. Wie GAIL LENHOFF (Los Angeles) zeigen kann, hat das „Stufenbuch", das im Skriptorium des Čudov-Klosters im Kreml' entstanden ist, darüber hinaus zum Ziel, das Prestige dieses Klosters und seines Gründers, des Metropoliten Aleksij, zu steigern.

Eine zweite Gruppe von Beiträgen ist dem Umgang mit religiöser Verschiedenheit gewidmet, sei es im Verhältnis zum Islam und zu muslimischen Bevölkerungsgruppen innerhalb des Reiches auf seinem Weg zur Bildung des Imperiums, sei es in den äußeren Beziehungen sowohl zu den Tataren als auch zu den westlichen Nachbarn anderer christlicher Konfession.

Die geringe Rezeption von antiislamischer Literatur aus Byzanz und aus dem Westen wie auch das Fehlen eines ausgeprägten Feindbildes gegenüber dem Islam bedingten sich, wie PAUL BUSHKOVITCH (Yale) ausführt, gegenseitig. Missionsimpetus und das Streben nach konfessioneller Homogenisierung waren schwach entwickelt. Es galt bei der Integration der Muslime in den Reichsverband nur, die eigene Gruppe des rechtgläubigen Moskau, des „Neuen Israel", nicht zu gefährden.

Mit diesen Befunden ergänzen sich die Untersuchungen von ALEKSANDR FILJUŠKIN (St. Petersburg). Er zeigt anhand von politischer Korrespondenz und Chronistik, welche Rolle dem religiösen Argument in der diplomatischen Kommunikation und in der Legitimation der Feldzüge nach innen zukam. Nie war es dabei Anliegen der Kriegsführung, die anderen für die Orthodoxie zu gewinnen. Stets ging es um den Anspruch auf alte Rechte und um die Sicherung von Freundschaft. Am deutlichsten wurde der Protestantismus als religiöser Feind wahrgenommen.

Für BULAT RAKHIMZYANOV (Kazan') bildet die Eroberung der Khanate Kazan' und Astrachan' nicht den Anfang, sondern nur eine Etappe auf dem Weg zur Entstehung des Imperiums. Eingeleitet worden war die Entwicklung bereits durch die Zuweisung von *jurty*, Vasallenfürstentümern, innerhalb des Moskauer Reichsgebietes an tatarische Fürsten seit dem 15. Jahrhundert. Hier wurde – gleichzeitig zur noch andauernden Konfrontation zwischen tatarischen Khanaten und Moskau – die Vereinbarkeit von politischer Integration und religiöser Toleranz eingeübt.

Im Gegensatz zu den islamisch geprägten Territorien des Reiches waren herrschaftliche Durchdringung und Missionierung im Falle der animistischen oder nur ganz oberflächlich christianisierten Bevölkerung im Norden eng miteinander verbunden. JUKKA KORPELA (Joensuu) rekonstruiert hier die Biographie eines der geistlichen Protagonisten im 16. Jahrhundert, Feodorit Kol'skij, dessen Wirken mit dem Stefans von Perm' zu vergleichen ist. Sein Aufbau zum regional verehrten Heiligen begann allerdings erst im 19. Jahrhundert.

CLAUDIA GARNIER (Münster) widmet sich, ausgehend von einer breiten Vergleichsbasis, dem Umgang mit religiöser Differenz bei Ritualen der Ehrerweisung. Diese sind vielfach religiös konnotiert, und Gesten können je nach verwendetem Code verschiedene Bedeutungen haben. Bei der symbolischen Kommunikation galt es sicherzustellen, dass die Ehrerweisung nach den Regeln des anderen nicht als Entehrung nach den eigenen Regeln aufzufassen war.

Anhand der 1686-87 entstandenen Korrespondenz zwischen einem Engländer und seinem russischen Sprachlehrer in der Stadt Pskov stellt PETR STEFANOVIČ (Moskau) die in der Forschung vertretene These einer scharfen Abgrenzung der russischen Bevölkerung gegenüber Ausländern aus dem Westen und einer unüberwindbaren kulturellen Differenz in Frage. Die Briefe zeigen demgegenüber die Dialogfähigkeit und das Suchen nach Gemeinsamkeit sogar im Religiösen.

LILIYA BEREZHNAYA (Münster) verfolgt, wie sich der Topos von den Kosaken als *antemurale christianitatis* im Laufe des langen 17. Jahrhunderts auflöste. Für die Kosaken hatte diese Selbstlegitimation nur so lange ihren Wert, wie sie nicht Abhängigkeit von weltlicher und geistlicher Herrschaft implizierte. Aus polnischer Sicht wurden die Kosaken im Zuge der Konfessionalisierung wie alle Orthodoxen zunehmend als jenseits des *antemurale* verortet. Und für Moskau war die konfessionelle Gemeinsamkeit gegenüber der politischen Disziplinierung von untergeordneter Bedeutung.

Potentiale und Grenzen der religiösen Integration kommen auch im Diskurs um die Orthodoxie und im innerkirchlichen Dissens zum Tragen. Inhalt und Entstehungsgeschichte von Texten sind gleichermaßen wie Verfahren der Vermittlung religiösen

Wissens und Formen der Kommunikation im Dissens Untersuchungsgegenstände der folgenden Beiträge.

Um den Wert des „Prosvetitel'" von Iosif Volockij als Zeugnis der dogmatischen Selbstverortung der Orthodoxie und als Quelle für die Geschichte der „Judaisierenden" bestimmen zu können, ist die Klärung seiner Entstehungsgeschichte von zentraler Bedeutung. ALEKSEJ ALEKSEEV (St. Petersburg) gelangt entgegen dem bisherigen Forschungsstand zu dem Befund des Primates der ausführlichen vor der kurzen Redaktion: Der „Prosvetitel'" entstand aus einem Guss in Auseinandersetzung mit der Häresie, die erst durch die Urteile auf der Synode von 1504 ihr Ende fand.

FRANK KÄMPFER (Hamburg) sieht im Streit um das zwei- oder dreifache Halleluja zur Zeit des Evfrosin von Pskov zum einen den Beleg für die schwache Rezeption theologischer Bildung sowohl aus dem Raum der griechischen Kirche als auch aus dem Westen. Zum anderen erkennt er in den Argumenten einen Schritt zur Abgrenzung von der griechischen Kirchentradition, der vielleicht Filofejs Formel von Moskau als dem „Dritten Rom" unmittelbar beeinflusst hat.

In Analogie zur von Dena Goodman proklamierten „Republic of Letters" der Aufklärung konstatiert DAVID GOLDFRANK (Washington, D. C.) eine entsprechende „Republik des religiösen Schrifttums" im Moskauer Russland, eine hierarchisch gegliederte Kommunikationsgemeinschaft von passiven Lesern und Kopisten, aktiven Gestaltern von Sammelhandschriften und wenigen Produzenten originärer Texte, und er bestimmt die Rolle der wichtigsten Protagonisten. Der Rahmen dessen, was in dieser „Republik" von der Rezipientenbasis als akzeptabel angesehen wurde, blieb immer noch eng.

In seiner biographischen Studie zu dem Erzpriester Daniil von Temnikov zeigt ALEKSANDR LAVROV (Paris) zum einen, dass die „Eiferer für die Frömmigkeit" um die Mitte des 17. Jahrhunderts nicht als Personenverband, sondern eher als *textual community* zu fassen sind. Zum anderen untersucht er das Verhältnis von orthodoxer und muslimischer Bevölkerung in dieser Provinzstadt bei Tambov. Daniil geriet mit beiden Gruppen in Konflikte: wegen seines Kampfes um religiöse Disziplinierung der Orthodoxen und wegen seines aggressiven Strebens nach Konvertierung der Muslime.

Auf die Frage, warum Zar Aleksej Michajlovič bei der Behandlung der Kirchenreform so kompromisslos gewesen ist, sucht ANDRÉ BERELOWITCH (Paris) eine Antwort in der Analyse der theologischen Argumentation des Priesters Nikita Dobrynin Pustosvjat aus Suzdal' und deren Widerlegung durch Paisios Ligarides und Simeon Polockij. Die vom Zaren initiierte Widerlegung von Dobrynin war wie die ganze Kirchenreform ein Zeichen gegen die Neigung der russischen Geistlichkeit zur intellektuellen Selbstisolierung.

Schließlich bezieht sich eine Reihe von Beiträgen auf die Wirksamkeit der orthodoxen religiösen Praxis als integrativer Faktor im Moskauer Reich. Dies betrifft den Aufbau von Heiligenkulten ebenso wie die Vielfalt an religiösen und gesellschaftlichen Funktionen von Klöstern.

Die von ISOLDE THYRÊT (Kent, Ohio) ausgewerteten Quellen zu *inventio* und *translatio*, *obretenie* und *perenesenie*, der Reliquien von Fürst Michail von Tver' und von Bischof Arsenij um die Mitte des 17. Jahrhunderts fügen sich in das Ost und West gemeinsame Muster der Entwicklung von Heiligenkulten ein. Die schon auf das 16. Jahrhundert zurückgehenden Kulte um Michail und Arsenij dienten zum einen der Stärkung des Identitätsbewusstseins von Tver' als religiösem Zentrum selbst, zum anderen festigten sie die Sakraltopographie des Gesamtreiches.

Ein Indikator der Ausbildung einer selbständigen säkularen Sphäre waren die Neuerungen in der Rechnung der Tageszeit. PAVEL SEDOV (St. Petersburg) verfolgt, wie seit dem 16. Jahrhundert im Land mechanische Uhren in Gebrauch kamen und an die Stelle der Zeitbestimmung nach den liturgischen Stationen im Tageskreis die Zählung nach zweimal zwölf Stunden, begonnen allerdings mit Morgen und Abend, trat. So wurde die Einführung der astronomischen Zeitzählung (ab Mitternacht und Mittag) durch Peter den Großen 1706 nicht mehr als radikaler Einschnitt empfunden.

Aus dem Beitrag von ANGELIKA SCHMÄHLING (Freising) lassen sich zunächst die weitgehenden Gemeinsamkeiten in Entwicklungsgeschichte und Funktionen von Männer- und Frauenklöstern im Moskauer Reich herauslesen. Auch das Netzwerk der Frauenklöster gehörte zu den Integrationsfaktoren des Reiches. Doch wie ebenso deutlich wird, waren die Frauenklöster den Männerklöstern an Anzahl, Wirtschaftskraft, Handlungsfähigkeit, religiöser Ausstrahlung und kulturellem Wirken deutlich unterlegen – auch dies ein Aspekt der patriarchalischen Welt.

Stiftungswesen und aufwändige liturgische Kommemoration im Moskauer Reich verweisen, zumal wenn man auf die genetischen und strukturellen Gemeinsamkeiten blickt, vor allem auf Parallelen aus dem mittelalterlichen Westeuropa, unabhängig davon, dass die gewählten Verfahren zur Sicherung des Gedenkens großer Zahlen von Personen ganz unterschiedlich waren. Doch LUDWIG STEINDORFF (Kiel) kann in der Moskauer Praxis auch Gemeinsamkeiten mit Verwaltungstechniken im frühneuzeitlichen Westeuropa erkennen.

RUSSELL MARTIN (New Wilmington) geht von einem hier erstmals vorgestellten Verzeichnis aus dem Jahr 1651 aus, in dem notiert ist, an welche Kirchen und Klöster Zar Aleksej Michajlovič welche Spenden für die Jahresgedenken von Verstorbenen aus der Dynastie zahlen ließ. Die Kommemorationen dienten wie so viele symbolische Handlungen im Jahreslauf der Selbstvergewisserung der Herrschaft, vor allem wurden durch sie einstige Brüche und Konflikte in der Herrschernachfolge nachträglich überwunden.

Unabhängig von der ganz anderen Ausgangsfragestellung knüpft die Kieler Konferenz in ihren Ergebnissen an die vorangegangene IX. Konferenz zur altrussischen Geschichte an, die 2003 von Andreas Kappeler in Wien ausgerichtet wurde und „Die Geschichte Russlands im 16. und 17. Jahrhundert aus der Perspektive seiner Regionen" zum Thema hatte.[1] Hier wie dort hat sich gezeigt, wie wenig angemessen das Bild von der Allmacht des Zaren und der Terminus vom „zentralisierten Staat" mit Bezug auf das Moskauer Reich sind. Die herrschaftliche Durchdringung war ganz ungleichmäßig und keineswegs einheitlich in ihrer Organisation, sie war abhängig von den Siedlungsstrukturen, von der Dauer der Moskauer Herrschaft, von der Entfernung zum Zentrum und den vorgegebenen religiösen Verhältnissen. Gerade das Akzeptieren des Nebeneinanders von Religionen und das Angebot beschränkter Karrieren auch ohne Übertritt zur Orthodoxie waren Voraussetzung zur Konsolidierung des Imperiums.

Es ist bezeichnend, dass in keinem der Beiträge auf das Konfessionalisierungsparadigma zurückgegriffen wird, lässt sich dieses doch nur sehr beschränkt auf das Moskauer Reich übertragen: Konfessionalisierung bedeutete die Neuordnung des Verhältnisses von geistlicher und weltlicher Gewalt unter der akzeptierten Prämisse der Mehrkonfessionalität im Gesamtraum der durch die Reformation aufgegliederten Westkirche. Die Durchsetzung der Ordnungen der eigenen Konfession in möglichst allen Lebensbereichen wurde dabei zum Anliegen des frühmodernen Staates. Konfessionalisierung beinhaltete zugleich die Definition des Status der jeweiligen konfessionellen Minderheit. Diese Grundkonstellation des sich gegenseitigen Abgrenzens von Konfessionen gemeinsamer Wurzel war im Moskauer Reich nicht gegeben. Die Multikonfessionalität des Moskauer Reiches war vielmehr das Ergebnis von territorialer Expansion und Migration.

Nur im Anliegen der religiösen Disziplinierung, wie sie vor allem in der Kirchenreform unter Zar Aleksej Michajlovič sichtbar wird, mag man Gemeinsamkeiten zwischen den westlichen Nachbarn und dem Moskauer Reich des 17. Jahrhunderts erkennen. Diese Disziplinierung lässt sich als immanent begründete Entwicklung erklären, doch wir können sie auch als Ergebnis der sich verstärkenden Verflechtung mit dem Westen und als erste Übernahme von Mustern der Konfessionalisierung deuten, wie sie später in der Kirchenpolitik Peters des Großen konsequente Anwendung fanden.

Die Beiträge dreier Tagungsteilnehmer, VLADISLAV NAZAROV (Moskau), Reinhard FRÖTSCHNER (Regensburg) und CHRISTOPH WITZENRATH (Aberdeen), werden an anderem Ort erscheinen.

MARTIN AUST (Kiel) hat den Herausgeber bei Konzeption, Planung und Durchführung der Kieler Tagung vielfach unterstützt, und er hat auch zusammen mit REINHARD FRÖTSCHNER (Regensburg) einen Tagungsbericht veröffentlicht, der zugleich zentrale Ergebnisse der Tagung benennt.[2]

---

1 Die Geschichte Russlands im 16. und 17. Jahrhundert aus der Perspektive seiner Regionen, Hg. ANDREAS KAPPELER, Wiesbaden 2004 (=Forschungen zur osteuropäischen Geschichte 63).

2 In: Jahrbücher für Geschichte Osteuropas 57 (2009), S. 151-153. – Ein weiterer Konferenzbericht wurde von PETR STEFANOVIČ verfasst: Meždunarodnaja konferencija „Religija i integracija v Moskovskom gosudarstve: idei i praktika, vozmožnosti i predely (XV-XVII vv.)", in:

Der Fritz Thyssen Stiftung sei Dank für die Finanzierung der Tagung ausgesprochen. Mein Dank gilt allen, die bei der Organisation der Tagung in Kiel geholfen haben. Und vor allem danke ich Tatjana Barbje, Dr. Andreas Fülberth, Timo Kahnert, Danijel Kežić, M. A., und Tatjana Trautmann für ihre geduldige und umsichtige Arbeit an der Redaktion der Beiträge und der Erstellung der Druckvorlage.

Ludwig Steindorff

Rossijskaja istorija 2009, 1, S. 213-214.

Введение

Как и во всей Европе эпохи Средневековья и начала Нового времени, в Московском царстве религия также играла ключевую роль в деле легитимации господства и интеграции общества. Уравнение форм жизни на основе православной церковности выступало связующим звеном для большинства областей и широких слоев населения царства. Могли ли, однако, религиозные разногласия внутри православия в отдельных случаях поставить под вопрос интеграцию государства? Насколько коммуникация переходила через религиозные границы? Ведь в Московском царстве все-таки присутствовали, помимо православия, иные христианские конфессии, а также ислам и анимизм. В каком отношении находились протонациональные интеграционные практики русского православия к задачам имперского господства? Можно ли при сравнении с Западной Европой говорить применительно к явлениям религиозной практики об «одновременности неодновременного»? Можем ли мы переносить парадигму конфессионализации на историю Московского царства?

Эти вопросы являлись предметом обсуждения на X международной конференции по истории Древней Руси, которая прошла с 1 по 3 мая 2008 г. в университете им. Христиана Альбрехта в Киле и в которой принял участие 21 историк из России, Германии, Франции, Великобритании и США.

Дополнительным поводом к проведению конференции именно в 2008 году послужил также юбилей: ровно 50 лет тому назад, в 1958 году, в Кильском университете была учреждена специальность «Восточноевропейская история».

Этот том объединяет частично переработанные и дополненные доклады почти всех участников конференции. Некоторые коллеги из Германии, Финляндии и США, которые вынуждены были отказаться от участия в ней незадолго до ее начала, предоставили теперь свои анонсированные доклады для сборника материалов конференции.

В поисках ответа на ключевой вопрос о взаимоотношении религии/й и интеграции, участники Кильской конференции и сборника ее материалов в соответствии со своими исследовательскими интересами и специализацией избрали совершенно различные подходы и привлекли многие дотоле неизвестные источники.

Первая группа докладов фокусирует внимание на отношении светской и духовной власти – государства, династии и церкви. На переднем плане при этом стоят вопросы о религиозной легитимации власти и ее действий, а также о переплетении деятельности институтов светской и церковной сфер. Используя сравнение с Францией и ретроспективный взгляд в прошлое вплоть до эпохи Киевской Руси, ПЬЕР ГОННО (Париж) выясняет, какую роль играла религия – наряду с наследственным правом и военной удачей – при обосновании индивидуальных притязаний на власть в Древней Руси. В моменты династического кризиса именно поддержка церковной иерархии имела решающее значение для легитимации.

По мнению МИХАИЛА КРОМА (С.-Петербург), нет оснований говорить об осознанной реформаторской политике светской власти в Московском государстве конца XV – XVI вв. Несмотря на то, что многие проведенные *ad hoc* мероприятия имели долговременные последствия, изначально их целью было как раз сохранение традиции, и осмысление политического действия искали в сфере религии.

Учреждение патриаршества в 1589 г. усилило также и светскую власть. Только теперь достигнутый иерархический параллелизм титулов в диархии укрепил легитимность царского титула. Тем не менее, АНДРЕЙ ПАВЛОВ (Санкт-Петербург) показывает, как одновременно церковная элита через постепенную письменную фиксацию состава членов *освященного собора* упрочивала сферу своей власти.

ГЕОРГ МИХЕЛЬС (Риверсайд, Калифорния) изучает налоговую политику, технику господства и репрессивные меры в предоставленной патриарху Филарету *патриаршей области*. Положение патриархата явно укрепилось в это время благодаря скрещиванию церковной должности и светского управления, но одновременно выросла потенциальная возможность внутрицерковного раскола, который стал явным к середине 17 века.

Хотя Степенная книга времен Ивана IV может быть прочитана как легитимация династии, бросается в глаза, насколько сильно ее композиция ориентирована также на должность митрополита – церковного визави государя. Как показывает ГЕЙЛ ЛЕНХОФФ (Лос-Анджелес), Степенная книга, созданная в скриптории Чудова монастыря в Кремле, имела целью повысить престиж этого монастыря и его основателя, митрополита Алексия.

Вторая группа статей посвящена обращению с религиозной инаковостью, будь то отношение к исламу и мусульманским группам населения внутри царства на его пути к построению империи или внешние связи – как с татарами, так и с западными соседями, принадлежащими к другой христианской конфессии.

Незначительная рецепция антиисламской литературы из Византии и с Запада, равно как и отсутствие четко обозначенного образа врага по отношению к исламу, как показывает ПОЛ БУШКОВИЧ (Йельский университет), взаимообусловлены. Миссионерский порыв и стремление к конфессиональной гомогенизации были слабо развиты. При интеграции мусульман в состав царства имело значение только, чтобы группа собственно православных Москвы, «Нового Израиля», не подвергалась опасности.

Эти данные дополняют исследования АЛЕКСАНДРА ФИЛЮШКИНА (Санкт-Петербург). Он показывает на основе политической переписки и летописей, какую роль играла религиозная аргументация в дипломатической коммуникации и в легитимации внутри страны военных походов. Никогда при этом цель ведения войны не состояла в том, чтобы склонить других на сторону православия. Вместо этого речь шла о притязаниях на старые права и об обеспечении дружбы. Отчетливее всего в качестве религиозного врага воспринимался протестантизм.

Для БУЛАТА РАХИМЗЯНОВА (Казань) завоевание Казанского и Астраханского ханств составляет не начало, а только один из этапов на пути к возникновению империи. Начало этому развитию было положено уже в XV в. предоставлением *юртов*, вассальных княжеств внутри территории Московского царства, татарским князьям. Здесь использовалось – одновременно с еще продолжавшейся конфронтацией между татарскими ханствами и Москвой – соединение политической интеграции и религиозной толерантности.

В противоположность исламским территориям царства, в случае приверженного анимизму или поверхностно христианизированного населения Севера властное проникновение и миссионерство были тесно между собой связаны. ЮККА КОРПЕЛА (Йоэнсуу) реконструирует здесь биографию одного из главных церковных деятелей XVI в., Феодорита Кольского, чье влияние сравнимо с влиянием Стефана Пермского. Возведение его в ранг местного почитаемого святого началось, правда, только в XIX в.

КЛАУДИА ГАРНЬЕ (Мюнстер), отталкиваясь от широкой сравнительной базы, сосредоточила внимание на обращении с религиозными различиями в ритуалах оказания почестей. Последние имели множество религиозных коннотаций, и жесты могли иметь – в зависимости от используемого кода – различные значения. При символической коммуникации нужно было следить за тем, чтобы оказание почестей по правилам другого не было истолковано как бесчестье по собственным правилам.

ПЕТР СТЕФАНОВИЧ (Москва) на основе дошедшей до нас от 1686 – 1687 гг. переписки между англичанином и его русским учителем языка в г. Пскове ставит под сомнение содержащийся в научной литературе тезис о резком отмежевании русского населения от иностранцев с Запада и о непреодолимых культурных различиях. Письма показывают, в противоположность этому, готовность к диалогу и поиски сходства даже в религиозной сфере.

ЛИЛИЯ БЕРЕЖНАЯ (Мюнстер) прослеживает, как в течение долгого XVII века исчезал топос о казаках как «защитной стене христианства» (*antemurale christianitatis*). Для казаков это самооправдание сохраняло ценность только до тех пор, пока оно подразумевало независимость от светской и духовной власти. С польской точки зрения в ходе конфессионализации казаки, подобно всем православным, все больше помещались по ту сторону *antemurale*. А для Москвы конфессиональная общность имела второстепенное значение по сравнению с политическим дисциплинированием.

Потенциал и границы религиозной интеграции проявляются также в дискурсе о православии и внутрицерковных разногласиях. Содержание и история возникновения текстов, а также способ передачи религиозного знания и формы коммуникации при разногласиях, – таковы темы следующих статей.

Для оценки «Просветителя» Иосифа Волоцкого как свидетельства догматического самоопределения православия и как источника по истории «жидовствующих» прояснение истории его происхождения имеет ключевое значение. Вопреки существующей в науке точке зрения, АЛЕКСЕЙ АЛЕКСЕЕВ (С.-Петербург) приходит к выводу о первичности пространной редакции памятника по отношению к краткой: «Просветитель» возник целиком в противостоянии с ересью, которой был положен конец только по приговору собора 1504 г.

ФРАНК КЕМПФЕР (Гамбург) видит в споре о двойной или тройной аллилуйе во времена Евфросина Псковского, во-первых, доказательство слабой рецепции теологического образования как из зоны влияния греческой церкви, так и с Запада. Во-вторых, он обнаруживает в аргументах шаг к размежеванию с греческой церковной традицией – шаг, который, возможно, непосредственно повлиял на формулу Филофея «Москва – Третий Рим».

По аналогии с провозглашенной Диной Гудман «Литературной Республикой» Просвещения ДЭВИД ГОЛЬДФРАНК (Вашингтон) констатирует наличие «Республики религиозной книжности» в Московской Руси, – иерархически разделенного коммуникативного сообщества пассивных читателей и копиистов, активных составителей рукописных сборников и немногих производителей оригинальных текстов, – и определяет роль важнейших деятелей. Рамки того, что читателями в этой «Республике» рассматривалось в качестве приемлемого, по-прежнему оставались узкими.

В своей биографии протопопа Даниила из Темникова АЛЕКСАНДР ЛАВРОВ (Париж) показывает, во-первых, что «ревнителей благочестия» в середине XVII в. нужно понимать не как объединение людей, а скорее как сообщество текстов (*textual community*). Во-вторых, он изучает взаимоотношения православного и мусульманского населения в этом провинциальном городе близ Тамбова. Даниил оказался в конфликте с обеими группами – из-за своей борьбы за религиозное дисциплинирование православных и из-за своего агрессивного стремления к обращению мусульман.

На вопрос, почему царь Алексей Михайлович был столь бескомпромиссен при разработке церковной реформы, АНДРЕЙ БЕРЕЛОВИЧ (Париж) ищет ответ в анализе теологической аргументации священника Никиты Добрынина Пустосвята из Суздаля и ее опровержения Паисием Лигаридом и Симеоном Полоцким. Инициированное царем опровержение Добрынина было, как и вся церковная реформа в целом, сигналом против наклонности русского духовенства к интеллектуальной самоизоляции.

Наконец, ряд статей касается значения православной религиозной практики как интегративного фактора в Московском царстве. Это относится к созданию культов святых, а также к многообразию религиозных и общественных функций монастырей.

Изученные Изольдой Тире (Кент, Огайо) источники об *inventio* и *translatio*, обретении и перенесении мощей князя Михаила Тверского и епископа Арсения в середине XVII в. укладываются в общий для Востока и Запада образец развития культов святых. Восходящие уже к XVI в. культы Михаила и Арсения служили, во-первых, усилению самосознания Твери как религиозного центра, а во-вторых, укрепляли сакральную топографию всего царства.

Индикатором формирования самостоятельной светской сферы были новшества в счете времени суток. Павел Седов (Санкт-Петербург) прослеживает, как, начиная с XVI в., в стране входили в употребление механические часы, и определение времени по литургическим остановкам суточного круга уступило место счету дважды по двенадцать часов, начинавшихся, правда, с утра и с вечера. В результате введение астрономического счета времени (от полуночи и полдня) Петром Великим в 1706 г. уже не ощущалось как радикальный перелом.

Из статьи Ангелики Шмелинг (Фрайзинг, Бавария) можно узнать, прежде всего, о далеко идущей общности в истории развития и функциях мужских и женских монастырей в Московском царстве. Сеть женских монастырей также относилась к интеграционным факторам царства. Но ясно также, что женские монастыри явно уступали мужским по количеству, экономической мощи, дееспособности, религиозному и культурному влиянию – это тоже аспект патриархального мира.

Практика богатых вкладов и расточительное богослужебное поминовение в Московском царстве отсылают, прежде всего, особенно если иметь в виду черты генетической и структурной общности, к параллелям из средневековой Западной Европы, несмотря на то, что избранные способы обеспечения памяти о большом числе лиц были совершенно различны. Но, кроме того, Людвиг Штайндорф (Киль) считает возможным признать общие черты также и с техникой управления в Западной Европе начала Нового времени.

Рассел Мартин (Нью Вильмингтон, Пеннсильвания) исходит из впервые здесь представленного списка 1651 г., в котором отмечено, каким церквам и монастырям какие пожертвования приказал выплачивать царь Алексей Михайлович на ежегодное поминовение умерших членов династии. Поминовения служили, как и многие символические действа в течение года, самоутверждению власти, прежде всего, таким образом задним числом преодолевались прежние разрывы и конфликты в преемственности государей.

Несмотря на совершенно иную исходную постановку вопроса, Кильская конференция примыкает по своим результатам к предшествующей IX конференции по древнерусской истории, которая была организована Андреасом Каппелером в 2003 г. в Вене и была посвящена теме «История России XVI – XVII вв. в перспективе ее регионов»[1]. Здесь, как и там, было показано, сколь

---

1 Die Geschichte Russlands im 16. und 17. Jahrhundert aus der Perspektive seiner Regionen, hg.

мало уместны образ всемогущего царя и термин «централизованное государство» применительно к Московскому царству. Действенность государственной власти была совершенно неравномерной и отнюдь не однородной по своей организации; она зависела от структуры поселений, от длительности московского господства, от удаленности от центра и от заранее заданных религиозных отношений. Как раз принятие сосуществования религий и предложение ограниченных карьер даже без перехода в православие были предпосылками консолидации империи.

Показательно, что никто из авторов статей не прибегает к парадигме конфессионализации; она лишь в очень ограниченной мере может быть перенесена на Московское царство: конфессионализация означала новый порядок отношений духовной и светской власти при принятии условия поликонфессиональности в общем пространстве децентрализованной в результате Реформации Западной церкви. Выполнение правил собственной конфессии по возможности во всех областях жизни становилось при этом задачей государства раннего Нового времени. Конфессионализация охватывала в то же время определение статуса соответствующего религиозного меньшинства. Такая ситуация обоюдного разграничения конфессий, имевших общие корни, отсутствовала в Московском царстве. Поликонфессиональность Московского царства была больше результатом территориальной экспансии и миграции.

Только в задаче религиозного дисциплинирования, которое прежде всего заметно в церковной реформе при царе Алексее Михайловиче, можно признать черты общности между западными соседями и Московским царством XVII в. Это дисциплинирование объясняется внутренним развитием, но всё-таки мы можем его истолковать также и как результат усилившихся контактов с Западом, и как первое заимствование образцов конфессионализации, которые позднее нашли последовательное применение в церковной политике Петра Великого.

Статьи трех участников конференции, Владислава Назарова (Москва), Райнхарда Фрёчнера (Регенсбург) и Христофа Виценрата (Абердин) будут опубликованы в другом месте.

Мартин Ауст (Киль) оказал большую помощь издателям в выработке концепции, планировании и проведении Кильской конференции; он же совместно с Райнхардом Фрёчнером (Регенсбург) опубликовал сообщение о конференции, в котором подводятся ее основные итоги[2].

Andreas Kappeler, Wiesbaden 2004 (=Forschungen zur osteuropäischen Geschichte 63).

2   Jahrbücher für Geschichte Osteuropas 57 (2009), S. 151-153. Другое сообщение о конференции опубликовано Петром Стефановичем: Международная конференция «Религия и интеграция в Московском государстве: идеи и практика, возможности и пределы (XV-XVII вв.) // Российская история. 2009. № 1. С. 213-214.

Выражаю признательность фонду им. Фрица Тиссена за финансирование конференции. Благодарю всех, кто оказал помощь в организации конференции в Киле и, прежде всего, Татьяну Барбье, доктора Андреаса Фюльберта, Тимо Канерта, магистра Даниеля Кежича и Татьяну Траутман за их терпеливую и тщательную работу над редактированием текстов докладов и подготовку рукописи к печати.

Людвиг Штайндорф
Перевод с немецкого: Михаил Кром

L'église Face Aux Crises Dynastiques en Moscovie. XVe-XVIIe s.

PIERRE GONNEAU

И что ми будетъ самодержьство,
аще закона ради иного
вси оставятъ мя
и непотребенъ буду никому же?[1]
«À quoi me servira le pouvoir autocratique
si, parce que je suis une loi étrangère,
tous me désertent et je deviens inutile pour tous?»

Religion et légitimité dynastique, deux outils d'intégration

On a souvent souligné la coïncidence entre le «rassemblement des terres russes» qui s'opère autour de Moscou et la constitution d'une Église nationale russe autocéphale. Ces deux mouvements s'amorcent dès le XIVe siècle, sous le règne d'Ivan Kalita qui parvient à conserver le titre de grand-prince de Vladimir pendant l'essentiel de son règne et à le transmettre à son fils, tout en obtenant l'installation du métropolite « de Kiev et de toute la Rus'» à Moscou, en 1328. Les transformations s'accélèrent à partir de la deuxième moitié du XVe siècle et trouvent leur aboutissement avec le couronnement impérial d'Ivan le Terrible (1547) et l'érection du patriarcat russe (1589). La période du Temps des Troubles (1598-1613) met ensuite à l'épreuve la construction impériale russe qui semble se désagréger avant de se refonder sur des bases quasi-identiques.

Les événements des années 1598-1613 en Russie présentent une accumulation de situations politiques de crise où l'on assiste à une dégradation de plus en plus manifeste de la légitimité du souverain. En 1598, la dynastie moscovite fondée par Daniil Aleksandrovič s'éteint à la mort du tsar Fedor, qui ne laisse pas d'héritier. Son successeur, Boris Godunov, est élu, selon une procédure inédite, qui semble cependant recueillir l'adhésion et inaugurer une nouvelle dynastie. Toutefois, lorsqu'il s'éteint inopinément, le 13 avril 1605, son fils ne parvient pas à lui succéder et l'on assiste à la restauration fictive de l'ancienne dynastie, en la personne d'un imposteur, le premier faux-Dmitrij. Pourtant, celui-ci est assassiné, moins d'un an après avoir pris le

---

[1] Stepennaja kniga carskogo rodoslovija. Vie d'Olga, discours de Svjatoslav à sa mère, expliquant son refus de se convertir au christianisme, voir *Stepennaja kniga carskogo rodoslovija po drevnejšim spiskam = The Book of Degrees of the Royal Genealogy. A Critical Edition Based on the Oldest Known Manuscripts*, éd. G. D. Lenhoff, N. N. Pokrovskij, t.1, Moscou, 2007, p. 171. La Stepennaja kniga a été composée vers 1556-1563.

pouvoir, le 17 mai 1606. Un membre de la haute aristocratie, Vasilij Šujskij, monte alors sur le trône et tient Moscou, mais il n'est jamais reconnu par l'ensemble du pays et deux interventions étrangères, polonaise et suédoise, viennent aggraver les divisions. Enfin, entre juillet 1610 et janvier 1613, le trône russe est vacant et aucun prétendant ne semble fondé à l'occuper.

L'instabilité du pouvoir monarchique entraîne celle de l'ensemble des institutions, y compris ecclésiastiques. Plusieurs patriarches sont déchus de leur charge au cours de la période des Troubles et la mort d'Hermogène (17 janvier 1612) laisse l'Église sans chef. Néanmoins, elle agit comme l'une des forces de recomposition du pays et joue un rôle décisif dans la mobilisation des forces nationales contre les Polonais.

Nous voudrions donc essayer de comprendre dans quelle mesure l'institution ecclésiastique et la religion orthodoxe peuvent déterminer une issue politique dans une situation de crise particulièrement grave, à l'aube des Temps Modernes. Pour ce faire, nous rechercherons des précédents dans la culture politique de la Rus' de Kiev, et de la Moscovie du XVe siècle. Ensuite, nous étudierons la position pendant les Troubles des patriarches et des prélats, sans oublier les abbés ou archimandrites de grands monastères, comme la Trinité Saint-Serge ou Saint-Cyrille de Beloozero. Enfin, nous esquisserons quelques parallèles avec la France de cette époque où après l'assassinat d'Henri III (2 août 1589), l'héritier du trône devient Henri de Navarre, un prince de confession protestante, alors que les rois de France s'étaient toujours posés en champions du catholicisme.

1 L'héritage politique russe: des Princes de Kiev aux souverains moscovites

Quelles étaient les traditions politiques russes? Existait-il un droit, ou une jurisprudence en matière de succession? La longue et complexe tradition de la période de Kiev (972-1240) montre que peu à peu un certain nombre de règles ont été établies[2]. Sans empêcher les conflits, elles fixent des repères, encore valables à l'époque moscovite.

1.1 Le Prince de Kiev

Nous avons retenu deux épisodes datant d'époques où le pouvoir est déjà partagé entre plusieurs branches dynastiques. Il s'agit des crises des années 1068-1076 et 1146-1147. Elles peuvent être rapidement résumées ainsi.

En 1068, le prince de Kiev Izjaslav Jaroslavič règne en s'appuyant sur ses deux plus proches frères, Svjatoslav, prince de Černigov, et Vsevolod, prince de Perejaslavl'. Ils ont intimidé ou déposé leurs cadets et cousins, notamment le prince de

---

2 Sur ce point, voir S. Franklin, J. Shepard, *The Emergence of Rus 750-1200,* Londres, 1996, p. 246-249; M. Dimnik, *The Dynasty of Chernigov 1054-1146*, Toronto, 1994, p. 18-33; N. Shields Kollmann, «Collateral Succession in Kievan Rus'», *Harvard Ukrainian Studies*, 14, 1990, p. 377-387; J. Martin, *Medieval Russia 980-1584*, 2e éd., Cambridge, New-York, Melbourne, 2007, p. 24-63.

Polock, Vseslav, qui est enfermé dans un cachot à Kiev. C'est alors que les trois frères sont sévèrement battus par les Polovtses. Rentré à Kiev, Izjaslav, peu sûr de lui, refuse d'armer la population. Celle-ci se soulève et le chasse, mettant Vseslav de Polock sur le trône à sa place. Izjaslav revient l'année suivante, appuyé par le roi de Pologne, et châtie les révoltés. Comme il demeure impopulaire, son frère Svjatoslav, meilleur guerrier, le renverse, en 1073. Pendant trois ans, Svjatoslav règne à Kiev, jusqu'à ce que la mort l'emporte. Izjaslav est restauré une dernière fois, mais il périt sur un champ de bataille deux ans plus tard.

Le 30 juillet 1146, le prince de Kiev, Vsevolod Ol'govič, meurt de maladie. Issu de la maison de Černigov, peu populaire auprès des Kiéviens, il avait pris le pouvoir par la force en 1139 et su imposer son autorité aux autres prétendants. Il avait préparé sa succession, en obligeant ses cousins et vassaux ainsi que le peuple de la capitale à jurer fidélité à son frère Igor'. Celui-ci est toutefois renversé dès le 13 août 1146 par Izjaslav Mstislavič, fils du fils aîné de Vladimir Monomaque, représentant une branche qui avait régné beaucoup plus souvent à Kiev. Tandis qu'Igor' est capturé et bientôt relégué dans un cachot à Perejaslavl', son frère Svjatoslav s'enfuit vers ses domaines patrimoniaux de Novgorod-de-la-Severa. En janvier 1147, Igor' Ol'govič, qui paraît mourant, demande à prendre l'habit. Izjaslav Mstislavič le relâche et l'autorise à vivre dans la communauté de Saint-Théodore de Kiev où il retrouve la santé. Pendant ce temps son frère Svjatoslav, qui a refait ses forces avec le soutien du prince de Suzdal', Jurij Dolgorukij, reprend l'offensive. De son côté, Izjaslav Mstislavič s'aperçoit que ses alliés sont peu fiables; il demande alors aux Kiéviens de se porter à son secours. Une assemblée du peuple (*veče*) se réunit et décide de supprimer le prince-moine Igor' dont elle craint le retour au pouvoir. Au terme d'une journée d'émeute, Igor' est mis à mort, le 19 septembre 1147, et son cadavre exposé nu sur la place publique.

Les textes qui relatent ces épisodes montrent que la légitimité du prince de Kiev a plusieurs sources.

a) L'hérédité. Ce critère est le plus incontestable et le plus largement partagé: le prétendant revendique le trône «de son père et de son grand-père»[3].

b) L'aînesse. Complémentaire du premier critère, la notion est relative, car une branche peut être déchue de ses droits de façon définitive, comme les princes de Polock (issus du fils aîné de Vladimir, mort avant son père), ou provisoire, comme Oleg Svjatoslavič de Černigov et ses descendants. De plus, un oncle déchu ne peut se prévaloir de son aînesse contre son neveu quand celui-ci a réussi à s'imposer[4].

c) La désignation du prédécesseur. Cette forme d'investiture est déjà mentionnée à l'époque de Jaroslav le Sage qui distribue les trônes à ses fils survivants. De même,

---

3 *Novgorodskaja pervaja letopis' staršego i mladšego izvodov (NPL)*, Moscou, 1950, p. 27-28; *Ipat'evskaja letopis' (Hyp)*, 3ᵉ éd., Moscou, 1998 *(PSRL 2)*, 323.26. Le première série de chiffres renvoie aux pages ou aux colonnes de l'édition, la deuxième série à la ligne.

4 *Hyp* 330.3; *Lavrent'evskaja letopis' i Suzdal'skaja letopis' po Akademičeskomu spisku (Lavr)*, Moscou, Leningrad, 1962 *(PSRL 1)*, 314.6.

sentant sa fin venir à l'été 1146, Vsevolod Ol'govič organise la passation de pouvoir en faveur de son frère Igor'[5].

d) Le sort des armes. Cette quatrième voie est tout aussi valable que les précédentes. La victoire justifie le vainqueur et établit (ou rétablit) les droits de sa branche. C'est le cas de Svjatoslav Jaroslavič en 1073: il renverse son frère aîné Izjaslav qui, déconsidéré par les défaites subies en 1068, avait déjà été détrôné quelques mois au profit de Vseslav de Polock. En 1139, Vsevolod Ol'govič prend à son tour Kiev et rétablit le droit de sa branche, en principe éteint puisque son père Oleg n'avait pas régné à Kiev.

e) Le consentement du peuple. La réception du prince par les Kiéviens n'est pas une pure formalité. Le peuple invite le prince, y compris lorsque son compétiteur est encore en place[6]. Il le reçoit quand il fait son entrée dans la cité, souvent en sortant à sa rencontre, clergé en tête[7]. Le «mécontentement» du peuple est un motif de rejet du prince: вниде Игорь в Кыевъ и не годно бысть людьемъ; не угоденъ бысть Кияномъ Игорь; и негодовахуть его людье[8]. Au moment des conflits, loyautés et inimitiés s'expriment de la façon la plus franche. En 1068, les Kiéviens se retournent contre Izjaslav Jaroslavič parce qu'il refuse de les armer[9]. Quand Izjaslav revient, appuyé par les Polonais, les Kiéviens s'adressent à ses frères cadets et héritiers putatifs en leur demandant de les protéger des représailles. Ils reconnaissent, certes, avoir eu tort de chasser leur prince, mais menacent de brûler et d'abandonner Kiev si on ne les protège pas: мы уже зло створили есмы князя своего прогнавше, а се ведеть на ны Лядьскую землю, а поидѣта в градъ отца своего, аще ли не хочета, то намъ неволя, зажегше градъ свои ступимъ въ Гречьску землю[10]. La situation est assez semblable en 1146-1147 et d'ailleurs la Chronique Hypatienne mentionne cette analogie[11]. Dans la première quinzaine d'août 1146, avant la chute d'Igor', les Kiéviens obtiennent de lui que son frère Svjatoslav soit associé au trône et qu'on leur livre les anciens hommes de confiance de Vsevolod dont les demeures sont pillées[12]. Cela n'empêche pas ensuite les Kiéviens de se rallier à Izjaslav Mstislavič. Ils lui font toutefois des remontrances en même temps que des protestations de dévouement. Ils lui recommandent de se réconcilier avec son oncle Jurij Dolgorukij, qui fait partie comme lui des descendants de Vladimir Monomaque contre lesquels ils ne peuvent «lever la main». En revanche, ils se méfient des descendants d'Oleg Svjatoslavič de Černigov: княже не ходи с Ростиславомъ на стрыя своего, лѣпле ся с нимъ улади, Олговичемъ вѣры не ими, ни с ними ходи в путь… княже ты ся на насъ не гнѣваи, не можемъ на Володимире племя

---

5   *Lavr* 161.14; *Hyp* 150.7, 320.23.
6   *NPL* 27; *Lavr* 313.6.
7   *NPL* 28; *Lavr* 313.21; *Hyp* 327.15.
8   *Lavr* 313.5; *Hyp* 322.25; *NPL* 27.
9   *Lavr* 170.25; *Hyp* 160.4.
10   *Lavr* 173.12; *Hyp* 162.24.
11   *Hyp* 349.8.
12   *Hyp* 322.7.

руки въздаяти[13]. Les Kiéviens sont prêts, au besoin, à outrepasser les ordres de leur prince pour mieux le servir. Quand le frère d'Izjaslav, Vladimir, leur demande de partir en campagne, ils lui répondent que le plus urgent est de se débarrasser d'Igor', le prince devenu moine, qui se trouve dans leur propre ville. Leur verdict est sans appel: «nous savons que les choses ne finiront pas bien avec cette lignée [de Černigov] ni pour vous, ni pour nous»: а здѣ ворогъ князя нашего и нашь, а хочемъ и убити, поити же хочемъ битъся за своего князя и с дѣтми... мы вѣдаемъ аже того братъ твои не казалъ ни велѣлъ творити, но мы хочемъ убити Игоря, мы вѣдаемъ оже не кончати добромъ с тѣмъ племенемъ ни вамъ ни намъ[14]. Ajoutons que si le peuple est convoqué par le prince qui sollicite son engagement[15], il peut à son tour appeler le prince à comparaître pour lui fournir des garanties et exiger qu'il s'engage par serment[16]. Les négociations les plus serrées se déroulent entre deux troupes montées qui ne mettent pied à terre que lorsque la tension se relâche[17]. Enfin, le peuple peut se soulever et assassiner le prince déchu, ce qui a été le sort d'Igor' Ol'govič, le 19 septembre 1147.

1.2 Le Grand-Prince de Moscou

L'histoire moscovite est d'abord dominée par la lutte entre Tver' et Moscou pour le trône de Vladimir, compétition dont l'arbitre suprême est le khan de la Horde. Dès 1246, il est devenu le dispensateur par excellence de la légitimité et c'est encore le cas au début du XVe siècle. Or, en 1425, la mort de Vasilij Ier déclenche une longue guerre de succession à l'intérieur même de la famille moscovite. Cette crise est bien connue et a fait notamment l'objet d'un livre de A. A. Zimin[18]. Nous nous contenterons de rappeler que les phases les plus intenses de conflit sont les années 1433-1434 et 1446-1448 et qu'il se termine en 1453. Quel était le degré de légitimité de Vasilij II en fonction des critères traditionnellement retenus?

a) L'hérédité. Vasilij Vasil'evič a incontestablement droit au trône de son père (Vasilij Ier) et de son grand-père (Dmitrij Donskoj).

b) L'aînesse. La dévolution traditionnelle fait passer les frères du prince défunt avant les enfants. De ce point de vue, Jurij Dmitrievič, l'oncle de Vasilij II, est l'héritier désigné. Mais on a déjà vu par le passé l'oncle s'effacer devant le neveu (Vjačeslav Vladimirovič cède le trône à Izjaslav Mstislavič en 1146).

c) La désignation par le prédécesseur. Jurij peut se prévaloir du testament de Dmitrij Donskoj, puisqu'il prévoit qu'après la mort de son fils aîné Vasilij, le trône de Moscou devrait revenir au fils puîné, Jurij. Entre-temps Vasilij Ier a eu un fils et dans son

---

13 *Hyp* 344.10-18.
14 *Lavr* 317.1-10; *Hyp* 349.12-22.
15 *Lavr* 316.9, 12; *Hyp* 321.19, 347.1.
16 *Hyp* 321.16, 25.
17 *Hyp* 322.5-6.
18 A. A. Zimin, *Vitjaz' na rasput'e: feodal'naja vojna v Rossii XV v.*, Moscou, 1991. Voir aussi J. S. Lur'e, *Dve istorii Rusi XV veka: rannie i pozdnie, nezavisimye i oficial'nye letopisi ob obrazovanii Moskovskogo gosudarstva*, Paris, Saint-Pétersbourg, 1994, p. 69-122.

propre testament, c'est à cet enfant, le futur Vasilij II, qu'il lègue le trône moscovite[19]. Le jeune héritier est en outre placé sous la protection du métropolite et de son grand-père Vitovt.

d) Le verdict du khan. Jurij et Vasilij envoient tous deux leurs agents plaider leur cause à la Horde, auprès du khan Ulug-Mehmet. L'issue de ces négociations n'est pas certaine, car les chroniques donnent des versions contradictoires; il est toutefois clair que c'est seulement l'indécision ou la faiblesse du khan qui l'empêche de résoudre le différend[20].

e) Le sort des armes. Le recours à la force favorise Jurij à deux reprises (1433 et 1434), mais la première fois il ne peut se maintenir et la seconde, il meurt inopinément. Vasilij II connaît ensuite une période de règne relativement stable, jusqu'à ce que sa légitimité soit ébranlée par le revers de ses troupes face aux Mongols à Belev (1437) et surtout par sa défaite personnelle et sa captivité, en 1445, devant Suzdal'. Le fils de son oncle Jurij, Dmitrij Šemjaka, le renverse en 1446 et le fait aveugler. Vasilij est emprisonné quelque temps, puis Šemjaka lui concède un territoire en échange de sa renonciation au trône. En fait, Vasilij reprend les armes et dès février 1447, il est à nouveau maître de Moscou. Il lui faut cependant attendre 1453 pour être définitivement débarrassé de Šemjaka qui finit empoisonné à Novgorod[21].

f) Le consentement du peuple. Les restaurations de Vasilij II s'expliquent par la réaction des princes et boyards de son entourage, ainsi que des Moscovites. Certes, Šemjaka joue habilement des inquiétudes de la population en 1446, répandant le bruit que Vasilij II a promis son trône au khan mongol et s'apprête à aller régner à Tver', mais Dmitrij Jur'evič, tout comme son père, est de la maison cadette de Galič et son arrivée à Moscou contrarie les ambitions des notables en place, ce qui explique le retournement de la capitale, en 1433, 1434 et 1447.

Dans toutes ces situations, on voit que les critères de légitimation de la période de Kiev sont encore en vigueur, même si la succession verticale tend à se substituer à la succession horizontale. On peut donc dire que l'usurpation pure simple n'existe pas. Le candidat a toujours un droit au trône à faire valoir en-dehors de la force militaire. Le lignage et la réception populaire jouent un rôle central dans l'établissement de la légitimité. Il faut aussi tenir compte de l'Église.

2   L'église russe dans la crise: métropolites et abbés

Il est frappant de voir que les phases les plus aiguës de querelle dynastique coïncident avec des crises ecclésiastiques ou bien ont des répercussions fortes sur la vie religieuse, mais aussi que certaines figures du clergé jouent un rôle important dans la résolution de ces conflits. Si, lors d'une guerre dynastique, la chaire métropolitaine

---

19 *Duhovnye i dogovornye gramoty velikih i udel'nyh knjazej XIV-XV vv.,* Moscou, Leningrad, 1950, n° 12, p. 35, n° 21, p. 58.

20 Lur'e, *Dve istorii Rusi...*, p. 73-81, 87-89.

21 Lur'e, *Dve istorii Rusi...*, p. 89-93.

est vacante, la crise est plus grave encore. Or ce fut le cas en 1068-1076, en 1146-1147 et en 1442-1448[22].

Pendant les troubles que connaît Kiev en 1068 et 1069, il n'est pas une seule fois fait mention du métropolite Georges (v. 1065-1076). Quand les Kiéviens veulent obtenir des garanties de modération de la part d'Izjaslav qui s'apprête à rentrer dans la capitale d'où ils l'ont chassé, ils ne s'adressent pas au chef de l'Église russe, mais aux frères d'Izjaslav, qui ont leur mot à dire en tant que co-héritiers de la Rus'. Lorsque Svjatoslav renverse Izjaslav, en 1073, le chroniqueur précise que le métropolite Georges se trouvait «chez les Grecs»[23]. «Чьто бо, благый владыко, успѣеть гнѣвъ нашь еже на дьрьжаву твою? Нъ се намъ подобаеть обличити и глаголати вамъ еже на спасение души. И вамъ лѣпо есть послушати того» (*Que peut donc, bon maître, notre courroux contre ta puissance? Pourtant, nous devons vous dénoncer et vous dire ce qui est du salut de votre âme. Et il vous convient de l'écouter*)[24]. Cette voix n'est pas celle du métropolite, ni d'un évêque, c'est celle de Théodose, abbé du monastère des Grottes, voisin de Kiev. Son discours nous est connu par la tradition hagiographique, forcément favorable au saint abbé, dont elle idéalise la figure. Toutefois, le fait que Théodose se soit élevé contre l'usurpation de Svjatoslav ne semble pas devoir être remis en cause. Or, si Théodose ne parvient pas à rétablir sur le trône le souverain légitime, l'usurpateur se laisse morigéner par lui, car il craint de voir le vénérable abbé quitter les environs de Kiev, emportant avec lui sa sainte réputation. Peu à peu, un compromis se dessine. Le prince finance la construction de l'abbatiale de l'Assomption, un projet cher à Théodose, et assiste aux funérailles de l'abbé qui meurt en 1074[25]. On voit donc que lorsque l'autorité métropolitaine ou épiscopale fait défaut, l'enseignement moral de l'Église peut être dispensé aux princes par un moine illsutre. Ce premier face-à-face est le modèle des interventions ultérieures.

En 1146-1147, quand les fils d'Oleg de Černigov et les partisans d'Izjaslav Mstislavič s'affrontent, le siège métropolitain est de nouveau vacant. Dès 1145, en effet, on perd la trace du métropolite Michel Ier décédé, ou bien reparti à Constantinople[26]. Il n'est remplacé qu'après la prise du pouvoir par Izjaslav Mstislavič, selon une procédure tout à fait exceptionnelle. Le prince organise en effet l'élection d'un clerc local, Klim Smoljatič, par une assemblée d'évêques russes[27]. Cette décision, quoique canonique, est contestée par une partie des prélats, en particulier l'évêque de Novgo-

---

22 Nous avons donc laissé de côté la période 1359-1364 où le jeune prince de Moscou Dmitrij Ivanovič reçut le soutien inconditionnel du métropolite Alexis, grâce auquel il parvint à obtenir le *jarlyk* du khan tatar et à devenir grand-prince de Vladimir.

23 *Lavr* 183.17; *Hyp* 173.19.

24 *Pamjatniki literatury Drevnej Rusi, T.1: Načalo russkoj literatury. XI-načalo XII veka (PLDR 1)*, Moscou, 1978, p. 380.

25 *PLDR 1*, p. 376-378, 390.

26 Voir la notice biographique d' A. Poppe en annexe à G. Podskalsky, *Hristianstvo i bogoslovskaja literatura v Kievskoj Rusi (988-1237)*, Saint-Pétersbourg, 1996, p. 454-455.

27 *Lavr* 315.4-7; *Hyp* 340.20-341.19; *NPL* 28.

rod Niphôn qui reprend en cela le rôle de dénonciateur joué plus tôt par Théodose. Il est vrai que Niphôn est, lui aussi, un ancien des Grottes. Les autres évêques se montrent fidèles à leur prince respectif. Onuphre de Černigov rappelle à ses prêtres que ceux qui trahiront la foi jurée au prince Svjatoslav Ol'govič seront excommuniés[28], tandis qu'Euthyme de Perejaslavl' célèbre un office à la demande d'Izjaslav Mstislavič au moment où le prince entre en campagne contre Igor' Ol'govič[29]. La victoire d'Izjaslav est donc attribuée à l'intercession de saint Michel, à qui la cathédrale de Perejaslavl' était dédiée. Un peu plus tard, c'est encore Euthyme qui procède à la tonsure du prince déchu Igor', sur ordre d'Izjaslav[30]. L'Église a donc perdu son rôle de médiatrice impartiale. Est-ce à cause de cela, parce que son élection était jugée discutable, ou tout simplement parce que la tension est trop forte, que le métropolite Klim ne parvient pas à empêcher la foule de lyncher Igor' Ol'govič, le 19 septembre 1147? Les chroniques attestent bien qu'il a interdit aux émeutiers de tuer le prince-moine, mais il n'est pas plus obéi que le frère d'Izjaslav Mstislavič, Vladimir, qui est même rudoyé lorsqu'il tente de s'interposer[31].

La lutte entre Vasilij II et son oncle Jurij, puis son cousin Dmitrij Šemjaka se déroule aussi dans un contexte de vacance de la métropole. En 1425, le métropolite Photius soutient très efficacement le jeune Vasilij II en effectuant une énergique visite pastorale à Galič, capitale de l'*udel* de Jurij Dmitrievič, sitôt après la mort de Vasilij Ier. D'après le récit de la Compilation moscovite de la fin du XVe siècle, qui a de forts accents hagiographiques, comme Jurij veut seulement négocier une trêve et non la paix, Photius se retire en lançant sa malédiction sur le prince et sa cité, ce qui déclenche une épidémie de peste. Jurij rappelle alors le prélat dont le retour met fin à la mortalité. Le récit met le prince en situation de fils spirituel contraint d'obéir à «l'instruction» du métropolite: Митрополитъ же учивъ князя о любви не токмо съ братьею, но и съ всѣми православными, князь же Юрьи многу честь въздавъ ему и отпусти его, сам же проводи его со всѣм народом, рече ему: «пошлю о миру к великому князю бояръ своихъ»[32].

Tant que Photius demeure en vie, Vasilij paraît fermement établi sur le trône. En revanche, après la mort du prélat, en juillet 1431, la légitimité du grand-prince est beaucoup plus contestée, avec les résultats que l'on a vus. Pendant le bref pontificat du métropolite Isidore (1437-1442), dernier chef de l'Église russe avant l'autocéphalie, la guerre dynastique est provisoirement apaisée. Isidore quitte Moscou définitivement dès l'automne 1441. Quand, au printemps 1442, Dmitrij Šemjaka lance une offensive surprise contre Moscou, c'est un abbé qui s'interpose, reprenant la tradition de Théodose des Grottes. Il s'agit de Zénobe, supérieur de la Trinité

28 *Hyp* 325.1-2.
29 *Lavr* 313.10; *Hyp* 323.5.
30 *Lavr* 314.27; *Hyp* 337.24.
31 *Lavr* 317.11-27; *Hyp* 349.22-30, 351.22-352.4.
32 *PSRL*, vol. 25, p. 246-247.

Saint-Serge, un monastère que toute la famille moscovite vénère. Il parvient à faire tourner bride à Šemjaka: А князь Дмітреи, а с нимъ князь Александръ Черторижьскои, после князя велікого пришли ратью ольны до Сергеева манастыря безвѣстно, и не пусти ихъ игуменъ Зиновеи, и ѣха напередъ самъ игуменъ и помири ихъ[33]. Le chroniqueur confère une très haute autorité à l'abbé, puisqu'il «ne laisse pas passer» Šemjaka et «réconcilie» à lui seul les deux parties.

Quatre ans plus tard, alors que l'Église russe n'a toujours pas de métropolite, c'est à la Trinité Saint-Serge que Vasilij II est arrêté par les hommes de Šemjaka. Quelques sources non-officielles, plus explicites que les chroniques moscovites, attestent que les moines de la Trinité ont été complices de ce coup de force[34]. Un autre abbé rétablit la balance dès 1447. Tryphon, supérieur de Saint-Cyrille de Beloozero, relève Vasilij II de son vœu d'abdication prononcé sous la contrainte et prend même sur lui le péché de parjure: игуменъ Трѵфонъ и инъ старець святъ, именемъ Симанъ Карлсмазовъ, и со всею братьею, благословиша князя великаго поити на великое княжение на Москву, а ркуще: «буди твои грѣхъ на насъ, еже еси цѣловалъ неволею»[35]. L'abbé prend donc parti sans ambiguïté, car il est sûr de la légitimité du souverain. Ou pour mieux dire, c'est lui qui rétablit la légitimité du souverain.

Cet engagement des moines de la famille spirituelle de Beloozero ne les empêche pas, au contraire, de demeurer exigeants si le grand-prince vient à commettre des actes répréhensibles. La Vie de Martinien de Beloozero, moine issu de l'abbaye du Lac Blanc, qui fut ensuite placé à la tête de la Trinité Saint-Serge (1447-1454) conserve un récit où le saint homme s'inscrit pleinement dans la lignée de Théodose des Grottes, comme le montre en particulier l'emploi du verbe «dénoncer, blamer» (обличити)[36]. L'histoire raconte que Martinien avait, à la demande de Vasilij II, promis à un boyard passé à Tver' le pardon du grand-prince s'il revenait à son service. Martinien «se fiait à la filiation spirituelle» (надѣвся на духовное сыновство) qui le liait à Vasilij II, c'est-à-dire à son autorité de confesseur du grand-prince. Pourtant, Vasilij II trahit sa confiance et jette en prison le boyard lorsqu'il rentre à Moscou. Dès que Martinien apprend cette nouvelle, il quitte son monastère et effectue une visite impromptue dans la capitale. Il apostrophe le grand-prince, lance sur lui sa malédiction et repart sans tarder, comme l'avait fait Photius à Galič. Vasilij II est d'abord abasourdi, puis il convoque ses conseillers et décide de rattraper l'abbé, non sans ordonner la libération du boyard. L'abbé et le souverain se réconcilient au monastère de la Trinité, en priant sur la tombe de Serge. Le plus intéressant pour notre propos est le rapprochement entre le commentaire, empreint de rhéto-

---

33 Chroniques de Simeonov et d'Ermolin, *PSRL*, vol. 18, p. 192, vol. 23, p. 151.

34 Chronique d'Ermolin, Compilation abrégée, Chronographe russe, *PSRL*, vol. 23, p. 152, vol. 27, p. 347, vol. 22.1, p. 436.

35 Chronique d'Ermolin et Quatrième chronique de Novgorod, *PSRL*, vol. 23, p. 153, vol. 4.1, p. 454-455. On note que les chroniques moscovites officielles de la fin du XVᵉ siècle préfèrent omettre toute allusion au parjure.

36 *Prepodobnye Kirill, Ferapont i Martinian Belozerskie*, Saint-Pétersbourg, 1993, p. 258-262.

rique, que nous donne l'hagiographe à propos de l'audace de l'abbé et la façon plus pittoresque, mais tout aussi significative dont Vasilij II lui-même résume l'altercation pour ses conseillers: Смотрите ми, Господа ради, мужа того разсудителное и неуклонное мудрование яко таково дързновение приложи и еже многымъ неудоб исправляемо... не убояся казни, ниже заточениа, ниже имѣниемъ отъятиа или власти разрушѣниа... шед, обличи – не токмо обличи, но и в запрещение положи... «Боляре, смотрите ми черньца того болотнаго, что ми сътвори: напрасно пришедъ въ храмину мою и обличи, и Божие благословение снят, и безъ великаго княжениа мя постави»[37].

On peut, certes, penser que cet épisode est embelli par l'hagiographe, encore que l'adjectif болотное (litt. «des marais», on serait tenter de traduire en français par «bouseux»), soit plutôt rare dans ce contexte et sonne comme un mot authentique dans la bouche de Vasilij II. Sur le fond, l'affaire correspond parfaitement aux réalités de l'époque. En effet, dans leur lettre à Šemjaka du 29 décembre 1447, les représentants du haut clergé russe rappellent qu'un accord signé par Vasilij II et son rival prévoit que les boyards pourront librement passer d'un maître à l'autre sans perdre leurs biens et sans risques de représailles: а бояромъ и дѣтемъ боярскымъ и слугамъ межи васъ вольнымъ воля[38].

On voit donc qu'un abbé influent, fort du ministère moral de son saint fondateur (Serge de Radonež, ou Cyrille de Beloozero), peut remplir le vide laissé par l'autorité métropolitaine ou épiscopale. A partir du 29 décembre 1447, l'Église retrouve une seule voix, avec l'appel que le haut clergé lance à Dmitrij Šemjaka pour l'inciter à se soumettre à Vasilij II, sous peine d'excommunication. L'épître est signée par cinq évêques (Ephrem de Rostov, Abraham de Suzdal', Jonas de Rjazan', Barlaam de Kolomna, Pitirim de Perm'), Géronte, archimandrite du monastère de Simonovo près de Moscou et Martinien, le nouvel abbé de la Trinité Saint-Serge[39]. On remarque en premier lieu que ces dignitaires se présentent, littéralement, comme «ceux qui prient Dieu» pour les deux parties et qu'ils interviennent en vertu de leur «devoir» qui leur commande de prêcher la réconciliation entre le rebelle et le souverain: намъ вашимъ общимъ богомолцемъ, своимъ и твоимъ... а мы, господине, ваши богомолци, по своему долгу, били есмы за тобе челомъ своему господину, а твоему брату старѣйшему великому князю[40].

Les critères que les rédacteurs de l'appel mettent en avant pour établir la légitimité dynastique reprennent l'héritage kiévien, tout en insistant fortement sur la Providence divine.

a) L'aînesse. En toute occasion l'épître rappelle que Vasilij II est le «frère aîné» de Šemjaka. En effet, en tant que fils du fils aîné de Dmitrij Donskoj (Vasilij Ier), il a le pas sur Dmitrij Šemjaka qui descend du deuxième fils (Jurij).

---

37 *Ibid.*, p. 260.
38 *Akty istoričeskie, sobrannye i izdannye Arheografičeskoj Komissiej*, vol. 1 (*AI.1*), n° 40, p. 78.
39 *Ibid.*, p. 75-83.
40 *Ibid.*, p. 78, 81.

b) Les traités en vigueur. Vasilij II est aussi le братъ старѣйший en vertu des chartes (докончяніе грамоты, да и перемирн(ая) ваш(а) общ(ая) грамот(а)) signées
avec son cousin dans lesquelles Šemjaka lui reconnaît ce titre et s'engage à faire la
paix. Cette fois il ne s'agit pas tant d'un rapport de parenté que d'un rapport de vas-
salité. Vasilij II a montré ces documents aux signataires de l'appel qui en repro-
duisent de larges extraits.

c) La volonté divine et la coutume du pays. Le clergé l'affirme plusieurs fois, c'est
Dieu qui distribue les trônes et il est vain de convoiter le pouvoir de soi-même. Mais
la volonté divine est indissociable de la coutume (пошлина). Qui contrevient aux
deux ne peut réussir qu'un bref instant, il se comporte «comme un brigand». Cette
leçon est illustrée par les échecs qu'ont connu le père de Dmitrij Šemjaka, Jurij, son
frère aîné, Vasilij, et Šemjaka lui-même :

> Отець твой князь Юрьи Дмитріевичь коликое тщаніе имѣлъ на на-
> чальство великого княженія… а княженія великого никакоже не до-
> сяглъ, что ему Богомъ не дано, ни земскою изъ начяльства пошлиною…
> потомъ и въдругіе пришедъ, сѣлъ на великомъ государьствѣ безъ по-
> шлины же, паче рещи, яко разбойнически, и колико пакъ и самъ
> пожилъ ! … и послѣ его и братъ вашъ старѣйший, князь Василей
> въсхотѣ княженія великого, не отъ Божія же помощи и воли, но отъ
> своей ему гордости и высокомысльства… и попустилъ ли ему самому
> всесилный Богъ ? Ей, не попусти, якоже самъ вѣси, каково его нынѣ
> житіе и пребываніе… Потомъ паки Богъ своею милостію князя великого
> изъ поганства свободилъ… и какъ пришелъ на свое государство, и тобѣ
> діа-волъ на него вооружилъ желаніемъ самоначальства, разбойнически,
> нощетатствомъ изгонити его[41].

d) Le bien public. Dans le texte on voit apparaître une notion qui correspond assez à
celle du «commun profit» ou du *bonum commune* que les juristes du Moyen-âge
occidental utilisent. On y retrouve aussi l'idée de «calme» ou de «paix» (тишина)
déjà présente dans la *Povest' vremennyh let* et dans la vision du pseudo-Méthode de
Patare. Il s'agit d'une période de sérénité, en principe durable, qui met fin aux
guerres, couronne les justes labeurs du vainqueur désigné par Dieu et, dans le
schéma eschatologique, précède la fin des temps. Bien entendu, un usurpateur
comme Šemjaka ne saurait la connaître.

> И разсуди собѣ, которое благо сотворилъ еси православному христі-
> яньству, или чимъ еси себе самого ползовалъ, и колико еси погоспо-
> дарствовалъ, и въ которой тишинѣ пожилъ еси… и тѣ слѣзы христі-
> янскіе вси на тобѣ же… и не будетъ на тобѣ благословеніа и молитвы,
> ни въ си вѣкъ ни въ будущій, ни на тѣхъ на всѣхъ, кто иметъ тобѣ
> думати, и на ту кровь къ тобѣ приставати и побѣрати или спѣшьство-

---

41 *Ibid.*, p. 76-77.

вати… на великого князя… и всего православного христіянства на не-
устроеніе и не на тишину… та христіянская кровь вся на тобѣ будеть[42].

Въ лѣто 6534 Ярославъ… створи миръ с братом своим Мьстиславомь у
Городьця… И начаста жить мирно и в братолюбьствѣ, и уста усобица и
мятежь, и бысть тишина велика в земли[43].

И будетъ ярость царѣ гръчьскаго на отвръгшіихся Господа нашего Іису-
са Христа и умирится землѣ, и будеть тишина на земли, яковаже не
бысть, ни имать быти понеже послѣднѣа есть[44].

Un an après l'épître du 29 décembre 1447, l'un de ses signataires, l'évêque de Rjazan' Jonas, est élu métropolite par ses pairs. Vasilij II a renouvelé le geste d'Izjaslav
Mstislavič en organisant une élection locale, à laquelle ne participent pas tous les
évêques russes. Elle marque le début de l'autocéphalie de la métropole «de Kiev et
de toute la Rus'».

Ces précédents ont contribué à former la conception de la légitimité du souverain. La sanction ecclésiastique semble y jouer un rôle assez secondaire, surtout tant
qu'il n'y a pas de couronnement impérial, c'est-à-dire avant 1547. Mais le souverain
doit aussi veiller à ce que l'Église puisse accomplir sa mission et pourvoir à sa direction si les circonstances ont interrompu le processus traditionnel de désignation.
Il paraît aussi implicite que l'Église aurait le même rôle à jouer dans le cas où la
transmission du pouvoir ne serait plus normalement assurée. D'autre part, jusque-là,
tous les princes revendiquant le trône sont des fidèles orthodoxes. Jamais on ne s'est
trouvé dans un cas où la légitimité lignagère pourrait entrer en conflit avec
l'appartenance confessionnelle. Ce cas de conscience, l'Europe occidentale le
connaît avant la Russie, avec la diffusion de la Réforme luthérienne et la création de
l'Église d'Angleterre par Henri VIII. Nous ne nous intéresserons ici qu'à
l'expérience française, dans la mesure où les destinées des faux-Dmitrij sont
contemporaines du règne d'Henri IV.

3   Henri de Navarre et Dmitrij d'Uglič, ou Henri le huguenot et Griška le defroqué

Les situations de la Russie et de la France sont comparables seulement à distance et
sans autre «point de contact» que les trajets accomplis entre les deux pays par le
capitaine Margeret. Malgré tout, on constate un nombre intéressant de rapproche-
ments. Dans les deux cas, on assiste à une crise dynastique qui se combine avec une
crise religieuse et l'intervention de puissances étrangères. La crise secoue aussi
l'édifice social et divise profondément le pays. Si toutes les couches de la population
sont affectées, l'élément de «lutte des classes» n'est pas le moteur de ces affronte-

---

42 *Ibid.*, p. 77, 79, 83.
43 *PLDR 1*, p. 162 (Povest' vremennyh let).
44 N. Tihonravov, *Pamjatniki otrečennoj russkoj literatury*, vol. 2, Moscou, 1863, p. 224 et 244
    (Révélation de Méthode).

ments. Au contraire, dans chaque camp, on retrouve des nobles, des marchands, des paysans, sans oublier les soldats de fortune.

Les éléments qui se prêtent le mieux à une comparaison sont les conditions d'accession au trône d'un nouveau souverain, après l'extinction ou l'interruption de la transmission directe du pouvoir (du père au fils), et les cas où le souverain en place est assassiné.

3.1 Comment fonder une légitimé?

Dans le cas français, on peut résumer en quelques dates les événements. Le roi de France Henri III, fils d'Henri II et de Catherine de Médicis, monte sur le trône après que ses deux frères aînés furent morts sans enfants. Catholique convaincu, il incarne les espoirs de son camp en publiant notamment l'édit du 18 juillet 1585, qui interdit le culte réformé, ordonne aux protestants de se convertir ou de quitter le royaume, et déclare son cousin Henri de Navarre déchu de ses droits à la couronne. Henri III n'a en effet pas d'enfant et comme son dernier frère, François d'Anjou, est mort en juin 1584, Henri de Navarre est l'héritier présomptif du trône en vertu de l'ordre traditionnel de succession qui exclut les femmes. Toutefois, le degré de parenté entre les deux Henri est si éloigné que ces droits ont fait l'objet de contestation[45]. Le principal obstacle est cependant la religion protestante d'Henri de Navarre. Certes, il s'est converti au catholicisme une première fois, sous la contrainte, lors de la Saint-Barthélémy (1572), mais il est revenu rapidement à sa religion, ce qui a fait de lui aux yeux des catholiques le pire des hérétiques, un «relaps». Il n'est donc pas étonnant que le pape, autorité suprême du monde catholique, aille dans le sens de l'édit d'Henri III. Le 21 septembre 1585, Sixte Quint déclare Henri de Bourbon, roi de Navarre, hérétique et relaps, coupable de lèse-majesté divine, ennemi de la vraie foi, le prive de ses états, délie les magistrats et sujets de leur serment d'obéissance. On assiste alors à un renversement d'alliances. En effet, contesté par la Ligue, qui regroupe autour de la famille de Guise les catholiques les plus fanatiques, Henri III rompt brutalement avec elle et fait assassiner le duc de Guise, Henri le Balafré, le 23 décembre 1588. Les catholiques ultras se révoltent alors contre Henri III qui s'allie à son cousin de Navarre, le 3 avril 1589. La sanction de cette trahison aux yeux des catholiques est rapide: Henri III est assassiné le 2 août 1589 par un moine dominicain, Jacques Clément. Pourtant, sur son lit de mort, il reconnaît Henri de Navarre comme son successeur.

---

45 Henri de Navarre descendait du sixième fils de saint Louis, Robert de Clermont, sire de Bourbon. Il était donc cousin d'Henri III au vingt-deuxième degré. Or, dans le droit familial, on admettait que la consanguinité cessait dès le dixième degré. Des juristes prétendaient que les droits à la succession royale étaient éteints et qu'il fallait organiser l'élection d'un nouveau roi par les États généraux. Toutefois, ceux-ci n'avaient jamais exercé une telle prérogative et d'autres juristes avaient avancé, dès le XVe siècle, que la succession à la couronne n'était pas réglée par le droit privé, mais par la coutume ancienne du royaume. Voir R. Mousnier, *L'Assassinat d'Henri IV: 14 mai 1610*, Paris, 1992, p. 91-92; Y-M. Bercé, *Le Roi caché: sauveurs et imposteurs, mythes politiques populaires dans l'Europe moderne*, Paris, 1990, p. 145-150.

Avant de devenir véritablement Henri IV, le prétendant doit livrer une nouvelle guerre civile et se conformer au modèle attendu par ses sujets, celui d'un roi catholique. Dès le 4 août 1589, il promet de maintenir et conserver en son royaume la religion catholique et de ne nommer que des catholiques aux charges et offices du royaume. Cependant, il demeure entouré de protestants et continue de pratiquer la religion réformée. La faculté de théologie de Paris (dite communément la Sorbonne) adjure les Français de s'opposer à son accession au trône, même en cas de conversion «parce qu'alors il y aurait danger de feintise et de perfidie». Le nouveau pontife romain, Grégoire XIV, confirme la bulle de Sixte Quint. Devant cette forte résistance et parce qu'il ne parvient pas à prendre d'assaut Paris, la capitale du royaume, Henri se fait une nouvelle fois catholique: «Paris vaut bien une messe». La cérémonie d'abjuration a lieu le 25 juillet 1593, à Saint-Denis. L'archevêque de Bourges lui donne l'absolution et le relève de l'excommunication du pape. Les ralliements sont tout de suite nombreux, mais plusieurs étapes doivent encore être franchies. Henri IV se fait sacrer, à Chartres et non à Reims (tenue par ses adversaires), le 27 février 1594. Il réussit son entrée à Paris, le 22 mars 1594. Il obtient l'absolution pontificale, le 17 septembre 1595. Henri est en guerre ouverte avec les Espagnols depuis le début de l'année et ne conclura la paix que trois ans plus tard. D'ores et déjà néanmoins, la plus grande partie du pays est derrière lui. Il reste que son mode de gouvernement et notamment la paix de religion relativement généreuse qu'il accorde aux protestants avec l'édit de Nantes (1598) ont de quoi scandaliser les bons catholiques. L'un d'entre eux, Ravaillac, assassine Henri IV à Paris, le 14 mai 1610.

On peut retirer de ce rapide survol une liste des conditions de la légitimité.
a) L'hérédité dynastique. Il est indispensable d'être un descendant, même fort lointain, des rois de France pour accéder à ce trône.
b) Le catholicisme. Le candidat au trône de France doit pratiquer la «vraie religion» et veiller à ce que le culte catholique soit partout rétabli. Il devrait, idéalement, débarrasser le royaume de toutes les autres doctrines, et donc de la «religion prétendue réformée».
c) Le sacre. Le roi doit être sacré, selon le rite traditionnel, de préférence à Reims. Le sacre est suivi du miracle de la guérison des écrouelles, que seul le roi de France peut accomplir. Or Henri IV accomplit ce miracle et le réitère chaque année.
d) Le ralliement du royaume. Le roi doit être reconnu par un nombre significatif de sujets, des représentants des corps constitués et surtout par sa capitale, Paris, siège de la faculté de théologie (la Sorbonne) et du principal Parlement du royaume.
e) La caution du pape. En cas de doute sur la légitimité ou la catholicité du roi, le souverain pontife doit approuver l'accession au trône. Si son opinion est négative, il peut délier les sujets du royaume de leur devoir d'obéissance.

La transposition au cas russe est assez aisée.
a) La légitimité dynastique. Dmitrij et Vasilij Šujskij sont proches du trône. Le premier est abondamment dénoncé comme imposteur, mais se présente comme un fils

d'Ivan le Terrible, il rétablit donc la continuité dynastique. Vasilij Šujskij est issu de la lignée des princes de Suzdal', cousins de ceux de Moscou, dont la mémoire est conservée dans la compilation historique de référence, encore à l'époque, le Livre des degrés de la généalogie impériale: подалъ намъ Богъ... вмѣсто хищника щедраго подателя, государя царя и великого князя Василья Ивановича, всеа Русіи самодержца ; а родъ благоцвѣтущія его отрасли корень самъ ты, Государь и отецъ, во Степенной книзѣ написано вѣдаешь[46]. De son côté, Ladislas de Pologne est fils de roi (*korolevič*) et peut revendiquer par son arrière-grand-mère l'héritage de la dynastie jagellonne, elle-même héritière de Gedimin, grand-prince de Lituanie. Or, les descendants de Gedimin sont reconnus comme princes dans la noblesse russe. En ce qui concerne Boris, le patriarche Job souligne dans son encyclique du 15 mars 1598, annonçant l'élection du nouveau tsar, que la première démarche de l'Église et des autres corps constitués a été de proposer le trône à la veuve du tsar Fedor, Irina (née Godunova). Devant son refus, on l'a pressée de «bénir» son frère Boris, ce à quoi elle a consenti. Boris est donc désigné par celle qui avait en dépôt la légitimité de la dynastie éteinte: молихомъ великую государыню благочестивую царицу и великую княгиню иноку Александру, дабы... все православное христіянство пожаловала, благословила и дала боговѣнчаннаго царя на царьство... брата своего, государя нашего, Бориса Ѳедоровича[47]. Dans son discours du 3 septembre 1598, Boris reprend cette idée en rappelant que, selon la tradition, ses prédécesseurs ont transmis le trône à leurs héritiers: отъ прародителей великихъ князей старина ихъ и до сѣхъ мѣстъ: великіе князи сыномъ своимъ давали великое княженьство[48]. On remarque seulement que Boris choisit d'ignorer la tradition plus ancienne selon laquelle le trône passe d'abord au frère avant d'échoir au fils. Le discours du tsar et la réponse du patriarche cherchent à montrer que la succession s'ordonne parfaitement: Ivan le Terrible avait désigné son fils Fedor qui lui succède. Il remet ses états à son épouse Irina qui décide de devenir nonne et consent à recommander Boris: царь и великій князь Иванъ Васильевичь... сына своего Ѳеодора Ивановича благословилъ на царьство... царь и великій князь Ѳеодоръ Ивановичь... приказалъ свое государьство своей государевѣ... а христолюбивая царица великая княгиня Ирина не изволила быти на своемъ государьствѣ, а изволила ангельское иноческое жителство... и пожаловала насъ, богомольцевъ своихъ, и боляръ, и христолюбивое воинство, и все православное христіянство всея Великія Росіи... благословила тебя, брата своего, государя нашего Бориса Ѳедоровича, и велѣла быти тебѣ государемъ и великимъ княземъ[49]. En revanche, quand Vasilij Šujskij prend le pouvoir et veut

---

46 *Akty, sobrannye v bibliotekah i arhivah Rossijskoj imperii Arheografičeskoj èkspedicej Imperatorskoj Akademii nauk*, vol. 2 *(AAE.2)*, Saint-Pétersbourg, 1836, n° 67, p. 158, supplique des marchands et des roturiers adressée à l'ex-patriarche Job, février 1607.
47 *AAE.2*, n° 1, p. 2, encyclique du patriarche Job, 15 mars 1598.
48 *AAE.2*, n° 8, p. 54, discours du tsar Boris au patriarche Job et réponse du patriarche, 3 septembre 1598.
49 *AAE.2*, n° 8, p. 54-55.

d'un seul coup disqualifier à la fois le faux-Dmitrij et Boris, il lui suffit d'affirmer
que «Boris Godunov» à qui il refuse le titre de tsar, a ordonné l'assassinat du vrai
Dmitrij, ce qui a mis fin à l'authentique lignée royale: а блаженныя памяти царя и
великого князя Ивана Васильевича всеа Русіи былъ сынъ царевичь Дмитрей
Ивановичь, и тотъ убитъ по велѣнію Бориса Годунова на Углечѣ[50].

b) L'orthodoxie. Si Vasilij Šujskij est incontestablement orthodoxe, des doutes
sérieux pèsent sur la foi de Dmitrij. Alors que Boris règne encore, le patriarche Job
dénonce ainsi l'imposteur, c'est un agent du roi de Pologne venu anéantir la vraie
religion: [король Жигимонтъ] назвалъ страдника, вора, бѣглеца государьства
нашего, черньца ростригу, Гришку Отрепьева, будтось онъ князь Дмитрей
Углецкій, и… послалъ съ тѣмъ воромъ воеводъ своихъ… чтобъ имъ… церкви
божіи разорити и костелы латынскіе и люторскіе учинити и вѣру крестьянь-
скую попрати… и учинити въ Россійскомъ государьствѣ во святыхъ божіихъ
церквахъ костелы латынскіе и люторскіе и жидовскіе[51]. La mort de Boris et le
succès de Dmitrij balaient un temps ces accusations, mais les soupçons reviennent
bientôt et la cérémonie du mariage avec Marina Mniszech les aggrave considérable-
ment. Après la chute de Dmitrij, le nouveau patriarche Hermogène dit ce qui à ses
yeux fut le plus grand sacrilège commis par le prétendu tsar: il a introduit des non-
orthodoxes dans la cathédrale de l'Assomption, lieu saint de l'orthodoxie, et il a
laissé son épouse baiser les reliques des saints métropolites russes qui s'y trouvent:
въ великую соборную апостолскую церковь Пречистыя Богородицы… многихъ
вѣръ еретиковъ аки въ простый храмъ введе… и ко всѣмъ честнымъ образомъ
и къ чудотворцовымъ Петровымъ и Іониными мощемъ приводя велѣлъ при-
кладыватися скверной своей люторскія вѣры невѣстѣ, съ нею же въ той же
великой церквѣ и вѣнчася[52].

Ladislas est ouvertement catholique, toutefois les boyards russes qui acceptent
son accession au trône spécifient qu'il devra se convertir: цѣловали крестъ королевичу Владиславу Жигимонтовичу, на томъ, что ему государю быть на
Владимерскомъ, и на Московскомъ и на всѣхъ государьствахъ Российского
царьствіа… въ нашей православной христьянской вѣрѣ греческого закона[53]…
будучи ему [королевичу] на Московскомъ государьствѣ, церкви божія… чтити
и украшати… а костеловъ и иныхъ вѣръ молебныхъ храмовъ въ Московскомъ
государьствѣ и по городомъ и по селомъ нигдѣ не ставити, чтобъ святая православная христіянская [вѣра] греческого закона имѣла свою цѣлость и красоту
по прежнему[54]. Voilà pourquoi, quand le père de Ladislas, Sigismond III, annonce

---

50 *AAE.2*, n° 60, p. 137, lettre du tsar Vasilij Šujskij au pays de Perm', 9 décembre 1606.
51 *AAE.2*, n° 28, p. 78-79, lettre du patriarche Job au monastère de Sol'-Vyčegodsk, 14 janvier
    1605.
52 *AAE.2*, n° 58, p. 130, copie de la lettre du patriarche Hermogène, transmise par le métropolite
    de Rostov Philarète, le 30 novembre 1606.
53 *AAE.2*, n° 164, p. 279, lettre adressée par le prince Fedor Ivanovič Mstislavskij et d'autres par-
    tisans de Ladislas au pays de Perm', 19 août 1610.
54 *AAE.2*, n° 165, p. 282, lettre adressée par le prince Fedor Mstislavskij et d'autres au pays de

qu'il revendique le trône de Russie pour lui-même et entend rester catholique, la négociation entre dans l'impasse. Ladislas et Sigismond n'ont pas su accomplir le geste d'Henri de Navarre: Moscou aussi valait bien une messe. Dans son premier appel de 1611, Hermogène récuse sans hésiter le «roitelet» polonais qui est à ses yeux un «ennemi de la croix du Christ»; ceux qui se rallient à lui sont donc des «ex-orthodoxes» et c'est en les appelant ainsi qu'il s'adresse à eux: бывшимъ право-славнымъ християномъ всякого чина и возраста же и сана, нынѣ же... не вѣдаемъ какъ васъ назвати... ко врагомъ креста Христова и къ ложномнимому вашему отъ Полякъ имянуемому царику приставши[55].

c) Le couronnement impérial. Dmitrij et Vasilij Šujskij se font couronner. Ni Ladislas ni Sigismond n'y parviendront. Alors que leurs troupes tiennent Moscou, ils ne se pressent pas de gagner la capitale russe et surtout Sigismond refuse expressément de renoncer à la religion catholique. Un couronnement traditionnel à Moscou est donc impossible. Cette condition figurait pourtant parmi les engage-ments qu'avait pris l'hetman Żółkiewski: вѣнчатися королевичу Владиславу Жи-гимонтовичу... царьскимъ вѣнцомъ и дiядимою, отъ святѣйшаго патрiарха Ермогена Московского и всеа Русiи и отъ всего освященнаго собора, по преж-нему обычаю и достоянью, какъ прежнiе великiе государи Московскiе вѣнча-лися[56].

d) le ralliement du royaume et le rétablissement de la paix. Les documents évoquant l'élection de Boris mentionnent la bénédiction de sa sœur, mais parlent aussi de l'unanimité des corps constitués du pays: за прощенiе и моленiемъ святѣйшаго Iева, патрiарха Московскаго и всеа Русiи, и митрополитовъ, и архiепископовъ, и епископовъ, и всего освященного вселенского собора, и за челобитье бояръ нашихъ и околничихъ, и князей, и воеводъ, и дворянъ, и приказныхъ людей, и дѣтей боярскихъ, служилыхъ людей, и гостей, и всего народа крестiянского[57]. Dmitrij est reconnu par l'ensemble du pays. Au contraire, Vasilij Šujskij ne parvient jamais à imposer son autorité à toutes les provinces de son royaume et en particulier à celles que le premier Dmitrij a traversé lors de sa montée vers Moscou. Le prin-cipal atout de Šujskij a été de contrôler la capitale, comme le souligne Hermogène: дотолѣ Москвѣ ни Новгородъ, ни Казань ни Астрахань, ни Псковъ, и ни ко-торые городы не указывали, а указывала Москва всѣмъ городомъ[58]. Mais la confrontation avec les rebelles du camp de Tušino montre la fragilité de la position de Šujskij et la répétition des défaites mine son autorité. Parallèlement, l'incapacité

Kazan', 30 août 1610.

55 *AAE.2*, n° 169, p. 286, appel à la population du patriarche Hermogène, 1611.

56 *AAE.2*, n° 165, p. 282.

57 *AAE.2*, n° 9, p. 56, encyclique du tsar Boris du 14 septembre 1598.

58 *AAE.2*, n° 169, p. 290, appel à la population du patriarche Hermogène, 1611. Cette formule n'est pas nouvelle, mais remonte à la tradition patriotique novgorodienne. La Première chro-nique de Novgorod fait ainsi parler le prince Mstislav le Hardi lorsqu'il s'adresse au *veče* de la cité: «и поидемъ, рече, поищемъ муж своихъ, вашеи братьи, и волости своеи, да не будеть Новый Търгъ Новгородомъ, ни Новгородъ Тържькомъ», *NPL*, p. 55.

du second Dmitrij à prendre Moscou et à s'emparer du monastère de la Trinité Saint-Serge le condamne à l'échec. L'enjeu du contrôle du pays est bien senti par Hermogène dans l'épître qu'il adresse au clergé russe en novembre 1606, exprimant l'espoir que Dieu réunira à nouveau en un seul corps les chrétiens, fera taire les querelles, rétablira la paix et l'obéissance: молили бы естя соборнѣ и по кельямъ... о мирѣ всего міра, и о благосостояніи святыхъ божіихъ церквахъ, и совокупленіи всѣхъ православныхъ християнъ паки воедино... и устроилъ бы Господь Богъ люди своя, вся православные крестьяня, по прежнему своему человѣколюбію, въ мирѣ и въ повиненіи и въ любви... Le métropolite de Rostov Philarète relaie ces prières en ordonnant un office au cours duquel il faudra prier pour les mêmes intentions: о тишинѣ и о соединеніи и о любви всего православнаго крестьянства[59].

e) La caution du patriarche et de l'Église russe. Le patriarche, comme son prédécesseur, le métropolite, a traditionnellement une position précaire, dépendant de l'appui du souverain. Job doit sa carrière à Boris Godunov et il est déposé et exilé lorsque Dmitrij entre à Moscou. De même, le Grec Ignace, choisi par Dmitrij, est déposé sitôt après l'assassinat de Dmitrij. Cependant, quand la légitimité du souverain est incertaine, la parole du patriarche acquiert un poids nouveau. Avant même d'être investi par Vasilij Šujskij, Hermogène avait fait preuve de son autorité, puisque Dmitrij l'avait empêché de venir à Moscou au moment où Ignace était élu.

Vasilij Šujskij organise en outre deux cérémonies expiatoires visant à rétablir la paix, la concorde et la prospérité et à assurer la victoire des troupes russes, bref à réconcilier la Russie avec Dieu. La première cérémonie est le transfert des reliques du vrai prince Dmitrij à Moscou, en juin 1606. Elle rétablit l'ordre dynastique en confirmant une fois pour toutes que le tsarévitch est mort, en privilégiant la version selon laquelle il a été assassiné (Boris était donc un meurtrier et non un tsar), et en ensevelissant Dmitrij à sa juste place, c'est-à-dire aux côtés de son père et de ses ancêtres dans la collégiale de l'archange Michel. Cet acte fait à nouveau de Moscou la cité protégée par Dieu et du peuple russe le peuple de Dieu, puisque les miracles se multiplient autour de la dépouille du tsarévitch[60].

La deuxième cérémonie est celle de la réconciliation avec Job, en février 1607[61]. L'ancien patriarche est rappelé, non pour être restauré, puisque le nouveau titulaire, Hermogène, est un loyal partisan de Vasilij Šujskij, mais pour accorder son pardon au peuple. Ainsi, la succession patriarcale se trouve-t-elle remise au clair, Ignace endossant le rôle de l'usurpateur ecclésiastique, parallèlement au faux-Dmitrij, usurpateur du trône impérial[62]. Pour apaiser Job, qui avait soutenu jusqu'au bout Boris,

---

59 *AAE.2*, n° 57, p. 128-129, lettre du métropolite Philarète reproduisant celle du patriarche Hermogène, 30 nov. 1606.

60 R. G. Skrynnikov, *Smuta v Rossii v načale XVII v.: Ivan Bolotnikov,* Leningrad, 1988, p. 47, 56.

61 Pour le détail de cette solennité, qui s'étend sur plusieurs jours, voir *AAE.2*, n° 67, p. 148-160.

62 Dans les faits, Ignace est destitué le 18 mai 1606 et c'est d'abord Philarète Romanov qu'on élit patriarche et qu'on charge d'aller chercher les restes du tsarévitch Dmitrij à Uglič. Puis Philarète est démis de ses fonctions en juin et Hermogène choisi le 3 juillet 1606, voir R. G. Skryn-

pour conforter la procédure d'élection qui permet de légitimer un nouveau souverain et sans doute aussi pour ne pas laisser un vide entre la mort de Fedor et l'usurpation de Dmitrij, le tsar Boris se trouve discrètement réhabilité. En effet, le peuple demande pardon à Dieu pour les serments de fidélité qu'il a prêtés et trahis, y compris envers Boris et sa famille: они, послѣ отшествія къ Богу приснопамятнаго государя царя и великого князя Ѳедора Ивановича всеа Русіи, изобравъ на Московское государьство царьствовати царя Бориса и крестъ ему… цѣловали… и то все преступили, и царицу Марью и царевича Ѳедора московстіи народи съ царьского престола свергнуша, и на смерть предаша[63]. Parallèlement, on confirme que le vrai Dmitrij, héritier légitime du trône, a été la «victime innocente», non plus de Boris, mais de «traîtres» dont on tait le nom, ce qui a provoqué l'extinction de la lignée ancestrale: великого государя нашего царевича Димитрия на Углечѣ нестало въ 99 году, пріятъ закланіе неповинно отъ рукъ измѣнниковъ своихъ… и царьскій корень, иже толикими лѣты влечашеся, сократися, наслѣдія и вожа преславному государьству Россійского царьствія ихъ царьского изращенія не остася[64].

Ces deux cérémonies ont eu un impact important sur le moment, toutefois elles n'ont pas suffi à affirmer Vasilij Šujskij sur le trône. Son abdication, en juillet 1610, marque le début d'une nouvelle phase des Troubles, car désormais il n'y a plus de tsar couronné en Russie. C'est alors que le rôle de l'Église devient décisif. La figure dominante est celle du patriarche Hermogène qui s'élève peu à peu jusqu'au martyre. En premier lieu, le patriarche refuse de reconnaître l'abdication et la prise d'habit forcées du tsar. On connaît l'anecdote: Hermogène affecte de considérer comme moine Vasilij Turenin, l'homme qui a prononcé les vœux à voix haute au nom de Vasilij Šujskij[65]. Hermogène rédige des épîtres dans lesquelles il invite les métropolites et les évêques de son Église et les villes russes à rester fidèles à Šujskij. Ensuite, il demande aux mêmes destinataires de refuser qu'un tsar polonais monte sur le trône. Ces appels sont relayés par les villes russes et par d'autres religieux, en particulier l'archimandrite Denis de la Trinité Saint-Serge et son cellérier, Abraham Palicyn[66]. Tous deux reprennent alors le rôle qu'avaient joué les abbés Zénobe et Martinien au XVᵉ siècle.

Les chartes qui circulent dans le pays reprennent les termes d'Hermogène et des précédentes encycliques appelant à l'union pour la défense de l'orthodoxie chrétienne. S'y ajoute l'objectif de «nettoyer Moscou des Lituaniens»: для Московского очищенья отъ Литовскихъ людей… стати съ нами и со всѣми городы Московского государьства заодинъ и Москва отъ Литвы очищати[67]. Un détail, à

---

nikov, *Smuta v Rossii…*, p. 40, 47, 53.

63 *AAE.2*, n° 67, p. 150.

64 *AAE.2*, n° 67, p. 151.

65 R.G. Skrynnikov, *Vasilij Šujskij*, Moscou, 2002, p. 370.

66 *AAE.2*, n° 190 (juillet 1611), n° 202 (avril 1612).

67 *AAE.2*, n° 174, p. 296, n° 177, p. 302 (février 1611).

première vue étrange, montre l'importance primordiale du fait religieux dans la mobilisation. En effet, tous se rallient pour la défense de l'orthodoxie, y compris les
Tatars musulmans des régions limitrophes de Rjazan': и Романовскіе... мурзы и
Татаровя крестъ намъ по своей вѣрѣ дали, стояти съ нами за одинъ, за православную крестіянскую вѣру и за святыя божія церкви... а Московское государьство отъ Полскихъ и Литовскихъ людей очищати[68].

C'est ainsi que l'Église russe, souvent en position de servante de César, quand le
souverain est fermement établi sur le trône, remplit le vide laissé par la personne de
l'empereur et guide le choix des nobles, des Etats Généraux (*Zemskij sobor*) et du
pays tout entier pour la recherche et l'établissement d'un nouveau tsar. Une question
subsidiaire se pose en rapport avec cette période de troubles. Peut-il y avoir une
justification, juridique ou religieuse, à l'assassinat du monarque?

3.2 Comment assassiner le souverain?
Entre 1562 et 1589, la France avait connu trois assassinats de figures politiques de
premier plan, motivés par des raisons religieuses, sans compter le massacre collectif
de la nuit de la Saint-Barthélémy[69]. De plus, avant que Ravaillac réussisse à tuer
Henri IV, le roi échappa à une vingtaine de tentatives contre sa personne. Si l'on
excepte l'assassinat d'Henri le Balafré, qui avait été ordonné par le souverain, tous
les autres meurtres ont été perpétrés par des sujets contre le Roi, ou contre un des
grands du royaume. C'était enfreindre le commandement chrétien «tu ne tueras
point» et attenter à la hiérarchie sociale, établie par Dieu. Pourtant, les perpétrateurs
se sentaient justifiés à agir ainsi. Ils pensaient en effet contribuer au bien public en
tuant un tyran. La doctrine du tyrannicide, apparue dès l'antiquité païenne, n'a pas
disparu avec le christianisme. Au contraire, elle a fait l'objet de longs débats tout au
long du Moyen-âge, jusqu'à l'époque des guerres de religion où elle connaît une
diffusion nouvelle[70]. Pour résumer à l'extrême un dossier complexe, on peut dire
que la plupart des théologiens et des juristes interdisent de tuer un souverain ou une
figure d'autorité, mais identifient aussi des cas où peut et doit être supprimé celui
qui répond à la définition du tyran. L'une des plus éloquentes, parmi d'autres, est
celle du jurisconsulte Bartole, qui fut professeur de droit à Pise de 1339 à 1350. Le
tyran se reconnaît à ce qu'il tue les meilleurs hommes de la cité et même ses frères et
proches parents, à ce qu'il marque les sages d'un signe, détruit les études pour ne
plus former de sages, ne permet pas les réunions particulières, même légitimes, sème
de nombreux espions au milieu des citoyens, maintient la cité en état de division,
appauvrit les citoyens, mène la guerre contre l'étranger, se fait garder par des étran-

---

68 *AAE.2*, n° 179, p. 306 (février 1611).
69 En 1562, François de Guise est assassiné par le protestant Poltrot de Méré, le 23 décembre
    1588, Henri le Balafré est tué sur ordre d'Henri III et le 2 août 1589, Henri III est poignardé par
    Jacques Clément, voir R. Mousnier, *L'Assassinat d'Henri IV...*, p. 89 qui évoque aussi les
    meurtres ou tentatives de meurtre analogues commis aux Pays-Bas et en Angleterre à la même
    époque.
70 Voir l'exposé très complet de R. Mousnier, *L'Assassinat d'Henri IV...*, p. 47-88.

gers, adhère à un parti, et, avec l'aide de celui-ci, chasse les autres. Tout cela est contraire à ce que doit être un bon gouvernement[71].

La distinction entre «tyran d'exercice» (héritier légitime du trône se comportant en tyran) et «tyran d'usurpation» est souvent mise en avant. Il est moins permissible de tuer un tyran d'exercice, mais cela peut être admis dans des cas graves. C'est aux magistrats et aux autorités traditionnelles du pays qu'il appartient de déposer le tyran, voire de le condamner, à condition qu'ils n'aient pas été éliminés ou intimidés. Dans ce cas, un groupe de sujets ou un simple individu peut se sentir investi d'une mission divine et tuer le souverain. Ni Jacques Clément, ni Ravaillac n'ont avoué, en dépit de tortures répétées, avoir été recrutés et armés par une puissance quelconque (l'Espagne, le pape, les jésuites…). Ils ont agi de leur propre chef, pour le bien commun et dans l'espoir de rétablir l'ordre divin. Le cas de Ravaillac est très intéressant: il a attendu que la reine, Marie de Médicis, fût couronnée et sacrée régente du royaume, le 13 mai 1610, à Saint-Denis. Ravaillac comptait empêcher Henri IV de poursuivre sa politique anti-catholique, tant en France, qu'à l'étranger, où il s'apprêtait à entrer en guerre contre l'Espagne. Pour autant, il ne voulait pas priver le pays de souverain et le replonger dans la guerre civile.

Plusieurs des caractéristiques du tyran selon Bartole peuvent s'appliquer aux détenteurs du trône russe. Ivan le Terrible a tué beaucoup des meilleurs hommes et même ses frères et proches parents. Boris a fait de même ou été accusé de l'avoir fait. Les espions de Boris surveillaient étroitement l'opinion russe. Dmitrij, quant à lui, s'est fait garder par des étrangers qui ont été son dernier rempart contre ses assassins. Que ressentaient donc les Russes eux-mêmes et quelles étaient leurs idées à-propos de l'inviolabilité du souverain? Personne ne semble avoir levé la main sur Ivan le Terrible, son fils Fedor, ou Boris Godunov. La légende a pu voir l'effet du poison dans le décès de chacun d'entre eux, mais le forfait n'est ni revendiqué, ni puni. Si l'on admet quelque malveillance, il s'agirait d'une intrigue de cour, se déroulant à l'abri des regards et qui ne pourrait se prévaloir d'aucune justification théologique ou juridique.

Le cas du tsarévitch Dmitrij est toujours chaudement débattu. Les deux versions officielles successives à propos de son décès en 1591 sont l'accident, dû à l'épilepsie, ou le meurtre, commandité par Boris[72]. Dans les deux cas, le peuple, n'intervient qu'après la mort, dans l'intention de punir les assassins présumés. S'il est châtié, c'est pour s'être trompé et avoir tué des innocents, par ailleurs sa colère vengeresse, dirigée contre ceux qui auraient attenté à la vie du tsarévitch, est légitime. Ainsi, la personne du souverain, même simple prince héritier, est-elle inviolable.

L'assassinat de Fedor, le fils de Boris Godunov, et de sa mère (juin 1605), celui du premier faux-Dmitrij (mai 1606) et du second (décembre 1610) sont d'une autre nature. Cette fois, la personne royale est indéniablement violée et les serments prêtés

---

71 Cité d'après R. Mousnier, *L'Assassinat d'Henri IV…*, p. 66-67.
72 R. G. Skrynnikov, *Samozvancy v Rossii v načale XVII veka: Grigorij Otrep'ev,* Novosibirsk, 1987, p. 10-16.

envers elle ouvertement trahis. Dans le cas de la famille Godunov, on peut parler d'une réaction collective, bien entendu soigneusement orientée par les adversaires politiques de cette famille. La mort inopinée de Boris, le avril 1605, en même temps que les succès (pourtant limités) du faux-Dmitrij ont paru manifester la volonté du ciel. Dès lors, si Dmitrij est véritablement fils d'Ivan le Terrible, Boris et sa lignée sont de vils usurpateurs qui ont «trompé» le peuple. Le serment de fidélité qui leur a été prêté est caduc et ils méritent la mort. Des théologiens occidentaux auraient pu qualifier Boris de «tyran d'usurpation»; quant à ceux qui renversent son fils, ils pensent agir au nom du souverain légitime plutôt qu'en leur nom propre.

La mise à mort du Premier faux-Dmitrij est plus ambiguë. Elle a l'aspect d'une nouvelle manifestation de la vindicte populaire, toutefois l'assassinat du tsar lui-même semble avoir été le fait d'un petit groupe de comploteurs, plutôt que des Moscovites[73]. C'est ensuite, quand on expose le cadavre en déclarant que le tsar a confessé son imposture et que sa prétendue mère l'a désavoué, que la foule se joint véritablement aux assassins. Et sa colère est plus particulièrement dirigée contre les étrangers, Polonais et autres, qui avaient accompagné Dmitrij et son épouse Marina. Enfin, l'assassinat du deuxième faux-Dmitrij se produit alors qu'il est déjà largement disqualifié aux yeux des gens de son propre camp. Même à l'époque de Tušino, il arrivait que Polonais ou cosaques le rudoient en public. En décembre 1610, celui qui tue le prétendant du côté de Kaluga, n'a sans doute pas l'impression de commettre un régicide.

Notons enfin que ni Dmitrij, ni Vasilij Šujskij ne parvinrent à fonder une dynastie en donnant un héritier au trône. Marina Mniszech eut bien un fils, mais du «rebelle de Tušino», c'est-à-dire du second (ou troisième) faux-Dmitrij. En dépit du peu de considération dont la mère et le père jouissaient, on jugea plus prudent de mettre à mort ce malheureux enfant lorsqu'il fut capturé, en 1614. Ce meurtre pourrait être qualifié d'assassinat de précaution, tout comme les nombreux internements des cadets de la dynastie moscovite qui avaient fini leurs jours en prison, y compris alors qu'ils n'avaient pas exercé la fonction princière. Le Livre des degrés, que nous citions en ouverture de cet article a d'ailleurs dans sa préface une vision intéressante de la lignée impériale. Elle est une sorte de sacerdoce royal, qui s'accomplit dans la joie et la douleur, dans la pompe royale comme en prison: мнози отъ нихъ мужеска полу и женска Богу угодиша въ благоденственномъ державствѣ, въ супружествѣ живуще и во благородномъ многочадіи, овіи же безсупружествомъ, чистотою, иночествомъ и мученіемъ за Христа, и на бранехъ храбростію, и благодарнымъ терпѣніемъ восплененіихъ, въ нужахъ, и въ юзахъ, и въ темницахъ, и въ межеусобныхъ крамолахъ озлобленіемъ и лишеніемъ очію и заточеніемъ…[74]

---

73 *Ibid.*, p. 197-203; R. G. Skrynnikov, *Smuta v Rossii…*, p. 33-39.
74 *Stepennaja kniga carskogo rodoslovija po drevnejšim spiskam*, t.1, p.147-148.

Héros providentiel et tsar orthodoxe: les deux rôles du souverain

Du point de vue strictement dynastique, on peut se demander si la lignée moscovite n'a pas connu une crise de succession endémique à partir du règne de Vasilij II (1425-1462) où pour la première fois la transmission verticale, de père à fils, l'a emporté sur la transmission traditionnelle, de frère à frère, au terme d'un conflit ouvert. La seule dévolution à peu près pacifique est celle de 1462. Vasilij II meurt après un long règne, mais il était aveugle depuis 1446 et son fils aîné, le futur Ivan III, avait été associé au trône très tôt. De plus, Vasilij II avait pris la précaution de faire interner son cousin Vasilij Jaroslavič qui pourtant lui avait été d'une fidélité sans faille. Au cours de son règne, Ivan III se montre extrêmement méfiant vis-à-vis de ses proches parents, n'hésitant pas à emprisonner son frère Andrej l'Aîné et les fils de ce dernier en 1491. La succession d'Ivan III est ensuite disputée entre son petit-fils d'un premier mariage (Dmitrij) et le fils aîné d'une seconde union (Vasilij) pendant plus de quatre ans (1497-1502). Cette lutte se termine aussi par l'emprisonnement de Dmitrij Vnuk et de sa mère. A la mort de Vasilij III, qui laisse un fils de trois ans, issu d'un remariage peu canonique, les oncles du jeune grand-prince sont immédiatement jetés en prison, car ils sont considérés comme des rivaux potentiels. Ivan le Terrible connaît une première fois les affres de la succession dès 1553, quand il manque mourir, puis à partir de 1581, quand il tue son fils Ivan dans un accès de colère. Entre-temps, il aura fait exécuter son cousin Vladimir Andreevič, coupable d'être trop proche du trône (1569). La crise politique des Troubles est née sans doute de ces éliminations successives qui ont hâté l'extinction de la dynastie moscovite, tout en concentrant le pouvoir plus que jamais sur une seule tête. Le Temps des Troubles met toutefois à nu d'autres mécanismes de la souveraineté et permet de comprendre qu'elle ne repose pas seulement sur l'hérédité ou la fortune des armes.

Yves-Marie Bercé a parfaitement résumé les deux regards que l'on peut porter sur la réussite d'Henri IV. «Une lecture simplifiée du règne pourrait attribuer les succès d'Henri IV à sa capacité militaire, à son discernement politique et à son talent de popularité, qui l'aidait à construire son image généreuse et joyeuse, reflet sincère de sa personnalité et, plus tard, fondement de sa légende. Ce seraient là les qualités, somme toute banales, que la postérité reconnaît aux hommes d'Etat glorieux. Il semble qu'au-delà on pourrait reconnaître à Henri IV un génie plus secret. Le ralliement de la France ligueuse, la réconciliation de la nation, le rétablissement de la dignité royale et la fondation d'une nouvelle dynastie supposaient l'intuition et la compréhension d'une légitimité profonde et essentielle… Cette légitimité se reconnaissait à des signes, les rites du sacre et ses serments prêtés à l'Église et au peuple, la conformité aux coutumes ancestrales des rois prédécesseurs, ou le respect des traditions surnaturelles de la monarchie française… Il savait remplir les deux rôles charismatiques du souverain, celui du héros providentiel de l'instant, victorieux et glorieux, et celui du roi de toujours, restaurateur et fondateur»[75].

On serait tenté de dire que le premier faux-Dmitrij incarna à merveille le rôle du héros providentiel, mais multiplia ensuite les signes tendant à montrer qu'il n'était pas le roi de toujours. Sa rencontre avec sa mère, Marija Nagaja, conclue par la reconnaissance officielle de celle-ci est le seul lien qu'il parvint à établir fermement avec le passé de la monarchie russe. Le jour de son assassinat, c'est encore à sa mère qu'il en aurait appelé pour confirmer qu'il était bien le véritable souverain. Par contre, Dmitrij a contrevenu de façon choquante aux traditions religieuses et matrimoniales de ses ancêtres. De son côté, Vasilij Šujskij fit preuve d'une certaine aptitude à incarner le roi de toujours, restaurateur et fondateur. Tout comme Henri IV, il manifesta une attention patiente au respect des traditions surnaturelles, en particulier avec la cérémonie du transfert de la dépouille du vrai Dmitrij à Moscou qui produisit les miracles escomptés, de la même façon que le toucher des écrouelles en France. En revanche, le tsar Vasilij ne sut jamais incarner le héros victorieux et glorieux. Ce rôle échut à son neveu, Skopin-Šujskij, dont la mort suspecte contribua lourdement à la chute de Vasilij Šujskij.

---

75 Y.-M. Bercé, *Le Roi caché...*, p. 183-184.

Релиозно-нравственное обососнование административных преобразований в России XVI века[*]

Михаил Кром

Толчком к предлагаемым здесь размышлениям и наблюдениям послужил контраст между двумя различными образами России XVI в., возникающий при чтении работ по истории древнерусской книжности и культуры, с одной стороны, и исследований по политической истории указанной эпохи – с другой. Ученые, изучающие русскую книжность того времени, рисуют образ православного царства, правитель которого, как и его подданные, был больше всего озабочен проблемой спасения души[1]. Со страниц многочисленных работ по политической истории России XVI в. встает совершенно другой образ – почти светского государства, в котором энергично и планомерно проводились реформы, направленные на дальнейшую централизацию страны.[2]

---

[*] Выражаю искреннюю признательность участникам конференции «Религия и интеграция в Московской Руси» (Кильский университет, 30 апреля – 4 мая 2008 г.) за высказанные ими замечания по поводу моего доклада, положенного в основу данной статьи. Особая благодарность – проф. Дэвиду Голдфранку (David Goldfrank) за присланные им комментарии к тексту доклада, учтенные мною в работе над статьей.

1 См.: *Rowland D.* The Problem of Advice in Muscovite Tales about the Time of Troubles // Russian History. Vol. 6. № 2. 1979. P. 259-283; *Юрганов А. Л.* Категории русской средневековой культуры. М., 1998; *Богданов А. П.* Российское православное самодержавное царство // Царь и царство в русском общественном сознании. М., 1999. С. 94-111; *Каравашкин А. В.* Русская средневековая публицистика: Иван Пересветов, Иван Грозный, Андрей Курбский. М., 2000; и др.

2 Этот образ возник в советской историографии 50-60-х гг. (см.: *Смирнов И. И.* Очерки политической истории Русского государства 30 – 50-х годов XVI века. М., Л., 1958; *Зимин А. А.* Реформы Ивана Грозного. М., 1960; *Носов Н. Е.* Очерки по истории местного управления Русского государства первой половины XVI века. М., Л., 1957; *его же.* Становление сословно-представительных учреждений в России. Изыскания о земской реформе Ивана Грозного. Л., 1969) и, с некоторыми изменениями, благополучно дожил до нашего времени. Оценки «реформ» в современной литературе, российской и зарубежной, см.: *Скрынников Р. Г.* Царство террора. СПб., 1992. С. 90-105; *Панеях В. М.* Русь в XV – XVII вв. Становление и эволюция власти русских царей // Власть и реформы: От самодержавной к советской России. СПб., 1996. С. 61-70; *Назаров В. Д.* Государство, сословия и реформы середины XVI в. в России // Реформы и реформаторы в истории России: Сборник статей. М., 1996. С. 10-22; *Crummey R. O.* Reform under Ivan IV: Gradualism and Terror // *Crummey R. O.* (ed.) Reform in Russia and the USSR. Past and Prospects. Chicago, 1989. P. 12-27; *Kämpfer F., Stökl G.* Rußland an der Schwelle zur Neuzeit. Das Moskauer Zartum unter Ivan IV. Groznyj // *Hellmann M.* (Hrsg.) Handbuch der Geschichte

Не противоречит ли один из этих образов другому? Мне уже приходилось обращать внимание коллег на некоторые «странности», которые не укладываются в привычную концепцию «реформ Ивана Грозного»[3]. Прежде всего, несмотря на все усилия исследователей, так и не удалось однозначно определить круг реформаторов, т.е. тех лиц в составе правящих кругов, которые были ответственны за проведение того или иного конкретного преобразования[4]. Не меньшие трудности связаны с выяснением хронологических рамок реформ XVI в., последовательности и внутренней логики их осуществления[5].

Сразу хочу подчеркнуть, что я вовсе не подвергаю сомнению значимость и масштабность изменений, произошедших в России в течение XVI столетия. Моя цель в другом – выявить специфику преобразований той поры – эпохи позднего средневековья, – отличающую их от реформ Нового и новейшего времени. Один из путей решения поставленной задачи видится мне в изучении текстов, которые могут пролить свет на то, как сами современники понимали цели и мотивы проводимых мероприятий. В предлагаемом докладе анализируются источники различных жанров: летописи, тексты церковного происхождения, законодательные акты, – в которых обсуждаются меры, названные впоследствии историками «реформами».

Начнем с самой ранней из этих мер, известной в научной литературе как «денежная реформа 1530-х гг.». Исследователи считают эту реформу «важным моментом в процессе создания единой общерусской денежной системы»[6]. А вот как объясняли цель и смысл введения новых денег летописцы середины XVI в. Летописец начала царства (памятник 1550-х гг.) рассказывает под 7043 (1535) г.: «Тоя же зимы князь велики и мати его великая княгинии, *видев неправду в людех*: денег умножися в людех подделных и резаных, – *и восхоте то лукавство из своего государства вывести*, и посоветовав о том з боляры, и повеле государь и его мати делати деньги новые...»[7] (здесь и далее выделено

Rußlands. Bd. I. II. Halbband. Stuttgart, 1989. S. 875, 879-893; *Martin J.* Medieval Russia. 980-1584. Cambridge, 1995. P. 345-346; *Pavlov A., Perrie M.* Ivan the Terrible. London etc., 2003. P. 55-78; *Bogatyrev S.* Ivan IV (1533 – 1584) // *Perrie M.* (ed.) The Cambridge History of Russia. Vol. I. Cambridge, 2006, P. 253-255.

3 См.: *Кром М. М.* К пониманию московской «политики» XVI в.: дискурс и практика российской позднесредневековой монархии // Одиссей. Человек в истории. М., 2005. С. 283-303.

4 Этот факт признается в современной литературе многими авторами: *Crummey R. O.* The Formation of Muscovy 1304 – 1613. London, New York, 1987. P. 148-149; *Флоря Б. Н.* Иван Грозный. М., 1999. С. 50; *Pavlov A., Perrie M.* Ivan the Terrible... P. 59-60, 62, 64; *Bogatyrev S.* Ivan IV... P. 255.

5 См. подробнее: *Кром М. М.* Хронология губной реформы и некоторые особенности административных преобразований в России XVI века // Исторические записки. Вып. 10 (128). М., 2007. С. 373-397.

6 *Смирнов И. И.* Очерки политической истории... С. 52.

7 Полное собрание русских летописей (ПСРЛ). Т. 29. М., 1965. С. 17.

мной. – *М. К.*). Как видим, летописец рассматривает эту меру как искоренение «неправды в людех» и «выведение лукавства» из государства.

Более подробное религиозно-нравственное обоснование введения новых денег содержится в новгородской летописи по списку П. П. Дубровского. Сообщив о внешних отличиях новой монеты от старой, которую чеканили при Василии III, летописец далее поясняет: «Понеже при державе великого князя Василья Ивановича начаша безумнии человеци *научением дияволим* те прежние деньги резати и злый примес в сребро класти, и того много лет творяху...». Казни не помогали: «они же безумнии друг от друга *вражьим навожением* сему злому обычаю учахуся...»[8]. Порча монеты, таким образом, в изображении летописца предстает как следствие порчи нравов под действием дьявольского соблазна. На той же почве распространился еще один грех – клятвопреступления: «тем злым обычаем клятвы злых словес... всю землю наполниша, понеже сие худые денги ови хвалят, а инии хулят, и того ради в людях клятвы и злых словес без числа наполнися. А прелсти бо их враг, – летописец вновь указывает коренную (метафизическую) причину всех людских несчастий, – яко от того безумия инии в мале обогатеша, а вскоре погибоша, мнози напрасными и безгодными смертми изомроша». Вот в такой обстановке и было принято решение о чеканке новой монеты: «И государь князь велики Иван Васильевич и мати его благочестивая великая княгиня Елена, помысля с своими бояры, повелеша те резаные денги заповедати и не торговати ими, и сливати их в сребро, и делати новые денги без всякого примеса»[9].

От этих рассказов веет глубоким средневековьем: на память приходит, например, борьба за «хорошие» деньги во Франции при Людовике Святом (в 1262 – 1270 гг.), включавшая в себя и запрет подделки королевских монет, и чеканку новых денежных знаков[10].

Разумеется, сказанное не означает, что мероприятия, проведенные в сфере денежного обращения правительством Елены Глинской, не содержали в себе никакого практического расчета. Расчет, несомненно, был: как указывают нумизматы, реформа 1530-х гг. сопровождалась понижением стопы, т. е. новые монеты были легче по весу, чем старые (из гривенки серебра теперь чеканили «новгородок» не на 2, 6, а на 3 рубля[11]). Однако технические сред-ства не должны заслонять собой целей, или мотивов, принятых мер, а они, судя по приведенным летописным рассказам, целиком находились в рамках

---

8 ПСРЛ. Т. 43. М., 2004. С. 236.

9 Там же.

10 См.: *Ле Гофф Ж.* Людовик IX Святой. Пер. с франц. В. И. Матузовой. М., 2001. С. 191-194.

11 *Спасский И. Г.* Русская монетная система. 4-е изд. Л., 1970. С. 111.

средневековой христианской морали: долг благочестивого государя заключался, среди прочего, и в защите «добрых» денег[12].

Ясно, что *так* понимаемая задача монетного регулирования была вполне консервативна, и поэтому не удивительно, что летописцы никак не подчеркивают (в отличие от ряда историков XX в.!) радикализм упомянутого нововведения. Кстати говоря, современные исследователи гораздо сдержаннее, чем их предшественники, оценивают эффект реформы 1530-х гг. в плане унификации денежной системы в стране: «не было ни единого руководства денежными дворами, – пишет А. С. Мельникова, – ни единого денежного обращения, хотя, разумеется, черты централизации в денежном деле уже давали о себе знать»[13].

Кроме того, приведенный пример показывает, на мой взгляд, как важно при оценке преобразований XVI в. отличать конкретные мотивы, которыми руководствовались власти, предпринимая те или иные шаги, от отдаленных последствий этих мер, которые проводившие их лица не предвидели и не ставили своей целью. Начальная история губных учреждений в России дает еще одно подтверждение этой мысли.

Каких только целей не приписывали историки инициаторам так называемой губной реформы, начавшейся, судя по дошедшим до нас грамотам, в конце 1530-х гг.! Долгое время считалось, что реформа была направлена против наместничьего управления, однако к настоящему времени и российские историки, и зарубежные русисты отказались от этого взгляда[14]. Назывались и другие цели упомянутого нововведения: подавление антифеодальных выступлений, укрепление позиций Москвы на территории бывших уделов[15] или создание на местах органов сословного представительства[16]. Но если не

---

12 Само выражение «добрые деньги» также содержится в летописном повествовании: « а в *старых деньгах в добрых*,– говорит Летописец начала царства, – в новогородках и в московках, в гривенке полтретья рубля з гривною...» (ПСРЛ. Т. 29. С. 17).

13 *Мельникова А. С.* Русские монеты от Ивана Грозного до Петра Первого (история русской денежной системы с 1533 по 1682 год). М., 1989. С. 16.

14 Тезис об «антинаместничьей» направленности губной реформы был сформулирован в известной монографии Н. Е. Носова (*Носов Н. Е.* Очерки по истории местного управления... С. 229-234, 286-287) и стал общим местом в советской историографии конца 50-х – 70-х гг. Критику этого тезиса в современной литературе см.: *Davies B.* The Town Governors in the Reign of Ivan IV // Russian History. Vol. 14. 1987. P. 87-90, 99; *Пашкова Т. И.* Местное управление в Русском государстве первой половины XVI века (наместники и волостели). М., 2000. С. 117-118.

15 С. М. Каштанов полагал, что губная реформа проводилась в первую очередь на территории бывших уделов и полуавтономных образований (*Каштанов С. М.* К проблеме местного управления в России первой половины XVI в. // История СССР. № 6. 1959. С. 143-146).

16 В посмертно опубликованных работах, отразивших замысел неосуществленного монографического исследования, Н. Е. Носов рассматривал губную реформу 30 – 40-х годов XVI в. как шаг на пути к созданию сословно-представительных учреждений на местах (*Носов Н. Е.* Социальная борьба и «земское устроение» в России в 30 – 40-х годах XVI в.

искать в действиях боярского правительства 30-х гг. XVI в. некий тайный замысел, а придерживаться текста самих губных грамот, то нужно признать, что единственной задачей, которую пытались решить власти при помощи вновь создаваемых на местах органов губного сыска, была решительная и бескомпромиссная борьба с разбоями. Все остальные разнообразные функции, выполнявшиеся впоследствии губными старостами, появились в ходе дальнейшей эволюции этого института, и нет никаких оснований считать, что они были «запрограммированы» уже в ходе первых экспериментов по введению губных учреждений в ряде северных уездов в 30-е гг. XVI в.

Интересно, что ранние губные грамоты также содержат в себе религиозно-нравственный компонент: возлагая на выборных старост и «лучших людей» обязанности по сыску разбойников, великий князь (от имени которого составлены грамоты) несколько раз повторяет: «то есми положил на душах ваших»[17]. А в основе процедуры обыска, который должны были вести на местах губные старосты для выявления лиц, промышлявших разбоем, лежало противопоставление «людей добрых» и «лихих людей, разбойников»[18]. Но ведь поддержание порядка в стране, защита «добрых людей» и наказание «злых разбойников» испокон веку были обязанностью христианского государя!

50-е годы XVI в. считаются в научной литературе эпохой реформ *par excellence*. Программу будущих преобразований историки видят в так называемых «царских вопросах» – тексте, дошедшем до нас в составе сборника, принадлежавшего волоцкому игумену Евфимию Туркову[19]. Датировки этого документа, предлагаемые разными исследователями, варьируют в пределах года: от февраля 1550 г. до времени заседаний Стоглавого собора, т.е. января – февраля 1551 г.[20] Содержание «царских вопросов» анализировалось в

// Генезис и развитие феодализма в России. Л., 1985. С. 137-140, 144; *его же*. Становление сословного представительства в России в первой половине XVI в. // Исторические записки. Т. 114. М., 1986. С. 160-162).

17 См., например, самую раннюю из сохранившихся – Белозерскую губную грамоту от 23 октября 1539 г.: Акты, собранные в библиотеках и архивах Российской империи Археографическою экспедициею Императорской Академии наук. Т. I. СПб., 1836. № 187. С. 164. В последующих изданиях грамоты (в том числе в сериях «Памятники русского права», Т. 4, 1956 г., и «Российское законодательство X – XX вв.», Т. 2, 1985 г.) текст передан с грубыми искажениями.

18 Это противопоставление характерно, в частности, для Солигалицкой губной грамоты от 31 августа 1540 г., см.: Акты феодального землевладения и хозяйства. Акты Московского Симонова монастыря. Л., 1983. № 64. С. 75.

19 Опубл.: Памятники русского права (ПРП). Вып. IV. М., 1956. С. 576-580.

20 Ранее ученые вслед за И. Н. Ждановым считали «царские вопросы» частью подготовительных материалов к Стоглавому собору, чем и определялась их датировка (см.: *Смирнов И. И.* Очерки политической истории... С. 486-488). Затем исследователи стали относить их составление к более раннему времени: февралю 1550 г. (А. А. Зимин), лету 1550 г. (Н. Е. Носов, С. О. Шмидт). См.: *Зимин А. А.* Реформы Ивана Грозного... С. 336-338; *Носов Н. Е.* Становление сословно-представительных учреждений... С. 43; *Шмидт С. О.* Становление российского самодержавства. М., 1973. С. 169.

литературе уже не раз, но при этом комментарии историков были посвящены, в основном, выявлению социальной и политической направленности обсуждаемых мер (защита интересов помещиков, укрепление армии и финансов и т.п.)[21]. Тональность и стилистические особенности самого текста во внимание не принимались. При таком подходе из поля зрения исследователей неизбежно ускользали многие важные аспекты изучаемого документа, а его звучание невольно модернизировалось и секуляризировалось.

Между тем уже преамбула к вопросам, выносимым на обсуждение Освященного собора и Боярской думы, наводит на некоторые размышления о характере задуманных преобразований: «Говорити перед государем, и перед митрополитом, и передо владыки, и передо всеми бояры дияку, как было перед (так в тексте, следует: «при». – *М. К.*) великом князе Иване Васильевиче, при деде, и при отце моем (Ивана IV. – *М. К.*), при великом князе Василье Ивановиче, всякие законы, тако бы и ныне устроити *по святым правилом и по праотеческим законом*, и на чом святители, и царь, и все приговорим и уложим, *кое бы было о Бозе твердо и неподвижно в векы*»[22].

Как видим, речь о каких-либо нововведениях вообще не шла; необходимые изменения мыслились как возврат к законам, существовавшим при прежних государях, Иване III и Василии III. Идеал находился не в будущем, а в прошлом: в установлениях предков и правилах святых отцов; справедливое уложение, которое предстояло принять, должно было стать твердым, незыблемым и вечным. Такой взгляд полностью отвечал христианскому средневековому мировоззрению. Невольно возникает вопрос: как подобное умонастроение совмещалось с многочисленными преобразованиями, которые некоторые современные исследователи считают радикальными и ставят в один ряд с реформами Нового времени?[23]

Пытаясь как-то объяснить эти апелляции к «старине», явно противоречащие привычным представлениям о «реформаторском духе» 1550-х гг., исследователи ссылаются на декларируемые правительством намерения покончить со злоупотреблениями, оставшимися в наследство от эпохи «боярского правления»; а, с другой стороны – вообще склонны считать подобные

---

21 См.: ПРП. Вып. IV. С. 592-595; *Смирнов И. И.* Очерки политической истории... С. 301-308; *Зимин А. А.* Реформы Ивана Грозного... С. 338-341; *Носов Н. Е.* Становление сословно-представительных учреждений... С. 24-29.

22 ПРП. Вып. IV. С. 576.

23 В. Д. Назаров подчеркивает кардинальный и радикальный характер преобразований середины XVI в. и видит в них соответствие некоторым важным признакам реформ, выявляемым на материале Нового времени (*Назаров В. Д.* Государство, сословия и реформы.... С. 13, 15, 17, 21). Несколько лет назад, выступая на конференции, Д. Н. Альшиц назвал судебную реформу 1550-х гг. «ближайшей предшественницей судебной реформы Александра II 1864 г.» (*Альшиц Д. Н.* Противостояние реформ и контрреформ – изначальная, врожденная составляющая истории российской государственности // Власть, общество и реформы в России (XVI – начало XX в.): Материалы научно-теоретической конференции 8 – 10 декабря 2003 г. СПб., 2004. С. 8).

заявления некой внешней «формой», прикрывавшей истинные планы властей: по словам А. А. Зимина, «это была лишь та идеологическая форма, в которую облекались новые правовые установления»[24].

Еще дальше по этому пути пошел И. И. Смирнов, который так прокомментировал аналогичные высказывания царя в речи, адресованной участникам церковного собора 1551 г.: «Этот кажущийся «консерватизм» политики, провозглашенный в речи Ивана IV на Стоглавом соборе, в действительности представлял собой лишь подчеркнутую форму, выражавшую намерения правительства продолжать политическую линию правительства Василия III – строительство централизованного государства»[25].

Подобные объяснения вызывают недоумение. Непонятно, на каком основании исследователь считает «кажущимся», т.е. мнимым, консерватизм, который бросается в глаза во многих текстах 50-х гг. XVI в. И если лозунг возврата к старине был лишь формой, в которую власти облекали свои реформаторские планы, то что заставляло их прибегать к такой форме? Кого они пытались таким образом ввести в заблуждение?

Кроме того, утверждение И. И. Смирнова о том, что за образец правительство Ивана IV принимало политику Василия III, его якобы «централизаторский» курс, также не вполне соответствует действительности. Чтобы не быть голословным, процитирую отрывок из «речи» царя на Стоглавом соборе, послуживший И. И. Смирнову основой для приведенного выше комментария.

«Да с нами соборне попрося у Бога помощи во всяких нужах, – обращался царь к иерархам, – посоветуйте и разсудите, и уложите, и утвердите *по правилом святых апостол и святых отець и по прежним законом прародителей наших, чтобы всякое дело и всякие обычеи строилися по Бозе* в нашем царствии при вашем святительском пастырстве, а при нашей дръжаве. А которые обычеи в прежние времена после отца нашего, великого князя Василия Ивановича всея Руси, и до сего настоящаго времени поизшаталося или в самовластии учинено по своим волям, или в предние законы которые порушены, или ослабло дело, и небрегомо Божиих заповедей что творилося, и о всяких земских строениах, и о наших душах заблужение, – о всем о сем доволно себе духовне посоветуйте, и на среду собора. И сие нам возвестите...»[26].

Как показывают выделенные мною слова из царской «речи», идеал Ивана IV находился вовсе не в правлении Василия III как таковом, а в апостольских правилах и учении отцов церкви, чему, как можно понять, полностью соответствовали законы «прародителей» царя. Но за годы, прошедшие после кончины великого князя Василия Ивановича, некоторые обычаи «поисшаталися» из-за

---

24 *Зимин А. А.* Реформы Ивана Грозного... С. 338.
25 *Смирнов И. И.* Очерки политической истории... С. 300.
26 *Емченко Е. Б.* Стоглав. Исследование и текст. М., 2000. С. 253. Пунктуация изменена мною по сравнению с публикацией, чтобы лучше выявить смысл цитируемого отрывка.

несоблюдения («небрегомо») Божьих заповедей; и теперь задача состояла в том, чтобы «всякие земские строения» привести в соответствие с этими источниками вечной истины, ибо «всякое дело и всякие обычаи», как выразился царь, должны строиться «по Бозе». Таким образом, верность «старине», как ее понимали царь и его советники, заключалась отнюдь не в возврате к конкретному политическому курсу его предшественника на троне, а в соблюдении Божьих заповедей и предания святых отцов[27].

Сказанное помогает понять смысл еще одного известного пассажа из текста Стоглава – сообщения о принятии нового Судебника. Напоминая митрополиту и членам Освященного собора о событиях предыдущего года, царь говорил: «Да благословился есми у вас тогды же Судебник *исправити по старине* и утвердити, чтобы суд был праведен и всякие дела непоколебимо во веки. И по вашему благословению и Судебник исправил, и великие заповеди написал, чтобы то было прямо и брежно, суд бы был праведен и безпосульно во всяких делех»[28].

Заметим, что в царской речи Судебник не назван «новым»: процедура его принятия замечательно описана как «исправление по старине». Под «стариной», вероятно, имелись в виду апостольские правила и «прежние законы прародителей наших», о которых упоминает далее царь в своей речи[29]. При этом не стоит думать, будто ссылки на «старину» лишь прикрывали совершенно новое, по сути, законодательство: на самом деле из 100 статей, содержащихся в Судебнике 1550 г., лишь 36, т.е. чуть больше трети – новые, остальные же 64 статьи являются переработкой соответствующих норм Судебника 1497 г.[30] Поэтому формула «исправити по старине» очень точно характеризует и составление нового Судебника, и другие преобразования XVI в. Старые нормы и установления не отменялись одним волевым решением, а редактировались, обрастали дополнениями и постепенно видоизменялись в соответствии с новыми реалиями.

Но вернемся к «царским вопросам» 1550 или 1551 г., которые, по мнению ученых, являют собой программу будущих преобразований. В. Д. Назаров полагает даже, что в этом документе, равно как и в царском Судебнике,

---

27 Между тем и в современной литературе приверженность «старине» рассматривается по-прежнему не в религиозно-нравственной, а в политической плоскости: «Сами нововведения, – пишет В. Д. Назаров, – воспринимались не как преобразования-новации, но как возвращение к правильному устройству общества и власти при прежних государях, к порядкам, порушенным в годы так называемого боярского правления» (*Назаров В. Д.* Государство, сословия и реформы... С. 14). С первой частью этого утверждения (о невосприимчивости общества 1550-х гг. к новациям) я полностью согласен, а со второй – нет: никакого возвращения к порядкам, существовавшим до эпохи «боярского правления», в 50-е годы не происходило ни на словах, ни на деле.

28 *Емченко Е. Б.* Стоглав... С. 252-253.

29 Там же. С. 253.

30 См. комментарий Б. А. Романова к тексту Судебника 1550 г. в кн.: Судебники XV – XVI веков. М., Л., 1952. С. 179-340.

отразилась «необходимость системного подхода к проведению реформ»[31]. Должен признаться, однако, что я не нахожу в тексте «царских вопросов» ни смелых замыслов радикальных реформ, ни, тем более, их систематического изложения.

«Царские вопросы» (всего их 12) распадаются на отдельные блоки, каждый из которых отражает одну из забот правительства: 1) проблема местничества, от которого «воиньскому делу» бывает «поруха» (1-й вопрос); 2) проблема обеспечения служилых людей и их вдов землей и учета вотчин и поместий (вопросы 2-й, 8-й, 9-й и 10-й); 3) вопрос о слободах (3-й); 4) о корчмах (4-й); 5) о мытах и иных торговых пошлинах (вопросы с 5-го по 7-й); 6) об охране ногайских послов и купцов (11-й); 7) о проведении земельной переписи (12-й). Между собой эти блоки вопросов почти никак не связаны.

Наиболее обстоятельно в «царских вопросах» изложена проблема обеспечения служилого люда землей. Видно, что правительство было всерьез озабочено наведением порядка в этой сфере. Отмечалась неравномерность распределения земли и необходимость исправления сложившейся ситуации: «А у которых отцов было поместья на сто четвертей, ино за детми ныне втрое, а иной голоден; а в меру дано на только по книгам, а сметить, ино вдвое, а инъде больши, и то бы приговоря, да поверстати по достоинству безгрешно, а у кого лишек, ино недостаточного пожаловати»[32]. Наряду с мерами уравнительного характера надежды возлагались на строгий учет земли, для чего предлагалось ввести специальные вотчинные книги, куда следовало заносить все сделки с землей. По мысли автора проекта, это должно было защитить землевладельца от возможных злоупотреблений: «ино его (вотчинника. – *М. К.*) не обидит нихто, а ему чюжево прибавить не уметь же; чем умерят лишьком над книгами, то отъимуть на меня (царя. – *М. К.*), и ведомо, за кем сколько прибудет и убудет, и по вотчине и служба знать»[33].

Не предлагая никаких революционных мер, составитель «царских вопросов», словно рачительный хозяин, намечает ряд практических шагов по упорядочиванию служебно-поземельных отношений. Ни введение вотчинных книг, ни другие подобные меры по учету земли и службы, взятые по отдельности, никак нельзя назвать крупными и радикальными реформами, но в своей сово-купности они постепенно изменили облик дворянского сословия.

Тем же хозяйским духом пронизана и заключительная статья документа – о посылке писцов для описания всех земель и угодий. С воодушевлением перечисляет автор проекта все выгоды, которые воспоследуют от занесения в книги земель и их владельцев: «И кого чем пожалую, и по книгам жаловальные грамоты давати слово в слово для того, чтобы вперед тяжа не была о водах и о землях, и что кому дано, тот тем и владей, а утяжют кого через писмо лишь-

---

31 *Назаров В. Д.* Государство, сословия и реформы... С. 14.
32 ПРП. Вып. IV. С. 577.
33 Там же. С. 578.

ком, и то имати на меня, царя и великого князя, да и того ради: кто чего попросит, и яз ведаю, чем кого пожаловати, и хто чем нужень, и хто с чего служит, и то мне будет ведомо же, и жилое, и пустое»[34].

Красноречиво свидетельствуя о заботах, волновавших правительство в начале 50-х гг. XVI в., анализируемый документ, однако, ни словом не упоминает о действительно крупных мероприятиях того времени: например, о принятии Судебника 1550 г. или о подготовке земской реформы. А те меры, которые на самом деле обсуждаются в «царских вопросах» (в частности, необходимость ограничения местничества, ликвидации корчем или отмены проездных пошлин – мытов), реформами в XVI в. так и не стали.

Но если «царские вопросы» не вполне оправдывают ожидания ученых, ищущих в них готовую программу последующих реформ, они, тем не менее, способны многое поведать нам о характере преобразований XVI в. Во-первых, как уже говорилось, это – общая ориентация на освященную временем и церковной традицией старину. Помимо процитированной выше преамбулы к документу, прямая ссылка на порядки, существовавшие при Иване III и Василии III, имеется в третьем вопросе – о слободах: «Да у монастырей, и у князей, и у бояр слободы вHOBе починены, а где бывали старые, извечные слободы, государьская подать и земьская тягль изгибла, и вперед как тому быти?» – Решение было предложено искать в установлениях прежних государей: «И възрите в дедовы и в батьковы в уставные книги, каков был указ слободам, ино бы так и ныне учинити»[35].

Во-вторых, статьи «царских вопросов» пронизывает дух мелочной регламентации, подробного описания всевозможных казусов. Эта черта, органически присущая патримониальной (вотчинной) монархии, характерна и для Судебника 1550 г., и для текста Стоглава. Подробную регламентацию разных сторон светской и церковной жизни, свойственную обоим памятникам, Роберт Крамми удачно назвал «наведением порядка в доме», «домоводством» (housekeeping)[36].

Указанные выше черты правительственной деятельности 50-х гг. XVI в. нисколько не противоречат друг другу: как справедливо отметили Франк Кемпфер и Гюнтер Штёкль, «высшей целью реформаторов – несмотря на видимость сознательной модернизации – было устранение реальных непорядков в жизни церкви и государства, возврат к «доброму старому времени» (старине)»[37].

В-третьих, нужно отметить публичный характер обсуждения важных проблем в Русском государстве начала 50-х гг. XVI в.: согласно преамбуле «царских вопросов», дьяк должен был зачитать их перед государем, митрополитом,

---

34 Там же. С. 580.
35 ПРП. Вып. IV. С. 577.
36 *Crummey R. O.* Reform under Ivan IV... P. 14.
37 *Kämpfer F., Stökl G.* Rußland an der Schwelle zur Neuzeit... S. 883.

освященным собором и Боярской думой[38]. По моим наблюдениям, появление и развитие соборной практики в указанное время было тесно связано с идеологией общегосударственной пользы («дела государева и земского»), отразившейся в летописании и других текстах изучаемой эпохи[39]. В научной литературе уже обращалось внимание на мотив заботы об общем благе в тексте «царских вопросов», однако исследователи не придавали ему серьезного значения[40].

Наконец, не следует забывать и о религиозно-нравственном контексте, в котором упомянутые мероприятия обсуждались и осуществлялись. Показательно, что необходимость отмены корчем, о которой говорится в четвертой статье «царских вопросов» и которая советскими историками связывалась с классовой борьбой или экономическим расчетом правительства[41], в самом тексте мотивируется заботой о христианских душах: «...а корчмы бы отнюдь не было, *занеже от корчемь христианом великая беда чинитца и душам погибель*»[42].

Содержание «царских вопросов» в ряде пунктов перекликается с известным сочинением Ермолая-Еразма «Правительница» («Аще восхотят царем правителница и землемерие»), относящимся к тому же времени, 50-м годам XVI в.[43] Поскольку творения Ермолая-Еразма, включая «Правительницу», сохранились в виде авторских рукописей[44], сомнений в их аутентичности (в отличие от не менее знаменитых трактатов Ивана Пересветова) не возникает,

---

38 ПРП. Вып. IV. С. 576. Публичный характер преобразований 1550-х гг. справедливо подчеркивается В. Д. Назаровым: *Назаров В. Д.* Государство, сословия и реформы... С. 20-21.

39 См. подробнее: *Krom M.* Die Sache des Herrschers und des Landes. Das Aufkommen der öffentlichen Politik in Russland im 16. und 17. Jahrhundert // *Steinmetz W. (Hrsg.)* Politik. Situationen eines Wortgebrauchs im Europa der Neuzeit. Frankfurt, New York, 2007. S. 206-225, особенно S. 210-219.

40 Так, Н. Е. Носов с иронией писал о демонстрируемой царем в тексте «вопросов» заботе об общем благе: *Носов Н. Е.* Становление сословно-представительных учреждений... С. 24, 26. Очевидно, в рамках обязательного для советской историографии классового подхода тема общего блага, тем более в текстах, составленных от имени царя, не могла восприниматься всерьез.

41 Об экономической выгоде замены корчем налогом на брагу («бражным») рассуждал И. И. Смирнов (*Смирнов И. И.* Очерки политической истории... С. 307). А. А. Зимин полагал, что намерение ликвидировать корчмы было связано с тем, что они «в годы обострения классовой борьбы представляли особую опасность, как место скопления элементов, недовольных существовавшим строем» (*Зимин А. А.* Реформы Ивана Грозного... С. 341).

42 ПРП. Вып. IV. С. 577-578.

43 Публикацию текста см.: Памятники литературы Древней Руси. Конец XV – первая половина XVI века. М., 1984. С. 652-663.

44 Сводку известных на сегодняшний день данных о Ермолае-Еразме и его сочинениях см.: *Дмитриева Р. П.* Ермолай-Еразм (Ермолай Прегрешный) // Словарь книжников и книжности Древней Руси. Вып. 2 (вторая половина XIV – XVI в.) Ч. 1. А-К. Л., 1988. С. 220-225 (здесь же подробная библиография).

что делает их надежной основой для выяснения идейного контекста изучаемой эпохи.

Главная тема сочинения Ермолая-Еразма – усовершенствование приемов землемерия, что вполне созвучно с одним из «царских вопросов», составитель которых, как уже говорилось, был озабочен необходимостью проведения земельной переписи. Ермолай предлагал заменить применявшуюся тогда в качестве единицы земельной площади четверть «четверогранным поприщем», т.е. квадратной верстой. Преимущества предлагаемой меры он видел в ускорении самого процесса измерения и в прекращении межевых тяжб, обычных, по его мнению, при существовавшей в ту пору четвертной системе[45]. Проект носил, по-видимому, утопический характер, но показательно, сколь подробно, с какой детализацией он был изложен!

Рациональное обоснование предлагаемых мер соседствовало у Ермолая-Еразма со ссылками на авторитет Священного писания. Так, он напомнил своим читателям библейский рассказ об Иосифе, по инициативе которого в Египте был введен хлебный налог в одну пятую часть урожая (Быт. 41: 34). Такую же подать, по мнению автора «Правительницы», следует взимать русскому царю и вельможам со своих крестьян[46].

Справедливость, разумный порядок, благочестие – таковы важнейшие принципы, на которых основан проект Ермолая-Еразма. Его трактат завершается призывом закрыть корчмы и запретить варить хмельные напитки – источник всевозможных грехов[47]. Это требование полностью совпадает с четвертым пунктом «царских вопросов», о котором шла речь выше.

Говоря о религиозном контексте восприятия преобразований 1550-х гг., уместно напомнить, что проанализированные выше тексты или возникли в церковной среде (Стоглав, сочинения Ермолая-Еразма), или дошли до нас в составе сборника церковного содержания («царские вопросы»). Светский же дискурс о реформах середины XVI в. нам вообще неизвестен. Официальное летописание – наш основной источник информации о политической истории той эпохи – очень скупо освящает внутренние преобразования в стране. Ни принятие Судебника, ни проведение губной реформы московские летописцы не сочли событиями, достойными упоминания. О земской реформе есть рассказ в Никоновской летописи, но он настолько перегружен церковной лексикой, что его никак нельзя причислить к светской литературе. Между тем этот рассказ, как справедливо отметил В. Д. Назаров, является единственным пространным текстом о реформах в официальной летописи[48].

Статья, о которой идет речь, помещена в списке Оболенского Никоновской летописи под заголовком «Приговор царской о кормлениах и о службе» и да-

---

45 Памятники литературы Древней Руси. Конец XV – первая половина XVI века. С. 656.
46 Там же. С. 654.
47 Там же. С. 660, 662.
48 *Назаров В. Д.* Государство, сословия и реформы... С. 15.

тирована 7064 (1555/56) годом. Как показал А. А. Зимин, летописный рассказ не является документальным изложением официального узаконения, а представляет собой текст публицистического характера[49].

Летописец начинает свой рассказ с красочного описания многочисленных злоупотреблений, предшествовавших отмене кормлений: «И вниде в слух благочестивому царю, что многие грады и волости пусты учинили наместники и волостели, изо многих лет презрев страх Божий и государьские уставы, и много злокозненых дел на них учиниша; не быша им пастыри и учители, но сътворишася им гонители и разорители». Со своей стороны, «мужичье» тех городов и волостей мстило кормленщикам: «многие коварства содеяша и убийства их людем; и как едут с кормлений, и мужики многими искы отъискывают; *и много в том кровопролития и осквернениа душам содеяша, их же не подобает в христианском законе ни слышати...*», – резюмирует летописец[50].

Далее следует панегирик Ивану IV, выдержанный в духе церковной риторики: «Царю же благочестивому обычай бяше таков: начало его премудрости страх Господень, въ всем пред Богом собя чиста соблюдает, церковное предстояние в страсе и трепете имети, ничто же глаголющее, ниже помышляющее в время святаго пения, токмо съвесть своя пред Богом исправляюща; и на всяк день никоторым обычаем не разлучится от преданного правила божественаго всего церковнаго, такоже и уединенная молитва, потом же суд и правда нелицемерна всем; потехи же царьские, ловы и иные учрежения, еже подобает обычаем царьским, все оставиша, но тъщащеся по Христе волю Его сътворити во всем и порученые ему государства съблюсти и устроити во всем подобие вправду и оборонити от всех иноверных бусурман и латын»[51].

Столь же велеречиво восхваляет панегирист мужество и благочестие государя, все мысли которого заняты-де только «избавлением единородных наших братий православных христиан», и его «равную любовь» ко всем подданным. Лишь убедив читателя в том, что царь, в соответствии со словами Евангелия, есть «пастырь добрый», летописец переходит, наконец, к изложению сути приговора о кормлениях. Однако эта часть рассказа малосодержательна и составлена в столь общих выражениях, что остается неясным, идет ли речь о земской реформе, или заодно и о губной тоже[52]. Оценка проводимым преобразованиям дается с точки зрения церковной морали: «царское повеление» в изображении летописца направлено на искоренение «во градех и волостех» «вражды», «неправедной мзды» и «лживого послушества»[53].

---

49 *Зимин А. А.* Реформы Ивана Грозного... С. 429-431.
50 ПСРЛ. Т. 13. Ч. 1. СПб., 1904. С. 267.
51 ПСРЛ. Т. 13. Ч. 1. С. 267-268.
52 На эту особенность летописного рассказа обратил внимание А. А. Зимин (Реформы... С. 431).
53 ПСРЛ. Т. 13. Ч. 1. С. 268.

В том же духе излагается далее и содержание приговора о службе. Основной мотив этого узаконения, как его понимает летописец, – равномерное и справедливое распределение служебных обязанностей в соответствии с размерами земельных владений: «которые велможи и всякие воини многыми землями завладали, службою оскудеша, – не против государева жалованья и своих вотчин служба их, – государь же им уровнения творяше: в поместьях землемерие им учиниша, комуждо что достойно, так устроиша, преизлишки же разделиша неимущим...»[54]. Была установлена единая норма службы: один ратник на коне и в доспехе со ста четвертей «доброй» земли. Летописец заканчивает свой рассказ морализаторской сентенцией, подчеркивающей праведность принятых царем мер: «И все государь строяше, как бы строение воинъству и служба бы царская безо лжи была и без греха вправду; и подлинные тому розряды у царьских чиноначалников, у приказных людей»[55].

Интересна ссылка летописца на «подлинные разряды», хранящиеся у «приказных людей»: вероятно, они послужили источником его вдохновения. Но цель автора летописной статьи была явно не в том, чтобы просто сообщить информацию: он давал оценку деяниям благочестивого царя, результатом чего и явился приведенный выше панегирик.

Безусловно, законодательные и нормативные акты (Судебник, губные и земские грамоты, указная книга Разбойного приказа и т.д.) содержат гораздо больше подробностей о ходе преобразований середины XVI в.: не будь их, исследователям вообще почти ничего не было бы известно о конкретных мероприятиях той эпохи. Но мотивировочная часть в этих документах, как правило, отсутствует: по ним сложно судить о целях, которые ставило перед собой правительство, предпринимая те или иные шаги. Отчасти этот недостаток восполняется летописями и текстами церковного происхождения, но все они, как было показано выше, на первый план при обсуждении деяний царя выдвигают задачи религиозно-нравственного характера.

Приведенные наблюдения о специфике восприятия нововведений в русском обществе 30-х – 50-х гг. XVI в. содержат, на мой взгляд, серьезные аргументы в пользу уже начавшейся ревизии[56] устоявшихся научных представлений о так называемых «реформах Ивана Грозного». Дело в том, что, как справедливо отметил Роберт Крамми, слово «реформа» и в русском, и в англо-американском контексте подразумевает сознательную и целенаправленную де-

---

54 Там же. С. 268-269.
55 Там же. С. 269.
56 Эта ревизия особенно заметна в изучении преобразования местного управления XVI в.: см. указанные выше [сноски 5 и 14] работы Б. Дэвиса, Т. И. Пашковой и автора этих строк, а также статьи С. Н. Богатырева и В. А. Аракчеева: *Bogatyrev S.* Localism and Integration in Muscovy // *Bogatyrev S.* (ed.) Russia Takes Shape. Patterns of Integration from the Middle Ages to the Present. Helsinki, 2004, P. 59-127; *Аракчеев В.А.* Земская реформа XVI века: общероссийские тенденции и региональные особенности // Отечественная история. № 4. 2006. P. 3-11.

ятельность («сознательный шаг к заранее намеченной цели»)[57]. Я бы добавил к этому характерную, по крайней мере, для российской историографии связь понятия «реформа» с прогрессом, с движением общества вперед. Но проанализированные выше тексты не оставляют никакого сомнения в том, что идеалы русского общества XVI в. были вполне консервативны: «прогресс», «централизация» и другие столь любимые историками понятия были неведомы современникам Ивана Грозного, ориентировавшимся на апостольские правила и «прародительские законы».

Не стоит видеть в словах и понятиях эпохи лишь некую внешнюю «форму» (как полагали советские исследователи 50-60-х гг. XX в.), слабое и неверное отражение реальной реформаторской деятельности правительства. Согласно глубокой мысли Райнхарта Козеллека, каждое понятие является не только индикатором неких взаимосвязей, но и их фактором: оно устанавливает «определенные горизонты, а также и границы возможного опыта...»[58]. В нашем случае консервативные идеалы общества, вполне (судя по «речам» Ивана IV) разделяемые властями, устанавливали ощутимые пределы преобразовательной деятельности.

Абсолютное преобладание религиозного дискурса и ориентация на освященную традицией «старину» создавали непреодолимый барьер на пути быстрых и радикальных инноваций. Единственный способ, которым новое могло проникнуть – и действительно проникало – в российскую жизнь XVI в., был путь постепенных изменений, порой – локальных экспериментов (именно так проводились сначала губная, а затем и земская реформы), которые воспринимались как исправление отдельных «нестроений» и нарушений, а потому не отторгались общественным сознанием. Но кумулятивный эффект всех этих мер, принимавшихся часто *ad hoc*, оказался в итоге велик и, разумеется, не мог быть кем-то предвиден заранее: это относится и к становлению органов местного самоуправления (на которые постепенно возлагались центральной властью всё новые и новые функции), и к развитию приказного аппарата, и к формированию сословной структуры общества, и к многому другому.

Если представлять себе преобразования в России XVI в. не как ряд одномоментных ярких событий, но как *процесс* непрерывных (и не всегда последовательных) изменений, то становится понятно молчание летописей о большинстве так называемых «реформ». За несколькими исключениями (вроде введения новых денег или приговора о службе), нововведения воспринимались

---

57 *Crummey R. O.* Introduction // *Crummey* Reform in Russia and the USSR... [см. выше сноску 2]. P. 3.

58 „Ein Begriff ist nicht nur Indikator der von ihm erfassten Zusammenhänge, er ist auch deren Faktor. Mit jedem Begriff werden bestimmte Horizonte, aber auch Grenzen möglicher Erfahrung und denkbarer Theorie gesetzt" (*Koselleck R.* Begriffsgeschichte und Sozialgeschichte // *Koselleck R.* Vergangene Zukunft. Zur Semantik geschichtlicher Zeiten. Frankfurt am Main, 1984. S. 107-129, здесь – S. 120).

как рутина, повседневная хозяйственная деятельность, и потому не привлекали к себе особого внимания летописцев.

Наконец, отмеченные выше особенности преобразований в России XVI в. в сочетании с религиозным дискурсом, которым они сопровождались, заставляют всерьез задуматься об их месте на сравнительно-исторической шкале. На мой взгляд, параллели к мероприятиям, осуществлявшимся в царствование Ивана Грозного, следует искать не в реформах Нового времени, а во внутренней политике европейских монархов эпохи Позднего средневековья.

Церковая иерархия в системе государственной власти России и учреждение патриаршества

Андрей Павлов

В историографии господствует точка зрения, согласно которой учреждение патриаршества в России в 1589 г. не оказало сколько-нибудь существенного влияния на характер церковно-государственных отношений на Руси и русская церковь продолжала оставаться в зависимости от государственной власти. По мнению Н. Ф. Каптерева, введение патриаршества означало лишь «внешнее украшение церкви».[1] Действительно, как уже отмечалось в литературе, инициатива в таком важном церковном деле, как учреждение патриаршества, целиком исходила именно от светской власти. Виднейшая роль принадлежала здесь правителю государства Борису Годунову, который вместе с дьяком Андреем Щелкаловым вел основные переговоры с приехавшим в Москву константинопольским патриархом Иеремией. Лишь после того как переговоры завершились и кандидатура на патриарший престол была определена царем и правителем Борисом Годуновым, церковный собор в январе 1589 г. провел процедуру «выборов» патриарха.[2]

С учреждением патриаршего престола были повышены в чинах и прочие русские иерархи. Архиепископы Новгородский, Казанский и Ростовский, а также епископ Крутицкий (патриарший викарий) были возведены в митрополиты; епископы Суздальский, Смоленский, Рязанский, Вологодский и Великопермский, Тверской – в архиепископы. Прежний чин епископа остался лишь за владыкой Коломенским и Каширским. Из Новгородской митрополии была выделена особая Псковская епископская кафедра. Сан архиепископа Архангельского (при московском Архангельском соборе в Кремле) получил архиепископ Арсений Елассонский, выступавший во время переговоров с патриархом Иеремией в Москве в 1588 – 1589 гг. сторонником учреждения патриаршества в России.[3] Позднее, в самом конце XVI в. была учреждена епи-

---

1 *Каптерев Н.Ф.* Патриарх Никон и царь Алексей Михайлович. Т. II. Сергиев Посад, 1912. С. 58-59.

2 См. подробнее: *Шпаков А.Я.* Государство и церковь в их взаимных отношениях в Московском государстве. Одесса, 1912. С. 245-341; *Скрынников Р.Г.* Государство и церковь на Руси XIV – XVI вв. Подвижники русской церкви. Новосибирск, 1991. С. 345-363.

3 Предполагалось также учредить архиерейские кафедры в Нижнем Новгороде, Устюге Великом, Ржеве Володимерове, Белоозере, Брянске и Дмитрове. Епископы этих епархий упоминаются (правда, без имен) в приговоре об учреждении патриаршества 1589 г.

скопская кафедра в пограничной со Швецией Карельской области.[4] В 1602 г. была открыта новая архиепископская кафедра в Астрахани, во главе которой стал Феодосий, бывший ранее архимандритом местного Троицкого монастыря.[5] Своими новыми чинами и укреплением своего положения церковные иерархи в немалой степени были обязаны правителю государства Борису Годунову. И не случайно поэтому руководство церкви впоследствии активно поддерживало Годунова в политической борьбе и в его политике по укреплению самодержавной монархической власти в России.[6]

Однако нельзя не обратить внимание и на другую сторону проблемы – роль церкви и лично патриарха в деле укрепления позиций самодержавия. Следует отметить, что ранее (до принятия патриаршества) сам акт венчания на царство московского государя, осуществляемый митрополитом, не обладал полнотой юридической силы и требовал санкционирования константинопольским патриархом и вселенским собором.[7] Учреждение в России своего патриарха, правомочного самостоятельно, без санкции константинопольского патриарха решать важнейшие внутрицерковные дела и, в частности, венчать на царство российских государей, способствовало повышению авторитета и престижа не только церкви, но и самодержавной власти в России. Показательно, что именно в годы царствования Федора Ивановича, в правление Бориса Годунова в титулатуре русского царя окончательно закрепляется наименование «самодержец» и что в это время происходит заметное усиление активности московской дипломатии в борьбе за признание за рубежом царского титула московского государя.[8] С поставлением на Москве патриарха идея «Москва – третий Рим» получила законченное воплощение – теперь на Руси, как и в Византии, были и свой помазанный на царство самодержец, и свой патриарх. Ха-

---

(Собрание государственных грамот и договоров, хранящихся в Государственной коллегии иностранных дел (СГГД). Ч. II. М., 1819. С. 101-102). Проект создания этих новых епископий не был, однако, претворен в жизнь.

4 В позднем варианте утвержденной грамоты об избрании на царство Бориса Годунова, подписи которой датируются началом 1599 г., впервые упоминается имя епископа Корельского и Орешского Сильвестра (Акты, собранные в библиотеках и архивах Российской империи Археографическою экспедициею имп. Академии наук (ААЭ). Т. II. СПб., 1836. С. 45; *Павлов А.П.* Соборная утвержденная грамота об избрании Бориса Годунова на престол // Вспомогательные исторические дисциплины. Т. X. Л., 1978. С. 213).

5 Макарий (Булгаков) митрополит Московский и Коломенский. История русской церкви. Кн. VI. М., 1996. С. 53.

6 Так, митрополит Крутицкий Геласий являлся одним из руководителей угличской следственной комиссии 1591 г., расследовавшей обстоятельства гибели царевича Дмитрия. Церковные власти оказывали услуги Годунову и его династии и позднее, в деле разоблачения самозванства Лжедмитрия I.

7 *Синицына Н.В.* Автокефалия русской церкви и учреждение московского патриархата (1448 – 1589 гг.) // Церковь, общество и государство в феодальной России. Сборник статей. М., 1990. С. 147.

8 *Савва В.И.* Московские цари и византийские василевсы. Харьков, 1901. С. 341-367; *Филюшкин А.И.* Титулы русских государей. М., СПб., 2006. С. 63.

рактерно, что теория «Москва – третий Рим» впервые получила официальное отражение именно в документации об учреждении патриаршества.[9]

Следует особо отметить исключительно важную роль, которую сыграло руководство русской православной церкви (и, в первую очередь, ее глава – патриарх Иов) в деле сохранения самодержавной формы правления в России в обстановке острого династического кризиса, разразившегося после смерти царя Федора Ивановича, последнего представителя прежней династии Ивана Калиты.

В обстановке междуцарствия реальная (как духовная, так и государственная) власть в Москве фактически находилась в руках патриарха. Так, в январе 1598 г. «по государыни царицы и великие княгини Александры Федоровны всеа Русии указу бояре князь Федор Иванович Мстиславской с товарищи сказывали (т.е. докладывали – А.П.) патриарху Иеву Московскому и всеа Русии» о возникших во Пскове местнических спорах между воеводами. Известны также грамоты по поводу местнических споров между воеводами, отсылаемые от имени патриарха в Смоленск.[10] Патриарх Иов выступил главным инициатором созыва избирательного земского собора и был на соборе главным действующим лицом. В значительной мере прогодуновская позиция патриарха Иова и других высших церковных иерархов предопределила результаты царских выборов на земском соборе в 1598 г. Под непосредственным руководством Иова происходила выработка документации избирательного собора (и, прежде всего, основного соборного документа – утвержденной грамоты), в которой обосновывались права Бориса Годунова на царский престол. Задача эта была весьма непростая – избрание Бориса Годунова являлось первым опытом царского избрания в России. Необходимо было обосновать преемственность новой, выборной, династии с прежней династией «прирожденных» российских государей». И с этой задачей патриарх Иов и его канцелярия справились весьма успешно. Хотя в соборной утвержденной грамоте 1598 г. и подчеркивается факт «всенародного», представителями «всей земли», избрания на престол Бориса Годунова, согласно общей концепции этого документа, Борис был не столько народным избранником, зависящим от воли своих избирателей, сколько избранником Божьим. Божественное же «предызбранничество» Годунова проявлялось, согласно утвержденной грамоте, прежде всего в особой милости и благоволении к нему прежних «прирожденных» государей (Ивана IV и Федора Ивановича), в успехах его деятельности как правителя государства. Роль участников избирательного земского собора сводилась лишь к тому, что они предугадали Божий промысел и, следовательно, самому акту народного избрания придавалось как бы вспомогательное значение. «Тем же тебе убо, превеликий государь Борис Федорович, – говорил на соборе патриарх Иов, – не по человеческому единомышлению, ниже по

---

9 СГГД. Ч. II. С. 97; *Синицына Н.В.* Автокефалия русской церкви... С. 148.
10 Разрядные книги 1598 – 1638 гг. М., 1974. С. 54, 58.

человеческому угодию предизбираем, но по праведному суду Божию… Богу на се наставляющу народ единогласие имети... яко же пишет: глас народа глас Божий».[11] Божественное «предызбрание» ставило Бориса Годунова в один ряд с прирожденными российскими государями. Самодержцем, власть которому «дана от Бога от прародителей велицих государей российских», представляли Годунова русские послы за границей.[12] Итак, факт «всенародного» соборного избрания Бориса Годунова на царство не изменил самого существа самодержавной власти в России и не означал установления прямой зависимости русской монархии от сословий и сословных собраний, как это было в соседней Речи Посполитой.[13] Составление утвержденной грамоты и другой соборной документации об избрании на царство Бориса Годунова сыграло, таким образом, весьма важную роль в решении судьбы русской самодержавной монархии. Утвержденная грамота 1598 г. была использована позднее как образец при составлении соборной документации об избрании на царство Михаила Романова.

Утвержденная грамота 1598 г. содержит текст присяги на верность царю Борису и новой династии. Эта присяга заканчивается угрозами отлучения от церкви и проклятиями в адрес тех, кто ее нарушит. Нарушители присяги рассматриваются в документе как «раскольники церкви Божия и всего православного христианства мятежники и разорители закона Божия».[14] Преступления против государя и его семьи рассматриваются, таким образом, как преступления против церкви и самого Бога. Эти идеи получили развитие в крестоприводных записях 1598 г. на верность службы царю Борису, в которых впервые, еще за 50 лет до Соборного Уложения 1649 г., полно и четко были определены и классифицированы основные виды преступлений против государя как тягчайших преступлений против государства и церкви.[15]

---

11 ААЭ. Т. II. С. 19-22, 25, 55; Древняя российская вивлиофика. Ч. VII. М., 1788. С. 38, 42-48.

12 *Савва В.И.* Московские цари... С. 358-359.

13 В исторической литературе факт избрания Бориса Годунова на царство земским собором рассматривается как начало утверждения новой «земской», выборной династии. Отмечаются при этом необычайно широкие демагогические обещания избранного царя Бориса «ко всенародному множеству» о справедливом и милостивом правлении (см.: *Скрынников Р.Г.* «Земская» политика Бориса Годунова и борьба с голодом в начале XVII в. // Генезис и развитие феодализма в России. Л., 1985. С. 164-184). Однако в обещаниях Бориса Годунова быть «милостивцем великим» по отношению к подданным, как представляется, выражалась не столько доктрина «земской выборной власти», сколько кредо самодержавного монарха, стоящего над обществом.

14 ААЭ. Т. II. С. 41.

15 *Князьков С.Е.* О квалификации политических преступлений конца XVI – начала XVII в. // Реализм исторического мышления. Проблемы отечественной истории периода феодализма. Чтения, посвященные памяти А.Л. Станиславского. Тезисы докладов и сообщений. М., 1991. С. 123-124.

Сказанное выше заставляет оспорить существующее в литературе мнение о том, что учреждение патриаршества не оказало влияния на характер церковно-государственных отношений на Руси. В конце XVI в. отчетливо наблюдаются процессы дальнейшей интеграции интересов государства и церкви, при этом церковь играла здесь весьма активную роль. С одной стороны, благодаря инициативе и деятельному участию светских властей в деле установления патриаршества в России иерархи русской церкви смогли повысить свой авторитет и влияние внутри страны и на международной арене. Но, с другой стороны, церковная иерархия во главе с патриархом оказала огромную услугу российскому самодержавию в кризисный момент его развития, и во многом именно первому русскому патриарху самодержавие было обязано своим сохранением и дальнейшим возвышением.

В конце XVI – начале XVII в. верхушка духовенства – так называемый «освященный собор» во главе с предстоятелем русской церкви – значительно чаще, чем прежде, приглашается в Москву для совещаний с царем и боярами о важнейших делах государства. Пожалуй, ни одна крупная политическая акция рассматриваемого времени не обходилась без участия верхушки духовенства – освященного собора. На собрании конца апреля (по юлианскому календарю) 1584 г., которое, согласно свидетельству Дж. Горсея, состояло из митрополита, архиепископов, епископов, настоятелей монастырей и представителей знати, обсуждались важные вопросы, касавшиеся преобразований в государственном управлении и назначении срока коронации нового царя Федора Ивановича.[16] Решения о начале военных действий против шведов (ноябрь 1585 г.) и против литовцев (декабрь 1586 г.) царь принял на совместном совещании освященного собора и Боярской думы.[17] В 1586 г. для заключения перемирия между Россией и Речью Посполитой предполагалось созвать представителей «всей земли» и, в первую очередь, представителей духовенства (освященный собор), бояр и воевод.[18] В январе 1591 г. собрался «собор» в составе освященного собора и Боярской думы для обсуждения вопроса о перемирии с Польшей.[19] На совместном заседании освященного собора и Боярской думы в июне 1591 г. заслушивался отчет о деятельности угличской следственной комиссии о смерти царевича Дмитрия.[20] 25 апреля 1598 г. царь Борис «приговорил» с патриархом Иовом «и со всем освященным собором и з бояры» об организации похода русской армии против крымского хана; 3 мая 1601 г. на совместном заседании освященного собора и Боярской думы царь принял решение о походе против крымских татар; 12 июня 1604 г. на совместном заседании освященного собора и Боярской думы был вынесен приговор о сборе служилых людей

16 Джером Горсей. Записки о России. XVI – начало XVII в. М., 1990. С. 142.
17 Разрядная книга 1475 – 1598 гг. М., 1966. С. 362, 378.
18 Российский государственный архив древних актов (РГАДА). Ф. 79. Кн. 16. Л. 89 об. – 90.
19 РГАДА. Ф. 79. Кн. 20. Л. 466 – 471.
20 СГГД. Ч. II. № 60. С. 121-123.

для борьбы с Лжедмитрием; 15 мая того же года царь Борис обсуждал на «соборе» с церковными властями (освященным собором), боярами, приказными людьми и дворянами вопрос о военных приготовлениях против крымских татар.[21] Представители духовенства (освященный собор) привлекались и к обсуждению законов страны и, прежде всего, тех, которые затрагивали интересы церкви. На заседаниях освященного собора с участием Боярской думы были приняты приговоры 1580 и 1584 гг. о запрещении земельных вкладов в монастыри и об отмене тарханов; по приговору царя с патриархом Иовом «и всем вселенским собором» и Боярской думой был утвержден Судебник царя Федора Ивановича 1589 г.; на заседании освященного собора и Боярской думы в июне 1604 г. были установлены новые нормы, согласно которым с земельных владений служилых людей и духовенства должны были выставляться воины в поход против Лжедмитрия.[22]

Как мы видим, собор церковных иерархов («освященный собор») во главе с патриархом созывался в Москву для участия (совместно с Боярской думой) в решении важных вопросов государственной и церковной жизни достаточно регулярно. Вероятно, именно совместные заседания освященного собора и Боярской думы (а не земские соборы) имел в виду Джильс Флетчер, описывая периодически созываемые (обыкновенно по пятницам) в царском Дворце собрания церковных и светских властей без участия представителей горожан и других сословий. В состав участников этих собраний (соборов), согласно Флетчеру, помимо самого царя, входили члены Боярской думы, «числом до двадцати (человек)» и «столько же известных духовных лиц» – сам патриарх, митрополиты, архиепископы «и те из епископов, архимандритов и монахов, которые пользуются наибольшею известностью и уважением»; при этом вначале свой голос подавали патриарх и духовенство, а уже затем – светские участники собраний.[23]

Что же представлял собой этот «освященный собор», являлся ли он особым собором верхушки духовенства, полномочным от имени духовенства решать важнейшие вопросы церковно-государственной политики? Данный вопрос остается спорным в историографии. В литературе высказывалось мнение о том, что «освященный собор» представлял собой постоянное учреждение, коллегию высшего духовенства, аналог позднейшего Святейшего Синода.[24] Однако критики данного мнения указывают на то, что само понятие «освященный собор» имело в источниках XIV – XVII вв. весьма широкое употребление

---

21 Разрядные книги 1598 – 1638 гг. С. 27, 103, 104, 160, 161; Законодательные акты Русского государства второй половины XVI – первой половины XVII века. Тексты. Л., 1986. № 53. С. 72.

22 Законодательные акты Русского государства второй половины XVI – первой половины XVII века. Тексты. № 40. С. 57-59, № 43. С. 61-63, № 53. С. 72-73; Судебники XV – XVI веков. М.;Л., 1952. С. 351, 366.

23 *Флетчер Д.* О государстве Русском. СПб., 1906. С. 27-29 (глава 8-я).

24 *Виноградский Н.* Церковный собор в Москве 1682 года. Смоленск, 1899.

и обозначало не только соборы верхушки духовенства, но и самые различные типы церковных собраний (как общецерковного, общегосударственного, так и местного уровней). Это дало исследователям основание усомниться в существовании на Руси какого-либо особого органа высшего духовенства, именуемого «освященным собором».[25] Обе точки зрения представляются нам крайними. С одной стороны, действительно, понятие «освященный собор» не было строго закреплено за каким-либо одним определенным типом церковных собраний. Однако, с другой стороны, нельзя не учитывать и того обстоятельства, что в источниках XVI – XVII вв. весьма отчетливо из общей среды духовенства выделялась его верхушка, которая обладала преимущественным правом на участие в обсуждении важнейших вопросов государственной и церковной жизни. Собрания представителей этого верхнего правящего слоя духовенства, также как и другие собрания духовенства, именовались «освященными соборами». Поэтому термин «освященный собор» в определенном, узком, смысле можно употреблять и при обозначении собраний высшей церковной иерархии.

Сам состав церковных иерархов был строго определенным и фиксировался особого рода документами – так называемыми «Лествицами соборных властей», в которых церковные власти расписывались в соответствии с их иерархическим положением. От конца XVI в. сохранился текст «Лествицы о соборных властех, кои были на соборе на Москве у Иева патриарха во 107-м (1598/99) году».[26] «Лествица» перечисляет имена высших церковных иерархов (4 митрополитов, 6 архиепископов и 3 епископов), настоятелей (архимандритов и игуменов) 47 крупнейших и влиятельных монастырей, а также 27 «соборных старцев» из наиболее значительных обителей. Подобного рода документы («лествицы» церковных властей) составлялись и в другие времена. Так, от 60 – 70-х гг. XVI в. сохранился расположенный в иерархическом порядке перечень епископских должностей и 39 важнейших монастырей.[27]

---

25 *Лихницкий И.М.* Освященный собор в Москве в XVI – XVII веках // Христианское чтение. Ч. I. 1906. С. 17-18. – Подробнее историографию вопроса см.: *Вовина-Лебедева В.Г.* «Освященный собор» в источниках XIV – начала XVI вв. // Cahiers du Monde russe. 46/1-2. 2005. С. 387-389. – О широком значении термина «освященный собор» как собраний духовенства вообще, в том числе белого духовенства см.: *Шапошник В.В.* Церковно-государственные отношения в России в 30 – 80-е годы XVI века. СПб., 2002. С. 146-150.

26 Чтения в имп. Обществе истории и древностей российских при Московском университете (ЧОИДР). Кн. II. Отд. III. М., 1912. С. 39-41; Отдел рукописей Российской национальной библиотеки. О. IV.17. Л. 45-50 об.

27 Текст данного перечня дошел в составе рукописного сборника XVI в. из собрания Иосифо-Волоколамского монастыря (Отдел рукописей Российской государственной библиотеки. Собр. Иосифо-Волоколамского монастыря. № 564 (ОР РГБ. Волок. 564). Л. 85-86). Более точно датировать интересующий нас документ позволяет упоминание в росписи архиепископа Полоцкого. Известно, что Полоцк был взят русскими войсками в феврале 1563 г., а в августе 1579 г. русский гарнизон сдал город войскам Батория. – Выражаем искреннюю благодарность А.И. Алексееву, обратившему наше внимание на данный источник.

Известен текст «Лествицы властем царствующего и матери градом Москвы…», составленной при патриархе Иоасафе в 30-х гг. XVII в., в которой приводится перечень представителей верхушки русского духовенства (высших церковных иерархов во главе с патриархом, а также настоятелей 46 монастырей), обладавших, согласно преамбуле документа, преимущественным правом на участие в совете патриарха и в царских трапезах.[28] В «Лествицах» перечислялись лишь представители черного духовенства – епископата и властей крупнейших монастырских обителей. Представители верхушки белого духовенства, очевидно, не входили в состав высшей церковной «элиты» и не обладали правом обязательного участия в собраниях высшего духовенства во главе с патриархом. Характерно, что в «Лествице о соборных властех 107-го году» и в перечне представителей духовенства утвержденной грамоты об избрании Бориса Годунова (ее поздней редакции) значатся лишь представители черного духовенства. Однако в подписях в этой редакции утвержденной грамоты значатся также имена 11 московских протопопов, которые, очевидно, не были первоначально намечены для ее подписания.[29] Важно отметить, что состав и иерархическое расположение упомянутых в «Лествице» патриарха Иоасафа монастырей практически целиком совпадают с приведенным в X главе (статьи 32 – 82) Соборного Уложения 1649 г. перечнем монастырей, за бесчестье властей которых (архимандритов, игуменов, келарей, казначеев и соборных старцев) налагались особо крупные размеры денежных штрафов.[30] Это еще раз свидетельствует об особом, привилегированном, положении высшей церковной элиты по сравнению с остальной массой духовенства.

На основании заранее подготовленных перечней («Лествиц») высших церковных властей составлялись, очевидно, списки лиц, приглашаемых к участию в важных церковных собраниях общегосударственного уровня. Показательно, что в перечне духовных лиц, намеченных для участия в церковном соборе для выбора патриарха в 1589 г., имена настоятелей ряда монастырей не были проставлены. Это обстоятельство дает основание для вывода о том, что рассматриваемый перечень представляет собой не список реальных участников церковного собора, а заранее составленный список церковных властей, которые в силу своего иерархического положения имели право участвовать в таком важном мероприятии, как избрание главы церкви.[31]

---

28 Досифей, архимандрит. Географическое, историческое и статистическое описание ставропигиального первоклассного Соловецкого монастыря. Ч. III. М., 1836. С. 263-267.

29 ААЭ. Т. II. С. 41-48.

30 Соборное Уложение 1649 года. Текст, комментарии. Л., 1987. С. 34-36. – Из перечисленных в Уложении 1649 г. 49 монастырей только 4 являлись новыми по сравнению с «Лествицей» патриарха Иоасафа (Знаменский на Варварском крестце и Воздвиженский на Арбате в Москве, Богородицкий Тихвинский и Троицкий в Астрахани). В Уложении 1649 г. отсутствует упомянутый в «Лествице» патриарха Иоасафа Троицкий Болдин монастырь в Дорогобуже.

31 *Вовина-Лебедева В.Г.* Церковные иерархи XVI в. // Правящая элита Русского государства

Состав монастырей, настоятели которых входили к круг правящей церковной «элиты», в целом был традиционным и довольно устойчивым. Из упомянутых в перечне («лествице») высших церковных властей 60 – 70-х гг. XVI в. 39 монастырей все без исключения встречаются и в «Лествице о соборных властех» 1598/99 г.; совпадает в целом в обоих документах и сам порядок иерархического расположения   монастырей.[32] Достаточно высокую степень совпадения как самого состава монастырей, так и порядка их иерархического расположения мы обнаруживаем при сопоставлении перечней духовенства в «Лествице о соборных властех» 1598/99 г. и в приговорах церковных соборов 1580 г. (о запрещении вкладов вотчин в монастыри), 1584 г. (об отмене тарханов), в грамоте об избрании патриарха Иова 1589 г.[33] Из перечисленных в «Лествице» 1598/99 г. 47 обителей лишь три монастыря (Антониево-Сийский, Болдин-Дорогобужский и Успенский Тихвинский) не встречаются в перечне церковных властей 60 – 70-х гг. XVI в. и в соборных грамотах 1580, 1584 и 1589 гг. Не случайно в состав верхнего слоя духовенства в конце XVI в. были введены власти Костромского Ипатьевского монастыря, родового монастыря Годуновых. В соборной грамоте 1589 г. значится строитель Ипатьевского монастыря старец Гурий Ступишин, а в «Лествице о соборных властех» 1598/99 г. упоминается уже архимандрит этого монастыря Иоаким. Весьма незначительно менялся состав монастырей, настоятели которых входили в круг церковной «элиты» и в первой половине XVII в. Из перечисленных в «Лествице» патриарха Иоасафа 30-х гг. XVII в. 46 обителей подавляющее большинство (44 монастыря) значатся и в «Лествице» патриарха Иова 1598/99 г. Из новых обителей в «Лествице» патриарха Иоасафа упомянуты лишь Богоявленский в Костроме и Макарьевский Желтоводский с Унжи монастыри, с которыми имела тесные связи семья Романовых.

Приведенные выше данные заставляют оспорить утверждение И. М. Лихницкого об отсутствии на церковных соборах какого-либо определенного и устойчивого представительства духовенства, за исключением епископата.[34]

IX – начала XVIII вв. (Очерки истории). СПб., 2006. С. 278.

32 ОР РГБ. Волок. 564. Л. 85-86; ЧОИДР. Кн. II. Отд. III. С. 39-41.

33 Законодательные акты Русского государства второй половины XVI – первой половины XVII века. Тексты. № 40. С. 57-58, № 43. С. 61; СГГД. Ч. II. № 59. С. 98-99.

34 *Лихницкий И.М.* Освященный собор в Москве в XVI – XVII веках... С. 28-30, 36-37. – Включение в «Лествицы» представителей некоторых новых монастырей обусловливалось изменением экономического положения и (главное) политического значения этих обителей и не отрицает общего вывода об устойчивости состава правящей церковной верхушки в целом.

ТАБЛИЦА

*Состав и иерархическое расположение монастырей в «лествицах» и соборных актах последней трети XVI – первой половины XVII века.**

МОНАСТЫРИ	Перечень 60 – 70-х гг. XVI в.	Соборный приговор 1580 г.	Соборный приговор 1584 г.	Грамота церковного собора 1589 г.	«Лествица» патриарха Иова 1598/99 г.	Утвержденная грамота 1613 г.	«Лествица» патриарха Иоасафа 1630-х гг.	Соборное Уложение 1649 г.
Троице-Сергиев	1	1	1	1	1	3 (келарь)	1	1
Рождественский в г. Владимире	2	2	2	2	2	1	2	2
Новоспасский в Москве	3	3	3	3	4		4	4
Новгородский Юрьевский	4	4		4	5		5	5
Чудов в Москве	5	5		5	3	2 (архимандрит) 14 (келарь)	3	3
Симонов в Москве	6	6	4	6	6	4	6	6
Свияжский Богородицкий	7	7		8	7	5	7	7
Андроников в Москве	8	8	5	9	8	6	8	8
Казанский Преображенский	9	9		10	9		9	9
Нижегородский Печерский	10	10		7	11	8	11	11
Новгородский Хутынский	11	11		11	12		12	12
Кирилло-Белозерский	12	12	6	12	13	9	13	13
Переяславский Горицкий	13	13	7	13	14		14	14
Можайский Лужецкий	14	14	8	14	15		15	15
Ростовский Богоявленский	15	16	10	15	16	10	16	16

* Во 2 – 9-м столбцах таблицы цифрами указывается порядок расположения монастырей в рассматриваемых источниках.

МОНАСТЫРИ	Перечень 60 – 70-х гг. XVI в.	Соборный приговор 1580 г.	Соборный приговор 1584 г.	Грамота церковного собора 1589 г.	«Лествица» патриарха Иова 1598/99 г.	Утвержденная грамота 1613 г.	«Лествица» патриарха Иоасафа 1630-х гг.	Соборное Уложение 1649 г.
Богоявленский «из-за Торгу» в Москве	16	15	9	16	17	12	18	18
Спасский (Спасо-Преображенский) в Ярославле	17	17	11	17	18	13	19	20
Пафнутьев Боровский	18	18	12	18	19	15	20	21
Иосифо-Волоколамский	19	19	13	19	20	16	21	22
Антониев в Новгороде	20	20		23	22		23	24
Псково-Печерский	21	22		42	23		24	25
Спасо-Евфимьев в Суздале	22	23		20	21	17	22	23
Борисоглебский в г. Смоленске	23			21	25			
Тверской Отрочь	24	24	16	25	29		29	31
Возмицкий в Волоколамске	25	25			30		30	32
Данилов Троицкий в Переяславле	26	26	17	26	31		31	33
Вологодский Спасо-Каменный	27	27		27	28	19	28	30
Ферапонтов Белозерский	28	28		28	32		32	34
Ростовский Борисоглебский «с Устья»	29	29	18	29	33	20	33	35
Рязанский Солотчинский	30	30	21	30	34	21	34	36
Звенигородский Саввин-Сторожевский	31			32	39		39	41

МОНАСТЫРИ	Перечень 60 – 70-х гг. XVI в.	Соборный приговор 1580 г.	Соборный приговор 1584 г.	Грамота церковного собора 1589 г.	«Лествица» патриарха Иова 1598/99 г.	Утвержденная грамота 1613 г.	«Лествица» патриарха Иоасафа 1630-х гг.	Соборное Уложение 1649 г.
Вологодский Спасо-Прилуцкий	32	31		33	35	22	35	37
Вологодский Троицкий Павлов	33	32		34	40		40	42
Вологодский Глушицкий	34	33		35	41		41	43
Кашинский Калязинский	35	34	19	36	42	23	42	44
Вологодский Корнильевский	36	35		37	43	24	43	45
Переяславский Никитский	37	36	20	38	44		44	46
Можайский Колоцкий	38	37	22	39	45		45	47
Николаевский Угрешский	39			40	46		46	48
Соловецкий		21	14	31	24		25	26
Новгородский Вяжицкий		38		41	37		37	39
Спасский (Спасо-Преображенский) в Рязани			15	22	26	18	27	28
Новгородский Духов				24	38		38	40
Костромской Ипатьевский				(строитель)	10	7	10	10
Тихвинский Успенский					27			29
Троицкий Болдин в Дорогобуже					36		36	
Антониево-Сийский					47			
Богоявленский в Костроме						11	17	17

МОНАСТЫРИ	Перечень 60 – 70-х гг. XVI в.	Соборный приговор 1580 г.	Соборный приговор 1584 г.	Грамота церковного собора 1589 г.	«Лествица» патриарха Иова 1598/99 г.	Утвержденная грамота 1613 г.	«Лествица» патриарха Иоасафа 1630-х гг.	Соборное Уложение 1649 г.
Макарьевский Желтоводский с Унжи							26	27
Знаменский на Варварском крестце								19
Астраханский Троицкий								38
Воздвиженский на Арбате								49

Выделение церковных иерархов и представителей крупнейших монастырей как правящей элитной группы русского духовенства ярко проявляется в характере представительства этой группы на земских соборах. Упомянутая выше «Лествица о соборных властех 107-го году» была составлена, очевидно, вскоре после венчания на царство Бориса Годунова и послужила источником для составления перечня духовных лиц второго, окончательного варианта утвержденной грамоты об избрании Бориса Годунова, подписание которой состоялось в начале 1599 г.[35] Но сохранился также и ранний вариант утвержденной грамоты об избрании Бориса Годунова, в котором содержатся перечень и подписи представителей духовенства, относящиеся к апрелю – июлю 1598 г. По сравнению с поздним вариантом утвержденной грамоты здесь представлен значительно более широкий состав духовных лиц, которые представляли при этом не только верхушку духовенства, но и второстепенные провинциальные монастыри и белое духовенство. По всей видимости, созыв делегатов на земский собор 1598 г. осуществлялся по двум различным принципам – церковная «элита» во главе с патриархом была призвана на собор поголовно, по принципу своего должностного положения, тогда как остальная часть духовенства – по принципу выборов с мест. Подобный принцип еще более четко прослеживается на земском соборе 1613 г. В утвержденной грамоте об избрании на царство Михаила Федоровича в начале (перед подписями членов Боярской думы) идут подписи высшего духовенства – митрополитов, архиепископов, епископов, а также настоятелей 23 важнейших монастырей; прочие же духовные лица подписали грамоту в качестве выборных представителей от различных городов и уездов в конце документа.[36] Характерно, что почти все архимандриты и игумены, поставившие свои подписи в начале

---

35 См. подробнее: *Павлов А.П.* Соборная утвержденная грамота… С. 221.

36 Утвержденная грамота об избрании на Московское государство Михаила Федоровича Романова. М., 1906. С. 75-92.

утвержденной грамоты 1613 г. (за исключением игумена костромского Богоявленского монастыря), являлись представителями тех же монастырей, которые значатся и в «Лествице о соборных властех» 1598/99 г. Однако и подпись настоятеля Богоявленского монастыря г. Костромы (города, откуда начинался путь Романовых к трону) являлась здесь не случайной. В царствование Романовых власти этого монастыря были включены в состав верхнего правящего слоя духовенства (костромской Богоявленский монастырь значится в упомянутой выше «Лествице» церковных властей патриарха Иоасафа 1630-х гг.); вполне вероятно, это произошло уже в 1613 г. С другой стороны, из монастырей, власти которых подписали утвержденную грамоту 1613 г. в качестве выборных представителей от уездов (в конце документа), в «Лествице» 1598/99 г. значится лишь один Антониево-Сийский монастырь. При Романовых власти этого монастыря (служившего в свое время местом ссылки опального Филарета) были, очевидно, исключены из состава церковной «элиты» – во всяком случае, в «Лествице» патриарха Иоасафа эта обитель не упоминается.

В силу своего чиновно-должностного положения представители верхушки духовенства получали преимущественное право участвовать и в совместных заседаниях освященного собора и Боярской думы, о которых говорилось выше. Эта церковная верхушка, которую можно условно обозначить как «лествичное духовенство», представляла собой определенный церковный институт – собор высших церковных иерархов и настоятелей важнейших монастырей, стоявший над основной массой духовенства. Разумеется, собор высшего духовенства нельзя рассматривать как постоянно действующее, регулярное учреждение; вряд ли он когда-либо собирался в своем полном составе, представленном в «Лествицах» церковных властей.[37] Однако это не умаляет его значение как правящей и авторитетной группы духовенства, полномочной от имени русской церкви решать важнейшие вопросы государственной и церковной жизни. Церковная верхушка, о которой идет речь, составляла высший правящий слой не только духовенства, но и русского общества в целом. «Освященный собор» как собрание высших церковных властей во главе с патриархом вместе с членами Боярской думы активно участвовал в принятии важнейших государ-

---

37 Даже на таких важнейших церковно-государственных мероприятиях, как собор об учреждении патриаршества 1589 г. и избирательный земский собор 1598 г., правящая «элита» духовенства была представлена далеко не в полном составе, о чем свидетельствуют расхождения между перечнями призванных на эти соборы лиц и подписями на соборных грамотах. Архиереи, у которых были свои дела в своих епархиях, попросту не могли бессменно жить в Москве. В XVII в. они поочередно призывались в столицу для участия в обсуждении важнейших церковных и государственных вопросов, хотя эта «очередность», по-видимому, не всегда последовательно осуществлялась на практике (*Виноградский Н.* Церковный собор в Москве… С. 20; *Лихницкий И.М.* Освященный собор в Москве в XVI – XVII веках… С. 38).

ственных решений и являлся наряду с Боярской думой ядром высших сословных собраний страны – земских соборов.

Приведенные выше данные позволяют придти к выводу о заметной активизации участия церковной иерархии в политической жизни страны в период учреждения патриаршества. С учреждением патриаршества церковь еще больше, чем прежде, попадает в орбиту влияния государства. Однако это проявилось не в подавлении церкви государством, а во все более тесном переплетении функций государственной и церковной властей.

Power, Patronage, and Repression
in the Church Regime of Patriarch Filaret (1619-1633)

GEORG MICHELS

The reign of Patriarch Filaret (1619-33), commonly associated with the consolidation of the Romanov state, also witnessed a dramatic growth of church power. While there are valuable studies of church government under Filaret's successors – the patriarchs Nikons, Ioakim, and Adrian[1] – the extent of church authority under Filaret remains largely unstudied.[2] What we do know about Filaret concerns his political machinations during the Time of Troubles, his period of exile in Poland, and his return to the Kremlin in June 1619.[3] We also know that Filaret was – most likely – the dominant figure of the new Romanov dynasty.[4] According to historians E. D. Stashevskii and John Keep, the new centralized system of government that emerged in the 1620s was inconceivable without "Filaret's reform program," espe-

---

1   Cf. N. F. Kapterev, *Patriarkh Nikon i tsar' Aleksei Mikhailovich*, 2 vols. (Sergiev Posad, 1909-1912); P. S. Smirnov, *Patriarkh Ioakim moskovskii* (Moscow, 1881); N. Vinogradskii, *Tserkovnyi sobor v Moskve 1682 goda. Opyt istoriko-kriticheskogo issledovaniia* (Smolensk, 1899); G. A. Skvortsov, *Patriarkh Adrian ego zhizn' i trudy v sviazi s sostoianiem russkoi tserkvi v poslednee desiatiletie XVII veka* (Kazan', 1913).

2   The only comprehensive study remains the rather uncritical A. Smirnov, "Sviateishii patriarch Filaret Nikitich Moskovskii i vseia Rossii," in *Chteniia v Obshchestve liubitelei dukhovnogo prosveshcheniia* (Moscow, 1873), no. 1: 109-144; no. 3: 330-360; no. 5: 405-444; no. 9: 776-842; (1874), no. 2: 234-270; no. 3: 432-466; no. 4: 607-676; no. 5: 804-852. Despite its strong pro-Filaret bias, Smirnov's book is still indispensable for scholars because it draws on many little-known documents. An important recent dissertation by Marius L. Cybulski focuses largely on theological controversies, book publication, and history writing under Filaret and also covers the pre-1619 period of Filaret's life. Cf. Marius L. Cybulskii, "Political, Religious and Intellectual Life in Muscovy in the Age of the Boyar Fedor Nikitich Iur'ev-Romanov a.k.a The Grand Sovereign The Most Holy Filaret Nikitich, Patriarch of Moscow and All Rus', (ca. 1550-1633)," 2 vols. (PhD thesis, Harvard University, 1998). The best introduction to Filaret's church policies can be found in Metropolitan Makarii, *Istoriia russkoi tservki*, 9 vols. (St. Petersburg, 1866-83; reprint: Moscow, 1994-97), 6: 275-318. For basic orientation, see also A. E. Presniakov, "Filaret," *Russkii biograficheskii slovar'*, vol. 21 (St. Petersburg, 1901), 94-103. I thank my colleague Kevin Kain (University of Wisconsin, Green Bay) for making a xerox copy of Andrei Smirnov's rare text available to me.

3   Cf. Gisela B. Bernhard, "Feodor Nikitič Romanov/Filaret. Seine Politik in der Zeit der Smuta (1598-1613)" (Inaugural Diss., Heidelberg University, 1977) with a survey of the relevant secondary literature.

4   Convincingly argued in E. D. Stashevskii, *Ocherki po istorii tsarstvovaniia Mikhaila Fedorovicha* (Kiev, 1913), 201-212; John L. H. Keep, "The Regime of Filaret, 1619-1633," *Slavonic and East European Review* 38 (1960), 334-360, esp. 343-344; P. P. Smirnov, *Posadskie liudi i ikh klassovaia bor'ba do serediny XVII veka*, 2 vols. (Moscow/Leningrad, 1947), 1: 355-357.

cially the thorough review of the Kremlin's outdated taxation system.[5] Still, the question remains how Filaret's accumulation of state powers affected the Russian Orthodox Church which had been deeply shaken during the Times of Trouble.[6] How did Filaret, head of Muscovy's most powerful boyar clan and father of Tsar Michael (1613-45), treat the Russian Orthodox Church, its institutions, its personnel, and its economic assets?

Later patriarchs repeatedly identified Filaret – and not the first patriarchs of Muscovy – as the true founding father of the Russian patriarchate and mythologized his purported religious accomplishments. In 1658 Patriarch Nikon (1652-66), then at the height of his power, commissioned a treatise about the origins of the Russian patriarchate that glorified Filaret as God's messenger on earth and a source of religious inspiration and faith.[7] According to this treatise, which remained influential throughout the seventeenth century, Filaret became patriarch "for the fame and honor of the Great Orthodox Tradition (*velikoe pravoslavie*)" and "to grant Orthodox Christians of the Holy Russian Tsardom (*sviatago Rosiiskago tsarstviia*) blessing, mercy, and peace."[8] Nikon and his successors celebrated Filaret's ascension to the patriarchal throne as a pivotal moment in church history that sanctified Russian Orthodoxy and the Russian Church.[9] This panegyric tradition strongly shaped Russian church historiography throughout the Romanov period and remains influential in Russia even today.[10]

---

5 Stashevskii, *Ocherki*, 190-387; Keep, "The Regime," 343-357; H.-J. Torke, *Die staatsbedingte Gesellschaft im Moskauer Reich. Zar und Zemlja in der altrussischen Herrschaftsverfassung* (Leiden, 1974), 176-182; R. B. Miuller and N. E. Nosova, comps., *Zakonodatel'nye akty russkogo gosudarstva vtoroi poloviny XVI-pervoi poloviny XVII veka* (Leningrad, 1986), nos. 87-97; N. F. Demidova, L. E. Morozova and A. A. Preobrazhenskii, *Pervye Romanovy na rossiiskom prestole* (Moscow, 1996), 41-55.

6 The church had been traumatized by massive destruction, pillage, and losses of manpower (including the repeated massacre of clergy). Cf. the data cited in Smirnov, "Filaret," 407-412.

7 "Izvestie o nachale patriarshestva v Rossii," in *Dopolneniia k aktam istoricheskim, sobrannye i izdannye Arkheograficheskoiu kommisseiu (DAI)*, 12 vols. (St. Petersburg, 1846-72), 2: 185-221 (based on a late seventeenth-century manuscript); G. P. Enin, "Skazanie o postavlenii na patriarshestvo Filareta Nikiticha," *TODRL* 41 (1985), 134-136; A. P. Bogdanov, *Russkie patriarkhi 1589-1700*, 2 vols. (Moscow, 1999), 1: 345; Wolfram von Scheliha, *Russland und die orthodoxe Universalkirche in der Patriarchatsperiode 1589-1721* (Wiesbaden, 2004), 39, 70, 73.

8 "Izvestie o nachale patriarshestva," 206, 208.

9 See, for example, *RGADA (=Rossiiskii gosudarstvennyi arkhiv drevnikh aktov)*, f. 153, Rossiiskie dukhovnye dela, no. 1, Skazanie istoricheskoe o nachale v Rossii blagochestiia; no. 2, Chin narecheniia i postavleniia v patriarkhy Rostovskogo mitropolita Filareta; no. 4, Novaia nastol'naia gramota dannaia ot Rossiikikh mitropolitov i arkhiepiskopov...sviateishemu patriarkhu Filaretu (in several copies from different time periods).

10 Cf. Apollos, "Patriarch Filaret," in *Chteniia v Imperatorskom Obshchestve istorii i drevnosti rossiiskikh pri Moskovskom universitete (Chteniia)* (Moscow, 1847), bk. 3, pt. 4, 29-36; A. A. Voronova, *Patriarkh Filaret* (St. Petersburg, 1897); Protoierei L. Lebedev, *Moskva patriarshaia* (Moscow, 1995), esp. 19-25, 56-60. See also Smirnov, "Filaret," 262 ("revnitel' za otechestvennuiu veru, za eia chistotu").

Filaret's successors admired him not only for ideological reasons, but also for his secular administrative skills. They repeatedly followed Filaret's example in matters of church governance. Patriarch Nikon, for example, carefully reviewed the land grants and tax privileges Tsar Michael issued to Patriarch Filaret. He then instructed his officials to familiarize themselves with the blueprints of the church taxation system established by Filaret.[11] Patriarch Ioakim (1674-90) adopted Filaret's stringent fiscal policies towards the Russian parish clergy and ordered his officials to enforce Filaret's practice of issuing written installation charters to newly appointed priests.[12] And Patriarch Adrian (1690-1700) instructed his officials to study the registers (*zapisnye knigi*) of the patriarchal bureaux organized under Filaret and to compile a series of articles (*stat'i*) based on these registers that would guide church government until the end of the Russian patriarchate in 1700.[13]

This paper will examine Filaret's extraordinary secular powers and the surviving documentary evidence concerning the extent of these powers. I will focus entirely on Filaret's administrative priorities as church leader, not on his contributions to church ideology and literary culture, topics recently covered in depth by historians Marius L. Cybulski and V. G. Vovina.[14] Similarly, Filaret's relations with his son, Tsar Michael, his interventions in boyar politics, and his contributions to state building lie outside the scope of this article; these topics have been addressed by historians John Keep, Robert O. Crummey, and E. D. Stashevskii.[15]

Documentary records reflecting the day-to-day operations of the patriarchal see under Filaret have been largely neglected by historians since their discovery and partial description by Ivan I. Shimko and Mikhail I. Gorchakov more than a hundred years ago.[16] These forgotten documents fall roughly into three categories: first, the land registers and income books of the Patriarchal Palace Office (*Patriarshii dvor-*

11 *Akty istoricheskie, sobrannye i izdannye Arkheograficheskoiu kommisseiu (AI)*, 5 vols. (St. Petersburg, 1841-1842), 4: 249-250, 366-367; I. I. Shimko, *Patriarshii kazennyi prikaz. Ego vneshniaia istoriia, ustroistvo i deiatel'nost'* (Moscow, 1894), 128-129; Smirnov, "Filaret," 636.

12 Smirnov, "Filaret," 652-653; *AI*, 4: 562-565.

13 Smirnov, "Filaret," 641-642; N. F. Kapterev, *Svetskie arkhiereiskie chinovniki v drevnei Rusi* (Moscow, 1874), 191, 202-203, 211, 219.

14 Cybulski, "Political," esp. 2: 439-778; V. G. Vovina-Lebedeva, *Novyi letopisets: istoriia teksta* (St. Petersburg, 2004), esp. 315-327; V. G. Vovina, "Patriarkh Filaret (Fedor Nikitich Romanov)," *Voprosy istorii* 7-8 (1991), 53-74.

15 Keep, "The Regime," passim; Stashevskii, *Ocherki*, passim; R. O. Crummey, "The Reconstruction of the Boyar Aristocracy, 1613-1645," *Forschungen zur Osteuropäischen Geschichte* 18 (1978), 187-220.

16 It must be emphasized that records relating to Filaret's patriarchate are far less comprehensive than those concerning later patriarchates. Possible reasons include the devastating destruction of records in the Kremlin fire of 1626 as well as the dispersal of the early patriarchal archive over a wide array of receiving depositories. A large number of administrative documents has survived in monastic and diocesan archives. Cf. Shimko, *Patriarshii kazennyi prikaz*, and M. I. Gorchakov, *O zemel'nykh vladeniiakh vserossiiskikh mitropolitov, patriarkhov i Sv. Sinoda (988-1738)* (St. Petersburg, 1871).

tsovyi prikaz) and Finance Office (*Patriarshii kazennyi prikaz*) which provide insights into Filaret's land acquisitions and taxation policies; second, the expenditure books of these two court offices with details about the agents and servitors on Filaret's payroll; and finally, the records of the Patriarch's Legal Office (*Patriarshii sudnyi prikaz*). These last include cases against Muscovites who ran into trouble with patriarchal authority, usually for perceived acts of heresy, moral corruption, and disobedience.[17] This paper follows a similar threefold division. I will first examine Filaret's land acquisition and taxation policies; then, the role of Filaret's agents in enforcing these policies; and finally, the patriarch's repression of resistance generated by these policies.

On May 20, 1625, nearly six years after Filaret had become the ruler of the Russian church, Tsar Michael issued, and personally signed, a charter giving his father jurisdiction over a vast territory that stretched from the White Sea littoral in the north, to Kursk and Tambov in the south, and Kurmysh and Arzamas in the east.[18] Consisting of a widely dispersed and non-contiguous patchwork of towns, suburbs (*prigorodi*), and districts, the so-called patriarchal domain (*patriarshaia oblast'*) had no clearly defined boundaries. In fact, its exact dimensions have never been established. Subdivided into forty-three administrative districts (*desiatiny*), the domain comprised a large number of monasteries, landed estates (*patriarshie votchiny*), villages, and trading colonies (*patriarshie slobody*). Most importantly, the patriarchal territory included some of Muscovy's wealthiest towns such as Archangel'sk and Kholmogory, and the Volga commercial centers of Kostroma, Iur'evets, and Nizhnii Novgorod that played crucial roles in domestic and international trade.[19]

One might describe this dramatic territorial expansion as the greatest land grab in the history of the Russian church.[20] The new lands stemmed from several sources:

---

17 For useful introductions to this neglected source base, see Smirnov, "Filaret," 845-852; Shimko, *Patriarshii kazennyi prikaz*, III-V, 78-83; Gorchakov, *O zemel'nykh*, 1-42.

18 *Akty, sobrannye v bibliotekakh i arkhivakh Rossiiskoi imperii Arkheograficheskoiu ekspeditsieiu Imperatorskoi Akademii nauk (AAE)*, 4 vols. (St. Petersburg, 1836), 3: 231-233; *Sobranie gosudarstvennykh gramot i dogovorov, khraniashchikhsia v Godudarstvennoi Kollegii inostrannykh del (SGGD)*, 5 vols. (Moscow, 1813-94), 3: 275-277.

19 Shimko, *Patriarshii kazennyi prikaz*, 117, 119-121, 185-186; Makarii, *Istoriia*, 6: 309-310; P. P. Smirnov, *Goroda Moskovskogo gosudarstva v pervoi polovine XVII veka* (Kiev, 1917; reprint: The Hague/Paris, 1969), 193-220; Gorchakov, *O zemel'nykh*, 364-386, 391-393. Merchants from these and other towns were frequents guests at Filaret's luncheons and dinners in the Kremlin. Cf. N. Pisarev, *Domashnyi byt russkikh patriarkhov* (Kazan', 1904; reprint: Moscow, 1991), appendix, 72-122, esp. 87, 90, 92, 96, 98, 100, 105, 110, 114; Smirnov, *Posadskie liudi*, 1: 358-361.

20 Filaret controlled a territory that was much larger than the area claimed by the previous Muscovite metropolitans during the late sixteenth century. While these metropolitans maintained authority over only nine towns, Tsar Michael granted Patriarch Filaret fiscal and judicial powers over forty towns in May 1625, and that number would grow to fifty-five before Filaret's death in October 1633. Cf. Shimko, *Patriarshii kazennyi prikaz*, 5, 112-117, 119-121; I. Perov, *Eparkhial'nye uchrezhdeniia v russkoi tserkvi v XVI i XVII vekakh: istoriko-kanonicheskii ocherk* (Riazan', 1882), 5; Gorchakov, *O zemel'nykh*, 329-330, 345-347.

church lands devastated during the Time of Troubles (especially districts close to Moscow such as Mozhaisk, Zvenigorod, and Borovsk);[21] donations by Tsar Michael, the Romanov clan, and other elite families; lands purchased with Kremlin or family funds; and finally, most significantly, the annexation of lands that had formerly belonged to other episcopal sees.[22] Much of the growth of patriarchal territory was thus at the expense of Muscovy's old bishoprics. The eparchies closest to Moscow, such as Tver, Rostov, and Kolomna, lost a significant number of churches as well as some monasteries. The large northern eparchy of Novgorod had to cede the Dvina region to Filaret. And the Krutitsy Eparchy, perhaps the hardest hit, lost many of its lands in the southern steppe and Don region, maintaining only a few holdings in Moscow and its vicinity.[23]

Filaret's acquisition of land was only a prelude to the introduction of systematic taxation in the patriarchal domain. Tsar Michael granted his father the right "to impose his prelate's tribute and *obrok* (quit-rent) upon... parish churches, priests and deacons, and abandoned church lands in the towns and villages."[24] By the mid-1620s, Filaret's agents regularly descended upon patriarchal settlements to exact a plethora of taxes. The main targets of Filaret's new tax policies were parish priests who had to pay for installation charters (*stavlennye gramoty*), transit passes (*perekhozhie*), and permission to travel (*otpusknye*), and also had to discharge the tax collector's fee (*desiatel'nich'e*) and additional treasury fees (*kazennye poshliny*).[25] The monastic clergy was subjected to similar fiscal demands. While some of these taxes had been introduced during the sixteenth century, Filaret's financial authority over the Muscovite clergy was unprecedented. The Russian church historian Nikolai

---

21 During the Time of Troubles, countless parishes were abandoned by priests and parishioners attempting to escape the marauding armies of the civil war. Entire regions of Muscovy, particularly in the north, were virtually depopulated. Agents of the patriarch sent to explore the scope of the catastrophe recorded that "many churches stood without singing" (*stoiali bez peniia*). Some churches still operated but their priests had no official recognition or ordination charters. Other churches had been burned down. All of these churches were systematically entered into registers (*perepisi*), and then assigned to the patriarchal domain along with the villages and towns in which they were located. Cf. Shimko, *Patriarshii kazennyi prikaz*, 84-85, 91-92, 96-99.

22 Smirnov, "Filaret," 633-635, 642, 653; Gorchakov, *O zemel'nykh*, 92-93, 329-330, 332-336; Gorchakov, *O zemel'nykh*, appendix, 32-37, 74-76, 84-86; *AAE*, 3: 104-105; 149-152; *AI*, 3: 79-81; Shimko, *Patriarshii kazennyi prikaz*, 161-162, 166; L. V. Cherepnin, ed., *Akty feodal'nogo zemlevladeniia i khoziaistva*, 3 pts. (Moscow, 1951-61), 3: 97-117.

23 Pavel F. Nikolaevskii, *Patriarshaia oblast' i russkie eparkhii v XVII veke* (St. Petersburg, 1888), 9-11, 17-18; Ia. E. Vodarskii, "Tserkovnye organizatsii i ikh krepostnye krest'iane vo vtoroi polovine XVII-nachale XVIII veka," in *Istoricheskaia geografiia Rossii XII-nachalo XX veka*, ed. A. L. Narochnitskii (Moscow, 1975), 70-96, esp. 78.

24 *AAE*, 3: 232.

25 By the end of the 1620s, ca. 2580 churches had come under Filaret's direct tax authority. Cf. Shimko, *Patriarshii kazennyi prikaz*, 121 (counting 2576 churches); I. M. Pokrovskii, *Russkie eparkhii v XVI-XIX vv.; ikh otkrytie, sostav i predely*, 2 vols. (Kazan', 1897-1913), 1: 174-175 (counting 2580 churches).

F. Kapterev astutely observed that Filaret considered the lower clergy of his vast eparchy as his private property and treated them as a landowner (*pomeshchik*) would treat his serfs.[26]

The laity also received significant new tax burdens, in particular, the patriarchal tribute (*dan'*) which flowed directly into the coffers of Filaret's private treasury (*domovaia kazna*). While Filaret's predecessors had collected between 10 and 20 altyn, the new patriarch raised the tribute to one ruble and 15 altyn, representing more than a twofold increase. Furthermore, the patriarch's agents targeted parishioners' real estate and commercial assets for additional taxation. Merchants suddenly had to pay for the use of trading stores. Town residents and peasants had to pay for permission to till fields, use mills, build dams, and fish in patriarchal lakes. Other tax revenues took the form of *obrok* payments – both in cash and in kind – from peasants living on patriarchal estates. Merchants were required to pay large lump sums for the right to trade for the patriarch. The patriarchal court also began to keep records of births, weddings, and burials for tax purposes. And there were efforts to pry into the private lives of parishioners in order to exact fines for so-called "sexual crimes" (*bludnoe vorovstvo*) such as adultery, illegitimate births, and bigamy.[27]

To guarantee the regular flow of taxes to the patriarchal court, Filaret employed a significantly larger number of administrators than his predecessors had employed. The dramatic growth of personnel at the patriarchal court began immediately after Filaret took office in June 1619. Within a few years the number of courtiers (*stol'niki*), the upper echelon of the patriarch's servitors, increased from a few dozen to more than a hundred, and the number then grew rapidly to several hundred:[28]

Year	Number of Courtiers Employed by Filaret
1626	182 courtiers
1627	244 courtiers
1628	260 courtiers
1629	407 courtiers
1630	474 courtiers
1631	525 courtiers
1633	576 courtiers

26 Shimko, *Patriarshii kazennyi prikaz*, 21-22, 100, 102-103, 119-121, 190-192, 197-199, 204; Kapterev, *Chinovniki*, 37; Smirnov, "Filaret," 647.

27 *RGADA*, f. 235, Patriarshii kazennyi prikaz, opis' 2, dd. 1-7, Prikhodnye knigi o sbore s tserkvei i zemel' denezhnykh dokhodov; Shimko, *Patriarshii kazennyi prikaz*, 126-127, 129, 198-199, 201-202; Gorchakov, *O zemel'nykh*, 340-342, 367-391, 422-430; Kapterev, *Chinovniki*, 217-218; Smirnov, "Filaret," 619-620; N. V., "Patriarshie votchiny v Rossii," in *Entsiklopedicheskii slovar'*, ed. F. A. Brockhaus and I. A. Efron, 84 vols. (St. Petersburg, 1890-1907) 45: 33-36, esp. 35.

28 E. Iu. Liutkina, "Stol'niki patriarkha Filareta v sostave dvora Mikhaila Romanova (1619-33)," in *Sotsial'naia struktura i klassovaia bor'ba v Rossii XVI-XVIII vv. Sbornik nauchnykh trudov*, ed. A. A. Preobrazhenskii (Moscow, 1988), 97-114, esp. 100. For slightly smaller numbers, see Pisarev, *Domashnyi*, 121-131, esp. 124.

This unprecedented expansion in personnel gave Filaret effective means of administration over the vast patriarchal domain.

While we don't know how Filaret recruited his courtiers, their names appeared with the scions of Muscovy's most powerful families in the so-called *boiarskie knigi* (which might be described as the early modern Russian equivalent of the *Who's Who* guide to the Kremlin).[29] A significant number of these courtiers belonged to boyar clans and rising families of service nobles, but many came from obscure origins and owed their later status entirely to Filaret's patronage. The highest positions in the patriarchal bureaux seem to have been reserved for a few established families. Thus, members of the Koltovskii clan, which had been on the rise since the reign of Ivan the Terrible, played leading roles in the Patriarchal Legal Office, and members of the Leont'ev clan became the chief administrators of the Patriarchal Palace Office.[30]

Since courtier-administrators also fulfilled ceremonial functions at the patriarchal court,[31] the business of everyday governance rested in the hands of lower-ranking officials, the so-called patriarchal secretaries (*d'iaki*) and clerks (*pod'iachie*). These men must be considered the founders of the first centralized Russian church bureaucracy: they operated – largely invisibly – from desks inside the patriarchal palace and developed a meticulous system of record-keeping that remained intact throughout the seventeenth century. The secretaries and clerks of the Palace Office monitored land acquisitions, land grants to patriarchal servitors, and incomes generated from these lands. Officials of the Finance Office kept detailed records of tax incomes generated from churches and parishes. And officials of the Legal Office became the ultimate arbiters of religious and moral behavior not only in the patri-

---

29 The relative ranking of patriarchal and tsarist courtiers has never been studied. However, Hartmut Rüß – citing the example of Prince Khilkov – observed that at least some patriarchal boyars were "on the same level with tsarist boyars" [H. Rüß, *Herren und Diener. Die soziale und politische Mentalität des russischen Adels. 9.-17. Jahrhundert* (Cologne/Weimar/Vienna, 1994), 92]. It is also interesting to note that several patriarchal courtiers were members of the Boyar Duma. These included Ivan Vasil'evich Birkin, Vladimir Timofeevich Dolgorukii, and Andrei Vasil'evich Khilkov. Other patriarchal courtiers apparently enabled their descendants to gain entry into the Boyar Duma (including the descendants of the Leont'evs and Koltovskiis mentioned below). Cf. *Dvortsovye razriady*, 4 vols. (St. Petersburg, 1850-55), 2: 85, 107, 128, 143, 147, 163; R. F. Crummey, *Aristocrats and Servitors. The Boyar Elite in Russia, 1613-1689* (Princeton, 1983), 179, 183, 185, 196, 208, 211; S. K. Bogoiavlenskii, *Prikaznye liudi XVII veka* (Moscow/Leningrad, 1947), 101; Gorchakov, *O zemel'nykh*, 353.

30 *Dvortsovye razriady*, 2: 143, 147, 164, 266, 289; Bogoiavlenskii, *Prikaznye liudi*, 100-103, 262, 268; Liutkina, "Stol'niki," 101, 105; Gorchakov, *O zemel'nykh*, 353. Even obscure men could rise to great prominence. For example, members of the Iazbetsov clan, descendants of a minor official, held more influential positions than well-known boyars and they were rewarded by the patriarch with extraordinarily high incomes (Liutkina, "Stol'niki," 101-103).

31 When these men were not traveling to Muscovy's provinces on patriarchal business they participated in public receptions, church ceremonies (including processions and pilgrimages), and various other rituals (e.g., carrying food from the patriarchal table to the patriarch's kinfolk and favorites). Cf. Smirnov, "Filaret," 828-830; Pisarev, *Domashnyi*, 176-190, 226-232.

archal domain but throughout Muscovy, thus bypassing the authority of local bishops.[32]

These lower-ranking officials accumulated significant power and wealth under
Filaret's protection and patronage.[33] In addition to the patriarchal tribute, which paid
for their salaries, they charged high fees for issuing official documents, claimed a
portion of all *obrok* payments, and a "chimney" (*podymnyi*) tax of 2 *den'gi* from
each of the more than 6000 peasant households (*dvory*) on the patriarchal estates.
Often accused of corruption and greed, they managed to live comfortably off the
patriarchal domain.[34] They owned estates (*pomest'ia*), maintained houses in Moscow, and frequently received presents from Filaret on church holidays.[35]

One such official was Fedor Ragozin, secretary of the Patriarchal Legal Office,[36]
who served his patron for at least eleven years, acquiring an estate of ca. 800 acres
in the Vladimir district in the process. In May 1628, Filaret signed an immunity
charter (*zhalovannaia gramota*) declaring Ragozin absolute master over the peasants
on his estate and certifying that he could only be judged by "the Great Sovereign
The Most Holy Filaret, Patriarch of Moscow and All Rus'...and [his] boyars." A few
years later, in another charter signed by Filaret, the estate became the permanent
property of the Ragozin family. By the time of Filaret's death in October 1633,
Ragozin had risen to prominence in the Kremlin. Tsar Michael, apparently in gratitude for Ragozin's loyalty to his father, appointed him to the post of secretary in the

---

32 Kapterev, *Chinovniki*, 190-193, 201-206, 215-218, 221-223; Smirnov, "Filaret," 641-651;
    Shimko, *Patriarshii kazennyi prikaz*, 124-125.

33 These lower-ranking officials were accountable only to Filaret. They swore an oath of alle-
    giance to him and received their appointment charters from him. In fact, Filaret repeatedly de-
    scribed these officials as "his people" (svoi liudi) whom he trusted above everyone else. They
    joined him for lunch and dinner at the patriarchal palace. Cf. Pisarev, *Domashnyi*, 125; Pisarev,
    Domashnyi, appendix, 87, 92-95, 99-100, 104-106, 109, 120; *AAE*, 3: 258, 261; Smirnov,
    "Filaret," 651.

34 It became customary for secretaries to claim 10 den'gi on each ruble paid as obrok which
    amounted to extra yearly earnings of 200 rubles. Cf. Gorchakov, *O zemel'nykh*, 356-360, 424-
    427; Shimko, *Patriarshii kazennyi prikaz*, 126, 130, 159-160. On other forms of corruption and
    bribery, see Nikolaevskii, *Patriarshaia oblast'*, 15-16; Gorchakov, *O zemel'nykh*, 361-362;
    Smirnov, "Filaret," 655-656.

35 Gorchakov, *O zemel'nykh*, 399-407; Shimko, *Patriarshii kazennyi prikaz*, 160-161; Cherepnin,
    Akty, 3: 308-337; *RGADA*, f. 235, opis' 2, nos. 8-9, Raskhodnye knigi o vydache zhalovan'ia
    sluzhashchikh pri patriarkhe liudiam. See also ibid., no. 5a, Opis' keleinoi kazni patriarkha
    Filareta Nikiticha s prikhodnymi zapisiami (with information about gifts given to Filaret by his
    grateful clients).

36 Another example is Mikifor Shipulin, secretary of the Patriarchal Palace Office from 1619-
    1627. Like Ragozin, he was one of Filaret's most trusted servitors, apparently because he had
    visited Filaret in Polish captivity and participated in negotiating Filaret's return to Moscow.
    Shipulin accumulated appointments in the Canon Office, the Tsar's Palace Office, the Novgo-
    rod Office, and Siberian Office. He died a very rich man in the late 1640s with assets including
    a 2800-acre votchina estate near Nizhnii Novgorod. Cf. S. B. Veselovskii, *D'iaki i pod'iachie
    XV-XVII vv.* (Moscow, 1975), 581-82; Bogoiavlenskii, *Prikaznye liudi*, 101-102, 312; Kapterev,
    Chinovniki, 225; Pisarev, *Domashnyi*, appendix, 94, 106, 120.

Ustiug Quarter Office responsible for administering a large territory with significant tax revenues.[37]

Another important official was Michael Smyvalov, a former merchant from the patriarchal town of Nizhnii Novgorod who had made a fortune in the lucrative Archangel'sk export trade. According to a report by Swedish envoys, Smyvalov became one of the patriarch's most trusted advisors to whom he listened without reservation.[38] In 1620, Smyvalov acted as Filaret's principal tax collector in the wealthy Velikii Ustiug region and began filling the coffers of the Kremlin treasury with immense sums of money. In 1621, he was endowed with the rank of a Kremlin secretary and appointed chief of the Ustiug Quarter Office (1622-30). Towards the end of his life, Smyvalov became Filaret's representative in Astrakhan (1631-32) to oversee trade with Persia and India. Smyvalov died a very rich man and the owner of two large *votchina* estates, one of them in the patriarchal town of Arzamas.[39]

Other officials also greatly benefitted from Filaret's patronage.[40] For example, the one-time clerk and later secretary Piatoi Filatov was a frequent guest at the patriarchal court for luncheons and dinners. Filatov's rise to prominence began in September 1619 as census inspector (*dozorshchik*) in the villages of Mordvinian honey farmers in the Nizhnii Novgorod district, a territory within the patriarchal domain. His career continued with a stint in the patriarchal town of Toropets (Pskov eparchy), and culminated in October 1632 with an appointment as chief tax collector of the Galich and Vladimir districts, two other territories belonging to the patriarchal domain. By the time of Filaret's death, Filatov had accumulated enough money to purchase an estate with serfs in the Kolomna district of the patriarchal domain.[41]

Filaret's most trusted administrators included not only secular officials, but also a group of favored monastic leaders.[42] These archimandrites and abbots coordinated

---

37 Filaret apparently considered Ragozin to be one of his most loyal clients because he entrusted him with highly sensitive matters such as investigating and arresting patriarchal courtiers. Cf. *AAE*, 3: 257, 260, 278-279, 284; Veselovskii, *D'iaki*, 445; *Dvortsovye razriady*, 2: 66, 164, 289; Bogoiavlenskii, *Prikaznye liudi*, 101-103, 291.

38 "Vse, chto on skazhet i prikazhet, to slushaet i delaet patriarkh..., i [Smyvalov] v Moskve nazyvaetsia vremenshchikom" (Stashevskii, *Ocherki*, 364).

39 Veselovskii, *D'iaki*, 479-480; Stashevskii, *Ocherki*, 298; Pisarev, *Domashnyi*, appendix, 95; *Dvortsovye razriady*, 2: 85.

40 In fact, Filaret's protection launched a number of lucrative church careers. Many of his officials' descendants continued their careers within the church bureaucracy. During the last three decades of the seventeenth century, the sons and grandsons of several prominent church officials under Filaret were among Patriarch Ioakim's most important servitors. They included the Nikitin, Kulikov, and Ragozin families, that is, the descendants of Clerk Stepan Nikitin, Secretary Maksim Kulikov, Secretary Fedor Ragozin, and Secretary Kuzma Ragozin (Fedor's brother). Cf. Gorchakov, *O zemel'nykh*, 404; Bogoiavlenskii, *Prikaznye liudi*, 101-102, 266, 291; Smirnov, "Filaret," 847.

41 Veselovskii, *D'iaki*, 126, 547-548; Pisarev, *Domashnyi*, appendix, 80, 87, 89, 96, 99, 114; *Dvortsovye razriady*, 2: 85.

42 While elevating a select group of archimandrites and abbots, Filaret's church regime excluded the majority of Muscovy's monastic leaders from positions of power. As Stashevskii, and more

the collection of tax revenues from the remote towns and hinterlands of the patriarchal domain. They also implemented patriarchal decrees, conducted investigations
of local religious affairs, and offered prison cells for Filaret's detractors. In return,
they received enormous privileges including immunity charters, land grants, and
trading privileges. These monastic leaders attended luncheons and dinners in the
patriarchal palace with greater regularity than secular officials,[43] participated in
Kremlin receptions,[44] and became influential powerbrokers whose authority could
supersede that of powerful boyars.[45]

One of these ecclesiastical plenipotentiaries was Abbot Iona of the Antonievo-
Siiskii Monastery. As Filaret's jailer in exile during the Time of Troubles, Iona had
done much to ameliorate the conditions of Filaret's imprisonment, a service Filaret
had apparently never forgotten. When Filaret became patriarch in 1619, he showered
the abbot with generous gifts of money, gold-embroidered vestments, and precious
icons. Soon Iona became Filaret's principal tax collector in the Dvina region, where
he systematically increased his monastery's wealth at the expense of local peasant
communities. Peasants not only had to part with a significant percentage of their
income, but also with fertile fields, fishing grounds, and locally endowed hermitages
that were "ascribed" (*pripisany*) to Iona's monastery in the name of the patriarch.[46]

---

recently, Malandin have demonstrated, the average Russian monastery had its former economic
privileges and tax immunities curtailed and found itself exposed to the incursions of Filaret's
officials. Some monastic leaders were deposed and exiled such as Archimandrite Varlaam of
the Spaso-Evfimiev Monastery in Suzdal'. Cf. V. V. Malandin, "Tserkov' i gosudarstvo v patriarshestvo Filareta," in *Rossiiskaia gosudarstvennost': etapy stanovleniia i razvitiia*, 3 pts. (Kostroma, 1993), 1: 123-128, esp. 126; idem, "Tserkov' i gosudarstvo v patriarshestvo Filareta"
(Autoreferat diss. kand. ist. nauk, Moscow Pedagogical Institute, 1996), 1-16; Stashevskii,
Ocherki, 300-332, esp. 300-307; P. M. Stroev, *Spiski ierarkhov i nastoiatelei monastyrei Rossiiskoi tserkvi* (St. Petersburg, 1877; reprint: Cologne/Vienna, 1990), 665; Smirnov, "Filaret,"
837; *AAE*, 3: 436-437.

43 "Stolovaia kniga patriarkha Filareta Nikiticha 7132 goda," *Starina i novizna* 11 (1906), 67-163;
    13 (1909), 37-131; Pisarev, *Domashnyi*, appendix, 72-122.

44 These receptions included welcoming ceremonies of the Persian and Turkish ambassadors. Cf.
    Dvortsovye razriady, 2: 27, 139, 174, 176, 181, 203, 222, 287; Smirnov, "Filaret," 809-810,
    815.

45 Smirnov, *Posadskie liudi*, 356-357, 362-368; Miuller and Nosova, *Zakonodatel'nye akty*, nos.
    87, 89; *AAE*, 3: 143-145; A. A. Titov, *Akty nizhegorodskogo Pecherskogo Voznesenskogo mo-
    nastyria* (Moscow, 1898), 71-74. The power of monastic favorites could reach well beyond the
    confines of the church. For example, the archimandrites of the Chudov Monastery helped to
    investigate suspected opponents of the Romanov regime ranging from prominent boyar families
    (e.g., the Saltykovs and Khlopovs) to Cossack rebels. In May 1633 Abbot Sergei of the Uspen-
    skii Monastery in Tikhvin joined the Kremlin clerk Aleksei Griboedov in the collection of tax
    money designated for the war against Poland. The archimandrites of the Spaso-Kamennyi Mon-
    astery in Vologda played similar roles in the towns of Ustiug, Tot'ma, and Sol' Vychegodsk.
    Cf. I. E. Zabelin, *Domashnyi byt russkikh tsarits v XVI i XVII stoletiiakh* (Moscow, 1901; re-
    print: Moscow, 2001), 235; Veselovskii, *D'iaki*, 131, 139, 217; Stroev, *Spiski*, 63.

46 Episkop Makarii, "Istoricheskie svedeniia ob Antonievo-Siiskom monastyre," in *Chteniia*
    (1878), bk. 3, 15-16, 21-23, 46-47, 67, 73, 76-77; *AAE*, 3: 240-242; Kapterev, *Chinovniki*, 225.

Other strongmen in Filaret's church regime were Archimandrite Dionisii of the Trinity Monastery, Archimandrite Pafnutii of the Ipat'evskii Monastery (Kostroma), and Archimandrite Rafail of the Pecherskii Monastery (Nizhnii Novgorod). Archimandrite Dionisii was probably the patriarch's most important tax collector. He not only received enormous economic privileges (such as tax-free trade in Astrakhan), but also assistance from patriarchal officials in tracking down runaway peasants. When Dionisii's authority was threatened by a conspiracy of disgruntled monks, Filaret arranged for the intransigents' prompt arrest and exile.[47] Archimandrite Pafnutii collected the patriarchal tribute from peasants in the Kostroma hinterlands. In return, he received enormous stretches of land from both patriarch and tsar, becoming one of Muscovy's largest ecclesiastical landowners.[48] Finally, Archimandrite Rafail acted as Filaret's representative in the town of Nizhnii Novgorod and its hinterlands. In addition to inducing traders to make overdue *obrok* and fifth payments (*piataia den'ga*), he informed Filaret about disobedient secular strongmen, imprisoned exiles, and disciplined recalcitrant clergy. As compensation, he received not only generous land donations but also assistance by Kremlin troops in the retrieval of runaway peasants.[49]

The powers of these monastic leaders resembled those of mighty bishops.[50] Abbot Iona, for example, became the principal arbiter of church authority in the wealthy towns of Archangel'sk and Kholmogory, thus effectively neutralizing the former authority of the Novgorod metropolitans and anticipating by several decades the grandeur of the later archbishops of Kholmogory. Filaret gave orders that archimandrites, abbots, archpriests and priests from these towns as well as from other remote northern regions of the patriarchal domain were to report directly to Abbot Iona.[51] Similarly, the authority of Archimandrite Rafail extended over a significant territory – Nizhnii Novgorod and its hinterlands – that ca. forty years later would become the new eparchy of Nizhnii Novgorod.[52]

Filaret promoted a select and privileged group of administrators – both secular and monastic – that used its power for personal enrichment at the expense of ordi-

---

47 Stashevskii, *Ocherki*, 222; Smirnov, "Filaret," 820-821, 846, 848; Shimko, *Patriarshii kazennyi prikaz*, 115, 133; *AAE*, 3: 233.

48 In addition, the Ipat'evskii Monastery's monks and peasants were freed from all tax payments to the tsar. Cf. Shimko, *Patriarshii kazennyi prikaz*, 115; Smirnov, "Filaret," 848; Stashevskii, *Ocherki*, 377; S. A. Zabotkina, "Dinastiia Romanovykh i Ipat'evskii Monastyr'," in *Rossiiskaia gosudarstvennost'*, 1: 128-134, esp. 129-130.

49 Titov, *Akty*, 68-71, 75-77, 89-91, 97-98; *AAE*, 3: 259. Rafail's tasks were quite dangerous. His predecessor, Archimandrite Iov, was murdered in March 1620. Shocked by Iov's sudden demise, Filaret ordered Muscovy's monastic clergy to commemorate Iov every year with requiem masses and memorial dinners. Cf. Stroev, *Spiski*, 610; Smirnov, "Filaret," 821.

50 The powers of Russian bishops under Patriarch Filaret will be the subject of a separate study.

51 V. Veriuzhskii, *Afanasii arkhiepiskop kholmogorskii, ego zhizn' i trudy v sviazi s istoriei Kholmogorskoi eparkhii* (St. Petersburg, 1908), 54-55; *AAE*, 3: 240-242.

52 Archimandrite Makarii, *Istoriia Nizhegorodskoi ierarkhii, soderzhavshchaia v sebe skazanie o nizhegorodsikh ierarkhakh s 1672 do 1850 goda* (St. Petersburg, 1857), 1-9.

nary Muscovites. Thus, two of the perhaps unintended results of Filaret's fiscal policies were the growth of ecclesiastical corruption and the proliferation of patriarchal plenipotentiaries. Not surprisingly, the often violent intervention of Filaret's clients in local affairs generated cycles of resistance and repression.

Popular resentment against Filaret's clients ran particularly high on the northern shores of Lake Onega, where Filaret had given tax privileges to the Klimentsy Monastery.[53] In January 1628, the Onega peasants refused to pay taxes and rose in revolt to reclaim lands that had been confiscated by the monks on Filaret's authority. Peasant violence led to destruction of valuable monastic property and theft of the monastery's grain supply. The frightened monks of the Klimentsy Monastery begged the Kremlin for protection and apparently received a military detachment. But peasant resistance did not abate. Rebel leaders finally put a price of five rubles on the head of Abbot Ioasaf. Musketeers in the tsar's service collected the five-ruble reward after pretending that they had killed the hated abbot. Only later did the chagrined peasant elders learn of the deception. The heated conflict between Klimentsy monks and local peasants, and the vicious cycle of violence that this conflict engendered, was not resolved until long after Filaret's death.[54]

Popular discontent also occurred in territories administered by Abbot Ioasaf Pestrikov of the Savvin Monastery in Moscow, a prominent monastic leader known for hosting lavish dinner parties for Filaret and his courtiers.[55] Entrusted with a number of fiscal expeditions to the hinterlands of Moscow, Ioasaf meticulously recorded his methods of enforcing the patriarch's tax mandates. Harvests were confiscated for the failure of peasants and *posad* residents to make *obrok* payments; noblemen (*pomeshchiki*) were fined for illegally occupying abandoned parish lands. Fields and fertile lands were seized in the name of the patriarch, unauthorized buildings erected on church lands were demolished, and community forests were declared to be patriarchal property. Appeals protesting Ioasaf's brutal methods reached the Kremlin, but were usually in vain. Filaret's personal intervention in such disputes ensured resolution in favor of the church. Threatened with further fines and even expulsion, most Muscovites acquiesced to Ioasaf's demands.[56]

---

53 The monks were apparently rewarded with tax privileges for their care of Filaret's exiled wife during the Time of Troubles.

54 E. V. Barsov, "Olonetskii monastyr' Klimentsy, s pripisnymi k nemu pustyniami, tsarskimi i ierarshimi gramotami," in *Chteniia* (1870), bk. 4, pt. 21, 1-171, esp. 30-34, 38-42, 46.

55 Ioasaf had been a powerful secretary in a Kremlin office before taking monastic vows and disappearing from sight during the Time of Troubles. With the ascension of Filaret to the patriarchal throne, he returned to the inner circle of Kremlin power. Some of Ioasaf's relatives rose to prominent administrative positions (e.g., governor of Nizhnii Novgorod); others continued to live on patriarchal estates under Filaret's successors. Cf. Pisarev, *Domashnyi*, appendix, 119-121; Veselovskii, *D'iaki*, 407-408; Bogoiavlenskii, *Prikaznye liudi*, 284; Titov, *Akty*, 31; Shimko, *Patriarshii kazennyi prikaz*, 183.

56 *Opisanie dokumentov i bumag, khraniashchikhsia v Moskovskom arkhive Ministerstva iustitsii*, 21 vols. (Moscow, 1869-1921), vol. 1, no. 2143; *RGADA*, f. 235, opis' 3, no. 2; Shimko, *Patriarshii kazennyi prikaz*, 96-97, 100.

Patriarch Filaret showed little sympathy for those who suffered at the hands of his clients. He was, in fact, more likely to punish the victims rather than the perpetrators. A stunning example of this occurred in the Suzdal' Eparchy. According to Suzdal' residents, Bishop Iosif Kuntsevich and his officials "tortured many people, beat them to death and hanged them without penitence (*bez pokaianiia*)...." Kuntsevich, a fugitive from Ukraine, was a close friend of Filaret's and among those hosted by the patriarch at the Kremlin. While Kuntsevich lived in his lavish palace, enjoying the services of his mistress and a gourmet cook from Ukraine, desperate Suzdalians sustained robberies, extortions, and other brutal assaults from his cronies. Several times between 1626 and 1633 the victims addressed bitter complaints and calls for help to the Kremlin, but Filaret refused to intervene on each occasion. In fact once, in an apparent fit of rage, he had several petitioners from Suzdal' thrown into jail.[57]

The parish priest Ivan Neronov of the Resurrection Church in Nizhnii Novgorod, later known as an Old Believer, was another victim of Filaret's wrath. Neronov began a popular preaching campaign in the early 1630s to denounce Filaret's clients "for being cruel... towards all human beings," for failing to promote religious piety, and for encouraging drunkenness and laziness among the priesthood. After he started attracting large crowds in the streets, Neronov was arrested and chained with his neck to a wall in a dungeon. Although Neronov knew Filaret personally, the patriarch ignored his appeal for help. In fact, the angered Filaret had Neronov declared insane (*vo istuplenii uma byst'*) for giving public sermons without the patriarch's blessing. For this offense, Neronov was exiled to the St. Nicholas Monastery in Karelia and kept in solitary confinement until the end of Filaret's patriarchate.[58]

Ordinary Muscovites who dared to criticize or to protest the behavior of Filaret and/or his clients suffered similar fates. A peasant, for example, who lived just outside the patriarchal trading colony of Iur'ev Polskii on the Volga, denounced the local archpriest for being a whore (*bliad'*) after the latter returned from a party at the home of Filaret's tax official. Filaret became personally involved in this investigation and gave orders that the archpriest should send him a list of all individuals suspected of association with the maligner.[59] Similarly, the *posad* dweller Zakhar Zasukhin from the patriarchal town of Kostroma was arrested for suggesting that

---

57 *RGADA*, f. 210, Razriadnyi prikaz, Prikaznyi stol, d. 82, fols. 1-131, Pro izmenu Suzdal'skogo arkhiepiskopa Iosifa i nezakonnoe sozhitel'stvo ego s sestroi Mar'ei Bermatskoi i pro zloupotrebleniia priblizhennykh (1634-36). A summary of this detailed investigation is found in K. V. Kharlampovich, *Malorossiiskoe vliianie na velikorusskuiu tserkovnuiu zhizn'* (Kazan', 1914), 32-39. Cf. *Dvortsovye razriady*, 1: 965, 967; 2: 181.

58 *AAE*, 3: 284-85; *Materialy dlia istorii raskola za pervoe vremia ego sushchestvovaniia*, ed. N. I. Subbotin, 9 vols. (Moscow, 1875-94), 1: 243-305, esp. 262, 266.

59 *RGADA*, f. 210, Prikaznyi stol, d. 17, fols. 156-162, 172-173, Sysk o nanesenii bezchest'ia...protopopu Semeonu.

Filaret was not a holy man, and that the patriarch of Muscovy should first pray to God to ask forgiveness for his sins before claiming any holiness.[60]

Such critical views of Filaret were widespread, shared by other segments of Russian society including the secular elite and monks.[61] For example, the governor of Tobol'sk, Prince Fedor A. Teliatevskii, rejoiced at the death of Filaret's wife (the Great Nun Marfa Ivanovna) in 1631 and expressed the wish that "we would soon be rid of the patriarch as well." The wife of Secretary Petr Naumov, a powerful official in the Pomestnyi Prikaz, maintained that Filaret was an impostor from Lithuania (*iz Litvy*) and that the real patriarch had never returned from captivity: "[He] is not the Lord Tsar's father; [the Poles] did not allow him to leave Lithuania and sent instead a foreigner to Moscow...."[62] The monk and later archbishop of Astrakhan, Pakhomii, denounced Filaret for his semi-literacy and ignorance in basic matters of orthodox religion. Pakhomii described Filaret as vindictive and obsessed with power: "Even the tsar himself has to be afraid of him... [and acts] on the patriarch's orders" (*po poveleniiu patriarkhovu*).[63] Similarly, the monk Galaktion accused Filaret of overstepping his ecclesiastical duties (as a member of the monastic clergy) because Filaret and Filaret's son Michael – "the patriarch and the monk's son" (*patriarkh da startsev syn*) as Galaktion put it – had ordered the Russian army into action against the Poles near Smolensk.[64]

It appears that anyone who was related to, or even remotely associated with, Filaret's critics could be punished along with the critics themselves. The peasant Ivan Sasil'ev from the Romanov area, for example, was taken to Moscow for interrogation after making derogatory remarks about the patriarch. Soon afterwards, Kremlin agents descended upon Sasil'ev's native village to investigate whether

---

60 Ibid., d. 39, fols. 35-39, Proiznesenie neprigozhikh slov o patriarkhe Filarete.

61 For the better-known cases of Semen Shakhovskoi and Ivan Khvorostinin, see E. L. Keenan, "Semen Shakhovskoi and the Condition of Orthodoxy," *Harvard Ukrainian Studies* 12-13 (1988-89), 795-815; Cybulski, "Political," 2: 551-567; *AAE*, 3: 212-213.

62 S. B. Bakhrushin, "Politicheskie tolki v tsarstvovanie Mikhaila Fedorovicha," in *Trudy po istochnikovedeniiu, istoriografiii i istorii Rossii epokhi feodalizma*, ed. S. V. Bakhrushin (Moscow, 1987), 87-118, esp. 97-98.

63 A. N. Popov, *Izbornik slavianskikh i russkikh sochinenii i statei, vnesennykh v khronografy russkoi redaktsii* (Moscow, 1869), 316; Smirnov, "Filaret," 824. Cf. in this context the assertion of a Polish observer who claimed that Filaret beat Tsar Michael when the latter refused to go to war with Poland in 1632, in A. Rembowski, ed., *Dyaryusz wojny moskiewskiej 1633 roku* (Warsaw, 1895), 82. On the extensive pamphlet literature about Filaret that originated in the Polish-Lithuanian Commonwealth, see Smirnov, "Filaret," 840; *SGGD*, 3: 481-489, 524-531, esp. 483, 526.

64 *RGADA*, f. 214, Sibirskii prikaz, d. 81, fols. 394-395; Bakhrushin, "Politicheskie," 96. However, the view that the tsar's father was a monk apparently evoked positive as well as negative associations. Nearly twenty years after Filaret's death, a monastic deacon from Kursk defended himself when ridiculed for being the son of a monk (startsovyi syn) by arguing that the father of Tsar Michael had also been a monk. Cf. N. Ia. Novombergskii, *Slovo i delo gosudarevy (Protsessy do izdaniia Ulozheniia Alekseia Mikhailovicha 1649 goda)*, vol. 1 (Moscow, 1911), no. 159.

others shared his opinions.[65] The Vologda monk Andreian rejected Filaret's authority and claimed to be in direct communication with God. After his arrest in late
1628, there was a systematic round-up of men and women who were suspect merely
for having listened to his sermons in public.[66] Similarly, the criticism voiced by the
posad man David Kotov from the patriarchal town of Kostroma had disastrous consequences for members of his family. After daring to speak out against one of Filaret's agents, Kotov fled across the border to Lithuania in order to avoid arrest.
Filaret took his revenge by collectively exiling Kotov's male relatives to Tobol'sk in
Siberia.[67]

The sheer number of individuals targeted by Filaret's agents, and the fact that
women and children were included, was unprecedented in Russian church history.[68]
These mass arrests throw a revealing light on the central dilemma of Filaret's church
policies: the growing conflict between church power and society. When Filaret ascended to the patriarchal throne, he inherited a church largely depleted of economic
resources, lacking manpower, and unable to project its authority over Muscovy's
hinterlands. By the time of his death, Filaret had radically changed the Russian
Orthodox Church through spearheading an unprecedented expansion of church
lands, tax revenues, and administrative personnel. Behind Filaret's power stood his
clients, the officials and monastic leaders whose loyalty he commanded uncondi-
tionally. These clients enriched themselves, thereby generating popular resistance,
and then used brute force to maintain their positions of power. Thus, the paradoxical
result of Filaret's successful expansion of church power was the unprecedented
emergence of societal repression.

Filaret set the Russian patriarchate on a path that would inevitably lead to crisis.
The patriarch's policies of land accumulation, heavy taxation, favoritism, and repression of dissent were carried on by his successors. During the next decades, the
size of the patriarchal domain would continue to expand: the number of towns under
patriarchal jurisdiction grew from fifty-five to eighty-five (in 1658);[69] the number of

---

65 *RGADA*, f. 141, Prikaznye dela starykh del, opis' 1, 1631, d. 72, Sysknoe delo o neprigozhikh
rechakh...pro gosudaria sviateishogo patriarkha Filareta.

66 *RGADA*, f. 214, d. 23, fols. 270-302, O ssylke v Sibir' vologodskikh eretikov.

67 After Filaret's death (and a lengthy investigation demonstrating their innocence) these relatives
were allowed to return to Kostroma. Cf. *RGADA*, f. 214, d. 38, fols. 1-146, Delo ob izmene i
otstuplenii ot Boga Davidka Kotova. It seems that members of the Muscovite elite (e.g., the
boyars Saltykov and the patriarchal servitor Kolychev) were pardoned without such investigations. Cf. *AAE*, 3: 336 and primechaniia, no. 10.

68 See, for example, the lists of individuals exiled during the Filaret period (usually with a short
synopsis of the cases against them), in *RGADA*, f. 214, d. 23, Stolp o ssylnykh liudiakh 136-137
gg.; *RNB (= Rossiiskaia Natsional'naia biblioteka)*, Solovetskoe sobranie, d. 18/1478, no. 209;
d. 20/1479, nos. 162-166, 170-176. One might also include the men and women whom Tsar Michael sent to Siberia for uttering "indecent and criminal words" (neprigozhie i vorovskie slova)
at the news of Filaret's death in October 1633. Cf. Smirnov, "Filaret," 835, 837fn. 365.

69 The number of patriarchal towns decreased after the creation of new eparchies in Viatka (1658),
Nizhnii Novgorod (1672), Kholmogory (1682), and Belgorod (1682). The exact number of pa-

parish churches taxed by patriarchal agents from 2576 to 3954 (in 1690);[70] and the number of households on patriarchal estates from ca. 6000 to 9511 (in 1700).[71] Filaret's successors on the patriarchal throne maintained authority over a huge territory. They remained the largest landowners of Muscovy until 1700, significantly increasing rather than decreasing the burdensome taxes introduced by Filaret.[72]

The systematic repression of critics and dissenters under Patriarch Filaret presaged the violent history of the Russian Schism. During the 1660s and 1670s the prison chambers of Tobol'sk were again filled with many opponents of patriarchal power, including Archpriest Avvakum and members of his family. Popular protests against the patriarchal regime and its agents increased, leading to ever-greater repressive measures in response. This escalating spiral of protest and repression reached its zenith with Patriarch Ioakim's denunciation of anyone who dared to question his authority as a schismatic (*raskol'nik*).[73] Thus, the patriarchate of Filaret set the tone for the subsequent confrontations between church and society which greatly undermined – and in many regions permanently damaged – the church's spiritual and institutional authority during the last decades of the seventeenth century.

---

triarchal towns after 1658 has not yet been determined. It appears, however, that the patriarchs made up for at least some of these losses by incorporating new towns, both in Muscovy's center (e.g., Kaluga, Medyn', and Tarusa) and its periphery (e.g., Penza, Saransk, and Kerensk). Cf. Nikolaevskii, *Patriarshaia oblast'*, 8, 12, 41; Shimko, *Patriarshii kazennyi prikaz*, 118-21; G. I. Peretiatkovich, *Povol'zhe v XVII i nachale XVIII vv.* (Odessa, 1882), 75, 234.

70 Shimko, *Patriarshii kazennyi prikaz*, 121; Nikolaevskii, *Patriarshaia oblast'*, 8, 12; Pokrovskii, *Russkie eparkhii*, 1: 313. The number of churches had increased to 4675 by 1722 when the patriarchal domain was officially abolished. Cf. Vodarskii, "Tserkovnye," 78.

71 Vodarskii, "Tserkovnye," 78; N. V. Ustiugov and N. S. Chaev, "Russkaia tserkov' v XVII v.," in *Russkoe gosudarstvo v XVII veke. Novye iavleniia v sotsial'no-ekonomicheskoi politicheskoi i kul'turnoi zhizni. Sbornik statei*, ed. N. V. Ustiugov (Moscow, 1961), 295-329, esp. 301 (counting 9326 households).

72 In 1678, Patriarch Ioakim considered 8610 households of peasants and townsmen to be patriarchal property. At the same time, the largest boyar families–the Odoevskiis, Golitsyns, and Saltykovs–controlled only 4248, 3541, and 3019 peasant households respectively. Cf. Crummey, *Aristocrats*, 115; Shimko, *Patriarshii kazennyi prikaz*, 129; M. N. Tikhomirov, *Klassovaia bor'ba v Rossii v XVII v.* (Moscow, 1969), 406; S. B. Veselovskii, *Feodal'noe zemlevladenie v severo-vostochnoi Rusi* (Moscow, 1947), 443. For a good summary of growing patriarchal fiscal demands, see A. Dobroklonsky, *Rukovodsto po istorii russkoi tserkvi*, vol. 3 (Moscow, 1889), 45-54.

73 For more details, see G. B. Michels, *At War with the Church. Religious Dissent in Seventeenth-Century Russia* (Stanford, 1999), esp. 113-115.

The Chudov Monastery and the Stepennaia Kniga

Gail Lenhoff

The *Stepennaia kniga*, chronicling the rise of the Muscovite tsardom in seventeen steps, was produced in the metropolitan's scriptorium during the reign of Ivan IV. Because its authors represent the Moscow princes descended from Daniil Aleksandrovich as the heirs of the Kievan princes and as the rightful owners of the Volga lands and territories on the western borders with Novgorod and Lithuania, some historians have assumed that the book's primary purpose was to legitimize Ivan's political claims.[1] But no evidence has been offered to support the theory that the tsar commissioned narratives glorifying his ancestors to secure his political status at home or that he appropriated them for diplomatic negotiations with foreign powers. Recent studies show instead that the step format and central historical metaphors derive from Orthodox theological writings with a strong monastic bias.[2] There is a growing consensus that the book's view of the tsardom's historical trajectory conveys the perspective of the Moscow metropolitans, who assert their status as protectors of the rulers and the state.[3] The possibility of additional religious influences on this foundational narrative, which could offer a more nuanced understanding of religion as an integrating force in Muscovite Russian ideology, still needs to be explored.

This article considers whether the contents of the *Stepennaia kniga* reflect in any significant way the ideology and spirituality of the institution where it was physically composed, the Chudov Monastery. It first reviews the findings on the book's

---

1 See, for example, Jaroslaw Pelenski, "Muscovite Imperial Claims to the Kazan Khanate," *Slavic Review* 26,4 (1967), 569; Peter Nitsche, "Translatio imperii? Beobachtungen zum historischen Selbstverständnis im Moskauer Zartum um die Mitte des 16. Jahrhunderts," *Jahrbücher für Geschichte Osteuropas* 35 (1987), 323-328; Hans Hecker, "Dynastische Abstammungslegende und Geschichtsmythos im Rußland des 16. Jahrhunderts," in *Herkunft und Ursprung. Historische und mythische Formen der Legitimation*, ed. Peter Wunderli (Sigmaringen, 1994), 122-125.

2 Gail Lenhoff, "Stepennaia kniga: zamysel, ideologiia, adresatsiia," in *Stepennaia kniga tsarskogo rodosloviia po drevneishim spiskam*, ed. N. N. Pokrovskii and G. D. Lenhoff, vol. 1 (Mos-cow, 2007), 131-144.

3 Summaries of early reviews taking this position are given in V. S. Ikonnikov, *Opyt russkoi istoriografii*, vol. 2, book 2 (Kiev, 1908), 1308-1315; and E. E. Golubinskii, *Istoriia russkoi tserkvi. Tom II. Period vtoroi. Moskovskii* (Moscow, 1997), 193-194. See also P. G. Vasenko, *"Kniga Stepennaia tsarskogo rodosloviia" i ee znachenie v drevnerusskoi istoricheskoi pis'mennosti* (St. Petersburg, 1904), 204-212, 231-232; N. N. Pokrovskii, "Istoricheskie kontseptsii Stepennoi knigi tsarskogo rodosloviia," in Pokrovskii and Lenhoff, *Stepennaia kniga*, 94-95, 109.

authorship and on indirect Chudov influence, then looks at the most compelling literary evidence of direct Chudov input, an extensive life of the monastery's founder and patron, Metropolitan Aleksii, composed for Step 11. In 1365 Aleksii commissioned the original stone church dedicated to the miracle (*chudo*) of St. Michael at Chonae and then oversaw its expansion into a cenobitic monastery complex.[4] Situated in the northeast corner of the Kremlin, close to the metropolitan's court, the Chudov served as his personal place of worship in Moscow and was placed under the metropolitan's jurisdiction.[5] Aleksii retired there, endowed the monastery with its first landholdings in his will, and designated the Chudov as his burial place. After Aleksii's relics were found to be miraculously preserved and miracles witnessed in the 1430s, he was canonized and the Chudov became a shrine to his memory. Below, it will be argued that the new *Stepennaia kniga* life of Aleksii highlights aspects of his legacy that were integral to the Chudov's institutional identity and to the special status that the monastery attained during the reign of Ivan IV, when the book was composed.

Authorship

Two metropolitans have been convincingly identified in the secondary literature as designers of the *Stepennaia kniga*. The hand of Metropolitan Makarii, who initiated the project, is most evident in the book's opening chapters. The panegyric style and themes of Princess Ol'ga's extended sacred biography, which precedes Step 1, and the eulogies of Grand Prince Vladimir Sviatoslavovich I in Step 1 correspond to those found in works composed by Makarii's circle of writers for major hagiographical projects.[6] Themes in steps 1-8, echoing the political and spiritual views of Makarii's mentor, Iosif Volotskii, and passages in steps 16 and 17, describing conflicts with the Crimean and Kazan' Tatars, match those in Makarii's pastoral letters and speeches.[7] Makarii's successor as metropolitan, Andrei-Afanasii, is

---

4 *Polnoe sobranie russkikh letopisei (PSRL)*, vol. 15, vypusk 1, *Rogozhskii letopisets (Rog.)* (Petrograd, 1922), col. 79; *PSRL* 18, *Simeonovskaia letopis' (Sim.)* (St. Petersburg, 1913), 104; V. A. Kuchkin, "Pervye kamennye postroiki v kremlevskom Chudovom monastyre," in *Gosudarstvennyi muzei Moskovskogo Kremlia. Materialy i issledovaniia*, vol. 3 (Moscow, 1980), 5-11.

5 Golubinskii, *Istoriia*, vol. II, part 1, 216-217; on the metropolitan's "home" (*domovye*) monasteries, see S. B. Veselovskii, *Feodal'noe zemlevladenie v Severo-Vostochnoi Rusi*, vol. 1 (Moscow/Leningrad, 1947), 439-443.

6 Correspondences have been noted by V. O. Kliuchevskii, *Drevnerusskie zhitiia sviatykh kak istoricheskii istochnik* (Moscow, 1871), 242-243; Makarii (Bulgakov), "Moskovskii mitropolit Makarii, kak literaturnyi deiatel'," *Khristianskoe chtenie* (aprel' 1873), 647-654; A. I. Sobolevskii, "Pop Sil'vestr i Domostroi," *Izvestiia po russkomu iazyku i slovesnosti* II/1 (1929), 196-197; I. V. Kurukin, "Sil'vestr i sostavlenie zhitiia Ol'gi Stepennoi knigi," in *Teoriia i praktika istochnikoveneniia i arkheografii otechestvennoi istorii. Sbornik statei* (Moscow, 1978), 55-56.

7 A. A. Zimin, *I. S. Peresvetov i ego sovremenniki. Ocherki po istorii russkoi obshchestvenno-politicheskoi mysli serediny XVI veka* (Moscow, 1958), 78-79, 86-91; David Miller, "The Velikie Minei Chetii and the Stepennaia Kniga of Metropolitan Makarii and the Origins of

named in a gloss on the lower margins of the Chudov codex, the base manuscript for the new edition, as the book's compiler.[8] A disciple and later biographer of the elder Daniil of Pereiaslavl', the priest Andrei was transferred from his post there to Moscow's Blagoveshchenskii *sobor* in 1549/1550; he became the tsar's spiritual counselor and in this capacity accompanied Ivan on the 1552 Kazan' campaign.[9] Between July 1561 and March 5, 1562[10] Andrei was tonsured at the Chudov Monastery, taking the monastic name Afanasii. On March 5, 1564, he was invested as metropolitan. In July of 1566, pleading illness, he retired to the Chudov Monastery.[11] A short life of St. Daniil Pereiaslavskii added to Chapter 25 of Step 16, and references to Afanasii's experiences during the siege of Kazan' (Chapter 21 of Step 15, Chapter 10 of Step 17) offer internal evidence of his contributions to the book.[12]

Indirect Influences

Indirect ideological input of Chudov has also been documented. The primary source base of the *Stepennaia kniga* consists of passages selected from texts produced in the metropolitan's scriptorium which, by scholarly consensus, was physically located in the Chudov Monastery.[13] Two primary literary sources of the book, the Nikon Chronicle and the Compilative Rule (*Svodnaia kormchaia*), were both completed on that site during the prelacy of Metropolitan Daniil (1522-1539).[14] The *Stepennaia kniga's* vision of the tsardom's history as a Christian polity owes much to hagiographical anthologies, produced or held in the Chudov scriptorium library, which contain stories of miracles and saints side by side with genealogical legends tracing

---

Russian National Consciousness," *Forschungen zur osteuropäischen Geschichte* 26 (1979), 314-317, 338, 350-352, 362-369.

8 *Gosudarstvennyi istoricheskii muzei (GIM), sobranie Chudova monastyria,* № 358 (*Chudov 358*), folia 3-8.

9 *PSRL* 29, *Letopisets nachala tsarstva tsaria i velikogo kniazia Ivana Vasil'evicha (Letopisets nachala)* (Moscow, 1965), 96, 109, 110.

10 On this date, see the arguments of A. S. Usachev, "K voprosu o datirovke Stepennoi knigi," *Drevniaia Rus'* 4 (22) (2005), 37-38.

11 *PSRL* 29, *Prodolzhenie Aleksandro-Nevskoi letopisi (Prod. ANL),* 350.

12 The most detailed arguments for Afanasii's authorship are made in Vasenko, *Kniga Stepennaia,* 168-191. They are widely accepted. See, for example, M. N. Tikhomirov, "Razvitiie istoricheskikh znanii v Kievskoi Rusi, feodal'no-razdroblennoi Rusi i Rossiiskom tsentralizovannom gosudarstve (X-XVII vv.)," in *Ocherki istorii istoricheskoi nauki v SSSR,* ed. M. N. Tikhomirov, vol. 1 (Moscow, 1955), 81-82; B. M. Kloss, *Nikonovskii svod i russkie letopisi XVI-XVII vekov* (Moscow, 1980), 261-262; N. N. Pokrovskii, "Afanasii (v miru Andrei)," in *Slovar' knizhnikov i knizhnosti Drevnei Rus' (SKKDR),* Vyp. 2, Chast' 1, A-K (Leningrad, 1988), 74-75; A. S. Sirenov, *Stepennaia kniga. Istoriia teksta* (Moscow, 2007), 32-33.

13 For evidence, see B. M. Kloss, "Biblioteka moskovskikh mitropolitov v XVI v.," in *Problemy paleografii i kodikologii v SSSR,* ed. A. D. Liublinskaia (Moscow, 1974), 115-116; Gail Lenhoff, "The Economics of a Medieval Literary Project: Direct and Indirect Costs of Producing the Stepennaia kniga," *Russian History* 34,1-4 (2007), 228, 233-237.

14 Kloss, *Nikonvskii svod,* 190-191.

the Riurikide dynasty to the Roman emperors.[15] Chudov monks may have indirectly influenced the views of Metropolitan Afanasii. His decisions to become a monk and retire there, as well as his request to be buried in the Chudov were personal choices (some metropolitans, for example Kiprian and Feodosii, retired to other monasteries). But there are indications that local Chudov themes, distinct from the overarching ideological themes, became integral components of the book's historical narrative at an early stage in the compositional process.

Aleksii's Vita, Inventio and Translatio

The most striking literary evidence for direct Chudov input is Chapter 7 of Step 11. The story of Aleksii's tonsure and of his life as a monk, bishop and metropolitan (1354-1378) is followed by a narrative of the discovery (*obretenie*) of his miracle-working relics, which led to his canonization (c. 1449), and a second account of their translation (*perenesenie*) to the Alekseevskaia Church, commissioned in 1483 by Chudov Archimandrite Gennadii Gonzov (archbishop of Novgorod, 1484-1505) and completed during the prelacy of Metropolitan Zosima (1490-1494).[16] The life's anonymous author identifies his composition as a new redaction composed "with the blessing of the most holy Makarii, metropolitan of all Russia, during the pious reign of the autocratic and divinely-crowned tsar and grand prince Ivan Vasil'evich of all Russia and his noble son the tsarevich Ivan."[17] He names two of his hagiographical sources: a life with hymns ascribed to Pitirim (Chudov archimandrite c. 1440; bishop of Perm from 1444-1455),[18] and a vita with an account of the relics' *inventio* (*obretenie*) written by the master hagiographer and former Athonian monk Pakhomii Logofet in 1459 at the request of Metropolitan Iona.[19]

---

15 They are listed in Lenhoff, "Stepennaia kniga: zamysel, ideologiia, adresatsiia" in Pokrovskii and Lenhoff, *Stepennaia kniga*, 129, notes 45-47; for dates and paleographical descriptions, see B. M. Kloss, *Izbrannye trudy, Tom II. Ocherki po istorii russkoi agiografii XIV-XVI vekov* (Moscow, 2001), 19-20, 97-98, 101, 115-116.

16 Aleksii's life will be cited from the basic manuscript used for vol. 2 of the forthcoming academic edition: *GIM, Chudov 358*, as well as from P. G. Vasenko's published edition, which is based on a later manuscript; *PSRL* 21, part 2, Kniga stepennaia tsarskogo rodosloviia (St. Petersburg, 1913), 346-369 (the posthumous miracles printed on pp. 369-386 are not in the oldest codices).

17 *Chudov* 358, folia 436v-437; *PSRL* 21, part 2, 369.

18 This life has not yet been conclusively identified. R. A. Sedova theorizes that it is preserved in Ms. Rossiiskaia gosudarstvennaia biblioteka, sobranie Usova, № 84, last quarter of the fifteenth century; R. A. Sedova. "K voprosu o pervonachal'noi redakstii zhitiia mitropolita Alekseiia, sozdannoi permskim episkopom Pitirimom," in *Rumiantsevskie chteniia. Tezisy dokladov i soobshchenii nauchno-prakticheskoi konferentsii (17-18 aprelia 1997 g.)* (Moscow, 1997), 136-139. Kuchkin argues that Pitirim composed a service and possibly recorded a few miracles, but did not compose a life; Kuchkin, "Pervye kamennye postroiki," 10, n. 9.

19 Published in V. A. Kuchkin, "Iz literaturnogo naslediia Pakhomiia Serba (Starshaia redaktsiia zhitiia mitropolita Alekseia)," in *Istochniki i istoriografiia slavianskogo srednevekov'ia. Sbornik statei i materialov*, ed. S. A. Nikitin (Moscow, 1967), 245-257. On the later reworkings, which added miracles, see Kliuchevskii, *Drevnerusskie zhitiia sviatykh*, 244, n. 1.

Aleksii's *Stepennaia kniga* biography stands apart from the hagiographical narratives of steps 1-8, which focus on holy princes and princesses. Beginning in steps 9 and 10, which deal with the transition from Kievan to Muscovite rule, attention turns toward churchmen. Step 10, covering the reign of Ivan I, includes a life of the first holy metropolitan, Petr, written in the last two decades of the fourteenth century by Metropolitan Kiprian[20] and copied with minor emendations (a short preface, a few topoi and a eulogy were added). The inclusion of Aleksii's life in Step 11 can be seen as a continuation of this pattern and, thus, as an expression of the book's general ideological line, which stresses the essential role of the metropolitans in the successes of the dynasty and encourages their veneration as supernatural protectors of the land.[21] Scholars have assumed that a new version was drafted to satisfy the higher *literary* standards of the *Stepennaia kniga*.[22] But there is reason to conclude that the decision to compose a new redaction of Aleksii's life, rather than to use Pakhomii's 1459 life, had a more localized ideological motivation.

Pakhomii Logofet's mastery of the hagiographer's art was recognized by his contemporaries, who commissioned him to rewrite existing biographies of saints from leading monasteries in Novgorod and Moscow; his 1459 life of Aleksii is comparable in quality and length to Kiprian's life of Petr. The fact that the *Stepennaia kniga* version borrows many passages from Pakhomii's life, including the critical introductory and closing topoi, confirms that style was not the motive for composing a new redaction. The author added substantial textual material to the core biography and to the sections devoted to the metropolitan's posthumous cult, including supplemental historical details from entries on parallel events in the Nikon Chronicle. The final product of these considerable labors is several times longer than previous redactions of Aleksii's vita, which provide the basic material for his portrait as a model monk, a promoter of cenobite monasticism, and an energetic administrator whose policies revitalized the church. The new life occupies more than twice the folia devoted to Metropolitan Petr's life in Step 10 and a third more than the life of Metropolitan Iona in Step 14. The substantially expanded new vita stresses two intertwined themes of primary importance to the Chudov: Aleksii's close spiritual relationship with the Danilovich dynasty and Danilovich patronage of Aleksii's

---

20 The life is published in B. M. Kloss "Prostrannaia (Kiprianovskaia) redaktsiia Zhitiia mitropolita Petra," in Kloss, *Izbrannye Trudy,* II, 32-47 and R. A. Sedova, *Sviatitel' Petr mitropolit moskovskii v literature i iskusstve Drevnei Rusi* (Moscow, 1993), 76-91. Kloss dates the life to 1395. G. M. Prokhorov dates the life to 1381; see his *Povest' o Mitiae. Rus' i Vizantiia v epokhu Kulikovskoi bitvy* (Leningrad, 1978), 114.

21 Vasenko stresses the veneration of the metropolitans; Vasenko, *Stepennaia kniga,* 232-233; V. V. Kuskov stresses their political role as supernatural protectors of the state; "Stepennaia kniga kak literaturnyi pamiatnik XVI veka" (Dissertatsiia, Moskovskii gos. universitet im. M.V. Lomonosova, 1951), 309. On the metropolitan viewpoint and the book's political theology, see Lenhoff, "Stepennaia kniga: zamysel, ideologiia, adresatsiia" in Pokrovskii and Lenhoff, *Stepennaia kniga,* 140-142.

22 See Kliuchevskii, *Drevnerusske zhitiia sviatykh,* 245; Kuskov, "Stepennaia kniga," 182.

shrine. Both themes had historical foundations and both offered precedents to successive rulers to protect Chudov land holdings, privileges and immunities in times when those of the metropolitans and other ecclesiastical institutions were being cut.

Born into a boyar clan whose members achieved high status in Muscovite service,[23] Aleksii maintained close personal ties to the grand princes and exercised as substantial influence on state policies as on the policies of the church.[24] All of the commemorative texts recast these historical relationships in religious terms, but the new redaction adds passages asserting successive princes' regard for Aleksii as an exceptionally holy man divinely called to the monastic life, and as a wise and moral counselor. Ivan I "Kalita," son and presumptive heir of the Moscow dynasty's founder Daniil Aleksandrovich, receives the future metropolitan at the baptismal font.[25] Aleksii's prayers are credited with ensuring Ivan I a reign of peace and prosperity.[26] Impressed by Aleksii's wisdom and exemplary life, Ivan's son and successor Simeon "Gordyi" sends a special emissary to the Byzantine Patriarch Philotheus and the Emperor John VI Cantacuzenus, asking that Aleksii succeed the ailing Metropolitan Feognost.[27] After Simeon's untimely death of the plague, Ivan II sends his own emissary to Constantinople to insure that Aleksii will be confirmed.[28] Aleksii's reputation as a miraculous healer and wise counselor, the new life claims, motivates the rulers to call upon his help in foreign affairs of state. In response to Khan Janibek's request, Ivan sends Aleksii to pray for the health of the ailing *khansha* Taidula, who is suffering from an eye ailment.[29] When she recovers her sight, the Tatar khan and nobles pay Aleksii high honors, reward him and his retinue with lavish gifts,[30] and express their respect for the Christian faith. Ivan sends Aleksii back to the Horde to calm the wrath of "the violent and very cruel" Tatar khan Berdibek (1357-1359), who strangled his father, "killed his twelve brothers and

---

23 On Aleksii's father, Fedor Biakont, an exile from Chernigov who was appointed commandant of Moscow, and his brothers, Feofan and Aleksandr, who founded the Fofanov and Pleshcheev clans, see S. B. Veselovskii, *Issledovaniia po istorii klassa sluzhilykh zemlevladel'tsev* (Moscow, 1969), 247.

24 The fundamental study of Aleksii's political influence remains A. E. Presniakov, *Obrazovanie velikorusskogo gosudarstva* (Petrograd, 1918), 290-317. See also G. M. Prokhorov, "Aleksei (Aleksii), mitropolit vsei Rusi," in *SKKDR* 2/1, 25-34 and A. A. Turilov, "Aleksii," in *Pravoslavnaia entsiklopediia*, vol. 1 (Moscow, 2000), 637-642.

25 *Chudov* 358, folia 408v.; *PSRL* 21, part 2, 348. This information is first reported in Aleksii's Nikon Chronicle obituary; *PSRL* 11, *Patriarshaia ili Nikonovskaia letopis' (Nik.)* (St. Petersburg, 1897), 30.

26 *Chudov* 358, folio 408v-409; *PSRL* 21, part 2, 348.

27 *Chudov* 358, folio 411v-412; *PSRL* 21, part 2, 350-351. The mission of Simeon's envoy is reported in the Nikon Chronicle entry for the year 1352 and his return, after Simeon's death, is reported in the entry for the year 1353; *PSRL* 10, *Nik.* (St. Petersburg, 1885), 226.

28 *Chudov* 358, folio 413; *PSRL* 21, part 2, 352.

29 *Chudov* 358, folio 416; *PSRL* 21, part 2, 354. In the Nikon Chronicle entry for 1357, Taidula deals directly with Aleksii; *PSRL* 10, *Nik.*, 229.

30 *Chudov* 358, folio 417v; *PSRL* 21, part 2, 354. The lavish gifts are mentioned in the Nikon Chronicle obituary; *PSRL* 11, 33.

aspired to conquer the Russian land and enslave Christians."[31] After successfully completing this delicate mission, Aleksii receives "a most glorious reception" from the grand prince and his son Dmitrii "with many boyars and nobles and other officials... and clerics."[32]

Dmitrii Donskoi heeds Aleksii's advice to give generous alms to the metropolitan of Sinai and the patriarch of Jerusalem. He asks Aleksii's blessing for the fortification of Moscow. He firmly defends Aleksii's right to the metropolitan's title and forces his rival, Kiprian, to return to Kiev.[33] During Dmitrii's reign, Aleksii works with the help of Sergii of Radonezh, founder and hegumen of the Trinity *lavra*, to found a cluster of cenobitic monasteries: the Spaso-Andronnikov Monastery on the Iauza River, the Blagoveshchenskii Monastery in Nizhnii Novgorod, the Tsarekonstantinskii Monastery in Vladimir and the Chudov in the Kremlin.[34] In each case, Aleksii himself supplies all necessary goods and land required for observance of the new rule,[35] which stipulates that property be held in common and that the monks sustain themselves.[36] Previous lives of Aleksii attest to the hierarch's special regard for the Chudov, where he worshipped and later retired, and list his gifts to the monastery,[37] but the *Stepennaia kniga* redaction adds a new passage (marked below in boldface) paraphrasing the metropolitan's request in his will that Dmitrii Donskoi accord special protection to the monastery:

> [Aleksii endowed the Chudov] with many beautiful [adornments], icons and books and golden holy vessels and other costly utensils. And he had the church painted with iconographic images and built a stone refectory for it. And he donated many villages and households and slaves and lakes for the monastery's needs and gave all these to the archimandrite and brothers. And he expressed his will that his holy body be buried in that monastery founded by him, which was carried out. **And he charged his spiritual son, Grand Prince Dmitrii, to ensure that the monastery not lack anything, but,**

---

31 *Chudov* 358, folia 417v-418v; *PSRL* 21, part 2, 355. The story of Berdibek's plot is reported in the Nikon Chronicle entry for 1357, but there is no mention of Aleksii in this connection; *PSRL* 10, *Nik.*, 229.

32 *Chudov* 358, folio 418 v; *PSRL* 21, part 2, 354.

33 *Chudov* 358, folia 423-424v, 426-426v; *PSRL* 21, part 2, 359-361. Dmitrii's fortification of Moscow (1366) and the visits of the metropolitans German (1371) and Marko (1376) are reported under the respective years in Nik.; *PSRL* 11, 7, 15, 25.

34 *Chudov* 358, folia 421v-422v; *PSRL* 21, part 2, 357-358. See Kuchkin, "Iz literaturnogo naslediia," 248-249; see also the Nikon Chronicle obituary for Aleksii; *PSRL* 11, 32-33.

35 This information is stressed in the Nikon Chronicle obituary, loc. cit.

36 On Aleksii's historic role in the spread of cenobitic monasticism, see Golubinskii, *Istoriia*, vol. II, part 1, 216-218; B. M. Kloss, "Monashestvo v epokhu obrazovaniia tsentralizovannogo gosudarstva," in *Monashestvo i monastyri v Rossii XI-XX veka. Istoricheskie ocherki*, ed. N. V. Sinitsyna (Moscow, 2005), 60-65.

37 See Kuchkin, "Iz literaturnogo naslediia," 249. The *Stepennaia kniga* life uses as its direct source the expanded list in the Nikon Chronicle obituary; *PSRL* 11, 33.

through his royal guardianship and most fervent faith in God, to preserve the monastery's property and rule.[38]

Dmitrii visits Aleksii shortly before his death to receive the metropolitan's blessing. He and his sons play a prominent role in the funeral ceremony. Dmitrii overrules the hierarch's wish to be buried outside the Chudov Church near the sanctuary and "with his own hands" consigns Aleksii's body to his tomb "inside the monastery that he founded and the Church of the holy Archangel Michael that he built."[39]

Later Danilovich rulers are shown paying honors to Aleksii's grave and overseeing the process of his formal glorification as a saint. Dmitrii's grandson, Vasilii Vasil'evich II "Temnyi" presides over the invention of Aleskii's miraculously preserved relics on May 20.[40] Vasilii personally thanks the saint for blessing his dynasty and, together with Metropolitan Petr, acting as "the swift helpers and intercessors for our Russian Land and the invincible walls for our city, Moscow."[41] According to the *Stepennaia kniga*, it is the "autocratic sovereign, the pious and Christ-loving grand prince" Ivan III, who orders Chudov Archimandrite Gennadii to build a new church in the monastery complex dedicated to Aleksii and to construct a new tomb where the saint's relics are transferred.[42] The life concludes with a prayer, asking the holy Metropolitan Aleksii to continue to pray for the protection of the current ruler, Ivan IV and his son Ivan and for their divinely-bestowed realm.[43]

Aleksii's Spiritual Legacy

Documents from the monastery archive and chronicle records confirm the testimony of commemorative accounts that the spiritual legacy of Aleksii was central to the Chudov Monastery's institutional identity. Aleksii's decision to be buried in the Chudov monastery complex rather than in the Uspenskii *sobor* with previous metropolitans set the stage for the monastery to become his shrine. Already in the 1430s, after the revelation of Aleksii's wonder-working relics, the Chudov is referred to in

---

38 *Chudov* 358, folio 422v; *PSRL* 21, part 2, 359.

39 *Chudov* 358, folio 428; *PSRL* 21, part 2, 363. Both Pakhomii's 1459 life and the Nikon Chronicle obituary claim that Aleksii himself prepared his grave in the Blagoveshchenskii *pridel,* a side-chapel of the Chudov Church; Kuchkin, "Iz literaturnogo naslediia," 249; *PSRL* 11, *Nik.,* 34.

40 May 20 is celebrated as the day of Aleksii's *inventio.* Pakhomii claims that the relics were discovered in the prelacy of Metropolitan Fotii (1408-1431); Kuchkin, "Iz literaturnogo naslediia," 251. The Nikon Chronicle obituary dates the *inventio* sixty years after Aleksii's death, i.e. in 1438 during the prelacy of Metropolitan Isidore; *PSRL* 11, 35.

41 *Chudov* 358, folia 432-432v; *PSRL* 21, part 2, 365-366. Vasilii II's speech is cited (with minor emendations) from Pakhomii's 1459 life; see Kuchkin, "Iz literaturnogo naslediia," 251.

42 *Chudov* 358, folia 433v; 436; *PSRL* 21, part 2, 365-366. The foundations of this church were laid in 1483; *PSRL* 20, *L'vovskaia letopis' (L'vov)* (St. Petersburg, 1910), 350; *PSRL* 6, *Sofiiskaia vtoraia letopis' (Sof. II)* (St. Petersburg, 1853), 335.

43 *Chudov* 358, folio 437; *PSRL* 21, part 2, 369.

wills and charters as the home of Saint Michael and the wonder-worker Metropolitan Aleksii.[44] Between 1431 and 1449, ailing persons of various social classes were brought to Aleksii's grave at the Chudov and cured of possession, paralysis, blindness, fever, an arrow wound, and rabies. Their stories, recorded and verified by Metropolitan Iona as evidence of Aleksii's miraculous powers,[45] established the Chudov as a healing center and important shrine for pilgrims. Chronicle entries for the year 1462 include a miracle narrative written by Metropolitan Feodosii, who served as Chudov archimandrite from c. 1462 to 1471. It tells of the lame monk, Naum, born in the Chudov village of Filippovskoe, who came to pray for a cure at Aleksii's shrine. Although his prayers were not immediately answered, Naum requested permission to become a novice at the Chudov; after seven years' labor in the monastery bakery, he was miraculously healed at Aleksii's grave.[46] Chronicle entries for the year 1519 record a cluster of cures ascribed to Aleksii's relics. On October 28, a lame man was healed at the Chudov tomb. On Aleksii's feast day (February 12) in the Vvedenskii Church (newly built by Grand Prince Vasilii III on Sretenka street) a woman identified as Olena, the wife of Ivan Shiriaev, was miraculously able to straighten her twisted arm. On that same day, a blind clerical assistant named Ivan recovered his sight at Aleksii's tomb. On February 24, the deaf man, Afonasii, regained his hearing there. A series of additional cures were recorded at the grave that summer. On June 1, a child, Anna, was cured. On July 3, an elderly man named Semion was cured of blindness and other ailments. On July 8, a blind woman, Solomoniia, and a blind girl regained their sight. Chudov Archimandrite Iona (c. 1518-1521) reported these cures to Metropolitan Varlaam and to Vasilii, who hurried to the grave and celebrated a service of thanks-giving.[47]

Chronicles report that the Danilovich rulers called upon Aleksii to help with military, political and dynastic crises. Beginning in 1471, his tomb at the Chudov is mentioned as a ceremonial station for princes on the eve of major battles. Ivan III came there to pray for victory before the campaigns against Novgorod in 1471 and 1478[48] and before the battle with Khan Akhmat in 1472.[49] Later rulers followed this

---

44 The earliest surviving reference to Chudov as the home of the wonderworker Aleksii is in the donation charter of the monk Avraam Mikulin syn Davidovich (Morokhinin). It is published in A. V. Antonov and K. V. Baranov, "Neizvestnye akty XIV-XVI veka iz arkhiva Moskovskogo Chudova Monastyria," in *Russkii diplomatarii (RD), Vypusk vtoroi. Arkhivnye materialy po istorii Moskvy* (Moscow, 1997), № 2, 11-12.

45 See Pakhomii's 1459 life; Kuchkin, "Iz literaturnogo naslediia," 252-254.

46 *PSRL* 20, *L'vov.*, 271-276; *PSRL* 6, *Sof. II*, 325-330 (pribavlenie V). The miracle is noted under the year 1462 in the Moscow compilation of the 1490s; *PSRL* 25, *Moskovskii letopisnyi svod kontsa XV veka (Mosk.)* (Moscow, 2004), 277.

47 *PSRL* 20, *L'vov.*, 397-398; *PSRL* 13, part 1, *Nik.*, (St. Petersburg, 1904), 32-33. Vasilii's speech repeats the speech delivered by Vasilii II in the lives. Chapter 14 of Step 16, dedicated to the reign of Vasilii, mentions these recent miracles; *Chudov* 358, folia 697v-698; *PSRL* 21, part 2, 596.

48 See the entry for 1471 in *PSRL* 27, *Nikanorovskaia letopis' (Nikanor.)* (Moscow, 1962), 132; *PSRL* 26, *Vologdo-Permskaia letopis' (Vol.-Perm.)* (Moscow, 1959), 234; *PSRL* 25, *Mosk.*,

precedent. During the reign of Vasilii III, Aleksii's intercession was invoked to ensure a male heir. To express his gratitude for the birth of Ivan IV in 1530, Vasilii ordered a new silver case for Aleksii's relics. Work on the case was begun in January of 1532, but was not completed for several years. On February 11, 1535, at a ceremony attended by the regent Elena Glinskaia, Ivan and his brother Iurii, as well as leading boyars, Metropolitan Daniil transferred the relics to the new case.[50] Departing from precedent, Ivan IV baptized his sons Ivan (1554) and Feodor (1557) and his daughter Evdokiia (1556) at Aleksii's grave in the Chudov Monastery (Ivan himself and his father, Vasilii III, had been baptized at the Trinity-Sergius *lavra*).[51] Surviving records from the years 1585 and 1586 show that the monastery regularly purchased icons of Aleksii[52] and presented them to donors and high officials to encourage more widespread veneration of its patron.[53] It is reasonable to assume that icons of Aleksii were presented to elite patrons of the monastery during the reign of Ivan IV and probably earlier for the same purpose.

Wills, Deeds and Charters

Metropolitan Aleksii's legacy provided the foundation for the Chudov's growth into one of the largest and most influential land-holding monasteries in Muscovite Russia.[54] His bequest, among the earliest surviving northeast Russian private wills,[55]

---

287. See also the entry for 1477 in *PSRL* 25, *Mosk.*, 310.

49 *PSRL* 25, *Mosk.*, 298. A recent treatment of this theme, though helpful, omits key primary sources and scholarly studies; see D. Iu. Krivtsov, "Pochitanie sviatitelia Alekseia, mitropolita moskovskogo, kak nebesnogo zastupnika Rusi ot inoplemennykh vragov v XV-XVII vv.," in *Mininskie chteniia: Materialy nauchnoi konferentsii*, ed. V. P. Makarikhin (Nizhnii Novgorod, 2003), 100-117.

50 *PSRL* 29, *Letopisets nachala tsarstva*, 16; *PSRL* 13, part 1, *Nik.* (St. Petersburg, 1904), 84; Turilov, "Aleksii," 644.

51 *PSRL* 29, *Lebedevskaia letopis' (LL)*, 228, 244, 256; *PSRL* 13, part 1, *Nik.* (St. Petersburg, 1904), 239, 265, 283; Turilov, "Aleksii," 644.

52 Purchases of icons are listed in the *raskhodnaia kniga* (expense records) for Sept. 2, 1585-August 30, 1586; see *Khoziaistvennye knigi Chudova monastyria 1585/86 g.*, ed. S. N. Bogatyrev (Moscow, 1996), folia 91, 95v, 106, 107v, 109, 112, 114, 116v, 121, 142, 146, 165v, 173, 184, 195v, 213v, 229, 230v, 231, 231v, 235v. (pp. 66, 68, 71-75, 77, 86, 93, 96, 100, 104, 111, 117-118, 120).

53 See the *tetrad' razdachi ikon* (records of icons presented) presented from October 15, 1585 to August 12, 1586 in *Khoziastvennye knigi*, folia 302-310 (pp. 144-147).

54 According to the census of 1678, the Chudov possessed 2,613 peasant households spread over twelve administrative districts. Its possessions ranked it seventh among the largest land-owning monasteries. See A. A. Novosel'skii, "Rospis' krestianskikh dvorov, nakhodivshikhsia vo vladenii vysshego dukhovenstva, monastyrei i dumnykh liudei po perepisnym knigam 1678 g.," *Istoricheskii arkhiv* IV (1949), 95. For caveats and additional statistics, see V. B. Kobrin, "Dve zhalovannye gramoty Chudovu monastyriu (XVI v.)," *Zapiski otdela rukopisei* 25 (1962), 299, n. 70.

55 G. V. Semenchenko, "Dukhovnaia gramota mitropolita Alekseia/ k izucheniiu rannego zaveshchatel'nogo akta Severo-Vostochnoi Rusi," in *Istochnikovedcheskie issledovaniia po istorii feodal'noi Rossii. Sbornik statei*, ed. V. I. Buganov (Moscow, 1981), 21; see also n. 74, p. 28.

establishes the contours of the Chudov's first properties: ten villages (*sela*) and two hamlets (*derevni*) with revenue, sharecroppers and bondsmen and a garden.[56] Eight villages were situated in what would become Moscow *gubernaia*: four near Podolsk around the Pakhra River; two in the former Bronnitsi *uezd* (along the highway from Moscow to Riazan'); one in the former Bogorodsk *uezd* (about 30 kilometers from Moscow), and one on the River Iauza in the immediate vicinity of Moscow. The monastery garden and Sadovskaia hamlet were in the vicinity of the former Kolomna *uezd*.[57] Presumably Aleksii inherited most of these lands from his father, Feodor Biakont. He purchased Ramen'e (Ramenskoe) from Il'ia Ozakov, a baptized Tatar who entered the service of the metropolitans. Serkizovskoe (Cherkizovo), too, may have been purchased by Ozakov from Serkiz, a tsarevich of the Great Horde, then resold to Aleksii.[58] Aleksii's will also donates land in the former Romanovskaia *volost'*[59] to the Chudov: the village Filippovskoe on the Sherna River in the Mar'inina *sloboda* of the former Pereiaslavl' *uezd*. Later charters claim that this endowment included exclusive fishing rights on areas of the Sherna contiguous to Chudov lands.[60]

Aleksii's will anticipates that an essential factor in the Chudov's survival and its growth would be the continuing favor of the Moscow princes. A clause, paraphrased in the *Stepennaia kniga* life, conveys the metropolitan's deathbed request that "my son, Dmitrii Ivanovich, [Grand Prince] of all Rus'... protect the Monastery of St. Michael."[61] Similar clauses, commending monasteries to the care of the ruling prince, can be found in the wills of Kirill (d. June 9, 1427), founder and hegumen of the Kirillov-Belozersk Monastery,[62] and Iosif Volotskii (d. September 9, 1515), founder and hegumen of the Volokolamsk Monastery.[63] The few surviving charters

---

56 *Akty sotsial'no-ekonomicheskoi istorii Severo-Vostochnoi Rusi kontsa XIV-nachala XVI v. (ASEI)*, vol. 3 (Moscow, 1964), № 28, 50-52.

57 For exact locations of these properties, see I. A. Golubtsev, "Poiasnitel'nye primechaniia k aktam (o litsakh, geograf. punktakh, osobennostiakh proiskhozhdeniia i datirovki aktov)," in *ASEI*, vol. 3, 486 and also his notes on p. 52. Corrections and additional locations are discussed in Kobrin, "Dve zhalovannye gramoty," 291, 294. The geographical areas can best be visualized with the aid of the large format map included with the first edition of Iu. V. Got'e, *Zamoskovnii krai v XVII veke: opyt issledovania po istorii ekonomicheskogo byta Moskovskoi Rusi* (Moscow, 1906).

58 Veselovskii, *Issledovaniia*, 404-405.

59 On the location and dimensions of Romanovskaia *volost'* and the metropolitan's special privileges there, which have been compared to those of appanage princes, see Veselovskii, *Feodal'noe zemlevladenie*, 362, 365. Antonov and Baranov hypothesize (but do not provide evidence) that Aleksii most probably divided the *volost'* and gave the smaller part to the Chudov with comparable immunities; "Neizvestnye akty," *RD*, II, 8.

60 The "ancient rights" are affirmed in *ASEI*, vol. 3, № 38, 60; № 41, 62. See also the comments of Kobrin, "Dve zhalovannye gramoty," 296.

61 *ASEI*, vol. 3, № 28, 51.

62 Kirill commends his monastery to the protection of Dmitrii's son Andrei, prince of Vereiia, Mozhaisk and Belozersk; *ASEI*, vol. 2 (Moscow, 1958), № 314, 277-279.

63 Iosif commends his monastery to the protection of Vasilii III; *Akty istoricheskie, sobrannye*

from Dmitrii Donskoi's reign show that after Aleksii's death on February 12, 1378, the grand prince confirmed provisions in the will. During the tenure of Chudov Archimandrite Iakim, a petitioner asserted his rights to the village of Filippovskoe, but was overruled by the grand prince's surveyors who wrote a deed certifying that the village was in the boundaries of the Chudov's holdings as bequeathed by Aleksii.[64] Dmitrii's patronage of the Chudov is represented in the will and in the *Stepennaia kniga* life as the expression of his spiritual relationship with the monastery's founder, but like later princes who decided to "bestow favor" on the Chudov, he had economic and political motives for supporting the monastery's claims.[65] By settling and cultivating unoccupied lands, monasteries helped develop agriculture and trade, thus contributing to princely income. Monastic colonization of borderlands or disputed areas also served the ruler's desire to expand and secure his power in those areas. Between 1381 and 1389, Dmitrii issued a deed (*menovaia gramota*) exchanging the Chudov village of Shubacheevskoe[66] for the village of Ermolinskoe on the River Vashka (near Borovsk), Romanovskoe Lake, and uncultivated, abandoned land in Vyshgorod along the Protva River (including Mar'inskaia *sloboda* and the village of Voskresenskoe with the hamlets of Feodorinskoe and Akhmatovskoe) and its tributary the Luzha in the eastern part of the former Vereiia *uezd*, bordering Zvenigorod.[67] These lands later comprised a lucrative portion of the monastery's holdings and acquired political importance as Vasilii III and Ivan IV sought to disenfranchise the Staritskii clan. Vasilii Dmitrievich I followed his father's precedent. His judges upheld Aleksii's will and approved broad immunities for the Chudov, which would be cited in later judgments. In 1416-1417, Vasilii confirmed the Chudov's holdings of hamlets and meadows adjacent to the monastery's village of Filippovskoe "in eternity."[68] A few years later, on November 12, 1425, Vasilii's judgment charter was cited in full as a precedent for a charter issued by Metropolitan Fotii confirming the Chudov's rights to the same lands.[69]

By the mid-fifteenth century, surviving documents no longer link Chudov land acquisitions or policies to those of the metropolitans.[70] Instead, immunity charters

---

Arkheograficheskoi kommissiei. Tom pervyi. 1334-1598 (AI) (St. Petersburg, 1841), № 288, 524. I thank Daniel Kaiser for the reference.

64 "Otvodnaia gramota, po slovu v. kn. Dmitriia Ivanovicha, Mikhaila Konstantinova syna Dorozhaeva arkh. Chudova m-ria Ioakimu na svoiu votchinu sts. Filippovskoe v Pereslavle" in Antonov and Baranov, "Neizvestnye akty," *RD*, II, № 1, 10; see also the commentary on pp. 7-8.

65 For English terminology and a lucid analysis of grand-princely motives and policies, which I follow here, see Horace W. Dewey, "Immunities in Old Russia," *Slavic Review* 23,4 (1964), 643-659. Thanks are also due to Ann M. Kleimola for corrections and suggestions offered on earlier drafts of this paper.

66 The exact location of this village is not known; it may be in the former Shubachskaia *volost'* in the Belozersk area; *ASEI*, vol. 3, 627 (geographical index).

67 *ASEI*, vol. 3, № 29, 52-53; Kobrin, "Dve zhalovannye gramoty," 296, 303-304.

68 *ASEI*, vol. 3, № 31, 53-54.

69 *ASEI*, vol. 3, № 32, 54-55.

70 Kobrin, "Dve zhalovannye gramoty," 301.

suggest that the Chudov archimandrites successfully played warring Danilovich contenders for the grand-princely throne against each other by reminding each successive occupant that his ancestors had respected Aleksii's counsel and patronized his monastery. During his initial period of rule (1425-1433) Vasilii II, designated successor of Vasilii Dmitrievich, reconfirmed Chudov rights to the villages bequeathed by Aleksii and guaranteed the archimandrite's rights to administer those villages without the grand prince's agents (*v"ezd*) and to judge the peasants.[71] Between April 25 and September 28, 1433, when he seized the grand-princely throne,[72] Prince Iurii Dmitrievich of Galich and Zvenigorod sought the Chudov's support for his claim to the throne by confirming the monastery's rights to three villages within his patrimonial lands, the Surozhik territory (Luzhki/Luzhkovskoe, Pavlovskoe and Manakovskoe in the former Moscow *uezd*),[73] donated several years earlier by the Chudov monk Avraam Mikulin syn Davidovich.[74] In November 1436, after Vasilii II recovered his throne, he issued a grant designed to secure his power in the former Pereiaslavl' *uezd*. It reconfirms the monastery's holdings of Davidovskoe and Dubrovka villages in Mar'ina *sloboda*. Longtime residents are freed for five years from the obligation to pay grand-princely tribute (*dan'*), from tax collector's fee (*pischaia belka*), taxes on communications and transport (*iam*), customs duties (*tamga*) fees on weighed goods (*vosmichee*), trading fees (*kostki*), and obligations to perform labor and maintenance for the grand prince. Settlers from all other principalities, with the exception of Vasilii's own lands, were freed from grand-princely tribute for ten years, as well as from the aforelisted fees and obligations. Those who left, however, were again required to pay tribute.[75] Between February 12, 1446 and February 16, 1447, when Iurii's son Dmitrii Shemiaka seized the grand-princely throne, he too issued a charter confirming Chudov's rights to exclusive fishing in the ponds near the monastery's village of Filippovskoe.[76] After Vasilii II recovered his throne on February 17, 1447, and consolidated his power, he reconfirmed the Chudov's charters within the Surozhik lands, which had reverted to his ownership, but introduced some restrictions designed to protect his own economic interests. The

---

71 It is described in A. V. Antonov, "Votchinnye arkhivy moskovskikh monastyrei i soborov XIV-nachala XVII veka. 1. Chudov Monastyr'," *RD*, II, № 11, 81.

72 *PSRL* 27, *Nikanor.*, 104; *PSRL* 26, *Vol.-Perm.*, 189-190.

73 Antonov and Baranov, "Neizvestnye akty," *RD*, II, № 3, 12 (document), 6-7 (commentary); the Surozhik lands were willed by Dmitrii Donskoi to his son Iurii, Prince of Galich and Zvenigorod; see L. V. Cherepnin, ed., *Dukhhovnye i dogovornye gramoty velikikh i udel'nykh kniazei XIV-XVI vv. (DDG)* (Moscow/Leningrad, 1950), № 12, 33. By 1428, some of those lands had been given to Iurii's younger brother, Konstantin Dmitrievich; *DDG*, № 24, 64. But in 1433, Vasilii II returned them to Iurii; *DDG*, № 30, 78-79.

74 Antonov and Baranov, "Neizvestnye akty," *RD*, II, № 2, 11-12.

75 *ASEI*, vol. 3, № 34, 57-58; it is also described in Antonov, "Votchinnye arkhivy," *RD*, II, № 18, 82.

76 Antonov, "Votchinnye arkhivy," *RD*, II, № 21, 82. Dmitrii Shemiaka inherited the Surozhik lands from his father, Iurii Dmitrievich (see n. 73), who died in 1434. His title is acknowledged in treaties of 1436 and 1441/1442; *DDG*, № 35, 90; № 38, 107-108.

occupants of the three Surozhik villages, though excluded from a number of duties and obligations including maintenance (*korm*), are required to pay the grand prince one ruble yearly (*obrok*) on the first Sunday of Great Lent (*Sobornoe Voskresenie*).[77] A response to a Chudov petition, dated between 1451 and 1461, recognizes the monastery's right to fish on the tributary of the Moskva River by the monastery village of Itkarino (Vytkarino, Itkorino, Lytkorino; now Lytkarino) up to the area owned by the grand prince.[78] A grant issued to Chudov Archimandrite Dmitrii (c. 1454-1462) confirms the monastery's exclusive fishing rights on the Velikaia Sherna River in the former Pereiaslavl' *uezd* with the same restriction.[79]

Ivan III placed increasing restrictions on church lands. Soon after his accession to the throne, the Simonov and Spaso-Efim'ev monasteries lost their exemptions from tribute;[80] the metropolitans suffered substantial losses of territory and powers in all areas but the Karashskaia *sloboda*, which retained immunities from trade duties granted to Metropolitan Kiprian in 1390.[81] But some larger monastic estates, whose hegumens supported the state's policies and offered help in implementing them, managed to preserve fiscal immunities (freedom from tribute, subsistence payments and fees) and lucrative commercial privileges (fishing, rights of cultivation, access to trade routes).[82] Surviving documents from the Chudov archive place the Kremlin monastery in this privileged category. In 1495/96 and again in 1498/99, Ivan reconfirmed Vasilii II's charter to the Chudov for the villages of Luzhki (Luzhkovskoe) and Pavlovskoe in the Surozhik lands in the former Moskovskii *uezd* and on November 29, 1504, ruled in the Chudov's favor on a dispute over rights of mowing hay on the River Istra near the village of Luzhki.[83] On December 28, 1471, Ivan issued a grant to Chudov Archimandrite Feodosii II for Metropolich'e (Metropol'e) village and the hamlet Selifontova and uncultivated lands in the former Kolomenskii *uezd*. The grant exempts both new settlers and residents from a long list of duties and obligations, as well as payments of maintenance (*korm*). New settlers, with the exception of those from the grand prince's own lands, are freed for ten

---

77 Antonov and Baranov, "Neizvestnye akty," *RD*, II, № 5, p. 13.

78 *ASEI*, vol. 3, № 37, 59. The village was willed to the Chudov by the nun Marfa; ibid., № 33, 56-57. Antonov dates the will in the 1450s and the charter between 1455 and 1462; "Votchinnye arkhivy," *RD*, II, № 24, 83; № 33, 84.

79 *ASEI*, vol. 3, № 41 (dated 1460-1461), 62; for the revised dating, based on the premise that Dmitrii succeeded Archimandrite Feofan (1453-1454), see Antonov; "Votchinnye arkhivy," *RD*, II, № 31, 83.

80 Ivan's undated restrictions are appended to earlier grants; *ASEI*, vol. 2, № 349, 345; № 452, 492. Statistics and examples are given by S. M. Kashtanov, *Finansy srednevekovoi Rusi* (Moscow, 1988), 16, n. 93 and 94. See also Marc D. Zlotnik, "Muscovite Fiscal Policy: 1462-1584," *Russian History* 6,2 (1979), 252-254 (tables), 256. I thank Janet Martin for the reference and for comments and corrections to this study.

81 Veselovskii, *Feodal'noe zemlevladenie*, 392-394.

82 Kashtanov, *Finansy*, 18-20.

83 Antonov, "Votchinnye arkhivy," *RD*, II, № 51 and № 53, 86-87; № 64, 88.

years from tribute.[84] In July of 1470, Ivan III issued a deed of exchange in July of 1470 for the Chudov hamlet Meletino (Meledino) in the monastery's Vyshgorod lands, originally granted by Dmitrii Donskoi for settlement, which he replaced with the hamlet Belousovskaia.[85] In 1473, Ivan transferred the Vyshgorod lands, which had reverted to his ownership, to the appanage of his brother Prince Boris Vasil'evich Volotskii. Villages owned by monasteries and *deti boiarskie* were placed under Boris' legal jurisdiction and obligated to pay tribute to him.[86] In August of 1498, however, Ivan issued a grant reconfirming the rights of Chudov to administer justice in the Vyshgorod village of Mar'ino and its adjoining hamlets.[87] During the last years of his reign, as part of the process of carrying out periodic resource assessments, Ivan sent his surveyors to reconfirm the boundaries between Chudov lands and the grand-princely landholdings in Vyshgorod and in other monastery lands.[88]

The Chudov profited from the more liberal immunity policies for monasteries introduced by Vasilii Ivanovich III as he sought the church's support in consolidating his power.[89] On March 21, 1506, Vasiliii III reconfirmed Chudov rights to the village of Dushenoe (willed by Aleksii) and the hamlet Kukarki on the River Pruzhenka in Korzenev *stan* of the former Moscow *uezd*.[90] After Vasilii's brother Dmitrii Ivanovich passed away on February 14, 1521, his patrimony of Uglich[91] reverted to the grand prince, who moved to secure his interests by granting select monasteries lands in areas where the former Zubtsovskii *uezd* bordered on Zvenigorod.[92] Vasilii confirmed Dmitrii's bequest of the village of Dubki[93] to the Chudov,

---

84 *ASEI*, vol. 3, № 42, 62-63.

85 It is described in Antonov, "Votchinnye arkhivy," *RD*, II, № 36, 84. The exact location is unknown.

86 *DDG*, № 69, 226, 228, 230. For all practical purposes, Vyshgorod reverted to the grand prince's lands after Ivan arrested his brothers Boris, Andrei and Iurii on September 20, 1491; *PSRL* 25, *Mosk.*, 333. He willed it to his son Andrei Ivanovich Staritskii; *DDG*, № 89, 360. See Kobrin, "Dve zhalovannye gramoty," 304-305.

87 Antonov, "Votchinnye arkhivy," *RD*, II, № 52, 86.

88 Antonov, "Votchinnye arkhivy," *RD*, II, № 55 (1501/02), № 58 (1503/04), № 59 (1503/04), № 61 (February 8, 1504), 87-88. See also A. V. Mashtafarov, "Vnov' otkrytye monastyrskie akty XV- nachala XVII veka," in *RD*, *Vypusk chetvertyi* (Moscow, 1998), № 10, 49-52.

89 On Vasilii III's immunity policies after 1510, see S. M. Kashtanov, *Sotsial'no-politicheskaia istoriia Rossii kontsa XV-pervoi poloviny XVI veka* (Moscow, 1967), 253-276. For statistics showing that Vasilii generally reduced exemptions, cf. Zlotnik, "Muscovite Fiscal Policy," 256-257.

90 Antonov, "Votchinnye arkhivy," *RD*, II, № 68, 89; on its development, see Kobrin, "Dve zhalovannye gramoty," 294.

91 After Ivan III arrested his brother Andrei on September 20, 1491 (see n. 86), Uglich was returned to the grand-princely lands; Ivan willed it to his son Dmitrii; see *DDG*, № 89, 360. On the politics, see A. A. Zimin, *Rossiia na poroge novogo vremeni* (*Ocherki politicheskoi istorii Rossii pervoi treti XVI v.*), (Moscow, 1972), 63, 210-212.

92 Kashtanov, *Sotsial'no-politicheskaia istoriia*, 255-256.

93 Antonov, "Votchinnye arkhivy," *RD*, II, № 88, 92. The grant must have been issued before

which already owned at least one village and some hamlets there.[94] Prince Andrei
Ivanovich Staritskii, Vasilii's brother, also hoped to secure the Chudov's support. In
December of 1518/1519, when Andrei finally received the patrimony willed to him
by Ivan III,[95] he quickly moved to reconfirm the Chudov's immunities in the Vyshgorod village of Mar'ino and in the village of Vlas'evskoe and its hamlets in Sel'na
volost' on the River Nerskaia, a tributary of the Moskva, in the eastern part of the
former Moscow *uezd*.[96] On August 5, 1526, Andrei confirmed the Chudov's immunities for the hamlets of Leonidovo, Khlamovo and Stepanidovskoe, also in Sel'na.[97]

During the reign of Ivan IV, the Chudov's property increased exponentially,[98]
and it was able to negotiate special immunities and privileges. In 1551, all grants
issued to monasteries were re-examined and a new order established: all land acquisitions, whether by purchase or donation, had to be reported to the tsar and were
placed under the jurisdiction of the *pomestnyi prikaz*.[99] A charter dated (as most
were) May 17, 1551 confirms the Chudov's deed for the village of Dubki and its
adjoining hamlets in Gorelinskii *stan* of Zubtsovskii *uezd*, part of the former appanage of Uglich.[100] In 1554, Ivan confirmed the Chudov's rights and immunities in the
village of Vasil'evskoe (Borisovo) with hamlets and adjoining lands in Povel'skii
stan of the former Dmitrov *uezd* "according to the will" (*po dukhovnoi*) of the tsar's
uncle Prince Iurii Ivanovich of Dmitrov.[101] On May 28, 1556 Ivan issued a broad

---

Nov. 1, 1525 when Dubki is referred to as a Chudov village in a deed verifying the
boundaries; ibid., № 96, 93. For Dmitrii Ivanovich's bequest, see *DDG*, № 99, 410.

94   The village of Kleopinskoe, is first referred to as Chudov property in a document, reporting a
ruling on a matter begun under Ivan III, but completed in Vasilii's reign on Feb. 27, 1505/06;
ASEI, vol. 3, № 48, 71; Kobrin, "Dve zhalovannye gramoty," 298.

95   *PSRL* 6, *Sof. II*, 262-263.

96   The grant is dated March 21, 1519; Antonov, "Votchinnye arkhivy," *RD*, II, № 77, 90. Sel'na
volost' was willed to Andrei Ivanovich Staritskii by Ivan III, *DDG*, № 89, 360; on its history,
see Kobrin, "Dve zhalovannye gramoty," 312-313.

97   Antonov, "Votchinnye arkhivy," *RD*, II, № 97, 93. Andrei was arrested during Elena
Glinskaia's regency in 1537, and Vyshgorod reverted to the grand prince's lands; *PSRL* 29,
Letopisets nachala tsarstva, 29; *PSRL* 13, part 1, *Nik.*, 118. After his release in 1541, the
lands were given to his son, Vladimir.

98   For estimates, see Kobrin, "Dve zhalovannye gramoty," 299, n. 70; 302-303.

99   S. B. Veselovskii, "Monastyrskoe zemlevladenie v Moskovskoi Rusi vo vtoroi polovine XVI
v.," *Istoricheskie zapiski* 10 (1941), 96-97. See also Zlotnik, "Muscovite Fiscal Policy," 257,
n. 61.

100   S. N. Kisterev, "Akty moskovskogo Chudova monastyria 1507-1606 godov," in *RD, Vypusk
deviatyi* (Moscow, 2003), № 27, 96-97. Cf. Vasilii III's grant and the record of confirmation
during Elena Glinskaia's regency on March 9, 1534; Antonov, "Votchinnye arkhivy," *RD*, II,
№ 88, 92.

101   Kisterev, "Akty," *RD*, IX, № 35 (October 22, 1554), 108-109, № 36 (December 9, 1554),
109-110. Iurii was arrested in 1533 by order of Elena Glinskaia and died in prison on August
3, 1536; *PSRL* 29, *Letopisets nachala tsarstva*, 11, 27; *PSRL* 13, part 1, 77-79, 115. Both
charters specify commemorative duties to be undertaken by the monks for Iurii. See Kobrin,
"Dve zhalovannye gramoty," 314. The will has not been found, and so it is impossible to determine whether this donation was made during Iurii's lifetime.

confirmation of Chudov properties and privileges in Moscow, Dmitrov, Zvenigorod, Kolomna, Khotun, Zubtsovskii, Pereiaslavl', Uglich, Vladimir and Starodub-Riapolovskii *uezd*s.[102] On November 23, 1562 Ivan gave the Chudov the *volost'* of Vysokoe in Kolomna *uezd* in exchange for the village of Spasskoe and hamlets in Viazemskii *stan* of Moscow *uezd*[103] and freed the monastery from *obrok* there.[104] On September 13, 1564, an exceptional grant confirmed the Chudov's substantial hold-ings, immunities and privileges in lands in the Vyshgorod area (Ivan had acquired these lands in the previous year from Vladimir Andreevich Staritskii in exchange for Romanov)[105]: Mar'inskaia *sloboda*, Fedorinskoe, Voskresenskoe, Akhmatovskoe. The charter converts earlier obligations into *obrok*, substantially reduces the yearly payment from 2.5 rubles to one ruble per *sokha*, and increases the monastery's im-munities and privileges.[106] The charter was reconfirmed on March 24, 1566, when the Vyshgorod lands were transferred to the tsar's *oprichnina* estate.[107] On May 1, 1566, the Chudov's immunities for lands in the villages of Vlas'evo and Biserovo with adjoining hamlets in Sel'na *volost'*, formerly part of Vladimir Staritskii's holdings, which were not yet part of the *oprichnina*, were also reconfirmed.[108] A third confirmation, signed on September 24, 1567, registers the tsar's exchange of the village of Voskresenskoe and its hamlets for the villages of Gorki and Slepush-kino and the hamlet of Detenkovo in Vyshgorod *volost'*.[109] On February 3, 1567, the Chudov villages of Cherkizovo, Koloshino and Borisovskoe zabolot'e in Moscow *uezd* were exempted from the obligation to provide transportation for the tsar and his agents.[110]

Kobrin has convincingly linked Ivan's patronage of the Chudov Monastery to its demonstrative, consistent support for court policy. Ivan personally praises Archi-mandrite Levkii (1554-1569/70), identified in Kurbskii's *History* as one of those cunning monks who curried the tsar's favor,[111] as an exemplary superior.[112] Levkii

---

102 Kisterev, "Akty," *RD*, IX, № 38, 113-116.

103 *Ibid.*, № 54, 152-153.

104 *Ibid.*, № 57 (dated September 8, 1563), 160.

105 The exchange of lands is reported to have taken place on November 26, 1563; *PSRL* 29, *Prod. ANL*, 325.

106 Kisterev, "Akty," *RD*, IX, № 59, 162-166. It is also published in Kobrin, "Dve zhalovannye gramoty," 318-321. Kobrin notes that no other monastery affected by the exchange received such a grant.

107 Kisterev, "Akty," *RD*, IX, № 59, 164.

108 *Ibid.*, 164-166. On March 11, 1566 together with the town of Vereiia, these villages had been taken from Vladimir Andreevich in exchange for Zvenigorod; *DDG*, № 103, 424.

109 Some of these lands had been confiscated from members of Vladimir Staritskii's court'; for details, see Kobrin, "Dve zhalovannye gramoty," 311.

110 Kisterev, "Akty," *RD*, IX, № 64, 171-172. The charter indicates that this obligation was de-manded even of those landholders with confirmed immunities from supplying transportation.

111 "Istoriia o velikom kniaze moskovskom" in *Russkaia istoricheskaia biblioteka (RIB)*, vol. XXXI, *Sochineniia kniazia Kurbskogo, Tom pervyi. Sochineniia original'nye* (St. Petersburg, 1914), col. 269.

112 "Poslanie v Kirillo-Belozerskii monastyr' (1573)," in *Poslaniia Ivana Groznogo*, ed. D. S.

regularly blessed the tsar at Metropolitan Aleksii's tomb before campaigns. The Moscow chronicles name Levkii as one of the distinguished clerics invited to attend the investiture of Gurii as the first archbishop of Kazan' on February 3, 1555.[113] Levkii was invited to accompany Ivan's troops on the campaign against Polotsk, conducted from autumn of 1562 to February 15, 1563; he officiated in the ceremonies marking the sovereign's triumphal entry into the city on February 18.[114] In 1564, Levkii placed Chudov property at the tsar's disposal for games and hunting.[115] On January 5, 1565, together with Novgorod Archbishop Pimen on record as a strong supporter of the *oprichnina* and a denouncer of Metropolitan Filipp, Levkii brought an official petition to the tsar in Aleksandrovskaia *sloboda*, urging Ivan not to abdicate and indicating the readiness of the tsar's subjects to accede to his request for extraordinary powers.[116] Until the dissolution of the *oprichnina* in autumn of 1572, the Chudov maintained close ties to the *oprichnina* court. These relations are attested by the entries of sixteen oprichniki families and seven relatives of oprichniks in the sinodik (commemorative register) of the monastery and by a number of deeds in favor of the monastery.[117]

Similar charters making exceptions to general policy were offered to monasteries like the Simonov, Trinity-Sergius and Kirillov, whose hegumens refrained from commenting on the terror and willingly served the *oprichnina*.[118] Their treatment contrasts sharply with the state's treatment of the metropolitans during the same period. On June 20, 1564, Ivan authorized privileges and immunities for metropolitan landholdings considerably more generous than the previous charter of 1550/1551 issued during the tenure of Makarii.[119] But this grant was allowed to lapse[120] between 1565 and 1568, when three metropolitans expressed their opposi-

      Likhachev and Ia. S. Lur'e (Moscow/Leningrad, 1951), 173.

113   See *PSRL* 29, *LL*, 234-235; *PSRL* 13, part 1, *Nik.*, 250-251.

114   *PSRL* 29, *LL*, 303, 313; *PSRL* 13, part 1, *Nik.*, 347, 359.

115   On Nov. 8, 1564, Ivan and the tsarevichi hunted and amused themselves in the Chudov's village of Cherkizovo; *PSRL* 29, *Prod. ANL*, 341. Kobrin speculates that Ivan's visit may have involved more than ordinary recreation and that the choice of the Chudov property was in no way arbitrary, "Dve zhalovannye gramoty," 300.

116   *PSRL* 29, *Prod. ANL*, 343.

117   Kobrin, "Dve zhalovannye gramoty," 301-302.

118   On Ivan's policies toward cooperative monasteries during the *oprichnina*, see P. A. Sadikov, *Ocherki po istorii oprichniny* (Moscow/Leningrad, 1950), 90-104. On immunities, see Kashtanov, *Finansy*, 163-176. Cf. Zlotnik, who argues that all privileges "underwent a sudden and broad expansion" between 1565 and 1572, but supports this conclusion with only a few examples of exemptions from tax collector's fees given to cooperative monasteries; "Muscovite Fiscal Policy," 257-258, n. 62.

119   *Akty feodalnogo zemlevladeniia i khoziaistva (AFZKh). Chast' tret'ia* (Moscow, 1961), № 11, 29-30, 375 (Makarii's deed of 1550/1551 is registered in the *opis'* of 1658). For an analysis of its generous terms, see Kashtanov, *Finansy*, 171.

120   Rather than revoking privileges granted to the church during the *oprichnina*, Ivan declined to reconfirm them. On the evidence that reconfirmation was required, see Kobrin, "Dve zhalovannye gramoty," 310-311.

tion. Afanasii diplomatically tried to counter the *oprichnina* by appealing on behalf of the victims and declining to visit the tsar's court at Aleksandrovskaia *sloboda* before he retired on May 19, 1566, ostensibly due to illness.[121] The two succeeding metropolitans, German Polev and Filipp Kolychev, openly condemned the terror.[122] The tsar's charter of 1564 was reconfirmed only on April 30, 1569, after the investiture of Metropolitan Kirill (Nov. 11, 1568 -1572), who proved to be more compliant.[123]

The idealized portrayal of Ivan in Step 17 as a monarch whose unceasing prayers for the Russian land have earned him divine favor is commonly ascribed to Metropolitan Afanasii.[124] But the portrait of the tsar and the account of his reign perfectly correspond to the views of Levkii, during whose tenure the book was conceptualized and written. The account of Archbishop Gurii's investiture in Chapter 13 of Step 17 and the tale of the capture of Polotsk and Ivan's triumphal entry into the city in February of 1563 (both inserted in Chapter 18, which breaks with the time line of the contiguous reports covering the years from 1555 to 1557[125]) point to events where Levkii personally demonstrated his fealty to the tsar. The report in Chapter 14 of the same step that "three of the tsar's children were enlightened through holy baptism, each at the fitting time, at the holy monastery of the great Archangel Michael by the healing relics of the wonder-working hierarch Aleksii"[126] reaffirms the long-standing bond between the Chudov Monastery and the Danilovich dynasty featured in the new redaction of Aleksii's life.

The *Stepennaia kniga* is recognized by posterity as the leading historical narrative of Ivan IV's reign. Its story of the Russian tsardom, which portrays the metropolitans as spiritual counselors of the Danilovich rulers and as protectors of the land, was written in the Kremlin Chudov Monastery. The preceding study has sought to determine whether the Chudov Monastery exercised substantive ideological influence on this historical narrative. It finds that a new life of the Chudov's founder and principal patron, Metropolitan Aleksii, composed for Step 11, highlights two themes essential to the Chudov's growth into an influential, wealthy institution: dynastic support for Aleksii and royal patronage for the Chudov Monastery. Aleksii's deathbed

---

121 *PSRL* 29, *Prod. ANL*, 343, 350.

122 On German, see Kurbskii's *Istoriia*, *RIB*, XXXI, vol. 1, cols. 317-318. On Filipp's investiture see *PSRL* 29, *Prod. ANL*, 351. See also A. A. Zimin, "Mitropolit Filipp i oprichnina," *Voprosy istorii religii i ateizma* XI (1963), 279-290.

123 Kashtanov, *Finansy*, 167. The dates of the reconfirmations are recorded on the reverse side of the charter; *AFZKh*, III, № 11, 30.

124 Zimin characterizes Afanasii, whom he assumes (following Vasenko's theory, see n. 12) to be the author of Step 17, as an "apologist" for Ivan's rule during the era of the Chosen Council; Zimin, "Mitropolit," 279.

125 The lateness of the Polotsk entry was noted by Vasenko, *Kniga Stepennaia*, 215. See also Kuskov, "Stepennaia kniga," 281, n. 2; A. S. Usachev, "K voprosu o datirovke," 38-40.

126 *Chudov* 358, folio 761v; *PSRL* 21, part 2, 652; for the corresponding chronicle entries, see n. 51.

request that Dmitrii Donskoi protect his home monastery is held up as a precedent for the current Danilovich ruler, Ivan IV, and his anticipated successor. Documents from the monastery archive and chronicle entries confirm that beginning in the mid-fifteenth century, when Chudov policies and interests first clearly diverge from those of the metropolitans, Aleksii's legacy and Danilovich support were of primary importance to the monastery's prosperity. Especially during the reign of Ivan IV, who asserted his authority over land acquisitions more forcefully than had his predecessors, the Chudov grew exponentially and negotiated special privileges by cultivating its historically close relationship to the ruler. The *Stepennaia kniga* project offered a new path to pursuit of this agenda.

Orthodoxy and Islam in Russia 988-1725

Paul Bushkovitch

Since 1552 Russia has included within its borders several Muslim societies, the longest lasting such communities within Europe. Before the establishment of the Balkan states at the end of the nineteenth century, no other European country besides Spain and Portugal had ever included a Muslim community, and those communities were eventually expelled, leaving no remnant behind. The Tatars of the Volga and Siberia as well as the Bashkirs survived, through many vicissitudes to be sure, but they survived and the believers among them are still Muslims. In large part their survival as Muslims is the result of Russian policy, or perhaps the lack of Russian policy. In the century and a half after the Russian conquest, neither the state nor the Orthodox church made any significant attempt to convert them. In the eighteenth century the Ruthenian clerics who dominated and formed the culture of Orthodoxy of the time in Russia tried various missions but with little success, and indeed the effort was scarcely massive. Expulsion on the Spanish model never occurred. Eventually the establishment of the Orenburg Spiritual Assembly in 1788 regularized the position of Islam in that part of the empire, making the clergy an arm of the state but also giving the Muslim community an established legal position.[1] The story of Islam in Russia thus diverges in important ways from Western experience.

The conquest of the Tatar khanates was the first major acquisition of territory by the Moscow dynasty that incorporated significant non-Russian populations and non-Orthodox populations to boot. The annexation of Novgorod had brought a number of Karelians and other small groups speaking Finnic languages, but all of these new subjects of Moscow were Orthodox. In theory then, the annexation of largely Muslim territories, and territories where the local elites were all Muslims, even if all the rural population was not, could have meant a serious problem for the unity of the Russian state. Indeed in the first decades after the conquest there were several major revolts by the newly conquered peoples, though it is not clear to what extant Islam played a role in those revolts. In later centuries, however, the fault lines of Russian society did not run along religious lines: the Muslim Tatars did not make any serious bid to revolt separate from ethnically Russian rebels, either during the Smuta, or the Razin and Pugachev revolts. The Bashkirs did revolt, but their grievances were land

---

[1] Robert P. Geraci and Michael Khodarkovsky, eds., *Of Religion and Empire: Missions, Conversion, and Tolerance in Tsarist Russia* (Ithaca/London, 2001), Robert Crews, *For Prophet and Tsar: Islam and Empire in Russia and Central Asia* (Cambridge/London, 2006) and Paul W. Werth, "Coercion and Conversion: Violence and the Mass Baptism of the Volga Peoples 1740-55," *Kritika* 19, 3-4 (2000), 426-440.

rather than religion and they too eventually joined Pugachev. Islam in the Volga did not develop into a distintegrating force until the twentieth century, and then only when leavened by secular nationalism. Again, this history is strikingly different from European experience. Spain and Portugal achieved integration of the reconquered territories only by conversion and expulsion, while Russia never went down this path. As we shall see, a popular explanation is pragmatism: the Russian state needed to treat the Muslims well for a series of practical reasons (fear of the Ottomans, for example). Yet this explanation has problems, for there is no trace of controversy over this policy, nor are there any sources that explicitly point to such decisions. The answer, however, may not lie in the political sphere at all. The Russian tsar and ruling elite were, on the whole, faithful Orthodox Christians, and as such they shared assumptions about Islam and Islamic peoples derived not just from the concrete history of interaction but also from a religious tradition. Orthodox clerics in Russia had been writing about Islam for centuries before 1552, if not abundantly, and their writings were the only available sources on the subject for the Russian court. It is those writings that are the subject of this essay.

The writings about Islam written and copied by the clergy are crucial because Russia's very conception of itself was founded on a religious conception of history. The Russian elite of the time, as many historians have recently demonstrated, conceived of their country as the New Israel (not the Third Rome, a marginal conception). Ancient Israel, as the Bible relates, was the small nation chosen by God and thus in continuous warfare with faithless neighbors.[2] For the Russian state that emerged at the end of the fifteenth century, the analogy was obvious. Russia alone retained the true faith after the fall of Constantinople, and its infidel neighbors included the Muslim Tatars of Kazan', Astrakhan', Siberia, and Crimea, the latter the vassal of the Ottoman Sultan himself. In this circumstance one might expect that the Orthodox church in Russia would provide the necessary ideological ammunition for the struggle against Islam. In a certain sense it did, for churchmen, Vassian of Rostov, Metropolitan Makarii, and the anonymous authors of the tales of Kulikovo provided an arsenal of negative epithets ("безбожные бесермены" was among the milder) and stereotypes. These exhortations and historical writings, however, give the reader no sense of Islam as a religion. If religion was a major factor in Russia's relations with its Tatar neighbors, then the historian needs to know what the church knew about Islam as a religion. Did it have a history of polemic? What had it learned from the mother church in Constantinople? As we shall see, the Orthodox church in

---

2   Paul Bushkovitch, "Pravoslavnaia tserkov' i russkoe natsional'noe samosoznanie XVI-XVII vv.," *Ab Imperio* 3 (2003), 101-118; Joel Raba, "Moscow the Third Rome or the New Jerusalem," *Forschungen zur osteuropäischen Geschichte* 50 (1995), 297-308; Daniel Rowland, "Moscow the Third Rome or the New Israel," *Russian Review* 55 (1996), 591-614; Andrei Batalov, *Moskovskoe kamennoe zodchestvo kontsa XVI veka* (Moscow, 1996); Michael Flier, "K semioticheskomu analizu Zolotoi palaty Moskovskogo Kremlia," in *Drevnerusskoe iskusstvo: Russkoe iskusstvo pozdnego Srednevekov'ia: XVI vek*, ed. Andrei Batalov et al. (St. Peterburg, 2003), 178-187.

Russia seems to have ignored most of the Byzantine polemical writings on Islam and produced almost no original texts of its own on this subject. Yet the Russians, after the fourteenth century, were in constant contact with Muslims. To understand this issue it is helpful to look briefly at the attitude of the Orthodox church in Russia toward the other monotheistic rival, Judaism.

In a recent study of attitudes toward Judaism among the Eastern Slavs Alexander Pereswetoff-Morath concluded that the presence of anti-Judaic literature in medieval Rus' was a "grin without a cat", in a metaphor taken from Lewis Carroll's Cheshire cat. His point is that this literature had little or nothing to do with actual Jews. The Kiev Jewish community in the pre-Mongol era was far too small and unimportant and there were no Jews in Novgorod, northeast Rus', and the later Russian state until 1772. Yet Metropolitan Ilarion, Kirill of Turov, the authors of the *Paterik*, and other writers all included denunciations of the errors of Judaism, and translations of anti-Judaic literature made in the Balkans circulated as well. Translations of such texts never ceased. During the period of the so-called Second South Slavic influence the homilies of St. John Chrysostom against the Jews and other works were translated, presumably in Bulgaria in the fourteenth century, and circulated in Russia. These relatively numerous anti-Judaic writings were the result of the theological logic of Christianity, however, not of a hostile reaction to any contemporary Jewish community.[3] Thus the anti-Judaic literature was the grin without a Jewish cat.

The other major non-Christian religion known to the Russians was Islam. Russians most certainly had contact with very real Muslims, and from the fourteenth century onwards these were quite large and powerful states and peoples. Yet neither Kiev Rus' nor Russia followed the Byzantine church in producing any significant body of anti-Islamic literature, nor did they have at their disposal any significant body of translations on the topic. This sparse literature is essentially unknown, but fortunately Russia's relations with Islamic peoples have not been so neglected. Historians of the Golden Horde have also devoted much space to the relations of the Horde with its Russian subjects as well as to the portrayal of the Tatars in the historical tales and chronicles of those subjects. Since the pioneering work of Andreas Kappeler, historians have also produced a number of serious studies of Russian state policy toward Islamic peoples after 1552, but these studies have been largely conceived as part of the history of the Russian empire or more narrowly of ethnic rela-

---

3   Alexander Pereswetoff-Morath, *A Grin without a Cat: Jews and Christians in Medieval Russia*, 2 volumes (Lund, 2000-2002) (= Lund Slavonic Monographs, 4-5). See also Mikhail Dmitriev, "Christian Attitudes to Jews and Judaism in Muscovite Russia: the Problem Revisited," *CEU History Department Yearbook* (2001-02), 21-41 and Mikhail V. Dmitriev, "Terrain à explorer: anti-judaisme, philojudaisme, antisémitisme.dans les sociétés de rite grec avant le XVIIIe siècle," in *Les Chrétien et les Juifs dans les sociétés de rites grec et latin*, ed. Michel Dmitriev, Daniel Tollet and Élisabeth Teiro (Paris, 2003), 339-366. For Byzantine anti-Judaic literature see Andreas Külzer, *Disputationes graecae contra Iudaeos: Untersuchungen zur byzantinischen antijüdischen Dialogliteratur und ihrem Judenbild* (Stuttgart, 1999) (= Byzantinisches Archiv, 18).

tions.[4] While religion plays a role in all of these works, they are focused on the story of political and social relations or of Russian identity. The response of the Orthodox bookmen to Islam as a religion remains largely unexamined.

Orthodoxy came to Rus' from the Greeks, and the Byzantine response to Islam has been extensively chronicled in the work of Adel-Theodore Khoury and Alain Ducellier. In brief, they have found that several Byzantine writers produced descriptions and denunciations of Mohammed and his followers in the eighth and ninth centuries. In these centuries St. John of Damascus, Nicetas of Byzantium, Bartholomaus of Edessa, and others laid out the basic framework.[5] This framework had three basic parts. First, Mohammed was a false prophet whose life showed neither the miracles nor the exemplary moral character that attested true prophecy. His teaching was not original and was derived from Judaism and Christian heresy with some pagan elements. Second, the Muslims did not accept the divinity of Christ and third, Islamic morals were hedonistic and self-indulgent. Lesser writers added little.[6] Some new elements in late Byzantine polemic came from western anti-islamic literature, primarily the work of the thirteenth century Dominican friar Riccoldo da Monte Croce, whose work denouncing the Koran was translated into Greek by Demetrios Kydones, a Byzantine convert to Catholicism.[7] The fourteenth century emperors John Cantacuzene and Manuel II used Riccoldo in their own extensive polemical works, but the basic picture remained the same as in early Byzantium even if the style was new and some details varied.

Byzantine polemic against Islam had its counterpart in the Latin west. Starting in the eleventh century, a whole series of writers, at first mainly in Spain, produced a battery of texts attacking Islam with more or less the same contents as the Byzantine works. Western writings were more extensive, and included a translation of the Koran into Latin, but they were no more profound. Indeed if anything the western writers were more fantastic in their legends about the life of Mohammed and Mus-

---

4   Andreas Kappeler, *Rußlands erste Nationalitäten. Das Zarenreich und die Völker der Mittleren Wolga vom 16. bis 19. Jahrhundert* (Köln, 1982) (= Beiträge zur Geschichte Osteuropas, 14); Charles J. Halperin, *The Tatar Yoke* (Columbus, 1985); Idem, *Russia and the Golden Horde: the Mongol Impact on Medieval Russian History* (Bloomington, 1987); Mark Batunskii, *Rossiia i islam*, 3 vols. (Moscow, 2003).

5   St. John had a section on Islam in his book on heresies (see below), and may have been the author of a dialogue with a Saracen on faith that appears in manuscripts under his name: Bonifatius Kotter, ed., *Die Schriften des Johannes von Damaskos IV: Liber de haeresibus, Opera polemica* (Berlin/New York, 1981), 60-67, 427-438.

6   Adel-Theodore Khoury, *Les Theologiens byzantins et l'Islam I: Textes et auteurs* (Lyon, 1966); Idem, *Les Theologiens byzantins et l'Islam II: Polemique contre l'Islam (viie-xiie siecle)* (Lyon, 1966); Idem, *Polémique Byzantine contre l'Islam* (Leiden, 1972); Idem, *Apologetique Byzantine contre l'Islam (VIIIe-XIIIe s.)* (Altenberge, 1982); Alain Ducellier, *Chrétiens d'Orient et Islam au Moyen Age VIIe-XVe siècle* (Paris, 1996), 88-125, 146-166. Manuel II is the emperor whom Pope Benedict XVI recently cited in his own polemics against Islam.

7   On Riccoldo see John V. Tolan, *Saracens: Islam in the medieval European imagination* (New York, 2002), 245-251.

lims generally, with much more emphasis on imaginary sexual delinquencies. Medieval poetry also regularly depicted Muslims as pagans worshipping idols, a charge that the clerical writers of Latin tracts avoided or repeated only on the margins of their own polemics. Better knowledge of the Koran led in the case of Riccoldo to a long denunciation of the Koran that revealed knowledge of the text but again was clearly polemical.

All these tracts were directed at a Christian, not Muslim, audience. None of these works, either Catholic or Orthodox, were really intended as ammunition in actual polemics, even though many of them (that of Manuel II, for example) were in the form of dialogues. No Muslim could ever have been impressed by the crude misinformation and fantastic legends or the mere assertion of the truth of the incarnation. Rather these texts served to define and reassure their audiences of the truth of Christianity.[8] Manuel opened his work with the confession that persuading those already persuaded is superfluous: the best use of his book would be to give Christians answers if they heard the arguments of Muslims.[9] Not surprisingly the authors of tracts against Islam also produced tracts against Judaism and Christian heresy (Nicetas of Byzantium, for example), and manuscripts with the works of several authors frequently included all three targets of polemics. These polemical works provided the reader with a hostile account of Muslim beliefs that formed the image of Islamic peoples, even in cases when life required pragmatic dealings and even cooperation with Muslims, as in the case of the Byzantines from about 1000 AD on to the end of the empire. For the late Byzantine emperors, the Ottoman challenge may have even required polemical texts to reinforce the loyalty of their subjects.[10]

With the exception of some short texts of St. John of Damascus, none of these Byzantine or western works were translated into Slavic before the sixteenth century, and Rus' seems to have produced almost no native polemic. Indeed the first writer in Russia to produce an entire anti-Islamic tract was Maxim the Greek. About the same time an anonymous translator, probably working in Novgorod, turned a large part of the work of Riccoldo da Monte Croce into Russian. The next polemics against Islam to appear came more than a century later, translations of two medieval western works by Simeon Polotskii in the 1670's and the short tract by the Ukrainian monk Ioannykyi Haliatovs'kyi in the 1680's. The works of Andrei Lyzlov supplemented them, but not until 1716 did Russian readers have at their disposal any other substantial body of material on the Muslim religion. In that year a Russian translation of the 1649 French version of the Koran by André du Ryer came out in St. Petersburg.[11] Thus the Russians had much less information on Islam available to them than

---

8 Tolan, *Saracens* and Norman Daniel, *Islam and the West: the Making of an Image* (Oxford, 1993).

9 Manuel II Palaiologos, *Dialoge mit einem Muslim*, ed. and trans. Karl Förstel, vol. 1. (Würzburg/Altenberge, 1993), 4, 10.

10 Ducellier, *Chrétiens*, 298.

11 P. P. Pekarskii, *Nauka i literature v Rossii pri Petre Velikom*, 2 vols. (St. Petersburg, 1862), II 370 (Koran of 1716). Publication of the Koran was not uncontroversial in Europe. It was on the

the West Europeans or the Greeks, but they also had much less in the way of theological polemic.

The Kievan Heritage

The people of Kiev Rus' had regular contact with Islam. Even though the Islamic heartland was far away, beyond Byzantium, there were some Muslims among the Khazars, Pechenegs, and Qumans, even if most adhered to the traditional Turkic beliefs, Judaism, or some form of Christianity. More important, the Rus' had a direct Muslim neighbor in Volga Bulgaria, a Muslim country since the early tenth century.[12] The exact chronology of settlement by the Slavs in the upper Volga-Oka region is open to some dispute, but even before the more thorough settlement of the twelfth century the Rus' were moving into the area and certainly knew of Bulgaria from trade.

In spite of these contacts Kiev Rus' produced no substantial description of Islam or critique of its tenets, nor did any of the more extensive Byzantine texts circulate. While the absence of translations may be the result of choices made in Balkan Bulgaria, the few brief accounts of Islam in Rus' historical narratives and other works reveal a certain pattern. Rus' authors who dealt with Islam said nothing about the principal theological issue, the Incarnation of Christ, and presented only fanciful descriptions of the evil customs of the Muslims. The first example of this approach is in the *Povest' vremennykh let*. The *Povest'* mentions the Volga Bulgars several times in the opening surveys of the peoples of Rus' and their neighbors, and occasionally later, but the only extensively recounted episode is also the only significant mention of Islam, in the account of Vladimir's testing of the faiths under 986. It follows immediately on the passage under 985 describing the Kiev prince's campaign against the Bulgars, and his decision to make peace (his uncle Dobrynia pointed out, "these men are all in boots; it is not for them to pay tribute, let us look for men in bast shoes"). According to the chronicles the Bulgars came to Vladimir and said to him that "you are a wise prince and clever, but you do not know a law. Believe in our law and bow down to Mohammed." They told him that the essence of Islam was circumcision, the avoidance of pork and alcohol, and the possession of women in heaven. Vladimir was tempted, for he had many wives already, but circumcision and the absence of pork were not so welcome, and the prohibition of alcohol unacceptable. His final reply is still known to virtually all Russians: "Руси есть веселье питье: не можем бес того быти".[13]

Roman and other Catholic indices of prohibited books, and Du Ryer's version came out over the objections of St. Vincent de Paul. Most of the subsequent editions appeared in Holland. See Alastair Hamilton and Francis Richard, *André Du Ryer and Oriental Studies in Seventeenth Century France* (Oxford, 2004), 54-55, 93, 108-09.

12 Devin DeWeese, *Islamization and Native Religion in the Golden Horde: Baba Tükles and Conversion to Islam in Historical and Epic Tradition* (University Park, 1994), 72-81.

13 *Povest' vremennykh let (Povest')*, 2. ed. (St. Petersburg, 1999), 39. If the account of Islam here is dismissive, the tone of Dobrynia's comment about the Bulgars is obviously respectful.

The conversion story continued. Vladimir rejected the Latins and the Khazar Jews, but then the Greeks sent him a philosopher. The philosopher began with the Muslims, telling him that "we" have heard that the Bulgars came to him to offer their religion for Rus'. Islam is wicked, says the philosopher, and the Muslims will suffer the fate of Sodom and Gomorrah, for God will send down burning stones and a flood and destroy them on the day of judgement. Their customs are not only evil but disgusting: "Си бо омываютъ оходы своя, в ротъ вливаютъ, и по браде мажаются, поминаютъ Бохмита. Тако же и жены ихъ творять ту же скверну и ино пуще: от совкупленья мужьска и женьска вкушаютъ." The philosopher than explains the errors of the Latins and the Jews, and proceeds to a long speech that is really a history of salvation in Orthodox perspective from creation to the end of time.[14]

After the Philosopher's speech, evidently an insertion into the text, the story of the testing of the faiths continued. Still unconvinced, Vladimir sent emissaries to the Latins, Muslims and Greeks (not to the Jews). The emissaries from the Volga Bulgarians returned with an unflattering portrayal: "како ся покланяютъ в храме, рекше в ропате, стояще без пояса, и поклонився сядеть и глядить семо и овамо, акы бешенъ; и несть веселья в них, но печаль и смрадъ великъ. И несть добр закон их." In all cases, the decisive element was the liturgy, and the Greeks came out best because the Rus' emissaries during their liturgy did not know if they were on heaven or earth.[15]

These episodes form the beginning of the story of the conversion of Rus' and as such one of the many extensively debated sections of the *Povest'*. According to D. S. Likhachev, following A. A. Shakhmatov, the stories of Christianization come from the 1040's and are related in language and style to Metropolitan Ilarion's *Slovo o zakone i blagodati*.[16] The argument is largely circumstantial, resting on Iaroslav's founding of the Kievan church of St. Sophia in 1037 and other measures following

---

14 *Povest'*, 39-48. The philosopher's speech is a composite of many sources, the Old Testament being among them but in many places it follows Old Testament apocrypha rather than the canonical version. Shakhmatov thought that the passage came from the Tolkovaia Paleia, itself a compilation of uncertain date (he thought no later than the thirteenth century). He may have been right, for the passage quoted above has some parallels in the 1406 Tolkovaia Paleia, Troitse-Sergieva Lavra MS 38, ll. 21ob.-22 (= RGB f. 304; accessed at stsl.ru), published as *Paleia Tolkovaia po spisku sdelannomu v Kolomne v 1406. g.*, Trud uchenikov N. S. Tikhonravova (Moscow, 1892-96). A. A. Shakhmatov, "'Povest' vremennykh let' i ee istochniki," *Trudy otdela drevnerusskoj literatury (TODRL)* 4 (1940), 132-33. The text of the Philosopher's speech may be South Slavic in origin, for its language is essentially Old Slavic with West Slavic and East Bulgarian traces. The only Old Rus' additions seem to be the introduction of Vladimir as the audience of the speech and the East Slavic version of the name of Mohammed (Bokhmit). A. S. L'vov, "Issledovanie Rechi filosofa," in *Pamiatniki drevnerusskoi pis'mennost': Iazyk i tekstologiia*, ed. V.V. Vinogradov (Moscow, 1968), 333-396; Pereswetoff-Morath, *Grin*, I, 53-57.

15 *Povest'*, 39-40.

16 *Povest'*, 304-315 (commentary of Likhachev).

upon that, and it is indeed hard to imagine that these stories could have arisen much earlier. The latest possible date is, of course, 1116, the final date of the *Povest'*. For our purposes the result is that the first brief polemical texts about Islam date from the middle or late eleventh century. The speech of the philosopher is transparently an insertion, breaking up the story of the testing of the faiths, and the reference to the corruption of the Latin faith by the use of unleavened bread points to a post-1054 date (in the testing of the faiths Vladimir rejected the Latins because of their fasts and because their services lacked beauty). It is Vladimir's first examination of the faiths that seems to be the earlier and originally Rus' version, though the compilers of the *Povest'* clearly thought that the speech of the philosopher needed to be included as well.

The *Povest'* offers evidence of yet another text that may have circulated in Kiev Rus' with anti-Islamic polemics, the life of St. Constantine-Cyril, the enlightener of the Slavs. The life of Constantine-Cyril is normally taken to be a work composed in Bulgaria in the later ninth century, fairly soon after Cyril's death. Since its first publication in the middle of the nineteenth century it has been the object of tremendous scholarly interest by Slavists of all countries, but most of their attention has understandably gone to the story of the creation of an alphabet for Old Slavic (in fact the glagolitic alphabet) and the translation of Biblical and liturgical texts. Yet the original life offers much more than that, for it contains long accounts of the saint's journey to the Khazars, where he defended Christianity to the Jews, and to the Arab Caliphate, where he engaged in a similar debate with Muslim scholars. In both cases the saint did not so much refute Judaic or Muslim beliefs as proclaim the truth of the Christian belief in the Trinity. One of the foundational texts of medieval Slavic literature, the Life was presumably known in Kiev Rus', since the story of the creation of the Slavic alphabet is found in the *Povest'*. Under the year 898 the chronicle offers a brief summary of the life and activity of Cyril and Methodius, but it omits the story of Cyril's disputes with the Jews and the Muslims, recounting only his mission to Moravia with Methodius and the creation of the alphabet.[17]

Two shorter texts derived from the chronicle stories and the Life of Cyril give some sense of how they were understood by about 1100. Probably derived from the story told in the *Povest'* is the "Pamiat' i pokhvala sviatomu kniaziu Vladimiru." Most likely the work of the monk Iakov, it tells the same story of Vladimir's testing of the faiths but omitting the Jews. On the Muslim Bulgarians it gives the same text as the chronicle version: the prince's emissaries went to Bulgar and reported that they saw "како поклоняются болгаре в ропате стояще без пояса, и покланився сядеть и глядить семо и овамо, акы бешен; и несть веселья в них, но печаль и

---

17 *Povest'*, 15-16. According to Shakhmatov: the story is actually from the life of Methodius, part of the same complex of South Slavic texts: Shakhmatov, "Povest'", 80-92. The surviving manuscripts of the Life of Constantine-Cyril are numerous but all from the fourteenth century onwards: B. N. Floria, *Skazaniia o nachale slavianskoi pis'mennosti* (St. Peterburg, 2000), 105.

смрад велик; и несть добр закон их.“[18] A probably South Slavic panegyric on Sts. Cyril and Methodius found in the twelfth century *Uspenskii sbornik* conserves the message of the Life of Cyril more fully than the *Povest'*. In the "Slovo pokhvalno" on Cyril the invention of the alphabet is clearly the saint's main accomplishment, but it also mentions that he defended the Trinity against the Saracens and the Jews, with his tongue and his books and cut off the "бохмитовы бляди и жидовскую злобу" with his spiritual sword.[19] Once again the text accessible in Kiev Rus' omitted the theology of the Trinity in favor of customs.

The exceptions to this neglect of theology in accounts of Islam seem to be two. One is the Slavic translations of the chronicle of the ninth century Byzantine chronicler Georgios Hamartolos. His work was translated into Old Slavic in the tenth century and has survived in a number of manuscripts, though most extensively in the fragments used as the basis for the various East Slavic world histories, the *Khronograf*. Georgios included a brief account of the origins of Islam in his section on the reign of Heraclius, an account typical of Byzantine polemical literature. It tells us of the wicked early life of Mohammed, that his teaching was borrowed from Judaism and paganism, and consisted in his false prophecy and denial of the divinity of Christ. It also accuses the Muslims of worshipping Aphrodite in the form of the Kaaba in Mecca. In the texts that precede the Russian *Khronograf,* the reconstructed *Khronograf po velikomu izlozheniiu* (eleventh century), the extant *Trinity Khronograf* (thirteenth-fourteenth centuries) and the *Letopisets ellinski i rimskii* (fifteenth century) the parts about Mohammed's teaching remained. The *Letopisets ellinskii* preserved much of the text of Hamartolos, using Mohammed's alleged contact with Christian heretics to account for his denial of Christ's divinity. Keeping the theology in this case, it omitted the passage about the worship of Aphrodite.[20]

The other exception is the translation of the work of St. John of Damascus, *On Heresies*, the last chapter of which has a short account of Islam, again with a polemical life of Mohammed and a short account of Islamic belief stressing the Muslim rejection of the divinity of Christ. The translation formed part of the oldest Slavic canonical collections, such as the *Kormchaia of Fourteen Titles*, a Bulgarian translation of the ninth century.[21] These texts seem to have come to Rus' early, but

---

18 Makarii, *Istoriia Russkoi tserkvi*, II (Moscow, 1995), 530-531; E. A. Fet, "Pamiat' i pokhvala kniaziu Vladimiru," in *Slovar' knižnikov i knižnosti drevnej Rusi (SKKDR)*, I (Leningrad, 1987), 288-290.

19 *Uspenskii sbornik XII-XIII vv.*, ed. S. I. Kotkov (Moscow, 1971), 204.

20 *Letopisets ellinskii i rimskii*, ed. O. V. Tvorogov, vol. I (St. Peterburg, 2001), 402-409; Andrei Popov, *Obzor Khronografov russkoi redaktsii*, I (Osnabrück, 1968), 154; O. V. Tvorogov, *Drevnerusskie khronografy* (Leningrad, 1975), 55; O. V. Tvorogov, "Materialy k istorii russkikh khronografov: 3: Troitskii khronograf," *TODRL* 42 (1989), 336-38. See also Evgenii G. Vodolazkin, *Vsemirnaia istoriia v literature Drevnei Rusi* (Munich, 2000), 163-186.

21 V. N. Beneshevich, *Drevne-slavianskaia kormchaia XIV titulov bez tolkovanii*, I (St. Peterburg, 1906), 701-704; Francis J. Thomson, "The Nature of the Reception of Christian Byzantine Culture in Russia in the Tenth to Thirteenth Centuries and its Implications for Russian Culture," in *The Reception of Byzantine Culture in Mediaeval Russia*, ed. Francis J. Thomson (Aldershot,

exactly when and in what extent is unclear. From the second half of the thirteenth century there are Russian manuscripts of the Serbian *Kormchaia*. Presumably it was a standard item in later copies, for two sixteenth century *Kormchie* from the Trinity Monastery both contain the text of St. John on heresies with the chapter on Islam.[22]

These works appear to be the full arsenal of polemic against Islam known to the Eastern Slavs by the time of the conversion of Khan Uzbek of the Golden Horde in 1314. The only texts with any attention to theology, however inaccurate and polemical, were the *Life of Constantine-Cyril,* the brief passage in the world histories, and presumably the text of St. John of Damascus in the *Kormchaia kniga*, all of them translations. The *Life* was by far the most popular, as it is found in many Russian manuscripts of the 14-15th centuries. The *Kormchaia* also seems to have been a widely distributed text. As for the world histories, there are three known Russian manuscripts of the *Trinity Khronograf* from the same period and eleven of the *Letopisets ellinskii i rimskii*. All of the passages in these works on Islam emphasized the Trinity against the Muslim rejection of Christ's divinity, with a subordinate theme that Islam was really just a revived Judaism or a Christian heresy. The *Khronograf* texts also accused Mohammed of greed and deception, and criticized the alleged laxity of Muslim sexual and other mores, but the main emphasis remained on the Trinity. In texts that originated in Kiev Rus', such as the *Povest' vremennykh let,* the emphasis was on the evil or loathsome customs of the Muslims, not their beliefs, but these native works devoted extremely little space to Islam at all.[23]

Russia from the Fifteenth to the Seventeenth Centuries

The end of the fifteenth century brought a wholly new situation for Russian bookmen. The once powerful (and eventually Muslim) Horde had broken up into a series of smaller khanates on Russia's south and east and most important, no longer ruled over the Russian land. Contact with the Tatars did not cease, for the new Russian state in Moscow necessarily had intensive diplomatic and commercial contact with the various khanates as well as many military conflicts. In the 1450's Moscow even acquired a dependent Muslim khanate in Kasimov and other Tatars came to serve the Moscow princes.[24] Writings of the time reflected the new situation. A whole

---

1999), 109.

22 Trinity Monastery, Osnovnaia biblioteka, (Russian State Library f. 304), MS 205 (1955), ll. 414-415 and MS 207 (1953), ll. 238-239, accessed at stsl.ru.

23 The only other text to mention Islam that might date from the Kievan era is the Homily of Pseudo-Gregory, known better for its denunciation of pagan beliefs using the names of the Slavic gods. In the course of denouncing the evil customs of the pagans it does the same for Islam in terms reminiscent of the Speech of the Philosopher in the Povest': "богларе отъ срамныхъ удъ истекающюю въкушаютъ," "омытье то вливают в ръть," N. Gal'kovskii, *Bor'ba khristianstva s ostatkami iazychestva v Drevnei Rusi* (Moscow, 2000), 23-24. See also E. V. Anichkov, *Iazychestvo i Drevniaia Rus'* (St. Peterburg, 1914), 380-386; T. V. Bulanina, "Slovo sviatogo Grigoriia izobreteno v toltsekh," in *SKKDR*, I, 437-438. This was not a widely circulated text, judging by the small number of manuscripts.

24 Janet Martin, "Multiethnicity in Muscovy: a Consideration of the Christian and Muslim Tatars

series of stories of the battle at Kulikovo and similar texts celebrated the defeat of the Horde, and as time progressed grew increasingly religious in tone (compare the *Zadonshchina* with the *Skazanie o Mamaevom poboishche*).[25] Yet these historical tales and the chronicles of the time contain little about Islamic religion though they do record the various battles and more peaceful interactions of the Russians with the Tatars in great detail. To be sure, the lack of theological reflections on Islam from historical texts may be largely a matter of genre. The most striking example is the Russian *Khronograf* of 1512, the basis of all later Russian *Khronografy* until Peter's time. Here the theological passage from Hamartolus preserved in the earlier world histories has disappeared, leaving only the opening lines describing Mohammed's alleged seduction of a rich woman, followed then by a longer and confused account of the Muslim conquests.[26] The celebrated traveler Afanasii Nikitin showed no more interest in the theology of Islam than the chroniclers, though he did convey information about Muslim practices, the first attempt in Russia at real description rather than the recounting of legends.[27] As in other respects, he had no imitators.

In the fifteenth century one new translated text that addressed the issues of Islamic belief seems to have gained some circulation, the Dialogue of St. Gregory Palamas with the Turks and the mysterious Chionians, apparently some sort of Jews. G. M. Prokhorov classified it as primarily anti-Judaic, but a careful reading of the text suggests that St. Gregory's primary concern was with the Muslims, and only a short paragraph at the beginning reflects his discussions with the Chionians, after which the text states clearly: "Мне же ныне не к евреем слово". In part the confusion arose because St. Gregory's arguments are mainly about the Trinity and the divinity of Christ, doctrines rejected by both Muslims and Jews.[28] Though the polemic with the Judaizers does seem to have stimulated the translation, circulation and use of new anti-Judaic texts, if in limited quantity, the changed relationship with the Tatars did not have the same effect, for the number of manuscripts of St. Gregory's dialogue was limited.[29] Only in the early sixteenth century did several new texts containing extensive polemic against Islam appear in Russia and achieve considerable circulation. These were the work of Maksim the Greek and a translation of

---

in the 1550's-1580's," *Journal of Early Modern History* 5,1 (2001), 1-23; D. A. Kotliarov, *Moskovskaia Rus' i narody Povolzh'ia v XV-XVI vv.: u istokov natsional'noi politiki Rossii* (Izhevsk, 2005), 104-122 (sluzhilye Tatare); A. L. Khoroshkevich, *Rus' i Krym: ot soiuza k protivostoianiiu* (Moscow, 2001); I. V. Zaitsev, *Astrakhanskoe khanstvo* (Moscow, 2004).

25 The literature on these works is extensive. See inter alia Halperin, *Tatar Yoke*.

26 *Polnoe sobranie russkikh letopisei(PSRL)*, 22/1, 308-310.

27 *Khozhenie za tri moria Afanasiia Nikitina, 1466-1472 gg.*, ed. A. N. Nikitin, V. P. Kozlov (Leningrad, 1958).

28 G. M. Prokhorov, "Prenie Grigoriia Palamy 's khiony I turki' i problema 'zhidovskaia mudrstvuiushchikh'," *TODRL* 27 (1972), 329-69; Pereswetoff-Morath, *Grin*, I, 191-192.

29 Pereswettof-Morath, *Grin*, I, 239-244. The Slavic version of the Dialogue of St. Gregory was present, however, in the libraries of the Kirillo-Belozerskii, Trinity St. Sergii, and Iosifo-Volokolamskii Monasteries in manuscripts of the fifteenth and early sixteenth centuries: Prokhorov, "Prenie," 347-348.

Riccoldo's refutation of the Koran. Like the dialogue of St. Gregory Palamas, they were not concerned so much with Muslim customs as with the defense of Trinitarian theology.

Maksim is one of best known and most thoroughly studied writers and thinkers of sixteenth century Russia, a figure whose exotic biography never fails to intrigue historians. Born in Arta and educated in Venice, he circulated in Italian humanist circles and knew of Savonarola before he returned to Orthodoxy and Mount Athos. Thence he came to Russia in 1518, working at editing the Slavic translations of scripture and other texts until he fell (somewhat mysteriously) afoul of the authorities of the church in 1525 and again in 1530. He spent the succeeding years in more or less honorary confinement in Russian monasteries until Ivan IV released him in 1547-48. He died at the Trinity Monastery in 1555. During his Russian years he produced (in part translated) a massive corpus of writings on various issues that, in spite of their size, circulated widely throughout Russia for the next two hundred years and afterwards among Old Believers.[30]

Among this corpus of writings are a number of polemical pieces against the Latins, against Judaism, and against Islam. Maksim composed three tracts about Islam, two of which appear in the earliest manuscripts of his works, those of the 1540's-early 1550's and the third in manuscripts of about a decade later, such as Khludov collection MS 73 in GIM.[31] The first of the three is a fairly standard polemic against Islam.[32] Here Maksim considers three issues necessary to decide the correctness of a given faith ("blagoverie"). The first is that it must have the authority of God, second that the bearer of the faith must be truthful, pious, and wise, and third it must agree with tradition. He treats the second topic first, repeating the traditional stories of Mohammed's personal immorality and his reception of doctrine from an Arian monk and a Jew. The only element not found in previous Byzantine writers is a new story to explain the Muslim prohibition on drinking wine. In Maksim's version the Jew (named Ilya-Elijah, another new element) became jealous of the Arian monk. Mohammed and his two teachers went hunting, and when they later rested, ate and drank, they fell asleep. Ilya then murdered the monk with Mohammed's sword, and when Mohammed awakened, showed him the bloody sword, accusing him of the murder while drunk. Thus Mohammed prohibited drink to his followers.[33] Maksim then turned to a demonstration that the Biblical traditions of

---

30 A. I. Ivanov, *Literaturnoe nasledie Maksima Greka* (Leningrad, 1969), 88-89, 114-115; N. V. Sinitsyna, *Maksim Grek v Rossii* (Moscow, 1977); D. M. Bulanin, *Perevody i poslaniia Maksima Greka* (Leningrad, 1984).

31 Ivanov, *Literaturnoe*, 114-115; Sinitsyna, *Maksim*, 234, 247.

32 *Sochineniia prepodobnago Maksima Greka, izdannyia pri Kazanskoi dukhovnoi akademii (Sochineniia)*, vol. 1 (Kazan', 1894), 63-105.

33 The traditional version among Byzantine polemicists was that Mohammed was drunk and killed the monk himself (no Jew was involved in this incident and the monk was also a Nestorian). In remorse he prohibited his followers from drinking alcohol. See Bartholomew of Edessa's "Refutation of a Hagarite" in *Patrologia Graeca (PG)* 104, 1388-1389 and the monk Euthy-

prophecy mentioned in the Koran pointed to the coming of Christ not of Mohammed, and thus Mohammed did not prophesy under divine authority. The last part of
the text is written as an exhortation to accept the Trinity.

This first tract must have been composed in Russia, since Maksim refers to his
writings against the Latins, presumably those in reply to the works of Nicholas
Bülow, one of Vasilii III's doctors. The second treatise, however, is a rhetorical
piece lamenting the conquest of ancient Christian lands by heresy in the West and
Islam in the east.[34] It seems closest in genre to the monodies on the fall of Constantinople in 1453, though that event is not explicitly mentioned: all it says is that the
glory and piety of Constaninople have gone and are now "работна и подручна
измаилтяном". It refers to the Greeks as we, and since it also follows some of the
conventions of ancient rhetoric, seems intended for a Greek, not Russian audience.[35]
The third tract is an apologetic, defending Christianity rather than attacking Islam
and its only connections to Islam are the opening statement that the work is intended
as aid to an anonymous addressee who often has to argue with the Muslims about
Christianity and the focus on the incarnation and the Trinity.[36]

Thus Maksim's writings brought to the fore the main themes of Byzantine polemic. He gave full attention to the belief in Christ as the son of God that distinguished Christians most sharply from Muslims. His other main themes also followed
Byzantine models, Mohammed's personal unfitness for prophecy and his rejection
of the Christian interpretation of Old Testament prophecy. The customs of the Muslims were not an important topic in these works. Nor were they in the two other
short pieces against Islam that appear in some later manuscripts of Maxim's works
and may have come from the translators around Prince Andrei Kurbskii in Lithuania.
One of them is a translation of a tract ascribed to patriarch Gennadius Scholarius in
the form of a letter to Mehmed the Conquerer and the other is a translation of part of
a dialogue with a Saracen from a Greek text attributed to St. John of Damascus. The
pseudo-Gennadius text was actually an extract of a work that circulated in the fifteenth century as that of St. Athanasius, but in some manuscripts was slightly redacted and ascribed to Gennadius. The text was published several times in the West
(Vienna, 1530 and Paris, 1533) as the work of Gennadius, who really did write a
long tract against Islam called *On the path of the salvation of men* which then existed only in manuscripts. The other shorter dialogue is the second part of a brief
dialogue against Islam that existed in early manuscripts under the name of St. John
of Damascus. Though a different text from the better known chapter on Islam in St.
John's *On Heresies*, it repeats more or less the same arguments and the most recent

---

mios (fourteenth century?) in Erich Trapp, "Die Dialexis des Mönchs Euthymios mit einem
Sarazenen," *Jahrbuch der österreichischen Byzantinistik* 20 (1971), 111-131.
34 *Sochineniia*, I, 106-121.
35 *Sochineniia*, I, 108-109; Erwin Fenster, *Laudes Constantinopolitanae* (Munich, 1968) (= Miscellanea Byzantina Monacensia, 9), 271-315.
36 *Sochineniia*, I, 122-136.

editor of St. John's works, Bonifatius Kotter, accepts it as genuine. The two translations appear (it seems) only in later manuscripts of the works of Maksim, such as Troitsa-Sergieva Lavra MS 201 (RGB f. 304), a manuscript of the 1620's-1630's. To complicate matters, the Mamonich press in Wilno published in 1585 a small book of translations possibly by Prince Andrei Kurbskii which includes both these texts. They have not received much attention from scholars, and it is not clear whether manuscripts such as TSL 201 copied from older manuscripts with the texts or from the Wilno printed version.[37] Finally, in one manuscript of Kurbskii's translation of St. John of Damascus there is an appendix of "fragmenty" that seems to include a retranslation of the work of St. John on heresies, presumably including the last chapter on Islam.[38]

The other new tract against Islam was a translation of the work of Riccoldo da Monte Croce, the *Contra legem Sarracenorum*, often known through the sixteenth century as *Confutatio Alchorani*. The text had an unusual history, for the version most commonly known in early modern Europe was not Riccoldo's original but rather a retranslation into Latin from the Greek text of Kydones made by one Bartholomeus Picenus around 1500. This version was not only copied in manuscript but also several times printed, leaving Riccoldo's original to be published by modern scholars.[39] There are several Russian manuscripts of the Slavic translation, the oldest found at the end of a manuscript of Iosif Volotskii's *Prosvetitel'* presented by Archbishop Makarii to the Pafnut'ev Borovskii Monastery (now RGB, Muzeinoe sobranie, f. 178, MS 204).[40] The second is included in the 1552 Uspenskii version of the Velikie Chet'i Minei under July 31, and a third with a *Paleia* of the first half of the sixteenth century in TSL (RGB f. 304) 730, ll. 363-394v.[41] Both the VChM and

---

37 Ivanov, *Literaturnoe*, 88-89; *Oeuvres complètes de Georges Scholarios*, ed. Louis Petit, X. A. Sidéridès, Martin Jugie (Paris, 1928-1936), 8 v., vol. 3, xxx-xxxiv; *PG* 28, 773-796 (pseudo-Athanasius); Bonifatius Kotter, ed., *Die Schriften des Johannes von Damaskos*, vol. 4 (Berlin/New York, 1981), 432-434; STSL.ru, Trinity 201, ff. 254-264 (Scholarius) and 264-268 (St. John). On the Kurbskii book see A. S. Zernova, "Tipografiia Mamonichei v Vil'ne," *Kniga: issledovaniia i materialy* 1 (1959), 167-223; V. I. Lukianenko, *Izdaniia kirillicheskoi pechati XV-XVI vv. (1491-1600) Katalog knig iz sobraniia GPB* (St. Peterburg, 1993), 191-192; and Zoja Jaroszewicz-Pieresławcew, *Druki cyrylickie z oficyn Wielkiego Księstwa Litewskiego w XVI-XVIII wieku* (Olsztyn, 2003), 67.

38 Juliane Besters-Dilger et al., eds., *Die Dogmatik des Johannes von Damaskus in der Übersetzung des Fürsten Andrej M. Kurbskij (1528-1583)* (Freiburg, 1995), xxxi-xxxii.

39 Riccoldo's principal work is found in: J.-M. Mérigoux, ed., "L'ouvrage d'un frère Précheur florentin en Orient à la fin du XIIIe siècle: Le "Contra legem Sarracenorum" de Riccoldo da Monte Croce," *Memorie Domenicane* 17 (1986), 1-144. For the Kydones translation and the retranslation of Picenus see *PG* 154,1037-1152. Martin Luther's German translation in Johannes Ehmann, ed., *Riccoldus de Montecrucis. Confutatio Alcorani, Martin Luther. Verlegung des Alcoran* (Würzburg/Altenberge, 1999).

40 Aleksanddr Vostokov, *Opisanie russkikh i slovenskikh rukopisei Rumiantsevskogo muzeia* (St. Peterburg, 1842), 273. See also N. A. Kazakova and Ia. S. Lur'ev, *Antifeodal'nye ereticheskiia dvizheniia na Rusi XIV- nachala XVI veka* (Moscow/Leningrad, 1955), 463.

41 Arkhimandrit Iosif, *Podrobnoe oglavlenie Velikikh Chetiikh Minei vserossiiskogo mitropolita

Muz. 204 versions contain a note at the end which asserts that the text was translated in 1516/17. Sobolevskii believed the work to have been translated from Greek, but gave no reason for his belief. That the translator worked from Latin is more likely since the author's name is given in all three versions as "Riklad" or "Rikald", whereas Kydones for some reason chose to call him "Rikardos". The rest of the title in the Old Russian version is also much closer to the Latin original than either the version of Kydones or Picenus.[42] In any case, the text seems to have strong connections with Novgorod and Archbishop/Metropolitan Makarii. Makarii spent almost thirty years in the Pafnut'ev-Borovskii Monastery before he went to Novgorod as archbishop, and of course the VChM were his inspiration.

What did the Russian reader learn from Riccoldo? Vostokov's description of Muz. 204 asserted that the text contained seventeen chapters, as did Riccoldo's original and the Greek and Latin translations. However the more detailed description of the VChM and the text of TSL 730 show that the translator included only introduction and chapters one and two followed by chapters thirteen to seventeen, somewhat less than half of the original. The omission of chapters three through twelve meant that almost all of Riccoldo's detailed refutation of the text of the Koran, his charges that it was contradictory, irrational, poor in style and contained obvious falsehoods, disappeared. What remained was largely an attack on the failure of Mohammed and his followers to accept the Trinity and the incarnation of Christ. Some of the legends about Mohammed's life appeared in chaptes thirteen and fourteen, but the main thrust of the text in translated form is a defense of the notion of the Trinity. The translator also made some omissions from the chapters he did include. Judging by the description of the Uspenskii version of the VChM and the text in TSL 730, the translation omitted the passage in the original (or originals) where Riccoldo stated that the doubtful places he adduced in the Koran were so serious that Muslims who could not explain them should be compelled to become Christians. In the Latin of Picenus the phrase was "coacti in convivium veritatis introire (forced to enter into the banquet of truth)."[43] Thus the translator altered the message of the original in several ways.

Trinity manuscript 730 also contains twenty marginal notations that permit some conclusions on how the text was read. The marginal notations are in a hand very

---

Makariia (Moscow, 1892), 338-339; TSL 730 (RGB f. 304) at stsl.ru. On TSL 730 see ieromonakh Ilarii, ieromonakh Arsenii, "Opisanie slavianskikh rukopisei biblioteki Sviato-Troitskoi Sergievoi Lavry," in *Chteniia v Imperatorskom Obshchestve istorii i drevnostei rossiiskikh (ChOIDR)* 2 (1879), 119-122.

42 Aleksej Ivanovič Sobolevskij, *Perevodnaja literatura Moskovskoj Rusi XIV-XVII vekov: Bibliografičeskie materially* (Köln/Wien, 1989) (= Bausteine zur Geschichte der Literatur bei den Slaven, 34), 325; Mérigoux, "L'Ouvrage", 52-53. Compare Kydones/Picenus in *PG* 154, 1037-38 to Mérigoux, ibid., 60.

43 Compare Iosif, *Podrobnoe oglavlenie*, 338 and TSL 730, l. 375 ob with *PG* 154, 1125-1126. Riccoldo's original language: "compellantur intrare ad convivium veritatis," (Mérigoux, "L'Ouvrage," 125).

similar to that of the copyist. The letter formations of the word "зри" are the same as the text, and (as far as can be judged from the digitized image), the ink is even the same color. Further, the notations are neatly aligned along the margin, suggesting that the manuscript is a final copy incorporating these notations at the time the text was copied. The notes show a very distinct pattern. Each time the reader/copyist wrote "зри" alongside passages that interested him, these were passages with particular points about the Trinity, not about Islamic belief per se (ll. 377, 379, 380v, 381, 382v, 384, 387v, 392). Otherwise the annotator marked the passages describing how the angel Gabriel led Muhammed to the second heaven (l. 374), that the Koran says to believe in God and the messenger (апостол: l. 382v), that Muhammed was an idolator, fornicator and murderer (a standard Christian charge: l. 383v), that the Koran is neither the old nor the new law (l. 384v), and that the Koran was given only in Arabic while the Christian Gospel was translated and preached in many languages (noted four times on l. 385v). One notation is for a defense of the inconsistencies in the Gospels, that it was the result of the providence (смотрение) of God (l. 386v).

Thus by the middle of the sixteenth century the Russians had at their disposal two new accounts of the evils of Islamic beliefs, both concentrating on the Muslim rejection of the Trinity. The annotator of TSL 730 shared this predominant interest, along with other points of theology. Not surprisingly, the texts grouped under 31 July in the VChM included a full copy of Iosif Volotskii's *Prosvetitel'* and several shorter texts denouncing the Judaizers. The earlier interest in the alleged wicked and disgusting habits of the Muslims seems to have abated in favor of a more theological approach, perhaps one stimulated not so much by contact with Muslim societies but by issues internal to the Orthodox church in Russia such as the polemics around the Judaizers.

The complex of texts around the conquest of Kazan', however, was unconcerned about theology. To be sure the various *poslaniia* of Metropolitan Makarii and Sil'vestr are calls to fight the godless "besermeny", but the authors did not include even a brief account of their wicked beliefs. The justifications for the conquest itself were only partly religious, for all of the texts repeatedly proclaim Kazan' to have been ancient Russian territory, an official claim of Russian diplomacy as well. The religious side of the war was the desire to liberate Christian captives, and generalizations about the need to spread the faith. As Andreas Kappeler pointed out long ago, conversion almost immediately fell off the Russian agenda, and did not reappear until the eighteenth century.[44]

The *Kazanskaia istoriia*, probably composed about 1590-1610, like the earlier tales of Kulikovo, contains endless reference to the wicked beliefs of the Tatars, but

---

44 Frank Kämpfer, *Die Eroberung von Kasan 1552 als Gegenstand der zeitgenössischen russischen Historiographie* (Berlin, 1969) (= Forschungen zur osteuropäischen Geschichte, 14), 102-104, 112-125; Jaroslaw Pelenski, *Russia and Kazan; conquest and imperial ideology (1438-1560s)* (The Hague, 1974); Kappeler, *Nationalitäten*, 114-120; Andreas Kappeler, "Die Moskauer 'Nationalitätenpolitik' unter Ivan IV.," *Russian History* 14 (1987), 263-282.

does not tell the reader what they are. The author clearly knew a great deal about the institutional structure of Islam, for at one point he recounts that the Sayyid of Kazan' ordered the mullahs, "azify" (*hafiz*), and dervishes to pray for victory, but then says that the people made a sacrifice (жертва) to Mohammed, something Muslims do not do. The comment seems to be a relic of the old idea of Islam as paganism, generally an idea more popular in the West than in Byzantium. Patriarch Germogen's *Zhitie* of the first Kazan' archbishops, Gurii and Varsonofii, has virtually nothing to say about Islam whatsoever. It recounts the efforts of the two saints to build churches and monasteries, but ignores the Tatars, much less conversion. The result is the more curious in that Germogen asserts of the Varsonofii that his youthful experiences in Crimean captivity had the result that he "извык до конца бесерменский язык и грамоту срацынскую бе бо глубок ум имея." Similarly the Siberian Esipov chronicle (1630's-40's) informs the reader that Khan Kuchium was a Muslim, but offers no information on what that entailed. In contrast Esipov does provide some detail on the religious practices of the Voguls and Ostiaks, their worship of idols and other things that Christians rejected. The various legends of Siberian miracle working icons, like those of the icon of the Sign of the Mother of God of Abalak (near Tobol'sk) include dozens of stories of miraculous cures of disease, but no references to Tatars or Muslims. The Abalak icon story does mention the pagans, presumably the Voguls and Ostiaks in the preface, but even they do not figure in any of the tales.[45] Neither the conquest of Kazan' nor of Siberia prompted anyone, layman or cleric, to add to the small corpus of work on Islam.

Until the 1670's the major sources for the Orthodox church in Russia on Islam remained the polemics in St. John of Damascus, the works of Maksim the Greek, and the abbreviated translation of Riccoldo. These works continued to be copied and read, as the excerpts from the translation of Riccoldo in TSL (RGB 304) 812 testify. This manuscript comes from the library of Simon Azarin, a monk of the Trinity Monastery, for many years its treasurer and then *kelar'*. It formed part of Simon's library of some hundred books that he left to the Trinity Monastery on his death in 1665 as the inscription on the pages of the manuscript demonstrates.[46] Most of the manuscript is taken up by a miscellany called "Lampada ili Sbornik" consisting mainly of Biblical commentaries and excerpts from larger works such as those of Pseudo-Dionysios and Maksim the Grek. On ll. 407-410v. is a series of excerpts from the translation of Riccoldo. In contrast to the annotator of TSL 730, Simon (if

45 "Istoriia kazanskogo tsarstva," in *PSRL* 19 (Moscow, 2000), 15; "Zhitie...Guriia...i Varso-nofiia," in P. Liubarskii, "Sbornik drevnostei kazanskoi eparkhii," in *Pravoslavnyi sobesednik* 7-9 (Kazan', 1868), supplement, 7-32. "Esipovskaia letopis'," in *PSRL* 36 (Moscow, 1987), 45-46, 48-50; "Skazanie o iavlenii i chudesakh Abalatskoi ikony Bogoroditsy," in *Literaturnye pamiatniki Tobols'skogo arkhiereiskogo doma*, ed. E. K. Romodanovskaia, O. D. Zhuravel' (Novosibirsk, 2001), 85-184. Other texts in this collection as well as the later Remezov chronicle gave no account of Islam at all.
46 E. N. Klitina, "Simon Azarin (Novye dannye po maloizuchennym istochnikam)," *TODRL* 34 (1979), 311.

the excerpts are his) was primarily interested in the facts about Islam in Riccoldo's text, particularly the quotations and paraphrases from the Koran. That such a collection of excerpts should interest Simon Azarin is perhaps not so unexpected, since his library contained many books that are unusual for the first half of the seventeenth century. One was a Psalter in Slavic, Greek, and Polish, (Moskovskaia Dukhovnaia Akademiia [RGB 173] 10), another a Slavic translation of *The Imitation of Christ* by Thomas à Kempis copied from a printed version from Wallachia (MDA [RGB 173] 167).[47]

Azarin's notes reflected a personal interest that does not seem to have been shared by his generation, but the turn toward fuller information about Islam is visible in the texts that began to circulate in Russia after his death. As in so many other areas, it was the arrival of the Kievan scholars and Ruthenian books that changed the situation. Simeon Polotskii's translations introduced into Russia two medieval western writers about Islam, Petrus Alfonsi (died 1120?) and the Dominican Vincent of Beauvais (died 1268). Writing in early twelfth century Spain, Petrus was the author of a series of dialogues against the Jews but inserted into them as the fifth dialogue an attack on Islam. Petrus mentioned the Islamic rejection of the Trinity, but his main thrust was on the issue of prophecy. Muhammed's prophecies were not valid, in large part because he was an unworthy prophet. Relying on the bits of Islamic legend and Christian fantasies, his picture of Muhammed presented him as devious, greedy, power-hungry, and oversexed. He took his doctrines from his Jewish and heretic Christian associates. The only accurate parts of the dialogue are the brief catalogue of the main Muslim practices of prayer, Ramadan, diet, and other matters of daily religious practice. If Petrus Alfonsi was one of the creators of the medieval view of Islam, Vincent of Beauvais was a compiler. His vast *Speculum quadriplex* included a history of the world, the *Speculum historiale*, which in turn contained a short account of Muhammed and the early history of Islam derived from Petrus and other authors. Vincent included nothing on the Trinity, treating only Muhammed's life, the Koran, and Muslim customs, religious and otherwise.[48]

Thus Simeon presented the Russian reader with some of the basic Western medieval texts on Islam, but Simeon's manuscript was not devoted just to Islam. The surviving manuscripts in GIM are Simeon's draft, his final copy, and another copy from the hand of Sil'vestr Medvedev. The full manuscript, besides the two texts on Islam, begins with an anti-Latin discourse defending the Orthodox view of the procession of the Holy Spirit from the Father alone, and also contains the rest of the dialogue of Petrus Alphonsus against the Jews as well as an excerpt of the fourteenth century polemic of Nicholas de Lyra against the Jews. A number of other tracts address the Orthodox view of saints, icons, and relics. Marginal notes date the

---

47 Accessed at Stsl.ru. See also Klitina, "Simon Azarin," 308, 310.
48 Petrus Alphonsus, "Dialogi," in *Patrologia Latina* 157, 597-606; Vincent of Beauvais, *Speculum Quadriplex sive Speculum maius*, vol. 4 (Graz, 1965), 912-922; Daniel, *Islam*, 22-23.

various tracts to 1677-79.[49] In other words, Simeon addressed the errors of Islam in the context of defining Orthodox Christianity against Catholicism, Judaism, and various lesser erroneous beliefs. Islam was not his main interest.

Simeon's translations do not seem to have circulated widely, but another product of Ruthenian religious culture seems to have attracted more of an audience. This was the work of Ioannykyi Haliatovs'kyi, then archimandrite of the Elets monastery in Chernigov. This was Ioannykyi's 1683 *Alkoran*, written in Polish and published in Chernigov with a fulsome dedication to the young tsars Ivan and Peter. The book is a fictitious dialogue between "Alkoran" and "Koheleth" (Ecclesiastes) on the value of Islam as a religion. Haliatovs'kyi begins with the usual defamatory account of the life of the Prophet (1-4), adding only that Mohammed was also a rebel against the emperor Heraclius. He comments that "dla tego Arabowie Machometa uczynili Hetmanem swoim," turning the Prophet into a sort of Arab Khmel'nyts'kyi (3). The text continues with a long description of Islamic religious practices and the rejection of their value by Koheleth (5-55). Here is the usual list, the allegedly lax Islamic morality, ritual ablutions, the spread of Islam by force, polygamy, the lack of true miracles in Mohammed's life (meaning that he was not a true prophet like Moses), followed by a defense of Christian devotion to the cross and to icons. The last part of the text is more theological, a defense of the Christian doctrine of the Trinity and Christian notions of heaven and hell (56-82). The archimandrite's sources are entirely Polish and western (Latin) printed books of the sixteenth and seventeenth century, including such widely read sources as the sixteenth century *Annales ecclesiastici* of Cardinal Cesare Baronio (Baronius). He also used the collection of Turkish chronicles in Latin translation by Leunclavius (Johann Löwenklau), several Byzantine historians, and Sir Paul Rycaut's *Present State of the Ottoman Empire*, first published in London in 1668 and translated into Polish as *Monarchia turecka* (1678). Nevertheless, Daniel Waugh correctly notes that the book was "basically in the spirit of medieval polemic", in large part because that polemic lived on in the West well into the seventeenth century, in spite of new information.[50] At the same time, Haliatovs'kyi was the first writer among the Orthodox Eastern Slavs to compose an entire book on Islamic beliefs with some attempt at systematic exposition.

---

49 A. V. Gorskii and K. I. Nevostruev, *Opisanie slavianskikh rukopisei Moskovskoi sinodal'noi biblioteki* (Wiesbaden, 1964), II/3, 233-238.

50 Ioannyciusz Haliatowski, *Alkoran* (Chernigov, 1683); Daniel Clarke Waugh, "Ioannikii Galiatovs'kyi's Polemics against Islam and Their Muscovite Translations", *Harvard Ukrainian Studies* 3-4, (1979-80), 908-919; Jerzy Nosowski, *Polska Literatura Polemiczno-antyislamistyczna XVI, XVII i XVIII w.* (Warsaw, 1974), vol. 1, 228-242 (excerpts from Rycaut), vol. 2, 146-181 (excerpts from Haliatovs'skyi); In 1543 the Zürich pastor Theodore Bibliander published in Basel an anthology of medieval texts on Islam with prefaces by Luther as Machvmetis Saracenorvm Principis eivsqve svccessorvm vitae, ac doctrina. See also Nancy Bisaha, *Creating East and West: Renaissance Humanists and the Ottoman Turks* (Philadelphia, 2004), 13-42, 136-161.

Haliatovs'kyi's tract did not remain unknown in Russia. Both he and his local bishop, Lazar Baranovych, were in continuous contact with the church in Moscow and regularly sent their writings north. In Russia there were two different translations of the work, both from the staff of the Ambassadorial Office. One or another of the translations was in the libraries of Sil'vestr Medvedev and Princes Vasilii Vasil'evich and Dmitrii Mikhailovich Golitsyn, the latter in a copy of the early eighteenth century. Finally, the copy of the original printed book in the Hutten-Czapski collection in Krakow contains the following inscription on the title page: "Ego sum possessor huius libri Theodorus Sołtykow." There were two Fyodor Saltykovs in the Russian elite at the end of the seventeenth century. One was the boyar Alexander-Fyodor Petrovich Saltykov (died 1697), the father of Praskovi'a, the wife of tsar Ivan Alekseevich. The other was Fyodor Stepanovich Saltykov (died 1715), a _komnatnyi stol'nik_ of tsar Ivan. Both were part of that branch of the Saltykovs who descended from the famous traitor of the Smuta, Mikhail Glebovich Saltykov "Krivoi", who stayed in Poland and whose grandchildren became again subjects of the tsar after 1654.[51]

The last work with a description of Islam to appear before Peter's transformation of Russian culture was the _Skifskaia istoriia_ of Andrei Lyzlov. His work had limited circulation, if among the Russian elite and well into the eighteenth century. Lyzlov was a middle-ranking landholder and officer in the Russian army, beginning in the 1670's under the command of Prince V. V. Golitsyn. He never advanced beyond the rank of _stol'nik_ and seems to have had little in the way of land. He certainly did have some education and must have known Polish, for his history of the Tatars and Turks is heavily dependent on works in Polish, both by Polish authors and translated from western languages. Lyzlov provided two accounts of Islam, for his work combined both his own Scythian history and a translation of Szymon Starowolski's _Dwór cesarza tureckiego_ of 1649. The last chapters of Starowolski's work contained a description of the practices of Turkish Muslims in some detail, but with very little account of their actual beliefs, and no polemics about the Trinity. In his own _Scythian History_ Lyzlov relied heavily on the Polish translations of Giovanni Botero's _Relazioni universali_ of the 1590's and of Baronius for his account of Mohammed's life, supplemented with other sources. Lyzlov mined his sources mostly for the life of the prophet, sources that recycled all the western legends originally created in the Middle Ages. This combination of medieval legend and more recent empirical accounts of the Turks resulted in a work that stressed Islamic practice and

---

51 kn. Petr Dolgorukov, _Rossiiskaia rodoslovnaia kniga_, 3 vols. (St. Peterburg, 1854-57), II, 71-73. P. I. Ivanov, _Alfavitnyi ukazatel' familii i lits upominaemykh v boiarskikh knigakh_ (Moscow, 1853), 365. The Saltykovs remaining in Poland gradually became Catholics and included no males named Theodore. The copy used here, microfilm 65178 from the Biblioteka narodowa in Warsaw, comes from the Hutten-Czapski collection in Krakow. Czapski spent most of his life as an imperial Russian official in the interior of the empire and must have collected most of this books there, not in Polish territories: "Emeryk Czapski (Hutten)," in _Polski słownik biograficzny_, IV (Krakow, 1938), 181-182.

history over the issues of Trinitarian theology.[52] This emphasis was to be expected in a layman who was composing a history and description of a people, not a work of theology.

The knowledge of Islam in Russia before Peter was not extensive. The sixteenth century texts concentrated on the Muslim rejection of the Trinity, and provided very little actual information on Islamic beliefs and practices. Both came from outsiders, first Maksim the Greek and Riccoldo. The seventeenth century, beginning with the excerpts from Riccoldo in Simon Azarin's library, shows a certain shift toward an interest in Muslim religious practices and beliefs besides the rejection of the Trinity. To varying degrees these new interests were reflected in the translations of Simeon Polotskii as well as the original work of Haliatovs'kyi and Lyzlov.[53] The resulting anti-Islamic literature was much less extensive than that available in Byzantium or Western Europe, and much less extensive than the literature against Judaism. The anti-islamic literature available in Russia had been in large part the result of the need to define Orthodoxy, from the beginnings of Christianity through the Judaizer controversy. The events of the seventeenth century, both the schism and the arrival of Ruthenian scholars in Moscow only reinforced this need. Hence Simeon included his translations on Islam in the same manuscript with tracts against the Latins. At the same time, the new seventeenth century texts of Haliatovs'kyi and Lyzlov also reflected a desire to find information about the Muslims that went beyond the issue of Trinitarian theology. The Russians were beginning to care what the Muslims actually thought and did.

Religion and Policy

This history of Russian Orthodox responses to Islamic belief raises a major issue. Did the structure of Russian knowledge (or lack thereof) about Islam have any impact on the real relations of the Russian state with its new Muslim subjects after 1552? Historians have assumed that theological hostility to Islam must have played

---

52 Andrei Lyzlov, *Skifskaia istoriia*, ed. E. V. Chistiakova and A. P. Bogdanov (Moscow, 1990), 157-170, 325-342, 345-354; Nosowski, *Polska*, vol. 1, 243-263 (excerpt from Starowolski). See also L. I. Sazonova, *Literaturnaia kul'tura Rossii: Rannee novoe vremia* (Moscow, 2006), 607-624.

53 The more traditional "grecophile" Evfimii Chudovskii seems to have had little interest in Islam. The polemical collection attacking Sil'vestr Medvedev, the *Shchit very* of the 1690's, contained a dialogue attributed to Samonas of Gaza with a Saracen, but the text was about the eucharist, and the Muslim interlocutor was only a foil for the exposition. See T. V. Panich, *Kniga Shchit very v istoriko-literaturnom kontekste kontsa XVII veka* (Novosibirsk, 2004), 272. "Samonas" was probably a forgery of the sixteenth century Greek scholar Konstantinos Palaiokappa working in Paris: See M. Jugie, "Une nouvelle invention au compte de Constantin Palaeocappa: Samonas de Gaza et son dialogue sur l'"Eucharistie," *Miscellanea Giovanni Mercati III: Letteratura e storia bizantina, Studi e Testi* 123 (Vatican City, 1946), 342-359 and Olga B. Strakhov, *The Byzantine Culture in Moscovite Rus': the Case of Evfimii Chudovskii* (1620-1705) (Köln/Weimar/Wien, 1998) (= Bausteine zur slavischen Philologie und Kulturgeschichte, A26). For the text of "Samonas" see *PG* 120, 821-832.

a major role of some sort. Kappeler tried to find a "crusading ideology" during the Kazan' campaigns but had to admit that if it existed, it was short-lived. As evidence of such an ideology he adduced the calls to war from Metropolitan Makarii and archpriest Sil'vestr but these texts are just that, calls to fight for the faith and nothing more.[54] There should be no surprise here. Orthodoxy lacked a conception of holy war in either the Catholic (crusading) or Islamic (jihad) sense. The Greeks certainly had the idea of fighting for the faith, and the Russians repeated that idea endlessly, but that notion is not the same as the idea of a crusade, a specific intellectual product of the Medieval West. In the medieval Catholic Church the notion of a crusade implied that the crusader received an indulgence from his sins for fighting the infidel, that death on crusade was martyrdom, and that clerics could carry arms, as well as other lesser conceptions. A crusade was much more than a war for the faith.[55] Even without a notion of crusade, however, Orthodox anti-Islamic polemic certainly provided plenty of ammunition for hostility toward Muslim peoples, yet the actual policy followed in the Volga and Siberia was one of pragmatic accommodation. It certainly included an element of Christianization, but it was a policy which Valerie Kivelson has correctly named "Christianization without conversion." The policy was to build Orthodox churches and claim the land as Christian, but actual conversion was simply not on the agenda.[56]

Historians have debated why conversion, forced or not, never materialized in the Muslim areas under Russian rule until the eighteenth century, and even then was largely unsuccessful. Michael Khodarkovsky has described Russian attempts at conversion before 1700 in some detail, but concluded that the effects were hard to measure. In a later essay he described the conquest of Kazan' as a "Reconquista"

---

54 Kappeler, "Moskauer Nationalitätenpolitik"; Makarii's many exhortations to fight Kazan' are found in the Nikon chronicle: *PSRL* 13, 159, 180-183, 192-196, 225-227; The epistle of Sil'vestr to prince A. B. Gorbatov-Shuiskii primarily urges him to be a good Christian and rule over the people justly, mentioning also that it would be good to spread Orthodoxy among the infidels. It is not mainly a call to convert the Tatars: D. P. Golokhvastov and Arkhimandrite Leonid, "Blagoveshchenskii ierei Sil'vestr i ego poslaniia," *Chteniia* 1/1 (1874) 1-110, esp. 88-100. Janet Martin, "Religious Ideology and Chronicle Depiction of Muslims in 16-Century Muscovy," in Valerie Kivelson, Karen Petrone, Nancy Shields Kollmann, and Michael S. Flier, eds., *The New Muscovite Cultural History: A Collection in Honor of Daniel B. Rowland* (Bloomington, Indiana, 2009) 285-299. It should also be remembered that until the end of 1551 the Russian aim was to restore Shah Ali as Khan of Kazan', not full conquest. It was only the failure of the attempt to restore him to power that required the Russians to annex the area: Kappeler, *Nationalitäten*, 69-77, 80 and A. L. Khoroshkevich, *Rossiia v sisteme mezhdunarodnykh otnoshenii serediny XVI veka* (Moscow, 2003), 82-84, 92-95, 104-113.

55 George Dennis, "Defenders of the Christian People: Holy War in Byzantium", in *The Crusades from the Perspective of Byzantium and the Muslim World*, ed. Angeliki E. Laiou and Roy Parviz Mottahedeh (Cambrige, 2001), 31-39. On Western crusading ideology the basic work remains Carl Erdmann, *Die Entstehung des Kreuzzugsgedankens* (Darmstadt, 1974). See also Étienne Delaruelle, *L'idée de croisade au Moyen âge* (Torino, 1980).

56 Valerie Kivelson, *Cartographies of Tsardom: the Land and its Meanings in seventeenth-century Russia* (Ithaca/London, 2006), 149-170.

and explicitly compared Russia to Spain, admitting, however, that actual attempts at conversion were "postponed". Kappeler has generally stressed the pragmatic accommodation at the heart of Russian policy, again with assumption that they should have tried to convert the Tatars, and the absence of meaningful actions to that effect needs to be explained. His explanation is that the 1553 political crisis in the Kremlin resulted in the emancipation of Ivan IV from his advisors, including Makarii and other intolerant churchmen, while the revolts that broke out among the newly subjugated peoples mandated caution. Other historians have adduced the economic preoccupations of the church and state policy toward the service Tatars.[57] The problem with these explanations is that they assume that the aim of the church was necessarily to ensure religious uniformity by conversion, and if that failed, by extermination or expulsion and that the state, composed as it was of Orthodox Christians, would want to do the same unless political considerations mandated otherwise. That was the assumption of the Catholic church after the eleventh century, and it became the Western norm. Should historians, however, treat Western experience as normative?

In both east and west the question of conversion and the treatment of religious belief different from the dominant one were intertwined. The western church from the eleventh century, from the first appearance of heresy in Chartres, gradually took the position that the only proper policy was to demand return to Catholicism, and in the event of refusal, to exterminate the heretics. This was the road that led to the Albigensian crusade, the repeated attempts at crusade against the Hussites, and other well-known events. These confrontations with heresy, among other things, gave rise to the mendicant orders and both Franciscans and Dominicans saw conversion efforts, both of Christian heresy and of Muslims, as a principal task. To be sure, even in the West there did have to be practical accommodation, especially in Spain, as the Reconquista brought more and more Jews and Muslims under Catholic rule. There were too many of them to exterminate, and they would not convert in large numbers. They became the mudéjares of medieval Spain, allowed to remain Muslims with a special legal status. The ideal of total uniformity of belief remained, however, and after nearly five centuries of accommodation, the Catholic Kings Ferdinand and

---

57 Michael Khodarkovsky, "The Conversion of Non-Christians in Early Modern Russia," in Geraci and Khodarkovsky, *Of Religion*, 115-143; Michael Khodarkovsky, "The non-Christian Peoples on the Muscovite Frontiers," in *Cambridge History of Russia*, vol. 1, ed. Maureen Perrie (Cambridge, 2006), 319-320, 335; Kappeler, *Vielvölkerreich*, 30-32. See also M. P. Romaniello, "Controlling the frontier: monasteries and infrastructure in the Volga region, 1552–1682," *Central Asian Survey* 19, 3-4 (2000), 426-440(15) and idem, "Absolutism and Empire: Governance along the Early Modern Frontier," (PhD diss., Ohio State University, 2003); Iskander Giliazov, "Islam i pravoslavie v Srednem Povolzh'e posle 1552 g.," in *Die Geschichte Russlands im 16. und 17. Jahrhundert aus der Perspektive seiner Regionen*, ed. Andreas Kappeler (Wiesbaden, 2004) (= Forschungen zur osteuropäischen Geschichte, 63), 310-321 and Leonid Taimasov, "Mezhkonfessional'nye otnosheniia na nachal'nom etape khristianizatsii narodov Kazanskogo kraia (vtoraia polovina XVI-XVII vv.)," in *ibid.*, 322-341. Janet Martin, "Tatars in the Muscovite Army During the Livonian War," in Eric Lohr and Marshall Poe, *The Military and Society in Russia 1450-1917* (Leiden, 2002) 365-388.

Isabella found another solution: they expelled all of the Jews and most of the Muslims in 1492. The remnant, the last Moriscos, were forced out in 1610.[58]

This history is a specific western experience that was not found in the east. Byzantium did not persecute the Jews after the ninth century.[59] It had numerous heresies at the elite and popular levels, and certainly anathematized and persecuted them, but there was never any question of mass expulsion or extermination. The Byzantines seem to have been moved to violence only when especially concerned about the political ramifications of heresy. Emperor Basil I had the Paulician state in eastern Anatolia smashed by his generals in 872, and Basil the Bogomil, who was circulating among the elite of the capital, was executed in 1111. Yet the Paulicians and Bogomils lived through these centuries in various places in Anatolia and the Balkans, not without disabilities and occasional persecution but that was all. Basil the Bogomil died in the flames, but his followers did not. Similarly the more intellectual heretics in Constantinople met condemnation, anathema, and sometimes prison, but they were not generally executed.[60] Conversion and mission were also more complicated issues in the east. The spread of Orthodox Christianity was the product of the wishes of local rulers, Boris in Bulgaria in the 860's and Vladimir in Rus' in 988, not of missionaries sent by the church from Constantinople. The Byzantine church produced thousands of elegant homilies for educated Greek audiences in major cathedrals, but did not produce preachers for the masses calling pagans to Christ. The result was a society that included de facto a variety of beliefs. The church tried to be more intolerant from about 1050 onwards, but it failed. As Michael Angold puts it, "At all levels of society a wide range of beliefs and celebrations were tolerated that had very little to do with Christianity…Church was a place to gather and display yourself…Worship was, in contrast, more of a private affair. This ensured that religion was taken seriously. Conversion was always a possibility. Almost always this meant embracing the monastic life."[61] Byzantium did not have a modern ideology of toleration, but its policy was practical accommodation and, to use the technical term, the church practiced *oikonomia*.

---

58 Brian A. Catlos, *Victors and Vanquished: Christians and Muslims of Catalonia and Aragon 1050-1300* (Cambridge/New York, 2004); Benjamin Ehlers, *Between Christians and Moriscos: Juan de Ribera and religious reform in Valencia, 1568-1614* (Baltimore, 2006). Poland-Lithuania also had a small Muslim community in the Lithuanian Tatars, refugees since the fifteenth century, who performed military service.

59 Joshua Starr, *The Jews in the Byzantine Empire, 641-1204* (Athens, 1939) (= Texte und Forschungen zur byzantinischen-neugriechischen Philologie, 30); idem, *Romania: the Jewries of the Levant after the Fourth Crusade* (Paris, 1949); Steven B. Bowman, *The Jews of Byzantium (1204-1453)* (University of Alabama, 1985).

60 Jean Gouillard, *Le synodikon de l'Orthodoxie: edition et commentaire, Travaux et mémoires 2* (Paris, 1967), 1-316; J. M. Hussey, *The Orthodox Church in the Byzantine Empire* (Oxford, 1986), 142-166.

61 Michael Angold, *Church and Society in Byzantium under the Comneni, 1081-1261* (Cambridge, 1995), 500.

Russia was different only in the relative absence of heresy. The only heresy of any importance in Russia, that of the Judaizers, was very small, more like the elite heresies of Byzantium in the eleventh and twelfth centuries than the Bogomil movement. It ended with the execution of some eight leaders in 1504, and the imprisonment of others, but these measures did not gain universal approval and had to be justified in part with reference to Catholic practice, the Inquisition.[62] Another important oppositional group did not arise until the schism appeared in the 1650's. The Old Believer leaders were executed, but the followers became a mass movement and certainly suffered centuries of persecution but neither extermination nor expulsion. Conversion was also not a high priority. The state tried to force the Old Believers back into the fold, but eventually just gave up. The attempts at actual conversion of Old Believers came in the eighteenth century with the influence of Ruthenian theology.

The story of mission and conversion of pagans was not much more impressive. The church celebrated the efforts of St. Stefan of Perm' and a few others who worked among the Finnic peoples of the north, but they seem not to have found anyone to evangelize the Mordovians, many of whom lived within the pre-1552 Russia. Makarii's efforts as archbishop of Novgorod among the Karelians and other Finns were designed to make better Christians of nominal ones, not to convert pagans. The eighteenth century missions among Siberian natives, Muslims and Volga animists were the products of the same Ruthenian influence that inspired missions among Old Believers.[63] The church was not indifferent to the beliefs and practices of the population, but it concentrated its modest efforts not on the conversion of pagans or Muslims, but on bringing a more perfect faith to the Russians who were already Orthodox, as illustrated in the provisions of the *Stoglav*. Yet that document condemns popular practices which survived in the villages until the 1930's, a measure of the weakness of the effort. Even this effort at deepening and purifying Orthodox life and practice eventually required the techniques imported by Ruthenian clerics.[64] If the church was not even able before the later seventeenth century to put on much

---

62 The classic works are Ia. S. Lur'e, *Ideologicheskaia bor'ba v russkoi publitsistike kontsa XV-nachala XVI veka* (Moscow/Leningrad, 1960); A. A. Zimin, *Rossiia na rubezhe XV-XVI stoletii* (Moscow, 1982), 197-232. On the Inquisition see A. D. Sedel'nikov, "Rasskaz 1490 g. ob inkvizitsii," in *Trudy Komissii po drevnerusskoi literature* (Leningrad, 1932), 33-57 and Lur'e, *Ideologicheskaia bor'ba*, 270. More recent studies include A. I. Pliguzov, *Polemika v russkoi tserkvi pervoi treti XVI stoletiia* (Moscow, 2002) and the work of Moshe Taube and David Goldfrank.

63 Paul W. Werth, "Coercion and Conversion: Violence and the Mass Baptism of the Volga Peoples 1740-1755," *Kritika: Explorations in Russian and Eurasian History* 4,3 (2003), 543-569.

64 Paul Bushkovitch, *Religion and Society in Russia: the Sixteenth and Seventeenth Centuries* (New York/Oxford, 1992), 150-175. The efforts at preaching were directed at court and elite audiences, though Simeon clearly hoped that they would spread and to some extent they did by the 1690's. The whole history of preaching and bringing the faith to the people in the eighteenth century is a major topic in need of study.

of an effort to bring inner belief to the Russians, why should it be expected to convert the Muslims?[65]

Thus there is nothing to explain in the history of Russia's relationship to Islam after 1552. Church and state did what they should have been expected to do, given their traditions. Russia as the New Israel did not have to convert the Muslims, it needed to preserve it own faith in purity to avoid the fate of the old Israel. The Russians even managed to ignore the clear message of the Old Testament about the conquest of Canaan: "of the cities of the people which the Lord thy God does give thee for an inheritance, thou shalt save nothing alive that breatheth; but thou shalt utterly destroy them" (Deut. 20, 16-17). Joshua was actually a bit more merciful than God, for he followed the divine command for most of the campaign, but spared a few of the Canaanites at the end. The Russians were even less obedient than Joshua, for they chose to emphasize the battle for the faith that they found in the Old Testament, not the account of the extermination of the Canaanites. Achieving integration of society and the state by conversion, expulsion, or massacre never was on the agenda in the century and a half after the Russian conquest of Kazan'. In those years Russia's only problem of integration of border areas was with the Ukrainian hetmanate, where the foundation of the problem was incompatible political structures and foreign policy, not the minor differences between Ukrainian and Russian Orthodox practice. Religious difference was not a major divisive force as in post-Reformation Europe.

Russian historians need to consider if it is always useful to see the experience of the West as normative. Perhaps in economic history this makes sense, for economic relations can override culture and politics. In the history of religion it does not make sense. Orthodoxy, for good or ill, had different traditions from the Catholic church, noticeable already in the 800's, before any formal break. Russia did not acquire or translate a large polemical literature about Islam because it did not need it. Judaism was a part of the history of Christian origins and the history of salvation, it had to be explained and refuted even in the absence of real Jews. Islam, in contrast, was merely the religion of neighboring peoples who were at various times a political threat, but provided no theological challenge for Orthodox churchmen. They had no need to understand the horrible evil it allegedly presented because they felt no need to wipe it out, either by forced conversion, massacre, or expulsion. Russia was not yet the West.

Nor was Russia Byzantium. Byzantium was a much more sophisticated society than Medieval Rus', and not surprisingly its churchmen felt the need to write about

---

65 Much of the difficulty that the clergy experienced in its efforts at deepening the faith of the people seems to have come from the character of the parish network, under the control of local notables and communities, not the church hierarchy, until well into the seventeenth century: P. S. Stefanovich, *Prikhod i prikhodskoe dukhovenstvo v Rossii v XVI-XVII vekah* (Moscow, 2002). See also Robert O. Crummey, "Ecclesiastical Elites and Popular Belief and Practice in Seventeenth-century Russia," in *Religion and the Early Modern State: Views from China, Russia, and the West*, ed. James D. Tracy and Marguerite Ragnow (Cambridge, 2004), 52-79.

Islam, though most of their writings come before about 900 AD. No further writings appear (in contrast to the West) until the fourteenth century, and it is curious that the main writers were two emperors, not clerics. For John and Manuel, the threat from the Islamic Turks was incomparably greater than anything Russia faced from the Horde's successor states, and they needed to rally their elites, and if necessary arm them with spiritual weapons to remain faithful to the church in defeat. For the two emperors, the issue was not accommodation with Muslim subjects but accommodation to more powerful Muslim neighbors and possible future overlords. Their need to know sprang from a different situation than that of the early Byzantine polemicists. There was no question of compulsory conversion or expulsion of Muslims, even if Orthodox tradition had mandated such solutions.

Russian texts about Islam did not inspire Russian policy toward Muslim neighbors or subjects, but they fitted that policy very well. They helped Russians to define what Orthodoxy was, but did not go into significant detail about Islam, and when they did, much of the detail was wrong. Accuracy did not really matter. For the more theologically inclined, Maksim, Riccoldo, and Haliatovs'kyi explained the crucial points, that Muslims did not accept Christ as the son of God and that Mohammed was not a true prophet. For the less intellectual, lurid accounts of disgusting customs and negative epithets were enough. On the practical level, texts such as the *Kazanskaia istoriia* give hints of much more accurate knowledge of Muslim institutions, but those institutions and not beliefs were what officials and ordinary people dealt with in daily life. For a policy of practical accommodation, keeping Muslims in a subordinate position but allowing them to practice their faith and serve the tsar, the slim body of anti-islamic literature available in Russia was perfectly adequate. The literature served the policy, if unintentionally. When the anonymous Russian translator found that Riccoldo recommended forced conversion of stubborn Muslims, he omitted the passage from his translation. As Russian culture changed in the seventeenth century so as to spark an interest in understanding Islamic beliefs, new translations from Latin and Polish appeared to feed that new interest, but they were not enough. The solution that came in Peter's time was to read the Koran translated from French.

Религиозный фактор в русской внешней политике XVI века: Ксенофобия, толерантность или прагматизм?[1]

Александр Филюшкин

Постановка проблемы:

При изучении факторов, влиявших на формирование принципов внешней политики Российского государства в XV-XVII вв., ученые вполне обоснованно на одно из первых мест выдвигают религиозный фактор. Это обусловлено, во-первых, той определяющей ролью, которую в средневековье играло христианство в формировании картины пространства. Именно с его помощью происходило деление мира на *своих* и *чужих*, выделения *чужих* как носителей всего антихристианского[2]. Данный аспект самым непосредственным образом должен был влиять на выработку внешнеполитического курса.

Во-вторых, с середины XV в., с Флорентийской унии (1439), оформления православной автокефалии (1448) и гибели Константинополя (1453) особое значение имела конфессиональная уникальность ортодоксального православного христианства. Она задавала и для самой России, и для окружающих стран совершенно особые представления о мире и месте в этом мире Русского государства.

Историки обращали большое внимание на религиозную риторику, сопровождавшую крупные внешнеполитические акции России XVI века, будь то Казанское взятие 1552 года[3], Полоцкий поход 1563 года[4] или идеологическая

1 Работа выполнена при поддержке Федерального агентства по образованию Российской Федерации, Мероприятие 1 аналитической ведомственной целевой программы «Развитие научного потенциала высшей школы (2006-2008 годы)», тематический план научно-исследовательской работы Санкт-Петербургского государственного университета, тема 7.1.08 "Исследование закономерностей генезиса, эволюции, дискурсивных и политических практик в полинациональных общностях".
2 *Ле Гофф Ж.* Цивилизация средневекового Запада. М., 1992. С. 142-143.
3 *Плюханова М.* Сюжеты и символы Московского царства. М., 1995. С. 177-202, 264; *Keenan E. L.* Muscovy and Kazan: Some Introductory Remarks on the Patterns of Steppe Diplomacy // Slavic Review. Vol. 26. 1967. C. 548-558; *Pelensky J.* Muscovite imperial Claims to the Kazan Khanate // Ibid. C. 559-576; *Pritsak O.* Moscow, the Golden Horde, and the Kazan Khanate from a Polycultural Point of View // Ibid. C. 577-583; *Shevchenko I.* Moscow's Conquest of Kazan: two views reconciled // Ibid. C. 541-547; *Pelensky J.* Russia and Kazan. Conquest and Imperial Ideology (1438-1560s). Mouton, 1974. C. 65-138; *Kämpfer F.* Die Eroberung von Kazan 1552 als Gegenstand der zeitgenössischen russischen Historiographie // Forschungen zur osteuropäischen Geschichte. Bd. 14. 1969. C. 7-161.

политика в отношении Ливонской войны[5]. A priori считалось, что именно православная идеология формировала русскую внешнеполитическую доктрину. Одно из первых развернутых обоснований данного тезиса содержится в работе Г. Ф. Карпова, который писал: «Иван Васильевич прямо высказывал, что вся сила, на которую он опирается в борьбе с Литовско-Польским государством, это то, что он Государь Русский и при том православный»[6].

Тезисы о борьбе за православную веру, за восстановление единства православных земель как главных идеях русской внешнеполитической идеологии в позднее средневековье и раннее новое время присутствуют во многих работах. При этом они нередко вульгаризируются, когда роль религиозного фактора сводится к обеспечению функции идеологического обслуживания. Православие некоторым авторам представляется как некая идеологическая оболочка, в которую московские правители, ничтоже сумняшеся, «заворачивали» свои внешнеполитические проекты.

Как пример подобных изысканий можно назвать недавнюю книгу А. Л. Хорошкевич, в которой можно обнаружить весьма странные пассажи. Историк считает, что в ходе Полоцкого похода 1563 г. Иван Грозный совершил ряд религиозно-идеологических реформ. В частности, по ее мнению, «Богородица из символа милости превратилась в "непоборимую воеводу". Это был новый этап трансформации богородичного культа в Москве, вполне соответствовавший политическому моменту»[7]. Это утверждение основано на недоразумении — достаточно вспомнить «Повесть о Темир-Аксаке» с содержащейся в ней легенде о победе образа Богородицы над Тимуром-Тамерланом во время его нашествия на Русь в 1395 году, созданную по меньшей мере за полтора века до взятия Полоцка Иваном Грозным.

Подобный некорректный подход к изучению роли и места религиозного фактора в формировании внешней политики Московского государства, как правило, обусловлен тем, что автор исходит не из источников, а из собственных априорных (и часто умозрительных) представлений о том, что такое религия и как именно она должна влиять на внешнюю политику. Отсюда и возникает весьма живучая в историографии идея, что «православный царь» непременно должен был воевать за объединение всех православных земель. Ни Иван III, ни Василий III, ни Иван IV никогда не провозглашали подобных лозунгов,

---

4 *Bogatyrev S.* Battle for Divine Wisdom. The Rhetoric of Ivan IV's Campaign against Polotsk // The Military and Society in Russia, 1450-1917. Leiden, Boston, Köln, 2002. C. 325-345.

5 *Frötschner R.* Der Livländische Krieg (1558-1582/83) — ein Glaubenskrieg des Moskauer Zartums? Der Krieg im Spiegel der zeitgenössischen offiziellen Historiographie // Der Krieg im Mittelalter und in der Frühen Neuzeit: Gründe, Begründungen, Bilder, Bräuche, Recht. Wiesbaden, 1999. C. 373-394.

6 *Карпов Г. Ф.* История борьбы Московского государства с польско-литовским. 1462-1508 гг. М., 1867. C. 150.

7 *Хорошкевич А. Л.* Россия в системе международных отношений в середине XVI века. М., 2003. C. 336.

их им приписали поздние историки. Но тезис о создании экспансионистского «Московского православного Царства» величиной со всю Восточную Европу как главной цели русской внешней политики продолжает кочевать из статьи в статью, из книги в книгу.

Между тем, для понимания роли и значения религиозного фактора в формировании основ российской внешней политики надо найти ответ на ряд вопросов:

1) какова была связь церкви (и прежде всего — канцелярии митрополита) с дипломатическим ведомством?

2) в каких формах проявлялось влияние религиозного фактора на внешнеполитическую деятельность: посольском языке, ритуалах, церемониалах, символике, каких-то акциях?

3) в какой мере конфессиональный фактор обуславливал характер общения и принципы политики в отношениях со странами — носителями других конфессий? Как, к примеру, сочеталась обязательная в клерикальных кругах антилатинская и антимусульманская риторика с необходимостью иметь с этими странами контакты и даже — дружить, заключать союзные договоры и т. д.?

Идея:

В настоящей статье я попытаюсь доказать, что религиозные идеологемы были востребованы и играли значительную роль в мотивации внешнеполитических акций, адресованной прежде внутрь страны, своим собственным подданным. Этот набор мотивационных лозунгов и установок содержал элементы как ксенофобного, так и толерантного отношения к другим конфессиям (ксенофобного — в аспекте утверждения торжества православия над всеми другими религиями, и толерантного в плане веротерпимости к покоренному населению).

Зато в сфере дипломатии мы наблюдаем откровенный и даже где-то циничный прагматизм. Московская посольская служба имела немало системных недостатков, но к ним никак нельзя отнести чрезмерную зависимость от православной идеологии. Русские дипломаты в совершенстве владели умением риторической спекуляции на религиозные темы, но в сфере практической политики руководствовались прежде всего принципами верноподданности и целесообразности, но отнюдь не верности религиозным идеалам.

Церковные институты и внешняя политика России в XVI веке.

Несмотря на наличие (пусть и в своеобразной форме) теократической составляющей в облике Московского царства, институционально церковное ведомство в дипломатическую деятельность вмешивалось мало. Практически неизвестна его деятельность на восточном направлении, в сношениях с мусульманскими странами и народами[8]. Церковь не вмешивалась и в идеологические споры с «латинянами», происходившими в посольском контексте — диспуты с Яном Рокитой и Антонио Поссевино вел Иван Грозный, но не церковные иерархи.

Несколько иначе обстояло дело в отношениях с Великим княжеством Литовским. Брестская уния 1596 года была еще впереди, и тождество православной конфессии значительной части населения ВКЛ и Московии будило у дипломатов разнообразные надежды. Речь здесь, конечно, не о об известном историографическом мифе, будто бы православное население великого княжества в силу только одного религиозного единства поддерживало Московию — в работах последних лет убедительно показана небесспорность этого положения[9].

Но в XVI и литовская, и московская посольские службы активно искали возможности воздействия, налаживания диалога с контрагентом вне центральных властных структур. Это было, очевидно, связано с тем, что мнения шляхты и Короны, бояр и царя не всегда совпадали. Конечно, остается открытым вопрос, сколько было ритуальности, риторики и лукавства в высказываниях бояр и панов рады, что они просят государей «о мире и тишине, чтобы кровь христианская не лилася»[10], а сколько действительно имевшей место апелляции к христианским ценностям и поиска диалога между аристократией враждующих стран.

Но, так или иначе, ведомство митрополита оказалось вовлеченным в этот диалог. Известно несколько эпизодов, когда митрополиту посылались специальные послания от панов рады, а митрополичий дьяк ездил с ответными посланиями в Литву. Например, в 1555 г. для продления перемирия литовская сторона попыталась апеллировать к идее единства православного мира во имя спасения христианства от «бусурманских рук»[11]. Посол Юрий Тишкевич на аудиенции у митрополита Макария 1 февраля,

---

8 Митрополит рассматривался татарской дипломатией только как лицо, подтверждающее присягу царя на тех или иных международных договорах — ср. Отчет А.Ф. Нагого, январь 1564 г. // Российский государственный архив древних актов (РГАДА), ф.123, оп.1, д.10, л.299, 300-301, 306 об., 313, 314-315; Отчет о приеме крымского посла Ашибаша, февраль 1564 г. // РГАДА, ф.123, оп.1, д.10, л.369 об. – 370.

9 *Кром М. М.* Меж Русью и Литвой. Западнорусские земли в системе русско-литовских отношений конца XV – первой трети XVI века. М., 1995. С. 7-26, 101-118, 171-198.

10 Стереотипный взгляд на великокняжеского советника, что он «по определению» должен просить правителя о мире и заступаться за единоверцев, хорошо раскрыт в работе С. Богатырева — *Bogatyrev S.* The Sovereign and His Counsellors. Ritualised Consultations in Muscovite Political Culture, 1350s – 1570s. Helsinki, 2000. С. 38-77.

11 Посольство до князя великого Московского кн. Ст.А. Збаражского, писаря Яна Шимковича и др. 1555 г. // Книга посольская метрики Великого княжества Литовского, содержащая в себе дипломатические сношения Литвы в государствование короля Сигизмунда Августа (с 1545 по 1572 год) / Изд. М. Оболенским и И. Даниловичем. М., 1843 (КПМ-I).

«…приступясь к митрополиту, говорил митрополиту от себя тайно, что он закона греческого и видит то, что меж государей гнев ся движет, и о том велми скорбит, что меж государей нелюбовье, и нечто рать взочнется, ино многие крови христьянские прольются, а по рубежом живут на обе стороны христиане греческаго закона, и христиане все о том скорбят, что время ближает к розлитию крови христьянские, и митрополит бы с бояры государя наводил на то и били ему челом, чтоб с государем их королем похотел миру»[12].

Митрополит отказался вмешиваться в дела светской власти, заявив, что политические вопросы — не его дело, он «богомолец». Но сигнал, что деликатные вопросы можно улаживать через высших духовных особ, был в Москве услышан и усвоен. Именно митрополичий посол Савлук Турпеев в том же 1555 г. ездил в Литву пытаться уладить столь остро стоящий вопрос о признании царского титула Ивана Грозного. Правда, попытка митрополичьего посла а апеллировать к договору Василия III с императором Максимилианом, где употреблялся царский титул, и к турецким грамотам, где признавался и царский титул Ивана IV, не произвела на Литву ни малейшего впечатления. Эти аргументы были признаны недействительными: Василий III умер, а султан вовсе нехристианский государь и авторитетом в данном вопросе быть не может[13].

Во время второго польского бескоролевья в 1575 г. Иван Грозный пытался уладить спорные вопросы о условиях его вступления на престол Речи Посполитой также в переговорах с духовенством (известный проект гнезненского архиепископа Якуба Уханьского)[14].

Единственное направление внешней политики, где роль высших церковных институтов несомненна и очевидна — это отношения с Православным Востоком. Причем Россия стремилась позиционировать себя перед другими православными патриархиями как единственная в мире защитница православия. Эта риторика находила горячий отклик, но трудно сказать — насколько это была риторика, рассчитанная на соответствующую аудиторию, а насколько — проекция реальных принципов внешней политики.

Например, в Никоновской летописи после описания победной кампании в Ливонии в 1558 г. помещена грамота Александрийского патриарха Иоакима (от 20 октября 1556 г.), который просит у русского царя «милостыни», «похваляя государя и содеянное им и утверждая на благочестие и на храбрость подвизая». Иоаким писал, что «слышахом твое храбрьство», «и будет свыше по-

---

№ 77. С. 117-118.

12 Материалы приема посольства Ю. Тишкевича, февраль 1555 г. // Сборник Русского Исторического общества (Сб. РИО). Т. 59. С. 461.

13 Отчет митрополичьего посланника Савлука Турпеева, 1555 г. // Сб. РИО. Т. 59. С. 482.

14 Грамоты Якуба Уханьского, переданные Ивану Грозному с послом Федором Елчаниновым, июль1575 г. // РГАДА, ф.79, оп.1, д.10, л. 14 об-17 об.

мощь и крепость от Бога и одоление на враги и на супостат... и супротивные силы побеждаемы будуть и возмятутся и да умалятся»[15]. В высшей степени льстивая риторика послания понятна, о причинах этого пишет и сам патриарх, озабоченный вопросом, как «яви нам Бог в нынешних временах наших новаго кормителя». Иван IV, во-первых, назван продолжателем славных деяний своих предков, Ивана III и Василия III. Во-вторых, его деяния сравниваются с подвигами Константина Великого и Моисея.

В ответном послании Грозный объявил главной целью своего правления: «и сохранено будет царство наше ото всякого зла, христианский же род повсюду да избавлен будет от томителства иноплемянных Агарян и возвысится рог православных и на первобытное пространьствие и тишину да обратится». Здесь примечателен локус «первобытного пространства» — русский царь выдвигает лозунг восстановления территориальных владений православных государств, в котором трудно не увидеть намек на реанимацию Восточной Римской империи[16]. Среди синайских священнослужителей эти слова, несомненно, могли найти самый горячий отклик, хотя их вряд ли можно расценивать как призыв к политическому возрождению Византии и уж тем более к конкретным дипломатическим или военным акциям. Речь идет о виртуальном «всемирном» православном царстве, рефлексии теории «длящегося Рима» от II к III Риму.

Таким образом, несмотря на всю важность «деликатных» миссий, возлагаемых (нередко безуспешно) на церковных иерархов, нельзя говорить о значительной роли церковных институтов в реализации внешнеполитического курса. Зато была другая внешнеполитическая сфера, где роль и иерархов, и институтов, и ритуалов была высока. Это — война, точнее, ее мобилизационные, пропагандистские и мотивационные аспекты.

К средневековью восходила традиция пасторских посланий от высших церковных иерархов к великому князю и его воинству. В этих грамотах содержалось благословение «на брань», провиденциалистское объяснение происходящего, христианская мотивация военной акции. От XVI века известно несколько таких посланий (митрополитов Макария на Казанское взятие 1552 г. и Пимена на Полоцкое взятие 1563 г., комплекс грамот новгородского архиепископа Феодосия в годы Казанской войны 1545-1552 гг. и т. д.)[17].

Наиболее интересен и показателен здесь комплекс грамот, исходивших от митрополита Макария на завершающем этапе Казанской войны, в 1551-1552 годах. Митрополит помещал войну с татарами в контекст мировой истории, проводя высокие аналогии:

---

15 Полное собрание русских летописей (ПСРЛ). Т. 13. М., 1965. С. 307.

16 ПСРЛ. Т. 13. С. 309-311.

17 Подробнее см.: *Филюшкин А. И.* Грамоты новгородского архиепископа Феодосия, посвященные «Казанскому взятию» // Герменевтика древнерусской литературы. М., 2000. Сб. 10. С. 327-346.

«... яко да послет ти Господь свыше, на помощь вашу, скораго своего Архистратига Михаила, предстателя и воеводу святых небесных сил, бывшаго древле помошника и заступника Аврааму на Ходоллогомора царя Содомского, имяше бо с собою вой тиста тысящ, Авраам же с тремя сты и осмьюнадесять своих домочадец, Божиею силою и помощию великаго архангела Михаила, победи их. И Иисусу Наввину бысть помошник той же архистратиг Михаил, егда обступаше Ерихон град, в немъже бяше седмь царей Ханаанских, и повелением Божиим, от архангела Михаила стены градские падоша сами до основания. Также пособник бысть и Гедеону на Мадиямы, их же бе тысяща тысящ, Гедеон же бе с треми сты своих вой... Такоже и при благочестивом царе Иезекеи обстояше Иеросалим град Сенахирим царь Ассирийский с вои своими, и укоряше Бога Израилева, и помолился Иезекей к Богу, и посла Господь Бог Архангела Михаила, и во едину нощь уби от полка Асирийска 185 тысящ вой Асирийских»[18].

Молитвы за царя Ивана IV, согласно посланию Макария, возносят: Иоанн Предтеча, апостолы Петр и Павел, Иоанн Богослов, и 12 и 70 апостолов, Св. Никола, Василий Великий, Григорий Богослов, Иоанн Златоуст, Петр, Алексей, Иона и Леонтий Чудотворцы, Георгий, Дмитрий, Андрей и Федор Стратилаты, равноапостольный кн. Владимир и его дети Борис и Глеб, Чудотворцы Сергий, Варлам, Кирилл, Пафнутий, Св. кн. Александр Невский[19].

Пастырские благословляющие послания «на брань» были, если можно так выразиться, элитарной, верхушечной формой участия церкви в реализации внешнеполитического курса. В качестве более массовых, публичных акций выступали церковные ритуалы. Так, первые месяцы Ливонской войны были отмечены торжественными молебнами в церквях, службами на взятие ливонских городов (Нарвы, Сыренска и др.). Тем самым война вводилась в уже известный по казанской кампании контекст царских богоугодных дел, государевых мер по распространению православной веры по земле. Покорение Ливонии воображалось как высокая миссия и одновременно свидетельство Божественного покровительства над Русью — Бог поручает ей все новые и новые земли! Для населения России семиотика этого процесса проявлялась как раз через специальные храмовые службы «по случаю», возведение новых церквей в честь Святых, в день праздников которых был взят тот или иной город.

Несостоявшийся майский поход 1562 г. Ивана IV на Литву был также обставлен очень торжественно. 3 мая царевич Федор уехал молиться к Николе Заразскому — небесному покровителю в битвах с иноплеменными. 21 мая сам царь пешим вышел во главе процессии, в которой были Александр Казанский

---

18 Послание митрополита Макария Ивану IV об укреплении на брань с казанцами, 13 июля 1552 г. // Акты исторические. Т. 1. № 160. СПб., 1841. С. 291-292.

19 Там же. С. 292.

(явная семиотика покорения ханства!), бояре и дети боярские, которые выступали в поход. Шествие двинулось к арбатской церкви Бориса и Глеба — Святых заступников великокняжеской фамилии. После обедни прямо у церкви Грозный сел на аргамака (воплощение известной формулы «сесть на конь», символизирующей вступление в войну) и «пошел на свое дело»[20].

Правда, до дела не дошло: простояв все лето в Можайске, 13 сентября Грозный вернулся в Москву, причем возвращение происходило в обратной последовательности: на Арбате у церкви Бориса и Глеба царя встретил «с кресты» митрополит Макарий, и уже оттуда Иван IV с детьми, Иваном и Федором, и с крестным ходом шел в Москву[21].

Изображение в летописи поведения царя перед Полоцким походом 1563 г. демонстрирует стремление Ивана IV зарифмовать взятие Полоцка с главными событиями русского государственного строительства, придать кампании судьбоносный для Руси характер. Он совершает молебны в Успенском соборе, где венчался на царство; кремлевском и Чудовском Архангельских соборах, освященных в честь ангела-воителя, покровителя русского войска; в церкви митрополита Алексия, одного из основателей Московской державы. Царь поклоняется иконе Владимирской Божьей матери (спасшей Русскую землю от нашествия Тамерлана); прародителям — князьям-Калитичам, построившим Московское государство; чудотворцам-митрополитам Петру и Ионе, помогавшим в этом Калитичам. После этого крестный ход во главе с государем отправился на Арбат, к церкви Бориса и Глеба, причем впереди несли образ Богоматери, бывший с Дмитрием Донским на Куликовом поле, когда он победил «безбожного Мамая»[22]. Историческая аллюзия здесь была более чем прозрачной: ведь литовцы были союзниками Мамая и просто не успели к нему на помощь в 1380 г.

Эту икону Божьей матери, «непобедимую воеводу» царь взял с собой в поход вместе с другими святынями: Колоцкой иконой Богородицы и крестом Ефросиньи Полоцкой[23]. Причем Иван IV изображен выполняющим особую мис-

---

20 ПСРЛ. Т. 13. М., 1965. С. 341.

21 ПСРЛ. Т. 13. С. 344.

22 ПСРЛ. Т. 13. С. 346.

23 Крест был сделан в 1161 г. мастером Лазарем Богшей по заказу княгини Евросиньи. Его шестиконечная форма символизировала шесть дней творения мира. Крест был украшен драгоценными камнями и металлами. Изображения Иисуса Христа, Богородицы, Иоанна Предтечи, Архангелов Михаила и Гавриила, четырех евангелистов, апостолов Петра и Павла, святой Ефросинии и других святых угодников были выполнены на пластинах перегородчатой эмали. Особую ценность реликвии придавали частицы святых мощей, размещенных в Кресте. На лицевой стороне — Кровь Христа в верхнем перекрестье, «Древо Животворящее» в нижнем перекрестье. На обратной стороне — камень от Гроба Пресвятой Богородицы в верхнем перекрестье, частица Гроба Господня в нижнем перекрестье. В Крест вложена также кровь святого Дмитрия, частицы мощей святого великомученика и целителя Пантелеймона и иных угодников Божиих. Эти святые реликвии были доставлены в Полоцк специальной экспедицией, которую направила в Византию Ефросинья. В 1941 г. крест был утрачен во время фашистской оккупации. В 1997 г. соз-

сию возвращения в Полоцк креста и вместе с ним святости. Здесь использован дискурс «потери святыни», за который Бог неизбежно карает виноватых: на кресте была надпись: «да не износит его ис тое церкви никтоже, егда же кто его из церкви изнесет, да примет с тем суд в день судный». Святыню забрали завоеватели – смоляне, «суд» над которыми свершился в 1514 г., крест в Москву забрал Василий III, и теперь обновленную реликвию взял с собой Иван IV, «имея надежду... на крестную силу победити враги своя»[24].

Прочтение символики данных ритуалов, сопровождавших крупные военные акции, важно для понимания, какой смысл вкладывали современники в них. Однако оно не дает ответа на вопрос, были ли данные церковные ритуалы только формой, в которую вовлекалось выражение данных смыслов (как наиболее подходящей для символического мира средневековья), или же дискурсы восстановления утраченного православного пространства, обретения потерянных святынь, Божьего суда над согрешившими странами и народами могли влиять на мотивацию агрессивной внешней политики? Чтобы ответить на данный вопрос, надо обратиться к мотивациям, которые нашли отражение в источниках.

Религиозная мотивация внешнеполитических акций.

В ходе завоеваний в XV-XVI вв. Российское государство обрело много новых земель[25]. По какой модели они присоединялись? В понимании государственного тела Москва изначально не видела особой разницы между землями с русским и не русским, православным и неправославным населением — формулы их присоединения были аналогичными. Примечательны формулы, в которых описывались признаки присоединения земель. Московские послы должны бы-

---

дана копия памятника, ныне хранящаяся в в храме Преображения Господнего в Полоцком Спасо-Ефросиньевском монастыре.

24 ПСРЛ. Т. 13. С. 347.

25 Ядро державы — земли вокруг Москвы — представляли из себя паттерн Московской державы. Присоединенные отдаленные земли, например, Новгородская, образовывали имперскую периферию. Наконец, со второй половины XV – XVI вв. начинает складываться лимитрофная зона — в состав владений Калитичи включаются земли с населением, которые отличается и конфессионально, и этнически. Около 1455-56 гг. учреждается Касимовское ханство, в котором Москва «выращивала» «своих татар». В 1472 г. Была присоединена Пермь, 1478 г. – вепсы, карелы, саамы, 1489 г. – Вятка, 1500 г. – Югорская земля (район Печоры –Урала, населенный хантами, манси, ненцами и самоедами). В 1487 г. в зависимость от России попала Казань. В ходе порубежных войн 1487-94, 1500-1503, 1512-14 гг. к Московии отошли некоторые земли Великого княжества Литовского (Вязьма, Смоленск, Северские города, Верховские земли и т.д.). При Иване Грозном этот процесс продолжился: после «Казанской войны» 1545-52 гг. автономия ханства была полностью ликвидирована. В 1554-56 гг. подчинена Астрахань. Уже в 1558 г., после первых успехов в Ливонской войне, власть русского царя распространилась на часть бывших городов Ордена.

ли говорить при иноземных дворах, что «эти государства нашему государю Бог поручил»[26]. Казань:

> «во всей государьской воле, церкви в городе и по уездом многие поставлены, и в городе и на посаде все русские люди живут, и многие земли пожаловал государь, раздавал княжатом и детем боярским помещиком в поместья, а ясачные люди приезжают в город в ясаки, а в городе не живут, а сее зимы были на государьской службе в литовской земле казанских людей одних с пятдесят тысяч опричь русских людей»[27].

Большие и средние казанские люди выведены на поместья в Московском, Новгородском и Псковском уездах. При этом новые татарские помещики «укреплены по крестьянскому закону»[28].

В обосновании захватов пограничных земель Великого княжества Литовского был востребован вотчинный дискурс: любая захваченная территория есть наша вотчина, благо, прошлое Восточной Европы столь запутано, что прецедент модно найти всегда (даже Астрахань — и ту в 1554 г. дипломаты Ивана IV объявили «древней Тмутараканью»).

Хотя иногда идеологи обращались и к религиозным обоснованиям. Наиболее абстрактным из них было объявление всех случившихся захватов земель произошедшими «по божьей воле» — «А иные многие земли Государю нашему Бог поручил, и нам те не все и сказати»[29]. Но встречались и более конкретизированные объяснения. Так, официальной мотивацией похода на Новгород 1471 г. была борьба с вероотступничеством — православные новгородцы хотят податься под власть короля-католика, надо не дать им погубить свои души![30] Покорение Казани в 1552 г. с точки зрения московских летописцев являлось карой за измену — после победы 1487 г. Россия считала назначение правителей ханства исключительно своей прерогативой[31]. Казанцы изменили, воспользовавшись малолетством Ивана IV, и поэтому справедливо наказаны госу-

---

26 Грамота А.Ф. Нагого и Ф.А. Писемского из Крыма к Ивану IV, 10 января 1566 г. // РГАДА, ф.123, оп.1, д.12, л.66; Наказная память послу в Турцию Л. Новосильцеву, ноябрь 1569 г. // РГАДА, ф.89, оп.1, д.2, л.20-21 об.

27 Сб. РИО. Т. 71. С. 344; Наказная память послу в Крым Е. Ржевскому, сентябрь 1563 г. // РГАДА, ф.123, оп.1, д.10, л. 277 об.

28 Наказная память Семену Бортеневу, июль 1565 г. // РГАДА, ф.123, оп.1, д.11, л.409; Грамота от имени Ивана IV русскому послу в Крым А.Ф. Нагому, март 1566 г. // РГАДА, ф.123, оп.1, д.12, л.177 об.

29 Наказ посольству в Данию А. М. Ромодановского, сентябрь 1562 г. // РГАДА, ф.53, оп.1, д.1, л.319 об.

30 ПСРЛ. Т. 8. М., 2001. С. 163; Т. 23. СПб., 1910. С. 159; Т. 27. М., Л., 1962. С. 130, 277, 351.

31 Наказная память гонцу в Турцию Т. Губину, июнь 1521 г. // РГАДА, ф.89, оп.1, д.1, л.170 об., 171 об.; Наказная память гонцу в Турцию А. Кузьминскому, март 1571 г. // РГАДА, ф.89, оп.1, д.2, л.163 об.-168.

даревой ратью. Мало того, живший в ханстве народ черемисов был объявлен потомками… беглой ростовской черни, бежавшей от крещения[32].

Декларирование себя борцами за «Божью правду», карающими изменников-грешников, требовало от правителей принципиального соответствия христианским заповедям. Происходила определенная риторическая сакрализация политики, рисование ее идеального облика: идеальный облик внешней политики:

> «А похочет король вперед то дело с государем нашим делати, и король бы послал к государю нашему своего посланника напоминати государя нашего к таковому делу, нечто будет Бог на крестьян призрит и того посланника счастьем государские сердца поворотятца к любви, Богу воля, по святой его человеколюбной милости, как произволит, так и учинит Он, Сотворитель, делает все на пользу, а враг наш и супостат диавол наводит человеком в мыслех рати и нестроенья, а без смотренья Божия ничего быти не может»[33].

При этом происходила сакрализация изображения власти и источников властвования прежде всего православного царя. Он возвеличивался, превозносился над всеми государями. Например, В грамоте митрополита Макария в Литву с гонцом Савлуком Турпеевым от августа 1555 г. говорится:

> «всемогущая превышняя сила Божиа не токмо на своих государьствах устроила его царя, но и на инших местах царскых, на Казани и на Азторхани прославила его царем, и противу всемогущей воли Божьей что постоит? Никтоже бо о себе приемлет честь, но званый от Бога, Бог возложит – кто сняти может? Бог прославит – кто уничижит? Бог возвеличит – кто умалит? Противен к Богу – кто обрящется? Не низу ли сходят и смеху подлежат противляющеися воли Божьей? Надеющеижеся на Господа възрят на враги своя, яко гора Сионя не подвижутся в веки»[34].

Приведем другой сходный по смыслу отрывок из грамоты Ивана IV Сигизмунду от октября 1556 г.:

> «А мы как есть государь кристьянский, положа упованье на всемогущаго Бога, держим извечную свою прародительскую честь и старину, почтен от Августа кесаря и до великого князя Рюрика, и от Рюрика до великого князя Владимера, керстившаго Русскую землю, и царьство Русское добре съдержавшаго, и от великого Владимира до царства великого Владимера Мономаха, высоко и достойнейшую от грек честь при-

---

32 ПСРЛ. Т. 19. Стб. 12.

33 Наказ послу в Литву Ф.И. Сукину, август 1560 г. // Сб. РИО. Т. 71. С. 6-7.

34 Грамота митрополита Макария в Литву с гонцом Савлуком Турпеевым, август 1555 г. // Сб. РИО. Т. 59. С. 476.

имшаго, и от Владимера Манамаха по коленству до мстителя неправдам деда нашего, великого князя Ивана, и до блаженные памяти отца нашего, великого государя Василья, заукосненным прародителствия землям обретателя, даж по се время и до нас. Мы же восхваляем произшедшую на нас милость от всемогущаго Господа Бога и Спаса нашего Иисуса Христа и по данней нам от Бога власти христьянства бережем и душу свою за них полагаем, сколко нам Бог помощи подаст, а чюжих пределов и чести не изыскиваем, и началники бранем не улагаемся, уповая на Бога, прародителей своих чести держимся и убавити ее никак не хотим, а началником неправды и преступником честнаго креста и съединителем к нашим неприятелем на кровь христьянскую, тем за их неправды против воздати хотим, сколко нам всемогий Бог помочи подаст, занеже Бог праведный судья преступником честнаго креста и зачинающим брани мститель и противник есть»[35].

Представители христианских стран — контрагентов России на переговорах — охотно подхватывали эту религиозную риторику, но дальше обращения к высокому авторитету Небесных сил дело не шло. Например, на переговорах в декабре 1563 г. в Москве литовские дипломаты должны были особенно упирать на христианскую риторику, что негоже христианским государям лить кровь единоверцев, а надо думать «што бы было ку всему доброму на высвобожденье народу хрестианъского з рук неверных»[36].

Однако московские бояре, не менее, чем паны, искушенные в апелляциях к церковным сюжетам, пересказали литовским послам исторический экскурс русско-литовских отношений, начиная с перемирия 1542 г. (возможно, и раньше, однако в посольской книге записи о начале переговоров утрачены). Пафос изложения определяли библейские цитаты:

«и чьи подданные про нас государей неподобная пишут и глаголют, и от сего на большую ярость воздвижут, якож рече апостол: предаст их Бог в неискусен ум творити неподобная, и понеже славою тщетно разгордевше, сего ради збысться пророческое слово: сынове Ефремли наляцающе и спеюще луки возвратишася в день брани, зане не сохраниша повеления Господня и в законе его не изволиша ходити. И сего ради многим древним землям разорение и пленение»[37].

Обращение к тексту Св. Писания для дискредитации противников широко практиковалось русской посольской службой. Например, 12 апреля 1562 г. Иван IV с литовским послом Корсаком отправил Сигизмунду грамоту, обильно наполненную цитатами из Св. Писания. Для осуждения многих проступков

35 Грамота Ивана IV Сигизмунду, октябрь 1556 г. // Сб. РИО. Т. 59. С. 537-538.

36 Сб. РИО. Т. 71. С. 196; Инструкции посольству Ю.А. Хоткевича см.: КПМ-I. № 164. С. 247; № 166. С. 249-251.

37 Сб. РИО. Т. 71. С. 198.

короля была найден соответствующая библейская сентенция. Так, попытка выступить посредником в переговорах между Россией и Швецией была прокомментирована следующим образом: «... буде и в том своей неправды не смотришь, да вопиет пророческое слово: «Обличю тя и представлю пред лицем неправды твоя. Разумейте же вси забывающии Бога, да некогда похитит и не будет избавляяй». Отказ Сигизмунда продлить перемирие, который привезло посольство В. Тишкевича, также был охарактеризован высказыванием пророка: «Возлюбил еси злобу паче благостыня и неправду неже глаголати правду», и умыылсом ненавидцов добра христьянского, хвалящихся в злобе твоей, якоже рече пророк: «Беззаконие весь день, неправду умысли язык твой». Тишкевич назван «бритвой изощренной злобы», а король «усты вмале являющагося во тишину христьяяном, сердцем же на христьян меч воздвизающа».

Послание завершалось гневным заявлением:

> «Всю есмя неправду в тебе достаточне осмотрили и противу твоей неисправедливой душевной хитрости положили есмя на всемогущаго Бога волю: Тот по твоей неправде воздаст тебе яве, занже уста твоя умножиша злобу и язые твой соплеташе мщения, и лук свой напрягл еси и уготовал сосуды смертными, сего ради всемогий Бог, праведный судиа, всех сотворитель, своими неложными усты рекл есть: «в ню же меру мерите, возмеритца вам, и им же судом судите, судят вам», и то свое праведное мерило утвержая рекл есть: «небо и земля мимо идет, словеса ж моя мимо не идут»[38].

Иван IV изображался в посольских документах как истинный христианский государь, борец с басурманами, постоянно «ищущий покоя христианского», защищающий правду и свято соблюдающий данные клятвы. Он слушает советников, своих бояр, которые его молят и бьют челом о покое между народами. Сигизмунд же в гораздо меньшей степени, с точки хрения московских бояр, соответствует идеалу христианского царя. Общий итог деятельности короля поведен цитатой: «Бог свыше зрит: которой ров брат наш копает православному христьянству, в тот сам впадает, якож рече пророк: ров изры и ископа, и впадеся в яму, юже содела, обратися болезнь его на главу его и наверху его неправда его снидет»[39]. В то время как Иван IV в войнах с Ливонией и Литвой выступает лишь орудием Божьей справедливости:

> «началником неправде преступником честнаго креста и съединителем к нашим неприятелем на кровь христьянскую, тем за их неправды против воздати хотим, сколко нам всемогий Бог помочи подаст, занеж Бог, праведный судья, преступником честнаго креста и зачинающим брани

---

38 Сб. РИО. Т. 71. С. 49, 60-63.
39 Сб. РИО. Т. 71. С. 213.

мститель и противник есть, якож рече пророк: «Бог мсти и Господь Бог мсти и не обинулся есть».[40]

Апелляция к Божьему суду звучала на переговорах довольно часто, причем каждая сторона именно себя считала правой. Например, в 1566 г. Сигизмунд писал по вопросу о русских землях в составе Великого княжества Литовского, чтобы Иван IV:

«…тех прежних дел не припоминал, занже отцы и деды наши и прадеды, на своих государствах будучи, государства свои управляли, и из их государств на обе стороны городы и волости переменялися по Божию изволению, и они промеж себя, будучи государи, которые дела меж них делалися, те ужь иминулися, а сами они на Божей суд отошли, ино живым мертвых судити пригоже ли, и какое то хрестьянство, што Божей суд восхищати».

В ответ В.М. Юрьев заявил, что Сигизмунд:

«…нашу из прародителей вотчину держит за собою, занже два жеребья в Литовской земле и до польские границы, и Подолье, то вся вотчина наша, и брат бы наш то з души предков своих свел, того бы нам поступился, штоб то на душе предков его не лежало»[41].

Таким образом, спор перешел в плоскость христианской этики, причем захват русских земель был объявлен грехом литовских правителей, который должны искупить их потомки!

Русские политика часто ощущали себя носителями Божьего суда, исполнителями высшей воли, от имени которой они восстанавливали справедливость. Во всяком случае, такая риторика часто встречалась на переговорах. Например, Бальтазар Рюссов так передал мотивацию нападения на Ливонию, исходившую от московских дипломатов:

«…так как вы ни во что не ставите божеские законы и всякую правду, и не смотря на крестное целование пренебрегли нашей милостью, то ради справедливости нашей мы намерены призвать на помощь всемогущего Бога и отплатить вам за ваши неправды и нарушение крестного целования, насколько нам поможет всемогущий Господь. А пролитая кровь будет пролита не ради нашей, но вашей неправды, знайте это! Поэтому теперь ради вашей неправды мы покажем вам нашу великую власть»[42].

---

40 Сб. РИО. Т. 71. С. 217.

41 Сб. РИО. Т. 71. С. 357.

42 *Рюссов Б.* Ливонская хроника // Сборник материалов и статей по истории Прибалтийского края. Т. 2. Рига, 1879. С. 354–355. Подобная мотивация нападения на соседние страны как кара за их измену взятым обязательствам (в основном даннических) была характерна не только для московских дипломатов. Например, в июне 1564 г. крымский гонец

Видимо, Рюссов передал заявления российских дипломатов довольно точно, потому что мотивация нападения на Ливонию, изложенная в русской летописи, звучит сходно. Орден должен ответить прежде всего за клятвопреступление: ливонцы «государю того не исправили всего, на чем крест целовали». Поведение ордена квалифицируется как «неправда», «крестное преступление». Таким образом, русский царь изображен как гарант «правды», сохранения на земле богоустановленного порядка, который должен следить за соблюдением клятв, принесенных на кресте. При этом Грозный выступает не только хранителем богоданных принципов, но и защитником конкретных православных объектов — например, разоренных ливонцами православных церквей. Он решил, «положа упование на Бога своего, самому искати на маистре и на всей Ливонской земле»[43].

В официальном русском летописании мотивация нападения России на Ливонию в 1558 г. весьма схожа с объяснением причин Казанского похода 1549 г.:[44]

Никоновская летопись, статья 7058 г. (1550)	**Никоновская летопись, статья 7066 г. (1558)**
Царь и великий князь Иван Василиевичь всея Русии не мога терпети от *клятвопреступников* Казанцов за многиа *их творимыа клятвы и неправды*… и *многыа церкви оскверниша* и в запустенье учиниша, благочестивая же его держава о сих скорбяше и не мога сего от них тръпети, от безбожнаго их *клятвопреступлениа*…	… царь и царевичи и воеводы послали к маистру грамоту, а писали к нему, что за их *несправление и крестное преступленье* и за *розорение церьквам крестьянскым* и государь царь православной послал на вас войну, и та кровь пролилася от вашего *неизсправлениа*…

Таким образом, можно говорить о шаблонном объяснении причин похода на Ливонию в 1558 г.: русский царь всегда воюет за правду, наказывает врагов, если они не соблюдают данных клятв и разоряют христианские святыни. Как и другим кампаниям того времени, летописец стремится придать этой войне богоугодный характер. Здесь автор хроники также руководствовался дискурсами эпохи — небогоугодных войн, согласно летописи, Россия в XVI в. вообще не вела.

Караш излагал аналогичную версию мотивации похода татар на Валахию как наказания за измену, выразившуюся в неплатеже дани и самовольстве — Отчет о приеме крымского гонца Караша, 20-27 июня 1564 г. // РГАДА, ф.123, оп.1, д.11, л.18 об.

43 ПСРЛ. Т. 13. С. 280, 287, 290.
44 ПСРЛ. Т. 13. С. 158, 290.

Литовскому посольству В. Тишкевича в марте 1559 г. было велено передать в Вильно следующее объяснение причин нападения на Ливонию:

> «А что есте нам говорили о Вифлянтех, и о том слово особное. Вифлянты извечные наши данщики, и святые Божии церкви разорили, и образом Божиим поругалися, и нам в наших данех не исправилися, и за то противу своих дел от нас наказанье и приняли, а вразумеют, будет к Богу исправитися, и своим челобитьем наш гнев утолити, и тогды попригожу свое жалованье на них учиним, исполняя пророческое слово: Господь гордым противитца, смиренным же благодать дает».

В этих словах причиной войны называется неплатеж дани и «непослушание», при исправлении которого боевые действия тут же прекратятся. Примечательно, что свое заявление дипломаты поместили в высокий контекст библейских цитат. Помимо вышеприведенной, они завершили свое выступление сентенцией:

> «А иные наши слова, поведанные вам послом в розговоре, писати нетребе, словом брату нашему известите, и выразумети от вас может, занеже и Христос Бог наш рече учеником своим: аще в коем дому не приимут вас, прах от ног ваших отрясете во свидетелство их. Инде же пророк рече: целихом Вавилона, и не исцеле, и несть ему откуды помощи»[45].

В послании Ивана IV к императору Священной Римской империи Фердинанду причины войны расположены несколько в другой последовательности (в пересказе этой грамоты Б. Рюссовым). Первой причиной объявлена «война за веру» — ливонцы «русские церкви обратили в оружейные склады и живодерни, иконы… сожгли и обесчестили». Второй — притеснения русским купцам в ливонских городах — недопуск их к складам, улицам и т.д. (морская торговля не упоминается). Третьей назван неплатеж дани. Иван IV неоднократно пытался урегулировать проблемы путем переговоров, но «сердце их, как фараоново, пребывало окаменелым». За это они должны быть наказаны «мечом и огнем, и это не его (царя) вина, а собственная вина ливонцев»[46].

Майский 1560 г. поход в Ливонию имеет уже следующую аргументацию: «за их многие неправды и за порушение крестианские веры и за позжение образов Божиих и святых всех и за всех их неисправленье перед государем и за то, что королю многие городки позакладывал и поздавал и сам х королю ездил и со всею землею прикладывался и против государевой рати помочь емлет и из заморья наймует»[47].

---

45 Сб. РИО. Т. 59. С. 580.
46 *Рюссов Б.* Ливонская хроника... С. 376-377.
47 ПСРЛ. Т. 13. С. 327.

Вмешательство в конфликт Литвы тоже трактуется русской стороной как клятвопреступление и нарушение Божественного порядка. В грамоте к Сигизмунду от апреля 1560 г. Иван IV писал, что король позабыл «свое с нами перемирье и крестное целованье». Но в этом виноват не Сигизмунд, а люди, «которые тебе брату нашему и всему твоему государству добра не хотят». Королю советовали прозреть: «Светилник бо телу есть око, аще око темно будет, все тело всуе шествует и в стремнинах разбиваетца и погибает»[48].

Эта аттестация литовцев как нехристей за их вмешательство в конфликт получила в ходе войны дальнейшее развитие. В январе 1569 года:

> «…князь Олександр да князь Иван Полубенские, пришедчи некрестьянским обычаем, через твое слово брата нашего и через нашу опасную грамоту на твои послы брата нашего, сослався с нашими изменники, безбожным обычаем в наш пригородок во псковской в Избореск с нашими изменниками вьехали и город Избореск на тебя брата нашего засели и вере крестьянской ругателство учинили».

Город был вскоре отбит русскими войсками, что вызвало возвышенную реакцию царя, отразившуюся в его обличительном послании к Сигизмунду от 24 февраля 1569 г.:

> «Трисолночное же Божество, ниже славимое, ниже разделяемо, яже вся свыше зря, и якоже речет апостол: никто же приемлет честь о себе, токмо названный от Бога, ему ж бо хощет, власть Бог дает, нам рабом своим поклонником истиннаго православия по своей милости и бояр наших и воевод к нам прямою службою, Избореск, якоже плен Сиона от Вавилона, возврати нам, в руки дал к древнему нашему достоянию ко Пскову во утвержение разумнаго Иерусалима, матери градом, во верный Сион со судбою бо спасется пленение его, и истрыютца нечестивии и благочестия воспроведание и иконного поклонения крепость, Божию благодатью сие совершись, потребляя вся коварства лукавая»[49].

Очень примечательна грамота И.Ф. Мстиславского и П.И. Шуйского с известием о падении Феллина, отправленная 29 августа в Ревель с предложением добровольной сдачи. В ней говорится, что русские воины чувствовали себя в Ливонии творящими Божий суд по «правде» своего государя:

---

48 Сб. РИО. Т. 59. С. 609-610.

49 Сб. РИО. Т. 71. С. 588-589. В феврале того же 1569 г. в грамоте крымскому хану Девлет-Гирею в ответ на угрозы нападения на Астрахань Иван Грозный писал: «А что еси брат наш писал высокие слова, ино то в Божих руках, Бог дает власть ему ж хощет, всякий победитель живет о Бозе, а не о своей силе» — РГАДА, ф.123, оп.1, д.13, л.208. Таким образом, в конце 1560-х гг. царь стойко ощущал себя единственно находящимся под Божьим покровительством в войнах с любыми врагами, будь то литовцы или татары.

«Божиею волею и его праведным судом и государя нашего царя и великого князя Ивана правдою пред ваши маистры, князи Ливонские земли
за их неисправление город Вильян взяли и маистра князя Вилема
Фюрстенберха и наряд весь. А заморских и посадцких людей по их челобитью из города выпустили со всем, опричь ратного оружья. И мы таких Божиих великих даров не таим, хвалу Богу воздаем, и вам ведомо
чиним. Доколе вам на себя гнев Божий наводити и государя нашего на
Ливонскую землю зиме и лете? Грады ваши многие поиманы, а иные ра-
зорены, люди многие побиты, и земля пуста учинена. И мы, как есть
крестьяне, уповая на Бога совет, добро и даем вам, ещо пишем к вам
приятельное слово, щадя и жалуя, чтоб досталных немецких людей непо-
винных с повенными кров не лилася, и конечного б себе разореня не
дождали, государю царю били челом и на его волю далися»[50].

Война трактуется как спасение ливонцев от греха:

«А что брат наш писал, что не годитца закон утверждати таковым поу-
чением, ино есть с милосердием поучение послушающим, а не послушающим поучение и с наказанием бывает, якоже рече апостол Июда,
брат Господень по плоти: «Овех бо милуйте разсуждающе, овех же
страхом спасайте от огня возхищающе, не от сего ж видимаго огня, но
от будущаго неугасимаго повеле апостол возхищати». Также много о
сем и при правеверующих царех быша еретиком наказание, и еще кто
праве верует святым вселенски седми собором, много о сем божествен-
ном писание найдет»[51].

Ливония в России расценивалась как страна, отступившая от христианства:
«А как та земля, Бога оставивши, христянство и праведный закон, и в безбож-
ность пришли, и то всем землям знатно» (видимо, здесь нашла свой отклик Ре-
формация)[52].

Особенно ярко данная позиция обоснована в «Степенной книге». Ливонцы,
по словам ее составителей, дошли до того, что «на церковь Христову восколе-
башася ко своему им разорению и епископию Юрьевъскую от истинного благочестия в Латыньское бископьство претвориша», разорили православные
церкви, попрали иконы, учинили гонения на христиан «паче древних иконо-
борець». Затем ливонские немцы истребили всех русских в своей земле, раз-

---

50 Грамота И.Ф. Мстиславского и П.И. Шуйского в Колывань (Ревель) от 29 августа 1560 г.
о взятии русской армией Феллина и с предложением сдаться. // Отдел Рукописей Российской государственной библиотеки (ОР РГБ), ф. 256 (Собр. Н.П. Румянцева), оп.1, № 44,
л.21.

51 Из речи В.М. Юрьева на русско-литовских переговорах в декабре 1563 г. // Сб. РИО. Т.
71. С. 229.

52 Из речи В.М. Юрьева на русско-литовских переговорах в декабре 1563 г. // Сб. РИО. Т.
71. С. 228.

громили их домах и уничтожили в городах русские кварталы («концы»). Купцов бесчестили, чинили им всякие препятствия, мешали торговле и т.д.

Благочестивый царь Иван IV «о сих жалости многи исполнился», и посылал неоднократно к немцам с увещеваниями исправиться, начать вновь платить дань, прекратить преследования христиан, «аще же неисправлени будут, то своим мечем претяше им». Ливонцы испугались, потому что прознали про судьбу не прислушавшихся к требованиям царя Казани и Астрахани. Они прислали послов, «милости и мира просяще и покаряющеся», и государь «моления их не презре». Он поставил условием сохранения мира платеж дани, восстановление православных церквей, безопасность русских в Ливонии. Однако немцы, «льстивно мировоние умысливше» и «злословесное коварство», вместо сбора дани стали готовиться «на брань».

Иван IV тогда послал на них рать, причем подчеркивается участие в ней «всей земли» — «со всех градов многие люди выбором», а также татары, черкасы. Дальше описываются победу русской армии, легко проходящей всю Ливонию и берущей один город за другим, разбивающей немцев в полевых сражениях. Это сопровождается чудесами, например, обретением православных образов на пепелище пожара в г. Нарве (Ругодиве), при этом русские воины, штурмовавшие Нарву, через р. Нарову переправлялись легко, «аки ангелом носимы». Ливонцы же постоянно лукавят, просят о милости («льстивые моления»), о переговорах, обещают исправиться, даже целуют крест на верность Ивану IV — и тут же лгут, нарушают клятвы, даже нападают — за что Бог их немедленно карает новыми победами русского оружия[53].

Исходя из вышеприведенных источников, выглядит сомнительной позиция Н. Ангерманна, считавшего одной из причин боярской оппозиционности Ливонской войне то, что она велась против «христиан». Исследователь некритически воспринял русские дипломатические заявления о нежелании «розлития христианской крови» и всерьез воспринял декларации о родстве христианских народов и государей. Он считал осуждение царя за нападение на братьев по вере одной из причин сопротивления московской знати своему государю, а главным идеологом такой позиции Ангерманн называет Сильвестра, «игравшего роль посредника в распространении западных культурных влияний», и частично «симпатизирующего Западу» князя А.М. Курбского[54].

Сходная точка зрения была подхвачена в недавних исследованиях А. Л. Хорошкевич. Она создала концепцию боярской оппозиции политике царя Ивана Грозного. В сфере внешней политики, по мнению Хорошкевич, миролюбивые бояре противостояли агрессивным устремлениям царя. Одним из главных «доказательств» этой гипотезы как раз является тезис о влиянии на русскую внешнюю политику христианской нравственности через попа Силь-

---

53 ПСРЛ. Т. 21. СПб., 1913. Вторая половина: Книга Степенная царского родословия. С. 655-662.

54 *Angermann N.* Studien zur Livlandpolitik Ivan Groznyjs. Marburg, 1972. С. 80-81, 86, 95.

вестра. В качестве аргумента Хорошкевич ссылается на запись в посольской книге о русско-литовских переговорах 1549 года, в которой говорится, что бояре согласились продлить перемирие с Литвой, не желая пролития «христианской крови». По ее мнению,

> «ни в предшествующих (XV – первая половина XVI в.), ни в последующих (вторая половина XVI – XVII в.) сообщениях посольских книг подобной аргументации внешнеполитической деятельности Боярской думы — нравственной, религиозной (а не прагматической) — не встречается»[55].

В том, что данное высказывание некорректно и не соответствует действительности, убеждают десятки примеров из посольских книг. Приведем слова от имени главного противника «христолюбивых бояр», Ивана Грозного, из грамоты от 21 ноября 1565 г., отправленной к Сигизмунду с предложением прислать больших послов для заключения мира или перемирия. Послание было густо насыщено христианской риторикой: царь по боярскому челобитию («били нам чолом и говорили и нам думали, штобы мы с тобою, братом нашим, похотели братъства и доброго пожитья и згоды»), готов пойти на мир во имя спасения и благополучия всех христиан,

> «…ино мы, как и сели есьмо от всемогущия Божия десницы в Тройцы певаемого Бога… как есть Господари правые хрестиянъские истинъною верою сияя, за все порученъную нам паству от Божия помоши строим и осмотрением своим оберегаем от всякия незгоды и разлитья крови хрестиянъское от всих стран, и к покою християнъскому приводим и трозлитья крови хрестиянъское умаляем»[56].

Высокая риторика активно использовалась не только Россией, но и ее соседями. В первом послании гетмана Г. Хоткевича юрьевскому наместнику боярину И. П. Федорову от 10 сентября 1562 г., жалуясь на нападение шведов, литовец писал: «… ино Бог милостивый исправедливость государя моего по малом часу тое ему отомстит и отдаст по достоянию его. Бог Господь гордым а на крово христьянское пролитье подвизающимся противит, а смиренным дает благодать» (как мы видим, даже наиболее часто используемые цитаты у русской и литовской сторон схожи). Федорова призывали к его набожности и склоняли быть миротворцем «по евангельскому словеси: «блажени миротворцы, яео тии сынове Божии нарекутца». Предлагалась новая концепция причин войны: в ней виноваты лихие люди, поссорившие государей. И вся надежда на истинных слуг Бога, которые наведут монархов на «добро»[57]. В послании А.

---

55 *Хорошкевич А. Л.* Россия в системе международных отношений… С. 76.

56 Грамота Ивана IV Сигизмунду от 21 ноября 1565 г. // Сб. РИО. Т. 71. С. 318-325; КПМ-I. № 167. С. 251-252.

57 Сб. РИО. Т. 71. С. 69-70.

Полубенского, адресованном тому же И. П. Федорову от 18 октября 1562 г. говорилось:

> «Господине Иван Петрович, здесь есмо дочасные люди и мирским царем служим и величеству их, а на вечные часы небесному царю, его бо зданье есть прах и пепел, многою гордынею не превозносимся, або тщеславием побежатися сегосветным украшением, а оскверненными руками окровавенными телесными такого ж крестьянина и Божью тварь убивши, тым себе величества и чти добываем»[58].

В ответном послании от имени И. П. Федорова этот высокий стиль был подхвачен, но с иной смысловой направленностью: боярин писал, что его государь, Иван IV, «скорбя о розлитии крови крестьянские о настоящих скорбех христианских на Бога суд полагая, по евангельскому словеси, еже не противитися злу, со смирением в терпении будучи ради христьянства»[59]. Это «непротивление злу» выражалось в готовности Грозного по челобитью бояр принять больших королевских послов для переговоров о мире, несмотря на «великие досады» и «нехристианское поведение» Сигизмунда. Таким образом, польский король сравнился с носителями того мирового зла, не противиться которому призывает Св. Писание.

В грамоте от 28 ноября 1563 г. от имени бояр И. Д. Бельского, В. М. Глинского, Д. Р. и В. М. Юрьевых позиция панов рады была охарактеризована с помощью обличительных аналогий из Св. писания:

> «Ино, панове, годитца каждому человеку памятовати суд Божей и смерть, и того ради, яко сесь свет преходной, подобает глаголати и писати правда, а неправдою правда не покрывати, занже Христово слово в евангелие, яко всяко слово празно, еже аще возглаголют человецы, воздадят о нем слово в день судный, от словес бо своих оправдишися и от словес своих осудишися, и не подобится реченному во евангелии: сии люди устами мя чтут, сердце же их далече отстоит от Мене».

Сигизмунд обвинялся в гордости, выражающейся в непризнании царского титула Ивана IV, сношениях с крымским ханом во вред христианству «вступление» в государеву вотчину Ливонию[60]. В летописи приводится следующая мотивация нападения на Сигизмунда в 1561 г.:

> «…за его многие неправды и неисправления, наипаче же горя сердцем о святых иконах и о святых храмах священых, иже безбожная Литва поклонение святых икон отвергъше, святые иконы пощепали и многая поругания святым иконам учинили, и церкви разорили и пожгли, и

---

58 Сб. РИО. Т. 71. С. 82.
59 Сб. РИО. Т. 71. С. 75.
60 Сб. РИО. Т. 71. С. 105-109, 112, 114.

крестьянскую веру и закон оставьше и поправше и Люторство восприя-
шя…а неправды же королевы и неисправление: в грамотах своих пишет
ко царю и великому князю со укорением непригожие многие слова, и
царское имя, что ему государю дал Бог… и король того имени сполна не
описует, да он же вступается во оборону за исконивечную цареву и великого князя вотчину Вифлянскую землю».

Последнее обстоятельство в глазах русских особенно дискредитировало
Сигизмунда, потому что Грозный карает в Ливонии отложившихся от него из-
менников, а польский правитель мешает свершению Божьей справедливости.
Король напал на Тарваст, сажает в ливонских городах своих людей, называет
Ливонию своею землею и наводит крымского хана на Русь[61].

По С. Богатыреву, обращение при взятии Полоцка к культу Св. Софии
обусловливало идеологические параллели между царским покорением литовского города и возрождением Иерусалима Христом силой креста[62]. Это наблю-
дение подтверждается материалами посольских книг. На переговорах с литов-
цами 11 декабря 1563 г. звучала мотивация нападения на Полоцк как блюдение
чистоты христианства:

«…повинности христианские стережем по преданию святых апостол и
святых вселенских святых отец седми соборов непорочно и чисто
сохраняем, а приказанья Божиаго и повинности христианские в той
земле [Полоцкой — А.Ф.] не стерегут, где Бога видети исповедуют, дел
же его отмещутца, мерсцы суще и на всяко дело благо не искусны, якож
Анний и абрий противи стася Моисею, тако и сии противятца истин-
не»[63].

Обращает на себя внимание изменение риторики в документах русско-
литовских отношений в начале 1560-х гг. И католический король, и православный царь активно призывали друг друга быть «подлинными христианскими
государями», причем это не связано с вопросами веры — ни тот, не другой не
выражают, по крайней мере в адресованных друг другу посланиях, ни малей-
ших сомнений, что его контрагент — христианин, а не «латин» или «схизма-
тик». В последней плоскости спор вообще не ведется. Речь идет об этике поведения подлинного христианского монарха. При этом задан высокий контекст,
в который помещаются современные события: они измеряются библейской ме-
рой, сравниваются с оценками пророков и деяниями героев древней и церковной истории. В меньшей мере этот пафос присутствует у Литвы, но в гораздо
большей — у русских дипломатов, причем он нарастает. Это — новое явление
для посольских сфер (ранее подобные случаи далеко не столь масштабны). И

---

61 ПСРЛ. Т. 13. С. 345–346.

62 *Bogatyrev S.* Battle for Divine Wisdom... С. 344–345.

63 Из речи А.Я. Щелкалова на русско-литовских переговорах в декабре 1563 г. // Сб. РИО.
Т. 71. С. 258.

данный процесс совпадает с формированием в российской мысли историко-идеологической концепции Святорусского царства, наиболее рельефно воплощенной в Степенной книге в начале 1560-х гг.

Формы влияния религиозного фактора на внешнеполитическую деятельность.
Как мы видим, во внешнеполитической сфере религиозный фактор проявлялся прежде всего в идеологических и пропагандистских лозунгах, в системе образов, в семантике риторики дипломатов, в благословляющих и сакрализирующих ритуалах. Но можно ли выделить более глубинные пласты влияния религиозного фактора, лежащие на уровне кодовых культурных систем? Можно, если обратиться к изучению категориального аппарата русской дипломатии в позднее средневековье и раннее новое время.

У посольских служб был собственный язык, центральное место в котором занимал комплекс категорий, в которых русские определяли принципы взаимоотношений в системе «свой — чужой». И эти категории были основаны как раз на христианской этике. Это категории любви, дружбы, братства и, соответственно, их антиподов — *нелюбья, недружбы* и т. д.

Иерархия этих категорий видна из объяснения, содержащегося в одном из посольских документов. На переговорах с посольством Девлет-Гирея в июне 1565 г. говорилось: если Иван IV будет лоялен к Крыму, торговать и платить поминки, то это «дружба». Но если он хочет «любви», то есть военного союза и совместных боевых действий против Литвы, то должен «поступиться» чем-то дорогим, в частности, вернуть Казань и Астрахань. Если же договоры будут сорваны, и страны окажутся в состоянии противостояния, то государи будут «соседями»[64].

Таким образом, высшей степенью отношений считалась *любовь*. Под ней понималось «на недругов стояти заодин». Данная формулировка позволяет сблизить происхождение данной категории с христианским: «Больши сея любви никтоже имать, да кто душу свою положит за други своя» (*Иоанн, 15: 13*). Формула союза также полностью совпадала с удельной: «стоять против наших недругов заодин», «кто будет тебе друг, то и нам друг, кто будет тебе недруг, то и нам недруг»[65]. Она усиливалась выражениями типа «наши мысли — твои мысли»[66].

Эта формула иной раз самым коварным образом подводила иностранных дипломатов, которые включали ее в договоры, исходя из соображений лояльности, попытки заговорить на дипломатическом языке московитов. Русские же

---

64 Грамота Девлет-Гирея Ивану IV от мая 1565 г. // РГАДА, ф.123, оп.1, д.11, л.315, 317 об.

65 Послание от имени Ивана IV Сулешу от ноября 1562 г. // РГАДА, ф.123, оп.1, д.10, л.9 об.; Наказ послу в Крым А.Ф. Нагому, март 1563 г. // РГАДА, ф.123, оп.1, д.10, л.82 об.; Из отчета посла в Крым А.Ф. Нагого, январь 1564 г. // РГАДА, ф.123, оп.1., д.10, л. 313-313 об. — Из отчета посольства в Англию Ф. Писемского 1582 г. // Сб. РИО. Т. 38. С. 46.

66 Грамота калги Мухаммед-Гирея Ивану IV, июль 1566 г. // РГАДА, ф.123, оп.1, д.12, л.262.

посольские деятели тут же предлагали составить поименный список недругов, включить в договорную грамоту и начать против них воевать. Подобные нетолерантные предложения повергали европейцев в совершеннейшую панику. Наслаждавшиеся зрелищем смятения в стане иностранцев русские бояре настойчиво вопрошали: «Куда же государь наш сядет на свой конь», если недругов не указать поименно? (напр., на русско-датских переговорах в Москве в июле 1562 г.)[67].

Удачный ответ удалось найти только английским дипломатам — королева Елизавета предложила в 1582 г. предложила послу Ивана Грозного Ф. Писемскому составить список врагов Русского государства, и «Англия сделает их всех вашими друзьями». Недругу надо давать шанс «исправдатца»[68]. Правда, в данном случае последнее слово осталось за Грозным: в октябре 1583 г. на переговорах с Е. Боусом царь потребовал: раз королева хочет сперва «обослаться с недругом», то пусть и «обошлется» со Стефаном Баторием и велит ему отдать русским Полоцк и Ливонию по р. Западную Двину. А не отдаст — пусть Англия посылает рать на Речь Посполитую! Ответ Боуса очень колоритен: «Мне с тем х королевне ехать нельзя, меня королевна дураком назовет»[69].

Очень патетически описал Иван IV свою «любовь» к английской королеве Елизавете в 1582 г., во время сватовства к Марии Гастингс и попытки заключения русско-английского союза, направленного против Стефана Батория:

> «У государя нашего у царя и великого князя со многими цари и короли ссылка, а ни х кому у государя нашего такие любви нет, как с тобою имеет братство и любовь, имеет тебя себе сестрою любителною, и любит не словом, всею душою в правду, а хочет быть с тобою в братцкой любви и в докончанье»[70].

«Любовь» предполагала совместные действия по отношению к третьей стране. Например, когда в 1559 г. Дания предложила России раздел территории Ливонии, то это было расценено русскими дипломатами как желание датских королей перейти из «приятельного союза» в «союзную любовь»[71].

Другим важным понятием, определяющим статус взаимоотношений держав, стала категория «братства». Впервые она встречается в проекте посажения Литвой на московский престол Ивана Андреевича Можайского 1448 г. — предполагалось, что он будет «братом молодшим» по отношению к польскому

---

67 Из речей А.Д. Басманова на переговорах июля 1562 г. // РГАДА, ф.53, оп.1, д.1, л.194 об., 202.

68 Из отчета посольства Ф. Писемского 1582 г. // Сб. РИО. Т. 38. С. 46.

69 Из материалов русско-английских переговоров в октябре 1583 г. // Сб. РИО. Т. 38. С. 93.

70 Из отчета русского посла в Англию Ф. Писемского, 1582 г. // Сб. РИО. Т. 38. С. 31.

71 Посольство датского посла Клауса Урне в марте-апреле 1559 г. // РГАДА, ф.53, оп.1, д.1, л.42-42 об.

королю Казимиру[72]. В соглашении Василия II с Казимиром 1449 г. польский король также назван «брате»[73].

В дипломатических документах выделяются следующие признаки братства: 1) общность политики («с нами один человек»); 2) свободные и равноправные дипломатические, торговые и военные контакты («люди межи нас ходят по нашей дружбе и братству»)[74]. Братья должны были уведомлять друг друга о военных победах (посылать гонца с вестью-сеунчем)[75]. Как и в предшествующий период, московские государи считали возможным «жаловать братством», причем претендовали на то, чтобы возводить в братство другие государства. Так, в 1487 г. Иван III брался наладить отношения между Крымом и Венгрией, при этом обещал хану: «если ты похочешь с ним (венгерским королем Матьяшем — А.Ф.) дружбы и братства, и ко мне откажи, и мы тобя учиним с ним в дружбе и братстве»[76]. При смене правителей на престолах соседних государств послам надлежало прежде всего «братство проведати»[77]. Термин «братство» мог выступать синонимом титула — «доехати до твоего братства»[78]. В международных отношениях с братством сближалась актуализировавшаяся новая категория «дружбы», которая включала в себя добрососедские дипломатические контакты, свободу торговли, а также военный союз («быть на недругов заодин»)[79].

Нам представляется, что в закреплении этой категории во внешнеполитической практике особую роль сыграли контакты с Крымом в начале XV в. Менгли-Гирею для победы над Большой Ордой очень нужен был союзник. На эту роль лучше всего подходил Иван III, как раз в 1470-е гг. вступивший в конфликт с Ахматом. Судя по сохранившимся посольским документам, инициатива возвышения московского правителя до «брата» ордынского хана исходила из Бахчисарая. В ответной грамоте, датируемой мартом 1474 г., Иван III писал:

---

72 духовные и договорные грамоты великих и удельных князей (ДДГ). С. 149. № 50

73 ДДГ. С. 160. № 53.

74 Послание Ивана III хану Менгли-Гирею, 1487 г. // Сб. РИО. Т. 41. С. 64; Наказная память гонцу в Турцию И.С. Морозову, апрель 1523 г. // РГАДА, ф.89, оп.1, д.1, л.239-239 об.

75 Грамота Сагиб-Гирея Ивану IV от декабря 1547 г. // РГАДА, ф.123, оп.1, д.9, л.57 об.; РГАДА, ф.123, оп.1; Грамота путивльского наместника Г. Мещервского Ивану IV с известием о приезде крымского посла Караша, 15 июня 1564 г. // РГАДА, ф.123, оп.1, д.11, л. 2 об.; Грамота Девлет-Гирея к Ивану IV, ноябрь 1566 г. // РГАДА, ф.123, оп.1, д.12, л.347 – 348 об.

76 Послание Ивана III хану Менгли-Гирею, 1487 г. // Сб. РИО. Т. 41. С. 64.

77 Грамота Ивана IV к калге Мухаммед-Гирею, июль 1577 г. // РГАДА, ф.123, оп.1, д.14, л.395.

78 Грамота турецкого султана Селима к Василию III, 1520 г. // РГАДА, ф.89, оп.1, д.1, л.134 об.

79 Материалы приема турецкого посольства Камала, май 1514 г. // РГАДА, ф.89, оп.1, д.1, л.24 об.

«...приказал еси ко мне... свое жалованье... жалуючи мене, братом собе и другом назвал еси... хочешь меня жаловати, в братстве и в дружбе и в любви держати, потому, как еси с королем в братстве, а другу другом быти, а недругу недругом быти... и ярлыком мя докончальным хочешь жаловати, а правду свою на том на всем хочешь пожаловати дати»[80].

С 1487 г., после попадания под протекторат России Казани, «братом» стал называться и казанский хан[81]. В XVI в. «братьями» русского царя считались турецкий султан, император Священной Римской империи[82], крымский хан и его старшие дети[83], испанский и английский короли.

Сложнее получалось с Речью Посполитой — если представители династии Ягеллонов безоговорочно считались «братьями» Рюриковичей, то признавать подобное равенство за Стефаном Баторием Иван IV сперва отказался наотрез, заявив, что между монархами «неровность в братстве»[84]. Правда, после начала в 1579 г. наступления Батория на Россию по мере продвижения польско-литовских войск вглубь русской территории позиция царя претерпевала изменения от полного отрицания братского статуса Стефана как неягеллона в 1576 г. до навязывания в 1580 г. русским монархом этого статуса польскому королю, несмотря на его гордый отказ!

Очень интересно выглядят рассуждения царя о братском статусе Стефана в послании к королю от 27 сентября 1580 г.: «А ты учинился на тех господаръствах внове, а мы тебе преж того не писывали, и нам то показалось к любви сходительно, что тебя велели есмя писати братом... и коли тебе потому так делать непотреба, и то на твоей воли. А мы к тобе братарство пишем по прежнему обычаю». Таким образом, Грозный утверждал, что братства достоин не сам Стефан, а его предки (которыми объявлены Ягеллоны). Поэтому Иван IV зовет его братом «по обычаю», и если Стефан видит здесь большую уступку — он ошибается, никакой уступки нет[85]. Польский король всеми перипетиями

---

80 Послание Ивана III хану Менгли-Гирею в марте 1474 г. // Сб. РИО. Т. 41. С. 1-2.

81 *Трепавлов В. В.* Россия и кочевые степи: Проблема восточных заимствований в российской государственности // Восток. № 2. 1994. С. 56; *Трепавлов В. В.* Восточные элементы российской государственности: К постановке проблемы // Россия и Восток: Проблемы взаимопонимания. М., 1993. С. 47.

82 Благодаря записи в имперской посольской книге нам известен механизм присвоения «братства» римскому цесарю: Рюриковичи были «по изначальству» «в приятельстве и любви с передними Римскими цари, которые Рим отдали папе, а сами царствовали в Византии». И до падения Константинополя Василий II «был с ними в братстве, и в приятельстве и в любви, и до своего зятя до Ивана Палеолога, римского царя». Император Священной Римской империи, таким образом, выступает братом московского государя как исторический приемник и ближайший сродник византийских принцепсов — Из материалов русского посольства в империю Ю. Траханиота 1489 г. // Памятники дипломатических сношений древней России с державами иностранными (ПДС). Т. I. Стб. 17.

83 Наказ гонцу в Крым Я. Змееву, март 1566 г. // РГАДА, ф.123, оп.1, д.12, л.132 об.

84 РГАДА, ф.79, оп.1, д.10, л.356 об., 392 об.

85 Грамота Ивана IV Стефану Баторию от 27 сентября 1580 г. // КПМ-II. № 57. С. 119.

с его «братским статусом» был страшно задет, и одним из условий заключения перемирия по итогам Ливонской войны было признание Стефана «в братстве» с Иваном IV[86].

Условия «принятия в братство» обсуждались на русско-датских переговорах 1562 г., и это позволяет еще больше прояснить значение данной категории. Датчане, которые в принципе и до того признавали царский титул Ивана Грозного, еще раз подчеркнули, что будут писать титул русского государя, как ему «требе», а за это короля Фредерика надо признать «приятелем или братом». Полемика А. Д. Басманова и послов демонстрирует важность категории братства на международной арене:

«По слове Божиим милосердием и Пречистые Богородицы нашему царскому величеству возвысил руку государя нашего не над одним государством, Орду Казанскую государю нашему Бог поручил, Азтороханское царство государю нашему Бог поручил, перед прежними его прародители Бог выше милость свою послал. И ваш бы государь государя нашего отписал так, как пишетца с цесарем римским, а пишет цесаря отцом. А наш государь с цесарем пишетца братом, и ваш бы государь потому ж имя государя нашего отписал, как пишетца с цесарем. И послы говорили, что государь их король пишетца с цесарем братом, и сказали у себя теи грамоты. И Олексей с товарищи о том говорили не однова, что нам известно, что король датцкой пишетца к цесарю сыном, а цесарь пишетца ему отец. И послы говорили, что государь их король датцкой пишет цесаря себе дядею»

После дебатов Иваном IV было предложено писать Фредерика «приятелем и суседом»[87]. В братстве было отказано — датский пишется братом шведскому, а шведский — не более, чем брат новгородских наместников московских государей[88]. В 1582 г. перед посольством Ф. Писемского Елизавета назвала Грозного «братом и племянником», что было сочтено страшным бесчестьем — ведь для царя королева «сестра любительная». Англичане быстро исправили ошибку, извинившись, что «не знали русского обычая»[89].

Важной статусной категорией во внешнеполитических делах также было «единачество» — под ним понималась одинаковость действий равных по статусу партнеров («вспоможение, единачество, советование «между государями»)[90]. Механизм обретения «единачества» хорошо показан на примере

---

86 РГАДА, ф.79, оп.1, д.12, л.53 об.

87 Из речей русских и датских дипломатов на переговорах в Москве 27 июля 1562 г. // РГАДА, ф.53, оп.1, д.1, лл.195 об-196 об., 201 об.

88 Наказа посольству А.М. Ромодановского в сентябре 1562 г. // РГАДА, ф.53, оп.1, д.1, л.318.

89 Из отчета посольства Ф. Писемского 1582 г. // Сб. РИО. Т. 38. С. 47, 49, 51.

90 Посольство датского посла Клауса Урне в марте-апреле 1559 г. // РГАДА, ф.53, оп.1, д.1, л.35 об.

русско-прусских переговоров 1517 г. Прусский магистр обратился с челобитьем, чтобы его пожаловали, «взяли в единачество». Василий III обсуждал, «пригоже ли маистра Пруского взяти к себе в единачество», с Боярской думой. Положительный ответ зависел от заключения военно-политического союза против польского короля и от облика государства магистра — например, кто его советники, «которым обычаем» он «дела делает». «Единачество» также предполагало взаимную военную помощь в обороне земель друг друга[91]. Приглашение в антитурецкую лигу в 1518 г. Василием III было квалифицировано как то, что «папа хочет его и всех людей Русские земли принятии в единачество и согласье римской церкви»[92]. На переговорах апреля 1559 г. с датскими послами «единачество» означало ненападение русских на земли, находящиеся в юрисдикции контрагента[93].

В качестве негативной кагории вводится понятие «небратства», синонимичное «недружбе»[94]. «Небратством» считались «непригоже» написанная грамота, «великая соромота» послам, угроза войны[95]. Можно встретить также категорию «непожитья», которая означала резкое ухудшение отношений из-за непримиримых противоречий (напр., в 1559 г. Грозный грозил «непожитьем» датскому королю, если тот не оставит свои претензии на Колывань и Феллин)[96].

Как мы видим, христианская этика в значительной мере повлияла на формирование культурных кодов, и прежде всего, ключевых категорий, определявших в глазах московских дипломатов иерархию и статусность отношений на международной арене. Перед нами наглядное подтверждение тезиса, что политическая культура средневековой Руси основывалась не на правовых, а на христианских этических категориях. Отсюда все попытки трактовать применительно к русскому средневековью ту сферу, которую мы привыкли в современной метасистеме именовать *политикой*, в политико-правовых категориях, должны быть крайне осторожными. Мы не можем обойтись без трактовки, истолкования данных терминов, поскольку их семантика гораздо более многозначна, чем в наше время. Но перед нами не просто лингвистическая замена одних вербальных обозначений правовых понятий на другие, а иная система отношений, которую современному человеку улавливать сложно.

Россия здесь развивалась в русле общеевропейских культурных тенденций: В. Эпп замечает, что *дружба* для человека средневековья расширяла его мир:

---

91 Сб. РИО. Т. 53. С. 11, 19-20.

92 Сб. РИО. Т. 53. С. 85.

93 Посольство датского посла Клауса Урне в марте-апреле 1559 г. // РГАДА, ф.53, оп.1, д.1, л.39 об.

94 См., например, грамоту Сагиб-Гирея Ивану IV, декабрь 1547 г. // РГАДА, ф.123, оп.1, д.9, л.57 об.

95 Послание Ивана IV Сагиб-Гирею от августа 1545 г. // РГАДА, ф.123, оп.1, д.9, л.5.

96 ПСРЛ. Т. 13. С. 318.

чем больше у нас друзей, чем шире наше влияние, больше наша вселенная[97]. В средневековье представления о *дружбе* как взаимной помощи и охране были взяты из Св. Писания, по В. Епп, особенно из Экклезиаста (*4: 9-12*), а также из библейских этических примеров (например, дружбы Христа и Лазаря)[98].

В. Епп приводит следующее определение *дружбы* как политической категории средневековой Европы: это «тесное соединение (обязательство) людей, которое было обозначен взаимно засвидетельствованной благосклонностью, доверием и длительным (прочным) дружеским участием. «Те, кто дружат», должны определенной политической группировке, члены которой в взаимном альянсе преследовали совместные политические цели», несли общие моральные обязанности[99]. Особо надо подчеркнуть роль категории *дружбы* в установлении «диалогового характера господства» и рифмовании социально-политических отношений с религиозными: любовь к Богу, категория *друга* в Св. Писании и т. д.[100]

Как решалась проблема отношения православия к другим конфессиям и религиям?

Возможно ли применительно к Московской Руси говорить о вышеупомянутом «диалоговом характере господства», или русская власть по отношению к другим народам выступала исключительно с тиранических и ксенофобных позиций? На наш взгляд, верным является первое положение, о «диалоговом характере господства». Во всяком случае, если брать религиозный аспект, то русской стороной всегда тщательно подчеркивалось уважение к конфессиям в присоединенных землях. Казань и Астрахань взяли «не для того, что мусульманского роду веру изводя, которые нам измены делали, над теми их неправды потому и сталось, а которые мусульмане нам правдою служат, и мы по их правде их жалуем великим жалованием, и от веры их не отводим»[101].

В грамотах к гнезненскому архиепископу Якубу Уханьскому, содержащих проекты элекционных писем Ивана Грозного к разным слоям общества Великого княжества Литовского (духовенству, «рыцарству», горожанам, 1575 г.) царь особо подчеркивал, что не собирается вмешиваться в религиозный вопрос в Литве в случае ее объединения с Московией: «У каждого своя вера»[102]. Этот принцип Иван IV соблюдал на практике: как показано Н. Ангреманном, за почти 20-летнее господство русских в Ливонии там не произошло массового

---

97 *Epp V.* Amicitia. Zur Geschichte personaler, sozialer, politischer und geistlicher Beziehungen im frühen Mittelalter. Stuttgart, 1999. С. 177-178.
98 Там же. С. 8.
99 Там же. С. 1, 176-177.
100 Там же. С. 5-6.
101 Грамота Ивана IV Девлет-Гирею, январь 1568 г. // РГАДА, ф.123, оп.1, д.13, л.94 об.
102 РГАДА, ф.79, оп.1, д.10, л.48-50 об.

обращения местного населения в православие, оно могло сохранять принадлежность и соблюдать обряды и католической, и протестантской церквей[103].

Посольские документы иногда являют просто поразительные примеры религиозной толерантности московской политической культуры. Например, в наказе послу в Крым дьяку Б.А. Щекину (октябрь 1562 г.), который должен был передать хану предложение Ивана IV начать большие переговоры о мире, говорилось, что русский царь желает мира с мусульманским правителем как… истинно христианский государь, не желая «розлития крови человеческой»[104].

В наказе А.Ф. Нагому (март 1563 г.), как и в наказах другим русским послам в Крым, им полагалось в первую очередь спрашивать хана о его здоровье, «как его Бог милует»[105]. Эта формула привычна для отношений между европейскими христианскими странами, но какой бог имеется в виду в разговоре с правителем мусульманского государства? Тем не менее, похоже, ни у русской, ни у татарской стороны никакого смущения апелляция к богу не вызывала, каждый понимал под этим своего бога, и все оказывались довольны.

С 1563 г. в русских грамотах, адресованных в Крым, появляется прескрипт, обращающий на себя внимание своей обтекаемой формулой: «Бога всеми владеющего милостью, великий государь, царь и великий князь Иван Васильевич всеа Русии тебе, Великие Орды великому царю, брату своему Девлет Кирею царю велел челом ударити»[106]. При этом каждая сторона имела в виду своего бога, и это никому не мешало.

В грамоте к Девлет-Гирею от февраля 1569 г. Иван IV подчеркивал, что «мусульманства не изводим… и которые мусульманы живут у нас в земле, те свою веру держат, нужи им в том нет»[107]. Султану Селиму в том же 1569 г. сообщалось, что из казанских татар государю служат, тех от веры не отводят, и им разрешают строить «молбища» и мечети в Казани, Астрахани, Касимове[108].

Причем подобную толерантность проявлял и мусульманский мир. Например, процитируем начало грамоты к Василию III от наместника Кафы, 1515 г.:

> «Величайшему в Божием заступление, счастиа погонителю, великостольному и многих государств наследнику, величеством… в государех именитому, земской великой чести с его светапророжением и нестоятель-

---

103 *Angermann N.* Studien zur Livlandpolitik… С. 68.
104 Наказная память Б.А. Щекину, октябрь 1562 г. // РГАДА, ф.123, оп.1, д.10, л.2-3.
105 Наказ послу в Крым А.Ф. Нагому, март 1563 г. // РГАДА, ф.123, оп.1, д.10, л.27; Наказ Е.Д. Ржевскому, сентябрь 1563 г. // РГАДА, ф.123, оп.1, д.10, л. 194 об.; Наказ Я. Змееву, март 1566 г. // РГАДА, ф.123, оп.1, д.12, л.132 об.
106 Наказ Е.Д. Ржевскому, сентябрь 1563 г. // РГАДА, ф.123, оп.1, д.10, л.188 об., 194; Грамота Ивана IV Девлет-Гирею от сентября 1563 г. // РГАДА, ф.123, оп.1, д.10, л.201 об.
107 Грамота Ивана IV Девлет-Гирею от февраля 1569 г. // РГАДА, ф.123, оп.1, д.13, л.203 об.
108 Наказ посольству Л. Новосильцева, ноябрь 1569 г. // РГАДА, ф.89, оп.1, д.2, л.21 – 21 об.

ным обложением овех ратуя инех подножия и вещным неудовством и столняя книжника скорописца предписанного складчика подражаоваству я в земском обхождении своим управлением И о сем Бога молим, и сего просим, дабы Господь Бог тебя хранил в здравии неподвижно до веком избранному радоватись…»[109]

Ср. грамоту турецкого султана Селима от 15 июля 1572 г.: «Во князех величайшему, и величествию ему подобному, и разумному, и в всех хрестьянских странах победителю, самодерьжцу и государьству, и земли Московьскому князю Ивану от нашего высокого порога и величествия…»[110]. В этой грамоте даже есть похвала Ивану IV, что он молится христианским святым.

Обращением к сакральной символике буквально пропитана грамота наместника Кафы, получена 21 июня 1521 г.: «Великого князя величеству, почали есмя Божиим именем, бога дающего милость, бога прощающего грех и иже подает радоватися и прочая добра ко благоугождению и к исправлению всяческих недостатков. И после Божия поминовения и порадования…»[111].

Число примеров подобной религиозной толерантности, даже в чем-то нарочитой, можно продолжить. В июне 1564 г. руководитель татарской дипломатической службой мусульманин Сулеш обратился к Ивану IV с грамотой, начинающейся с таких слов: «Всего христианства государю, государю нашему Ивану Васильевичу Сулейманша князь бьет челом, челобитье и слово мое то»[112]. «Братом многого христианства» в грамоте от 3 декабря 1570 г. называла Ивана IV Хансюер-царица[113].

Стоит подчеркнуть, что в русских источниках невозможно найти какое-то особое неприятие ислама — к нему относились как к чужеродному и потенциально враждебному явлению, но не в силу того, что это религия вековечных врагов татар, а просто потому, что также относились к любому иноверию — к «латинам», «люторам». Более обостренным (поскольку имело идеологическое обоснование в текстах Св. Писания) было восприятие «поганых» — язычников, причем «погаными» могли называть и уже вполне христианизировавшихся литовцев, и мусульман – татар, если они совершали деяния, в принципе атрибутируемые язычникам. Например, нападали на Святую Русь.

В данном контексте особой темой является участие России в переговорах по созданию антимусульманской лиги. Их история хорошо изучена[114], и нет

---

109 Грамота наместника Кафы Василию III, 1515 г. // РГАДА, ф.89, оп.1, д.1, л.73.
110 Грамота султана Селима к Ивану IV от 15 июля 1572 г. // РГАДА, ф.89, оп.1, д.2, л.224 об.
111 Грамота наместника Кафы к Василию III, 1521 г. // РГАДА, ф.89, оп.1, д.1, л.144.
112 Грамота Сулеша Ивану IV от июня 1565 г. // РГАДА, ф.123, оп.1, д.11, л.23 об.
113 РГАДА, ф.123. оп.1, д.13, л.319 об.
114 *Шмурло Е. Ф.* Россия и Италия: Сборник исторических материалов и исследований, касающихся отношений России с Италией. Т. 1. Вып. 1. СПб., 1907. С. 114; Т. 1. Вып. 2. СПб., 1911. С. 115-212; Т. 2. Вып. 1. СПб., 1908. С. 224; Т. 2. Вып. 2. СПб., 1913. С. 227-686.

нужды на ней останавливаться. Отношение России к идее антимусульманской лиги откровенно демонстрирует, что все идеалы единства христианского мира, противостояния мусульманству для Москвы отступали перед неприкрытым прагматизмом: разыграть антимусульманскую карту, пообещать вступление в католическую унию, и за счет этого добиться дипломатических уступок. Высшим успехом русской посольской службы здесь было использование в 1581-1582 гг. Ватикана и нунция Антонио Поссевино для сравнительно безболезненного выхода из Ливонской войны. Россия сумела добиться дипломатической помощи Запада против Речи Посполитой даже не обещаниями, и намеками на эти обещания.

В тоже время, спекуляция на антимусульманской риторике отнюдь не означала, что Россия испытывала симпатии к исламскому миру или ощущала свою историческую преемственность с мусульманской Золотой Ордой. Русской стороной обвинения в сходстве с поступками мусульман с негодованием отвергались: «А что брат наш прикладывает нас к мусульманом, ино может то брат наш разумети, где болши вера христианская цветет и славитца и где напротивку Богови и закону христьянскому и святым иконам деетца»[115]. «Мы же упование имеем на Бога жива, и всеоружным от Бога данным крестным знамением, побеждаем враги своя, а оберегаючи христианство»[116].

В грамоте от 28 ноября 1563 г. от имени бояр И. Д. Бельского, В. М. Глинского, Д. Р. и В. М. Юрьевых содержится целый манифест восхваления России как лидера борьбы с бусурманством: Казань и Астрахань покорены, «ногаи все на государя нашего уста смотрят», крымцы отваживаются только на мелкие набеги,

> «...от неверных ни откуды недруга нет, а который и недругом ся зовет, т он овец пять-шесть украдчи побежит, и они за ним гонextют, как за розбойником, и толко угонят, и они вешают... благодатию Божиею, великого государя нашего пасением, в его царстве от всех бесермен православное христьянство в покое пребывает, а нигде в его государстве не слышим от бесермен розлития кровем христианским, а где будет в ином государьстве крестианская кровь от бесермен розливаетца, ино то тот государь сам ведает, как будет свое государьство бережет» (последний обидный намек — на нападения татар на литовские украйны)[117].

Отношение к западному христианству было гораздо более нетерпимым, чем к мусульманству (что, впрочем, не мешало прагматизму в дипломатических отношениях). Выше уже говорилось, что в контактах с исламскими

---

115   Из речи В.М. Юрьева на русско-литовских переговорах в декабре 1563 г. // Сб. РИО. Т. 71. С. 228.

116   Из речи А.Д. Басманова на русско-литовских переговорах в декабре 1563 г. // Сб. РИО. Т. 71. С. 240.

117   Сб. РИО. Т. 71. С. 105-109, 112, 114.

странами тема религиозного противостояния тщательно избегалась, наоборот, стороны искали взаимоприемлемые формулы для обязательных по средневековому ритуалу *invocatio* в посольских грамотах.

С Западом же все было наоборот. *Invocatio* в адресованных в Европу грамотах было необычайно важным элементом декларации идеологии власти и понимания статуса царя на международной арене. Оно содержало формулу Божественного происхождения русской власти, объявляло высокие цели и задачи, стоящие перед российским монархом, и вместе с *intitulatio* определяло место государя в мире. По сути, это было разъяснение к титулу правителя России.

В отношениях с европейскими державами, членами «христианского мира», Россией использовалось *invocatio*, подчеркивающее православный характер и сущность власти московского государя. Его структура такого была следующей:

Элемент начального протокола	Вероятный источник
Бог наш Троица, Отец и сын и Святый дух, ныне и присно и в веки веком, аминь.	Возглас из литургического чина Св. Иоанна Златоуста.
Бе присно, есть и будет, ниже начинаем, ниже перестаем, *о Нем живем, и движемся, и есмы…*	*«О Нем бо живем и движемся и есмы»* — *Деян. 17: 28.* Цитата неоднократно использовалась в святоотеческих текстах: Слово Афанасия Великого на слова, Иоанн Дамаскин. Слово на славное Преображение Господа нашего Иисуса Христа, 30 Слово Григория Богослова «О Богословии четвертое, о Боге сыне второе» и т.д.
…им же царие царствуют и силнии пишут правду, сего властию и хотением и благоволением удержахом скипетры Российскаго царствиа…	«Мною *царие царствуют и силнии пишут правду*: Мною велможи величаются, и властители мною держат землю» — *Пр. 8: 15-16.*

С помощью данных цитат в *invocatio* русские правители декларировали на международной арене свою власть как происходящую непосредственно от Бога. Это давало им самоощущение, что они выступают носителями Воли Божьей, абсолютную убежденность в своей правоте. Данный дискурс, конечно, является универсальным для средневекового менталитета. Но далеко не все монархи постоянно размещали в *invocatio* пространные библейские цитаты. Перед нами, несомненно, определенная особенность именно московской политической культуры XVI в., связанная с дискурсом презентации государевой и царской власти перед миром.

Троичные прескрипты преобладали в русских грамотах в европейские страны до 1562 г. Они встречаются и позже, но реже. Зато с 1562 г. становится популярным новое, более семиотически насыщенное *invocatio*, присутствующее практически во всех международных грамотах Ивана IV до конца 1570-х – начала 1580-х гг. Оно несет в себе идею уже не только о боговдохновленности всех деяний государя, но о богоизбранности и мессианском пути православного царя. Она обоснована в *invocatio* с помощью пространной точной цитаты из Евангелия от Луки, ср.:

Invocatio	**Лк. 1: 76-79.**
Милосердия ради, милости Бога нашего в них же посети нас восток свыше, воеже направити ноги наша на путь мирен к Троицы славимаго Бога нашего милостию, мы, великий государь царь и великий князь Иван Васильевич всеа Русии…»	И ты, отроча, пророк Вышняго наречишися: предидеши бо пред лицеем Господним, уготовати пути Его, дати разум спасения людем Его, во оставление грех их: *Милосердия ради, милости Бога нашего, в нихже посетил нас восток свыше,* просвети во тме и сени смертней седящыя, *направити ноги наша на путь мирен.*

С этой позиции русский царь-мессия, носитель высшей правды и справедливости, ощущал свое величие и право судить «латинскую Европу». При этом иной раз православные идеологи договаривались до парадоксальных вещей: так, накануне Полоцкого взятия 1563 г. Россия в унисон католической Европе объявила себя борцом с распространением протестантизма.

В августе 1561 г. русская митрополия получила грамоту от константинопольского патриарха Иоасафа, направленную на обличение «люторской ереси»[118]. В ней указывалось место возникновения новой популяции еретиков: «в ваших странах в Малой Руси». Помещение грамоты в летопись нельзя считать вызванным только религиозными мотивами. Оно как бы подготавливало «антилюторскую» мотивацию похода на Полоцк: Иван IV выступил, поскольку литовцы *«Люторство восприяша… по своим похотем учинили себе и избрали Люторей и их прелесное учение приняли».* В Полоцке даже истинно верующие христиане вынуждены не держать дома икон из-за угрозы их поругания

---

118 ПСРЛ. Т. 13. С. 334-339.

лютеранам, «якоже ни в срацынской вере в турках, ни в бусурманских язы-
цех таково святым иконам поругание не обретается»[119].

Данная, новая для русской внешней политики мотивация похода на супо-
статов неоднократно отмечалась исследователями[120]. Европейские современники царя писали, что протестантов он ненавидит больше, чем турок[121]. Один
из первых историков ливонской войны Бреденбах писал, что на переговорах
1557 г. с послами дерптского епископа Иван IV упрекал католиков в отступле-
нии от веры и впадении в протестантизм, чем ливонцы «заслужили гнев
божий»[122]. В Литве, действительно, быстрыми темпами распространялись
кальвинизм и антитринитарное учение[123]. Объявив себя врагом протестантизма, Грозный невольно воплотил в жизнь давнюю мечту Ватикана, грезившего,
что претерпевший ущерб от Реформации католический мир восполнит свои
потери за счет расширения на восток. Правда, при этом предполагалось, что
Русь примет католичество, и русский царь (вернее, уже король — правитель
провинции Священной Римской империи) станет бороться с протестантами
как неофит новой, католической веры. Иван IV войну «люторам» объявил, но
при этом обошелся без перемены веры...

119 ПСРЛ. Т. 13. С. 345-346.
120 *Pelenski J.* Russia and Kazan... С. 116-117; *Александров Д. Н., Володихин Д. М.* Борьба за
     Полоцк между Литвой и Русью в XII-XVI вв. М., 1994. С. 90; *Bogatyrev S.* Battle for
     Divine Wisdom... С. 356-357.
121 *Kappeler A.* Ivan Grozny im Spiegel der ausländischen Druckschriften seiner Zeit. Ein Bei-
     trag zur Geschichte des westlichen Russlandbildes. Bern, Frankfurt/M., 1972. С. 169.
122 *Рюссов Б.* Ливонская хроника... С. 357.
123 *Tazbir J.* Die Hinrichtung des Calvinisten Franco de Franco in Wilna 1611 // Jahrbücher für
     Geschichte Osteuropas. Bd. 34. 1986. С. 35-47.

Muslim Iurts of Muscovy:
Religious Tolerance of the Steppe in the XV-XVI Centuries[1]

BULAT RAKHIMZYANOV

This article is dedicated to the study of a unique phenomenon – the mutual relations between the Muscovite state and Tatar ethnic foundations that existed on its territory during the XV-XVI centuries. Being a part and later a successor of a huge empire of the Golden Horde,[2] Muscovy adopted a number of its political and social institutes. One of the most striking examples in this respect is religious tolerance widespread at Steppe and borrowed by Muscovy.

Historians of Muscovy commonly portray the period of the XV-XVI cc. as a time of Russian disengagement and retrenchment, as Muscovite leaders fought to preserve their hard-won sovereignty in the face of continuous Tatar aggression. Such portrayals are accurate, but only to a certain extent. Throughout this period there were numerous Tatar raids into the Muscovite heartland, and Muscovite forces repeatedly joined the battles against Tatar armies throughout the region. However, the analysis of primary sources clearly demonstrates that in general the description mentioned above is unsatisfactory. The relations between these states were very pragmatic and forcedly-friendly; religious and national antagonism played no significant role in their diplomacy.[3] The examination of Tatars residing in Muscovy in the XV-XVI cc. reveals that in practice religious affiliation was not the sole factor that determined acceptance into Muscovite society. Muslim Tatars, represented at both elite and common levels, were not excluded from Muscovite society, but found positions in it and were treated in a manner similar to that of their Orthodox brethren.

---

1   This project is supported by the ACLS Short-Term Grant in the Humanities for the Academic Year 2007-08; I would also like to express my special thanks to the Fulbright Program for the excellent opportunity for the study of foreign scholarship on this subject at Harvard University during the academic year 2006-07.
2   I have used the term "Golden Horde" to refer to the Juchid polity centered at Sarai from the mid-thirteenth century to the early fifteenth. While the term itself has never been used by contemporaries, it is a well-established convention among modern historians, and thus I am using it here.
3   Edward L. Keenan, "Muscovy and Kazan': Some Introductory Remarks on the Patterns of Steppe Diplomacy," *Slavic Review* 24 (1967), 549.

Muscovy had been an integral part of the Steppe world, politically and economically, since its very origination. It still remained the same both in the XV and in the
XVI centuries. An illustrative example here is the policy of the Russian rulers who
enticed Turkic highest nobility from their native states into Muscovy.

The collapse of the Golden Horde resulted not only in its disintegration and the
formation of new independent states of its "most cultural" parts. One of the most
important consequences was the foundation of special vassal (or somewhat independent?) states within the territory of Russia. With the first immigration wave of
Turkic Muslim dynasts into Muscovy in the 1440s, a steady influx of Tatars began
that, by 1600, had led to the resettlement of over sixty male dynasts and many thousands of their military retainers and family members into the Muscovite heartland.
In several dozen cases, Tatar khans and sultans, beks, mirzas etc., along with their
retainers, resettled in the central lands of the grand prince, thereby establishing a
special form of relationship with the Muscovite ruler and his realm. Russian
princes granted special lands (somewhat of independent principalities; in Turkic
tradition – iurts) in the immediate territory of Russia to them. There were many iurts
of this kind on the territory of the XV-XVI century Muscovy: in the towns of Kasimov, Romanov, Kashira, Zvenigorod, Iur'ev-Polskii, Serpukhov, Khotun', Surozhik, Andreev etc.

Grand princely relations with émigré Tatar dynasts can be seen as one of the
most complex and politically significant ties formed among the Central Eurasian
elites of this period.[4] They had profound effects not only upon the domestic development in Muscovy, but also upon the evolution of the grand prince's status in the
powerful Steppe elite in the aftermath of Sarai's collapse. Russian princes recreated
the system, structure and model of the Golden Horde state. It united Middle and
Lower Volga areas, Northern Caucasus, Crimea, Urals, Khorezm, and a part of
Western Siberia. It was a vast union that embraced lands that were very different in
economic, social, cultural and ethnic regard. The image and example of this great
empire was the original beacon Moscow aspired to. Turkic population in Golden
Horde was united under common conditions; however Russian lands had a particular
status. They were a part of the Golden Horde too, but formed "a state within a state".
Grand princes of Moscow and Vladimir Vasiliy II and his son Ivan III intended the
same role of "a state within a state" for Muslim iurts.[5]

The ethnic composition of Muslim iurts was sometimes very heterogenious. For
instance, Finnish, Slavic and Turkish tribes lived within the Kasimov khanate.

---

4   Craig Kennedy, "The Juchids of Muscovy: a study of personal ties between émigré Tatar dyn-
    asts and the Muscovite grand princes in the fifteenth and sixteenth centuries" (PhD diss.,
    Harvard University, 1994), 4.

5   See, for example: B. R. Rakhimzyanov, "Administrativno-politicheskaya i etnosotsial'naya
    struktura Meshcherskogo iurta," in *Istoriya narodov Rossii v issledovaniyakh i dokumentakh*,
    ed. V. V. Trepavlov (Moscow, 2007), 2: 234-265.

Tatars were not the only inhabitants of Kasimov town. Russian population lived in
Kasimov too. Russians lived in a special area. Kasimov rulers were only tax collectors for Russian inhabitants; however for Tatars they were real feudal governors.[6]
Both Russian and Tatar populations were absolutely free in their religious confes-
sions. Kasimov khanate had mosques as well as churches. The Russian envoy to
Ottoman Empire I.P. Novosil'tsev, who was sent there in 1577, stated in his speech
addressed to the Turkish pasha:

> Vose u gosudaria nashego v ego gosudarstve Sainbulat-tsar, Kaibula-tsare-
> vich, Ibak-tsarevich i mnogie mirzy nagaiiskie, i za Sain-bulatom-tsarem
> gorod Kasimov i k nemu mnogie gorody, a za Kaibuloiu-tsarevichem gorod
> Iur'ev, a za Ibakom-tsarevichem mesto velikoe Surazhek, a za nagaiiskimi
> mirzami gorod Romanov, i v tekh gorodekh musul'manskie very liudi po
> svoemu obychaiu i mizgiti i kisheni derzhat, i gosudar' ikh nichem ot ikh
> very ne nudit i mol'bish' ikh ne rushit – vsiakoi inozemets v svoei vere
> zhivet.[7]

> There are Sainbulat-tsar, Kaibula-tsarevich, Ibak-tsarevich and many Nogai
> mirzas with our sovereign in our realm, and Sainbulat-tsar possesses Kasi-
> mov town and many other towns altogether, and Kaibula-tsarevich possesses
> the town of Iur'ev, and Ibak-tsarevich possesses the great place of Surazhek,
> and the Nogai mirzas possess the town of Romanov, and people of Muslim
> faith keep mosques according to their customs in those towns, and [our] sove-
> reign does not force them off from their faith and does not destroy their pray-
> ing houses – each foreigner lives according to his faith.

Sources did not fix any cross-national conflicts within the territory of Meshchera
during the XV-XVII centuries. One may suggest that the aspect of ethnic and religious tolerance that we can obviously observe by the example of Kasimov khanate
had been borrowed by Muscovy from Steppe. The empire of the Golden Horde differed from medieval European states and was remarkable for its religious tolerance
and complex multicultural composition.

This article differs from the previous investigations on the subject[8] in two basic
ways. First, it takes into purview not persons – Juchids and non-Juchids (for instance, Nogais) who resided at Muscovy, but rather the residence they found there –
i.e., so-called iurts. Second, instead of composing a history of Muslim iurts of Mus-

---

6 M. N. Tikhomirov, *Rossiia v XVI stoletii* (Moscow, 1962), 45-46.
7 *Puteshestviia russkikh poslov XVI-XVII vekov: stateiinye spiski*, ed. D. S. Likhachev (Mos-
   cow/Leningrad, 1954), 77.
8 See: V. V. Vel'iaminov-Zernov, *Issledovanie o Kasimovskikh tsariakh i tsarevichakh*, 4 vols.
   (St. Petersburg, 1863-1887); Kennedy, "The Juchids,"; S. B. Veselovskii, "Poslednie udely v
   Severo-Vostochnoi Rusi," *Istoricheskie zapiski* 22 (1947); R. G. Skrynnikov, "Oprichnina i
   poslednie udel'nye knyazheniya na Rusi," *Istoricheskie zapiski* 76 (1965) etc.

covy, it seeks to analyze their relationships with Muscovy by placing them in the
context of Steppe religious tolerance of the time. Thus, it is not an exhaustive history, but rather an analytical study.

Concerning the terminology, the Tatar texts of the investigated period used
various terms to refer to the assigned territories. One of them was "vilayat" ("territory, province"). A far more common term, one that was transmitted into Russian,
was "yurt" ("house"). Yet the third term was "orun" ("place"). The term "yurt" referred to a territory – either sovereign or subordinate – under the control of a member of the Steppe elite. The term was widely used in Russian documents. "Yurt"
could refer to both a sovereign realm as well as a distinct subdivision within that
realm. I interpret "Steppe" as Desht-i-Qipchaq – the Qipchaq Steppe, a part of East
European Steppe bounded roughly by Oskol and Tobol rivers, Steppe/forest line and
Caspian and Aral Seas.

The main primary sources used in the study are the so-called *posol'skie dela*, the
Russian records of diplomatic relations with Eastern states (the Crimean khanate,
Nogai Horde, Ottoman Empire). These are the only documentary sources. The many
hundreds of messages sent back and forth between Moscow and various locations in
the Steppe throughout this period contain frequent discussions of grand princely-
émigré Muslim elite ties, including those already acquired and those being cur-
rently negotiated. The comparison of these records with surviving Turkic originals
from Ottoman archives shows that Turkic syntax, vocabulary and even morphology
are perfectly preserved. When one reads these texts with the original Turkic patterns
in mind, these documents regain their original meaning. Consequently, the diplomatic sources are of paramount importance in this study.

By contrast, far less importance is attached to narrative sources, such as Russian
chronicles. While they include frequent mentions of grand princely-Muslim elite
relations, the purposes for which they were composed, as well as the composers
themselves, were very remotely connected with these relations. Where it is possible
to compare chronicle reports with related diplomatic documents, it becomes clear
that the former often distorted the events being conducted by means of the latter.
Therefore, while Russian narrative sources are helpful in establishing the occur-
rence of certain events, little credence is given to the interpretations of events and
relationships that they provide.

In methodological respect I have used a comparative approach to the history of
Muscovite-Tatar religious relations, suggested by Edward L. Keenan.[9] It is based
upon systems, or patterns, of phenomena arranged in such a manner that the logic of
the arrangements provides information concerning phenomena about which there is
no direct evidence (since the primary sources material, including archive material,
exists but is scant). Sometimes we call it the cultural anthropology of the Russian

---

9 See: Keenan, "Muscovy and Kazan'," 548-558; Edward L. Keenan, "Muscovy and Kazan',
    1445-1552: A study in steppe politics" (PhD diss., Harvard University, 1965).

Middle Ages. Thus, the method is aimed at pattern building – for the rigorous arrangement of this material in hierarchies and systems based upon primacy and the
cultural context, in the case of sources, and upon the comparative analysis in the
case of religious institutions and traditions.

* * *

By the second half of the fifteenth century, Sarai (by that time the "virtual" capital
of the Golden Horde) stood no more. The centrifugal forces long at work on the
integrity of the Golden Horde finally succeeded in rending it asunder, causing various branches of the Juchid line to gravitate towards a number of regional strong-
holds of the defunct Horde. The grand princes did not try to rid themselves of the
involvement with the Tatars by breaking off relations with the Juchid dynasty or
destroying Tatar forces whenever the opportunity presented itself. Quite the contrary, as the fifteenth century progressed, the Muscovites voluntarily took in a steady
stream of Muslim refugees cast up upon its shores, along with their numerous
Tatar followers. Instead of "liberating" themselves from the Tatar yoke, the grand
princes welcomed Tatars by the hundreds into the Muscovite heartland, and in doing
so became more intensely involved with the Steppe elite than their forebears had
ever been during the age of the Golden Horde.[10]

By the mid 1420s new figures were emerging as the prevailing powers in the
Steppe. One among these, Ulugh-Muhammad, was attempting to establish a long-
standing relationship with the new Muscovite Grand prince, Vasilii II, which would
lead to the first permanent resettlement of Juchids in Muscovite territory and begin
to redefine the relative positions of Juchids and grand princes in the system of
Steppe politics.

In 1445 the Kasimov khanate was founded as a result of an oral agreement between the exiled khan of the Golden Horde Ulugh-Muhammad and the Muscovite
Grand prince Vasilii II. In 1445-1446 the khan's sons sultans Kasim and Jakub carried out Ulugh-Muhammad's policy in the Muscovite Grand Principality. According
to this policy, Mesherskii Gorodok on the Oka River carried over to one of them,
namely Kasim. As a result the Kasimov khanate was founded. Its foundation was
not a voluntary measure of Muscovite rulers. It was founded basically as a consequence of the relations between Rus' and the Golden Horde in general.[11] A new sort
of arrangement took form between Vasilii II and Ulugh-Muhammad, whereby
Juchid kinsmen of the latter resettled in Muscovy for protracted sojourns. This ar-

---

10 Kennedy, "The Juchids," 23.
11 For details of this event, see: B. R. Rakhimzyanov, "Russkie knyazhestva i nasledniki Zolotoi
   Ordy v XV v.: Nachal'naya istoriya Kasimovskogo khanstva," in *Rossica antiqua: Issledo-
   vaniya i materialy*, ed. A. Iu. Dvornichenko (St. Petersburg, 2006), 360-386.

rangement between Vasilii II and Ulugh-Muhammad marks a milestone in Muscovite relations with the Steppe.

By the same arrangement, the Tatars were to receive rents (*obrok*) and customs
revenues (*poshlina*) from a certain part of the encumbered indigenous population
(*iasachnye liudi*). The terms of this arrangement were possibly recorded in a written
agreement. This document has not survived, but we have a notion of its contents due
to a later, related agreement.[12]

The surviving sources on Kasim's son's, Daniiar, relationship with Ivan III
do, albeit indirectly, provide us with one notable insight. Here I mean the treaty
of 1473 between Ivan and his brothers Boris and Andrei, where provisions
defining the political prerogatives of each brother were made. In one of the articles
concerning the relations with Daniiar, we find the following passage:

> A tsarevicha nam Dan'iara, ili khto po nem na tom meste inyi tsarevich', i
> tobe ego derzhati s nami s odnogo; a budet, brate, mne velikomu kniaziu i
> moemu synu velikomu kniaziu inogo tsarevicha otkole priniati v svoiu
> zemliu svoego delia dela i khrest'ianskogo dlia dela, i tebe i togo derzhati s
> nami s odnogo.[13]

> You and I will be united in our dealings with Daniiar Sultan, or any sultan
> who might rule in that territory after him. Further, my brother, if I, the grand
> prince, or my son, the grand prince, in the interest of our affairs and those of
> the Christendom, take into our land another sultan from somewhere, then
> you and I will be united in our dealings with him.[14]

What is clear from this passage is that by 1473 Ivan had been anticipating the
future arrival of more Juchids. The Muscovites had recognized that the arrivals of
Kasim and Daniiar were not isolated, or accidental, events. The Golden Horde "had
changed." In confronting these changes, the Muscovite authorities had clearly decided against the strategy of aggressive repulsion. They responded to the continual
storms in the Steppe otherwise – by offering their lands as a safe harbor.

Moscow's rulers would have surely recognized that émigré Juchids could provide valuable military assistance against their enemies, both domestic and foreign.
It might have been recognized as well that their presence in Muscovy coupled with

---

12 *Dukhovnye i dogovornye gramoty velikikh i udel'nykh kniazei XIV-XVI vv. (DDG)*, ed. L.V.
   Cherepnin (Moscow/Leningrad, 1950), #76; see also: *Sobranie gosudarstvennykh gramot i
   dogovorov, khraniashchikhsia v gosudarstvennoi kollegii inostrannykh del (SGGD)*, 5 vols.
   (Moscow, 1813-1894), 1 (1813), 279-283; Vel'iaminov-Zernov, *Issledovanie*, 1 (1863), 29-32.

13 *SGGD*, 1: 97; Vel'iaminov-Zernov, *Issledovanie*, 1: 81, n. 37. A similar clause was found in a
   treaty of 1481: *SGGD*, 1: 106; Vel'iaminov-Zernov, *Issledovanie*, 1: 87.

14 Some translations by Craig Kennedy.

their eligibility for succession to Steppe khanship could also enhance the grand prince's diplomatic posture in the regional politics.[15]

The first attested instance of this strategy of recruitment dates from 1471, when the Muscovite grand prince, Ivan III, was preparing to march on Novgorod. Ivan made special security arrangements to achieve effective control over Moscow during his absence. "In his own place," we are told, "he placed his son... Ivan Ivanovich, ...and with him he leaves his younger brother – prince Andrei Vasil'evich."[16]

Apparently not satisfied with these measures alone, Ivan sent an envoy out into the Steppe to find a certain Murtaza Sultan[17] and requested that he and his followers should come to Moscow and provide protection for the young Russian princes.[18] In effect, Ivan had called in a Juchid sultan and his Tatar retinue to protect Moscow and the heir to the throne – to guard the fort, so to speak – during his absence.

The alliance evolving between Murtaza and Ivan appears to have satisfied the both parties – since late in 1473, as the chronicles report, Murtaza came to Moscow once again, and he and Ivan agreed that the sultan and his followers would take up full-time residence in Muscovite territory. Their place of residence was to be the territories in and around Novyi Gorodok (on the Oka).[19]

Similarly, the sources do not indicate what Murtaza's immediate motivation for coming to Muscovy might have been. Perhaps he was hastened by hostile neighbors and found the relative security of Muscovy necessary for his personal survival. Then again, perhaps it was the promise of steady revenues from the grand prince and the attractiveness of the parklands around Novyi Gorodok that drew him in. In the end, we cannot say whether his choice was motivated by dire necessity or simple preference.

From the sources, it is clear that already in the 1470s Moscow was beginning to focus its recruitment efforts on Muslim dynasts (basically Juchids) whose were somehow imperiled by the rivals. Particularly intensive efforts were aimed at Juchids of the Gireiid line in the Crimea, where the political situation was especially parlous. By 1480 the Muscovite government had once and for all realized all the advantages of having the representatives of Chingisid dynasties on its service – as convenient puppets in its flexible political games. A deed directed by Ivan III to Crimean khan Mengli-Girey and dated 1480 can be considered as an evidence in favor of this interpretation.[20] The Russian ruler offered the Crimean khan an asylum

---

15 Kennedy, "The Juchids," 48.

16 "A... v svoe mesto posadil na Moskve syna svoego...velikago kniazia Ivana Ivanovicha...a u nego ostavil brata svoego menshago kniazia Ondreia Vasil'evicha." *Ioasafovskaia letopis'*, ed. A. A. Zimin (Moscow, 1957), 73.

17 Precisely who this Murtaza Sultan was remains something of a mystery.

18 *Ioasafovskaia letopis'*, 73.

19 *Polnoe sobranie russkikh letopisei (PSRL)* (St. Petersburg/Moscow, 1843-) 8: 178; *Ioasafovskaia letopis'*, 86; Vel'iaminov-Zernov, *Issledovanie*, 1: 82, n. 38.

20 *SGGD*, 5: 3.

in Muscovy in case that the latter had troubles in his motherland. In the final decades of the fifteenth century and the first three of the sixteenth, Muscovite authorities strove indefatigably to draw embattled and disaffected Gireiids into their territory.

But Moscow's recruitment efforts were not limited to the Gireiid line. Since the 1480s, Juchids of the Kazanian line had also begun to enter Muscovy under various circumstances. Early in the following century they were followed by Juchids from both Siberia and the Great Horde. This continual influx of Tatars into the Muscovite heartland was at once the result of and the contributing factor to Moscow's rapid development as a regional hegemon during this period.

What the grand prince was offering in the latter part of the fifteenth century was the pledge of asylum. He promised not to be hostile, but to provide safety and material support. What was no less important here was what he did not express explicitly. Nor were particulars given about the nature of the material support to be received. Nor was there any other discussion on the political position the Juchid could expect to hold in Muscovy: was he coming in order to be in service? or to rule? or neither?[21]

Over the next few decades, the grand prince began to perform functions that had traditionally been the prerogative of only the most senior political figures in the Steppe: the upbringing of young Juchids, the assignment of appanages called "iurts," and the investiture of khanships. As the Muscovite rulers insinuated themselves ever further into the political system of the Steppe elite, and appropriated ever more authority within that system, the lines of demarcation between Muscovy and the Steppe, physical, political and social, gradually faded away.

By the mid 1480s, Kazan' was in the grips of a succession struggle. It began as an primarily internal affair, with opposing factions backing two of the late Ibrahim Khan's (d. 1479) sons: Aligam (Ali-Ibrahim) and his half-brother Muhammad-Amin. However, this struggle did not remain internal for long. Sometime in 1485-86, the young pretender Muhammad-Amin fled from Kazan' and ended up at the grand prince's court in nearby Muscovy.[22]

At about the same time, Muhammad-Amin's mother, the Nogai princess Nur-Sultan, also quitted Kazan'. Her destination, however, was quite different. By the end of 1486 she had relocated to the Crimea, where she became the wife of Mengli-Girei.

By July 1487, Nur-Saltan's attention had turned towards her younger son, Abdyl-Letif, whom she had brought to Crimea as well. Soon after arriving in the Black

---

21 Kennedy, "The Juchids," 68.
22 For events of the 1480s, see: M. G. Khudiakov, *Ocherki po istorii Kazanskogo khanstva* (Kazan', 1923; 1990); Vel'iaminov-Zernov, *Issledovanie*, 1: 162 ff; N. M. Karamzin, *Istoriia gosudarstva Rossiiskogo* (St. Petersburg, 1842-1844; Moscow, 1988-89), 6: 114, n. 298; and Keenan, "Muscovy and Kazan', 1445-1552," 171 ff.

Sea peninsula, the Nogai princess realized that it was not the best environment for raising Abdyl-Letif.[23] His new step-father, Mengli-Girei, did perform certain paternal responsibilities towards the young sultan, but even the khan's protection could not safeguard Abdyl-Letif entirely from the intrigues that flourished in the Crimea.

In 1493 the princess released the young Juchid from the Crimea and he arrived in Moscow in January 1493 in the company of the Muscovite envoy Loban Kolychev. Upon the arrival he was granted the territory of Zvenigorod along with its attendant revenues.[24]

In the second quarter of the 15th century Zvenigorod had belonged to Prince Iurii Dmitr'evich, the uncle and rival of Grand Prince Vasilii II. Vasilii, having acquired the territory, gave it to his third son, Andrei in 1462. When Andrei died in 1493, the principality reverted to Grand Prince Ivan III, who brought in the practice of granting Zvenigorod, previously kept in the possession of the members of the royal family, to Tatars.[25] The first Tatar recipient, as we mentioned above, was Abdyl-Letif who held it for four years. In 1552, it was given to another Tatar Chingisid, Dervish-Ali.[26]

In 1502, the two brothers became the focus of attention in the Muscovite-Crimean relations again. The prelude to uneasy times ahead found expression in a laconic message from Moscow about recent events in Kazan':

> Prislal esi ko mne svoego syna Abdy-Letifa tsarevicha; i tebe vedomo, kak esmi ego zhaloval, da i na ottsa ego iurte ego emi posadil. I on kak na chem mne molvil i pravdu uchinil, v tom mne ni v chem ne ispravilsia. I iaz nyne tvoego zhe syna Magmet-Aminia tsaria na tom iurte posadil. To by tebe vedomo bylo.[27]

> You sent your son Abdyl-Letif Sultan to me. You know how I showed him favor and seated him in his father's iurt. But as for those pledges he had made to me and swore upon, he did not abide by any of them. So now I have seated your son Muhammad-Amin Khan in that iurt. Let that be known to you.

---

23 In a letter to her other son, Muhammad-Amin, she branded it an "evil" land ("sia zemlia likha"), *Russkoe istoricheskoe obshchestvo (RIO)*, 41: 109.

24 Vel'iaminov-Zernov, *Issledovanie*, 1: 180 n. 63; *Ioasafskaia letopis'*, 186. On the importance of Zvenigorod, see: M. N. Tikhomirov, *Rossiia v XVI stoletii* (Moscow, 1962), 123-124; Veselovskii, "Poslednie udely," 124.

25 J. Martin, "Multiethnicity in Muscovy: a Consideration of Christian and Muslim Tatars in the 1550s-1580s," *Journal of Early Modern History* 5,1 (2001), 10, n. 25.

26 See: J. Martin, "Muscovite Frontier Policy: The Case of the Khanate of Kasimov," *Russian History* 19 (1992), 171.

27 *RIO*, 41: 390.

Implied, but not stated, was that Ivan had also removed Abdyl-Letif from the Kazan' throne. The news on the young Juchid having been deposed by his erstwhile Muscovite protector caused alarm and consternation in the Crimea. Muscovite envoys who were about to return to the Crimea were instructed to reply to any inquires about Abdyl-Letif by stating simply that the grand prince was "holding" him in Muscovy ("derzhu u sebia").[28] This, of course, was a euphemism. In fact, the fallen khan had been placed in confinement ("niatstvo") at Beloozero.[29]

In 1504 or 1505 Abdyl-Letif was released from Beloozero and got the permission to come to Moscow.[30] Finally, late in 1508, Ivan III's successor, Vasilii III, agreed to pardon errant Abdyl-Letif. This involved appointing a certain Muscovite territory for Abdyl-Letif where he and his followers could settle.[31]

The ceremony and documentation surrounding the reconciliation between the grand prince and the deposed khan were very elaborate. A high-ranking delegation of Crimean envoys arrived in Moscow to negotiate the precise conditions of Abdyl-Letif's political rehabilitation. There were disagreements concerning the question on which territory Abdyl-Letif would receive, with the Crimeans plumping for the wealthy southern area of Kashira, while the Muscovite boyars insisted on a territory closer to the capital. The Crimea was also insisting now that Vasilii had to recognize Abdyl-Letif as his "friend and brother," whereas in 1504, while Ivan was still alive, they had been willing to settle the relations of "friend and son." In the event, the Moscow agreed to the "friend and brother" status, while the Crimean's begrudgingly conceded defeat regarding the issue of territory. Abdyl-Letif received Iur'ev-Polskii.

A special arrangement took form between Vasilii III and Abdyl-Letif, whereby the latter and his retinue resettled in Muscovy. This agreement was signed in December 1508.[32] I suppose that with some restrictions we can extend the terms of this particular agreement to most of the treaties between the Russian grand princes (later tsars) and Tatar residents in Russian lands. The terms of Abdyl-Letif's oath are of considerable interest, and give us the opportunity to trace the rough outline of the relationship between the Muscovite master and the Tatar vassal. First and foremost, Abdyl-Letif was obliged "to obey [Vasilii] in all things." (Here we find the first restriction of further extrapolation, because this condition was impossible as applied to the situation of 1445 with Kasimov, for instance). In addition, he was to live in the place provided for him, to wish the Grand Prince well in all things, and was "neither to wish, nor to think, nor to cause by deed or thought, any harm to the Grand Prince." He was not to correspond with anyone, in written or oral form, with-

---

28 *RIO*, 41: 461, 464.
29 *RIO*, 95: 42 (from December 1508).
30 *RIO*, 41: 540-541.
31 *RIO*, 95: 21-22.
32 *Zapiski Odesskago obshchestva istorii i drevnostei*, vol. 5 (Odessa, 1863), 399-401; *RIO*, 95: 49-51.

out the permission of the Grand Prince. If his brother, Muhammad-Emin, or any other Tatar khan, or anyone sent him a messenger, he was to report to Vasilii on this matter immediately. He was not to leave Iur'ev without permission, too.

In short, Abdyl-Letif was politically bounded by these terms, and in fact became a kind of political hostage, held in reserve until the day when Vasilii could make use of him on his own terms.

The specific extension to Abdyl-Letif's "ulans, princes and qazaqs" was made. Abdyl-Letif agreed to maintain friendly relations with Ianai in Meshcherskii Gorodok (Kasimov) and with Shig-Avliar in Surozhik, and with any other Tatar princes who might come to Muscovy, and promised neither to accept in his service any ulans, princes or qazaqs from the suites of such Tatar residents of Vasilii, nor to permit any of his own suite to be accepted into their service. A similar restriction regulated Abdyl-Letif's relations with Vasilii: neither of them could accept former vassals of the other into his own service, with the interesting exception that Vasilii retained the right to accept into his service members of the four ruling karachi clans of the post-Golden Horde states.[33]

What is particularly significant for our topic is that a special point dedicated to the religious tolerance has been added:

> A kto uchinit nad khrest'ianskim bogomol'stvom, nad Bozhieiu tserkovi'iu kakovo poruganie, ili nad khrest'ianstvom nad kem nibudi uchinit' kakovu silu, I mne za togo za likhago ne stoiati, po toi rote ego vydati, a kto ego nad tem nasil'stvom ub'et, v tom viny net, togo dlya mne roty ne slozhiti.

> And who [Abdyl-Letif's Muslim retinue – B.R.] abuses Christian clergy and God's Church, or outrages Christianity in some way, and I [Abdel-Letif] will not defend this evil man, and will deliver him up according to this treaty, and if he is killed during this abuse, there will be no guilt there, and this treaty will not be cancelled because of this [event].

Thus, an heir-in-residence had been established under Vasilii's control, ready for the day when the situation in Kazan' might require his activization. He was in debt to the Grand Prince for his "magnanimity," and was seated in an unimportant town on the terms that made him politically harmless.[34]

What is also important is that even though Ivan III had previously granted Kashira to Muhammad-Amin, Vasilii II implicitly asserted his right to grant Kashira to whomever he wished and not to turn it into the iurt of the Crimean Chingisid princes. Of course, keeping Abdyl-Letif farther away from the Crimea and Lithuania

---

33 "a vam ot menia liudei ne prinimati, oprich Shirinova rodu i Baarynova i Arginova i Kipchakova," *RIO,* 95, p. 51.

34 Keenan, "Muscovy and Kazan', 1445-1552," 227.

must have been another consideration in tucking Abdyl-Letif into the safe and distant corner northeast of Moscow.[35]

Though the accord was thorough and the parties pledging to uphold it were numerous and powerful, it did not last longer than four years. In the spring of 1512, in the atmosphere of growing diplomatic tensions, Crimean forces mounted a raid against Muscovy. This led to a final breakdown in the relations between Moscow and Bakhchesarai, one that had been long in the making.[36] The Muscovites accused Abdyl-Letif of being complicit in the affair, and he was once again placed in detention.[37]

By the autumn of 1517, Abdyl-Letif was sent to stay with Muhammad-Amin in Kazan'. The Kazanian khan had been in poor health of late, which had brought the issue of succession to the forefront. All of the major parties (Moscow, the Crimea and Muhammad-Amin's backers in Kazan') appeared to have favored bringing the heir apparent to the khanate while the reigning khan was still alive.[38] While the final arrangements were being worked out, Vasilii agreed to pardon Abdyl-Letif and resettle him back in Kashira.[39]

But Abdyl-Letif never returned to Kazan'. While he was waiting in Kashira for the final arrangements to be made, he suddenly took ill and died. In a message to his grieving mother, Vasilii explained that her son had died of an affliction sent by God as a punishment for his sins.[40] To convince the deceased man's Crimea relatives that there had been no human being involved in Abdyl-Letif's demise, Vasilii also sent along one of Nur-Sultan's men who had witnessed Abdyl-Letif's final days and could attest to the grand prince's version of events.[41] Muhammad-Amin would follow his younger brother to the grave a year later (December 1518).

If before the 1490s Juchids came to Muscovy in search of asylum, hoping for sharing their burdens and getting favors for their men, by the final decade of the century the Steppe Muslim elite had started to concern Moscow as the resource of more tangible, more specific benefits. Mentions were increasingly made – both in petitions

---

35 M. Khodarkovsky, "Taming the 'Wild Steppe': Muscovy's Southern Frontier, 1480-1600," *Russian History* 26 (1999), 258.

36 The broader political circumstances surrounding this breakdown Keenan, "Muscovy and Kazan', 1445-1552," passim, and A. F. Malinovski, "Istoricheskoe i diplomaticheskoe sobranie del proiskhodivshikh mezhdu Rossiiskimi velikimi kniaz'iami i byvshimi v Kryme Tatarskimi tsariami s 1462 po 1533," *Zapiski Odesskogo Obshchestva Istorii i Drevnostei* 5 (1863), passim.

37 *Ioasafskaia letopis'*, 160; A. A. Zimin, *Rossiia na poroge novogo vremeni* (Moscow, 1972), 200.

38 *RIO*, 95: 388-389, 406.

39 *RIO*, 95: 460; *Ioasafskaia letopis'*, 168.

40 *RIO*, 95: 488.

41 *RIO*, 95: 481-482; *Ioasafskaia letopis'*, 172.

originating in the Steppe and in invitations emanating from Moscow – of territorial grants to be made to Muslim dynasts upon their arrival in Muscovy.[42]

In the diplomatic sources, those resettlement territories were most often referred to using two terms: either "iurt" (Turkic "yurt"), or "mesto" (Turkic "orun"). These terms were customarily used to designate appanages held in the Steppe by the members of the Steppe elite: first and foremost, the Juchids. These appanages were traditionally assigned by the powerful members of the royal dynasty, or in exceptional circumstances, the powerful beks (princes) who held sway over the territory where the given appanage was located. In addition to connoting an appanage, the term "iurt" could also refer to a sovereign realm ruled over by a khan, as in the "Kazanian iurt", "Namoganskii iurt" (the Astrakhan' khanate).

By the first decades of the sixteenth century, Muscovy had come to be widely recognized among the Steppe elite as a source of appanage iurts and the grand prince was now seen as a person empowered to assign them. By mid-century, the grand prince had become quite accustomed to this role and quite scrupulous about the claimants upon the iurts. When, for example, a junior member of the Nogai aristocratic clan[43] wrote to Ivan IV asking him for one, the latter responded: "You know quite well yourself that even khans of certain iurts [have to] request brotherhood from us."[44]

Such territorial specificity is also found in another note from Mengli-Girei from 1492. In this note, the khan was petitioning on behalf of Magamed (Muhammad) Sultan, who was supposed to resettle in Muscovy in exchange for the release of his older brother, Mamishek (Muhammad-Sheikh) Sultan, to the Crimea. Mamishek had recently fallen into the hands of Muscovite qazaqs.

> Koshiru, chto za bratom za moim za Nurdovlatom za tsarem bylo, i kotorye sela byli dash' emu ekhavshi by u tebia zhil.[45]

> If you [Magamed Sultan] give him Kashira that had previously belonged to my brother Nur-Devlet Khan, along with any [surrounding] villages [he had held], then let him [Magamed] go and live with you.

---

42 Kennedy, "The Juchids," 98.

43 The Nogai were a fluid tribal confederation of Tatars who nomadized primarily in the middle- and lower-Volga basin. Emerging in the fifteenth century, they frequently allied themselves with factions in the neighboring khanates and with the Muscovite grand princes. They, themselves, however, were not directly subordinate to Juchid khans, but were loosely controlled by the senior members of the aristocratic Mangyt clan. See: V. V. Trepavlov, *Istoriia Nogaiskoi Ordy* (Moscow, 2001).

44 "Vedomo tebe i samomu, kotorykh iurtov tsari i te u nas bratstvo vyprashivaiut." *Prodolzhenie Drevnei Rossiiskoi vivliofiki (PDRV)*, 11 vols. (St. Petersburg, 1786-1801) 9: 231 (from 1556).

45 *RIO*, 41: 151.

We saw another example of such specificity during the negotiations leading to Abdyl-Letif's oath in 1508. Again, the Crimeans were angling for Kashira, the resources of which they found very attractive.[46] All these passages make clear that the Crimean elite was not only well aware of which Muscovite territories had been dispensed by the grand prince and to whom, but also of the relative desirability of these territories.

It was not only the Crimeans, however, who came to see Muscovy as a land of iurts-for-the-asking, with the grand prince as their dispenser. In the first decade of the sixteenth century, Chingisids from other branches of the dynasty, as well as Muslim dynasts on the whole, began to approach the grand prince with requests to resettle in the Muscovite realm.

One of such approaches was made by Ak-Kurt Sultan, a Juchid of the Shibanid line of Western Siberia and the son of Mamuk Khan, who briefly held Kazan' in 1497-98. In 1508 Ak-Kurt's son, Ak-Devlet, arrived in Moscow with a message from his father. It began with a request that Vasilii became Ak-Kurt's friend and brother, and a pledge that thereafter he would smite Vasilii's enemies with his saber.[47] As the visit progressed, it turned out that Ak-Kurt was actually interested in relocating to Muscovy. Before "coming to the grand prince," however, he wanted to get certain assurances. His envoys requested that Vasilii granted him "one of two iurts: either Kazan' or Meshcherskii Gorodok [Kasimov]." When the Muscovites informed them that these territories were already occupied, the Siberian Tatars proposed Andreev Gorodok instead. This territory was also spoken for already, the Muscovites responded, and the Siberians left without any firm commitments from Moscow.[48] Devlet Sultan would, however, return shortly thereafter to settle in Muscovy, where he campaigned regularly for the grand princes through the 1530s.[49]

Muslim dynasts who resettled in Muscovy often seemed to have arrived only with their comitatus and immediate family, rather than with any ulus (tribe, people) they might still have commanded. However, by the early sixteenth century Meshcherskii Gorodok (Kasimov) had become the preserve of certain Crimean clans and tribes. This was presumably the case with other Muscovite Tatar enclaves as well.[50] Romanov, for example, had become a Nogai stronghold by the end of the sixteenth century.[51] These two iurts differ from other similar territories. While other

46 *RIO*, 95: 42-44.
47 "Chtoby mne tvoego nedruga sableiu sekli." *Posol'skaia kniga po sviaziam Rossii s Nogaiskoi Ordoi. 1489-1508 gg. (Posol'skaia kniga)* (Moscow, 1984), list 37; see also: Ibid., list 57.
48 *Posol'skaia kniga*, list 61.
49 He is first mentioned in the campaign registers in 1513: *Razriadnaia kniga: 1475-1605 gg.*, ed. V. I. Buganov, 3 vols. (Moscow, 1977-89), sub anno 1513. He is last mentioned in 1533: *Razriadnaia kniga: 1475-1598 gg.*, ed. V. I. Buganov (Moscow, 1966), 83-84.
50 Kennedy, "The Juchids," 173.
51 S. B. Veselovskii, "Poslednie udely v Severo-Vostochnoi Rusi," *Istoricheskie zapiski* 22

Russian Muslim iurts could become residencies both for Russian princes and Tatar dynasts by turns, Kasimov had always been granted only to Chingisids (during the period of 1445-1681), as applied to our period mainly to Juchids (never to the lower level of post-Golden Horde elite and never to Russians), Romanov – always and only to Nogai mirzas (Mangyt clan of the post-Golden Horde elite) (during the period of 1566-1620). The most prestigious iurt (which is proved by the fact that it was also known as "khanate") was Kasimov, undoubtedly.

The most enduring legacy left to Muscovy after the Great Horde's collapse came from the immigration of Ahmad's (Ahmed) cousin, Sheikh-Avliiar, the son of Bakhtiiar.[52] He arrived in Muscovy along with his cousin Iusuf, the son of Iakub in 1501 or 1502.[53] There is no other available information about Iusuf.

However, we can trace Sheikh-Avliiar's fate with much greater certainty. By the end of 1508, Sheikh-Avliiar and his followers had settled in a iurt centered around the Muscovite town of Surozhik.[54] In 1506 he became (biological) father to a boy named Shah-Ali ("Shigalei").[55] This Muscovite-born Juchid figured prominently in Moscow's relations with Kazan' in subsequent decades. Of the Muslim Tatars mentioned in different records Tsar (or, according to Turkic-Muslim tradition, Khan) Shah-Ali was the most prominent one. He had a long career as a Tatar military leader and as a khan, ruling the Kasimov khanate (c. 1516-1519, 1535-1546, 1546-1551, c. 1552-1567) and Kazan' (1519-1521, 1546, 1551-1552) intermittently. Because his brother Jan-Ali (Khan of Kasimov, 1519-1532; Khan of Kazan', 1532-1535; d. 1535) had replaced him in Kasimov when Shah-Ali had become Khan of Kazan' in 1519, the Muscovite grand prince Vasily III presented Shah-Ali with two other iurts, Kashira and Serpukhov,[56] for his maintenance when he returned to Muscovy after being expelled from Kazan' in 1521. He resumed his active role in Muscovite military affairs in 1557 and died in 1567.[57] He never converted to Christian-

---

(1947), 123-124.

52 Ahmad (more known as Ahmed) was the last khan of the Golden Horde, well known for the "Ugra stand-off" in 1480.

53 *Ioasafskaia letopis'*, 144; Ibid., sub anno 1501. According to the Nikon chronicle the two cousins entered in 1502: *PSRL*, 12: 256.

54 *RIO*, 95: 50-51. Surazh = Surozhik lies in the area west of Moscow. See: M. K. Liubavskii, *Obrazovanie osnovnoi gosudarstvennoi territorii velikorusskoi narodnosti: zaselenie i ob'edinenie tsentra* (Leningrad, 1929), 34, 37, 63.

55 Vel'iaminov-Zernov, *Issledovanie*, 1: 505.

56 On Shah-Ali's possession of Serpukhov and Kashira, see *Russkie letopisi (RL)*, vol. 3: *Voskresenskaia letopis'* (Riazan', 1998), 370; Vel'iaminov-Zernov, *Issledovanie*, 1: 279-281; A. A. Zimin, "Ivan Groznyi i Simeon Bekbulatovich v 1575 g.," in *Uchenye zapiski Kazanskogo gosudarstvennogo pedagogicheskogo instituta*, vyp. 80: *Iz istorii Tatarii*, vol. 4 (Kazan', 1970): 145.

57 *PSRL*, 13 (1): 31-32, 37, 148-149, 169, 174 and part 2, 401; Vel'iaminov-Zernov, *Issledovanie*, 1: 279, 281-282, 308, 399, 419, 446-449, 483. On Jan-Ali, see: Vel'iaminov-Zernov, *Issledo-*

ity. He correspondingly did not marry into the Russian, Christian nobility. Nevertheless, the Muscovite grand prince issued him Russian lands (Muslim iurts) when he was not ruling a Tatar khanate, Kasimov or Kazan'.

Serpukhov, like Zvenigorod, was an appanage principality in the possession of the members of the Muscovite dynasty. Ivan I Kalita had left it to his third son Andrei, whose direct descendants continued to hold it until 1456, when Grand Prince Vasilii II arrested the current prince and confiscated the principality. Vasili's son Iurii inherited Serpukhov, but upon his death in 1472 it reverted to grand prince Ivan III, who began to grant it to Tatar sultans along with Kashira.[58]

Until the middle of the sixteenth century the khans and sultans of Kasimov played a political role, favorable to Moscow, in Steppe politics. When opportunities arose, the grand princes supported the khans of Kasimov as their candidates for the ruling position in Kazan'. For these purposes, it was necessary that Kasimov khans remained Muslim. The Muscovite grand princes' tolerance towards among the Chingisid tsars who practiced Islam may thus be attributable to their actual and potential roles in the Muslim khanates. The Muscovite rulers continued to respect Shah-Ali's religious preference when he was not holding a ruling position and even when he lost favor with the tsar and was held in confinement. Although their military usefulness remained after the conquests of Kazan' and Astrakhan', the political motivation for tolerating the Kasimov khans' adherence to Islam receded. Nevertheless, Ivan IV not only continued to support Kasimov khanate, but encouraged other Chingisid Tatars, the members of the ruling Tatar dynasty, to come to Muscovy.

By the 1540s, Moscow's good relations with many of the Ahmedids, coupled with continued strife in Astrakhan', led to an influx of Juchids from the Lower Volga into Muscovy. The first of these to arrive was the son of murdered Kasim II, Iadigar Sultan. By July 1542, he had arrived in Moscow, stopping on the way in Meshcherskii Gorodok to see his third cousin once removed, Shah-Ali.[59] Like the voluntary émigrés of earlier centuries, Iadigar eventually began to participate in Muscovite military operations.[60]

Soon Iadigar was elevated to the throne of the Kazan' khanate (as a Nogai protégé), after the flight of ousted Shah-Ali in March of 1552. He was toppled in October 1552, after the Russian conquest of Kazan'. This time the ousted Iadigar soon found himself back in Muscovy, this time not as welcomed immigrant, but as luckless captive. Ivan soon granted pardon to the errant khan. In a speech to the Nogai leader, Ismail, Ivan's envoy spelled out the details of the favor shown to Iadigar: "we gave

vanie, 1: 268-269, 274.

58 Martin, "Muscovite Frontier Policy," 172.

59 _PSRL_, 13: 142-43; Vel'iaminov-Zernov, _Issledovanie_, 1: 315-316.

60 Vel'iaminov-Zernov, _Issledovanie_, 1: 370-371 n. 135.

him freedom, set him up with a iurt, permitted him to convert to our faith (i.e., Orthodoxy) and married him off."[61]

By February 1553, the captive khan had, indeed, converted to Orthodoxy – of his own volition, Moscow would repeatedly insist.[62] In that month, amid great pomp and ceremony, he was wed to Mariia Kutuzova, the daughter of Andrei Mikhailovich.[63] By the summer of the same year, Iadigar, now referred to as "tsar' Simeon Kazanskoi" (Simeon, khan of Kazan') in the service registers, was back on campaign along with the Muscovite army.[64] A complete reconciliation had apparently been achieved.

Iadigar-Simeon continued to take part in Muscovite campaigns right up to 1565, the year of his death.[65] He was also settled in the prestigious territory of Zvenigorod, probably the "iurt" to which Ivan was referring.[66] Granting Zvenigorod, that had once been an appanage principality kept in the possession of the members of the Muscovite ruling family, to Simeon, the formation of his own court, his marriage into a prominent boyar family, and his military appointments all placed him on a par with the tsar's closest relatives, the remaining appanage princes of Muscovy.[67] One chronicler indeed remarked on the similarity of his treatment to that of appanage princes.[68]

By the late 1540s, another Ordaid, Dervish-Ali, had also entered Muscovy from Astrakhan'. Like his close relative Iadigar, Dervish-Ali enjoyed a brief rule as a khan in the 1550s. However, it was not his first time on the Astrakhanian throne. Dervish-Ali had already ruled briefly in Astrakhan' in ca. 1537-38 with backing from the Nogai. Little is known of his whereabouts immediately following his first

---

61 "Voliu emu dali, i iurtom evo ustroili, i v svoei vere povolili emu byti, I zhenili ego," *PDRV*, 9: 121.

62 *PDRV*, 9: 119-20; Vel'iaminov-Zernov, *Issledovanie*, 1: 368.

63 S. B. Veselovskii, *Issledovaniia po istorii oprichniny* (Moscow, 1963), 297; A. A. Zimin, *Krupnaia feodal'naia votchina i sotsial'no-politicheskaia bor'ba v Rossii (konets XV-XVI v.)* (Moscow, 1977), 140; *DDG*, 482; A.A. Zimin, *V kanun groznykh potriasenii: predposylki pervoi Krest'ianskoi voiny v Rossii* (Moscow, 1986), 27.

64 Vel'iaminov-Zernov, *Issledovanie*, 1: 392.

65 *Razriadnaia kniga: 1475-1598 gg.*, 211; Vel'iaminov-Zernov, *Issledovanie*, 1: 470.

66 On Tsar Simeon's receipt of Zvenigorod, see Veselovskii, "Poslednie udely," 124, where the date of issuance is given as 1553. Evidence contained in the "pripravochnyi spisok" of 1558-1560 for Zvenigorod, published in *Materialy dlia istorii Zvenigorodskogo kraia*, vyp. 1 (Moscow, 1992), indicates that Tsar Simeon and his servicemen held possessions in the region at the time of its compilation. See also A. A. Zimin, *Oprichnina Ivana Groznogo* (Moscow, 1964), 362-363; the sources strongly indicate that he was at Zvenigorod by at least 1558/59: *DDG*, 104.

67 Martin, "Multiethnicity in Muscovy," 9-10.

68 *PSRL*, 13 (2): 528; see also: J. Pelenski, *Russia and Kazan'. Conquest and Imperial Ideology (1438-1560s)* (The Hague/Paris, 1974), 264.

fall from the throne. What we do know, is that by the winter of 1548-49 he had somehow ended up in Moscow.[69]

Soon Dervish-Ali was placed in Zvenigorod (1552-1554).[70] In 1554, however, Ivan IV sent him, supported by a Muscovite army, to reestablish himself on the Astrakhan' throne. His subsequent interactions with both the Nogai and the Crimean Tatars, however, led him to adopt policies that diverged from Moscow's. In 1556, another Muscovite army sent to Astrakhan' subjugated the khanate; Dervish-Ali fled, eventually reaching Mecca.[71]

During the decade following the fall of Kazan' the other four individuals – Kaibula, Tokhtamysh, Bekbulat (Bik-bulat), and Ibak, all arrived in Muscovy. Although the sons of two of them eventually adopted Christianity, these sultans remained Muslim. Unlike the khans of Kasimov, they did not become rulers of their own permanently established domains. But they were welcomed into Muscovy, granted iurts for their maintenance, and appointed to positions of honor, prestige, and responsiblity in the Muscovite tsar's armies.[72]

The first of this group to arrive in Muscovy was Kaibula (Abdulla Ak-Kubekov), a great grandson of Ahmad, the khan of the Big Horde. Kaibula came from Astrakhan', where his father Ak-Kubek, the son of Murtaz (Murtoza), had briefly been khan in 1532-33 and where his cousin Iamgurchei was ruling when he (Kaibula) reached Moscow in May 1552. Ivan IV, who claimed friendly relations with Ak-Kubek, received Kaibula warmly and granted him the iurt of Iur'ev with its incomes for his maintenance.[73]

Kaibula had five known sons: Budalei, Mustafa-Ali, Arslan-Ali, Sain-Bulat, and Murtaza-Ali. Of the five, only the latter, Murtaza-Ali, adopted Christianity (c. 1570). Christened Mikhail, he was subsequently referred to as Mikhail Kaibulovich. He also received appanage lands. In 1570, he held Iur'ev that had belonged to his father. In 1572, however, he was named as the recipient of Zvenigorod[74] that had previously been in the possession of Simeon Kasaevich.[75] Kaibula's other four sons remained Muslim. One, Mustafa-Ali, became a khan of Kasimov (by 1584 or 1585).

The final Tatar sultan listed above is Ibak. When he arrived in Moscow at the end of 1558, he was also welcomed, provided with headquarters with maintenance, and later assigned to the principality of Surozhik.[76]

---

69 PDRV, 8: 90-116.

70 SGGD, 2: 49-50.

71 Vel'iaminov-Zernov, Issledovanie, 1: 357-359, 397; A. A. Zimin and A. L. Khoroshkevich, Rossiia vremeni Ivana Groznogo (Moscow, 1982), 68.

72 Martin, "Multiethnicity in Muscovy," 12.

73 PSRL, 13 (2): 476; Vel'iaminov-Zernov, Issledovanie, 1: 393-396, 486.

74 For Ivan's will, composed in 1572, in which he named Mikhail Kaibulovich as the recipient of Zvenigorod, see DDG, no. 104: 436-437.

75 Martin, "Multiethnicity in Muscovy," 13.

76 PDRV, 10: 45; Vel'iaminov-Zernov, Issledovanie, 1: 456, 459, 460, 462-464, 470; 2: 1.

Thus, in their policies toward the Tatar dynasts the grand princes and later tsars exhibited not only a relative lack of religious or cultural prejudice, and not only comparative disregard of the ideas of confessional and national exclusiveness, but a pronounced and consistent tendency toward the alliance and peaceful relations with the "pagan," at a time when they were engaged in bloody struggles with their "brothers" (Iurii Dmitrievich, Shemiaka), compatriots (Novgorod, Tver', Pskov) and fellow Christians (Poland-Lithuania).[77] Generally, all of the facts concerning the Russian rulers' relations with exiled Muslims indicate the priority of very pragmatic politics over the formal considerations of religious and "patriotic" duty.

* * *

Through the assignment of iurts and revenues attached to them, the grand prince (as well as the khan) went a long way towards providing a means of existence for the dynasts and the royal retinues. A khan's (as well as a grand prince's) potential power was in many respects measured by the iurts and revenues at his disposal. The Muscovites were well aware of this and made a point of advertising Muscovy's bounteousness to prospective Juchid and non-Juchid immigrants:

> ... zanezhe gospodine vedaesh' sam, chto u nashego gosudaria polno gorodov, est' emu chto tebe dati.[78]

> ... for you know yourself, my lord, that our sovereign has many towns. He does not lack for something to give to you.

A sedentary state encompassing forests and parklands and situated athwart lucrative trade routes, Muscovy in the XVI c. possessed both the fiscal means as well as the lands necessary to "lift the burden" ("istomu podniati") of a destitute Muslim dynast. Moreover, the authorities running Tatar affairs in Moscow quickly learned how to dispose of Muscovy's natural advantages. Rather than attempting to integrate Muslim elite into the Muscovite social system, they allowed a Steppe institution, the iurt, to be replicated within the grand prince's lands, with the grand prince assuming the traditional Steppe role as the dispenser of iurts.[79]

Most of the Muslim dynasts possessing these iurts did not reject Islam. Adherence to it did not result in condemnation and exclusion from Muscovite society. The fact that this Muslim elite was usually placed in positions of regimental command and was thus fighting on behalf of the Russian tsar, but remained Muslims, suggests that the ethnic and religious composition of the Muscovite state was more complex, and that there was greater secular tolerance (maybe forced, but it does not matter)

---

77 Keenan, "Muscovy and Kazan', 1445-1552," 380.
78 *RIO*, 95: 602 (1518).
79 Kennedy, "The Juchids," 187.

for Muslims than the Russian Orthodox Church would have preferred.[80] Muslim high-ranking Tatars in Muscovy were treated with exclusivity, but one that accorded them the honor and incomes typically reserved for appanage princes. Even the Russian tsars, instead of denouncing their stubborn adherence to Islam, on several occasions proudly insisted to the Turkish sultan that Muslims in Muscovy, contrary to charges that they were pressured to convert or otherwise persecuted, were free to practice their faith without interference.[81] These factors, considered in combination, show that there existed an official position of tolerance towards the generations of Muslim Tatars.[82]

This is rather accepted postulation in Russian Medieval studies that the conquest of Kazan' and Astrakhan' khanates in the middle of the XVI century had become the first step in the formation of the Russian empire. I do support this point of view, but I have to add that this event had its prehistory, including the foundation of the first Muslim Tatar iurts within the territory of future Muscovy, especially the foundation of Kasimov khanate in 1445. Muscovy was, therefore, "prepared", both politically and mentally, for the incorporation of foreign, ethnically and religiously different Muslim lands into the Russian domain.[83] One may suggest, consequently, that the period of the XV- the first half of the XVI centuries was a kind of a "path to empire", that was formed later as an increasingly heterogenous multinational and multiconfessional, relatively tolerant state.

---

80 Martin, "Multiethnicity in Muscovy," 10.
81 Vel'iaminov-Zernov, *Issledovanie*, 2: 1 (1570), 83-84 (1584); A. M. Orlov, *Meshchera, Meshcheriaki, Mishare* (Kazan', 1992), 58.
82 May be only the *Ulozhenie of 1649* marked the beginning of the end for the toleration of religious difference (M. Romaniello, "Ethnicity as social rank: Governance, law, and empire in Muscovite Russia," *Nationalities Papers* 34 (2006), 458.)
83 I would like to thank Prof. Dr. Ludwig Steindorff for pointing out this thought.

Feodorit (Theodorit) Kol'skii:
Missionary and Princely Agent[1]

JUKKA KORPELA

A. Saint Feodorit

According to the hagiographic literature, Feodorit of Kola was the Apostle to the Sámi. He lived long in Lapland, founded the monastery of Holy Trinity on the river Kola and preached Christianity to the heathen Sámi living in the peninsula of Kola. The modern autonomous Orthodox Archbishopric of Karelia and All-Finland (The Ecumenical Patriarchate of Constantinople) celebrates the feast of St. Theodorit (Feodorit) the 17th of August, which is the day of his death (in 1571), according to the Paterikon of the monastery of Solovki.[2] As such Feodorit has been often mentioned in the scholarly literature but not properly studied.[3]

The main historical source concerning the life of Feodorit is "О преподобномъ Ѳеодорите священномученике" written by Prince Andrei Kurbskii. The text forms one of the appendices of the "Исторія о великомъ князе Московскомъ", which Prince Andrei composed concerning the reign of Ivan IV (1533 – 1584) after he was exiled to Lithuania in 1564, where he also died in 1583. Feodorit was the spiritual father of Prince Andrei. The text seems to be based on an account called "(Краткая) повесть о (преподобномъ) Ѳеодорите", which may have been written by the former Archimandrit of the Troitse-Sergiev monastery, Artemii, a co-hermit and supporter of Feodorit, who fled to Lithuania in 1555. While Feodorit may have died in the early 1570s, the final version of the text of Prince Andrei is from the 1570s or early 1580s. The details of the story are realistic and trustworthy to a certain extent, although they have also faced hard criticism, and although the author has made undeniable mistakes too. According to A. I. Gladkii, the authenticity of the text is rather certain.[4]

---

1 I express my gratitude to prof. David M. Goldfrank for his comments concerning "non-possessors".

2 *Solovetskii paterik* (Moskva, 1991), 43.

3 A. I. Gladkii, "K voprosu o podlinnosti 'Istorii o velikom kniaze Moskovskom' A. M. Kurbskogo (zhitie Theodorita)," *Trudy otdela drevnerusskoi literatury (TODRL)* 36 (1981), 239; in the Finnish literature especially Heikki Kirkinen, Dimitri Tarvasaho and Erkki Piiroinen have written about Feodorit.

4 *Istoriia o velikom kniaze Moskovskom. Sochineniia kniazia Kurbskago, Tom pervyi: Sochineniia original'nyia,* Russkaia Istoricheskaia Biblioteka, vol. 31 (St. Peterburg, 1914), 163-354, of which "O prepodobnom Theodorite, sviashchennomuchenike" is on the pp. 324-347, the references to the sources of Prince Andrei pp. 329, 338, A. I. Gladkii, A. A. Cekhanovich,

Prince Andrei calls Feodorit "священномученикъ", a clerical martyr. According to Vasilii Kalugin, the text is however, more a historical description or a vita/zhitie of the life of Feodorit from his birth to death than a real martyrology like the tale about Metropolitan Filipp, "О страданіи священномученика Филиппа митрополита московского", which is also a work of Prince Andrei and which precedes the text "О преподобномъ Өеодорите" in the "Исторія". Perhaps the reason for this title is the original epithet of the heavenly intercessor of Feodorit after whom he was named, the clerical martyr Theodorit of Antiochia, who was killed during the persecutions of the Roman Emperor Julian (361 – 363). In any case the critical attitude of Prince Andrei Kurbskii towards the reign of Ivan IV is also present in the text about Feodorit, because its function, like the role of the entire "Исторія", is to demonstrate the cruel rule of Ivan IV.[5]

Feodorit Kol'skii was born probably in the 1490s. Traditionally his birth is dated to 1489, but this calculation of Shestakov does not suit well to the further chronology of his life. The dating of *The Dictionary of the Russian Orthodox Church* in about 1480 is far too early, because Feodorit was still active in 1560's which is not likely had he been over 80 years old at that time. Most probably Feodorit was about 30 years old in the late 1520s when he was ordained a deacon.[6]

According to the text of Prince Andrei, Feodorit was born in (Velikii) Rostov and left his home when he was only 13 years old to join the monastery of Solovki at the White Sea. After one year he was tonsured a monk, and a pupil of St. Zosima of Solovki, called also Zosima, became his mentor. The story does not mention the lay name of Feodorit, although he must have had such a name. Feodorit (source texts use "Өеодорит" and western church calendars T(h)eodorit) is namely a typical monastic name which the monk got with his ordination. At the same time, the name is a testimony for the monastic status of Feodorit, i.e., that he was really tonsured and not a layman. Feodorit lived in the monastery 15 years, whereafter the Archbishop of Novgorod ordained him a deacon. This must have been taken place after 1526, when Makarii was appointed Archbishop of Novgorod, because the see had been vacant 17 years before that. Feodorit went back to Solovki, but soon continued his life in the monastery of Svir' with Aleksandr Svirskii.[7]

"Kurbskii Andrei Mikhailovich," in *Slovar' knizhnikov i knizhnosti drevnei Rusi (SKKDR)*, 1-3:4 (Leningrad/St. Petersburg, 1988-2004), 2:1, 1988, 494-503, Vasilii Vasil'evich Kalugin, *Andrei Kurbskii i Ivan Groznyi (Teoreticheskii vzgljady i literaturnaja tekhnika drevnerusskogo pisatelia)* (Moskva, 1998), 192-194, Gladkii, "K voprosu," 239-241.

5   Kalugin, *Andrei Kurbskii*, 160, 192, "O stradanii sviashchennomuchenika Filippa mitropolita moskovskogo" is included to *Istoriia o velikom kniaze Moskovskom*, 309-324, cf. above note 4.

6   Kalugin, *Andrei Kurbskii*, 193; P. D. Shestakov, "Prosvetiteli loparei arhimandrit Theodorit i sv. Trifon Pechengskii," in *Zhurnal Ministerstva Narodnogo Prosveshcheniia* 139:7 (St. Peterburg, 1868), 262. *Polnyi pravoslavnyi bogoslovskii enciklopedicheskii slovar'*, vol. II (Moskva, 1992), 2410.

7   "O prepodobnom Theodorite," 324-325, Kalugin, *Andrei Kurbskii*, 192-194.

After a couple of years he moved to the Kirillov-Belozerskii monastery and
again after two years to the hermitage (пустынь) of Porfirii in the "Заволочье" near
Beloozero, where he became acquainted with disciples of Nil Sorskii like Artemii
and Ioasaf Belobaev. However, he had to return after four years to Solovki, because
his mentor Zosima had fallen sick.[8]

After the death of Zosima, Feodorit started his first independent mission and
went for the first time to Lapland proper. He was now about 40 years old. According
to Prince Andrei, Feodorit spent 20 years in the desert of Kola with a man called
Mitrofan. Thereafter he was ordained to a priest by Archbishop Makarii in Novgorod. In fact Feodorit could not have been more than a couple of years in Kola, because Makarii was appointed to Metropolitan of Moscow and all-Russia in 1542,
and the ordination must have taken place before that.[9]

Feodorit was some time the priest of the home church of the Archbishop in Novgorod, but soon he returned to Lapland with a retinue and founded the monastery of
Holy Trinity at the mouth of river Kola; there he baptized two-thousand heathen
Sámi, and translated holy texts in their language. Finally, Feodorit quarreled with his
brotherhood and had to return to Novgorod. The new Archbishop Feodosii (1542 –
1551) installed Feodorit as Hegumen of a small Novgorodian monastery.[10]

After two years, around 1551, Tsar Ivan invited Feodorit, on the recommenda-
tion of his former co-hermit Artemii, to be the Archimandrit of the Spaso-Evfimiev
monastery in Suzdal'. Artemii was now the Hegumen of the Troitse-Sergiev monastery. Feodorit got into trouble with the Bishop of Suzdal', Afanasii Paletskii, and
he was also criticized by the monks due to his rigor. A church trial was launched
against Artemii in 1553, and he was exiled "for life time" to the monastery of Solovki in 1554, but escaped to Lithuania already in 1555.[11]

The trial resulted also in the demotion of Feodorit, because he and Ioasaf Belobaev refused to testify against Artemii, and Bishop Afanasii Paletskii declared
Feodorit as a heretic. Feodorit was removed from the post of the Hegumen between
1554 and 1556 and sent to the monastery of Kirillov-Belozerskii, where Bishop
Afanasii had been Hegumen 1539 – 1551. Feodorit kept contact with the Muscovite
society by writing letters to his spiritual children who evidently included many
members of the aristocracy. The spiritual children requested a pardon for Feodorit
from Metropolitan Makarii and finally after an exile of about eighteen months
Feodorit was released to return to the region near Moscow, and he settled down in
the Spasov monastery at Iaroslavl'. Most probably Feodorit had no official position

---

8 "O prepodobnom Theodorite," 325-326, 329-330, Kalugin, *Andrei Kurbskii,* 194-195.

9 "O prepodobnom Theodorite," 331, Kalugin, *Andrei Kurbskii*, 195-196. – As for the itinerary of
   Feodorit, cf. the map at the end of the article.

10 "O prepodobnom Theodorite," 331-334, Kalugin, *Andrei Kurbskii,*196-199.

11 "O prepodobnom Theodorite," 333-338, Kalugin, *Andrei Kurbskii,*199-200.

in the monastery, because he is later addressed as "the former Spaso-Efimiev Archi-mandrit".[12]

Soon Feodorit was appointed to the diplomatic mission seeking an official rec-ognition by the Ecumenical Patriarch of the Imperial title of the Muscovite ruler Ivan IV, who was crowned to Tsar (Roman Emperor) in 1547, but whose title was not yet acknowledged by the Ecumenical community.[13]

Having returned from the successful mission Feodorit did not remain in the court but refused to accept the riches, which the Tsar offered and chose the Spaso-Pri-lutskii monastery near Vologda, from where he visited twice Lapland. This must have happened before the flight of Andrei Kurbskii and the start of the oprichnina terror in 1564. The last years of the life of Feodorit remain obscure in the text. One reason is that Prince Andrei was already outside of the realm of Muscovy and his information was thus limited. Either Feodorit died in peace or was killed by the oprichniki of the Tsar. Prince Andrei seems to prefer the latter explanation, because his entire text considers Feodorit a martyr of the terror of Ivan IV. According to the Paterikon of Solovki, Feodorit died August 17th, 1571, in Solovki, without refer-ences to any violence.[14]

B. North-Western Desert

Many late Medieval and Early Modern Russian saints were active in remote "de-serts". Such were, e.g., St. Trifon of Pechenga, St. Zosima and St. Savvatii of So-lovki, St. Aleksandr of Svir', St. Sergei and St. German of Valamo, St. Stephen of Perm', St. Lazarii of Murom and many others. They have been described in the tradition as hermits and preachers of Christianity among peripheral tribes as well as monastery founders. However, monasteries were not only hermitages, but formed

---

12 "O prepodobnom Theodorite," 338-339, "Patriarshaia ili Nikonovskaia letopis',"(NL) in Polnoe sobranie russkikh letopisei (PSRL), IX-XIV (Moskva, 1965), 7065 (1557) (XIII, p. 278); Kalugin, Andrei Kurbskii, 200-201, Pavel Stroev, Spiski ierarhov i nastoiatelei monastyrei Rossiiskiia tserkvi (St. Petersburg, 1877), 664; Gladkii, "K voprosu," 240-241.

13 "O prepodobnom Theodorite," 340; Kalugin, Andrei Kurbskii, 201; Jaakko Lehtovirta, Ivan IV as Emperor: The Imperial Theme in the Establishment of Muscovite Tsardom (Turku, 1999), 287-355. The discussion concerning the coronation of the year 1547 has been endless. In my mind the ideological message of the Muscovite Tsardom was the Christian (medieval) Empire and thus it meant the Roman Empire in the sense of the Empire of Constantine the Great (Jukka Korpela, An explanatio Christiana of the Roman god-emperor (Oulu, 1994) (= Acta Societatis Historicae Ouluensis, Scripta Historica, XXI), Jukka Korpela, Prince, Saint and Apostle – Prince Vladimir Svjatoslavič of Kiev, his Posthumous Life, and the Religious Legitimization of the Russian Great Power (Stuttgart, 2001), Jukka Korpela, "Moskova – Mikä ihmeen kolmas Rooma?," Historiallinen Aikakauskirja 3 (1998). The Empire of Peter the Great was not really a new construction, because he only updated the forms of the Empire according to the contem-porary image of Ancient Rome. It is another question that the title of Tsar is used in medieval Russian texts referring to Tatar Khans and other rulers, too. The medieval terminology was not fixed.

14 "O prepodobnom Theodorite," 340-347; Solovetskii paterik, 43; Kalugin, Andrei Kurbskii, 201-202.

also a part in the early state structure as first permanent local administration instruments and bridge-heads of princely power. Thus the persons invested a dual function in the history, and it is worthwhile to ponder, which was stronger – their political or religious commitment.[15]

Another aspect is that the literature of the 19th century Romanticism exaggerated the role of early hermits when authors reinterpreted the deeds of the heroes of history for the purpose of glorifying the national honour. Some re-evaluations surpassed even the possibilities of source evidence and created an alleged national unity in the far past. Thus the images of the 16th century hermits do not always fit with the standards of modern historical studies.[16]

The first source reference to the baptism of Sámi is in the vita of St. Lazar Muromskii. The proceedings date from the 14th century, but the authenticity of the text as well as the dating of the monastery founding by Lazar are moot. The actual start of the political submission of the areas dates from the 16th century. A document from Norway that is said to be a translation of a Muscovite original of Grand Prince Vasilii Ivanovich, from July 1517, describes the Muscovite organization of Lapp taxes in Kola and on the shores of the Arctic Ocean up to the regions of Norway.[17]

The formation of Early Modern Muscovy reached its first peak when Grand Prince Ivan III conquered the realm of Novgorod and seized its old, medieval administrative structures in the last years of the 15th century. The parish formation and taxation was intensified in the northern regions and on the same time the formation of early modern Sweden faced this development in Karelian forests, resulting to wars, robbery raids and border formation. The new division of areas between sovereign territorial kingdoms resulted in the decline of the medieval Baltic trade and Hanseatic League, and this caused the reorientation of the European trade with Muscovy from the Baltic Sea to the Arctic Route. Although the old Viking trade was extended to these areas, too, the expedition of Richard Chancellor in 1553 to Moscow via the Arctic Route and the establishment of the (British) Muscovy Company

---

15 I have dealt with this issue in my article Jukka Korpela, "The Christian Saints and the Integration of Muscovy," in *Russia Takes Shape. Patterns of Integration from the Middle Ages to the Present*, ed. S. Bogatyrev (Helsinki, 2005), 44-56.

16 Irina Karvonen, "Pyhän Aleksanteri Syväriläisen oppilaat historiallis-kriittisen tutkimuksen valossa" (an unpublished licentiate thesis, The Institute of Orthodox Theology (Church history), University of Joensuu (Finland), Spring 2008).

17 "Zaveshchanie prepodobnago Lazaria Muromskago Chudotvorca," in *Amvrosii, Istorija Rossijskoj ierarhii, chast' V* (Moskva, 1813), 120; *Finlands medeltidsurkunder samlade och i tryck utgifna af Finlands statsarkiv genom Reinh. Hausen*, I-VIII (Helsingfors, 1910-1935), VII 5935, 8-47; N. K. Litvinova, G. M. Prokhorov, "Zhitie Lazaria Muromskogo," in *SKKDR*, 2:1, 1988, 288-290; Aleksandr Musin, "K voprosu o podlinnosti vkladnoi gramoty slavenskogo kontsa Velikogo Novgoroda posadnika Ivana Fomina na ostrov Much," in *Voprosy Istorii Evropeiskogo Severa. Rossiia i Finliandiia ot srednevekov'ia do serediny XX veka. Sbornik nauchnykh statii* (Petrozavodsk, 2007), 13-19; Jukka Korpela, *The World of Ladoga: Society, Trade, Transformation and State Building in the Eastern Fennoscandian Boreal Forest Zone ca. 1000-1555* (Berlin, 2008) (= Nordische Geschichte, 8), 142-150.

in 1555 opened a totally new era for the Arctic trade. This all directed the economical, political and administrative interests and activities to the areas of Dvina, Northern Karelia, Kola, Eastern Lapland and around the White Sea.[18]

The systematic rule over Lapland can be connected with the reorganization of the Archbishopric of Novgorod. Hegumen Makarii was appointed Archbishop of Novgorod in 1526. In the same year the chronicle tells: "In this year people of the sea shores and Lapps came from the Ocean and from the Gulf of Kandalaksa and from the mouth of the river Neva and from the distant Lapland to ruler and Grand Prince Vasilii Ivanovich to Moscow, [... ...] and asked him to send an antimension and priests to consecrate churches and to baptize themselves; and the ruler, the Grand Prince ordered his intercessor Archbishop Makarii to send a priest and a deacon from the cathedral of Novgorod. And according to the order of the Grand Prince, the archbishop sent a priest and a deacon from the St. Sofia Cathedral and they went and consecrated the church of the Birth of St. John the Baptist and baptized many Lapps in the name of the Father and Son to our Orthodox Christian faith."[19] There are from about the same time three other presentations of the paganism of East Finland and Karelia. Archbishop Makarii explained the religious situation in his bishopric to "the Lord and Grand Prince of the whole Rus'" in dark colors. The Grand Prince ordered the archbishop to take measures, and he sent the priest Iliia (Eliah) to the area supported by a military retinue. The successor of Makarii, Archbishop Feodosii, returned to the matter in June 1548, but despite of these measures the pagan life continued for a long time in the forests.[20]

The organisation of the Muscovite local administration started in Lapland at about the same time. We know three orders of the Tsar concerning taxes, judges and general administration: from 1530, 1539 and 1549. Orthodox monasteries played a role in the distribution of "the European rule", too. Solovki was founded in the middle of 15th century. Other early important monasteries were Paleostrov, Murom and

---

18 Jonathan I. Israel, *Dutch Primacy in World Trade 1585-1740* (Oxford, 1990), 43-48; Frank Kämpfer and Günther Stökl, "Rußland and der Schwelle zur Neuzeit. Das Moskauer Zartum unter Ivan IV. Groznyj," in *Handbuch der Geschichte Rußlands. Band I. Von der Kiever Reichsbildung bis zum Moskauer Zartum,* ed. Manfred Hellmann (Stuttgart, 1989), Band I:2, 944, 955-956; Toivo Itkonen, *Suomen lappalaiset vuoteen 1945* (Helsinki, 1984), I, 33, 36-38, 47-48, Irina Aleksandrovna Cherniakova, "Panozero i ego obitateli: piat' vekov karel'skoi istorii," in *Panozero: serdce Belomorskoi Karelii,* ed. Alexy Konka and Vyacheslav Orfinsky (Petrozavodsk, 2003), 25-26; Jukka Korpela, "Finland's Eastern Border after the Treaty of Nöteborg: An Ecclesiastical, Political or Cultural Border?," *Journal of Baltic Studies* XXXIII:4 (2002), 384-397; Jukka Korpela, "Beyond the Borders in the European North-East," in *Frontiers in the Middle Ages,* ed. O. Merisalo and P. Pahta (Louvain-la-Neuve, 2006), 373-384.

19 "Novgorodskaia chetvertaia letopis'," (*N4L*) in *PSRL* IV (Moskva, 2000) (spisok Dubrovskago) 7034 (1526).

20 *N4L* (spisok Dubrovskago) 7042 (1534), *Materialy po istorii Karelii XII – XVI vv,* ed. V. G. Geimana (Petrozavodsk, 1941), no. 64, 154-159; Korpela, *The World,* 48-62; Maksim Viktorovich Pul'kin, Olga Aleksandrovna Zaharova and Aleksej Iur'evich Zhukov, *Pravoslavie v Karelii (XV – pervajaa tret' XX v.)* (Moskva 1999), 43-44.

Konevica from the 14th century and Valamo, as well as Belozersk from the 15th century. Later in early 17th century the monastery of Svir' which had been founded in the 16th century gained a very central position, while Valamo and Paleostrov remained aside. The role of the increasing international Arctic trade is clearly recognizable also in the contemporary hagiographic texts of St. Trifon Pechengskii and St. Eleazar Anzerskii.[21]

"О преподобномъ Ѳеодорите" describes four visits of Feodorit to Lapland and Kola. The first one was according to the text very long, but in fact could not last more than about two years. During this period the text does not tell about missionary activities, but it concentrates on them during the second stay of Feodorit in the 1540s, when he founded the monastery of Kola, translated holy texts, and baptized thousands of pagan Sámi to Christians. Two final visits took place much later.[22]

The image of St. Feodorit resembles that of St. Stephen of Perm', who is called the Apostle of the (Finnic) Permians in the late 14th century, but who actually was a political agent of the Muscovite Prince Dmitrii Donskoi. The historical function of Feodorit is a missionary, but his mission like the mission of St. Stephen coincides well with the penetration of the princely power into his missionary area.[23]

C. "Networking"

Medieval society was much more a network society than the modern one. The realm was a casual formation and therefore it was of crucial importance to the ruler to install the right persons in the right places to be able to use his power. The entire ruling system consisted of the networks of friends, relatives and lord-clients. Outside of networks, there was little power and little influence.[24]

"О преподобномъ Ѳеодорите" contains many references to personal relations and relations to power centres. When we connect this information with similar kind of evidence from other sources we can see which kind of position Feodorit had in the society, although the source texts describe Feodorit only as a simple monk and hermit.

The first reference of the text to influential institutions and persons is the story about Feodorit's home town. Rostov is quite probably his birth place, because it was an old Christian town which had good road connections to the areas of White Sea.[25]

21 Korpela, "The Christian Saints," 44-53; Jukka Korpela, "Solovetskin luostari ja Venäjän Pohjois-Karjalan varhainen ortodoksisuus," in *Ortodoksia* 50 (2005), 61-82; Jooseppi Julius Mikkola, *Kolttakylän arkisto* (Porvoo, 1941) (= Lapin sivistysseuran julkaisuja, 8), 13, 120-128.

22 "O prepodobnom Theodorite," 330-333, 342-343.

23 Jukka Korpela, "Stefan von Perm', Heiliger Täufer im politischen Kontext," *Jahrbücher für Geschichte Osteuropas* 49 (2001), 481-498.

24 Korpela, *The World,* 13-14, 19, 243, 247.

25 Nikolai Andreevich, Makarov, *Kolonizaciia severnykh okrain Drevnei Rusi v XI – XIII vekakh. Po materialam arkheologicheskikh pamiatnikov na volokakh Belozer'ia i Poonezh'ia* (Moskva, 1997), 8-47.

On the other hand, this detail refers in a most convenient way to Sergei of Radonezh (1314 – 1392), who was also born at Rostov and became the founder of the Troitse-Sergiev monastery and the seminal figure of Russian monasticism.[26] Although Feodorit later had unquestionable other connections with the Troitse-Sergiev monastery, this first reference connects him so perfectly with right ideological tradition that we cannot be sure, whether it may be only a literary invention. But if the information is correct it could tie Feodorit already from his childhood to the most central circles of the Orthodox Church and thus explain the later choices of his life.

One key centre of the life of Feodorit is the monastery of Solovki which became in the 16th century the most central institution of the expanding Muscovite realm in the North. The reason was the increasing economical and political importance of the region. The increasing importance resulted also in a higher quality of the spiritual atmosphere of the monastery, closer connections to the Muscovite court and increasing political power of the centre. The large monasteries were not only places of asceticism, but there were also learned teachers (mentors), relatively large libraries, and Solovki was in the 16th century a large fortress as well. Thus the period of the stay of monk in an Orthodox monastery can be compared in some way to university studies in West. Feodorit spent three periods of his life in Solovki, and his tonsuring to monastic life took place in Solovki.[27]

Filipp Kolychev was the most eminent person of Solovki from 1540s to the late 1560s. He was born in a Muscovite aristocrat family, 1507, was tonsured a monk in Solovki in 1537, was the Hegumen of the monastery from about 1547 to 1566 and finally the Metropolitan of Moscow and All-Russia (1566 – 1568). Filipp was murdered by the oprichniki of Ivan IV in 1569, and his relics were translated from Tver' to Solovki, 1591, where his cult started soon.[28] However, in the vita of Feodorit there are no references to Filipp, although Feodorit's second mission to Lapland took place under his era as the Hegumen of Solovki, and both were living in the monastery at the same time in the late 1530s, too. Perhaps the odd story about the escape of Artemii from Solovki, 1555, may also illuminate this relation, since it was impossible to flee from Solovki without assistance. However, the Hegumen Filipp Kolychev was never connected to this incident, even after he had fallen into disgrace and a trial was launched against him. Thus probably he was not a supporter of the group of Artemii and therefore not a close ally of Feodorit.[29]

The four years in the hermitage of Porfirii became most central for the career of Feodorit, because now he came into contact with the group of the disciples of Nil

26 A. Brunckhorst, "Sergej von Radonež," in *Lexikon des Mittelalters,* VII (München, 1995), 1784.

27 Ruslan G. Skrynnikov, *Krest i korona. Tserkov' i gosudarstvo na Rusi IX – XVII vv.* (St. Peterburg, 2000), 269-271; *Solovetskii paterik,* 43.

28 Archimandrite Dosifei, *Letopisets solovetskii na chetyre stoletiia ot osnovaniia Solovetskago monastyria do nastoiashchago vremeni, c 1429 po 1847 god* (Moskva, 1847), 22-38.

29 Kalugin, *Andrei Kurbskii,* 199-200; V. A. Kolobkov, *Metropolit Filipp i stanovlenie moskovskogo samoderzhaviia* (St. Peterburg, 2004), 96.

Sorskii. Porfirii was a political refugee from the central "administration", the former Hegumen of the Troitse-Sergiev monastery, which was the most important Muscovite monastery at that time. Porfirii had fallen into disgrace in 1525 in connection with the trial against Prince Vasilii Shemjachich whom Grand Prince condemned to the death, and of the start of the campaign against the "non-possessors" ending to the final trials against Maksim Grek and Vassian Patrikeev in 1530. The first political linkages of Feodorit to the court circles were formed during the period in the hermitage of Porfirii.[30]

In the hermitage Feodorit met also Artemii and Ioasaf (Isaakii) Belobaev. Artemii was a central political person during the Stoglav church council 1551. Tsar Ivan IV invited him, as the leading person of the fraction of "non-possessors", from his hermitage to oppose the rights of the Church and monasteries to own large properties, which was in the interest of the church council members, and the council resulted in a compromise which satisfied the Tsar. Artemii, who had a strong influence on the Tsar, was appointed Hegumen of the Troitse-Sergiev monastery.[31]

Artemii, whom Prince Andrei calls "премудрый" was a most important person for Feodorit's further life, since on his initiation the Tsar invited Feodorit to Suzdal' in the early 1550's, when he was in a small Novgorodian monastery. When Artemii fell into disgrace, Feodorit was also exiled from Suzdal'. The obvious reason for the trials of 1553 – 1556 against Artemii as well as other "non-possessors" was their extreme learning, which finally threatened the ideas of the Tsar concerning a monolithic Church.[32]

Ioasaf (Isaakii) Belobaev was according to Prince Andrei also a "премудрый". "Премудрость" means the wisdom but refers in the Orthdox literature first of all to the Divine Wisdom (σοφία), its (Hellenistic) philosophical background and to its roots in the apocryphal books of Sirach (Ecclesiasticus) and the Wisdom of Solomon in the Old Testament. This epithet stresses that Ioasaf was a philosophical and learned man, i.e., he had a central position among the fraction of the non-possessors. According to Aleksandr Zimin, he was originally from the monastery of Solovki, and the literature connects him with the trials of the years 1553 – 1554 against Matvei Bashkin, Artemii and other non-possessors. Ioasaf's exact role remains open but probably he was among the accused persons, too, and was defended by Bishop Kas'ian of Riazan'. Evidently, Ioasaf died soon afterwards. The trials concerned not

---

30 "O prepodobnom Theodorite," 325-329; Peter Nitsche, "Die Mongolenzeit und der Aufstieg Moskaus (1240 – 1538)," in *Handbuch der Geschichte Rußlands*, ed. Manfred Hellmann, Band I:1 (Stuttgart, 1981), 673-674; Kalugin, *Andrei Kurbskii*, 194.

31 Skrynnikov, *Krest,* 235-238; Kämpfer and Stökl, "Rußland," 886-888; A. A. Zimin, *I. S. Peresvetov i ego sovremenniki. Ocherki po istorii russkoi obshchestvenno-politicheskoi mysli serediny XVI veka* (Moskva, 1958), 153-168, cf. however Donald Ostrowski, "Church Polemics and Monastic Land Acquisition in Sixteenth-Century Muscovy," *Slavonic and East European Review* 64:3 (1986), 368-369.

32 "O prepodobnom Theodorite," 333-334, 336-339; Kalugin, *Andrei Kurbskii*, 199-200; Skrynnikov, *Krest,* 249-250; Kämpfer and Stökl, "Rußland," 888-889.

only the spiritual hermits but also a great number of influential aristocrats, which indicates what central political position in the society such persons like Ioasaf and Feodorit held at this time, and how well they were connected with various political and ecclesiastical networks.[33]

The final creation of the political and spiritual network between some Muscovite nobility and Feodorit took place during his periods in Suzdal' and Iaroslavl'. Especially the Spaso-Efimiev monastery of Suzdal' was a rich and influential centre. From the time of Feodorit's exile in the Kirillov-Belozerskii monastery we know that he had many spiritual children among the aristocracy. Most probably these connections were created in the time at Suzdal'. This network brought Feodorit back to the central region, and due to these connections he did not lose his social and political position, but was appointed to the diplomatic mission to Constantinople/Mount Athos and got a position in a Vologda monastery according to his own wish. The connection between the Kurbskii family and Feodorit originates from this period, too. Prince Andrei was born about 1528 and thus was under thirty years old, which may explain his later commitment to his father confessor. Unfortunately we do not know the names of the other spiritual children, but the high position of Prince Andrei indicates also the high social prestige which Feodorit enjoyed in the 1550's.[34]

The relation of Feodorit to the other head of the Constantinople/Mount Athos delegation of the year 1557, Ivashko (Ivan) Volkov remains obscure. As a delegation head he must have been a senior official. They must have known each other and held about the same social ranking, because otherwise such a difficult mission could not have worked. Unfortunately Ivan Volkov is not mentioned elsewhere in the sources.[35]

Most probably Archbishop of Novgorod Makarii ordained Feodorit a deacon about 1526 and for sure a priest about 1542. After his ordination to the priest Feodorit worked as the priest of the home church of Makarii in Novgorod. This proves a very intimate relation with the Archbishop. Feodorit seems to have arrived to Novgorod not just accidentally but was invited and ordained according to some plan. The position of the priest of the Archbishop's court formed a step in his career. Similarly, when he continued for his second mission to Lapland this did not happen following his private interest but obviously he was sent as a high ranking official of the Archbishop's administration with auxiliary forces to fulfill a political programme or plan in Lapland. Thus Feodorit's mission to Kola and Lapland seems to

---

33 "O prepodobnom Theodorite," 329; *Polnyi pravoslavnyi bogoslovskii enciklopedicheskii slovar'*, vol. II, 1896-1897; *The Oxford Dictionary of the Christian Church,* ed. F. L. Cross and E. A. Livingstone (Oxford, 2005), 84-85, 528-529, 1768; Skrynnikov, *Krest*, 244-251; Zimin, *I. S. Peresvetov*, 154-155, 161. http://mirslovarei.com/content_his/ISAAKIJ-BELOBAEV-18281.html (3.8.2008).

34 "O prepodobnom Theodorite," 334, 338-340, 342; Kalugin, *Andrei Kurbskii*, 199-201; Skrynnikov, *Krest*, 238.

35 *NL* 7065 (1557) (XIII, 278).

have formed a part of the Makarian plan of christianization and subjugation of the northern area, which Makarii started in 1526, and which was continued by his successor in Novgorod, Archbishop Feodosii.[36]

Makarii was also the one who pardoned Feodorit in 1557, invited him back from Kirillov, and sent him to the monastery of Iaroslavl'. Makarii's idea was also to trust in Feodorit and to send him to Constantinople and the Mount Athos. Finally the working of Feodorit in Vologda could not have happen without the support of Makarii.

Makarii Leont'ev was born in the region of Moscow in 1480's. His family background remains obscure. Makarii was tonsured a monk in the Pafnutiev-Borovskii monastery and became Hegumen of the Luzhetskii Monastery in Mozhaisk. Thereafter Makarii was appointed Archbishop of Novgorod (1526 – 1542) and finally he was the Metropolitan of Moscow and All-Russia (1542 – 1563). Makarii was a figure in the Muscovite political life already as the Hegumen of Luzhetskii Monastery and became the ideologist of the Muscovite Tsardom of Ivan IV and the creator of early modern protonational Russian Orthodox Church. Makarii had a typical network of clients and supporters on whom he built his political influence. Having been appointed to Metropolitan of Moscow he put these men in new central positions in court and other important institutions. Feodorit Kol'skii may have been one of the clients.[37]

Participants in the northern mission are recorded in other source texts as well. The missions of Iliia-Eliah are famous in the Karelian history. They have been connected with the measures of Archbishop Makarii, but they may have had links also to the history of Feodorit Kol'skii, because they both worked in near areas, and according to the vita of St. Trifon Pechengskii Iliia-Eliah was also in Kola and Lapland. Heikki Kirkinen has proposed that Feodorit worked as the priest of Makarii's home church as a successor of Eliah.[38]

The companion of Feodorit Kol'skii during his first mission is called Mitrofan, but this man is not mentioned anymore thereafter. All hermits of the North are not known, of course. Mitrofan is not a rare name.[39] On the other hand the lay name of St. Trifon Pechengskii was Mitrofan. He was about the same age as Feodorit (born 1495), was living in Lapland since the 1520's and was tonsured by Archbishop Makarii. Trifon founded his Trinity monastery closely to the Norwegian border on

36 *N4L* (spisok Dubrovskago) 7034 (1526), 7042 (1534), *Materialy po istorii Karelii*, no. 64, 154-159; Korpela, *The World*, 144-149.

37 David B. Miller, "The Orthodox Church," in *The Cambridge History of Russia, I: From Early Rus' to 1689*, ed. Maureen Perrie (Cambridge, 2006), 354-357; Skrynnikov, *Krest*, 222-224.

38 N. F. Korol'kov, *Skazanie o prepodobnom Trifone Pechengskom chudotvortse, prosvetitele loparei i ob osnovannoi im obiteli* (St. Peterburg, 1910), 10; Heikki Kirkinen, *Karjala idän ja lännen välissä, I. Venäjän Karjala renessanssiajalla (1478-1617)* (Helsinki, 1970), 162, 166-168; Heikki Kirkinen, "Iljan käynnit Karjalassa," in Heikki Kirkinen, *Bysantin perinne ja Suomi. Kirjoituksia idän kirkon historiasta* (Joensuu, 1987), 119-133.

39 "O prepodobnom Theodorite," 331; Kalugin, *Andrei Kurbskii*, 195-196.

the river Pechenga about 1533. The monastery of Feodorit was also consecrated to the Holy Trinity but remains unknown for the rest, while the foundation of Trifon became famous also in Moscow.

The Tsar proclaimed his sovereignty over the northern territories by donating rich areas and taxes for the support of the monastery of Trifon, and Trifon founded the church of St. Boris and Gleb at the state border, which served as a political demonstration at the same time. Swedes plundered and destroyed the monastery of Trifon in 1589 and it was reestablished at Kola by the order of Tsar Feodor, because Kola was also otherwise becoming the administrative centre of the area.[40] According to the vita of Trifon, he came to the court of the Tsar in Moscow together with the "ierodiakon" Feodorit from Solovki, who was living in Kola, here they met the Tsarevich Feodor Ivanovich as well. Unfortunately the oldest manuscript of the vita is only from the 18th century and the dating of this visit is impossible. Feodorit could not have met Tsarevich Feodor Ivanovich when he was a deacon. Feodor Ivanovich was born in 1557 and Feodorit was ordained a priest already before 1542.[41] Most probably there are mixtures in the tradition concerning these two missionaries, but historically they evidently knew each other. It remains open, whether there once were really two separate monasteries of Holy Trinity which later on became to be only one, or whether is the monasteries of Feodorit and Trifon one and same institution which Prince Andrei only confused in his text, as E. E. Golubinskii thought in the beginning of the 20th century.[42]

The dispute between the supporters and opponents of unrestricted monastic landownership is a problematic issue but also one of the most central struggles in the 16th century Muscovite political life; the question was not limited only to the definition of the contemplative life but has also most important political implications. The crucial question concerned the right of the Church for properties and land ownership, because the building of a modern state needed more resources also in Muscovy what resulted to an interest conflict with the Church in this matter.[43]

According to earlier studies, the original dispute was connected with two leading persons: Nil Sorskii and Iosif Volotskii. The real roles of Nil and Iosif are, however, very obscure and they were sometimes even allies. Iosifov monks also copied Nil's works as much as Kirillov monks did. According to Donald Ostrowski, the concept of the church parties is not helpful for interpreting the source testimony, because the members and programs of each party are unclear and the struggle concerning the

---

40 Korpela, "The Christian Saints," 44-56; Kalugin, Andrei Kurbskii, 201-202; E. E. Golubinskij, *Istoriia kanonizatsii sviatykh v russkoi tserkvi. Izdanie vtoroe, ispravlennoe i dopolnennoe* (Moskva, 1903), 156; I. F. Ušakov, *Kol'skaja zemlja: očerki istorii Murmanskoj oblasti v. do-oktjabr'skij period* (Murmansk, 1972), 59-77.

41 Korol'kov, *Skazanie*, 11; Shestakov, "Prosvetiteli," 257; Kirkinen, *Karjala,* 167.

42 E. E. Golubinskii, *Istoriia russkoi tserkvi. Vol. 2: period vtoroi, Moskovskii, ot nashestviia mongolov do mitropolita Makariia vklyuchitel'no* (Moskva, 1901), 860.

43 Miller, "The Orthodox," 351-353; Kämpfer and Stökl, "Rußland," 886-888; Zimin, *I. S. Peresvetov*, 153-168.

landownership can be more easily explained with the formation of the d'iachestvo (permanent administration). In my mind the land ownership and its theological motivation was the core issue in the dispute and therefore the concept of the "parties" is useful, although we must keep in mind that individuals were members of various networks and therefore their positions were not unambiguous within the "imaginary parties".[44]

The controversy is clear in the life of Feodorit, too. He was linked to the group of the "non-possessors" especially during his stay in the hermitage of Porfirii. Artemii, whom Feodorit met there, was the leading supporter of the ideas of Vassian Patrikeev of this time. Tsar Ivan invited him to become the Hegumen of the Troitse-Sergiev monastery and to be a participant of the Stoglav council expressively as a political counter-weight against the claims of the high clergy for the large ownership rights of the Church. When the Tsar invited Feodorit to Suzdal', he did this on the initiative of Artemii and thus for his support. We may conclude that Feodorit had an influential position among the "non-possessors" and therefore was needed at the Stoglav Council. In other words Feodorit was a learned man who belonged to the leading persons of one of the political fractions of his own time, and therefore he got a position as the head of one of the most important spiritual centers, too.[45]

Feodorit himself got into troubles with the monks in Kola and in Suzdal'. Both times Feodorit was transferred and his active adversaries were well-known Iosifites. The first time he was sent to a small monastery near Novgorod by Archbishop Feodosii who was at that time a leading Iosifite, originally trained in the Iosifov-Volokolamskii monastery. The second time, Bishop Afanasii Paletskii imprisoned Feodorit in the Kirillov-Belozerskii monastery. Finally, in the end of his life, Feodorit refused to take the rich presents of the Tsar after his return from Constantinople and retired to the monastic life. According to Prince Andrei, the reason for the controversies in Kola and Suzdal' was the thorough rigor of Feodorit, because he blamed the monks and Bishop Afanasii for drunkenness and avarice, which were typical accusations of the "non-possessors" against the Iosifites and the organized Church, despite Iosif's own strict rule. The text stresses also as a further punishment that Feodorit was exiled expressly to Belozersk where Afanasii had been Hegumen.[46]

Perhaps this controversy had influenced the creation of the negative image of the Kirillov-Belozerskii monastery in the tale of the life of Feodorit, although he lived there twice. First in his youth Feodorit spent there about two years after the monastery of Svir' and before his joining to the hermitage of Porfirii. The text is not very

44 Ostrowski, "Church," 335-379; David Goldfrank, "Recentering Nil Sorskii: The Evidence from the Sources," *The Russian Review* 66 (2007), 359-376; E. V. Romanenko, *Nil Sorskii i traditsii russkogo monashestva* (Moskva, 2003), 6-8, 35-44.
45 "O prepodobnom Theodorite," 333-334; Skrynnikov, *Krest,* 237-238.
46 "O prepodobnom Theodorite," 329, 333-334, 334-341; David M. Goldfrank, "Feodosii," *The Modern Encyclopedia of Russian and Soviet history (= MERSH)* 11 (1979), 97-98.

loquacious, although it praises this most influential spiritual centre and mentions that Feodorit met Sergei Klimin and other holy persons there. The second period was the imprisonment of Feodorit to Belozersk after the trial in the middle of 1550's. Sergei Klimin seems to have been a respected and well known member of the monastery, but he is not recorded elsewhere in the sources. The monastery of Belozersk was a large and influential monastery with close contacts to the Muscovite court. It was also a real literary and cultural centre which must have influenced the young Feodorit, too. At Kirillov also Nil Sorskii had been tonsured and spent a long period of his life, and the monastery became one of the centers of "non-possessors".[47]

However, the descriptions about the proceedings as well as the reason for the retirement of Feodorit to Vologda and the description of his last missions to Kola are exclusively the personal interpretations of Prince Andrei Kurbskii. It is therefore most important to notice that Feodorit was able to balance between the two groups, because he could return to the political life soon after 1556. He seems to have belonged to the clients of Makarii in Lapland, and Makarii also invited Feodorit back from his exile in Kirillov. Makarii was a moderate supporter of Iosifites, and thus the "non-possessor" image of Feodorit might not be the whole truth. We have to keep in mind that the real division between the two groups was not clear in its own time, and that the sympathies of Prince Andrei were on the side of "non-possessors" whose supporters he called "премудрые".[48]

Feodorit is thus connected in the story with surprisingly many of the most important spiritual centers of Central and Northern Russia. He was living at time in Solovki, Svir', Kola, Kirillov, Suzdal', Iaroslavl', Novgorod and the hermitage of Porfirii, and his stays in monasteries can be regarded as historically true, because they are so well connected with other well known persons or historical events. Only the stay in Svir' may belong to the literary imagination of Prince Andrei, because it is just mentioned and Aleksandr Svirskii was canonized in the Makarian synods as an important northern Saint, monastery founder and hermit.[49] On the other hand, the author has not included some other famous northern centres (e.g. Valamo and the Ferapontov-Belozerskii monastery) into the life of Feodorit which would be thinkable, if he had intended to create a complete literary presentation. Otherwise Feodorit was also linked to the Troitse-Sergiev monastery, to Rostov and Pechenga. He had personal contacts with two Hegumens of the Troitse-Sergiev monastery: Porfirii and Artemii, and during a long period he was a client of Metropolitan Makarii. The lay network is more obscure, but he must have met the Tsar, was the

---

47 "O prepodobnom Theodorite," 325, 338-339; N. Lupinin, "Kirillov-Belozerskii monastery," *MERSH* 17 (1980), 27-29; Gelian Mikhailovich Prokhorov, "Prepodobnyi Nil Sorskii i ego mesto v istorii russkoi duhovnosti," in *Prepodobnye Nil Sorskii i Innokentii Komel'skii. Sochineniia* (St. Peterburg, 2005), 11-13, and passim; Ostrowski, "Church," 368; Goldfrank, "Recentering," 360-361; Romanenko, *Nil Sorskii,* 7-9.

48 "O prepodobnom Theodorite," 329, 333; Miller, "The Orthodox," 353-357; Ostrowski, "Church," 359-360, 368.

49 Golubinskii, *Istoriia kanonizatsii,* 100.

farther confessor of Prince Andrei and he had other influential spiritual children, too. Finally, had Feodorit not been an important figure of his own time, certainly neither Artemii nor Prince Andrei would have written their presentations concerning the life of Feodorit. In their mind he must have been an influential political and ecclesiastical actor.

D. Constantinople

The diplomatic mission of Feodorit to Constantinople has been regarded generally as the peak in his career and as an indication of his high ranking political position in the Muscovite administration. A simple hermit had never been appointed to such a mission. Ruslan Skrynnikov has, however, stressed the rigor of the fraction of Artemii and how the Tsar only used their learning for achieving his own goal to limit the mighty economical position of the Church. The rigor resulted also in the fall of the group, in imprisonments, executions and exiles. According to Skrynnikov, Feodorit had only avoided more severe punishments after his fall due to some reason, but the Tsar sent him to Greece, to Athos 1557. He does not mention any diplomatic tasks or the Constantinople Patriarchate.[50]

According to Prince Andrei, the Tsar invited Feodorit from Iaroslavl' to the court, because he was a skilful and wise man ("яко мужа искуснаго и мудраго"), and sent him as his envoy to the Patriarch of Constantinople to ask for the traditional blessing of the Patriarch for his coronation as Tsar (Roman Emperor)[51] ("посылающи его посломъ ко патріарху Констянтииопольскому, просяще благословенія о коронзію и о таковомъ благословенію и о величанію, имже i яковымъ чиномъ цесари Римскіе сущіе христіанскіе отъ папы и патріарховъ венчаеми были;"). Feodorit was happy to fulfil this mission, which took a long time and was troublesome, but it ended very successfully.[52]

There were several diplomatic contacts to various foreign rulers after 1547 because an international recognition for the new title was most important.[53] According to Jaakko Lehtovirta there were many contacts to the Patriarchate of Constantinople, too, which still was situated in the city of Constantinople and had an influential position in the Ottoman Empire. Mount Athos had another kind of important political position, and its relations to Muscovy were intensifying in this time. Lehtovirta mentions the mission of 1557 without naming Feodorit and considers, that the delegation of Gennadii, Archdiacon of the Sofia Cathedral of Novgorod, and of the merchant Vasiuk Pozniakov in 1558 was the most important one. The delegation brought the responsive letter of the Tsar to the request for support from Patriarch of Alexandria Ioakim.[54]

---

50 Skrynnikov, *Krest*, 237-238, 247-250.
51 Cf. above note 13.
52 "O prepodobnom Theodorite," 340.
53 Lehtovirta, *Ivan IV*, 287-355; Miller, "The Orthodox," 357.
54 *NL* 7066 (1558) (dopolneniia k Nikonovskoi letopisi, XIII, 306-311), "Poslanie tsaria Ivana

Skrynnikov refers to the story "О отпущеніи митрополита греческого (иасаѳ)" which is in the Nikon Chronicle under the year 1557. It deals with the departures of the delegation of the Constantinople Patriarch Dionysios II (1546 – 1556) and the monasteries of Mount Athos headed by the (provincial) Greek Metropolitan Ioasaf from Moscow and the delegation of the Tsar to Constantinople and Mount Athos which took the presents of the Tsar to the Patriarch and to the monasteries. According to the text the Muscovite delegation to the Patriarch was headed by Ivashko (Ivan) Volkov and the delegation to the Mount Athos by the "former Archimandrit" Feodorit of the Spaso-Efimiev monastery.[55]

In any case the official answer of Patriarch Ioasaf II (1556 – 1565) came only in 1561 or 1562. The political position of the Patriarch was challenging, because the Sultan needed his authority in internal affairs as well as in foreign policy of the Ottoman Empire, but the Patriarch could not act against the Ottoman interests and therefore he could not to recognize the Universal Empire of Ivan directly, but could only recommend the use of the title of an Orthodox Emperor.[56]

Although the mission of Feodorit is a historical fact, the information is contradictory. The main problem is whether he visited in Constantinople or not. I do not see any reasons to consider the information of the Nikon Chronicle more reliable than the one in the story of Prince Andrei.[57] The latter held a central position in the Muscovite administration in this time and, thus he disposed of the correct information, although later, it was his interest to exaggerate the role of Feodorit, while the text of Nikon is a bit later and also revised according to the needs of its writing time which most probably were negative or neglecting towards the position of Feodorit. The official answer of the Patriarch is mentioned also in the text of Prince Andrei in the context of Feodorit's mission. It may be a later interpolation; perhaps the author tried to connect the proceedings of 1561/1562 directly to the delegation of the year 1557 and intended to show, how unfair the Tsar was, when he ordered to execute the man who had brought to him the official recognition of his Imperial position. However, if the story in the Nikon Chronicle is correct, the position of Feodorit as the head of the delegation of the Tsar to the Mount Athos was also a most important

---

Vasil'evicha k aleksandriiskomu patriarkhu Ioakimu s kuptsem Vasiliem Poznjakovym i hozhdenie kuptsa Pozniakova v Ierusalim i po inym sviatym mestam. 1558 goda," in *Tshteniia v imperatorskom obshchetve istorii drevnostej rossiiskih pri moskovskom universitete* (Moscow, 1884), I, 1-32; Lehtovirta, *Ivan IV*, 296-298; Miller, "The Orthodox," 357; Elisabeth A. Zachariadou, "Mount Athos and the Ottomans c. 1350-1550," in *The Cambridge History of Christianity, 5: Eastern Christianity (CHC 5)*, ed. Michael Angold (Cambridge, 2006), 164-168, Elisabeth. A. Zachariadou, "The Great Church in captivity 1453-1586," in *CHC 5*, 173-174, 184-185.

55 *NL* 7065 (1557) (XIII, 278); Skrynnikov, *Krest*, 238.

56 Zachariadou, "The Great Church," 173-174, 184-185; Lehtovirta, *Ivan IV*, 296-298; B. A. Uspenskii, *Tsar i patriarkh. Kharizma vlasti v Rossii (Vizantiiskaia model' I ee russkoe pereosmyslenie)* (Moskva, 1998), 85.

57 Gladkii, "K voprosu," 240.

political task, which would indicate the prestige of Feodorit within the Muscovite administration.

E. An Apostle and Creator of Sámi Literacy?

According to Prince Andrei, Feodorit went to the "pagan, backward barbarians, the distant Sámi", learned their language, preached Christianity, taught the Sámi, and translated holy texts for them. He baptized also two-thousand Sámi as Christians.[58] The Church tradition has called Feodorit the Apostle of the Sámi and attributes to him the creation an alphabet for the Sámi language.

The reputation of an apostle is a natural part of Feodorit's Christian veneration and the role of a saint person. It is, however, unclear how realistic this reputation is, because, dogmatically, the holy image of a saint reflects his "angelic and eternal Christian mission" more than that it describes the historical facts of the deceased human being. It is of course contradictory who can be called an apostle and who not. If we think, that Feodorit fulfilled an important task as the Baptizer of Sámi, it is also justified to call him an apostle. Historically there is, however, very few evidence about such a work. For sure, Feodorit was neither the first person who preached Christianity in these regions nor was he the priest who consecrated the church at Kandalaksa corresponding to the entry in the Novgorodian chronicle under the year 1526 (see above). On the other hand the Sámi were still living as pagans a very long time, and therefore no missionary work in the 16th century was very successful.

Altogether Feodorit spent 7 – 8 years in Lapland and in comparison to his entire career this is not much. Therefore the Sámi mission was more important for the holy image of Feodorit than for his historicity. We have to take into account too, that Feodorit could not have undertaken his four missions to Lapland on his private initiative. Obviously he was sent to Lapland by his superiors at Solovki, Novgorod and Moscow.

The story about the baptism of two-thousand Sámi is a typical hagiographic exaggeration, of course. The reason for this conclusion is not, however, the fact that the other written sources did neither mention the procedure nor record so many Lapps. The opinion of Simon van Salingen concerning the few colonists and otherwise unpopulated area is not relevant here. I have elsewhere shown that the written records are not able to describe the real population situation until the 17th century, because the administration was not yet organized and the pagan Lapps were mainly living outside of the taxation system and realm. On the other hand, christianization was proceeding and the late 16th and early 17th century tax-records reveal the process. Thus the missionaries surely baptized Sámi people, but how effective this was and what was Feodorit's historical role in it, remains open.[59]

---

58 "O prepodobnom Theodorite," 330, 332-333, 343.
59 Korpela, *The World,* 145-148.

Even more obscure is the story concerning the translations and the Lapp/Sámi alphabet. First we have to separate the alphabet from the translations. For sure, Feodorit like other missionaries, too, must have learned the local language, which in his case took place in Solovki. According to the Paterikon, he translated some basic texts like the "Pater noster", some chapters from the Gospel (Eastern, Christmas), and the Credo. Another thing is whether these translations were written in any alphabet for the use of the locals and whether a new writing system was created. Prince Andrei does not mention the alphabet.[60]

The idea about a Sámi alphabet is present for the first time in the text of Simon van Salingen, who tells how a local man Feodor Zidenowa (Chudinov?) from Kandelar (= Kandalaksa) enjoyed the reputation of a learned man ("der für ein russischen Philosophum gehalten wurde") who had written the history of Karelia and Lapland. Feodor had shown Simon manuscripts which were written in the Karelian alphabet (Credo, Pater noster) ("auch sich unterstunde, die karellische Sprach in Schrifft zu bringen, die nie kein Mensche geschrieben hette, So ließ er mich das Alphabet sehen, und Schrift, den Glauben und Vater unser..."). Even if there were attempts to create a Sámi literacy for the purpose of religious teaching, they were not successful and soon forgotten, and these attempts were not bound to Feodorit. The Sámi remained mostly illiterate until the 20th century.[61]

The story about the Sámi alphabet appears to be a typical holy topos which is attached traditionally to many missionaries, although in some cases the creation of a new writing system is a historical fact.[62] From this perspective Feodorit is also very similar to St. Stephen of Perm'. While there is some slight evidence concerning the creation of the Permian alphabet by St. Stephen, although I do not believe that he really created any alphabet, there is no evidence what so ever concerning the Sámi alphabet, not even among the circles of Old-Believers.[63]

There are preserved some short sentences in Finnic languages in medieval Novgorodian birch-bark letters, but they are always written in Cyrillic alphabet. Thus the most natural solution to teach and translate holy texts to Sámi would have been the use of Cyrillic writing which is totally useable for the Finnic languages. Nor did Michael Agricola, the Lutheran Bishop of Turku (1554 – 1557), invent any new writing system when he created the written Finnish language at that time and translated the holy books in Finnish, he just used the Latin alphabet.

---

60 "O prepodobnom Theodorite," 332-333; *Solovetskii paterik*, 42; Kirkinen, *Karjala*, 167; Kalugin, *Andrei Kurbskii*, 196-199.
61 Simon van Salingens Bericht von der Landschaft Lappia, aufgesetzt 1591, in *Magazin für die neue Historie und Geographie, angelegt von D. Anton Friedrich Büsching*, VII (Halle, 1773), 343; A. M. Filippov, "Russkie v Laplandii v XVI veke," in *Literaturnyi vestnik*, t. 1, kn. 3 (1901), 301-302; Kalugin, *Andrei Kurbskii*, 196-199.
62 Gottfried Schramm, *Anfänge des albanischen Christentums: Die frühe Bekehrung der Bessen und ihre langen Folgen* (Freiburg, 1999), 81-92.
63 Jukka Korpela, "Pyhä Stefan Permiläinen," *Ortodoksia* 49 (2002), 122-123.

The two last visits of Feodorit to Lapland started from the Spaso-Prilutskii monastery at Vologda between 1558 and 1564. According to Prince Andrei, he went to
Lapland over Kholmogory and the White Sea which is the natural water route from
the region of Vologda. Feodorit continued to the river Pechenga and returned home
over river and monastery of Kola. The text of Prince Andrei stresses very much the
missionary and religious character of the journey.[64]

The scholarly literature is concerned about the geographical peculiarities of the
story and about the fact that Simon van Salingen does not mention the monastery of
Kola or other Russian colonies.[65] The geographical mistakes are, however, neither
important nor extraordinary in these texts. The level of the information of Simon van
Salingen may have been limited. A more central question would be, in my mind,
what did Archimandrit Feodorit do in Lapland and why he, perhaps an old man of
about seventy years, undertake these two troublesome and dangerous journeys. The
traditional, almost romantic explanation, that Feodorit was eager to see the land-
scapes of his youth, does not convince at all.[66] We may combine the following facts:
1. Feodorit was an expert for Lapland and Kola. 2. At that time the importance of the
area was strongly growing in the Muscovite perspective, which is obvious from the
donations for the monastery of Trifon, Trifon's own visit (perhaps together with
Feodorit) to the court of Moscow, as well as from the start of the West European
trade on the Arctic route. 3. Feodorit was a member of ruling networks of Muscovy,
especially the one around Metropolitan Makarii, who had started the northern mission in the 1520's. Perhaps Feodorit was sent to the areas which he knew well as the
expert for the administration and as a diplomat. Thus the trips were neither ordinary
Christian missions nor some kind of nostalgic dreaming, but simply supervision and
inspection visits organized by the central administrations of the court and the
Church.

F. The Fall of Feodorit?

After his second visit to Kola and Lapland the information concerning Feodorit gets
scarce and sources consist of various kinds of rumours. While some claim that
Feodorit died in peace in about 1576, the Paterikon of Solovki dates his death to
August 17th, 1571. Prince Andrei does not offer any dates, but implies that Feodorit
lost his life as a victim of the terror of Ivan IV. Probably Feodorit lost his position
soon after 1564 and perhaps even a new trial was launched against him.[67]

Old enemies may have used the situation when Tsar Ivan became more suspi-
cious concerning his surrounding. The flight of Prince Andrei Kurbskii most proba-

---

64 "O prepodobnom Theodorite," 342-343.
65 Simon van Salingens Bericht von der Landschaft Lappia, 339-346; Kalugin, *Andrei Kurbskii*,
   201-202.
66 Kirkinen, *Karjala,* 168.
67 *Solovetskii paterik,* 43; "O prepodobnom Theodorite," 345-346; *Polnyi pravoslavnyi bogoslovskii enciklopedicheskii slovar'*, vol. II, 2410.

bly influenced also the position of his spiritual father. The situation may have been even worse because another near supporter of Feodorit, Archimandrit Artemii and others of his like minded supporters had escaped to Lithuania already earlier and Lithuania was not only an official enemy of the realm of Muscovy and personally of Ivan IV after the beginning of the Livonian War (1558 – 1582), but also a source of various heretic religious and political conspiratorial movements. Feodorit was evidently stigmatized as a person who had sympathies for Lithuania. Feodorit himself had not shown a loyalty towards the Tsar after the mission to Constantinople. He refused the gifts of the Tsar perhaps due to ideological reasons. When the powerful protector of Feodorit, Metropolitan Makarii died in 1563, Feodorit lacked a sufficiently strong defence against old enemies and the suspicions of the Tsar and his oprichnina.[68]

Who were the enemies? The Bishop of Suzdal', Afanasii Paletskii, is mentioned by name during the disputes of the 1550s. The family Paletskii belonged to the Muscovite aristocracy and was distantly related to the family of the Tsar.[69] Afanasii continued his career and became one among the most influential Muscovite Bishops in the 1560's. He was promoted to the Archbishop of Polotsk in 1566 and was present several times in important proceedings.[70]

According to Skrynnikov, the general reason for the troubles of Feodorit and other "non-possessors" was their rigor and campaign against the properties of the Church. This policy was not accepted in the large centers and among the prelates. Skrynnikov has stressed that the teaching of the group of Artemii strongly approached the West European Protestantism, and this was also the real concern of the Muscovite elite and gave the reason for the trials of 1554 – 1557 against them. According to Kämpfer and Stökl, there may have really been connections to Western Protestants via Lithuania, but the main reason was that the group of Artemii went to such extreme interpretations of Christian teaching that it threatened the unity of the Orthodox Church, while the original support of the Tsar for them had only served for limiting the power of the rich church centers and their clergy and for securing resources for the state building by this means.[71]

Thousands of members of the Russian aristocracy and the clergy were arrested and executed during the years of the oprichnina terror, 1564 – 1572. Thus, Feodorit may have been only a typical case. Perhaps his arresting and killing took place in the connection of Ivan's raid to Novgorod and the devastation of the Novgorod land due to the assumed Lithuanian sympathies of the inhabitants in 1570. The source of the exact date (the 17th August, 1571) of the Paterikon for the death of Feodorit is the inscription in his grave stone. This is not impossible but the text of the Paterikon is

---

68 Kämpfer and Stökl, "Rußland," 888-889, 915; Skrynnikov, *Krest*, 250-251.
69 Sergei Bogatyrev, *The Sovereign and His Councillors. Ritualised Consultations in Muscovite Political Culture, 1350s-1570s* (Helsinki, 2000), 180, 263-264.
70 *NL* (dopolneniia k nikovovskoi letopisi) 7074 (1566), 7075 (1567) (XIII, 403, 404).
71 Skrynnikov, *Krest*, 238, 246-250; Kämpfer and Stökl, "Rußland," 888-889.

only from the 19th century, and there is no evidence concerning the origin of the inscription and, as well known, among inscriptions there are many late forgeries.[72] We do not know for sure whether Feodorit was executed and if so, whether this execution was effected personally by the head of the security service of Ivan, Malyuta Skuratov as it has been told sometimes in the popular literature. Personally I doubt that the head of the oprichnina travelled so long to the north only because an old man had to be killed, if this took place in Solovki. He had assistants for this duty and the idea may have been taken in the literature from the history of Metropolitan Filipp who really was killed by Malyuta Skuratov. The Paterikon transmits only the information concerning the death place of Feodorit but the text does not mention any execution or violence. On the other hand, after the trial against Metropolitan Filipp, in 1569, the oprichnina terror reached the monastery of Solovki, too.[73]

G. The Canonization

The text of Prince Andrei concerning his spiritual father meets the requirements of an official vita of a saint, and Prince Andrei even calls Feodorit "a holy man" (святой муж).[74] The Orthodox Church, however, lacks such well defined standards for holy texts and precise rules for the canonization procedure as they exist in the Roman Catholic Church. As a matter of fact, canonization takes place when a council or a bishop decides to include a deceased person in the annual church calendar and orders the veneration of him as a saint. A cult may come to be accepted also without any formal act of canonization.[75] A canonized person is supposed to have an icon, a biography including posthumous miracles (vita/zhitie) and two liturgical texts (troparion, kontakion), but in practice it depends on the local church, brotherhood or bishop, if these are composed or not. On the other hand, there are various kinds of sermons and life stories concerning well-known persons, and they could have been included in chronicles and other literary presentations without being the proof of the canonization of the person in concern. Thus the text "О преподобномъ Ѳеодорите" alone is not a sufficient testimony for of the canonization of Feodorit – just on the contrary, if we take into account that Prince Andrei was an exiled political adversary of the Muscovite regime and Feodorit was an imprisoned, perhaps even executed politician.

The value of the text "Блаженный Ѳеодоритъ, просветитель лопарей" in the Paterikon of Solovki is a more complicated question. As such it is based on the writing of Prince Andrei. The Paterikon is a collection by the brotherhood of Solovki only from the late 19th century. Generally speaking, Paterika are collections of

---

72 Kämpfer and Stökl, "Rußland," 914-926; *Solovetskii paterik*, 43; Dosifej, *Letopisets solovetskii*, 38.

73 *Solovetskii paterik*, 43; about the dating of the Paterikon cf. "Vvedenie," in *Solovetskii paterik*, III, Dosifej, *Letopisets solovetskii*, 35-36.

74 "O prepodobnom Theodorite," 345.

75 *Oxford Dictionary of the Christian Church*, 282.

episodes from the life of Saints (житие), but in practice they include episodes from
the life of non-canonized persons as well. We don't dispose of indications about the
time when the text about Feodorit was composed and included in the collection and
whether Feodorit was considered as a holy person in this connection. It is especially
contradictory that Archimandrit Dosifei does not mention a single word concerning
Feodorit in his Solovki Chronicle which he composed in the 1840's.[76]

The epithet "блаженный" refers to some kind of veneration, but is technically
very odd in connection with Feodorit. Following the Old Russian text tradition, it
refers to people who had lived like saints, but who had not been formally canonized.[77]

The word "блаженный" and its Finnish translation "autuas" are used in the
theological literature as correspondence to the Latin term "beatus", too. The English
official term is "blessed". The Roman Catholic Church disposes of a very sophisticated system for the canonization. During the canonization process a dead person is
declared "beatus", according to a preliminary investigation, and only thereafter the
Pope can proclaim the final canonization as a saint, if certain criteria are fulfilled.
The beatification allows only a restricted public veneration of the person beatified.[78]
An explanation may be that the epithet "блаженный" is a 19th century compromise
where the western concept was applied on Feodorit, because his saintliness was still
under discussion. A strong western dogmatic influence was a very common phenomenon in the Russian Orthodox Church of the 19th century. This explanation
seems to be plausible for the Finnish use, too, because the position of saints is weak
in the traditional Protestant surrounding, and the western influence on the Orthodox
theological thinking is strong.

Trifon of Pechenga, Filipp Moskovskii, Metropolitan Makarii, Aleksandr Svirskii belong to the saints of the Church among the close personal network of
Feodorit, while Eliah-Iliia, Artemii, and Porfirii were never included in the saints'
calendars. Trifon, Filipp and Aleksandr were venerated soon after their death in the
16th century, while Makarii was canonized only in 1988. Aleksandr and Trifon were
most suitable persons for the 16th century rulers, and therefore their canonization
could not have been a political action, while Makarii was first of all an administrator
and therefore only important from the later historical perspective of the Church.

Eliah-Iliia is an odd case, because although he was one of the key persons in the
Karelian baptism, he was never canonized as a saint. Many of the Karelian churches
and chapels are consecrated to the Prophet Eliah, who was his heavenly intercessor
(e.g., Andoma, Ilomantsi, Kizhi, Kurkijoki, Olonets, Panozero, Shun'ga, Shuja,

---

76 Dosifej, *Letopisets solovetskii*, 22-38.
77 "Vvedenie," in *Solovetskii paterik*, II-III, the text of the life story on the pages 41-43; *Polnyi
   pravoslavnyi bogoslovskii enciklopedicheskii slovar'*, vol. I, 346; G. D'iachenko, *Polnyi tser-
   kovno-sliavianskii slovar' (so vneseniem v nego vazhneishikh drevne-russkikh slov i vyrazhenii)*
   (Moskva, 1993), 46-47. Other use cf. I. I. Sreznevskii, *Materialy dlia slovaria drevnerusskogo
   iazyka*, vol. I, A-K (Moskva, 2003), 110.
78 *Oxford Dictionary of the Christian Church*, 175, 282-283.

Vazhina, Venitsa, Vytegra, Vyg', monastries of Maasjärvi, Svir'), and the feast of Eliah (20th, July) has been the date of many important political proceedings in early modern Karelia. On the other hand, the churches of Eliah were neither uncommon all over Russia starting from the first known church of Kiev in 945.[79]

Artemii and Porfirii were difficult dissidents; Artemii even fled to Lithuania. Similarly difficult persons were Filipp and Feodorit, too. Filipp was a real monastery builder, who had a strong position among the Solovki brotherhood, which he left to became the Metropolitan of Moscow only after strong pressure in 1566. Filipp suffered also a true martyr's death at the hands of the oprichniki of the Tsar. The brotherhood translated the relics of Filipp to the monastery and started his cult. This was successful in the unclear und labile political situation after the death of Ivan IV.[80]

When did the canonization of Feodorit happen? There is no evidence about his official sainthood in the late 16th century. Nikolai Iakhontov considers the literary description of Prince Andrei very trustworthy and evidently counts Feodorit among the saints of the church, as does Shestakov in his presentation of Feodorit of Kola and Trifon of Pechenga, although the latter does not call Feodorit a saint in the same way as Trifon.[81] The *Dictionary of the Russian Orthodox Church* (originally from the early 20th century) does not call Feodorit a saint, but otherwise presents him as an important missionary of the Lapps following the presentation of Prince Andrei.[82] E. E. Golubinskii, the most critical scholar of the Russian Orthodox Church from the early 20th century, does not consider Feodorit as a canonized saint.[83] The rich collection of sources of Russian hagiography by Nikolai Barsukov does not contain any references to Feodorit; nor does the completed, 3rd edition of Filaret Gumilevskii's *Zhitiia sviatykh* count him among the saints.[84]

The modern Russian Church calendars and lists of saints do not mention Feodorit among the persons of the daily commemorated saints. He is, however, included in the modern catalogue of the saints of the land of Novgorod and, as mentioned before, into the Paterikon of Solovki.[85] Thus the position of Feodorit seems to be

79 *Povest' vremennykh let,* ed. and trans. D. S. Lihacheva and V. N. Adrianovoi-Peretc (St. Peterburg, 1996), 6453 (945), Heikki Kirkinen, *Karjala Idän kulttuuripiirissä: Bysantin ja Venäjän yhteyksiä keskiajan Karjalaan* (Helsinki, 1963) (= Historiallisia tutkimuksia, 67), 192, Kirkinen, *Karjala,* 258-261, Heikki Kirkinen, *Karjala Idän ja Lännen välissä II: Karjala taistelukenttänä* (Helsinki, 1976), 81, 119.

80 Golubinskii, *Istoriia kanonizatsii,* 118, Skrynnikov, *Krest,* 263-288.

81 Nikolai K. Iakhontov, *Zhitiia sv. severnorusskikh podvizhnikov Pomorskogo kraia kak istoricheskii istochnik: Sostavleno po rukopisiam Solovetskoi biblioteki* (Kazan', 1881), 118-126, Shestakov, "Prosvetiteli," 242-296 (Theodorit, 261-275).

82 *Polnyi pravoslavnyi bogoslovskii enciklopedicheskii slovar',* vol. II, 2410.

83 Golubinskii, *Istoriia russkoi tserkvi,* vol. 2, 859-861.

84 Nikolai P. Barsukov, *Istochniki russkoi agiografii* (St. Peterburg, 1882), Filaret (Gumilevskii), *Zhitiya svjatykh, Chtimykh pravoslavnoiu tserkoviiu so svedeniiami o prazdnikakh gospodskikh i bogorodichnykh, i o iavlennykh chudotvornykh inokakh* (St. Peterburg, 1900).

85 *Sviatye Novgorodskoi Zemli ili istoriia Sviatoi Severnoi Rusi v likakh X – XVII vv.,* ed. Ieromonakh Sergii Logash, vol. II, Velikii (Novgorod, 2006), 906-908.

"hanging in mid-air". Today he is a local saint who is venerated in the local arch-bishopric and in the monastery of Solovki (as well as in Finland) but not in the calendars of the patriarchate. The difference is clear in comparison to the cult of St. Stephen of Perm', who soon became a venerated saint in Moscow, but only much later in his own missionary area around Perm' where this happened only during the nation building process.[86] Obviously Feodorit had no place in the Moscovite Church in the late 16th century and was therefore forgotten until the Romantic nation build-ing of the 19th century, when he was rehabilitated and refashioned due to the local needs.

The Orthodox Church of Karelia and All-Finland celebrates the feast of St. Feodorit Kol'skii the 17th, August, but the position of Feodorit in the Finnish calen-dar is peculiar. Namely, St. Feodorit has never had a real cult position in the Fin-nish-Karelian Orthodox Church and no churches or chapels are dedicated to him. His name is neither included in the prayers within the short list of the so-called Ka-relian saints although, for example, St. German of Alaska is mentioned. The well known modern Finnish-Karelian Orthodox historian Heikki Kirkinen regarded Feodorit as a saint already in his early writings. According to him, Feodorit was "blessed" already in the 16th century, and his all-Russian cult was formed in this same time, too. Unfortunately he neither presents any proper sources for his opinion nor explains the meaning of the epithet "blessed".[87]

The first Finnish calendar which records the feast of St. Feodorit is the church calendar of 1985. The new Orthodox bishopric of Oulu (Northern Finland and Lap-land) was established in 1979, and also otherwise the 1980s was a very active period in the building of the National Finnish Orthodox Church, aiming to achieve an auto-cephalous status among the Orthodox Churches of the world. This procedure in-cluded many odd, extraordinary and dogmatically not well motivated details, histo-ries and decisions which were based more on enthusiasm than knowledge and proper judgments. According to the official archives of the church, no formal decisions were made concerning the inclusion of Feodorit into the Finnish-Karelian calendar. Most probably the redactor of the calendar, Fr. Erkki Piiroinen, just did this accord-ing to his own interests concerning Karelian and Finnish saintly persons, as he also stressed the epithet "autuas" ("blessed") in this connection. I think that a formal canonization decision has never been made concerning Feodorit Kol'skii.[88]

---

86 Korpela, "Stefan," 497.
87 Kirkinen, *Karjala,* 162, 217.
88 *Ortodoksinen kalenteri* 1985 (Espoo, 1984), 75, Tapani Kärkkäinen, *Kirkon historia. Orto-doksin käsikirja* (Jyväskylä, 1999), 206, Erkki Piiroinen, *Karjalan pyhät kilvoittelijat* (Kuopio, 1947), 71-72, Erkki Piiroinen, *Karjalan pyhät kilvoittelijat* (Joensuu, 1979), 65-66, Fr. Arimo Nyström (a later redactor of the calendar and official in the central administration of the Ortho-dox Church of Finland in 1980s and 1990s), an oral information, August 4, 2007.

H. Missionary or Politician?

For sure, Feodorit was a historical person, but many facts in his life remain obscure. Feodorit was not a layman but really a monk and priest, because his name is a typical monastic Christian name. Whether he was born in Rostov, is already under discussion, and his role as an envoy of the tsar is obscure. His main image, a clerical martyr, hermit, monastery founder and missionary, is totally exaggerated. For sure he did not create any Sámi alphabet!

The veneration of Feodorit seems to be very late in comparison to St. Trifon Pechengskii, St. Aleksandr Svirskii or the fathers of Solovki, and thus his contemporaries did not consider him as an exceptional holy man. On the other hand, Feodorit spent long periods of his life in the most central monasteries which were centers of erudition in the Russia of his time. Feodorit was appointed several times the head of a monastery, which reflects his personal qualifications. The invitation to him to be the head of the Spaso-Efimiev monastery of Suzdal' during the Stoglav council is an indisputable indication of his important political and spiritual position in the Muscovite society. Thus Feodorit was not a simple monk but a learned and able man. He may have been one of the most important persons of the fraction of the non-possessors, i.e., the so-called "Trans-Volga Elders".

His personal ties with the high clergy and aristocracy were the second important aspect in the career of Feodorit. Evidently he was a member of the ruling personal networks and a client of Metropolitan Makarii. The diplomatic mission to Greece reflects his high political and social reputation.

Finally Feodorit was a hermit from Lapland. He started and finished his career in Solovki and was involved in the policy of the central power as a member of the Makarian mission to North. Perhaps beside missionary work, his last official task consisted of the inspection of the situation in Kola and on the shores of the Arctic Ocean which had gained on economical and political importance expressively thanks to the work of Makarii and his clients.

As it should be obvious, Feodorit was first and foremost an official of the Church and then court, and not just a simple missionary. His clerical role was primarily attached to the establishment of the church organization and to the contemporary power networks in which monasteries played a central role. The reputation as the Apostle of Sámi and a famous missionary is based more on the Romantic interpretation of later historians than on some original source information.

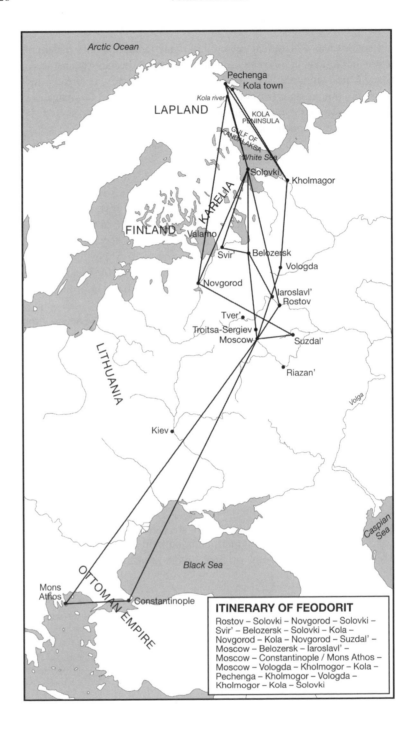

ITINERARY OF FEODORIT
Rostov – Solovki – Novgorod – Solovki –
Svir' – Belozersk – Solovki – Kola –
Novgorod – Kola – Novgorod – Suzdal' –
Moscow – Belozersk – Iaroslavl' –
Moscow – Constantinople / Mons Athos –
Moscow – Vologda – Kholmogor – Kola –
Pechenga – Kholmogor – Vologda –
Kholmogor – Kola – Solovki

How to Petition the Ruler:
Communication and Ritual at the Moscow Court in the Sixteenth and Seventeenth Centuries from the Perspective of Religious Preconditions

CLAUDIA GARNIER

In 1901, the Grottensaal (Grotto Hall) of the New Palace in Potsdam witnessed a spectacle the likes of which had never been seen. The brother of the Chinese emperor – Prince Chun – had traveled to the court of Emperor William II in order to formally apologize there to the Prussian monarch. Preceding this event was the so-called Boxer Rebellion, in which China had rebelled against European and North American colonial rule.[1] From a German perspective, the uprising reached its bloody culmination with the murder of the imperial envoy, Baron von Ketteler, in June of 1900.[2] The uprising was suppressed militarily, China was forced to make concessions, and the difficult negotiation of the formal peace settlement stretched out for more than a year. After the provisions – in terms of content – were fixed in the so-called Boxer Protocol, one question remained open. This question dominated public discussion in the German Empire, and made feelings run high.[3]

How should China, aside from the payment of material compensation, make reparations for the enormous injury and insult to the honor of the German Empire? The *Berliner Illustrierte Zeitung* summed up the public perception in September of 1901: "That a special satisfaction had to be given to the German government and the German people for this outrageous act and flagrant violation of international law went without saying."[4] But what remained unexplained was just how this would

---

1   Thoralf Klein, "Straffeldzug im Namen der Zivilisation. Der 'Boxerkrieg' in China," in *Kolonialkriege. Militärische Gewalt im Zeichen des Imperialismus*, ed. Thoralf Klein (Hamburg, 2006), 145-181; Susanne Kuss, Bernd Martin, eds., *Das Deutsche Reich und der Boxeraufstand* (Munich, 2002) (= Erfurter Reihe zur Geschichte Asiens, 2); Joseph Esherick, *The Origins of the Boxer Uprising* (Berkeley, 1987). On the German colonial policy in China, compare Fu-teh Huang, *Qingdao. Chinesen unter deutscher Herrschaft 1897-1914* (Bochum, 1999); Hermann J. Hiery, Hans-Martin Hinz, eds., *Alltagsleben und Kulturaustausch. Deutsche und Chinesen in Tsingtau 1897-1914* (Wolfratshausen, 1999); Hans-Martin Hinz, *Tsingtau. Ein Kapitel deutscher Kolonialgeschichte in China 1897-1914* (Eurasburg, 1998).

2   Bernd Martin, "Die Ermordung des deutschen Gesandten Clemens von Ketteler am 20. Juni 1900 in Peking und die Eskalation des 'Boxerkrieges'," in Kuss, Martin, *Das Deutsche Reich*, 77-102.

3   Niels P. Petersson, "Das Boxerprotokoll als Abschluß einer imperialistischen Intervention," in Kuss, Martin, *Das Deutsche Reich*, 229-244.

4   Quoted in Stefanie Hetze, "Feindbild und Exotik. Prinz Chun zur 'Sühnemission' in Berlin," in *Berlin und China. Dreihundert Jahre wechselvolle Beziehungen*, ed. Kuo Heng-Yü (Berlin,

manifest concretely. The sole point of agreement was that a member of the Chinese imperial family had to travel to Berlin and there tender a formal satisfaction to the German Crown. The choice fell upon the brother of the Chinese emperor, the nineteen-year-old Prince Chun, who arrived in Genoa in August of 1901 and from there made his way to Berlin. Up to this point there was still no agreement about the exact procedure for his making satisfaction; nevertheless, concrete ideas had developed in Berlin in the meantime: Prince Chun was supposed to perform a kowtow before William II. The kowtow was a customary form of respect shown to the ruler at the Chinese court and consisted of a number of prostrations before the emperor, in which the hands and face touched the ground. The kowtow was familiar to Europeans because this form of reverence was demanded at the Chinese court not only from the indigenous population, but also from foreign envoys. But the question of the kowtow in general provoked a true diplomatic tug-of-war. Since the sixteenth century, European travelers and envoys to China had repeatedly pondered in their reports whether and how they could evade the kowtow.[5] The idea that Prince Chun should show this kind of reverence to the German emperor in order to restore wounded German honor, thus, presented itself immediately. "Precisely because the Chinese" – so wrote the *Vorwärts* – "place such high value upon appearances, Germany must emphatically demand that the Chinese meet the European rulers with the same respect that they show to their rulers. The ceremony of being received by the Chinese emperor consists, for the Chinese, of the kowtow (touching the ground three times with the head and then bowing nine times). This is surely the reason why the kowtow is also demanded in Berlin. For such a demand is entirely appropriate, especially to the character of a expiatory mission."[6] Suddenly in the late summer of 1901 everyone in the empire was talking about "kowtowing," and popular publications used sketches and explanations to illustrate for their readers just how such a kowtow was supposed to look.

The news that he was to perform a kowtow before William II reached Prince Chun while he was still traveling. When the prince, by now having reached Switzerland, was confronted with this plan, a sudden affliction, declared to be travel sickness, confined him to bed. He was not to regain his health until the question of the kowtow had been settled after days of diplomatic wrangling. Beijing argued that such an act could not be expected of the prince since the kowtow was not a worldly form of reverence but one with a religious connotation shown to the Chinese emperor as a "son of heaven" and thus could not be performed before other dynasties. The prince was consequently excused from having to perform the kowtow, but he was required at least to perform a bow, to formally convey his regret, and to apologize for the assassination of the Prussian envoy. In this manner, on September 4,

---

1987), 79-88, here 81. The following chronological account has been taken from this article.

5   Walter Demel, *Als Fremde in China. Das Reich der Mitte im Spiegel frühneuzeitlicher europäischer Reiseberichte* (Munich, 1992), 127 et seqq.

6   Quoted from Hetze, "Feindbild," 82 et seq.

1901, Chun completed his mission of expiation at the New Palace in Potsdam. He stepped before the emperor and, in Chinese, read aloud the apology written on yellow silk while the seated William II listened to the words.

No other example could provide such a fitting introduction to the theme of this article as the journey of Prince Chun, who, in the late summer of 1901, came to be referred to in the German Empire simply as the "expiatory prince." For the question of the forms and functions of patterns of communication specific to certain times and cultures is one of the themes to which the historical sciences have been devoting increasing attention for a number of years. The concept of communication should be understood here in its broadest sense: it refers to verbal communication, i.e. language, just as much as non-verbal.[7] The latter can include individual signs and gestures as much as a complex series of actions. Countless studies in the past few years have shown that not only the spoken and written word, but also signs and gestures played an important role in communication, that rituals not only made the social and political order visible but stabilized or even transformed it.[8] However, – and this can be seen in the mission of the Chinese expiatory prince in 1901 – this finding is valid not only for the pre-modern centuries, but also for the twentieth century. Prince Chun's expiatory mission was not a matter of payment of material compensation after the war, but solely a demonstrative restoration of "German honor" by means of a request for forgiveness expressed verbally and through performance.

Most studies dealing with symbolic communication and performance report on an enclosed geographic area; attempts to take comparative stock of different cultural groups have until now been exceptional in nature. And thus, the "expiatory mission" of Prince Chun reveals another structural problem whose essential features could also be generally valid in other fields. For here, two completely different cultural groups collided with one another, and their ability to each interpret the rulership rituals of the other was restricted and superficial.[9] But success is granted to perform-

---

7 Volker Depkat, "Kommunikationsgeschichte zwischen Mediengeschichte und der Geschichte sozialer Kommunikation. Versuch einer konzeptionellen Klärung," in *Medien der Kommunikation im Mittelalter*, ed. Karl-Heinz Spieß (Stuttgart, 2003) (= Beiträge zur Kommunikationsgeschichte, 15), 9-48.

8 A view across epochs is offered by the relevent anthologies: Heinz Duchardt, Gert Melville, eds., *Im Spannungsfeld von Recht und Ritual. Soziale Kommunikation in Mittelalter und Neuzeit* (Cologne, 1997) (= Norm und Struktur, 7); Gerd Althoff, ed., *Zeichen – Rituale – Werte. Internationales Kolloquium des Sonderforschungsbereichs 496 an der Westfälischen Wilhelms-Universität Münster* (Munster, 2004); Jürgen Martschukat, Steffen Patzold, eds., *Geschichtswissenschaft und 'Performative Turn'. Ritual, Inszenierung und Performanz vom Mittelalter bis zur Neuzeit* (Cologne, 2003) (= Norm und Struktur, 19); Claus Ambos et al., eds., *Die Welt der Rituale. Von der Antike bis heute* (Darmstadt, 2005); Nada Boškovska et al., eds., *Wege der Kommunikation in der Geschichte Osteuropas* (Cologne, 2002).

9 Roland Posner, "Kultur als Zeichensystem. Zur semiotischen Explikation kulturwissenschaftlicher Grundbegriffe," in *Kultur als Lebenswelt und Monument*, ed. Aleida Assmann, Dietrich Harth (Frankfurt am Main, 1991), 37-74.

ative acts only when the acting parties have at their disposal a shared reservoir of language and signs. Information and the intentions of actions must be conveyed in a way that enables the other party to understand and interpret them appropriately. Apparently, the necessary knowledge of Chinese rulership rituals was not available in early twentieth-century Berlin. The position of Beijing outlined above showed that the kowtow was not so much the expression of a practice of rule by the ceremony-obsessed "Bezopften" ("pigtails"), as they were derogatively called in Germany, but rather the expression of religious reverence for the Chinese ruler.[10] Thus, from the Chinese perspective, only he and no other dynast could lay claim to this specific form of reverence. The question of which performative act the expiatory prince had to execute in order to render his apology visible ultimately dominated the discussion of the German-Chinese peace more than its material aspects. This strikes at the center of my remarks, since in all societies the question of how concerns are expressed by no means represents an illusory rhetorical problem. As a rule the strategies used in this realm uncover fundamental functional mechanisms of the society in question and provide a reflection of their specific patterns of order.

The theme holds a special appeal if one assumes not only the internal view from within a political system, but when the perception of the other is similarly taken into account. Precisely because the view of a political and social system from outside is able to perceive regionally specific forms of behavior with greater sensitivity, valuable information can be expected here. With the help of sixteenth- and seventeenth-century reports by Western envoys, this paper will expose specific patterns of communication at the Moscow court. This approach promises to contribute to our knowledge in two ways. First, travelers' and envoys' reports bring to light characteristic forms of communication; second, comparisons can then be made with Central European forms of development.

Since in a single paper it is scarcely possible to offer a comprehensive inventory of regionally and temporally specific patterns of communication, I shall limit myself to one aspect, namely, communication in the form of petitions. Here some general preliminary remarks are in order, for the value – in terms of knowledge – of analyzing a common pattern of communication is not immediately obvious.[11] Formally a petition represents a type of communication that can be included under the general category of requests. In a rough sense, it is possible to distinguish between binding and non-binding requests. A binding request is present when a means of punishment or pressure is at hand, when corresponding instructions are to be followed, or when coercion could be used against the addressee. As a rule these constraints are gener-

---

10 On this derrogatory term, Edwin Hamberger, Stellner Norbert, "'Auf nach China, zu den Bezopften!' Der Boxeraufstand (1900/1901) aus der Sicht bayerischer Soldaten," *Bayerisches Jahrbuch für Volkskunde* (2006), 15-31.

11 An overview of the relevent social scientific approaches is provided by Lex Heerma van Voss, "Introduction," in *Petitions in Social History*, ed. Lex Heerma van Voss (Cambridge, 2001) (= International Review of Social History, Supplements, 9), 1-10.

ally commands or orders legitimized by means of political or social norms. The petition, in contrast, is the most important expression of a non-binding request: the appellant does not have a means of punishment or sanction at his disposal nor can he coerce the addressee into compliance with, and implementation of, a matter.[12] The question of how a ruler was requested to perform or behave in a specific manner strikes at the center of pre-modern power relations, bound up as they were with rank and status. Through the articulation of a request, the status of the one to whom the request was directed was confirmed, acknowledged, enhanced, or even scorned. Through the choice of mechanisms of communication the web of relations between ruler and ruled could be stabilized or endangered.

However, simply posing the question of the existence of petitions in a society, no matter how that society might be structured, hardly provides a satisfactory undertaking. Petitions can be encountered in every time and place; they are submitted on the most varied of occasions and in the most varied of institutional contexts. An observer would be overwhelmed by the countless situations in which matters are presented in this way, without any gain in knowledge. But the potential for more analytical understanding increases when it is not the existence of the event – which is doubtless always present – that is investigated, but rather when the form of communication is viewed from another perspective. A look at the forms of the appeal brings new knowledge to light when it is focused upon investigating the appeal's functionality within a precisely defined institutional and social framework.[13]

The following investigation will employ a comparative perspective in order to uncover the specific characteristics of the culture of petition at the Moscow court in the sixteenth and seventeenth centuries. Thus, I shall first devote my attention to the Western and Central European practice of the petition as a medium of political communication, in order to describe the perspective of those who made their way to the Moscow court and put their impressions into words. The principal question to be

---

12 An assist is offered here by modern linguists who, with the methodological approaches of Speech Act Theory, analyze the interdependence of spoken expression and practical acts and precisely classify various forms of request. See Götz Hindelang, *Einführung in die Sprechakttheorie* (Tübingen, 2000), 53 et seqq; the basic theoretical foundations were laid by John R. Searle, *Speech Acts. An Essay in the Philosophy of Language* (London, 1969).

13 Historical research has devoted itself to this pattern of communication predominantly for the early modern centuries and has investigated the meaning of the petition in the practice of worldly rule. Here relatively standardized possibilities for intervention developed through the articulation of formal written petitions to authorities. Writings described as petitionary attempts (*Suppliken*) and complaints (*Gravamina*) have come down to us in the area of princely rule as well as the realm of communes. The results of research in the early modern centuries up to now are contained in two anthologies: Cecilia Nubola, Andreas Würgler, eds., *Bittschriften und Gravamina. Politik, Verwaltung und Justiz in Europa (14.-18. Jahrhundert)* (Berlin, 2005) (= Schriften des Italienisch-Deutschen Historischen Instituts in Trient, 19); Cecilia Nubola, Andreas Würgler, eds., *Forme della comunicazione politica in Europa nei secoli XV-XVIII. Suppliche, gravamina, lettere. Formen der politischen Kommunikation in Europa vom 15. bis 18. Jahrhundert* (Bologna/Berlin, 2004).

examined will be how the guests at the Moscow court perceived the forms of behavior there and conveyed them back home. For late medieval travel accounts, Arnold Esch has emphasized that the comparison of the foreign with one's own world demonstrated "how the observer grasped what was seen and transmitted it: he named that which was familiar as a point of reference on the near side and this is like the pier of a bridge that has to carry the entire construction of comparison with another reality and is thus deeply grounded in one's own reality."[14] The form in which this conclusion can be applied to the reception of observed rituals of petition shall be clarified in this paper. This will entail not merely an inventory of various ritual practices but also the question of their meaning for the respective ruling orders and the question of their provenance.

How to Petition the Ruler: Western Practice

The integration of religious perspective with secular petitionary practice is indispensable, since in many societies religious liturgical actions served as the model for the formation of profane rituals of rule. This is particularly clear in Occidental Christian society, for example, in the plea for mercy and forgiveness. The symbolic language of military subjugation in the worldly realm took the Christian ritual of penance as its model.[15] At the end of a battle the loser was frequently required to humble himself before the victor in the external appearance and manner of a sinner: barefoot, bareheaded, and in a hair shirt. Just as the sinner had to humble himself before God in order to make amends, so too was the vanquished required to present himself before the militarily superior figure. This ritual form of expression occurs from the ninth century until well into the sixteenth.[16]

---

14 Arnold Esch, "Anschauung und Begriff. Die Bewältigung fremder Wirklichkeit durch den Vergleich in Reiseberichten des späten Mittelalters," *Historische Zeitschrift* 253 (1991), 281-312, here 287; on a similar pattern of perceiving and representing difference in the early modern period compare Jürgen Osterhammel, "Distanzerfahrung. Darstellungsweisen des Fremden im 18. Jahrhundert," in *Der europäische Beobachter außereuropäischer Kulturen. Zur Problematik der Wirklichkeitswahrnehmung*, ed. Hans-Joachim König, Wolfgang Reinhard, Reinhard Wendt (Berlin, 1989) (= Zeitschrift für historische Forschung, Beiheft, 7), 9-42, here 29 et seqq. Jürgen Osterhammel, "Kulturelle Grenzen in der Expansion Europas," *Saeculum* 46 (1995), 101-138; Ekkehard Witthoff, *Grenzen der Kultur. Differenzwahrnehmung in Randbereichen (Irland, Lappland, Rußland) und europäische Identität in der frühen Neuzeit* (Frankfurt am Main, 1997), 40 et seqq.

15 Jean-Marie Moeglin, "Pénitence publique et amende honorable au Moyen Age," *Revue Historique* 298 (1997), 225-269; Gerd Althoff, *Die Macht der Rituale* (Darmstadt, 2003), 32 et seqq.

16 Gerd Althoff, "Das Privileg der deditio. Formen gütlicher Konfliktbeendigung in der mittelalterlichen Adelsgesellschaft," in *Nobilitas. Funktion und Repräsentation des Adels in Alteuropa*, ed. Otto Gerhard Oexle and Werner Paravicini (Göttingen, 1997) (= Veröffentlichungen des Max-Planck-Instituts für Geschichte, 133), 27-52; further in Gerd Althoff, *Spielregeln der Politik im Mittelalter. Kommunikation in Frieden und Fehde* (Darmstadt, 1994), 99-125; on the late Middle Ages and the early modern period, Claudia Garnier, "Injurien und Satisfaktion. Zum Stellenwert rituellen Handelns in Ehrkonflikten des spätmittelalterlichen und frühneuzeitlichen Adels," *Zeitschrift für historische Forschung* 29 (2002), 525-560; Barbara

Yet, despite numerous structural convergences, narrow limits restricted the transfer of religious patterns of behavior into the profane realm. This humiliation of a ruler in the worldly realm took place only when he had to save life and limb by means of a plea for mercy presented with the appropriate obsequiousness. Thus, such gestures of obsequiousness are found exclusively in situations of extreme distress. The most famous example of this kind of submission is the plea for mercy by the citizens of Calais in 1347.[17] The harbor city had been besieged by the English king Edward III for a period of eleven months. The citizens decided to capitulate only once their own king had rushed to their assistance but then immediately vacated the battlefield due to the unfavorable military situation, leaving his besieged city to its fate. History writers throughout Western Europe have shown a lively interest in the surrender of the citizens of Calais to Edward III of England; reports of the surrender can be found not only in English and French sources but also in narrative accounts from Florence to Lake Constance.

Such gestures of humility can be frequently found in military conflicts. But other rules pertained in times of peace and harmony. In the quotidian ceremony of rule and on particularly solemn occasions, kneeling before the ruler was the most extreme demonstration of honor and reverence. Petitions to the king – no matter what their content – were, as a rule, presented upon bended knee. There were, however, specific variations. In Occidental courtly ceremony, although kneeling before a dynast was a familiar form of rendering honor, *proskynesis* was reserved for God and the heavenly powers alone.[18]

But there were also various forms of kneeling itself, and careful attention was paid to the difference between them. One important difference consisted in whether it was a member of the clergy or a worldly person who was required to perform this demonstration of honor; another was that a distinction was made as to whether one or both knees should be bent. Significantly, reflection on this matter can be found in places where Western observers were confronted with foreign patterns of behavior and brought these into relation with their own system of signs. Eloquent witness to this is borne by reports prepared by envoys upon whom these kinds of demands were placed. These were Western emissaries who, in the middle of the thirteenth century, were sent to the rulers of the Mongols, at the time a completely unknown people, and came into contact there with a ritual practice completely foreign to Christians. The genesis of this enormous Mongol ruling complex went virtually unnoticed in Europe.[19] Nonetheless in 1241 the Mongols stood directly before the

---

Stollberg-Rilinger, "Knien vor Gott – Knien vor dem Kaiser," in Althoff, *Zeichen*, 501-533.

17 An extensive discussion of this submission can be found in Jean-Marie Moeglin, *Les bourgeois de Calais. Essai sur un mythe historique* (Paris, 2002).

18 On kneeling in occidental Christian liturgical practice see Rudolf Suntrup, *Die Bedeutung der liturgischen Gebärden und Bewegungen in lateinischen und deutschen Auslegungen des 9. bis 13. Jahrhunderts* (Munich, 1978) (= Münstersche Mittelalter-Schriften, 37), 153 et seqq.

19 Walter Heissig, Claudius Müller, eds., *Die Mongolen,* 2 vols. (Innsbruck, 1989); Michael Weiers, ed., *Die Mongolen. Beiträge zu ihrer Geschichte und Kultur* (Darmstadt, 1986); idem, *Ge-*

gates of the Occident: in April they defeated an army led by Duke Henry II of Silesia at Legnica just as crushingly as they defeated the military unit controlled by King Bela IV of Hungary on the Hungarian Tisza Plain.[20] The Mongols did leave the Latin West just as suddenly as they had come, but this was solely the result of internal succession conflicts and can by no means be attributed to the initiatives of the besieged. It was initially this incomprehensible military success, which, after the Mongols' departure, left a deep feeling of insecurity in the center of Europe. The lack of knowledge about Mongol culture, combined with the experiences of the year 1241 and the fear of renewed attacks, led, on the one hand, to the dissemination of a stereotypical image of the enemy, which saw the Mongols as man-eating fiends whom God had sent among the Christians as a punishment for sins and transgressions.[21] On the other hand, the invasion of 1241 also triggered more reflective reactions among those affected. It was Pope Innocent IV who first endeavored to obtain systematic information about the foreigners, well knowing that only with sufficient knowledge was it possible to be a match for them in any future confrontation. For this reason he sent two legations toward the East, among them the Franciscan John of Plano Carpini, who set off in the early part of 1245 and reached the Mongol residence of Karakorum by way of Bohemia, Poland, and Russia. The *Story of the Mongols*, which John of Plano Carpini brought back from his two-year journey, was not only the first, but also remains one of the most valuable and informative sources about these foreign people.[22] Apart from the curia, it was the French king, Louis IX, who also initiated several legations to the Mongols. One of his representatives, the Flemish Franciscan William of Rubruck, likewise traveled through the regions under Mongol rule just ten years after John of Plano Carpini and committed his experi-

schichte der Mongolen (Stuttgart, 2004); Claudius Müller, ed., *Dschingis Khan und seine Erben. Das Weltreich der Mongolen* (Bonn, 2005).

20 Hansgerd Göckenjan, James R. Sweeney, trans., *Der Mongolensturm. Berichte von Augenzeugen und Zeitgenossen 1235-1250* (Graz, 1985) (= Ungarns Geschichtsschreiber, 3); Ludwig Steindorff, "Der fremde Krieg. Die Heerzüge der Mongolen 1237-1242 im Spiegel der altrussischen und lateinischen Chronistik," in *Südosteuropa. Von vormoderner Vielfalt und nationalstaatlicher Vereinheitlichung. Festschrift für Edgar Hösch*, ed. Konrad Clewing, Oliver Jens Schmitt (Munich, 2005) (= Südosteuropäische Arbeiten, 127), 93-118.

21 Gian Andri Bezzola, *Die Mongolen in abendländischer Sicht (1220-1270). Ein Beitrag zur Frage der Völkerbegegnungen* (Bern, 1974); Axel Klopprogge, *Ursprung und Ausprägung des abendländischen Mongolenbildes im 13. Jahrhundert. Ein Versuch zur Ideengeschichte des Mittelalters* (Wiesbaden, 1993) (= Asiatische Forschungen, 122); Felicitas Schmieder, *Europa und die Fremden. Die Mongolen im Urteil des Abendlandes vom 13. bis in das 15. Jahrhundert* (Sigmaringen, 1994) (= Beiträge zur Geschichte und Quellenkunde des Mittelalters, 16); Marina Münkler, *Erfahrungen des Fremden. Die Beschreibung Ostasiens in den Augenzeugenberichten des 13. und 14. Jahrhunderts* (Berlin, 2000); Volker Reichert, *Erfahrung der Welt. Reisen und Kulturbegegnung im späten Mittelalter* (Stuttgart, 2001).

22 Giovanni di Pian di Carpine, *Storia dei Mongoli*, ed. Enrico Menestò (Spoleto, 1989) (German translation: Felicitas Schmieder, trans., *Johannes von Plano Carpini, Kunde von den Mongolen 1245-1247* (Sigmaringen, 1997) (= Fremde Kulturen in alten Berichten, 3).

ences to writing after his return home.[23] Both emissaries devoted themselves extensively in their accounts to the ceremonial of rule in the Mongol residence in Karakorum. What they were able to report of the manners and customs there is not only
an important source of information about the signs and gestures of the Mongol foreigners, but more significantly a source for the perceptions of the two Franciscans,
who simultaneously uncovered the conventions of their own world. For it was by
drawing comparisons with the familiar that they sought explanations for unknown
forms of behavior. Their intentional comparisons are responsible for the many and
diverse associations in which the new was placed in direct relation to the known.

This form of perception and description also held true for the ceremonial of rule
common at the Mongol court. A reception before the Mongol khan generally culminated in a gesture of humility, differentiated incrementally according to the origins,
rank, and religion of the guest, which ranged from a simple bow, to kneeling – upon
one or both knees – up to prostration. These gestures were demanded not only by the
khan but also by his high-ranking dignitaries. About his reception before the army
commander, John of Plano Carpini reported that he was required to kneel three times
upon his left knee before entering the tent and to repeat the same while he delivered
his message. Similar demonstrations of respect were accorded to other functionaries,
such as the khan's imperial regent: "Whenever they present a matter...or listen to
the emperor's answer, those who are subject lie upon their knees until he has finished speaking, no matter how high-ranking the person might be."[24] This form of
demonstrating honor presented a difficult moral dilemma for Christian clerics, since
kneeling on both knees was reserved for God alone. The Franciscan William of
Rubruck expressed the following reservations in his report: "We are priests consecrated to the service of God. In our lands, out of honor to God, noble lords do not
allow priests to kneel before them."[25] It is clear that he attempted by all possible
means to avoid having to kneel upon both knees. On the other hand, a refusal to
perform the gesture would have affronted the host to an irresponsibly high degree.
William of Rubruk thus decided on the following evasion during his reception before the khan: "Our leader now ordered us to kneel and to speak. I knelt upon one
knee as before a man. But he insisted that I kneel upon both, which I also did, since I
did not want to argue about it. Now I had to speak and imagined that I was calling
upon God since I was kneeling upon both knees, so I began with the words of

---

23 Guillelmus de Rubruc, "Itinerarium," in *Sinica Franciscana, 1. Itinera et relationes Fratrum
   Minorum saeculi XIII et XIV*, ed. Anastasius van den Wyngaert (Quaracchi, 1929), 162-332;
   German translation: Hermann Herbst, trans., *Der Bericht des Franzikaners Wilhelm von Rubruk
   über seine Reise in das Innere Asiens* (Leipzig, 1924).
24 Carpine, *Storia*, IX, 42, 326: "Quandocumque tamen negotium coram Kadac proponunt, vel
   audiunt responsionem imperatoris, illi qui sunt sub eo stant flexis genibus usque ad finem verborum, quantumcumque sint magni." German translation: Schmieder, *Johannes*, 117.
25 Guillelmus de Rubruc, "Itinerarium," XXVIII 12, 248: "Sacerdotes sumus dediti servitio Dei.
   Nobiles domini non sustinent in partibus nostris quod sacerdotes flectant coram eis genua
   propter honorem Dei (…)." German translation: Herbst, *Bericht*, 82.

prayer."[26] His behavior met with derision from the Mongols present, but the host himself did not lose his composure and continued conversing with the Franciscan.

William managed to avoid the ritual dilemma in a truly elegant manner. He did not refuse to kneel but instead, in the difficult situation, devised a solution that preserved the dignity of both parties: the Mongols whose demands were satisfied, and himself, who called in prayer upon the real addressee of his genuflection; in this way he was able to escape the corresponding moral dilemma. Thanks to this diplomatic shrewdness, which testifies to William's characteristic skill during events like this, the situation ended not in open outrage but was brought instead to a peaceful outcome.

The Western envoys' perception was important because in describing the foreign ceremonial of rule they simultaneously revealed important characteristic structural features of their own, familiar sign system. In fact, when the relevant textual and visual sources from the end of the Middle Ages are examined with respect to the question of which forms of kneeling were practiced, they coincide quite closely with the descriptions just presented. When functionaries of the late medieval empire turned to their ruler to present petitions, they were obliged to kneel upon one knee only. If one sets out upon the trail of great ceremonial events, the way leads to solemn acts of rule that stood out against the political day-to-day and found their expression in the meeting of kings with imperial princes during celebratory occasions – for example, in the framework of enfeoffments, which had been conducted with increasing magnificence since the thirteenth century. Here the princes had to appear before the king, kneel before him, and request the enfeoffment from him.[27] A detailed depiction can be found in the enfeoffment of the Burgrave Frederick of Nuremberg with the March of Brandenburg in 1417, described in the chronicle of Ulrich of Richental. Frederick of Nuremberg appeared in Constance before King Sigismund, who took his place upon a magnificently decorated chair on a specially erected stage. After the electors and the ruler had positioned themselves, the recipient of the feoff was called to the gallery. He was accompanied by two knights who carried with them the banners of the two territories with which Frederick of Nuremberg was to be invested. He knelt before the king upon one bended knee and phrased his request for enfeoffment. He then swore fealty to the ruler and received from

---

26 Guillelmus de Rubruc, "Itinerarium," XVIII 7, 214: "Tunc ductor noster precepit ut flecteremus genua et loqueremur. Flexi unum genu tamquam homini. Tunc innuit quod ambo flecterem, quod et feci, nolens contendere super hoc. Tunc precepit loquerer. Et ego cogitans quod orarem Deum, quia flexeram ambo genua, incepi verba ab oratione dicens." German translation: Herbst, *Bericht*, 49 et seq.

27 Karl-Heinz Spiess, "Kommunikationsformen im Hochadel am Königshof im Spätmittelalter," in *Formen und Funktionen öffentlicher Kommunikation im Mittelalter*, ed. Gerd Althoff (Stuttgart, 2001), 261-290; Gerd Althoff, Barbara Stollberg-Rilinger, "Rituale der Macht in Mittelalter und Früher Neuzeit," in *Die neue Kraft der Rituale*, ed. Axel Michaels (Heidelberg, 2007), 141-177.

Sigismund the banners symbolic of his imperial foeffs.[28] It was necessary, on the one hand, to demonstrate proper reverence for the king in the ceremonial of rule; on the other hand, there were strict limits set against excessive forms of humiliation represented, for example, by kneeling on both knees or even *proskynesis*.

If one turns from the practical activity of ruling to the discourse about ideal ruling practice, it is hardly surprising that the king whose petitioners were not required to humble themselves excessively was considered particularly exemplary. An eloquent witness to this is Joseph Grünpeck, who, in his *Historia Friderici et Maximiliani*, described the ruling practices of the two Hapsburgs, which he held as exemplary.[29] The *Hausgeschichtliches Lehrbuch*, intended for Maximilian's grandson Karl, confronted the young archduke with the virtues of his predecessors, which were visible in audiences: "No one was ever able to accuse him of the error of arrogance with any clear evidence from his speech or his actions, such benevolent words did he address to all....And most graciously did he receive their petitions and complaints about injustice done to them by others....And never, or at least very seldom, did he want to hear petitioners who had thrown themselves to the earth before him, in such a subordinate position, rather he raised them up with his own hands and heard them, now standing, until they had presented their matter completely."[30] In the autograph of Joseph Grünpeck's *Historia* there can be found ink drawings illustrating selected chapters – among them the audiences in which Maximilian benevolently devoted himself to his petitioners. Behind the emperor some of the spiritual and worldly princes are sunk in conversation and others are actively consulting,

---

28 Ulrich Richental, *Das Konzil zu Konstanz*, vol. 2, ed. Otto Feger (Starnberg, 1964), ch. 223, p. 223: "Darnach gieng uff hin burggraff Fridrich von Nüremberg und die zwen ritter mit im, die die paner trůgend, ainer zů der ainen siten, der ander zů der andern siten. Und als sy uff den obrosten sprotzen kamen, do knüten sy all dry nider und stůnden bald wider uff und giengend für den Römschen küng und knüten aber all dry nider." Afterwards Burgrave Frederick von Nuremberg went off there and the two knights carrying the banners with him, one on one side and the other on the other side. And as they came to the uppermost rung, they then all went down upon bended knee and soon stood up again and all three went before the Roman king and knelt.

29 On the author and work compare Otto Benesch and Erwin M. Auer, *Die Historia Friderici et Maximiliani* (Berlin, 1957), 14 et seqq.

30 Joseph Grünpeck, *Historia Friderici IV. et Maximiliani I.*, ed. Joseph Chmel, in *Der österreichische Geschichtsforscher* 1 (1838), 64-97, here 93 et seq: "De eius affabilitate, humanitate et erga omnes libera audiencia. Nemo eum vnquam manifestis signis aut verborum aut factorum insolencie crimine arguere potuit, tam humana verba in omnes, etiam infimi generis homines, scoparios claustrarios aedituentes et alios largissime effudit, clementissime etiam eorum supplicaciones querimoniasque de aliorum iniuriis excepit. Vnde duas tresve in die staciones ad audiendas priuatas causas celebrauit et si quem pudor corripuisset, eundem sua sponte ad se vocauit, atque ad negocii sui declaracionem prouocauit, nec vnquam vel admodum raro supplices in terram prostratos tam deiecte audire voluit, propriis subleuauit manibus, atque erectos ad societatem audiuit (...). (...) si rerum postulante necessitate, aut forte fragilitate, biduo conclauatus permaneret, ultra id tempus ad se aditum raro interclusis, tam equo se animo et libere passus est adiri." German translation from Theodor Ilgen, trans., *Die Geschichte Friedrichs III. und Maximilians I.* (Leipzig, 1891), 61 et seq.

while in contrast, the emperor turns to the two petitioners kneeling before him. They are handing him petitions as the emperor raises them from the ground.

Just how far Grünpeck's description corresponds to the Hapsburg's actual practice of rule is certainly difficult to clarify. But it is certain that the balancing act between demonstrative signs of respect before the ruler, on the one hand, and the avoidance of excessive humiliation by the petitioner, on the other, was quite a difficult one. A *proskynesis* before the ruler was in any case out of the question, for the reason that, in Christian religious practice, this form of demonstrating respect was reserved solely for God and the heavenly powers. But one exception did exist: the humble plea for mercy, which adapted even the outward form of Christian penitence, was used in situations where life and limb, and one's possessions, were being defended.

How to Petition the Ruler: The Perception Abroad

Socialized in this way, all ceremonial practices that diverged from the patterns just described must have seemed strange to the members of the Viennese court and in need of explanation. In contact with Western European neighbors, differences were of little consequence for here political, dynastic, and economic exchange relationships had been in existence for hundreds of years. Due to the shared Christian traditions of this region, one can presume the existence of a shared repertoire of signs, whose details certainly showed regional variations but which nonetheless had access to a basic set of similar expressive possibilities.

However, with their neighbors to the east things were different. Politically and culturally the Russian regions – except for Novgorod and the North West – had been almost entirely cut off from the rest of Europe since the mid-thirteenth century after the Mongol conquest, yet the eastern periphery became singled out for greater interest once again after the Golden Horde was driven back at the end of the fifteenth century.[31] With the Grand Duchy of Moscow a power developed at this time whose influence on the stage of European politics steadily increased. From the end of the fifteenth century, the Moscow grand dukes offered their services as welcome alliance partners, above all to the Hapsburgs. The connections, which had initially arisen from a cunning alliance policy, led to Russia's advancing once again into the

---

31 In general see Charles J. Halperin, *Russia and the Golden Horde. The Mongol Impact on Medieval Russian History* (Bloomington, 1987); Leo de Hartog, *Russia and the Mongol Yoke. The History of the Russian Principalities and the Golden Horde. 1221-1502* (London, 1996); Peter Nitsche, "Mongolensturm und Mongolenherrschaft in Rußland," in *Die Mongolen in Asien und Europa*, ed. Stephan Cornemann, Jan Kusber (Frankfurt am Main, 1997) (= Kieler Werkstücke, F 4), 65-79; Jan Kusber, "Ende und Auswirkung der Mongolenherrschaft in Rußland," in *ibid.*, 207-229; Donald G. Ostrowski, *Muscovy and the Mongols. Cross Cultural Influences on the Steppe Frontier 1304-1589* (Cambridge, 1998); Iu. V. Krivosheev, *Rus' i Mongoly. Issledovanie po istorii severovostochnoi Rusi XII-XIV vv.* (St. Peterburg, 1999).

circle of influential powers – a development that has been described as the "redis-
covery of Russia as a European empire."[32]

Through the strengthening of the Grand Duchy of Moscow, an increasing interest in this territory developed that could scarcely be satisfied by the information
that was already available. A new stage in this development was doubtless marked
by the activity of the Hapsburg envoy Sigismund von Herberstein, who spent time at
the court of Vasili III in 1517–18 and 1526–27. From his pen originated not the first,
but the most widely received account of Russia by a foreigner.[33] Herberstein offered
a broad panorama of Russian topography and history, its religious, economic, and
social peculiarities. His report, the *Rerum Moscoviticarum Commentarii*, appeared
in Vienna in 1549 originally in Latin and then in 1557 in a German translation prepared by the author himself.[34] Herberstein wrote meticulously about the treatment of
foreign envoys and the ceremonial at the Moscow court; through his reception as a
Hapsburg envoy he obtained an intensive view into the relevant customs. In his
observations, he devoted special attention, above all, to the manners that he did not

---

32 Frank Kämpfer, "An der Schwelle der Neuzeit – Europa und Rußland um 1500," in *Das
    Rußlandbuch Sigismunds von Herberstein. Rerum Moscoviticarum commentarii. 1549-1999*,
    ed. Frank Kämpfer (Hamburg, 1999), 17-35, here 27. On western European-Russian relations
    up to this point in time, compare Hans Hecker, "Rußland und Europa im Mittelalter," in *Russen
    und Rußland aus deutscher Sicht, 9.-17. Jahrhundert*, ed. Mechthild Keller (Munich, 1985) (=
    West-östliche Spiegelungen, 1), 35-53; Walter Höflechner, "Zur Entwicklung der europäischen
    Bündnissysteme und des Gesandtschaftswesens bis zur Zeit Herbersteins," in *Siegmund von
    Herberstein. Kaiserlicher Gesandter und Begründer der Rußlandkunde und die europäische
    Diplomatie*, ed. Gerhard Pferschy (Graz, 1989) (= Veröffentlichungen des Steiermärkischen
    Landesarchives, 17), 17-25.

33 For a general discussion of travel accounts of Russia compare Friedrich von Adelung, *Kritisch-
    literärische Übersicht der Reisenden in Rußland bis 1700, deren Berichte bekannt sind*, 2 vols.
    (St. Peterburg/Leipzig, 1846; reprint: Amsterdam, 1960); Wolfgang Geier, *Russische Kulturge-
    schichte in diplomatischen Reiseberichten aus vier Jahrhunderten: Sigmund von Herberstein,
    Adam Olearius, Friedrich Christian Weber, August von Haxthausen* (Wiesbaden, 2004) (= Stu-
    dien der Forschungsstelle Ostmitteleuropa an der Universität Dortmund, 37). On accounts of
    Russia published before Herberstein's work, compare Oleg F. Kudrjavcev, "Das ambivalente
    Bild Rußlands. Sigismund von Herberstein und seine Vorgänger," in *450 Jahre Sigismund von
    Herbersteins Rerum Moscoviticarum Commentarii. 1549-1999*, ed. Frank Kämpfer, Reinhard
    Frötschner (Wiesbaden, 2002) (= Schriften zur Geistesgeschichte des östlichen Europa, 24),
    101-114.

34 Sigismundus Herberstein, *Rerum Moscoviticarum Commentarii Sigismundi Liberi Baronis in
    stain, Neyperg et Guettenhag. Quibus Russiae ac Metropolis eius Moscoviae descriptio, chro-
    rographicae tabulae, Religionis indicatio, Modus excipiendi et tractandi oratores, Itineraria in
    Moscoviam duo et aliqua quaedam continentur* (Basel, 1571; reprint: Frankfurt am Main,
    1964). Contemporary German translation: Sigmund von Herberstein, *Moscovia (Rerum Mosco-
    viticarum commentarii)*, in Anlehnung an die älteste deutsche Ausgabe aus dem Lateinischen
    übertragen von Wolfram von den Steinen (Erlangen, 1926) (= Der Weltkreis, 1). Cf. also the
    new online synopsis of the Latin edition from 1556 and the German edition from 1557 under
    http://www.vifaost.de/texte-materialien/quellen/herberstein. On Herberstein's life and opus
    compare the articles in *450 Jahre Sigismund von Herbersteins Rerum Moscoviticarum Com-
    mentarii*, ed. Kämpfer, Frötschner.

know and which he then compared with his own world. It is above all the ways in which things differed that continuously fascinated Herberstein and generated extensive descriptions, whether in the realms of cult, rule, or the military.[35]

Herberstein described the acts of symbolic communication with which foreign envoys were received in Moscow particularly minutely: the "Modus excipiendi et tractandi oratores," as he described the subject of his interest and which he incorporated into the title of his work. Whereas earlier works on pre-modern diplomacy only superficially brush over the rituals – generally briefly sketched out as "ceremonial acts" – with scarce reference to their meaning, newer studies devote themselves more intensively to this thematic area.[36] And with good reason: For this area of interest corresponds to the focus that contemporary observers aimed at the activities. According to a statistical calculation by Walter Leitsch, in Herberstein's work twelve percent of the text was allotted solely to the description of diplomacy and corresponding ceremonial acts.[37] Avoiding the question of the meaning of these rituals would thus mean either not taking a large part of the work seriously, or neglecting it.

Why Sigismund von Herberstein devoted himself so intensively to ceremonial practices will quickly become clear when the modern observer familiarizes himself with the specific ways pre-modern social orders functioned. Both within a society as well as in its contact with foreign powers what mattered in the direct interaction between rulers was the reciprocal rendering of honor in order to secure mutual harmony, or the ostentatious disregard for honor when crises began to emerge. Honor was no meaningless accessory of social representation but rather, in pre-modern societies, formed the substratum of power and influence. A higher measure of honor was granted to those occupying an important place in the political order than to those who were in an inferior position. Seen from this perspective, ritual forms of

---

35 On this see Gabriele Scheidegger, "Das Eigene im Bild vom Anderen. Quellenkritische Überlegungen zur russisch-abendländischen Begegnung im 16. und 17. Jahrhundert," *Jahrbücher für Geschichte Osteuropas* 35 (1987), 339-355.

36 Viktor Menzel, *Deutsches Gesandtschaftswesen im Mittelalter* (Hannover, 1892), 133-144; Bertold Picard, *Das österreichische und osteuropäische Gesandtschaftswesen des 16. Jahrhunderts, untersucht an Sigmund von Herberstein* (Graz, 1967), 89-91. For a more extensive appreciation of the theme, in contrast: Donald E. Queller, *The Office of Ambassador in the Middle Ages* (Princeton, 1967), the chapter "Immunities and Ceremonies," 175-208, especially 190 et seqq; for the Russian realm, L. A. Iuzefovich, *'Kak v posol'skikh obychaiakh vedetsia...'* (Moscow, 1988); for the later period, Miloš Vec, "'Technische' gegen 'symbolische' Verfahrensformen? Die Normierung und Ausdifferenzierung der Gesandtenränge nach der juristischen und politischen Literatur des 18. und 19. Jahrhunderts," in *Vormoderne politische Verfahren*, ed. Barbara Stollberg-Rilinger (Berlin, 2001) (= Zeitschrift für historische Forschung, supp. 25), 559-587.

37 Walter Leitsch, "Westeuropäische Reiseberichte über den Moskauer Staat," in *Reiseberichte als Quellen europäischer Kulturgeschichte. Aufgaben und Möglichkeiten der historischen Reiseforschung*, ed. Antoni Maczak, Hans Jürgen Teuteberg (Wolfenbüttel, 1982) (= Wolfenbütteler Forschungen, 21), 153-176, 161.

expressing honor or even of dishonoring someone were reliable indicators for esti-
mating the status of an individual, and for denoting his power and his influence.[38]
The phenomenon of honor proves to be a key concept not only within the society but
also in contact with foreign powers. Envoys of foreign rulers were treated with appropriate esteem at foreign courts and in turn showed a specific measure of honor to
their hosts. The emissaries acted on two levels: on one, they represented themselves,
that is, their individual political and social position; on another, they represented
their lord, and in this function, *als Ebenbilder Ihrer Fuersten und hoher Fuerstlicher
Ehre würdig*, ("as images of their princes and deserving of high princely honor")
were owed the same high esteem at foreign courts as was accorded to the magnates
who had sent them.[39] Since, in contact with envoys, the status and standing of both
the host and the foreign ruler were subject to negotiation, here too most forms of
symbolic communication amounted to reciprocal demonstrations of honor, whose
dimensions could give expression to the other party's rank. Since excessive honor-
ing of one's interlocutor simultaneously reduced one's own honor, the parties concerned watched jealously for as adequate an allocation as possible; irritations mostly
arose in cases when one side felt placed at a disadvantage. Seen from this perspective, homage was not a matter of insignificant formalities with which the parties
mutually distinguished one another or which they withheld. Rather, it was more the
case that the influence granted to a ruler in the realm of international relations determined the extent to which he received honor and its manifestation.

It is thus obvious that the circumstance of the petition had an important function
in this ensemble of reciprocal acknowledgement of honor and claim. For the status
of one's interlocutor could be acknowledged, enhanced, or even scorned not only
through the choice of words, but also through the corresponding corporeal stance.
The experiences of emissaries in the Mongol residence of Karakorum have already
shown just how important the question of whether one should kneel on one or two
knees could be, especially at foreign courts.

Since Western ceremonial distinguished precisely between situations that lent
expression to unclouded relations and those that symbolized subjugation, it is clear
that also in contact with foreign powers these variations were attended to with a
particular sensitivity. And so Sigismund of Herberstein was confronted in Moscow
with patterns of behavior that were completely foreign to him and which thus
seemed absolutely to demand explanation:

---

38 Ludgera Vogt, Arnold Zingerle, eds., *Ehre. Archaische Momente in der Moderne* (Frankfurt am
   Main, 1994); Klaus Schreiner, Gerd Schwerhoff, eds., *Verletzte Ehre. Ehrkonflikte in Gesell-
   schaften des Mittelalters und der Frühen Neuzeit* (Cologne/Weimar, 1996); Sibylle Brackmann
   et al., eds., *Ehrkonzepte in der Frühen Neuzeit* (Berlin, 1998) (= Colloquia Augustana, 8). On
   Russia: Nancy Shields Kollmann, *By Honor Bound. State and Society in Early Modern Russia*
   (Ithaca/New York, 1999).
39 Adam Olearius, *Vermehrte Newe Beschreibung der Muscowitischen vnd Persischen Reyse*
   (Schleswig, 1656; reprint: Tübingen, 1971), 190; Queller, *Office*, 177, 208.

"Head hitting" (*frontem percutere*) is their usual word for demonstrating honor and thanking; they also use the word for petitions and in several different meanings. When, namely, someone presents a petition to someone higher or thanks him, he lowers himself deeply with his head and body so that he touches the earth with his hands. But if his request is great or if he wants to obtain something from the grand duke, then he falls down upon his hands and touches or hits the earth with his head. This is where the expression head hitting comes from. [40]

The reason Herberstein described bowing before someone of higher rank, in which both hands and the forehead touch the ground (head hitting, *chelobit'e*), so precisely is because it did not correspond to the ceremonial of Western and central European courts. According to the studies of *chelobit'e*, this *proskynesis* was the tried and true form to humbly present petitions and concerns to a more highly placed person in Russia from the middle of the fourteenth century. [41] Even as late as the beginning of the sixteenth century the Moscow grand dukes still used the term *chelobit'e* in letters to the khan in order to give expression to their subordinate position. [42] The grand dukes were obliged to listen to communications from the khan, which were read aloud by his envoy in Moscow, in a posture of humility, even if in this case they were spared the head hitting. Thus, even Ivan III still rode to meet the Mongol envoys before the city and stood as he heard their communication, while the envoys were allowed to sit. According to Sigismund von Herberstein, it was above all Ivan's wife, the Byzantine Princess Sophia, who was incensed by this kind of treatment and suggested the following evasion to her husband:

And thus although powerful, he was still subservient to the Tatars. For when the Tatar commander's envoys were sent to him he rode to meet them before the city and listened to them, who were seated, while he stood. A thing like this was very painful to his wife, the Greek; and everyday she said that she

---

40 Herberstein, *Rerum Moscoviticarum Commentarii*, 126 et seq: "Nam frontem percutere accipiunt pro salutatione, gratiarum actione, & alijs id genus rebus. Etenim quoties aliquis quicquam petit, uel gratias agit, tum caput inclinare solet. Si enixius id facere studet, tum ita se demittit, ut terram manu contingat. Si magno Duci pro re aliqua maxima gratias agere, aut petere ab eodem quicquam uoluit, tum usque adeo se inclinant, demittuntque, ut fronte terram contingant." German translation: Herberstein, *Moscovia*, 216. Later travel accounts as well report on this behavior. Compare Olearius, *Vermehrte Beschreibung*, 197 et seq.

41 The first proof furnished by I. I. Sreznevskii, *Materialy dlia slovaria drevnorusskogo iazyka*, vol. 1 (St. Peterburg, 1893, reprint: Moscow, 1958), col. 90, for the year 1340. Compare also the article "chelobit'e" in *Real- und Sachwörterbuch zum Altrussischen*, ed. Karla Günther-Hielscher, Victor Glötzner and Helmut Wilhelm Schaller (Wiesbaden, 1995) (= Schriften zur Geistesgeschichte des östlichen Europa, 20), 40 et seq; Robert D. Givens article "Chelobitnaia," in *The Modern Encyclopedia of Russian and Soviet History*, vol. 6, ed. Joseph L. Wieczynski (Gulf Breeze, 1978), 226-230.

42 Robert M. Croskey, "The Diplomatic Forms of Ivan III's Relationship with the Crimean Khan," *Slavic Review* 42 (1984), 257-269.

had been married to a vassal of the Tatars, she pressed upon him to dispense with such submissive servitude and instructed: when these envoys returned, he should pretend to be sick and in this manner excuse himself.[43]

Relevant studies of Russian diplomacy emphasize that the characteristic petitionary gesture of the *chelobit'e* was developed through contact with the Tatar ritual community and its specific manners.[44] The manner of showing honor and subordinate petition that the Russian princes had come to know in their negotiations with the khan's envoys now also came to be used at their own courts. The *chelobit'e* developed into such a widespread petitionary gesture that, from the seventeenth century on, the term was transferred onto written requests made to the Moscow ruler without the actual act having to be performed.[45] Frank Kämpfer's study of the Russian image of the ruler contains a representation of a written petition from the seventeenth century that illustrates the author of the text in the position described.[46] In contrast to the Western ceremonial of rule, the specific signs and gestures at the Moscow court arose less in imitation of patterns of religious or liturgical behavior than as products of the specific political development and experience with foreign ritual communities.

How to Petition the Ruler: Taking Stock East and West

For the Western envoys the humiliating forms of showing honor, as expressed by the *chelobit'e*, remained foreign. Thus, in the middle of the seventeenth century, the traveler to Russia, Adam Olearius, still stated that it was a distinguishing mark of Russian nobles that they "revealed" their rank and dignity "especially to foreigners / not subtly / but rather with gestures / words, and works."[47] Just like Sigismund von

---

43 Herberstein, *Rerum Moscoviticarum Commentarii*, 11: "Cæterum etsi potentissimus erat, Tataris tamen obedire cogebatur. Aduenientibus namque Tartarorum Oratoribus, extra ciuitatem obuiam procedebat, eos que sedentes itans audiebat, quam rem uxor eius Græca tam grauiter tulit, ut quotidie diceret, sese Tartarorum seruo nupsisse: atque ideo hanc seruilem consuetudinem, ut aliquando abijceret, marito persuasit, ut ægritudinem Tartaris aduenientibus simularet." German translation: Herberstein, *Moscovia*, 48 et seq.

44 Robert M. Croskey, *Muscovite Diplomatic Practice in the Reign of Ivan III* (New York, 1983), 124 et seq; Ostrowski, *Muscovy and the Mongols*, 89 et seq. On the Mongolian practice: Bertold Spuler, *Geschichte der Mongolen. Nach östlichen und europäischen Zeugnissen des 13. und 14. Jahrhunderts* (Zurich, 1968), 360; compare also Antti Ruotsala, *Europeans and Mongols in the Middle of the Thirteenth Century: Encountering the Other* (Helsinki, 2001), 80 et seqq on demonstrations of honor before the Tsarist rulers.

45 Sviatoslav C. Volkov, *Leksika russkich chelobit'nych XVII veka* (Leningrad, 1974).

46 Frank Kämpfer, *Das russische Herrscherbild. Von den Anfängen bis zu Peter dem Großen. Studien zur Entwicklung politischer Ikonographie im byzantinischen Kulturkreis* (Recklinghausen, 1978), Abb. 137, 228; on the interpretation compare *ibidem*, 225 et seq.

47 Olearius, *Vermehrte Beschreibung*, 189. On these mostly negative perceptions of difference, compare Gabriele Scheidegger, *Perverses Abendland – barbarisches Russland. Begegnungen des 16. und 17. Jahrhunderts im Schatten kultureller Missverständnisse* (Zurich, 1993), 176-222.

Herberstein had done before him, Olearius adopted a distanced stance with regard to the – from a Western perspective – exaggerated gestures of demonstrating respect at the Moscow court. Forms of reverence owed to the king did exist in the West, but these were precisely delimited from those addressed to God. Lowering oneself as in *proskynesis* was, as a rule, reserved for the religious realm. Only in the most extremely threatening situations, when it was a matter of preserving one's physical and material existence, did Western rulers deign to perform especially humiliating requests for mercy. But during times of peace, in the daily life at court as well as during celebratory meetings, different rules applied. In such circumstances, kneeling upon one knee marked the most extreme form of petitionary gesture. This diminution of obeisance even affected attitudes toward a ruler; he was particularly exemplary if petitioners were not required to humble themselves excessively before him. Patterns of behavior that were part of the daily ceremonial practice at the Moscow court were seen in the West as comparatively negative elements of communication between rulers. For this reason they necessarily attracted the interest of Western observers, and, above all, the need to be explained. It is especially clear here that the Western observers came to terms with cultural gaps with the help of comparison with their own familiar patterns of behavior. Because these forms of behavior were foreign to him, Herberstein necessarily had to reflect on the meaning of unfamiliar behaviors. The description of what is foreign simultaneously uncovers the particular character of one's own world.

But Sigismund von Herberstein described the *chelobit'e* not merely for the sake of information. As emissary of the Hapsburg court, it was his task to represent his lord and to ensure that the Hapsburg's rank was properly esteemed at the foreign court. His report, on the other hand, indicates that Herberstein, too, was required to perform this act.[48] In view of the differentiated perception of gestures of demonstrating honor and reverence that had developed in the West, the *chelobit'e* could easily be interpreted as a gesture of humiliation and subordination – and this would have suited neither Herberstein nor the Hapsburgs. For this reason Herberstein had to explain the meaning and provenance of this obeisance in detail to his readers to dispel any suspicion that he had allowed himself to be coerced into exposing his lord to excessive dishonor from the *chelobit'e* or coerced into an act of inappropriate affirmation at a foreign court. This stocktaking was necessary because the perception of petitionary signs and gestures between the Moscow court and the Western courts was so different.

To a modern person, the wrestling over kneeling, over the question of whether one or both knees should be bent or even the upper body lowered to the ground, initially seems strange. But as the example mentioned in the beginning of this article

---

48 For an extensive discussion of Herberstein's descriptions of the audiences, see Claudia Garnier, "'Wer meinen Herrn ehrt, den ehre ich billig auch.' Symbolische Kommunikationsformen bei Gesandtenempfängen am Moskauer Hof im 16. und 17. Jahrhundert," *Jahrbuch für Kommunikationsgeschichte* 7 (2005), 27-51.

regarding the fate of the Chinese expiatory prince has demonstrated, it was not so long ago that these questions decided matters of war and peace. Exactly one century has passed since the summer in which the entire German Empire was occupied with the question of "kowtowing." After 1901 the term "kowtowing" ("Kotau-Machen") rose to the status of a familiar expression in German. It is telling that the relevant lexicons of conversation in the empire do not list the term until the beginning of the twentieth century. It was the sixth edition of Meyers *Großes Konversations-Lexikon* of 1905 that first included the relevant entry, which showed an astonishingly current character. It begins by providing a purely descriptive stocktaking of the act as "in China, in ancestor worship and before the emperor or his representative, the customary ceremony of deepest subordination by means of throwing oneself to the ground and striking the forehead three times." The reader then learns of the history of this term's reception in the empire. And finally the contemporary reference is mentioned briefly: "The idea of making the expiatory prince Tschun's retinue 'kowtow' during the audience in Potsdam in August of 1901 had to be given up as unacceptable for a loyal Chinese."[49] With Prince Chun the kowtow made its entrance into the German language as a loanword. The term is still common today when describing an especially humbling public apology.[50]

For a long time historians had developed a progressive model dominated by the assumption of a linear development from pre-modern ritualism into modern rationality, leading to the decline of practices of symbolic communication. Just how important these patterns of behavior remained even at the beginning of the twentieth century, despite the advancing processes of state and legal institutionalization, can be seen in the case of the Chinese "expiatory prince." Despite different institutional conditions, this case reveals structural affinities with the pre-modern in that, here too, the question of to what degree one's personal honor and personal religious standpoint permitted an act of humiliation, and where clear limits should be set to acts of humility, was a matter of negotiation.

---

49 *Meyers Großes Konversations-Lexikon*, vol. 11 (Leipzig/Vienna, 1905), 539.
50 Franz Maciejewski, "Der Kotau der Mächtigen: Zur Globalisierung des Rituals öffentlicher Entschuldigung," in *Ritualdynamik. Kulturübergreifende Studien zur Theorie und Geschichte rituellen Handelns*, ed. Dietrich Harth, Gerrit Jasper Schenk (Heidelberg, 2004), 179-195, for international politics in the second half of the twentieth century, however, without information on the origin of the term.

Религиозный диалог между англичанином и псковским горожанином (1686-1687 гг.)

Петр Стефанович

Относительно недавно в научный оборот был введён замечательный памятник истории и культуры, связанный с Псковом, – своеобразный «русский архив» английского купца, который жил и вёл коммерческую деятельность в Пскове в конце 80-х годов XVII в[1]. Этот «архив» занимает несколько тетрадей рукописи-конволюта, хранящейся в Британской библиотеке (Harl. 6356)[2], и основную его часть составляет переписка англичанина с псковичом. Из переписки выясняется, что приезжий «иноземец» учился русскому языку у своего корреспондента. В письмах пскович называет англичанина Роман Вилимович, а англичанин псковича – Пётр Игнатьевич (далее – Р. В. и П. И.). Письма датируются июлем-августом 1686 г. и мартом-апрелем 1687 г., всего – 13 писем П. И. и 8 писем Р. В. Точно идентифицировать корреспондентов по другим источникам пока не удалось. Ясно только из некоторых реалий, упомянутых в письмах и других документах «архива», что П. И. был сравнительно обеспеченным посадским человеком и главным его занятием было обучение иностранцев русскому языку, а Р. В. был связан с английской колонией в Нарве (Ругодиве). И так же совершенно ясно, что между учителем и учеником сложились тёплые дружеские отношения. Переписка была одной из форм обучения, поэтому все письма на русском языке и несут следы обработки их русским партнером.

Эта переписка – памятник в нескольких отношениях уникальный. Во-первых, это крайне редкий случай, когда мы можем судить о *неформальном* общении русского человека и представителя западноевропейской протестантской культуры в эпоху, предшествовавшую петровским реформам. Участники этой «встречи культур» не принадлежали высшим слоям общества, и общение

---

1 См.: *Стефанович П. С.* Рукопись Британской библиотеки с перепиской псковича и английского купца 80-х годов XVII века // Псков в российской и европейской истории: Международная научная конференция. Т. 1. Псков, 2003. С. 309-314; *Stefanovich P.* Dialog der Kulturen? Selbstaussagen in Briefen zwischen Pskov und England 1686/87 // *Herzberg J., Schmidt C. (ed.)* Vom Wir zum Ich. Individuum und Autobiographik im Zarenreich. Köln, 2007. С. 77-93. См. в этих работах более подробный исторический комментарий к документам «архива». – Только после подготовки этой статьи вышла публикация «архива»: *Стефа-нович П С., Морозов Б. Н.* Роман Вилимович в гостях у Петра Игнатьевича: Псковский архив английского купца 1680-х годов. М., 2009.

2 См.: *Cleminson R. M.* Union Catalogue of Cyrillic Manuscripts in British and Irish Collections. London, 1988. С. 163-166.

между ними происходило вдали от правительственных сфер и «начальствующего ока». Во-вторых, эти письма – осколок частной жизни и повседневности, во многом неясных и непонятных нам не только из-за разделяющих нас времени и культурной дистанции, но и из-за скудости источников по истории допетровской Руси. Частной переписки, сохранившейся от допетровской эпохи, вообще очень немного, и бо́льшую её часть составляют письма царской семьи и виднейших бояр. Основное содержание этих писем сводится к стандартным формулам сообщений о здоровье и пожеланий божественной милости, и они редко позволяют разглядеть индивидуальность и проникнуть в повседневную жизнь.

Пока мы мало знаем о том, как складывались отношения русских и иностранцев в допетровской России на бытовом уровне. То, что известно об этом из записок иностранцев, побывавших в России, склоняет скорее к выводу о том, что добросердечные отношения и взаимный интерес, которые демонстрируют Р. В. и П. И., были в допетровской России редкостью[3]. Именно в XVI–XVII вв., во многом благодаря этим запискам, формируются стереотипы об «азиатской» России с деспотическим устройством и варварским населением, чуждой европейской цивилизации. В то же время исследователи, сталкивавшиеся с судебными делами, которые в большей степени, чем другие источники, отражают реалии повседневного общения русских и иностранцев, далеки от того, чтобы это общение характеризовать исключительно такими категориями как отчуждённость и нетерпимость. Такой вывод делает, например, автор новейшей работы: «…конфессиональные различия не сформировали в народной среде устойчивой неприязни к выходцам из Западной Европы, при которой сам факт принадлежности к "немцам" являл бы собой повод для враждебности»[4].

Открытость и взаимная симпатия, характерные для данной «встречи культур» в Пскове, имели, разумеется, объективные причины. Не случайно, что встреча состоялась именно в этом городе. Псков, лежавший на западных рубежах Московского государства, был одним из крупнейших русских центров, через которые осуществлялась торговля с западноевропейскими странами. Ганзейское объединение торговых городов с древности имело торговое представительство в Пскове, но в городе бывали иноземцы из самых разных европейских стран. В середине-второй половине XVII в. преобладали кон-

---

3 См., например, классическую работу: *Ключевский В. О.* Сказания иностранцев о Московском государстве. М., 1991 (1-е изд.: М., 1866). Подобные же выводы в интересном исследовании о культурных стереотипах и страхах в общении западноевропейцев и русских в XVI–XVII вв. швейцарской исследовательницы Габриеле Шайдеггер: *Scheidegger G.* Perverses Abendland – barbarisches Russland: Begegnungen des 16. und 17. Jahrhunderts im Schatten kultureller Missverständnisse. Zürich, 1993. C. 9, 19.

4 *Орленко С. П.* Выходцы из Западной Европы в России XVII века (правовой статус и реальное положение). М., 2004. C. 257-258.

такты со шведами или теми из западноевропейцев, кто ездил в Россию через Швецию.

С Псковом связан своим происхождением замечательный памятник культурных и экономических контактов русских с приезжими иностранцами – словарь-разговорник Тённиса Фонне, составленный в начале XVII в. Сам Фонне тоже, видимо, учил русский язык с русским преподавателем. Это следует из приведённого в разговорнике обмена репликами ученика с учителем, причём в диалоге первый именует второго «бачке» (Vocativus), что указывает на принадлежность учителя духовному сословию[5]. Вообще традиция обучения русскому языку иностранцев – либо молодых купеческих отпрысков, либо будущих правительственных «толмачей» – фиксируется по крайней мере с конца XIII в. в Новгороде, а позднее и в Пскове[6].

Естественно, свой отпечаток на отношения русских и иноземцев в Пскове должна была накладывать политика изоляции и сегрегации иностранцев, которую в XVII в. проводило московское правительство[7]. Например, известны попытки запретить обучение иностранцев русскому языку. Как утверждал шведский посол в России Адольф Эберс, в 1653 г. царским указом, за которым видели инициативу Никона, было запрещено отдавать в обучение русскому языку купеческих детей из Нарвы, Ревеля и Любека[8]. Некоторые проявления предубеждений против иностранцев обнаруживаются во время псковского восстания[9]. Но в целом город оставался важным центром международных контактов.

С другой стороны, Псков был и крупным очагом городской культуры, которая, как известно, в XVII в. переживала своеобразный расцвет[10]. Наш П. И. представлял те самые купеческо-посадские круги, которые породили эту культуру и служили ей питательной средой.

---

5 Tönnies Fenne's Low German Manual of Spoken Russian. Pskov 1607 // *Hammerich L. L., Jacobson R., Van Schooneveld E., Stender-Petersen A.* Vol. II: Transliteration and Translation. Copenhagen, 1970. С. 137.

6 *Angermann N.* Deutsche Übersetzer und Dolmetscher im vorpetrinischen Rußland // *Hübner E., Klug E. (ed.)* Zwischen Christianisierung und Europäisierung. Beiträge zur Geschichte Osteuropas in Mittelalter und Früher Neuzeit. Festschrift für Peter Nitsche zum 65. Geburtstag. Stuttgart, 1998. С. 225-226; *Пушкарёв Л. Н.* Освоение русского языка иностранцами в конце XVI–XVII в. // Вопросы истории. № 6. 2004.

7 О стеснённом положении иностранцев в России в XVI–XVII вв. см. подробнее: *Poe M. T.* A People Born To Slavery. Russia in Early Modern European Ethnography. 1476–1748. Ithaca, London, 2000. С. 41-49, 83-90; *Орленко С. П.* Выходцы из Западной Европы… С. 64-89.

8 *Scheidegger G.* Perverses Abendland... С. 17 (по донесениям посла, хранящимся в Riksarkivet, Stockholm).

9 *Аракчеев В. А.* Средневековый Псков: власть, общество, повседневная жизнь в XV–XVII веках. Псков, 2004. С. 214.

10 См., например: *Кантор А. М.* Духовный мир русского горожанина: вторая половина XVII века. Очерки. М., 1999.

Наконец, можно предположить со стороны молодого англичанина, при-
ехавшего изучать русский язык в Россию, интерес к русской культуре и стремление к общению с русскими, хотя бы ради языковой практики. Кроме того,
известно, что именно среди протестантов был повышенный интерес к православию, в котором они видели своего рода альтернативу католицизму. Например, швейцарские реформаторы XVI в. на почве противостояния с католиками
высказывались благоприятно по отношению к православным, в том числе
русским. В основном они писали о греческой церкви, которую просто лучше
знали, но их позыв в принципе был направлен всем христианам. В 1559 г. так
писал, например, Буллингер (Bullinger): «Не только в Греции, но и в странах
Востока есть много верующих, которые не только знают Христа, но и при-
знают его, молятся ему и почитают его и, конечно, принадлежат Царству Хри-
тову»[11]. Отдельные положительные высказывания в адрес православия находим и в записках иностранцев XVI–XVII вв., например, у Ги Мьежа (Guy
Miège). Хорошо известно, что среди англичан в XVII в. были и сочувствую-
щие католицизму, и интересующиеся православием (такие, например, как
оксфордский учёный Томас Смит (Thomas Smith), служивший капланом в
английском посольстве в Константинополе в 1668-1671 гг. и оставивший
дневник своего пребывания там, а также труды по истории Византии). Хотя
мы не знаем, каково было воспитание Р. В., его образование и даже его конфессиональная принадлежность (теоретически, он мог быть и католиком),
вообще каков был его культурно-религиозный *background*, имеем право
предположить, что у англичанина могла быть некоторая позитивная склон-
ность к православию и русской культуре.

Атмосфера взаимных интереса и симпатии в той ситуации «встречи культур», в которой оказались Р. В. и П. И., делала возможными откровенные
высказывания и нестеснённый диалог на разные, иногда довольно деликатные
темы. Личности участников этого диалога раскрываются с яркой и необычной
стороны. В данном случае я хотел бы сосредоточить внимание именно на

---

11 „Es gibt nicht allein in Griechenland, sondern auch in den Ländern des Mittags und Sonnen-
aufganges eine Menge Gläubiger, die Christum Jesum nicht nur kennen, sondern auch bekennen, anbeten, anrufen und verehren und gewiß auch in das Reich Christi gehören". Цит. по:
Bryner E. Die russisch-orthodoxe Kirche in der Sicht schweizerischer Autoren der Reforma-
tionszeit // Primi sobran'e pёstrych glav: Slavistische und slavenkundliche Beiträge für Peter
Brang zum 65. Geburtstag. Bern etc., 1989. С. 627. Автор статьи приходит к следующему
выводу: «В писаниях цюрихских реформаторов Цвингли, Буллингера, Библиандера и
Гуалтера можно найти в разных местах на удивление позитивные высказывания о
православной Церкви Востока. Она рассматривается как очень древняя и уважаемая
Церковь, развитие которой, однако, не привело к папству; она расценивается как католическая Церковь без папы» („In den Schriften der Zürcher Reformatoren Zwingli, Bullinger,
Bibliander und Gualther finden sich an verschiedenen Stellen erstaunlich positive Bewertungen
der orthodoxen Kirche des Ostens. Sie wird als eine sehr alte, ehrwürdige Kirche betrachtet,
deren geschichtliche Entwicklung aber nicht ins Papsttum führte; sie wird als katholische
Kirche ohne Papst geschätzt") (ibidem, С. 611).

письмах П. И. Они по сравнению с письмами Р. В. интереснее – более много-
численны, содержательны и разнообразны. Причём П. И. и в своих высказываниях общего характера, и касаясь частных вопросов, главный акцент делает
на религиозную сторону дела. Несколько раз корреспонденты специально
обсуждают вопросы «христианской веры». Высказывания псковича о вере, его
описание православных обрядов и суждения по другим вопросам, прони-
занные религиозным мировоззрением, – всё это даёт возможность для некоторых наблюдений о его религиозности. Сначала я приведу эти высказывания
и суждения, а затем сравню свои наблюдения с другими данными о «куль-
турно-религиозном диалоге» в эпоху, предшествовавшую петровским реформам.

По форме переписка (стандартные формулы обращения и пожеланий, обороты вежливости и т. д.) совершенно соответствует русским традициям. Это и
не удивительно – приобретение эпистолярных навыков было частью обучения.
Тем не менее, сам по себе факт, что в общении с иностранцем П. И. использует
ту же форму, что и с русскими, показателен. Как бы этикетны ни были
эпистолярные формулы, всё же какое-то содержание за ними стояло. П. И. не
колеблется это содержание адресовать Р. В. Он называет Р. В. не только «смиренным учеником», но и «благодетелем», «добродеем». Но чаще всего П. И.
обращается к Р. В. как к «другу» и «приятелю», а однажды – «милостивой мой
и советный друг». Думаю, что такое обращение не было случайно, – по двум
причинам.

Во-первых, Р. В. платил П. И. за обучение и за постой и, кроме того,
оказывал ему некоторые услуги – то одалживал деньги, то давал какие-то по-
дарки. За это П. И. выказывал благодарность и особое доверие. И учился Р. В.,
судя по всему, хорошо. Кроме того, в документах нашего «архива» упоминаются и другие иностранцы, которые учились у П. И. Очевидно, пскович как
профессиональный частный преподаватель должен был быть заинтересован в
«друзьях»–иностранцах. Во-вторых, обращение «друг» находит обоснование в
мысли, которую П. И. настойчиво проповедует в письмах. Суть её в том, что
все христиане должны любить друг друга как братья и быть верными и от-
зывчивыми друзьями.

В одном из писем П. И. следующим образом выражает эту мысль. Дружбу
с Р. В. он обосновывает божественными заповедями: «...и бог так написал:
надобно всякому человеку держать со всяким человеком любовь или дружбу.
Апостол Иоанн написал: хто бога любит, а брата ненавидит или не любит, то
ложь есть или неправда. Как человеку бога любить? Он не видит бога. Перво
надобно всякого доброго человека любить – так и бога гаразно любить надобно. Бог не велит человеку спесиву и сердиту быть на своих другов и на
всякого человека. У нас в книги написано: любовы покрывает множество
грехов. Так и нам подай бог добрую дружбу и любовь...» (л. 324об.-325)[12].

---

12 Здесь и далее ссылки даются на листы рукописи. В письмах П.И. к Р.В. часто отдельные

Мысль далеко не оригинальная, но на сегодняшний день единственной в своём роде является ссылка на неё в общении русского и иностранца в конце XVII в. Не менее удивительным, чем обращение с «общехристианским призывом» со стороны псковского купца, является то, что англичанин с готовностью поддерживает этот призыв. В ответном письме Р. В. развивает эту же мысль: «а как ты ко мне писал, что бог не любит того человека, которай ево брата не любит, и чаю я, что то подлинно, а мы, християни, от одного отца на сей свет родились...» (л. 326).

Найдя взаимопонимание, П. И. находит и более прямое применение исходной мысли в своих отношениях с учеником. В одном из последующих писем П. И. просит Р. В. рассказать ему, «ещели ты с своими со всеми друзьями по прежнему в любви и в доброй дружбе и нет ли у тебя с кемнибудь какой ни есть ссоры или недружбы. А я рад слышать, чтоб ты был по прежнему со всеми своими друзьями в любви и в доброй дружбе, как написано во святом писании». В качестве примера истинно христианского поведения П. И. не боится сослаться на собственный пример. «А я, дал бог, по се время жив, – продолжает пскович, – и со всеми своими друзьями и з добрыми людьми в совете и в любви. А с которыми мало бывает какие речи ссорные или непригожие поговорим, и тот час опять попрощаемся и станем жить в доброй дружбе – п[у]сть дьявол не смеется. А как и ты тихо и смирно и в любви и в доброй дружбе с своими друзьями живеш, так то гаразно хорошо, и бог так приказал, и все добрые люди тебя будут хвалить и почитать так же, как я везде тебя право за твое доброе смирение и за всякую добродетель хвалю» (л. 328об.-329об.).

Таким образом, в письмах англичанину псковский «преподаватель» выдвигает на передний план социально-этический аспект христианской доктрины. По-видимому, этот факт не случаен и отражает общую динамику религиозности русских в XVII в. Во всяком случае, Пол Бушкович отмечал перемещение акцента с монастицизма и веры в чудеса на моральные аспекты религии к концу XVII в[13]. Жить со всеми «добрыми людьми» в мире и дружбе – это кредо П. И. Синонимом «добрый» выступает эпитет «смиренный». В то время это слово могло ещё объединять значения, позднее закрепившиеся за двумя разными словами – «смиренный» (кроткий, скромный, покорный) и «смирный» (спокойный, не бурливый, тихий). Сложно наверняка сказать, какое именно значение имел в виду П. И., употребляя слова «смирно», «смирение» и однокоренные им. Однако, поскольку они используются в контексте религиозном, в связи с христианскими понятиями любви, добра и др., то ло-

---

слова или выражения дублируются синонимами, как, например, в данном случае: «ненавидит или не любит, то ложь есть или неправда». Это объясняется учебным характером переписки – читая письма своего учителя, ученик должен был пополнять свой лексический запас.

13 *Bushkovitch P.* Religion and Society in Russia: the Sixteenth and Seventeenth Centuries. New York, Oxford, 1992. C. 148, 178.

гично предположить, что и смысловое наполнение этих слов тоже, главным образом, христианское. В этом случае, надо думать, речь идёт прежде всего о смирении как противоположности гордыни[14]. И «смирение» становится главной характеристикой правильного поведения «доброго человека». По всей видимости, в число «добрых людей» входят потенциально все христиане, включая, по крайней мере, протестантов.

Обратим внимание на то, что социальная этика псковича придаёт особое значение «общественному мнению». Вторым по важности критерием оценки поведения (после божественного завета любить друг друга) для П. И. служит мнение окружающих «добрых людей» (соседей) – будут ли они тебя «хвалить и почитать» или осуждать. Об этом П. И. явно много думает, и его озабоченность по этому поводу хорошо видна в письме Р. В., в котором первый выражает признательность второму за тактичность и умение держать язык за зубами. Р. В. благодарил П. И. за «добродетели», которые он обрёл, пока жил в доме у П. И., а П. И. отвечает: ты «жалуешь меня своею милостию не ведаю я за что, потому что тебе от меня и от всего моего дому мало добродетели было. Я твоему зьдоровью в десятеро челом бью за твое смирение и многие молчание, что много в моем дому видял всяково худово, а нигде того не пронес и не сказал. И такая добродетель гаразна незабытна. Подай бог тебе за то от бога всего доброго, чево ты от ево, Творца нашего, желаеш. Естли б, или, кабы, иной ученик у меня был и слышал, что при тебе в доме моем было, давно бы многие люди то ведали и смеялись мне» (л. 333-333об.).

«Добрый человек»-христианин в представлении псковича – это, конечно, человек семейный. Он пишет о здоровье своей жены, упоминает своих «домашних». «Дом» (включая и семью, и хозяйство, и прислугу) – это тема, которая постоянно присутствует в письмах П. И., хотя и в основном в связи с теми или иными бытовыми вопросами (устройство амбара для проживания ученика, заботы о заготовке дров и т. д.).

Разумеется, как «добрый человек» и семьянин пскович всячески проявляет гостеприимство и заботу о своём ученике и постояльце. Весной 1687 г., учитель, желая ученику «здравствовать на премножество лет со всеми своими с родичи и приятели», зовёт его в гости «к празнику к светлому Христову воскре[се]нию»: «пожалуй, ходи ко мне о празнике в гости пива пить, каково бог послал». По-видимому, после недурно проведённого разговения П. И., сочувствуя нездоровью англичанина, даёт ему такую «медицинскую рекомендацию»: «да слышал я, что ты севодни с похмелья не домогаешь, и о том молись богу, помилует, и будешь по прежнему здрав» (л. 337-338об.).

---

14 О христианском понятии смирения в его «русском преломлении» (на материалах до начала XVI в.) см.: *Федотов Г. П.* Русская религиозность. Часть I: Христианство Киевской Руси. X–XIII вв. Часть II: Средние века. XIII–XV вв. // *Федотов Г. П.* Собрание сочинений в двенадцати томах. Т. 10. М., 2001. С. 191-192; Т. 11. М., 2004. С. 81.

Социальная этика имеет у П. И. без сомнения религиозное обоснование. Тот факт, что несколько раз учитель просит прощения у своего ученика за свою леность «господа ради или для бога», заставляет предполагать религиозные корни и его «трудовой этики», хотя они и не выражены в переписке эксплицитно. Во всяком случае, «социальная» и «трудовая» этики связываются П. И. воедино. Об этом недвусмысленно говорят следующие его слова: «...А ныне сам себе думаю и гаразно мне зазорно или стыдно всех добрых руских людей и иноземцов, что я часто пьян был и много всегда пил и лен был и к тебе ничево не писал и ты для моей лености многое время промешкал без учения. И я за то за все прошу у тебя прощения, пожалуй меня в том, прости. А я впредь почаще стану к твоей милости писать...» (л. 303). П. И. не только сам просил прощения за своё безделье, но и напоминал Р. В., что не следует забывать учения и почаще писать, упражняясь в русском языке. На одного из своих учеников по имени Берн П. И. жаловался Р. В.: «я чаю, что у него не то на уме, что учитца хорошенько, – то у него на уме болше, что гулять» (л. 327об.).

Таким образом, П. И. считал леность и безделье грехом. Пьянство, о котором П. И. несколько раз упоминает в своих письмах, он грехом считал, видимо, постольку, поскольку оно отвлекало от труда и от посещения церкви. В письме, посвящённом описанию того, как русские празднуют Пасху, П. И. приводит примеры неправильного, то есть грешного, празднования («телесного») в противопоставлении с истинным («духовным»). Отмечая окончание поста после Пасхи, П. И. продолжает предостережением: «толко у нас крепко заказано, чтоб всю светлую неделю празновать духовно, а не телесно. А что то духовно и телесно, я тебе скажу. Духовно то, что богу молитися и к церкви ходити и пить-есть в меру, а не объядением и не пиянством. Телесно то, что гаразно много есть и пить много, как будешь пьян, и спать или иное что дурно или грех творить и к церкви не ходить. Еще тож телесно, си речь, грешно, как хто будет пьян и блуд станет творить и песни худые петь и иные всякие неподобные дела творить и богу не молитца» (л. 337об.).

Акцент, который пскович делал на социально-этической стороне, объясняется, видимо, спецификой ситуации общения – в отношении иностранца следовало подчеркнуть дружественный настрой и гостеприимство. Лично для самого П. И. не менее, а может быть, и более важным аспектом религии была церковная жизнь и даже более точно – церковный ритуал. Кроме приведённого письма, где П. И. рассказывает Р. В. ещё об особенностях православного богослужения на Пасху («христование» и пр.), об этом свидетельствует и одно из двух литературных произведений, которые оказались скопированы в «русский архив» англичанина, – «Притча, яко не достоит ити от церкви, егда поют». Как следует из сопроводительной «грамотки» П. И., он сам выбрал и скопировал её для Р. В. Смысл притчи в том, чтобы продемонстрировать важность посещения церковных служб[15]. Думаю, что выбор был не случаен, – это была заветная мысль и самого П. И.

По всей видимости, именно П. И., кроме этой «Притчи», скопировал для Р. В. целый ряд молитв, толкований и поучений: славословие, «Отче наш», «Десять заповедей», Символ веры с толкованиями, несколько поучений – «О покаянии», «О крещении» и др. В таком выборе явно прослеживается определённая логика: П. И., очевидно, хотел познакомить Р. В. с «азами» православных вероучения и обряда.

Некоторый намёк на социально-политические воззрения псковича можно найти в одном из произведений этого «православного сборника» – «толковании» на молитву «Отче наш», которое П. И. явно списал из какого-то специального трактата, однако, видимо, дополнил несколькими словами от себя. К словам молитвы «хлеб наш насущный» предлагается такое толкование: «все то повседневной хлеб имянуется, что человеку годно: первое, ести и пити, одежа и обувь, дом и имение, смиреная жена, смиренные чада, смиренные домочадцы, смиренная и верная власть, добрые поданые, мир и здравие, кротость и честь добрых приятель, и верные соседы» (л. 282об.). Собственно, в этих словах содержится краткая характеристика «общественного бытия», как оно представлялось псковичу в конце XVII в. Как и в письмах П. И., мы видим здесь и дом, и добрых приятелей и соседей, но картина дополняется также «верной властью» и «добрыми поданами». Фундаментом, то есть ценностью, на котором покоится это общественное здание, является «смирение», здесь объединяющее понятия кротости с миром и покоем.

Насколько типичной или, напротив, своеобразной оказывается личность псковича и как выглядит его поведение в ситуации близкого повседневного общения с иноземцем на фоне других подобных случаев «культурно-религиозного диалога»?

Картину мира П. И., какой она предстаёт перед нами в его письмах Р. В., можно сравнить с картиной мира его старшего современника – Якова Загряжского, какой она была описана Габриелой Шайдеггер в ситуации другой встречи западной и русской культур. Загряжский был приставом при шведском посольстве в 1655-1658 гг., которое было задержано в Москве на два года из-за начавшейся в начале лета 1656 г. русско-шведской войны. Общение Загряжского с дипломатами отразилось в протоколах, которые аккуратно вели шведы. Эти протоколы послужили источником, который позволил Шайдеггер зафиксировать некоторые черты мировоззрения московского дворянина, занимавшего средние должности приказной бюрократии[16].

---

15 См. текст «Притчи»: Библиотека литературы Древней Руси. Т. 10. СПб., 2000. С. 104-106. О «Притче» подробнее: Словарь книжников и книжности Древней Руси. Вып. 2 (вторая половина XIV–XVI в.). Ч. 2. Л., 1989. С. 219-220.

16 *Scheidegger G.* Das Weltbild des Jakov Zagrjažskij: Streiflichter aus einer schwedischen Quelle (1655-58) // Primi sobran'e pëstrych glav... С. 685-702.

Демонстрацию характерных черт мировоззрения Якова Загряжского Шайдеггер начинает с выделения его отношения к повседневному чтению как к волшебству. По её мнению, об этом свидетельствует убеждение Загряжского, что книги, прежде всего, календари и альманахи, которые читали шведы, давали им возможность предсказывать будущее. На этом основании исследовательница делает следующий вывод: в России середины XVII в. «чтение и писание рассматривались, за исключением сферы бюрократии и управления, очевидно, не как повседневные, нейтральные занятия, а как необычные деятельность и способности, которые обеспечивали посвящённому доступ к высшим силам. Книга была либо сакральным объектом – и как таковой не предназначалась для профанного мира – либо нечистым магическим средством. Чтение как самодостаточное занятие, как спокойное самоуглубление индивидуума, письмо как беззвучный разговор с собственным "я" – такие представления были ещё чужды мировоззрению Якова Загряжского»[17].

Думаю, что хотя доля истины в этом утверждении есть, но в целом оно является явным преувеличением. Обмен литературой между П. И. и Р. В. ясно говорит о том, что повседневное чтение развлекательной литературы было одинаково присуще как «московиту», так и англичанину. Мы не знаем точно, как именно и с какими целями и переживаниями П. И. читал, например, «Притчу, яко не достоит ити от церкви, егда поют» и рекомендовал их своему ученику. Но, во всяком случае, его просьба дать почитать на время «Повесть о семи мудрецах» и «Повесть об Акире Премудром» (эта просьба содержится в одном из писем П. И. к Р. В.) или снабжение ученика образцами религиозной литературы выглядят вполне невинно и не намекают на волшебство или отношение к книге как «сакральному объекту».

Переписка П. И. и Р. В. заставляет более дистанцированно отнестись и к другому выводу Шайдеггер. Противопоставляя русский менталитет западному, она подчёркивает веру Загряжского в чудеса. Он не только пересказывает эпизоды из летописей шведам, но и рассказывает им несколько апокрифических историй и эпизодов из житий святых с чудесами, а те воспринимают эти рассказы скептически. «В секуляризованной Европе, и прежде всего в её протестантской части, – делает вывод Шайдеггер, – не могли и не хотели серьёзно воспринимать такого рода чудесные истории... Для русских вера и знание были ещё нераздельны. Удар меча, нанесённый ангелом, был настолько

---

17 „Abgesehen vom Bereich der Bürokratie und Verwaltung galten Lesen und Schreiben [in Russland in der Mitte des 17. Jahrhunderts] offensichtlich nicht als alltägliche, wertneutrale Handlungen, sondern als außerordentliche Tätigkeiten und Fähigkeiten, die dem Kundigen Zugang zu höheren Mächten verschaffen. Das Buch war entweder ein heiliger Gegenstand – und als solcher nicht für die Laienwelt bestimmt – oder ein unheiliges Zaubermittel. Lesen als Selbstzweck, als stille Beschäftigung eines einsam um sich selber kreisenden Individuums, Schreiben als lautloses Zwiegespräch mit dem eigenen Ich – solche Vorstellungen hatten in Jakov Zagrjažskijs Weltbild noch keinen Platz" (ibidem, C. 702).

же реален, был такой же "историей", как и поход древнерусского князя. Познание мира означало в их культуре всё ещё одновременно и познание Бога»[18].

Возможно опять-таки, что *отчасти* это суждение верно. Однако, ни в письмах П. И., ни в тех копиях, которые он сделал для Р. В., мы не видим никаких «историй» об ангелах или о чудесах – либо он сознательно их избегает, чтобы не раздражать англичанина, либо заразился протестантизмом. Второе явно не правдоподобно, судя по его «православной проповеди». В первом же случае мы должны признать, что псковом уже отстранённо оценивает веру в чудеса, понимая, что не все, даже христиане, могут быть здесь с ним согласны, и это показатель того, что в конце XVII в. русский человек мог иметь вполне достаточно способностей и кругозора для абстрагированной оценки своей культуры и религии.

В Загряжском Шайдеггер видит «"до-модерный" тип человека», «встроенного в (божественный) мир, который создал его – а не наоборот»; человека, бывшего «частью творения, которым не он владеет, но которое владеет им; зависимого от сил, более могущественных, чем он. Он тоже пытается по возможности влиять на ход вещей, но он (ещё) не опирается на собственные силы подобно самоуверенному западноевропейцу, а старается заручиться поддержкой высших – добрых или злых – сил. Таким образом, неподдельной вере с одной стороны соответствует, на другой, широкое распространение волшебства»[19]. Может быть, в случае с Загряжским и шведскими послами противопоставление в таком смысле и имеет смысл. Однако, не надо забывать, что большинство населения Западной Европы и в XVII в. скорее жило в том «архаическом мире», который рисует Шайдеггер[20]. Конечно, нельзя также столь плоско сопоставлять веру в чудеса с магией – если для необразованного человека это может быть отчасти верно, то для мало-мальски ориентирующегося в теологии человека, каких всё-таки было немало в России XVII в., чудеса и магические практики были совершенно несопоставимыми вещами. В

---

18 „man wollte und konnte im säkularisierten Abendland, und erst recht in seinem protestantischen Teil, solche Wundergeschichten nicht mehr ernst nehmen... Für die Russen war Glauben und Wissen noch eins. Der Schwertstreich eines Engels war ebenso real, war ebenso "Geschichte" wie der Feldzug eines Großfürsten. Welterkenntnis bedeutete in ihrer Kultur immer noch Gotteserkenntnis" (ibidem, C. 699).

19 "vormodernen Typus" des Menschen, der "eingebunden in eine (Gottes-)Welt ist, die ihn erschaffen hat – nicht umgekehrt; Teil einer Schöpfung, die nicht er, die ihn beherrscht; abhängig von Gewalten, die mächtiger sind als er. Auch er versucht den Lauf der Dinge wenn möglich zu beeinflussen, aber er beruft sich (noch) nicht wie der grandiose Abendländer auf seine eigenen Fähigkeiten, sondern bemüht sich um die Unterstützung der höheren – guten und bösen – Mächte. Dem ungebrochenen Wunderglauben auf der einen entspricht deshalb auf der anderen Seite eine weite Verbreitung zauberischer Praktiken" (ibidem, C. 701).

20 Достаточно сослаться на классическую работу Кита Томаса: *Thomas K.* Religion and the Decline of Magic: Studies in Popular Beliefs in Sixteenth and Seventeenth Century England. London, 1971.

любом случае, П. И. – это явно не тот случай, и противопоставление в таком духе не работает. «Модель» Шайдеггер не подтверждается нашим источником.

В целом, то мировоззрения, которое реконструирует (или скорее: конструирует в отношении Загряжского Шайдеггер, не очень соответствует «картине мира» П. И. В письмах псковича нет ни артикулированной веры в чудеса, ни подозрительного отношения к иностранцам, читающим книги. В переписке псковича и англичанина ни разу не всплывает тема брадобрития, в то время как Загряжский проявил явное неприятие брадобрития. Он даже рассказывает анекдот, сатирически объясняющий, почему папа и всё духовенство в Риме сбрили бороды. Шайдеггер это объясняет тем, что пристав не принадлежал к высшим «профессионалам» Посольского приказа, которые привыкли к безбородым западноевропейцам[21]. Возможно, это объяснение приложимо и к П. И.: хотя с Посольским приказом он едва ли имел дело, но общение с иностранцами для него, действительно, было привычной повседневностью.

Разумеется, надо учитывать тот факт, что Загряжский и П. И. находились всё-таки в разных условиях: первый выступал (или во всяком случае теоретически должен был выступать) официальным лицом, а для второго общение с иностранцем было его частным делом. Логично допустить, что в своих отношениях ученик и учитель исходили больше из «стратегии общения», чем «стратегии конфликта». Объединяет Загряжского и псковича в общем-то только одно – в контакте (диалоге) с иностранцами, представляя себя и выставляя свои отличительные черты, они делают упор прежде всего на религиозной проблематике: Загряжский рассказывает анекдот о папе и апокрифические легенды, а П. И. составляет целый православный сборник и рассказывает о том, как русские празднуют Пасху. Но для эпохи конца XVII в. такая самопрезентация характерна для любого европейца – религиозная идентичность служила главным объединительным или разделительным фактором. Именно на этой почве Загряжский ищет различия, а П. И., наоборот, сближение с западноевропейцем.

Трудно оценить, чьё мировоззрение и отношение к иностранцам – Загряжского или П. И. – более типичны для своего времени, так как пока мы слишком мало знаем о внутренней жизни и в особенности религиозности русского человека допетровской эпохи. Изучение религиозности, которое успело только наметиться в дореволюционной историографии, затем было предано забвению и возрождается только в последние годы. Правда, внимание современных историков обращено больше к эпохе средневековья, а темой, которая их почему-то особенно привлекает, является православная эсхатология и эсхатологические ожидания и настроения в Древней Руси[22]. Однако, у Загряжского и П. И. эта

---

21 *Scheidegger G.* Das Weltbild... C. 692.

22 Ср.: *Алексеев А. И.* Под знаком конца времен. Очерки русской религиозности конца XIV – начала XVI вв. СПб., 2002; *Дергачёва И. В.* Посмертная судьба и «иной мир» в древнерусской книжности. М., 2004.

тема никак не обнаруживается. Очевидно, в конце XVII в. эсхатологические настроения были актуальны уже только для старообрядчества[23].

Единственным обобщающим трудом по истории русской религиозности остаётся работа Г. П. Федотова, которая не охватывает время позже начала XVI в. На средневековых материалах Федотов показал, что в религиозных воззрениях русских сохранялась унаследованная от Византии дихотомия страха (*phobos*) и любви (*agape*), хотя акцент был смещён на любовь и смирение в кенотическом смысле[24]. Социально-этический аспект христианской доктрины распознаётся уже в источниках XIV-XV вв., но в XVII в. он приобретает первостепенное значение[25]. Судя по наблюдениям и заключениям Федотова, с древними традициями обнаруживают преемственность следующие темы, актуальные для псковича: «трудовая этика», осуждение пьянства и лености, важность посещения церковных служб, семья как главная форма и идеал человеческого общежития, смирение. Ритуализм едва ли чувствуется у П. И., но Загряжский во время Великого поста проявляет опасение оскверниться через физический контакт со шведами[26]. Воззрения Загряжского вообще выглядят более архаическими: он подчёркивает веру в чудеса, подозревает иностранцев в магических способностях и осуждает брадобритие.

Догматические вопросы ни пскович, ни московский пристав не поднимают. Загряжский также никак не затрагивает обряды православной церкви и вопрос об обрядовых различиях с западным христианством. П. И. описывает православные церковные обряды, однако делает это не в полемическом ключе, а скорее в «этнографическом», и обрядовая сторона не первостепенная в его понимании православия. Судя по сборнику молитв, поучений и толкований, который он составил для Р. В., акцент он делал на добрых делах, любви, покаянии и на церковных таинствах евхаристии и крещении как главном пути спасения. В письме он подчёркивал только важность посещения церкви в самом общем смысле, то есть ведения церковного образа жизни. Не исключено, П. И. намеренно избегал точек трения с протестантизмом, что говорит о его толерантности.

Традиционно, когда хотят подчеркнуть особенности русского православия, прежде всего говорят о культе святых и иконопочитании (очевидно, вслед *locus communis* записок западноевропейцев). Между тем, именно эти темы и у Загряжского, и у псковского «репетитора» отодвинуты на задний план, что, очевидно, надо связывать с их осознанием специфики их протестантских «партнёров». П. И. вообще ни разу не упоминает святых. Оба «московита» никак не затрагивают вопросы иконопочитания.

---

23 Ср.: *Керов В. В.* Эсхатология старообрядчества конца XVII – первой половины XVIII в. и новая хозяйственная этика старой веры // Старообрядчество в России (XVII–XX вв.). Вып. 3. М., 2004. С. 405-433.

24 *Федотов Г. П.* Собрание сочинений... Т. 11. С. 57-107.

25 *Bushkovitch P.* Religion and Society... С. 148, 178.

26 *Scheidegger G.* Das Weltbild... С. 693.

Обсуждение псковичом с англичанином религиозных вопросов и целена-
правленный поиск общего в религиозной сфере составляют яркий контраст с
теми известиями об отношениях православных и католиков с протестантами,
которые обычно фигурируют в историографии. Думаю, дело здесь в том, что
исследователи ориентируются больше на записки западноевропейцев, согласно которым на сочувствие своим религиозным воззрениям иностранцы в
России никогда не наталкивались. Влияние оказывает и официальная точка
зрения правительственных и высших церковных кругов России, которые хотя
к протестантам и относились более толерантно, чем к католикам, но всё равно
неоднократно высказывали критическое отношение к протестантизму. Про-
тестанты ставились наравне с еретиками и язычниками и осуждались прежде
всего за отказ от таинств, почитания святых и икон[27].

Между тем, при ближайшем знакомстве с другими документами, которые
отразили бытовые контакты европейцев и русских, выясняется, что в опре-
делённом смысле «псковский архив» англичанина не был абсолютным уни-
кумом. Есть и другие свидетельства того, что иностранцы находили среди русских понимание и терпимость, в том числе и в религиозных взглядах. Например, согласно заключению Н. Г. Савич, изучавшей иностранные словари-
разговорники XVII в., эти памятники «свидетельствуют о развитии равно-
правных, доброжелательных и часто дружеских взаимоотношений, о широких
и глубоких контактах между иноземцами и русскими, в результате которых
происходило взаимовлияние и обогащение как русской, так и иноземной
культуры»[28]. Опираясь на отрывочные свидетельства словаря Тённиса Фонне,
похожий вывод делает Гертруд Пикхан[29]. В одном их таких словарей-раз-
говорников – «Русской грамматике» Г. В. Лудольфа, – почти современном
переписке П. И. и Р. В. (Лудольф был в Москве в 1693-1694 гг.), есть
любопытные параллели высказываниям П. И. именно по религиозной темати-
ке.

В конце своего сочинения Лудольф приводит шесть «диалогов» (на латинском, немецком и русском языках), призванных продемонстрировать раз-
говорную речь «московитов». Последний диалог, озаглавленный «О службе
божией», представляет высказывания зажиточного русского горожанина (оче-

---

27 См.: *Цветаев Д. В.* Литературная борьба с протестантизмом в Московском государстве.
М., 1887.

28 *Савич Н. Г.* Из истории русско-немецких культурных связей в XVII в. (немецко-русский
словарь-разговорник Г. Невенбурга 1629 г.) // Исторические записки. Т. 102. М., 1978. С.
279.

29 Согласно Пикхан, словарь Фонне «liefert ein höchst anschauliches und lebendiges Bild der
deutsch-russischen Alltagskommunikation und Interaktion im Kontext der späthansischen Han-
delskontakte». Она находит в нём «Zeichen für religiöse Toleranz und ein Bewußtsein von
christlicher Gemeinsamkeit» (*Pickhan G.* „Wan ich frolich sy so hebbe ich dy gerne". Grund-
muster der interkulturellen Alltagskommunikation zwischen Deutschen und Russen im Ge-
sprächsbuch des Tönnies Fonne (1607) // Jahrbücher für Geschichte Osteuropas. 49,4 (2001) C.
500, 507).

видно, москвича, и, вероятно, купца) о церкви и вере. Среди них есть, например, такие: «Когда я наиду доброго человека, его люблю и почестю, хотя он иннои веры, и когда я вижу безделника, ево ни во что ставлю, хотя он мои сродня. Разумно то – злобу и грех ненавидит, а не человека. Безумно сердит ся на человека, что он не самым обычием возпитан был как мы...» На реплику собеседника (очевидно, автора-иностранца) «однакожде ты видиш, что одна церква осужает другую», русский отвечает: «Вижу, а негде читаю, что бог нам власть подал друг друга осудит и к дьяволу предават... И я всегда против любви христианскои почитал, что друг друга осужает, духовная то гордость всех инних поганих почитат, потому что не согласуют с нами». В более общем плане русский высказывается о «богоугодном житии»: «что бы мы по примеру Спасителя нашево всегда жили в смиренномудрии в любви и в чистоте. Мало таких наидеш, мало не вси по плоти живут, друг на друга вознесет ся, друг друга обидит, и болша половина толко ищет телесние сласти, которые душу осквернят». По его мнению, истинные христиане – те, которые любят друг друга, а не те, которые «чают, что должность християнскую справляют, естли по времени богу молют ся и причастят ся»; а «бога или ближново своево» любить невозможно, любя «мир, сиреч, богатство, власть, честь и телесние сласти». Заключатся диалог таким утверждением: «Даи бог нам всем духа миру и правды, освятящого и просвещащого нас, что бы мы розсуждали, како вси прямие християне уды бывают одного телесе, которого глава есть И(ису)с Х(ри)стос»[30].

Мысли и настроения очень близкие тем, которые находим в переписке Р. В. и П. И. В обоих случаях русский и иностранец ищут в области веры точки соприкосновения и находят их прежде всего в идее, что «прямые христиане» должны любить друг друга. Русские делают акцент на любви и смирении как главных ценностях. Не так важным оказывается, какой конфессии принадлежит человек, главное, чтобы он был «добрым» и «смиренным». Для религиозности псковича и безымянного собеседника Лудольфа характерно резкое противопоставление «духовного» и «телесного» (греховного) в таком ключе, что первое однозначно связано с верой и церковным образом жизни, а второе – с мирскими «сластями». Особое значение приобретает религиозно обоснованная «трудовая этика»: «безделие» осуждается именно как грех.

Таким образом, религиозные воззрения П. И. находят параллели, причём именно в аналогичной ситуации «встречи культур» и в аналогичной среде – посадско-купеческой. На мой взгляд, это свидетельствует об определённой тенденции в развитии русской религиозности в XVII в., которой соответствуют и некоторые другие отрывочные данные о воззрениях представителей этой среды на церковь и веру. Например, учёный и писатель, член голштинских посольств в России в 1630-х – начале 1640-х годов, Адам Олеарий рассказывал о

---

30 *Генрих Вильгельм Лудольф.* Русская грамматика. Оксфорд, 1696 / Переиздание, перевод, вступительная статья и примечания Б.А. Ларина. Л., 1937. С. 72-92.

встрече в 1634 г. с неким русским купцом в Нарве, который проявлял необычное для «московитов» религиозное вольномыслие. Если верить Олеарию, этот купец держал иконы у себя только «ради памяти» о Боге и святых наравне с портретом шведского короля. Когда немецкий учёный был у купца дома в гостях, тот показывал ему славянскую Библию, «открывал в нескольких местах и переводил, говоря: 'Вот здесь я должен искать волю Божью и держаться её'». «Постов, которые соблюдаются большинством русских, – продолжает Олеарий, – он не признавал; он говорил: 'Что́ в том, что я не ем мяса, но имею зато в своём распоряжении великолепнейшие рыбы и напиваюсь водки и меду? Истинный пост заключается в том, что Богом указано чрез пророка Иоиля в первой и второй главах. Так я пощусь, я не принимаю ничего, кроме воды и хлеба, и усердно молюсь'. Он жаловался при этом, что очень многие из его земляков не имеют таких познаний в религиозных делах и в совершении христианского долга»[31]. Обращение к Библии как первоисточнику истинной веры и противопоставление настоящего и мнимого (внешнего) поста напоминает то, как П. И. цитировал Евангелие в письмах к Р. В. и заповедовал отбросить всё «телесное» во время Великого Поста и придерживаться «духовного».

Эти наблюдения над письмами П. И. и некоторыми аналогичными источниками заставляют отнестись скептически к тем стереотипам, которые господствовали в записках иностранцев и во многом влияют и на современных историков. В историографии распространены мнения о том, что, с одной стороны, иноземцы, посещавшие Россию в XVII в., не понимали и не хотели понимать русских традиций и, с другой стороны, что русское общество допетровской эпохи было косным и невосприимчивым к чужой культуре[32]. Как видим, интерес иностранца к русской культуре мог наталкиваться не на мракобесие, а на открытость к диалогу. Даже те из историков, кто пытается преодолеть эти стереотипы и не воспринимает их прямолинейно, допускают слишком смелые обобщения, которые не подтверждаются источниками. Такого рода обобщения и натяжки мы найдём даже в лучшем исследовании взаимоотношений русских и прибывавших в Россию иностранцев в XVII в., принадлежащим перу Г. Шайдеггер. Историк много страниц посвящает описанию общения русских и западноевропейцев и делает безоговорочный вывод: «"латиняне" были для правоверного русского нечистые… Представление о нечистоте неправославных христиан ни в коем случае не было богословской выдумкой, которая витала в головах лишь нескольких клириков…» «Мас-

---

31 *Олеарий А.* Описание путешествия в Московию. М., 1996. С. 309. В 1-2 главах книги пророка Иоиля говорится о том, что неурожай, который постиг Израиль, должен быть понят как призыв к покаянию и посту, и если выдержать этот пост, то за ним последуют награды от Бога. По словам немецкого учёного, этот купец был ещё жив в 1647 г., когда вышло первое издание книги Олеария о его путешествии в Россию и Персию.

32 См., например: *Anderson M. S.* Britain's Discovery of Russia, 1553–1815. London, New York, 1958. С. 36-37, 46-47; *Lubimenko I.* Les relations commerciales et politiques de l'Angleterre avec la Russie avant Pierre le Grand. Paris, 1933. С. 275.

совый страх перед иностранцем» проявлялся во многих ситуациях. Думаю, что здесь снова мы имеем дело с преувеличением. Исследовательница сама же приводит примеры, что за границей русские посещали католические церкви и протестантские кирхи, а «в среднем русский человек не страшился телесного контакта с западноевропейцами»[33]. Общий вывод Шайдеггер обусловлен тем, что она ориентируется в основном на источники одного происхождения – записки западноевропейцев. За многими проявлениями недоверия и отчуждённости по отношению к иностранцам надо подозревать прежде всего религиозную политику правительства и церковных прелатов, а на неофициальном уровне и вне контроля официальных лиц вряд ли можно говорить о каком-либо «страхе оскверниться» необычном как для той эпохи, так и по сравнению с любой другой европейской страной. Между П. И. и Р. В. ничего подобного нет – они обмениваются литературой, Р. В. живёт в доме П. И., столуется у него, общается с семьёй, ходит потом, когда переехал, в гости, в том числе разговляться на Пасху... Шайдеггер сама же цитирует недовольства Афанасия Холмогорского тем, что русские работают в домах иностранцев, едят с ними и т. д.[34], – а это как раз явное указание на то, что надо строго разделять официальную политику и частную сферу.

Нередко историки выражают сожаление, что если относительно знати Московского государства конца XVII в. есть данные, как она воспринимала западную культуру, технологии и новшества всякого рода, то для более низких слоёв нет[35]. Переписка псковича и англичанина является примером восприятия западной культуры в купеческо-посадской среде, не в Москве, а в провинции. Мы имеем дело с русским, который не имел систематического образования, если и был знаком с европейскими языками, то только на разговорном уровне. Тем не менее, его диалог не ограничивается бытовыми вопросами, а неожиданно находятся точки соприкосновения в религиозной сфере. Таким образом, не только знать, захваченная западноевропейским влиянием, была готова на контакт с западноевропейцами и на взаимодействие с западноевропейской культурой. И западный образ жизни не был условием *sine qua non* для этого взаимодействия – оказывается, купцы, чьи бороды уже очень скоро были

---

33 „...die Lateiner waren für den rechtgläubigen Russen Unreine... Die Vorstellung von der Unreinheit nichtorthodoxer Christen war keineswegs eine theologische Spitzfindigkeit, die bloss in den Köpfen einiger Geistlicher herumspukte"; in vielen Situationen „kommt bisweilen eine massive Fremdenangst zum Ausdruck" ... „Der Durchschnittsrusse scheute sich nicht vor dem körperlichen Kontakt mit den Westeuropäern" (*Scheidegger G.* Perverses Abendland... C. 65, 68-69, 71, 76).

34 См. публикацию дела, заведённого по жалобе Афанасия: *Цветаев Д. В.* Памятники по истории протестантизма в России // Чтения в Обществе истории и древностей российских. М., 1883. Ч. III. Ст. V. С. 94-95.

35 См., например: *Bushkovitch P.* Peter and the Seventeenth Century // *Kotilaine J. and Poe M. (ed.)* Modernizing Muscovy: Reform and Social Change in Seventeenth-century Russia. New York, 2004. C. 464.

призваны символизировать отсталость, проявляют не меньше гибкости и открытости, чем прогрессивные аристократы.

Вывод о том, что мы имеем дело с очередной «предпосылкой петровских реформ», напрашивается сам собой. На этом можно было бы и остановиться. Однако, думаю, наша переписка позволяет поставить вопрос и в несколько иной плоскости, а именно: была ли альтернатива петровской реформе? Обычно считается, что Пётр I не мог действовать в церковно-религиозной сфере иначе, чем он действовал на самом деле. Так высказывается, например, Джеймс Крэкрафт: «Представляется неизбежным, что их решение (решение Петра и Феофана Прокоповича отменить патриархат и приступить к обширной церковной реформе – *П.С.*) должно было быть революционным, политическим по замыслу и охвату, противоположным московским традициям, к которому поэтому многие люди стали в оппозицию, справедливо рассматривая его как очередной знак крушения их старого образа жизни»[36]. Создаётся впечатление, что единственный путь настоящего приобщения к западноевропейской культуре был в жёсткой политической реформе, которая секуляризировала общество, рационализировала мировоззрение и создала систему «государственной церковности». Однако письма П. И. показывают, что в диалоге с представителями западной культуры даже в наиболее больной и острой сфере – религии – русскому человеку конца XVII в. не нужно было отказываться от своих убеждений и порывать связи с религиозными традициями. Так ли уж необходима была в этом случае «революция сверху» в культурно-религиозной сфере, не слишком ли мы упрощаем сложные культурные процессы, когда употребляем слово «неизбежно»? Если иметь в виду слова псковича, обращённые к англичанину в одном из писем: «и сколько здумаешь, так и пишешь: всякому человеку дал бог разум и волю свою», – то можно ответить, что равноправный диалог культур мог бы стать альтернативой европеизации по императорскому указу.

---

[36] "It seems inevitable that their solution should have been revolutionary, political in inspiration and outlook, contrary to Muscovite traditions, and therefore opposed by the many people who saw in it, rightly, yet another sign of collapse of their old way of life" (*Cracraft J.* The Church Reform of Peter the Great. Stanford, 1971. C. 305).

«Казацкий бастион 17 века» – взгляд изнутри и снаружи

ЛИЛИЯ БЕРЕЖНАЯ

В одном из писем кайзеру Иосифу I от 1707 г. гетман Иван Мазепа называет себя и «своих казаков» «бастионом всего христианства».[1] Помимо очевидной риторики, за которой явно стояли прагматические цели, украинский гетман видимо использовал весьма распространенный топос, который давал не только политические, но и материальные кредиты.

Аналогичные формулировки можно обнаружить во многих западноевропейских текстах, начиная со второй половины 17 века. Особенно это относится к немецким «летучим листкам» („Flugblätter"), в которых не только казачество, но и все украинские земли представлялись в виде оборонной стены против турецкой угрозы[2]. Спустя почти сто лет эта же мысль была развита Йоханном Кристианом фон Энгелем, одним из представителей австро-венгерского Просвещения. Цитата из его «Истории Украины и казаков» (1796) является одной из наиболее часто упоминаемых в современной украинской историографии. Энгель писал, что «Украина, с точки зрения размеров ее территории, сопоставима с любым королевством. Это плодородная земля, щедро одаренная природой. Это пограничная стена между культурной Европой и нецивилизо-

Автор выражает глубокую признательность Елене Бёк (Elena Boeck, DePaul University) за ценные замечания и предложения. Материалы к статье были частично собраны во время научной стажировки автора в Гердер-Институте (Марбург) в феврале 2008 года.

1　„Ich meine eintzige und höchste Sorge und Angelegenheit seyn lassen, wie nicht allein die Ungläubigen Tartern und andere der Christenheit Feinde, von denen Christlichen Gräntzen zurück und kräfftiglich abgehalten, sondern auch nie in der Christenheit selbst sich wieder Seiner Zaarischen Mayestät meinem Allergnädigsten Herrn, und Dero alliirte Freunde und benachbahrte Hohe Potentaten sich herfürthuende Feinde bestritten […] Ich lebe der tröstlichen Zuversicht und Hoffnung, Eure Kayserliche Mayestät werden in allergnädigster Behertzigung obangezogener Motiven, und dass ich nebst meinen Cosaquen als eine Vormauer der gantzen Christenheit, uns willig bey allen Vorfallenheiten gebrauchen lassen und künfftig noch ferner also thun werden." Письмо гетмана Ивана Мазепы австрийскому императору Иосифу от 1 сентября 1707 г. Опубликовано в: *Мацьків Т.* Гетьман Іван Мазепа в західноєвропейських джерелах, 1687-1709. Вид. 2-ге, доповнене. Київ, Полтава, 1995. Додаток 8. С. 231-242.

2　*Наливайко Д.* Козацька християнська республіка (Запорозька Січ у західноєвропейських літературних пам'ятках). Київ, 1992. С. 105-128. По сведениям Маршалла По, интерес западноевропейских путешественников и картографов к запорожским казакам возникает в конце 16 – начале 17 века в связи с участием последних в анти-московских войнах. *Poe M.* The Zaporozhian Cossacks in Western Print to 1600 // Harvard Ukrainian Studies. Камень Краеѣгъльнъ. Essays presented to Edward L. Keenan on his sixtieth birthday by his colleagues and students. Ed. by *Kollmann N. S., Ostrowski D., Pliguzov A., Rowland D.* Vol. XIX. 1995. P. 547.

ванной Азией, проходная зона и коридор для многочисленных азиатских орд, которые искали пути выхода в Европу.... Украина – эта житница и переходная зона для польских орд, это бастион против татар и русских, попавшая под иго последних. Она укрепила их мощь и недавно способствовала окончательному падению Польши".[3] Очевидно, что для Энгеля Украина представлялась не только в роли защитницы от татарско-турецкой угрозы, но и как некий цивилизационный фронт, отделяющий Европу от Азии.

Понятие «бастиона христианства», более известного в формуле *antemurale christianitatis*, появляется в истории европейской культуры с подачи папского престола примерно с середины 15 века и получает особое распространение в связи с нарастающей турецкой угрозой на протяжении 16 и 17 веков. На почетный титул защитников христианства от мусульманского рабства претендовали одновременно Испания и Венгрия, Хорватия и Венецианская Республика.[4] Речь Посполитая хотя и вступила в этот «круг избранных» достаточно поздно, однако после участия войск Яна Собеского в обороне Вены от турецких войск получила признание своей исключительной роли в обще-католическом фронте.[5]

Примечательно, что уже в это время понятие *antemurale* относилось в основном к католическим странам (Сербия и Московское государство признавались «оплотом христианства» лишь со многими оговорками, а Константи-

---

3 „Die Ukraine ist, im Hinblick auf ihr Territorium betrachtet, einem Königreich gleich; sie ist ein fruchtbares Land, von der Natur freigiebig beschenkt; sie ist ein Grenzwall zwischen dem kultivierten Europa und dem unzivilisierten Asien, ein Durchgang und Korridor für so viele asiatische Horden die versucht haben in Europa einzufallen [...] Die Ukraine, eine Kornkammer und ein Durchgangsgebiet für Horden von Polen, eine Bastion gegen Tataren und Russen, fiel unter das Joch der letzteren, vergrößerte deren Macht und hilft neuerdings an der vollständigen Zerstörung Polens mit." *von Engel J.-Ch.* Geschichte der Ukraine und der ukrainischen Cosaken wie auch der Koenigreiche Halitsch und Wladimir. Halle, 1796. S. 2-20. О других исторических работах фон Энгеля, посвященных Украине, см. *Krupnitzky B.* Johann Christian von Engel und die Geschichte der Ukraine. Berlin, 1931. О значении фон Энгеля в конструировании украинского исторического нарратива см.: *Doroschenko D.* Die Ukraine und das Reich. Neun Jahrhunderte deutsch-ukrainischer Beziehungen im Spiegel der deutschen Wissenschaft und Literatur. Leipzig, 1941. S. 68-79.

4 *Fritzemeyer W.* Christenheit und Europa. Zur Geschichte des europäischen Gemeinschaftsgefühls von Dante bis Leibniz. München, 1931. Эндре Анжял прослеживает сходства в культурной традиции «пограничных бастионов» раннего нового времени. Он считает, что «миру форпостов» была присуща специфическая форма барочной культуры. Ее отличали приверженность «духу крестовых походов и реконкисты, в то время как для остальной Европы они стали всего лишь жанровой принадлежностью литературного романтизма». *Angyal E.* Świat słowiańskiego baroku. Warszawa, 1972. S. 108. Цит. по: *Tazbir J.* Polska przedmurzem chrześcijańskiej Europy. Warszawa, 2004. S. 69-70.

5 *Tazbir J.* Od antemurale do przedmurza, dzieje terminu // Odrodzenie i Reformaja w Polsce. 1984. № 5. S. 173-183; *его же*. Rzeczpospolita i świat. Studia z dziejów kultury XVII wieku. Wrocław, 1971. S. 69.

нополь выполнял эту функцию лишь на протяжении нескольких десятилетий до захвата города турками).

Кроме того, это понятие, как и в случае процитированного выше фрагмента из книги Энгеля, соотносилось с общей характеристикой принадлежности к европейской культуре в противовес азиатскому миру. Во многом такое отношение формировалось под влиянием политической конъюнктуры, межконфессиональных противоречий и католической реформы. Эта культурная граница, которая в 18 веке будет под пером европейских просветителей переформулирована в понятиях «цивилизации/варварства», была одной из составляющих идеологии *antemurale*.

Таким образом, концепция «бастиона христианства» сводилась к двум основным и одной дополнительной составляющей. А именно, в качестве базисных выступают «анти-османский фронт» и «культурная граница», а «конфессиональный компонент» является составной частью первых двух элементов. Периодически, однако, он выступает в роли самостоятельного фактора в формировании идеологии *antemurale*.

Схематически это соотношение можно изобразить так:

Antemurale Christianitatis

В этой связи возникают несколько вопросов, составляющих проблемное поле данного исследования:

1. В какой степени предложенная схема может быть соотнесена с историей украинско-белорусских (русинских) земель раннего нового времени? Были ли высказывания И. Мазепы и западноевропейских мыслителей 18 века в отношении Украины укоренены в идеологии казачества на протяжении истории его существования? Ведь казаки – это военно-политическое образование, которое по своей природе олицетворяло пограничное сообщество.

2. Следует также отметить, что территории, которые с конца 16 века было принято называть «землей казаков», были вплоть до второй половины 17 века пограничными регионами в составе «пограничной» Речи Посполитой, так сказать, *antemurale* внутри *antemurale*. Поэтому важно сопоставить представления казаков о себе как оплоте христианства с образом казачества в польских текстах, затрагивающих тематику *antemurale*.

3. Не менее важно проследить представление об украинских казаках вообще и Гетманате в частности как оплоте христианства и защитниках от татаро-турецкой угрозы в московской политической традиции. Этот вопрос связан не только с тематикой интеграции казаков в Московское Царство, но и с проблемой степной политики Москвы и отношений с другими казаческими формированиями.

Таким образом, основной задачей исследования является сопоставление представления казачества о себе с т.н. образом «другого», который связывали с казачеством его ближайшие соседи/сюзерены – Речь Посполитая и Московское Царство. Исследование охватывает «длинный 17 век», приблизительно с середины 16 века, т.е., со времени объединения разрозненных казачьих отрядов вокруг хортицкого замка до после-полтавской ассимиляции казацкой старшины в составе Российской империи.

«Казацкий бастион» изнутри

Переходя к проблеме места идеологии *antemurale* в самосознании запорожского казачества, сразу стоит обратить внимание на два важных момента. Во-первых, следует отделить тексты, принадлежащие перу киевского духовенства, в которых так или иначе затрагивалась казацкая проблематика, от текстов, исходящих из самой казацкой среды (чаще всего, от казацкой старшины). Во-вторых, термин *antemurale* как таковой почти не употреблялся в официальной переписке 17 века и иной документации, исходящей из казацкой верхушки. Речь шла лишь об отдельных составляющих этой идеологии, т.е., антитурецком фронте или конфессиональной границе. Поэтому анализировать формирование и функционирование идеологии казачества как «форпоста христианства» можно только приняв во внимание специфику этих двух основных групп источников.

Для киевского духовенства тема казачества и анти-татарского противостояния приобретает особое значение в контексте межконфессиональных противоречий в Речи Посполитой начала 17 века. Интересна в том отношении поэма "Camoenae Borysthenides" («Днепровские камни»), написанная предположительно Иоанном Домбровским в 1620 году.[6] Этот латино-язычный

---

6   Наталья Яковенко оспаривает в этом случае авторство Домбровского в пользу Афанасия Кальнофойского. *Яковенко Н.* Латина на службі києво-руської історії ("Camoenae Borysthenides," 1620 рік) // *ее же.* Паралельний світ. Дослідження з історії уявлень та ідей в Україні XVI-XVII ст. Київ, 2002. С. 276.

панегирик на вхождение на Киевскую епископскую кафедру Богуслава Радошовского-Бокши представляет собой экскурс в историю киевских земель начиная со времен Аскольда и Дира. В поэме воспевается Киев как столица сарматского мира, границы которого ограничены поселениями «русов». Поляки и жители Московской Руси к нему не относятся. Историческая судьба поставила «русов-сарматов» рядом с поляками в борьбе против «жестоких татар». Неожиданно в повествовании о временах монгольского нашествия рядом с сарматами и поляками появляются казаки,[7] которые позже предстают как

> … рыцари славные (Очакову – Л.Б.)
> Наносят немало вреда всегда с помощью оружия.
> Орды татарские они в боях побивают отважно,
> И ни во что не ставят зловещие татарские угрозы.[8]

«Киевоцентричность» поэмы, воспевающей «прекрасные долины Сарматии», является, по замечанию Натальи Яковенко, квинтэссенцией идеи «христианского бастиона» в его «речьпосполитско-сарматском» варианте.[9] В ней, однако, не нашлось места ни полякам, ни православной иерархии. Идея казачества как православного воинства была разработана несколько позже, и толчком к этому послужили конкретные исторические события.

В 1620 году иерусалимский патриарх Феофан во время своего пребывания в Киеве восстановил православную иерархию при активной поддержке казаков гетмана Сагайдачного. На следующий год он же благословил казаков на антитурецкий поход. С этого времени для части местной иерархии казаки стали служить символом защиты православия и обороны от турецко-татарской угрозы.[10] Для киевского духовенства этот образ воплощал в себе идею героя-защитника попираемой церкви. Основной акцент ставился на «старинных правах» православных в польско-литовском государстве, и ни о каком самостоятельном государстве речь не шла. Таким образом, если казаки и были «бастионом христианства» в борьбе с мусульманами и угнетателями православных, неким православным *antemurale*, то только в рамках сложившихся государственных границ.

Наиболее полное выражение эти идеи нашли в сочинениях трех киевских богословов того времени – Иова Борецкого, Мелетия Смотрицкого и Касиана Саковича. В «Протестации» Борецкого красной нитью проходит мысль, что «казаков, низовых и донских, положил Господь, как другие молнии и громы,

---

7 Монголо-татары … «тайно напали/ На ничего не ведающих Поляков; но их враждебность им же и навредила/ Привыкшие к отчей силе побеждают их Савроматы;/ И поднявшиеся после татарского поражения Поляки./ (Так не раз выявлена доблесть породила казаков!)». *Домбровський I.* Дніпрові камени // Українські гуманісти епохи Відродження. Ч. 2. Київ, 1995. С. 211-212.

8 Там же. С. 203.

9 *Яковенко Н.* Указ. соч. С. 290.

10 *Plokhy S.* The Cossacks and Religion in Early Modern Ukraine. Oxford, 2001. P. 112-118.

живые на море и на земле, чтобы ими турок и татар неверных страшить и громить». Борецкий даже ставит казаков в один ряд среди народов европейского анти-турецкого фронта:

> «И воистину порабощенному христианству во всем мире никто после Бога такой добродетели не выражает, как греки надежностью своих откупов, испанский король мощностью своего флота и Войско Запорожское мужеством и своими победами. То, чего другие народы словом и беседами добиваются, то казаки на деле доказывают».[11]

У Мелетия Смотрицкого казаки представлены новым православным воинством, вторым мальтийским рыцарством. «Казаки – это рыцари, это народ, хорошо учившийся и в школе веры, и в школе рыцарского дела». Они надежно защищают границы Речи Посполитой от «неприятеля поганина».[12]

Эта же мысль звучит в известном панегирике Касиана Саковича «Вирши на жалостный погреб зацного рыцера Петра Конашевича Сагайдачного». Казацкий гетман выступает в роли идеального рыцаря и набожного христианина. Так же, как и «Протестация» Борецкого, «Вирши» развивают тему старокиевских корней казачества и его анти-турецкой миссии в Европе.

> «За своего гетманства взял в Турцех место Кафу,
> Аж и сам цесар турский был в великом страху…
> Много тогды з неволи христиан свободил,
> За што го Бог з воинством его благословил…».[13]

Не всем киевским иерархам казачество виделось в роли «щита православия» против неверных. Известны перипетии сложных отношений Петра Могилы с казацкой старшиной.[14] Тем не менее, благодаря усилиям киевских книжников сложившийся легендарный образ запорожского казака-рыцаря в целом способствовал формированию той разновидности концепции *antemurale,* в которой основными компонентами выступали анти-мусульманский

---

11 *Борецький Й. та інші.* Протестація // Пам'ятки братських шкіл на Україні. Кінець XVI–початок XVII ст. Тексти і дослідження. Київ, 1998. С. 321.

12 *Smotrycki M.* Elenchus pism vszczypliwych // Collected works of Meletyj Smotryc'kyj. With an Introduction by *Frick D. A.* Cambridge, 1987 (Harvard Library of Early Ukrainian Literature. Texts). Vol. 1. P. 477. См. также: *Грушевський М.* Історія української літератури. Т. VI. Літературний і культурно-національний рух першої половини XVII ст. Кн. 1. Київ, 1996. С. 189; *Сас П.* Політична культура українського суспільства (кінець XVI – перша половина XVII ст.). Київ, 1998. С. 77.

13 *Сакович К.* Вірші на жалісний погреб шляхетного лицаря Петра Конашевича-Сагайдачного // Українські гуманісти. С. 231-249.

14 *Жукович П. Н.* Материалы для истории // Записки Императорской Академии наук по историко-филологическому отделению. Т. 8. № 15. СПб., 1911. С. 9-12; *Плохий С. Н.* Папство и Украина. Политика Римской курии на украинских землях в XVI–XVII вв. Киев, 1989. С. 140-141, 152.

элемент, приверженность православию и верность польскому королю.[15] Таким образом, этот вариант вполне соответствовал традиционному образу «бастиона христианства», поскольку постулировал идею пограничного сообщества, находящегося в составе крупного государственного объединения и выполнявшего почетную миссию.

Такая модель идеализации казачества киевскими иерархами просуществовала примерно до середины 17 века. Ее крушению способствовали военные катаклизмы, в которых казачество часто меняло союзников, не брезгуя и татаро-турецкой помощью. Кроме того, государственнические устремления казаков не соответствовали идеалу примата духовной власти над светской. А междоусобицы, раздиравшие казацкую старшину после смерти Хмельницкого, только добавляли разочарования в воспетом когда-то образе. Поэтому киевское духовенство в это время демонстрирует лояльность по отношению к царскому престолу. Модель, примененная к казакам полстолетия назад, должна быть теперь перенесена на московскую почву. Ярким примером такой «трансляции *antemurale*» может служить знаменитый «Синопсис» (1674), приписываемый перу архимандрита Киево-Печерской Лавры Иннокентия Гизеля. В нем подробно описывается совместный анти-турецкий поход московского войска под предводительством князя Ромодановского и запорожских казаков гетмана Самойловича.[16] При этом другой казацкий гетман, Дорошенко, который в это время выступал на стороне татаро-турецкой армии, вообще не упоминается.

Московско-запорожская армия именуется здесь «воинством православным», которое одержало «победу над бусурманами» во Славу «Честного и Животворящего Креста».[17] Таким образом, на первый план выступает религиозный аспект борьбы с мусульманами, а запорожское казачество побеждает только в союзе с православным государем.

Аналогичные мотивы звучат и в стихотворном панегирике Александра Бучинского-Яскольда, посвященному гетману Самойловичу по случаю снятия им осады Чигирина. Примечательно, что в отличие от Гизеля, автор этого сочинения основной акцент делает-таки на подвигах казаков, а не совместного «православного воинства». А на оборотной стороне обложки панегирика расположена гравюра с изображением герба Запорожского войска.[18] Еще один пример датируется 1681 годом, когда придворный проповедник и наставник царских детей Симеон Полоцкий обратился к сечевикам со «Словом до православного и христоименитого Запорожского воинства»:

---

15 Эта мысль отчетливо звучит как в «Протестации» И. Борецкого, так и, к примеру, в тексте известного выступления волынского депутата Лаврентия Древинского на сейме 1621 года. *Грушевський М.* Указ. соч. С. 145-147.

16 *Rothe H.* (Hg.) Sinopsis. Kiev, 1681: Facsimile mit einer Einleitung. Köln, 1983.

17 Там же, 372-373, 378.

18 *Бучинський-Яскольд О.* Чигирин // Українська література XVII ст. Синкретична писемність, поезія, драматургія, белетристика. Київ, 1987. С. 304-311.

«Вы своим оружием… терзаете сильных и жестоких дивозверей, которые напрасно нападают на детей восточной церкви. Вы своими груд-
ми, как необоримой стеною, ограждаете российскую землю и защища-
ете ее от насоков нечестивых бусурман. Вы… поставлены Богом для
… мести злостным врагам».[19]

Анти-турецкие и про-московские настроения среди киевского духовенства
особенно усилились после разгрома войск правобережного гетмана Дорошенко, принявшего протекторат турецкого султана. Неслучайно именно в это время Иоанникий Галятовский пишет первые в киевской православной традиции
антимусульманские полемические сочинения.[20]

В это же время в гравюрных иллюстрациях к киевским изданиям появляются изображения царского герба, самого московского царя, побеждающего
мусульманское войско, и киевских святых. Один из наиболее красноречивых
примеров – гравюра из книги Иннокентия Гизеля "Мир с Богом человеку"
(1669) (**илл. 1**), посвященная царю Алексею Михайловичу, на ней изображены
прп. Антоний и Феодосий Печерские в виде шестикрылых серафимов. Православный царь представлен здесь в виде всадника, возглавляющего воинство.
На обратной стороне гравюры помещены стихи Иоанна Армашенко, поясня-
ющие смысл композиции:

Крылам орлим на помощ небесныи крылѣ
Хранителей Печерских, херувимов в тѣлѣ.
Мир от вѣры дателя вземши дает вѣрным,
Но противным, от орла, язва лицемѣрным.
Со орлом и воин, миром ущедренный,
Егда его копіем змій-враг пораженный.
Еще егда ся струйми крови поливает,
Яко жезл Ааронов в финик процветает,
В финик, родящ побѣду, и вся мерны плоды,
Ими же наш да живет царь от рода в роды![21]

---

19 Этот текст вошел в состав «Летописи» Самуила Величко. Цит. по *Величко С.* Літопис. Т.
2. Пер. з книжної української мови, вст. стаття, комент. *Шевчука В. О.* Відп. ред. *Миша-
нич О. В.* Київ, 1991. Розд. 18.

20 *Galatowski I.* Alkoran Machometow. Чернігів, 1683; *его же.* Łabędź z piórami swemi… Нов-
город-Сіверський, 1679.

21 *Армашенко I.* На его царского пресвѣтлаго величества мирное знаменіе // *Крекотень В.
I., Сулима М. М.* Українська поезія. Середина XVII ст. Київ, 1992. С. 231-232.

илл. 1: Гравюра из «Мир с Богом человеку» (Киев, 1669)

Спустя несколько лет эта же идея получила более полное развитие в гравюре из "Минеи общей с праздничной" (1680), посвященной царю Феодору Алексеевичу (**илл. 2**). Внизу изображен св. Феодор Стратилат на коне. Святой поражает дракона и изгоняет полки мусульман при помощи праведного воинства. Посередине – изображение двухголового царского орла, на груди которого помещено распятие, а по сторонам – прп. Антоний и Феодосий Печерские с киевской иконой Успения Пресвятой Богородицы. Гравюру венчает образ Троицы в виде трех ангелов. Рисунок также снабжен стихотворным посвящением Иоанна Армашенко, в котором постулируется идея защиты духовных святынь православным царем от посягательств неверных:

> Феодор, Божій Дар, єст на помощ цареви,
> Да главу богохулну сокрушить змієви,
> Да вѣру, яже Дар єст Божий, защищаєт,
> Вѣрою же невѣрных царства побѣждаєт...[22]

Кроме того, издание и гравюра были снабжены прозаическим посвящением царю Федору Алексеевичу от имени архимандрита Иннокентия Гизеля и братии Киево-Печерской Лавры. В нем содержится просьба о поддержке Лавры, обветшавшей «всегдашними браньми», а сама «Минея» названа «Феодоромий», «Феодоромил», «Феодоромир», явно в угоду царскому имени.[23]

Трудно сказать, в какой степени такие гравюры должны были визуально воплощать идеи, заложенные «Синопсисе». Речь идет здесь не столько о «комбинации истории, династии, религии, и даже в некоторой степени этничности (*славенороссийский народ*)» (З. Когут),[24] сколько о защите православным московским царем киевских святынь и о необходимости совместной борьбы православных против мусульманской угрозы. Православное войско, как видим, на этих гравюрах не обозначено ни как московское, ни как казацкое.

---

22 *Армашенко I.* На єго царского пресвѣтлаго величества знаменіе // Українська поезія. Середина XVII ст. С. 234.

23 *Гусева А. А., Каменева Т. Н.* Указ.соч. Илл. 1564. С. 253, №140 каталога. С. 24. Еще несколько примеров графического воплощения идеи киевско-московского единства под скипетром московского царя приведены в книге: *Яковенко Н. М.* Нарис історії середньовічної та ранньомодерної України. Вид. 2, перероблене та розширене. Київ, 2005. С. 434-437. О символике двуглавого орла в украинской иконографии 17 века см.: *Жолтовський П. М.* Визвольна боротьба українського народу в пам'ятках мистецтва XVI-XVII ст. Київ, 1958. С. 53; Українське бароко. Матеріали 1-го Конгресу Міжнародної асоціації україністів (Київ, 27 серпня - 3 вересня 1990 р.). Київ, 1993. С. 144-153.

24 *Kohut Z.* Origins of the Unity Paradigm: Ukraine and the Construction of Russian National History (1620s-1860s) // Eighteenth-Century Studies. 2001. Vol. 35. № 1. P. 70-76.

илл. 2: Гравюра из «Минеи общей с праздничной» (Киев, 1680)

Возникает вопрос, в какой степени рассуждения и аллегории киевских иерархов могут быть соотнесены с реальной политикой и идеологией казачества? Рассмотрим два основных мотива, наиболее часто употребляемые в процитированных сочинениях клириков начала 17 века – защита от турецкой угрозы и приверженность православию. По-видимому, в случае анти-османского фронта можно с уверенностью сказать, что хотя казаки и использовали предложенные им формулировки и символику, на практике они оставались лишь риторической фигурой или дипломатической уловкой.

Один из наиболее красноречивых примеров относится к периоду Руины. Гетман Войска Запорожского Юрий Хмельницкий писал в июле 1661 года кошевому атаману Ивану Сирко, что он просит низовиков о помощи, чтобы те «… как могучи, помешку Татарам учинили, чтоб не до конца народ наш гиб». Хмельницкий взывал в этом письме к созданию европейской лиги против татар «… и царя Московского до тои же згоды одномышленной наклонить…». И даже выдвигал религиозные аргументы в поддержку своей идеи: «А вы в том не тревожьтеся, что мы тут имеем Татар затягати и присягати; имеем мы память христианскую и сумнение чистое. Зле своему брату солгати; а что бусурману то Бог греха отпустит…».[25]

А уже спустя пару месяцев, в сентябре того же 1661 года под Ставищами Юрий Хмельницкий подписал новое соглашение с ханом, без согласия польских властей, что, безусловно, было связано с возросшей ролью крымско-турецкого фактора во внутренней политике гетманов в 1660-1670-е гг.[26]

Религиозность казаков, являющаяся до сих пор объектом многочисленных научных дискуссий, также может быть рассмотрена в контексте политической борьбы, носившей, как правило, прагматический характер. По удачному выражению С. Плохия, «Хмельниччина проходила под знаменами православия, но только в той степени, в которой казачество хотело этой связи и позволяло ее. Восставшие массы, со своей стороны, практически не признавали никакой духовной власти над собой и своими непосредственными лидерами».[27] В вопросе о том, считали ли себя казаки «оплотом православия», ключевую роль играет, однако, не религиозность самих казаков, а понятие «священной войны», которое связывалось в то время с казацким восстанием. Речь шла о том, что казацкая старшина перенимала религиозную риторику *antemurale* и аргументы киевских клириков для обоснования собственных политических шагов. При этом ей удавалось по своему интерпретировать и третий ключевой компонент концепции «бастиона» – идею принадлежности боль-

---

25 Письмо Ю. Хмельницкого И. Сирко, 30 июля 1661 года // Акты, относящиеся к истории Южной и Западной России, собранные и изданные Археографическою комиссиею: в 15 т. Т. 7: 1657-1648, 1668-1669 гг. № 115. Спб.,1872. С. 336.

26 *Яковлєва Т.* Кримсько-турецький фактор у політиці гетьманів України у 60-ті рр. XVII ст. // Український історичний журнал. 2003. № 2. С. 18, 22.

27 *Plokhy S.* Cossacks and Religion. P. 336.

шому культурному сообществу. Начиная с середины 17 века, казацкие гетманы также использовали этот мотив, подчиняя его собственным интересам, а именно меняя сюзерена в зависимости от сложившейся политической конъюнктуры, «маневрируя», по выражению украинского историка Натальи Яковенко, «в треугольнике Речь Посполитая, Турция, Московия».[28]

Реальной оппозицией политике казацкой старшины была Сечь, низовое казачество. Кроме очевидных социальных противоречий, эти две группы разделяли также разные ментальные установки. Низовое казачество постулировало себя в виде «свободных людей», противников любого государственного авторитета. Эта идея, в сочетании с осознанием свое функции защитников местного населения от татарских набегов, противоречила политическим ориентациям старшины (на это обратил внимание К. Кумке,[29] аналогичные процессы наблюдались в среде донского казачества[30]). Можно даже сказать, что низовики выбрали из арсенала концепции *antemurale* его «анти-османскую часть» и возвели ее в ранг собственного эпоса.[31]

А литературное оформление этого процесса принадлежит казацким канцеляристам – авторам казацких летописей начала 18 века. Фактически они стали авторами т.н. «казацкого мифа», который впитал в себя и элементы идеологии «бастиона», и традицию представления казаков как вольных людей, неподвластных никаким государственным структурам.[32] Казацкие канцеляристы

---

28 *Яковенко Н. М.* Нарис історії. С. 387. О концепции «геополитического треугольника» в украинской истории раннего нового времени см. *Berezhnaya L.* Ruthenian Lands and the Early Modern Multiple Borderlands in Europe. Ethno-confessional Aspect // *Bremer Th. (Ed.)* Religion and the Conceptual Boundary in Central and Eastern Europe. London, 2008. P. 40-64.

29 *Kumke C.* Führer und Geführte bei den Zaporoger Kosaken. Struktur und Geschichte kosakischer Verbände im polnisch-litauischen Grenzland (1550-1648) (Forschungen zur osteuropäischen Geschichte, 49). Wiesbaden, 1993. S. 303-305, 451-477.

30 *Мининков Н. А.* Донские атаманы второй половины XVII в.: смена поколений и политических ориентиров // *Kappeler A. (Hg.)* Die Geschichte Russlands im 16. und 17. Jahrhundert aus der Perspektive seiner Regionen. (Forschungen zur osteuropäischen Geschichte, 63). Wiesbaden, 2004. S. 375.

31 По замечанию М. Грушевского, еще при Хмельницком казацкая старшина рассматривала Крымскую Орду «как свою дворцовую гвардию, каких-то преторианцев», что вызывало недовольство сечевиков (как это было в случае восстания 1653 года). *Грушевський М.* Історія України-Руси. В 11 т., 12 кн. // Редкол.: П.С. Сохань (голова) та ін. (Пам'ятки іст. думки України). Т. 9. Кн. 2. Розд. 13. Київ, 1997. С. 4.

32 *Яковенко Н. М.* Нарис історії. С. 438-444. О роли «казацкого мифа» в формировании украинского исторического нарратива см.: *Plokhy S.* Historical Debates and Territorial Claims: Cossack Mythology in the Russian-Ukrainian Border Dispute // *Starr S. F. (Ed.)* The Legacy of History in Russia and the New States of Eurasia. Armonk, 1994. P. 147-170; *Kappeler A.* Die Kosaken-Ära als zentraler Baustein der Konstruktion einer national-ukrainischen Geschichte. Das Beispiel der Zeitschrift „Kievskaja Starina" 1882-1891 // *его же.* Der Schwierige Weg zur Nation. (Wiener Archiv für Geschichte des Slaventums und Osteuropas, 20). Wien u. a., 2003. S. 123-135; *Sysyn F.* The Reemergence of the Ukrainian Nation and Cossack Mythology // Social Research. 1991. № 58,1. P. 845-864; *Bürgers J.* Kosakenmythos und Nationsbildung in der postsowjetischen Ukraine (Konstanzer Schriften zur Sozialwissenschaft, 71).

прославляли военные подвиги сечевиков в общехристианской борьбе с турка-ми-«бусурманами», но в крымских татарах видели если и не соратников по оружию, то по крайней мере противников-рыцарей. «Этос Дикого Поля» нашел, пожалуй, наиболее интересное воплощение в знаменитой «Консти-туции» 1710 года Пилипа Орлика, ближайшего соратника Мазепы.[33] В ней идеи защиты православия и «рыцарских вольностей низовиков» сочетаются с требованием к будущему гетману не разрушать добрососедские отношения и мирные союзы с Крымской Ханством.

«Миф antemurale» при этом был составной частью «казацкого мифа», на что обратил внимание Дж. Армстронг. Он же указал на существующее между обеими концепциями внутреннее противоречие, поскольку antemurale подразу-мевает принадлежность более крупному государственному образованию, а «казацкий миф» – это миф происхождения, т.е., автономного развития.[34] По-видимому, для казацких летописцев, особенного после полтавской трагедии, такого рода противоречия не существовало. Особенно, если учесть, что после массового бегства казачества в Крымское Ханство в начале 18 века идея «ка-зацкого бастиона» практически уже исчерпала себя и для самих казаков, и для их сюзеренов, Московского Царства и Речи Посполитой.[35]

Konstanz, 2006.

33 Pacta et Constitutiones, legum libertatumque exercitus Zaporoviensis // Переписка и другие бумаги шведского короля Карла XII, польского Станислава Лещинского, татарского хана, турецкого султана, генерального писаря Ф. Орлика, и киевского воеводы, Иосифа Потоцкого, на латинском и польском языках // Чтения в Обществе истории и древностей Российских. 3. 1847. С. 1-18.

34 *Armstrong J.* Nations before nationalism. Chapel Hill, 1982; *его же.* Myth and History in the Evolution of Ukrainian Consciousness // *Potichnyj P. J., Raeff J., Pelenski M., Zekulin G.* (Eds.) Ukraine and Russia in Their Historical Encounter. Edmonton, 1992. P. 125-139. Также сборник статей *Kolstø P.* (Ed.) Myths and Boundaries in South-Eastern Europe. London, 2005 (особенно введение «Assessing the Role of Historical Myths in Modern Society» с прила-гаемой библиографией).

35 *Галенко О.* Лук та рушниця в лицарській символіці козацтва: парадокси козацької ідео-логії і проблема східного впливу // Mediaevalia Ucrainica: ментальність та історія ідей. Т. 5. Київ, 1998. С. 94.

... глазами польской шляхты

Польская традиция *antemurale* имеет богатую историографию.[36] Классическое исследование на эту тему принадлежит перу Януша Тазбира, который рассматривает идеологию «бастиона» в качестве одного из основных компонентов сарматского этоса, сформировавшегося в результате прогресса католической реформы во второй половине 16 – начале 17 веков. Помимо анти-турецкого компонента эта концепция включала в себя также бо́льшую долю мессианского элемента. Поляки, а именно польская католическая магнатерия и шляхта, представлялись местными проповедниками в качестве «избранного народа», поставленными Божественной рукой на передовую борьбы с «неверными».

При этом идеология *antemurale* развивалась в стране, которая граничила не только с мусульманами, но и с «языческими» и «схизматическими» (православными) странами, под которыми подразумевались Московия и Валахия. Тазбир не видит особого противоречия в том, что среди основных противников «польского бастиона» находились и православные, поскольку их не считали истинными христианами. Кроме основной оппозиции «католик/не-католик», существенную роль в этом восприятии играла вышеупомянутая «культурная граница». «Чуждость» Московии объяснялась разницей традиций и обрядов, а также деспотической природой «азиатской» монархии.[37] Московское царство представлялось державой, которая не только не входило в состав католической *res publica Christiana*, но также и страной, в которой не почитались «шляхетские вольности».[38] Оппозиционность Московии основывалась на представлении, что русская знать пользуется не феодальными правами, а лишь дарованными ей царем привилегиями.

---

36 *Tazbir J.* Polska przedmurzem; *Olszewski H.* Ideologia Rzeczypospolitej – przedmurza chrze-ściaństwa // Czasopismo prawno-historyczne. 1983. № 35. S. 1-19; *Weintraub W.* Renaissance Poland and Antemurale Christianitatis // Harvard Ukrainian Studies. 1979/1980. № 3-4. P. 920-930; *Hein-Kircher H.* Antemurale Christianitatis. Grenzsituation als Selbstverständnis // *Hecker H. (Ed.)* Grenzen. Gesellschaftliche Konstitutionen und Transfigurationen. Essen, 2006. S. 129-148; *Borkowska U.* The ideology of „antemurale" in the sphere of Slavic culture 13th-17th centuries // The common Christian roots of the European nations, an international colloquium in the Vati-can, Pontificia Università Lateranense, Katolicki Uniwersytet Lubelski. Bd. 1. Florence, 1982. P. 1206-1221; *Deszczyńska M.* Wyobrażenie przedmurza w piśmiennictwie schyłku polskiego oświecenia // Przegląd Historyczny. 2001. № 92. S. 285-300; *Knoll P. W.* Poland as «Ante-murale Christianitatis» in the Late Middle Ages // Catholic Historical Review. 1974. № 60. P. 381-401.

37 Подробнее о стереотипах в восприятии Московии жителями Речи Посполитой см. в: *Nie-wiara A.* Moskwicin – Moskal – Rosjanin w dokumentach prywatnych. Lódż, 2006. Рец.: *Щукин В. Г.* Imago barbariae, или Москаль глазами ляха // Новое Литературное Обо-зрение. 2007. № 87. http://magazines.russ.ru/nlo/2007/87/sh42.html.

38 *Longworth Ph.* Muscovy and the «Antemurale Christianitatis» // *Szvák Gy. (Ed.)* Место России в Европе. Материалы международной конференции. Budapest, 1999. С. 82-87; *Vásáry I.* Why was Muscovite Russia Considered «Barbarian» by Contemporary Europe? // Там же. С. 97-102.

О том, что в формировании польской идеологии *antemurale* ключевую роль играли межконфессиональные отношения, ярко свидетельствует также пример с местными протестантами. Во второй половине 16 века концепция «форпоста христианства» еще не носила анти-протестантского характера. Частично это объясняется тем, что кальвинизм и лютеранство были особенно популярны среди городского населения и мелкой шляхты, а основными «пропагандистами» идеи *antemurale* были представители правящей элиты (правительство, дипломаты, церковные иерархи). Ситуация оставалась относительно стабильной приблизительно до середины 17 века, когда концепция польского «оплота христианства» сузилась до эксклюзивистской идеи защиты католицизма как единственной «истинной веры». Этому способствовало несколько факторов, в первую очередь, прогресс Контрреформации, укрепление позиций протестантских церквей в соседних государствах, а также продолжающиеся военные столкновения с Османской Портой и протестантской Швецией. Одним из видимых результатов этого процесса стало изгнание из страны в 1650 г. протестантской секты польских ариан. Почти одновременно в пророческой литературе соседнего Поморья появляются изображения поляка-сармата в виде Антихриста, а героем-освободителем от турецкой угрозы представлен легендарный «северный лев» (под которым подразумевался, очевидно, либо шведский король Густав Адольф, либо кто-то из саксонских курфюстов).[39]

Религиозный фактор определял также и территориальные рамки концепции *antemurale*. По свидетельству того же Тазбира, в многочисленных текстах, отстаивавших исключительную роль Польши в общехристианской борьбе с турками и татарами ни разу не упоминается Великое Княжество Литовское. И, это не смотря на очевидное «пограничное» географическое положение этих территорий, и на то, что уже первые литовские князья старались представить себя в качестве властителей земель «на границе всего христианского мира».[40] Была построена «постоянная линия обороны», аналогичная сооруженной в 16 веке австрийскими властями системе защиты на Балканах.[41] Об оборонных характеристиках форпостов на восточных границах Речи Посполитой можно спорить, однако очевидно, что на идеологическом уровне местная концепция

---

39 *Bogucka M.* Jedność chrześcijańskiej Europy? Kilka uwag do mitu przedmurza chrześcijaństwa // Kwartalnik historyczny. 1993. № 4. S. 117-118.

40 Epistola Boleslai magni ducis Lithuaniae, ad concilium Basileense (1435) // Veterum scriptorum et monumentorum historicorum, dogmaticorum, moralium amplissima collectio. T. 8. Complectens varia concilia, episcoporum statuta synodalia cum amplissima collectione actorum ad consilium Basileense pertinentium et duplici historia consilii Tridentini. Paris, 1733. P. 623. Электронная версия: http://www.starbel.narod.ru/varia.htm.

41 *Kurtyka J.* Podolia: the «Rotating Borderland» at the Crossroads of Civilizations in the Middle Ages and in the Modern Period // *Wünsch Th., Janeczek A.* (Eds.) On the Frontier of Latin Europe. Integration and Segregation in Red Ruthenia, 1350-1600. Warsaw, 2004. P. 177-178. См. мою рецензию в: Jahrbücher für Geschichte Osteuropas. 2007. Bd. 55. № 3. P. 434-435.

antemurale охватывала исключительно польские земли. Тазбир объясняет это противоречие поздней христианизацией Великого Княжества Литовского, поэтому Речь Посполитая воспринималась внутри страны и за ее пределами исключительно как польская страна. [42]

Мне кажется, что нельзя снимать со счетов также и религиозный фактор, поскольку значительная часть населения, проживавшая на рубеже 16 – 17 веков на территории Великого Княжества Литовского, принадлежала той или иной христианской церкви восточного обряда. Обще-негативное восприятие Московии как соседнего врага католического *antemurale* переносилось часто и на православное население собственной страны. Этому, безусловно, способствовали социальные противоречия, часто с религиозным оттенком, официальная поддержка польским правительством Брестской унии, переменчивая королевская политика в отношении пограничных территорий, а также бесконечные военные столкновения с восточным соседом.

Особо следует выделить в этом ряду сформировавшееся к середине 17 века негативное отношение польской шляхты к казачеству. Этот образ стал, как и в случае с протестантами, неотъемлемым компонентом «польско-центричной» концепций *antemurale*. Однако и в его становлении можно условно выделить два этапа. Первый относится к концу 16 – началу 17 веков, второй охватывает промежуток от 1630-40-х годов до конца 17 века.

Первый период характеризуется амбивалентным отношением к казакам. С одной стороны, польская шляхта видела в казаках преступников, живущих разбоем. С другой стороны, казаков почитали за их военные способностей и участием в Хотинской компании 1621 года. [43] Приведу лишь один пример, иллюстрирующий двойственность отношения к казачеству.

Одна из наиболее известных и подробных карт Великого Княжества Литовского того времени, т.н. «tabula moderna», была выполнена в 1613 году по заказу литовского магната Миколая Кристофа Радзивилла «Сиротки» (т.н. «карта Радзивилла» (илл. 3)). [44] Принадлежала она, вероятно, резцу польско-литовского картографа Томаша Маковского. Именно эта карта вошла в многочисленные атласы западноевропейских картографов и послужила основным толчком для развития местной картографии.

42 *Tazbir J.* Polska przedmurzem Europy. S. 73.

43 *Borek P.* Ukraina w staropolskich diariuszach i pamiętnikach. Bohaterowie, fortece, tradycja. Kraków, 2001. S. 86-97.

44 «Map of the Grand Duchy of Lithuania," drawn by *Makowski T.*, engraved by *Gerrits H.*, printed by *Jansson W.* Amsterdam, 1613 // *Bieliuniene A., Kulnyte B., Subatniekiene R.* Lithuania on the Map. Vilnius, 2002. P. 52-57. См. дискуссию об авторской принадлежности этой карты Томашу Маковскому в: *Reklaitis P.* Neues zur Litauenkarte des Fürsten Nikolaus Christoph Radvilas // Sonderdruck aus Zeitschrift für Ostforschung. Länder und Völker im östlichen Mitteleuropa. 1966. Bd. 15. № 1. S. 55-59. Рец. на эту статью: *Alexandrowicz S.* Studia źró-dłoznawcze. T. XII. 1967. S. 246.

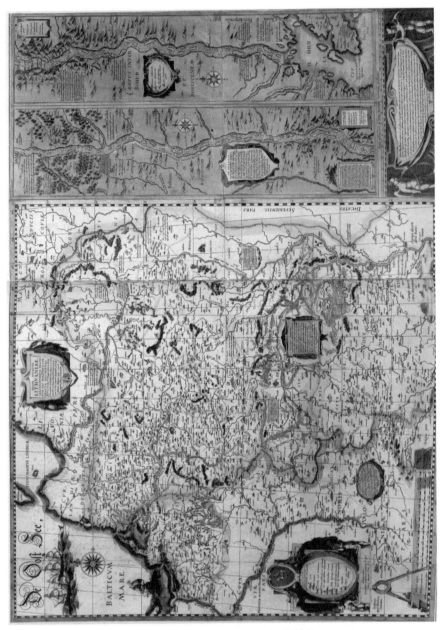

илл. 3: «Карта Радзивилла» (1613)

Карта примечательна не только детальностью в изображении населенных пунктов и ландшафта, но и рисунками батальных сцен. Битвы между польско-литовскими и московскими, а на самом юге и татарскими войсками занимают значительное место на карте. Впечатление обогащают также многочисленные надписи и пояснения в отдельных картушах. В основном, речь идет о военных конфликтах 16 века. Ничего оригинального в таких изображениях, безусловно, нет. На одной из первых польских карт («карта Ваповского» 1526-1528[45]) также есть батальные сцены, в том числе и попавшая на «карту Радзивилла» битва московского армии с литовским войском под предводительством князя Острожского в 1514 году. Но здесь в отличие от «карты Радзивилла», батальные сцены расположены практически вдоль всей юго-восточной границы Великого Княжества Литовского.

Сложно сказать, имелось ли в виду представление об этих землях как о защитной полосе на границе с Московским Царством и Крымским Ханством. Можно только однозначно утверждать, что в качестве основной оборонительной силы здесь выступают лишь магнатские или правительственные войска. Изображений казаков на этих батальных сценах нет. И это неслучайно, поскольку им отведено особое место на «карте Радзивилла». Правое поле с изображением русла Днепра снабжено многочисленными картушами с надписями на латыни, в которых поясняются географические особенности этого региона, а также описаны условия жизни казаков:

> «Казаки – это военное сословие, состоящее из мужчин, потерявших честь и привилегии, они изгнанники, увиливающие от работы. Поначалу они пользовались только легким вооружением,... теперь у них есть уже и артиллерия, способная разрушать крепостные стены... Они живут на днепровских островах... и подчиняются Великопольскому гетману... Они выбирают своего предводителя, которого, впрочем, могут легко сместить... Если им не хватает провианта, то они нападают на соседние страны, грабя их и забирая добычу с собой. Недавно они совершили поход на Молдавию. Кроме того, они часто нападают на владения турецкого султана. Если у них нет возможности грабить соседние державы, тогда они нападают на близлежащие районы».[46]

Казачество представлено в образе неких «пиратов», бесконтрольного и хаотичного (т.о. анти-государственного) сообщества вооруженных людей. Это традиционное для многих средневековых карт изображение полудикого и непредсказуемого соседа дополнено, однако, на карте Маковского еще одним пояснением в контексте татарских наездов на юго-восточные окраины Речи

---

45 *Buczek K.* Dzieje kartografii polskiej od XV do XVIII wieku: zarys analityczno-syntetyczny (Monografie z dziejów nauki i techniki, 21). Wrocław, 1963. S. 30; *Eberhardt P.* Polska i jej granice. Z historii polskiej geografii politycznej. Lublin, 2004. S. 23-24.

46 *Bieliuniene A., Kulnyte B., Subatniekiene R.* Указ. соч. Р. 212.

Посполитой. Татары, именуемые здесь «скифами», представлены в виде разбойников, жаждущих «богатства этих земель». Однако, среди сил, противостоящих этим нападениям, упомянуты не только литовские князья («Великий князь Литовский Витаутас построил множество крепостей для обороны от татар»), но и казаки. «Если казаки узнают, что они (татары – Л.Б.) возвращаются домой с добычей, то они останавливают их и забирают добычу». О том, что происходит с отбитым ясыром в дальнейшем, карта умалчивает.

Амбивалентное отношение к казачеству среди шляхты просуществовало, как указывалось, примерно до середины 17 века. Вторая половина столетия совпадает с новым периодом в формировании «католическо-шляхетского» образа *antemurale*. В это время складывается однозначно негативное отношение к казачеству, обусловленное началом антиправительственных выступлений казаков и появлением в их требованиях религиозных лозунгов (что было следствием, по выражению Сергей Плохия, «конфессионализации казачества»).[47] Последний фактор во много объясняет произошедшие в 1630-40-х годах радикальные изменения в восприятии казачества. Решающую роль сыграло участие казаков в упомянутом восстановлении киевской иерархии патриархом Феофаном. Именно с этого времени, по наблюдениям Петра Борека, из польской мемуаристики исчезают позитивные оценки военных способностей казаков, взамен появляются исключительно негативные характеристики. Запорожское войско представлено в виде деструктивного сообщества вооруженных людей. Возникает некий образ «кровавой Украины», который контрастировал с идеализированным взглядом на восточные окраины Речи Посполитой как *locus amoenus*, укорененный в историописании со времен Яна Длугоша.[48]

Такое представление о казачестве рождало в головах польской католической шляхты различные планы решения «казацкой проблемы». Один из них изложен в «Дискурсе о теперешней казацкой или крестьянской войне» (1648 г.), принадлежащего жанру т.н. *silva rerum*.[49] Его анонимный автор видел основные причины казацкого бунта в подстрекательстве православного духовенства: «Кто предводитель? Попы-отщепенцы, церковные владыки, монахи… Они всегда науськивали … казаков на Польскую Корону…, а те… напустили татар на наше войско». В качестве радикального решения проблемы автор «Дискурса» предлагает просто стереть казачество с лица земли, а подвластные им земли заселить польской шляхтой:

47 *Plokhy S.* Указ. соч. P. 152.

48 *Borek P.* Указ. соч. S. 23-24, 97-101.

49 «Dyskurs o teraźniejszej wojnie kozackiej albo chłopskiej» напечатан в: *Sysyn F. E.* A Contemporary's Account of the Causes of the Khmel'nyts'kyi Uprising // Harvard Ukrainian Studies. 1981. 5. № 2. P. 245-257. См. также анализ данного источника в *его же.* Seventeenth-Century Views on the Causes of the Khmel'nyts'kyi Uprising: An Examination of the Discourse on the Present Cossack or Peasant War // Harvard Ukrainian Studies. 1981. 5. № 4. P. 430-466.

«Чтобы и имени запорожских казаков не слышно больше было.... А духовенство русинское,... которое было зачинщиком бунтов,... вместе с церквями уничтожить.»[50]

По мнению Франка Сысина, убежденность автора «Дискурса» в том, что именно православная «схизма» заложила основы внутриполитических проблем Речи Посполитой, практически не оставляла надежды на совместную борьбу католиков и «схизматиков» против турок и татар.[51]

Как видим, с этого времени в сознании польской католической шляхты собственная роль «бастиона христианства» выражается уже не только в противостоянии военным действиям Московии и татарско-турецкой угрозе, но и в защите культурного образа Речи Посполитой, сражающейся с «дикими и непредсказуемыми» вооруженными группировками «черни», часто переходящими на сторону внешнего противника. Уже в это время ментальные и идеологические границы внутри польско-литовского государства не совпадали с границами политическими.

Показательным примером могут служить публикации одного из «бардов» сарматской Польши Шимона Старовольского. Его тексты как нельзя лучше иллюстрируют процесс формирования польско- и католическо-центричного образа *antemurale,* в котором не было места для запорожского казачества. В 1628 году Старовольский публикует в Венеции небольшую книгу «Eques Polonus», посвященную польской шляхте – защитнице «христианской Европы». При этом отдельный раздел был выделен для описания военных подвигов запорожского казачества. Старовольский развил эту тему в еще одной публикации, вышедшей спустя 3 года, «Sarmatiae bellatores», в которой он зачисляет в ряд лучших представителей шляхетских родов также некоторых казацких гетманов, хотя те по происхождению и не могут быть отнесены к «благородным рыцарям».

А спустя 17 лет, в момент начала восстания Богдана Хмельницкого, Старовольский радикально пересматривает свои взгляды. В книге «Prawy rycerz» (1648) он делит рыцарей на три категории: «истинных» – римо-католиков, еретиков – протестантов и схизматиков – православных. Схизматиков он называет «главными неприятелями».[52] По мнению Сергея Плохия на примере этого текста видно, что «православная Русь превращается в главного врага польского ,бастиона', заменив собой или значительно потеснив образ мусульманского Востока».[53]

---

50 «Dyskurs o teraźniejszej wojnie kozackiej albo chłopskiej» *Sysyn F. E.* A Contemporary's Account. P. 254 ff, 256.

51 *Sysyn F.* Seventeenth-Century Views. P. 438.

52 *Plokhy S.* Указ. соч. P. 170-172.

53 Там же. P. 172. Это отношение не мешало, однако, польским властям в случае турецкой угрозы пользоваться услугами запорожских казаков, как это было в кампании Яна Собеского 1683 года. См. подробнее *Кочегаров К.* Участие украинского казачества в кампа-

Косвенным свидетельством того, что русинское население Речи Посполитой мало чем отличалось в глазах польской шляхты от московских соседей, служат пословицы. Некоторые из них, датируемые серединой 17 века, могут стать ценным источником для изучения межэтнических и межконфессиональных стереотипов. В общем, пословицы и поговорки не проводят специального различия между этнонимами «русин» и «москаль». К примеру, выражение «Упрямый как москаль» имеет семантическую пару «Упрямый как русин». 1618 годом датируется пословица «Мудрым будет тот, кто обманет русина», или «Где ступит Русь, там не растет трава», «Пока мир существует, не будет русин поляку братом».[54]

Следует, однако, заметить, что польская версия *antemurale* оказалась не вполне последовательной не только в выборе противника, но и в своих географических рамках. Если восточные окраины Речи Посполитой были в основном исключены из ее поля, некоторые русинские города-крепости приобрели ореол «польских бастионов». Этой чести были удостоены, в первую очередь, Львов и Каменец-Подольский.[55] Пояснить это противоречие можно стратегически важным положением обоих городов (в особенности Каменца) на границе с Османскими владениями, а также тем, что Подолье и Червонная Русь входили непосредственно в состав коронных земель.[56]

Кроме изменений на идеологическом уровне, связанных с процессами конфессионализации в польско-литовском обществе в середине 17 века и сословными различиями, были еще и политические причины, которые мешали признанию за казачеством права носить титул «оплота христианства». Во-первых, это уже упомянутые военные союзы с татарами и Московией, во-вторых, неспособность польских властей превратить казачество в оборонительную силу для борьбы с турецко-татарской угрозой. Этой проблематике посвящено уже достаточно много исследований, большинство из которых объясняют провал «степной политики» Варшавы слабостью королевской власти и непоследовательностью колонизационной политики.[57] В любом случае, комплекс

нии 1683 года против Османской Империи // Україна в Центрально-Східній Європі. 2005. № 5. С. 623-664.

54 В последних двух пословицах место русина мог занимать немец, турок или прусак. *Kępiński A.* Lach i Moskal. Z dziejów stereotypu. Warszawa, Kraków, 1990. S. 43-53; *Grala H.* O genezie polskiej rusofobii // Przegląd Historyczny. 1992. № 83. S. 135-153; *Świerchyńska D.* Przysłowia są na wszystko. Warszawa, 2001.

55 С начала 17 века Каменец-Подольский часто называли totius christianitatis […] propugnaculum («всего христианства [...] бастионом»). *Tazbir J.* Polska przedmurzem Europy. S. 73. О Львове как «столице Руси» и крепости в сознании польской шляхты см. *Borek P.* Указ. соч. S. 183-199.

56 *Romanow-Głowacki W.* Kamieniec Podolski: urbs antemurale christianitas // Pamiętnik kijowski. 1966. № 3. S. 96-127; *Mandzy A. O.* A city on Europe's steppe frontier: an urban history of early modern Kamianets-Podils'ky, origins to 1672 (Boulder East European monographs, 641). Chichester, 2004.

57 См. библиографию исследований в: *Брехуненко В.* Московська експансія і Переяславська

политических и идеологических причин привел к изменениям не только в самой концепции польского *antemurale,* но и в перемещении религиозных и ментальных границ внутри польско-литовского государства. В 1630-40-хх годах эта линия сдвинулась на запад, отделив русинские земли от остальных территорий. На протяжении последующего полстолетия конфессионализация и казацкие войны довели этот процесс до логического конца – политического раскола страны.

....с точки зрения московских властей
Этой ситуацией в середине 17 века воспользовалось Московское Царство. Взаимоотношения украинских казаков с Московским Царством во второй половине 16 – 17 веках – тема не одной сотни исследований, начиная со времен М. Карамзина и Н. Погодина. В последнее время в украинской историографии она вновь привлекла к себе внимание в связи с необходимостью создания нового исторического нарратива.[58] Наиболее интересные направления в современной историографии этой проблемы касаются периодизации украинского освободительного движения[59] и его рассмотрения в контексте т.н. «пограничных исследований».[60] Последнее направление, как представляется, может быть наиболее перспективним в изучении восприятия «казацкого бастиона» в Московской Руси.

Постараемся коротко проанализировать сложившиеся мнения в этой области именно в контексте отношения московской элиты к запорожскому казачеству как защитникам от татарско-турецкой угрозы и приверженцам православия.

Рада 1654 року. Київ, 2005; *он же.* Типологія степового кордону і перспектива дослідження історії східноєвропейських козацтв // Україна в Центрально-Східній Європі. 2006. № 6. С. 453-486.

58 *Матях В.* Українсько-російські відносини другої половини 17-18 ст.: (стан дослідження проблеми у вітчизняній історіографії) // Український історичній журнал. 2003. № 6. С. 110-118; № 1. 2004. С. 81-89. Несколько иной взгляд на это проблематику изложила Н. Яковенко в: У кольорах пролетарської революції // Український гуманітарний огляд. Вип. 3. Київ, 2000. С. 58-78. См. также *Єкельчик С.* Імперія пам'яті. Російсько-українські стосунки в радянській історічній уяві. Київ, 2008.

59 *Горобець В. М.* Від союзу до інкорпорації: українсько-російські відносини другої половини XVII - першої чверті XVIII ст. Київ, 1995; *його ж,* "Волимо царя східного..." Український Гетьманат та російська династія до і після Переяслава. Київ, 2007; *Чухліб Т.* Гетьмани і монархи: Українська держава в міжнародних відносинах. 1648-1714 рр. Київ, Нью-Йорк, 2003; Українська козацька держава: витоки та шляхи історичного розвитку. Матеріали III Всеукраїнських історичних читань. Київ, Черкаси, 1993.

60 *Леп'явко С., Брехуненко В., Флоря Б.* (Ред.) Белоруссия и Украина: История и культура. Ежегодник 2003. Москва, 2003; *Чорновол І.* «Дике поле» і «Дикий Захід»: Україна у світлі Тернерової тези // Критика. 2006. № 6. (http://krytyka.kiev.ua/articles/s.10_6_2006.html); *його ж.* Фронтири Росії // Критика. 2007. № 6. (http://krytyka.kiev.ua/articles/s.6_6_2007.html).

Сразу стоит обратить внимание, что современная историография рассматривает политику в отношении днепровских казаков в русле обще-московской политики по защите степных территорий, которая затрагивала и другие казачьи объединения (донские, яицкие и т.д.).[61] При этом подчеркиваются и некоторые отличия, связанные, прежде всего, с государственническими амбициями самих запорожцев, нежеланием Москвы конфликтовать с Речью Посполитой и отсутствием какой-либо разработанной стратегии по интеграции части русинских земель в московское государство во второй половине 17 века. В конце концов, по мнению большинства исследователей, московским властям так и не удалось использовать модель управления донцами для ассимиляции запорожских казаков в государственные структуры. На украинских землях не были, в отличие от других южных окраин, созданы т.н. «засечные линии», системы оборонительных сооружений, оберегающие от нападения нагайцев и татар.[62]

Такие наблюдения позволили Х.-Й. Торке охарактеризовать политику Москвы в отношении присоединенных украинских земель вплоть до времен Петра Великого как «нерешительную и двойственную».[63] Он же выделил два основных этапа в становлении казацко-московских отношений с конца 16- по конец 17 веков. Это конец 16 века – 1672 и 1672-1721. Первый период характеризуется двойственностью и сомнениями Москвы в отношении того, насколько реально можно использовать днепровское казачество для защиты степных территорий. Во многом, эта неопределенность была продиктована постоянно изменяющимися военно-политическими союзами самих казаков. Анти-татарская риторика в высказываниях казацких гетманов не вызывала особого доверия со стороны царского правительства (показательна, к примеру, сдержанная реакция на посольство П. Одинца в 1620 г.[64]). Одновременно

---

61 *Kappeler A.* Das Moskauer Reich des 17. Jahrhunderts und seine nichtrussischen Untertanen // Beiträge zur 7. Internationalen Konferenz zur Geschichte des Kiever und des Moskauer Reiches (Forschungen zur osteuropäischen Geschichte, 50). Wiesbaden, 1995. S. 185-198; *Plokhy S.* Crossing national boundaries. The case for the comparative study of Cossackdom // Die Geschichte Russlands. P. 416-430; *Khodarkovsky M.* «Third Rome» or a Tributary State: A View of Moscow from the Steppe // Там же. P. 363-374.

62 *Яковлев А.* Засечная черта Московского государства в XVII в. Москва, 1916; *Каргалов В. В.* На степной границе. Оборона "крымской украйны" Русского государства в первой половине XVI столетия. Москва, 1974; *Новосельский А. А.* Борьба Московского государства с татарами в первой половине XVII века. Москва, Ленинград, 1948; *Беляев И.* О сторожевой, станичной и полевой службе на крымской украйне Московского государства до царя Алексея Михайловича // Чтения в Обществе истории и древностей Российских. 1846. № 4. С. 8; *Марголин С. Л.* Оборона Русского государства от татарских набегов в конце XVI века // Труды Государственного исторического музея. Выпуск XX. Военно-исторический сборник. Москва, 1948. С. 16-17.

63 *Torke H.-J.* The Unloved Alliance: Political Relations between Muscovy and Ukraine in the Seventeenth Century // *Potichnyi P. J. et al.* (Eds.) Указ. соч. P. 40.

64 Посольство от запорожского гетмана Петра Сагайдачного под предводительством Петра Одинца обращалось к царю с такими словами: «Прислали их… бити челом государю,

прагматизм в отношении московских властей к казакам заключался в периодических попытках привлечения их к осуществлению анти-татарских военных операций (как в случае с крымской экспедицией Ждана Кондырева в 1646 г.).[65]

Даже дипломатическая переписка тех лет между Московским государством и Речью Посполитой, изобилующая риторическими фигурами, практически лишена хвалебных оборотов в описании внешней политики запорожских казаков. Об этом свидетельствуют документы о подготовке московско-польского военного союза против крымских татар 1647-1648 годов. Ведущим дипломатом с польской стороны в этих переговорах выступал православный сенатор Адам Кисель.[66] В его обращениях к царю и пограничным московским воеводам часто звучит идея анти-татарского союза на основе «братского сходства» и «любви великих господаров наших».[67] Эта линия аргументации прослеживается и в речи Киселя во время его московской миссии летом 1647 года.[68] Надо заметить, что Кисель был сторонником мирного разрешения казацкой проблемы путем использования совместным польско-московским

объявляя свою службу, что оне все хотят ему, великому государю, служить головами своими попрежнему, как оне служили прежним великим российским государем, и в их государских повелениях были, и на недругов их ходили, и крымские улусы громили, а ныне они по тому ж служат великому государю». Царь Михаил Федорович в ответной грамоте даровал запорожцам жалованье, но в отношении анти-крымских выступлений высказался более чем сдержанно: «А на крымские улусы ныне вас не посылаем, потому, что крымский Джан-Бек-Гирей царь на наши великие государства сам и царевичи, и князи, и мурзы не ходят и людям нашим шкоды не чинят некоторые, а наши люди по тому ж крымским улусом шкоты никоторые не делают». Воссоединение Украины с Россией. Документы и материалы в трех томах (далее ВУР). Т. 1 (1620-1647 годы). Москва, 1954. С. 3, 7.

65 *Новосельский А. А.* Указ. соч. С. 242-255, 262-282. Запорожские, как, впрочем, и донские казаки, были часто объектом дипломатической игры Московского правительства в системе обороны южных границ. Нередко царь, опасаясь ответной реакции Порты, пытался препятствовать совместным анти-татарским операциям казаков. См., к примеру, ВУР. Т.1. С. 26, 59. Подробнее, *Брехуненко В.* Стосунки українського козацтва з Доном у XVI - середині XVII ст. Київ, Запоріжжя, 1998.

66 Наиболее полная биография Адама Киселя изложена в: *Sysyn F. E.* Between Poland and Ukraine. The dilemma of Adam Kysil, 1600-1653. Cambridge, 1985. Подробнее о московско-польской дипломатической переписке в начале 17 века см. *Бантыш-Каменский Н. Н.* Переписка между Россией и Польшею по 1700 год, составленная по дипломатическим бумагам. Т. 3. Москва, 1862.

67 Акты. Т. 3. С. 104-106; 109; 127. "Szczęśliwa constellatio była, kiedy dwaj wielcz Monarchowie Panowie naszy krwie niesyte boie y iej dziedzinie histilitates między Sarmatami a Sarmatami y między Chrześciany a Chrześciany zakrwawione bronie swoie do pochiew włożywszy na wieczny sobie od P. Boga Państw powierzonych zezwolili pokój y przyjąwszy go świętobliwemi y prydniejszych w Państwach swych osób przysięgami na potomne zezwolili czasy, narodom wszystkim Chrześciańskim uciechą, pogańskim wielkim stał się ten węzel dwóch narodów y państw chrześciańskich posrachem." Цит. по *Sysyn F.E.* Указ. соч. С. 314. Сноска 136.

68 См. подробнее *Sysyn F. E.* Указ. соч. С. 135-136.

войском военного потенциала казаков в борьбе против татарско-турецкой угрозы. Он планировал привлечь к военной кампании 6000 реестровых и тысячи нереестровых казаков в составе войска Речи Посполитой.[69]

Московская сторона реагировала на предложения Киселя сдержанно, напоминая о накопившихся пограничных проблемах и периодических нападениях казаков на московские гарнизоны.[70] И все же, в сентябре 1647 года соглашение о московско-польском военном союзе было достигнуто.[71] Его утверждению на сейме Речи Посполитой помешало несколько факторов, среди которых – казацко-татарский альянс, вскоре нанесший поражение польским войскам в битве под Желтыми Водами. А в мае 1648 года Кисель уже был вынужден признать, что в целях достижения московско-польского союза «своевольных Черкасцов на море и на поле не пускаты, … они поганци… нынеча здраду зделали и такую вражду и подступ учинили, на кров христианскую псы поганские лестью и здрадою наступили».[72]

Риторика московских воевод в описании военных походов казаков не была столь эмоциональна, как у Киселя, но все же, оценка казаков была негативной. В реляциях пограничных воевод того времени запорожцы выступают как сообщество «воров Черкасов», постоянно нарушающих договоренности между «великими государями», или, в лучшем случае, «вольных людей», не подчиняющихся никакому закону. В некоторых случаях московские бояре даже предупреждали Киселя о возможном татарско-казацком выступлении против польского короля.[73] Одновременно, московские власти пытались разыгрывать «казацкую карту» в свете ухудшившихся польско-московских отношений.

Сомнения московских властей в лояльности «черкасов» выражалась также в политике переселения казацких беженцев. Хотя Москва и старалась разместить *черкасские слободы* вдоль т.н. Белгородской линии, но все же не слишком близко к границе. К тому же, казацкие атаманы в этих поселениях находились под контролем *сынов боярских*. В результате, к 1647 году среди служилого мужского населения Белгородской линии насчитывалось всего лишь 2 500 беженцев с украинских земель.[74]

Мало что изменилось в этом отношении и после подписания Переяславских соглашений. Торке обращает в этом контексте внимание не только на анти-украинскую позицию главы Посольского приказа А. Ордина-Нащокина,

---

69 Там же. С. 142.

70 Акты. Т. 3. С. 181-186;197.

71 См. текст соглашения: Там же. С. 128-130.

72 Письмо Адама Киселя к Путивльскому воеводе Никите Плещееву от 1 мая 1648 года // Там же. С. 189.

73 Письмо бояр: князя Трубецкого, Григория Пушкина и думного дьяка Назария Чистого к Адаму Киселю от 10 марта 1648 года // Там же. С. 180.

74 *Brian D.* Warfare, State and Society on the Black Sea Steppe, 1500-1700. London, New York, 2007. P. 101-102.

но и на полную неосведомленность последнего в перипетиях межказацких столкновений во времена Руины. Как и полстолетия прежде, взаимоотношения, основывающиеся на принципе «взаимной сдержанности», могли регулироваться только прагматически. Поэтому одним из ключевых моментов в укреплении московского влияния на казацкую среду стало, по замечанию Торке, принятие в 1659 году мер, ограничивающих проведение казачеством независимой внешней политики.

Второй период, со времени вступления А. Матвеева на должность главы Посольского приказа до конца Северной войны, связан с новой прозападной ориентацией московского правительства и попыткой проводить более осознанную политику в отношении присоединенных украинских земель. Окончательно эта тенденция реализовалась в ликвидации остатков гетманской автономии Петром I после падения Мазепы. Интересно, что начало изменения политического курса совпадает также с первой турецкой войной (1677-1679)[75] и, что немаловажно, с усилением раскола внутри московского православия. Именно в последней четверти 17 века, по наблюдению Торке, отходит на второй план доктрина «Москвы – Третьего Рима» (а с ней, вероятно, и «Москвы – Нового Иерусалима»), которой были чужды идеи экспансионизма. Взамен ее появляется новая имперская идеология, постулировавшая абсолютистскую концепция эксклюзивной роли правителя в управлении государством.[76]

Помимо прагматических соображений, эта религиозно-культурная составляющая во взаимоотношениях днепровских казаков и московских элит, является одной из ключевых в понимании того, почему идея «казацкого бастиона» не нашла отклика на московской почве. Украинские казаки, по сути дела, не считались истинными православными и даже были вынуждены перекрещиваться.[77] «Казацкий бастион» не мог быть признан «своим» также и потому,

---

75 См. подробнее, *Санин Г. А.* Отношения России и Украины с Крымским Ханством в середине XVII века. Москва, 1987.

76 *Torke H.-J.* The Unloved Alliance // *Potichnyi P. J. et al.* (Eds.) Указ. соч. P. 57.

77 *Опарина Т.* Украинские казаки в России: единоверцы или иноверцы? (Микита Маркушевский против Леонтия Плещеева) // Соціум. Альманах соціальної історії. № 3. Київ, 2003. С. 21-54; *её же.* Иноземцы в России XVI-XVII вв. Москва, 2007. Религиозным фактором объясняется также и отличие в отношении московской элиты к донским и запорожским казакам. С. Плохий задается в этой связи вопросом, почему только некрасовцам среди донских казаков удалось заключить действенный союз с татарами, в то время как для запорожцев контакты с мусульманами были повседневной практикой? Среди возможных вариантов ответа – украинские казаки выбирали из двух зол меньшее, для них культурная граница с мусульманами была более пористой, чем границы внутри польско-литовского государства. Чаще всего союз с татарами был союзом против польских католиков. Для донских же казаков такой альтернативы не существовало, они выступали в поддержку официальной, а не преследуемой церкви. Для московской элиты же донские казаки казались, вероятно, более надежными воинами для защиты степных рубежей. *Plokhy S.* Crossing national boundaries // Die Geschichte Russlands. P. 429.

что хранителями истинной веры жители Московской Руси считали только себя. Москва, согласно официальной идеологии, приняла на себя после падения Киева в 13 веке и Константинополя в 15 веке титул «Нового Иерусалима»,[78] а Киев «античный», Киев княжеских времен оказался более важным в постулировании этой идеи, чем Киев современный.[79] Увиденная в таком свете политика московских властей в отношении казачества позволяет понять, почему усилия киевских иерархов в первой половине 17 века по представлению казачества как защитников истинного православия, прошли для Москвы незамеченными. И только полстолетия спустя, в связи с наплывом киевских книжников в Московскую Русь, идея общеправославного бастиона и династического единства, заявленная в киевском «Синопсисе», нашла слушателей на русской почве.[80] Напомним, что в ней казакам было отведено место воинов, сражающихся под скипетром московского царя.

О том, как эта идея трансформировалась на московской почве, красноречиво свидетельствуют не только письменные,[81] но и художественные источники. Именно концом 17- началом 18 века датируется одна из наиболее оригинальных Богородичных икон, созданная иконописцами Оружейной Палаты. «Богоматерь Донская» (**илл. 4**) примечательна своей ромбовидной формой, зеленовато-красной цветовой гаммой и «облачным» фоном. Особенно привлекают внимание, помимо образа Богоматери, виды Большого Собора московского Донского монастыря по правую и Успенского собора Киево-Печерской Лавры по левую сторону иконы. Помимо этого, примечательно изображение «Венца процветшего» – Богоматери в окружении звезд, знаменующих сонм киево-печерских святых. Иконография этого элемента восходит к гравюрам мастера Илии к изданию «Киево-Печерского Патерика» 1661 года.

---

78 *Ефимов Н.* Русь – Новый Израиль. Теократическая идеология своеземного православия в до-петровской письменности (Из этюдов по истории русского церковно-политического сознания. Вып.1). Казань, 1912; *Баталов А., Лидов А.* Иерусалим в русской культуре. Москва, 1994, *Rowland, D.* Moscow – the Third Rome or the New Israel // The Russian Review. 1996. Vol. 55. P. 591-614; *William-Kenneth M.* Moscow and the East Rome: A Political Study of the Relations of Church and State in Muscovite Russia. Westpoint, 1992; *Успенский Б.* Царь и патриарх. Харизма власти в России (византийская модель и ее русское переосмысление. Москва, 1998; *Raba J.* Moscow – the Third Rome or the New Jerusalem? // Forschungen zur osteuropäischen Geschichte. 1995. Bd. 50. P. 297-307.

79 *Halperin Ch.* Kiev and Moscow: An Aspect of Early Muscovite Thought // Russian History, Histoire russe. 1980. № 7,3. P. 312-321; *его же.* Rus', Russia and National Identity // Canadian Slavonic Papers. 2006. vol. XLVIII. № 1-2. P. 157-174; *Bushkovitch P.* Review of Pelenski, J. The Contest for the Legacy of Kievan Rus'. Boulder, 1998 // International History Review. 1999. vol. 21. № 4. P. 987-988; *Plokhy S.* The Origins of Slavic Nations. Premodern Identities in Russia, Ukraine, and Belarus. Cambridge, 2006. P. 231-249.

80 "Синопсис" переиздавался многократно в 17 и 18 веках. *Kohut Z.* Origins of the Unity Paradigm: Ukraine and the Construction of Russian National History (1620s-1860s) // Eighteenth-Century Studies. 2001. vol. 35. № 1. P. 72.

81 Там же. P. 71-72; *его же.* Russian Centralism and Ukrainian Autonomy. Imperial Absorption of the Hetmanate, 1760s-1830s. Cambridge, 1989.

Венчает икону еще один Богородичный образ – Азовская икона на фоне дву-главого орла, символизирующая победу русского оружия на южных границах государства.[82]

илл. 4: «Богоматерь Донская», Оружейная Палата Московского Кремля
(конец 17- начало 18 веков)

Композиция иконы должна была, вероятно, олицетворять идею покрови-тельства Богоматери над святынями Киева и Москвы и необходимость защиты степных районов Московского государства от турецкой угрозы. Московский Донской монастырь в это время превратился обитель и место богомолья мно-гих выходцев из украинских монастырей. В 1689 он был передан в ведение Малороссийского Приказа, а в 1730 году архимандрит монастыря Илларион Рогалевский доносил в Синод: «Из давних времен повелено быть в Донском монастыре иеромонахам, иеродиаконам и крылошаном киевлянам… и по при-званию из малороссийских городов крылошане и собраны были…».[83]

---

82 *Алехина Л., Башлыкова М., Черномаз И.* Киево-Печерский Патерик. У истоков русского монашества. Каталог. Москва, 2008. С. 39.

83 Цит. по *Харлампович В. К.* Малороссийское влияние на великорусскую церковную жизнь. Т.1. Казань, 1914. С. 284, 282.

Украинское монашество принесло с собой в Москву идеи киевско-московского духовного единства и необходимости защиты южных рубежей государства.[84]

Трудно сказать, насколько иконография «Донской Богоматери» перекликается с идеями гизелевского «Синопсиса». Скорее, она имеет больше точек соприкосновения с вышеупомянутыми киевскими гравюрами 1660-1680-х годов. В обоих случаях идея киевско-московского «бастиона» окрашена исключительно в религиозные тона.[85]

Заметим, что на московской иконе отсутствуют не только казаки, но и какой-либо образ войска вообще. Победу над неправославными символизирует Богородичная икона.[86] Московская версия «бастиона», таким образом, лишилась при посредничестве украинского духовенства каких-либо светских коннотаций, перенося идею анти-мусульманского фронта на уровень эсхатологического противостояния. Места для запорожских казаков в нем теперь не оказалось. Такая ситуация была связана не только с развитием абсолютизма, разочарованием в про-турецкой политике украинского казачества, но и с продвижением России к черноморским берегам. С постепенной ликвидацией угрозы татаро-турецкого вторжения на южные рубежи страны, исчезала и необходимость в поддержании «украинского бастиона».[87]

---

84 Такая позиция была характерна в то время для «старомосковской партии». *Алехина Л., Башлыкова М., Черномаз И.* Ук. соч. С. 39.

85 Еще одной интересной иконографической реализацией идеи украинско-московского духовного единства в контексте азовской победы является икона Богоматери Черниговской-Ильнской конца 17 века. На ней Богородичный образ дополнен аллегорическим пейзажем с картой побежденного Азова и многочисленными вариантами российского геральдического орла. На черниговское происхождение иконы указывает дарственная надпись от архимандрита Троицко-Ильинского монастыря Леонтия Крщановича царю Петру по случаю взятия Азова. Изображения воинства на иконе нет. *Тарасов О.* Икона и благочестие. Очерки иконного дела в императорской России. Москва, 1995. С. 360; *Печерская Л.* Азовская крепость в произведениях изобразительного искусства и картографии петровского времени // Очерки истории Азова. 1994. № 2 . С. 23-38.

86 На самой Азовской иконе Богоматери есть стилизованное изображение воинов. В. Брюсова относит создателя иконы к Московской школе и датирует ее самым началом XVIII в. (*Брюсова В. Г.* Русская живопись XVII века. Москва, 1984. С. 181. Цв. илл. 39). Интересно, что на известной фронтисписной гравюре Леонтия Тарасевича к «Киево-Печерскому Патерику» (1702), повторяющей программу Азовской иконы, змея, символизирующего Турцию, убивает уже не юный безбородый всадник, а усатый казак средних лет. Такие же усатые казаки помещены теперь за спиной Петра. Е. Погосян и М. Сморжевских предполагают, что здесь Тарасевич изобразил вполне конкретных людей, и среди них, в таком случае, должен был быть и гетман Мазепа. *Погосян Е., Сморжевских М.* «Я Деву в солнце зрю стоящу...» (апокалиптический сюжет и формы исторической рефлексии: 1695-1742 гг.) // Studia Russica Helsingiensia et Tartuensia VIII: История и историософия в литературном преломлении. Тарту, 2002. С. 9-36.

87 См. подробнее *Санин Г.* Антиосманские войны в 70-90-е годы XVII века и государственность Украины в составе России и Речи Посполитой // РОССИЯ — УКРАИНА: история взаимоотношений. Москва, 1997. С. 61-75.

* * *

В заключении вернемся к вышеупомянутой цитате из письма И. Мазепы. Кажется, что в действительное существование «казацкого бастиона» к тому времени мало кто верил. Если в начале 17 века эта идея пропагандировалась киевскими церковными иерархами с целью заручиться поддержкой казачества и московского царя, то уже к середине столетия с постепенным разочарованием в анти-турецких устремлениях старшины она сменяется новой концепцией киевско-московского духовного и династического единства, в которой казакам было отведено лишь подчиненное место.

В самой же среде казачества идеология *antemurale christianitatis* была лишь одним из элементов политической риторики. Но и здесь эта концепция переживает определенную трансформацию, превращаясь под пером казацких летописцев рубежа 17 и 18 веков в мифологему, сочетающую в себе идею нерушимости казацких вольностей («казацкий миф») и защиты православия.

Для польской шляхты религиозный элемент стал решающим в формировании в середине 17 века негативного образа казачества. Несмотря на многократные опыт использования запорожцев в анти-турецких и анти-московских войнах, для католической шляхты и магнатерии религиозные границы внутри общества определяли кордоны сарматского *antemurale christianitatis*. Конфессионализация и казацкие войны второй половины 17 века только укрепили этот раздел. Столетие спустя он привел к краху польско-литовского государства.

Также и для Московского государства религиозная принадлежность казаков и их меняющиеся политические приоритеты определяли негативный образ «черкасов». За украинскими казаками не признавали титула «защитников веры» от татаро-турецких наездов, поскольку их, как выходцев из «литовских земель», не считали истинно православными. С успехом южной политики России исчезла и сама необходимость в поддержании «казацкого бастиона».

«Геополитический треугольник», который определял формат украинского *antemurale*, включал в себя, безусловно, еще один важный полюс напряжения. Для Османской Порты, а в особенности для Крымского ханства, Дикое Поле тоже представляло собой пограничный регион, судьбы которого определяли внешнеолитическую ситуацию в регионе. Проблема того, как виделся «казацкий бастион» по другую сторону христианско-мусульманского фронта, остается малозученной. Она наталкивается не только на сложности в изучении источников, но и утвердившиеся стереотипы в историописании.[88] Недавно эта тема стала предметом дискуссии в современном украинском интеллектуальном сообществе. Толчок дали публикации Натальи Яковенко о мифах в украинском

---

88 Об исторических корнях некоторых таких стереотипов см.: *Бережная Л.* «Украинский треугольник» Степана Томашивського (1875-1930) или об особенностях «воображаемой географии» начала 20 века // AB IMPERIO. 2007. № 4. С. 173-198.

самосознании и статья Ярослава Дашкевича о роли османского востока в украинской истории.[89] Однако комплексное изучение идеи *antemurale christianitatis* в истории этого региона еще впереди.

89 *Яковенко Н.* Кілька спостережень над модифікаціями українського національного міфу в історіографії // Дух і літера. 1998. № 3-4. С. 113-124; *Дашкевич Я.* Україна на межі між Сходом і Заходом // Записки НТШ. Т. 222. Львів, 1991. С. 28-44.

О первенстве Пространной редакции «Просветителя» Иосифа Волоцкого

ALEXEY ALEXEEV

Алексей Алексеев

В 1470 г. из Киева в Новгород по призыву противников Москвы явился князь Михаил Олелькович.[1] Он приходился двоюродным братом великому князю Ивану III.[2] Кратковременное пребывание князя Михаила Олельковича в Новгороде не оставило значительных политических последствий, но стало точкой отсчета одного из самых загадочных явлений в духовной жизни средневековой России – ереси жидовствующих.[3] В свите князя Михаила в Новгород прибыл

---

[1] Полное собрание русских летописей (ПСРЛ). Т. 3. СПб., 1841. С. 141; Т. 4. Ч. 1. Вып. 2. С. 446; Т. 5. СПб., 1851. С. 275; Т. 6. СПб., 1853. С. 191; Т. 8. СПб., 1859. С. 160.

[2] Михаил Олелькович, князь слуцкий и копыстенский, сын киевского князя Олелька (Александра) Владимировича от брака с дочерью великого князя московского Василия I Дмитриевича Анастасией. На дочери его брата киевского князя Семена Олельковича Евдокии в 1463 женился первым браком молдавский господарь Стефан Вода (Славяно-молдавские летописи XV – XVI вв. М., 1976. С. 26). Дочерью Стефана и Евдокии стала будущая мать соправителя Ивана III Дмитрия Внука Елена (Славяно-молдавские летописи... С. 37, 47). Именно Олельковичи выступили инициаторами брака между сыном великого князя Ивана III Иваном Молодым и дочерью Стефана Еленой.

[3] О ереси жидовствующих существует большое количество литературы. Важнейшие работы на немецком: *Hösch E.* Orthodoxie und Häresie im alten Rußland. Wiesbaden, 1975; *Lilienfeld F.* Die „Häresie" des Fedor Kuricyn // Forschungen zur osteuropäischen Geschichte. Bd. 24. 1978. С. 39-64; *Seebohm T. M.* Ratio und Charisma. Ansätze und Ausbildung eines philosophischen und wissenschaftlichen Weltverständnisses im Moskauer Rußland. Bonn, 1977. Из последних работ: *De Michelis C. G.* La Valdesia di Novgorod. Torino, 1993; *Klier J.* Judaizing without Jews? Moscow-Novgorod, 1470-1504 // Culture and Identity in Muscovy. 1359-1584. М., 1997. С. 336-349; *Григоренко А. Ю.* Духовные искания на Руси кон. XV в. СПб., 1999; *Кореневский А.* «Новый Израиль» и «Святая Русь»: этноконфессиональные и социокультурные аспекты средневековой русской ереси жидовствующих // Ab Imperio. № 3. 2001. С. 134-137; *Раба Й.* «Жидовствующие» ли? История задушевной мысли // Russia mediaevalis. Т. 1. München, 2001. С. 126-149; *Taube M.* The 15th c. Ruthenian translations from Hebrew and the Heresy of the Judaizers: Is there a connection? // *Ivanov V. V. et alii.* Speculum Slaviae Orientalis: Muscovy, Ruthenia and Lithuania in the Late Middle Ages. М., 2005. С. 185-208; *Хоулетт Я.* Ересь жидовствующих и Россия в правление Ивана III // Труды кафедры истории России с древнейших времен до XX века. СПб., 2006. С. 118-130; *Фроянов И. Я.* Драма русской истории: На путях к опричнине. М., 2007. С. 7-122; *Русина О.* Послання київського митрополита Мисаїла папі римському Сиксту IV з 1476 року: Нові аспекти дослідження // Ковчег: Науковий збірник із церковної історії. Число 5. Львів, 2007. С. 50-72; *Петрухин В. Я.* «Ересь жидовствующих» и «жидовьская вера» – мифологемы православной культуры? // Еврейский миф в славянской культуре. Иерусалим, М., 2008. С. 171-190.

некий «жидовин Схария», имевший репутацию астролога и чернокнижника.[4] Схария сумел отвратить от православия нескольких священнослужителей, которые приняли иудаизм и были готовы даже совершить обряд обрезания.[5] В 1480 г. «жидовьския мудрьствующие еретики» попы Алексей и Денис были переведены в Москву и стали настоятелями Успенского и Архангельского соборов в Кремле.[6] Они вовлекли в ересь целый ряд москвичей, в том числе архимандрита Симонова монастыря Зосиму (митрополита в 1490 – 1494 гг.) и великокняжеского дьяка Федора Курицына.[7] Ересь обнаружил в 1487 г. новгородский архиепископ Геннадий (Гонзов), по инициативе которого еретики во главе с попом Денисом и чернецом Захаром были осуждены на церковном соборе 1490 гг.[8] Но ереси не был положен конец, так как помимо поддержки со стороны митрополита Зосимы и великокняжеского дьяка Федора Курицына еретики пользовались покровительством со стороны невестки великого князя Ивана III и матери наследника престола Дмитрия Внука Елены Стефановны.[9] Только в декабре 1504 г. на церковном соборе ересь была окончательно осуждена, а изобличенные еретики сожжены на костре или разосланы в заточение.[10]

Сомнения в правдоподобности этого рассказа об удивительной легкости обращении в иудаизм православных священнослужителей высказывались давно. Уже автор первого монографического исследования Н.А.Руднев замечал, что в описании ереси «немного приметно иудейского».[11] Недоверие к источникам, вышедшим из под пера обличителей ереси стало общим местом в историографии. В.Н.Перетц в своем отклике на публикацию комплекса источников по истории ереси призывал выйти из круга источников, происходящих из лагеря обличителей ереси и не придавать ценности их свидетельствам.[12] В позднейшей своей работе он категорически высказался, что он считает ересь жидовствующих мнимым случаем еврейского влияния.[13] Я.С.Лурье, опублико-

4 *Волоцкий И.* Просветитель (Просветитель). Казань, 1882. С. 4.

5 Просветитель. С. 4; *Казакова Н. А. и Лурье Я. С.* Антифеодальные еретические движения на Руси XIV – начала XVI в. (Источники) М., Л., 1955. С. 469, 479.

6 Просветитель. С. 8; Источники. С. 471, 481.

7 Просветитель. С. 8-9.

8 Источники. С. 373-379; 379-382; 382-384; 384-386; ПСРЛ. Т. 4. Ч. 1. С. 528; Т. 6. Вып. 2. С. 328-329; Т. 24. М., 2000. С. 207; Просветитель. С. 8-9.

9 Послания Иосифа Волоцкого (ПИВ). М., Л., 1959. С. 176.

10 ПСРЛ. Т. 6. Вып. 2. С. 372; Т. 8. С. 244; Т. 12. С. 258; Т. 20. С. 375; Т. 6. Вып. 1. С. 49.

11 *Руднев Н. А.* Рассуждения о ересях и расколах. М., 1838. С. 117-119.

12 *Перетц В. Н.* Новые труды о «жидовствующих» XV в. и их литература. Отд. Оттиск. Киев, 1908. С. 5.

13 *Перетц В. Н.* К вопросу о еврейско-русском литературном общении // Slavia. V. 2. 1926-1927. С. 268. Почти в то же самое время в советской историографии утвердился взгляд на ересь жидовствующих как на вымысел антисемитского толка. См.: «В то время как Геннадий, допуская некоторое иудейское влияние, считает, что ересь в Новгороде возникла главным образом под влиянием маркеллианской и массалианской ереси, Иосиф нашел ключ к ереси в слове «жид», и с его легкой руки и пошел совершенно неправильный термин «жидовствующие» (*Никольский Н. М.* История русской церкви. М., 1930. С. 89-90).

вавший основной комплекс источников по истории ереси жидовствующих, задавался вопросом: «Почему, например, если ересь была действительным «жидовством», у еретиков не было никаких признаков иудейской обрядности?»[14] Израильский историк Ш.Эттингер выступил с критикой построений Лурье, указав, что в основе этих построений лежат два тезиса: 1) гиперкритицизм по отношению к сведениям источников, которые сообщают о жидовстве еретиков; 2) «упорное нежелание исследовать возможные источники с целью выявления внешних влияний на движение и его идеи».[15] Последовательное решение этих масштабных исследовательских задач должно стать предметом будущих исследований. Целью настоящей работы является желание заново рассмотреть вопросы: о первоначальном виде «Просветителя», а также о взаимоотношении текста «Просветителя» с текстами посланий Иосифа Волоцкого.

Наиболее полные сведения о ереси жидовствующих содержат два комплекса источников: Послания Новгородского архиепископа Геннадия и Послания и «Просветитель» игумена Иосифа Волоцкого.[16] Новгородский владыка оставил

По Б.А. Рыбакову противоцерковное движение имело сперва название ереси стригольников, а затем тогдашними антисемитами было переименовано в ересь жидовствующих (Вонствующие церковники XVI в. // Антирелигиозник. № 3. 1934. С. 31-32).

14 *Лурье Я. С.* Новгородско-московская ересь конца XV – начала XVI в. // Источники. С. 214.

15 См.: «Этот способ аргументации страдает двумя главными недостатками. Во-первых, если не считать средневековые судебные документы историческим источником из-за того, что мнение судей было пристрастным, то это, в сущности, означает полный отказ от попыток разобраться и понять еретические или революционные движения того времени. В нашем же случае, если отказаться от рассмотрения всех вышеупомянутых документов, то можно считать, что в России вообще не было никакой ереси (большинство обвиняемых отрицали свою вину и уверяли, что являются православными христианами), и что вся история была сфабрикована несколькими церковниками по политическим и личным причинам. Мы можем даже предполагать, что вследствие горького опыта «процессов» в сталинской России 30-х годов некоторые историки пришли к такому нигилистическому выводу относительно любой ситуации в истории, которая напоминала бы указанную… У Лурье источник становится клеветническим, только когда упоминается еврейское влияние или тенденции к переходу в жидовство. Доверие к одному и тому же источнику в одном случае и объявление его «клеветническим» - в другом представляют собой весьма искаженный, или, если воспользоваться выражением самого Лурье, «ненаучный» подход. Вторым недостатком данной школы является упорное нежелание исследовать возможные источники с целью выявления внешних влияний на движение и его идеи. Такое нежелание связано с верой в «порождение ереси народом»». *Эттингер Ш.* Влияние евреев на «ересь жидовствующих» в Московской Руси. // Jews & Slavs. V. 4. Jerusalem, СПб., 1995. С. 10-11. Первую свою статью, посвященную критическому разбору построений Я. С. Лурье Ш. Эттингер опубликовал еще в 1961 г., см.: *Эттингер Ш.* Влияние евреев на религиозное брожение в Восточной Европе в конце XV в. // К 70-летию профессора Ицхака Бера. Иерусалим, 1961. С. 228-247 (на иврите).

16 Официальными источниками являются Соборный приговор 1490 г. (Источники. С. 382 - 384) и «Поучение митрополита Зосимы» (Источники. С. 384-386).

свидетельства о ереси в тексте 5 посланий. Наиболее раннее – послание епископу Прохору Сарскому не содержит даты, но по косвенным признакам относится к 1487 г., послание Нифонту Суздальскому – датировано январем 1488 г.; послание бывшему архиепископу ростовскому Иоасафу – февралем 1489 г.; послание митрополиту Зосиме и послание собору епископов – октябрем 1490 г. Кроме того сохранились две грамоты Ивана III и митрополита Геннадия, адресованные архиепископу Геннадию и датированные февралем 1489 г.[17] Руководствуясь выводами Я.С.Лурье, Я.Р.Хоулетт попыталась распространить тезис о недостоверности источников, свидетельствующих об иудаизме еретиков, и на Послания архиепископа Геннадия.[18] Однако, результаты ее собственной работы, скорее, свидетельствовали об обратном. В настоящее время источниковедческим исследованием Посланий Геннадия активно занимается новгородский исследователь М.А.Цветков.[19]

Иосиф Волоцкий затронул тему ереси жидовствующих в текстах семи посланий. Все эти послания не имеют точной даты и датируются по косвенным признакам: Послание о Троице архимандриту Васиану (датируется временем до 1 мая 1477);[20] Послание епископу Суздальскому Нифонту (датируется периодом между 17 октября 1490 и 17 мая 1494);[21] Послание брату Вассиану Санину (между 1492 – 1494);[22] Послание архимандриту Евфимию (1490 – 1494);[23] Послание архимандриту Андронникова монастыря Митрофану (време-

---

17 См.: Источники. С. 309-312; 312-313; 313-315; 315-320; 373-379; 388-391. Послание неизвестному гипотетически также атрибутируется Геннадию: сохранилось в отрывке: Источники. С. 388-391. Российская государственная библиотека (РГБ). Муз. 3271. Л. 5 об. – 6.

18 *Хоулетт Я. Р.* Свидетельство архиепископа Геннадия о ереси «новгородских еретиков жидовская мудръствующих» // Труды отдела древнерусской литературы (ТОДРЛ). Т. XLVI. СПб., 1993. С. 53-61.

19 *Цветков М. А.* Захар стригольник в послании архиепископа Геннадия // Новгородский арх. вестник. № 2. 2001. С. 19-24; он же: Послание архиепископа Геннадия Новгородского еп. Прохору Сарскому в контексте с правилами новгородских кормчих кон. XV - XVI вв. // Новгородский исторический сборник. Вып. 9 (19). СПб., 2003. С. 179-196; *Цветков М. А.* Собор 1488 г. на новгородских еретиков. (По Посланию архиепископа Геннадия епископу Нифонту Суздальскому и грамотам великого князя Ивана III и митрополита Геронтия архиепископу Геннадию) // Новгородский исторический сборник. Вып. 10 (20). СПб., 2005. С. 122-132; *Синькевич Н. А., Цветков М. А.* Нормы канонического права как источник борьбы с ересью новгородского архиепископа Геннадия // История государства и права. № 1. 2007. С. 12-13.

20 Лучшая публикация: ПИВ. С. 139-144. Обзор мнений о датировке - см.: *Плигузов А. И.* О хронологии посланий Иосифа Волоцкого // Русский феодальный архив XIV – первой трети XVI века. М., 1992. С. 1046-1047.

21 Опубликовано: ПИВ. С. 160-168. О дате - см.: *Плигузов А. И.* О хронологии... С. 1048-1049.

22 Опубликовано: ПИВ. С. 173-175. О дате – см.: *Плигузов А. И.* О хронологии... С. 1049.

23 Опубликовано: *Кобрин В. Б.* Послание Иосифа Волоцкого архимандриту Евфимию // Записки отдела рукописей Государственной библиотеки им. В.И. Ленина (Записки ОР ГБЛ). Вып. 28. М., 1966. С. 227-239. О дате – см.: *Плигузов А. И.* О хронологии... С. 1049-

нем до Пасхи 1504 г.);[24] Послание Ивану III о еретике Семене Кленове (декабрь 1504 – октябрь 1505);[25] Послание Василию III о еретиках (около 1511).[26]

Основным источником об истории ереси жидовствующих и об учении еретиков является «Книга на еретиков» Иосифа Волоцкого, получившая в поздней рукописной традиции наименование «Просветитель». На сегодняшний день существуют две версии относительно времени создания «Просветителя» и о его первоначальном виде.

Я.С.Лурье впервые (на основе исследования 97 списков памятника) изучил основную рукописную традицию, выделив редакции и изводы «Просветителя», а также особенности отдельных рукописей.[27] Лурье построил схему создания «Просветителя», в которой указывались источники, послужившие основой этого свода.[28] По Лурье источниками 5-го, 6-го, 7-го «Слов» «Просветителя» послужили три слова о почитании икон[29], источниками 8-го, 9-го и 10-го «Слов» послужило «Сказание о скончании седьмой тысящи»,[30] 11-е «Слово» имело общий источник в некоем тексте, отразившемся в «Рассуждении об иноческом жительстве»,[31] источником «Сказания о новоявившейся ереси» и 12-го «Слова» послужило «Послание Нифонту» в Пространной редакции,[32] в свою очередь, источником 13-го «Слова» стало «Слово об осуждении еретиков»,[33] 14-е «Слово» восходит к «Слову о благопремудростных коварствах»,[34]; наконец, 15-е и 16-е «Слова» восходят к тексту «Послания о соблюдении соборного приговора».[35] Я.С.Лурье видел качественное различие в текстах, которые относил к источникам «Просветителя», и в самом памятнике: «наиболее интересные образчики логической аргументации Иосифа мы обнаруживаем как раз в тех его «Словах» и «Сказаниях», которые были созданы в ходе непосредственной полемики с еретиками; менее оригинальны остальные разделы «Просветителя», созданные в начале XVI в., при написании всей книги в целом».[36]

Главные выводы Я.С.Лурье относительно творческой истории «Просветителя» можно представить следующим образом: 1) Первоначальной редакцией

1050.

24 ПИВ. С. 175-178. О дате – см.: *Плигузов А. И.* О хронологии... С. 1050-1051.

25 ПИВ. С. 178-179. О дате: *Плигузов А. И.* О хронологии... С. 1051.

26 ПИВ. С. 229-232. О дате: *Плигузов А. И.* О хронологии.... С. 1055-1056.

27 Источники. С. 438-466; *Лурье Я. С.* Идеологическая борьба в русской публицистике конца XV – начала XVI вв. М., Л., 1960. (Идеологическая борьба.). С. 95-127.

28 Источники. С. 211-220; он же: Идеологическая борьба. С. 119; С. 458-481.

29 Источники. С. 320-323; Идеологическая борьба. С. 112-114.

30 Источники. С. 391-393; Идеологическая борьба. С. 114-118.

31 Источники. С. 415-416; Идеологическая борьба. С. 118-120.

32 Источники. С. 424; Идеологическая борьба. С. 102-104.

33 Источники. С. 486-488; Идеологическая борьба. С. 462.

34 Источники. С. 498-500; Вывод А.А. Зимина, который полностью разделял Я.С. Лурье, см. также: Идеологическая борьба. С. 473.

35 Источники. С. 503-505; Идеологическая борьба. С. 473.

36 ПИВ. С. 75.

памятника являлась редакция в 11 «Слов», созданная в 1502 – 1504 гг.; 2) «Просветитель» является компиляцией, составленной из материалов Посланий Иосифа Волоцкого, и, возможно, других лиц; 3) Пространная редакция памятника была составлена Иосифом Волоцким не ранее 1511 года; 4) В целом же «Просветитель» является поздним источником, его сведения тенденциозны и недостоверны, поскольку представляют собой не полемику с действительными взглядами еретиков, а продиктованы стремлением осудить на смерть уже обличенных и осужденных противников; 5) редакционные изменения текста памятника были сделаны самим Иосифом Волоцким и отражают эволюцию его взглядов в сторону менее радикальных оценок митрополита Зосимы и великого князя Ивана III. Целями тенденциозной работы Иосифа Я.С.Лурье указывал стремление добиться осуждения еретиков на соборе 1504 г. Иудаизм еретиков Я.С.Лурье вообще считал мнимым. В концепции Я.С.Лурье о двух этапах иосифлянской идеологии текстологической и творческой истории «Просветителя» принадлежит решающая роль. Если Краткая редакция была призвана отражать взгляды Иосифа Волоцкого на самодержавную власть в период, когда еретики были союзниками великого князя, то Пространная редакция подчеркивает «божественное происхождение царской власти и ее богоподобный характер».[37]

Зимин придерживался мнения о первичности редакции «Просветителя» в составе 10-ти «Слов» и считал, что первоначальный вид памятника представлен в списках полемических сборников Троицкого и Рогожского изводов.[38] Он считал, что Краткая редакция была создана до 1503 года, а редакция в виде 11 «Слов», содержащая обвинения в адрес митрополита Зосимы появилась в ноябре 1504 г. накануне собора, осудившего еретиков.[39] Пространную редакцию А.А.Зимин относил ко времени не ранее 1511 г. и связывал причины ее появления с конфликтом между Волоцким игуменом и архиепископом Серапионом. Зимину принадлежит и ключевой для датировки Пространной редакции «Просветителя» вывод о зависимости 12-го «Слова» от Послания Иосифа Волоцкого И.И.Третьякову.[40]

В 1993 году увидело свет исследование А.И.Плигузова, написанное в 1986 году.[41] А.И.Плигузов пополнил рукописную традицию изучения «Просветителя» двумя списками и предпринял палеографическое и кодикологическое исследование. Результатами исследования А.И.Плигузова стал пересмотр некоторых положений прочно вошедших в историографию со времен Я.С.Лурье. Плигузов пересмотрел классификацию списков, предложенную Лурье, и зано-

---

37 Идеологическая борьба. С. 474-475.

38 Источники. С. 498-500.

39 Там же. С. 498-500.

40 Источники. С. 422; ПИВ. С. 270.

41 *Плигузов А. И.* «Книга на еретиков» Иосифа Волоцкого // История и палеография. М., 1993. С. 90-139.

во перегруппировал списки на основании вновь выявленных редакционных особенностей. Плигузов ввел в научный оборот список РНБ. Соф. собр. 1462, который содержал, на его взгляд, древнейший вид «Сказания о новоявившейся ереси». Он также воспользовался результатами наблюдений Б.М.Клосса над списком РНБ. Сол. собр. 326/346, который установил, что писцами рукописи были Нил Сорский и Нил Полев.[42] Согласно выводам А.И.Плигузова первоначальная редакция «Просветителя» появилась в 1492 – 1494 гг. и включала в себя 10 «Слов», в период между 1508 и не позднее 1513/14 г. была создана редакция в составе 11 «Слов», в 1510-х гг. была создана Пространная редакция, и только в 1520-е – 1540-е годы появилась Пространная редакция в сочетании с 2-ой и затем с 3-ей редакциями «Сказания».[43] При этом, по Плигузову, Иосиф Волоцкий не участвовал в создании новых редакций своего сочинения.

Я.С.Лурье, имевший возможность критически проанализировать концепцию А.И.Плигузова, в своей статье 1996 года, в основном, повторил свои прежние аргументы в пользу датировки Краткой редакции «Просветителя» в виде 11 «Слов» 1502 – 1504 годами. Он категорически заявил: «у нас нет оснований считать, что текст «Книги на новгородских еретиков», сохранившийся в списке Нила Сорского и Нила Полева Сол. 326/346, вложенном в Волоколамский монастырь при жизни Иосифа Волоцкого, содержит уже некую вторичную версию памятника, и нет никаких данных, о какой-либо более ранней редакции книги».[44]

Высокий научный авторитет Я.С.Лурье и объем проделанной им источниковедческой работы сделал его взгляды господствующими в науке. Авторы, в той или иной степени касавшиеся темы ереси жидовствующих, оказывались в зависимости от его источниковедческих изысканий, хотя и по-разному относились к обобщающим выводам. «Книга на еретиков» или «Просветитель» Иосифа Волоцкого остается основным источником сведений об истории ереси жидовствующих и об учении еретиков. Стремление Я.С.Лурье оспорить значение «Просветителя» как исторического источника указанием на тенденциозность автора безосновательно, поскольку в таком случае, как подчеркивал Ш.Эттингер, это означает: «что в России вообще не было никакой ереси… и вся история была сфабрикована несколькими церковниками по политическим и личным причинам».[45]

Нам представляется, что на сегодняшний день многие вопросы текстовой и творческой истории «Просветителя» не имеют удовлетворительного решения. Прежде всего, бросается в глаза слабая изученность списков «Просветителя»,

---

42 *Клосс Б. М.* Нил Сорский и Нил Полев – «списатели книг» // Древнерусское исскуство. Рукописная книга. Сб. 2. М., 1974. С. 161.

43 *Плигузов А. И.* «Книга на еретиков»... С. 134-136.

44 *Лурье Я. С.* Когда была написана «Книга на новгородских еретиков»? // ТОДРЛ. Т. XLIX. СПб., 1996. С. 87.

45 *Эттингер Ш.* Влияние евреев... С. 11.

происходящих из Иосифо-Волоколамского монастыря. Два из этих списков (ГИМ. Епар. № 340 и № 339), представляющих Пространную редакцию, по водяным знакам очень близки по времени к списку Сол. 326/346.[46] Наличие местами значительной редакторской правки на полях обеих списков в отсутствие авторского списка должно было побудить исследователей к более пристальному их изучению. Но, вероятно, дефектный характер обоих списков оставил их на периферии исследовательского влияния. Напротив, за списком Сол. 326/346, определенным Лурье как представляющий древнейший вид «Просветителя», трудно признать значение изначального. Этому противоречит как его происхождение, – переписан в заволжских скитах лицами, разделявшими не все взгляды Волоцкого игумена, так и внешний вид – парадная рукопись, украшенная заставками нововизантийского стиля и не содержащая следов редактирования. (*Таблица № 1*)

В одной из последних своих статей Я.С.Лурье задавался вопросами о начальном этапе творческой истории «Просветителя»: «Значит ли это, что Нил Полев, отправившийся к «отцу Нилу» на «Бело озеро» по благословению Иосифа, привез с собой материалы подготавливаемой книги, или контакты осуществлялись и ранее, иными путями? Были ли плодом творчества Нила Сорского именно те разделы «Просветителя», которые написаны его рукой, или границы автографов не совпадают с границами авторства? На все эти вопросы мы, конечно, сейчас не можем ответить»[47].

---

46 По водяным знакам бумага обоих рукописей укладывается в хронологические рамки 1484 – 1508 гг. см.: Книжные центры Древней Руси. Иосифо-Волоколамский монастырь как центр книжности (Книжные центры). Л., 1991. С. 353-354. А. И. Плигузов дает следующий комментарий: «о наиболее точном виде Младшего извода 1 ред. Сказания следовало бы судить по спискам, целиком возникшим в Волоколамском м-ре и непосредственно отразившим разные стадии работы над Сказанием. Но… Волоколамский монастырь являлся местом основной авторской работы над «Просветителем», поэтому промежуточные варианты книги могли здесь сохраниться только чудом.». *Плигузов А. И.* «Книга на еретиков»... С. 106. Между тем еще Р.П. Дмитриева прозорливо замечала: «Наиболее ранними и близкими к оригиналу являются волоколамские списки». *Дмитриева Р. П.* Волоколамские четьи сборники XVI в. // ТОДРЛ. Т. 28. Л., 1974. С. 208.

47 *Lur'e J. S.* Nil Sorskij e la composizione dell' «Illuminatore» di Iosif di Volokolamsk // Nil Sorskij e l'esicasmo. Atti del II Convegno ecumenico internazionale di spiritualità russa. Comunita di Bose, 1995. С. 108-109.

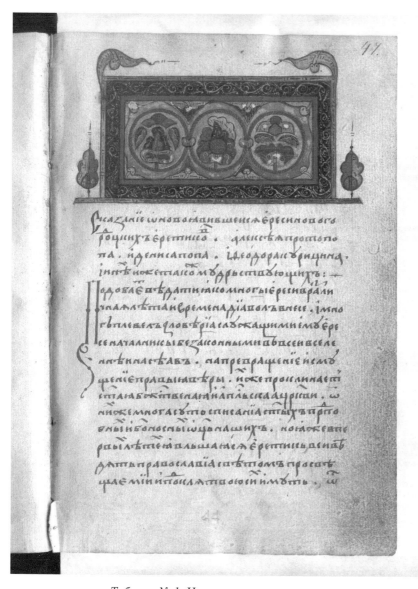

Таблица № 1: Иллюстрация заглавного листа,
украшенного заставкой нововизантийского стиля
(РНБ. Соловецкое собрание № 326/346. Л. 44)

Сравнительное исследование древнейших списков Краткой и Пространной редакций «Просветителя» позволило придти к следующим выводам.[48] Древнейший вид Краткой редакции представлен в списке РНБ. Сол. 326/346. По водяным знаком основная часть сборника датируется последней третью XV – началом XVI вв.[49] Вторая часть сборника с текстом 13-го – 16-го «Слов» была приплетена к сборнику позднее, не ранее XVII в. Поскольку одним из писцов основной части рукописи был Нил Сорский этот список следует датировать до 1508 г. По наблюдениям Г.М.Прохорова почерком Нила Сорского написан текст на лл. 47 – 51 об. (начало «Сказания о новоявившейся ереси»), лл. 67 – 103 об. (два первых «Слова» полностью), лл. 215 – 287 об. (две трети 7-го, 8-е, 9-е, 10-е «Слова»). Как явствует из вкладной записи, рукопись была дана в Иосифо-Волоколамский монастырь Нилом Полевым в 1514 г. в качестве вклада по «трем душам». Интересна судьба этой рукописи. Судя по описи Иосифо-Волоколамского монастыря 1545 г. какое-то время она находилась у временщика Василия III И.Ю.Шигоны-Поджогина и затем оказалась в Соловецком монастыре.[50]

Древнейший вид Пространной редакции представлен двумя списками ГИМ. Епар. № 340 и № 339. В описи книг Иосифо-Волоколамского монастыря датированной 1545 г. упоминаются рукописи «Просветителя»: 1) «Да списание Иосифово на еретики в полдесть, писмо Дософеево Вощечниково»; 2) «Да другое списание Иосифово ж на еретики в полдесть, писмо Фомино»; 3) и 4) «Да две книжки в четверть дести на еретики».[51]

---

48 Подробнее см.: *Алексеев А. И.* О «Просветителе» и посланиях Иосифа Волоцкого // Вестник церковной истории. 2. 2008. С. 121-220.

49 Г. М. Прохоров определил филиграни следующим образом: лл. 6 – 45 «Кувшин» двух типов близких, по Брике, к № 12539 (1500 г.) и 12545 (1487 г.), по Лихачеву, № 1290, 1295 – 1500 г. лл. 104 – 214 - литера «Р» типа, по Брике, № 8604, 8614, 8625, 8628 – 1469 – 1506 гг.; лл. 289 – 337 – типа, по Брике, № 11424 (1502 г.), 11426 (1524 г.), по Лихачеву, № 1438 (1513 г.). См.: *Прохоров Г. М.* Автографы Нила Сорского // Преподобные Нил Сорский и Иннокентий Комельский. Сочинения. СПб., 2005. С. 75-76.

50 Книжные центры. С. 33. О судьбе этой рукописи подробнее см.: *Шевченко Е. Э.* Из истории книжных связей Белозерья и Соловков (Кирилло-Белозерский и Соловецкий монастыри, Нило-Сорский и Анзерский скиты) // Очерки феодальной России. Вып. 11. М., СПб., 2007. С. 285-289.

51 Книжные центры. С. 33. По-видимому, две книжки в четверть дести следует отождествить с рукописями Государственный Исторический музей, Епархиальное собрание (ГИМ. Епарх.) № 339 и 340. В описи 1591 г. в числе книг указаны: под рубрикой «Книги духовныя преподобнаго игумена Иосифа»: «три книги в четверть». (С. 77) Возможно, что в числе трех указанных размером в четверть (от полдести!) находились и рукописи Епарх. № 339 и 340. По Шаромазову опись Иосифо-Волоколамского монастыря появилась не в 7053 (1545), а в 7083 (1573) г. С. 585. Скоре всего опубликованная В.Т. Георгиевским опись была так называемой «черной книгой», служившей для проверки имущества, находившегося в ведении того или иного старца, на котором лежала ответственность за него. См.: *Шаромазов М. Н.* «Наш» или «Покой» (О времени создания описи Иосифо-Волоколамского монастыря, опубликованной В.Т. Георгиевским) // От Сре-

В рукописи Епарх. 340 выявляются пять почерков, при этом основным пис-
цом переписан текст, включающий 11 «Слов» (листы с текстом «Сказания»,
первых двух «Слов» и началом третьего, а также двенадцатого «Слов» отсутствуют). В рукописи Епарх. 339 не менее семи почерков (вырванные в начале рукописи листы заменены более поздними и текст «Сказания» и первых
«Слов» написан более поздним почерком). Древнейший вид текста Пространной редакции по нашему мнению представлен в списке Епарх. 340. В совпа-
дающей части обеих редакций памятника нами выявлено 25 примеров того,
как правка, содержащаяся на полях списка Епарх. 340 учтена в тексте Сол.
326.[52] При этом есть несколько примеров того, что чтения в списке Сол. 326
следуют первоначальному варианту (до внесения исправлений) в епархиаль-
ном списке. Например, в Епарх. 340 на л. 29 об. вычеркнуты слова – «писание
глет», в списке Сол. 326 их нет (л. 148). В Епарх. 340 на л. 43 вычеркнуто явно
ошибочное «повеление» и вписано «явление», Сол. 326 (л. 169) следует испра-
вленному чтению. В Епарх. 340 (л. 60 об.) вычеркнуты слова «во втором слове», содержащие отсылку к тексту 6-го «Слова», в Сол. 326 (л. 195 об.) эта от-
сылка читается. В Епарх. 340 (л. 63) – зачеркнуты слова «тленна и мертвена»
и на верхнем поле надписано «аще и в тленную плоть облечеся», чтение Сол.
326 (л. 198) следует первоначальному варианту. В Епарх. 340 (л.134 об.)
первоначальное «злословеснии» исправлено на «лжесловеснии», Сол. 326 (л.
288 об.) воспроизводит первоначальный вариант. Следовательно, соловецкий
список воспроизводит вариант текста, представленного списком Епарх. 340 в
момент после внесения первой правки, но до второго этапа правки. (*Таблица
№ 2*)

Лурье считал одним из аргументов в пользу первичности краткой редакции
ее анонимность, поскольку «никакого Иосифа заголовок вообще не упоми-
нал».[53] По Лурье имя Иосифа с эпитетом «грешного инока» было добавлено
(вероятнее всего самим автором) на каком-то более позднем этапе. Анонимность соловецкого списка является условной, поскольку монастырский устав
Иосифа и «Просветитель» объединены под одним заглавием в начале рукописи. В предисловии к монастырскому уставу Иосифа, помещенному в начале
сборника Сол. 326/346 читаем: «Ведомо буди, яко в сей книзе 11 «Слов», списание игумена Иосифа, ктитора киновиа Пречистыа богородица близ града Во-
лока Ламьскаго, общежителная его предаиа к своим ему ученикомь от бо-
жественныхь писаний, **пакы же его 11 слов и предсловие на безбожныа еретики**».[54] Следовательно, соловецкий список содержит прямое указание на авторство Иосифа Волоцкого.

дневековья к Новому времени. Сборник статей в честь Ольги Андреевны Белобровой. М.,
2006. С. 571-586.

52 См.: *Алексеев А. И.* О «Просветителе»... С. 129-130.

53 Источники. С. 454.

54 ПИВ. С. 296.

Таблица № 2: Иллюстрация внешного вида листов с правкой
(ГИМ. Епархиальное собрание № 340. Л. 36 об.)

В оглавлении Краткой редакции по списку Сол. 326/346 обозначены 11 глав. Я.С.Лурье утверждал, что в тексте «Сказания о новоявившейся ереси» содержались аннотации всего 11 «Слов» «Просветителя». Тексты «Сказания» отсутствуют в обоих епархиальных списках, но обращение к древнейшему виду «Сказания», представленному списками Сол. 326/346 и Соф. 1462 обнаруживает, что там содержатся аннотации 12-го и 13-го «Слов» «Просветителя». Когда Иосиф Волоцкий описывает злодеяния Зосимы в бытность митрополитом он говорит: «Елици ж священници или диакони сих от священства отлучает, глаше еже не подобает осужати ни еретика, ни отступника. Глаще и се, яко аще и еретик будет святитель или священник и аще кого отлучит или не благословит последует божественый суд его суду. Не ведяще иж божественнаа писаниа боящесь обличати того отступлениа. Прочитающе иж божественаа писаниа ведяху, яко не токмо осужати подобает еретиков и отступников, но и проклинати, и не престааху обличающе всем поведующе того еретичество и сквернаа дела». (Сол. 326 л. 60 – 60 об.; Соф. 1462 л. 22) Таким образом, даже в списках, представляющих Краткую редакцию обнаруживаются следы того, что в первоначальном виде трактат Иосифа Волоцкого состоял, по крайней мере, из 13 «Слов». Тот факт, что Краткая редакция «Просветителя» в составе 10 (Соф. 1462) или 11 «Слов» (Сол. 326/346) представлена списками, происходящими не из Иосифо-Волоколамского монастыря, заставляет признать, что первоначальный текст подвергся редакторскому вмешательству книжников, которые разделяли далеко не все взгляды Иосифа Волоцкого.

Стоит отметить еще одну принципиальную особенность списка ГИМ. Епарх. 340, которая заключается в том, что в текстах 8-го, 9-го и 10-го «Слов» имя Федора Курицына отсутствует. В соловецком списке имя великокняжеского дьяка читается в текстах 9-го и 10-го «Слов» (Сол. 326. Л. 262 об., 277). Пропуск имени Курицына в тексте 8-го, 9-го, 10-го «Слов» древнейшего списка «Книги на еретиков» едва ли является случайностью. Это след более раннего происхождения этой редакции памятника.[55] Только в тексте 15-го в обоих епархиальных списках вычеркнута фраза про влияние Федора Курицына на великого князя: «Того бо державный во всем послуша».[56] Во всех других списках эта фраза не читается. Поскольку список Епарх. 340 датируется временем не позднее 1508 года (год смерти Нила Сорского), то период, в который в текст «Книги на еретиков» было внесено имя Федора Курицына, укладывается между датой древнейшего списка Епарх. 340 и 1508 годом.

Установив, что Пространная редакция «Просветителя» в объеме не менее 13-ти «Слов» первична по отношению к Краткой редакции, мы оказываемся перед необходимостью пересмотреть традиционное представление о Посланиях Иосифа Волоцкого как источниках «Просветителя». Согласно мнению А.А.Зимина считалось, что «Слова» «Просветителя», начиная с 12-го созданы не ранее 1510/1511 г., поскольку текст 12-го «Слова» обнаруживал зависимость от Послания Иосифа Волоцкого И.И.Третьякову.[57]

В наиболее ранних списках «Просветителя» текст 12-го «Слова» отсутствует. Старший список 12 «Слова» содержится в сборнике игумена Иосифо-Волоцкого монастыря Нифонта Кормилицына и датируется 1530-ми гг.[58] В историографической традиции со времен А.А.Зимина главенствует мнение, что 12-е «Слово» сводит воедино две конкретно исторические реалии: конфликты Иосифа Волоцкого с митрополитом Зосимой (1492 – 1494) и новгородским архиепископом Серапионом (1507 – 1511).[59] Как принято считать, в 12- «Слово» вошли канонические цитаты из начальной части Послания И.И.Третьякову в несколько иной последовательности, вторая же часть 12-го «Слова» составлена из выписок, восходящих к пространному виду 1-ой редакции Послания

---

55 См.: Идеологическая борьба. С. 113-115.
56 ГИМ. Епарх. 340. Л. 197; ГИМ. Епарх. 339. Л. 270 об. – 271.
57 Источники. С. 500; ПИВ. С. 270.
58 Российская национальная библиотека (РНБ). Q.XVII.15.
59 *Плигузов А. И.* «Книга на еретиков»... С. 124.

Иосифа епископу Нифонту Суздальскому.[60] При этом оригинальный текст 12-го «Слова» якобы ограничивается одной фразой: «Се же пакы глаголю от святых писаний, яко не последует Божий суд ни патриаршескому, ни епископскому, не токмо отлучению, но ниже проклятию, аще не по божии воли прокленет кого».[61] По Плигузову эта тема – проклятие не еретика, а православного святителя «не по божии воли» к моменту составления 12-го «Слова» затмила тему еретического проклятия.[62]

Текстологический анализ Посланий И.И.Третьякову[63] и 12-го «Слова» позволил придти к выводу, что в сравниваемых текстах находят полное соответствие только семь правил, но в ином порядке. В Послании последовательно цитируются: Правило св. Григория епископа Акраганского, Правило 4-е 7-го Вселенского собора, 9-я глава новелл Юстиниана, правило св. Дионисия Ареопагита, правило Василия Великого, правило св. Анастасия Синайского, 134-е правило Карфагенского собора. В 12-ом «Слове» следуют: правило св. Дионисия Ареопагита, правило Василия Великого, правило св. Анастасия Синайского, 134-е правило Карфагенского собора, Правило св. Григория епископа Акраганского, Правило 4-е 7-го Вселенскаго собора, 9-я глава новелл Юстиниана.

12-е «Слово» представляет собой строго организованную каноническую подборку, которая посвящена доказательствам справедливости тезиса о недейственности проклятия святителя-еретика, а текст Послания Третьякову гораздо более обширен и разнообразен. В нем приведено большое количество примеров из церковной практики со времен митрополита Киприана и современной Иосифу жизни. Часть материала заимствована из Трактата Иосифа на

---

60 Зимин А.А. ПИВ. С. 270; *Плигузов А. И.* «Книга на еретиков»... С. 124.

61 РНБ. Q.XVII.15 Л. 189 об. Рукопись представляет собой сборник игумена Иосифо-Волоколамского монастыря Нифонта Кормилицына, написанный в 1530-х гг. Список «Просветителя» в этом сборнике не имеет начальных листов. Текст «Сказания» начинается с описания путешествия св. апостола Андрея: «По Днепру вверх и прииде идеж нынне Новгород Великый и оттуду поиде в варягы и прииде в Рим». «Сказание» в этом списке представляет собой третью редакцию, в которой устранены все выпады против Зосимы в бытность его архимандритом и митрополитом. Характерной особенностью «Просветителя» в этом списке, помимо наличия в нем текста 12-го «Слова», являются редакторские пометы на лл. 5 и 6. Обе приписки на полях представляют собой фразы негативно характеризующие митрополита Зосиму.

62 *Плигузов А. И.* «Книга на еретиков»... С. 124. Стоит отметить, что это суждение, основанное на выхваченной из контекста фразе, не кажется нам убедительным. В тексте 12-го «Слова» как и в Послании Нифонту развивается тезис о недейственности именно еретического проклятия: «Еретицы же имеяху въ себе нечистый духъ сатанинъ, како могутъ на небеси и на земли вязати и решити» (Q.XVII.15. Л. 191; ПИВ. С. 165).

63 Лучшая научная публикация текста Послания И.И. Третьякову выполнена по пяти спискам Я.С. Лурье (ПИВ. С. 187). Следует указать еще два списка, оставшихся публикаторам неизвестными: ГИМ. Епарх. 308. Л. 313-319 (первая четверть XVI.в.) текст не имеет заглавия и РНБ. Соф. 451/1. Л. 195-227 (конец XVI в.) ошибочно атрибутирован В.А.Челяднину.

обидящих церкви.[64] Эти конкретные исторические примеры были призваны наглядно продемонстрировать правоту позиции Иосифа в конфликте с архиепископом Серапионом. Никаких оснований для того, чтобы датировать текст 12-го «Слова» в зависимости от датировки Послания И.И.Третьякову, на наш взгляд, не имеется. Этот вывод означает, что дата 1511 год не имеет отношения ко времени создания текста 12-го «Слова». Напротив, факт использования фрагментов из 12-го «Слова» в Послании И.И.Третьякову свидетельствует о том, что при написании этого текста в 1510 г. Иосиф имел перед собой список «Просветителя», из состава которого еще не было удалено 12-е «Слово».[65]

Сравнение текстов 12-го «Слова» и Послания Нифонту позволило установить, что в текстах имеются 11 общих фрагментов.[66] Во-первых, отметим, что цитаты во всех случаях полнее в 12-ом «Слове». В Послании Нифонту пропущены: авторский текст между цитатами апостола Павла, цитата из апостола Павла (Гал. 1.8), вторая фраза из правила Василия Великого (этот фрагмент полностью читается в Послании И.И.Третьякову). В расуждении о недейственности еретического проклятия отсутствуют слова: «но клятва на них возвратися», читающиеся в 12-ом «Слове». В тексте Послания в рассказе о еретическом соборе патриарха Диоскора встречаем выражение: «съ единомудреными себе», в 12-ом «Слове» обнаруживаем только начало выражения «съ еди», а на правом поле помещена помета «еретик» (Л. 190). Во-вторых, пометы, читающиеся на полях текста 12-го «Слова» в списке Нифонта Кормилицына (ЛЛ. 189, 190, 190 об., 192 об.) в Послании везде находятся в основном тексте. Наиболее показательны случаи, когда важные по смыслу пометы, находящиеся на боковых полях в списке 12-го «Слова», читаются в тексте Послания Нифонту: +патриарха и всех покланяющихся святым иконам (Л. 190); +завистию побежден быв (Л. 190 об.). В-третьих, обнаруживается, что в Послании один и тот же отрывок 12-го «Слова» использован дважды: сперва (С. 163) в сокращенном виде, затем (С. 165) воспроизведен полностью. В-четвертых, отметим, что всю вторую половину текста Послания составляют фрагменты из 12-го «Слова», но заимствованные из середины, начала и конца, при этом два обширных отрывка (С. 165 – 166 и С. 167 – 168) разделены сперва тремя цитатами (из жития св. Семиона Дивногорца, св. Дионисия Ареопагита, Василия Великого), а затем еще одним фрагментом из св. Анастасия Синайского.

Вопрос о соотношении текстов 12-го «Слова» и Послания Нифонту не может быть решен без привлечения Послания Нила Полева старцу Герману. Это Послание было написано в связи с конфликтом между Иосифом Волоцким

---

64 ПИВ. С. 271.

65 В Послании И.И. Третьякову Иосиф пишет, что его противники ссылались на использованную им в 12-ом «Слове» аргументацию о недействительности проклятия святителя-еретика: «ине почяли говорити на Москве: „Архиепископ, деи, Серапион не благословил Симана митрополита, и он того деля не смеет служити» (ПИВ. С. 207).

66 *Алексеев А.И.* О «Просветителе»... С. 163-165. О фрагментах из «Слов» «Просветителя» в письмах Иосифа Волоцково см. и схему на конце статьи.

и новгородским архиепископом Серапионом в 1507 – 1509 гг. Оправдывая поведение своего учителя Нил Полев использует тексты, уже известные нам по 12-ому «Слову». По Лурье общие места этих текстов Нил заимствовал из Послания Нифонту.[67] При этом Я.С.Лурье уклонился от решения вопроса о том, является ли источником 12-го «Слова» Послание Полева или наоборот.[68]

Между тем этот вопрос является глубоко принципиальным, поскольку если Нил Полев воспользовался не позднее чем в 1509 г. текстом 12-го «Слова», то это является дополнительным аргументом в пользу более раннего возникновения Пространной редакции «Просветителя». Имеются два примера того, как чтения в тексте Послания Нила Полева воспроизводят текст 12-го «Слова» в виде до внесения правки, а чтения в Послании Нифонту уже воспроизводят правку, имевшуюся на полях текста 12-го «Слова» в основном тексте. Это уже известные нам обороты в рассказе об осуждении патриарха Германа («патриарха и всех покланяющихся святым иконам») и в отрывке из жития Симеона Дивногорца о неправедно проклявшем его пресвитере («завистию побежден быв»). Эти наблюдения хорошо сочетаются с теми, которые были получены при сравнении списков Епарх. 340 и Сол. 326/346. В совокупности они свидетельствуют в пользу версии о том, что Нил Полев унес на Белоозеро текст «Книги на еретиков» в виде, представлявшем список Епарх. 340 в промежутке между первым и вторым этапами правки.

Общим фрагментом для 12-го «Слова» и Послания Полева, который не находит соответствия в Послании Нифонту является заключительный отрывок: «Виждь, яко аще кто недостойне проклянет кого, или скажет, себе проклянет и свяжет, яко же вси сии, проклявшеи святыя сия отца. И доколе сия на извещение, яко не последует Божий суд ни патриаршескому, ни епископскому, не токмо неблагословению и отлучению, но ниже проклятию, аще неповинне проклянет». Этот отрывок резюмирует содержание 12-го «Слова» и не является оригинальным. Если настаивать на том, что источником 12-го «Слова» послужило Послание Нила, то приходится допустить, что Иосиф Волоцкий не

---

67 См.: «Обратившись к 12-му «Слову» «Просветителя», мы можем убедиться, что текст здесь подвергся такой же обработке, как и в Послании Полева: примеры отлучений приведены здесь в том же порядке и с подобными же добавлениями». Идеологическая борьба. С. 467.

68 См.: «Мы не решаем здесь вопроса о том, какой из двух памятников (Послание Полева или 12-е «Слово») является источником другого. В пользу Просветителя говорит как будто большая близость 12-го «Слова» (по ср. с Посланием Полева) к Посланию Нифонту: цитаты из Дионисия Ареопагита и Василия Великого читаются здесь в том же порядке, что и в Послании Нифонту. Но, с другой стороны, целый ряд формулировок, читающихся и в Послании Полева, и в 12-ом «Слове» (и отсутствующих в Послании Нифонту) типичен именно для эпистолярного жанра и в 12-ом «Слове» может иметь скорее вторичный характер: «Виждь, яко кто недостойне проклянет кого... (у Полева проклянете)». Вполне возможно, что при составлении 12-го «Слова» Просветителя Иосиф использовал и свое Послание Нифонту, и Послание своего ученика Полева Герману». Идеологическая борьба. С. 467, прим. 219.

найдя собственных слов, подводящих итог всему сказанному, воспользовался сочинением собственного ученика. Это кажется совершенно невероятным, если вспомнить, что Нил Полев пребывал в заволжских скитах, а затем в заточении в Кирилло-Белозерском монастыре, по крайней мере, до 1511 г., когда возвратился на место пострижения, а, вероятнее всего, до 1514 г., когда он сделал вклады в Иосифов монастырь. Напротив, полученные результаты свидетельствуют в пользу того, что Нил Полев еще до того как отправился в заволжские скиты уже имел возможность ознакомиться с текстом 12-го «Слова» «Книги на еретиков» и, позднее, использовал этот текст в своем Послании старцу Герману.

Послание епископу Нифонту текстологически зависит от 12-го, 13-го, 14-го «Слов» «Просветителя», так как в него включены: 11 фрагментов 12-го «Слова», по одному фрагменту 13-го и 14-го «Слов».[69] Однако, в послании Нифонту постоянно употребляются формы настоящего времени, что должно свидетельствовать о том, что опасности борьбы с еретиком-митрополитом еще не миновали и угроза пострадать от него остается реальной.[70] По словам Иосифа, еретики «и от самого того сатанина сосуда и дияволова, митрополита, не выходят и спят у него».[71] Иосиф призывает епископа Нифонта возглавить сопротивление ереси: «И ныне, господине, о том стать накрепко некому, опроче тебя, государя нашего... глава бо еси всем, и на тебе вси зрим, и тобою очистит Господь Бог свою церковь и все православное христьянство от жидовьскыя и пагубныа скверныя ереси».[72] Особый драматизм призывам Иосифа придает использованный им прием уподобления предстоящего подвига Нифонта подвигам патриархов-исповедников времен иконоборчества в Византии: «Поистинне, государь с первыми исповедники и святители, з Германом и с Никифором и с Мефодием, царствию небесному сподобишися от господа нашего Исуса Христа».[73] Все эти выражения кажутся уместными лишь в отношении митрополита Зосимы в 1490 – 1494 гг, когда он занимал митрополичий престол. В противном случае, как указывал Я.С.Лурье, эти выражения могли быть восприняты как адресованные митрополиту Симону, это тем более вероятно, что в тексте послания митрополит нигде не назван по имени.[74]

---

69 *Алексеев А. И.* О «Просветителе»... С. 163-165; 175-176; 179.

70 Я. С. Лурье, который подчеркивал различие в характере изложения между «Посланием Нифонту» и «Сказанием о новоявившейся ереси» и на этом основании считал, что «Послание» послужило источником «Сказания» в то же время указывал, что: «Формы настоящего времени, встречающиеся в «Сказании» рядом с формами прошедшего, никак не могут свидетельствовать о том, что в рассказе идет речь о событиях, происходивших в момент его написания». Более того: «Настоящее время употребляется Иосифом Волоцким, как средство для усиления выразительности его рассказа» (Источники. С. 443).

71 ПИВ. С. 162.

72 ПИВ. С. 161. Я. С. Лурье показал, что выражение «глава всем», употребленное Иосифом по отношению к Нифонту восходит к «Свитку многосложному» (ПИВ. С. 253).

73 ПИВ. С. 161.

74 ПИВ. С. 424, прим. 3.

Вывод о зависимости посланий Нифонту от 12-го, 13-го, 14-го «Слов» «Просветителя» оставляет две возможности для датировки: либо «Просветитель» в объеме 14-ти «Слов» был написан не позднее мая 1494 г. (традиционная датировка Послания Нифонту); либо послание Иосифа епископу Нифонту написано не ранее 1502 – 1504 гг. (традиционная датировка Краткой редакции «Просветителя», которая, как было показано выше зависит от Пространной редакции).

Обращение к тексту Послания Нифонту позволяет обнаружить детали, на которые исследователи ранее не обращали внимание. Во-первых, после рассказа об отступничестве митрополита Зосимы следует ссылка на свидетеля: «А сказывал ти и самому государю моему, брат мой Васьян».[75] Нам ничего неизвестно о карьере Вассиана Санина до той поры, когда он занял пост архимандрита Симонова монастыря в 1502 г. Очень сомнительно, чтобы простой монах, мог оставить свой монастырь, находящийся в пределах Волоцкого княжества, проживать сколько-нибудь длительное время в Москве, вращаться в столичной среде и от лиц из близкого окружения митрополита узнавать подробности, порочащие первосвятителя. Еще менее вероятно, чтобы он решился сообщать об этом епископу Нифонту. Напротив, возглавив Симонов монастырь, из которого вышел Зосима, Вассиан, учавствуя в обыске ереси, мог получить достаточное количество свидетельских показаний изобличавших последнего как в бытность архимандритом, так и митрополитом. Прямую ссылку на изобличавшие Зосиму свидетельские показания находим в тексте послания: «есть на него достоверны свидетели, ино так и сами вы слышели».[76] Во-вторых, Иосиф призывает Нифонта решительно порвать со «сквернителем» и запретить христианам приходить к нему за благословением.[77] Если бы Зосима являлся действующим митрополитом, то обращение к Нифонту с подобной просьбой невозможно воспринять всерьез, поскольку попытка со стороны епархиального архиерея оградить своего митрополита от общения с паствой противоречила всем канонам, влекла за собой неизбежное лишение Нифонта кафедры, да и была совершенно неосуществимой на практике. Далее, Иосиф приводит слова тех, кто оправдывал свое общение с Зосимой: «А иные, господине, говорят: «Мы у него не слыхали ничего».[78] Трудно себе представить, чтобы кто-либо стал бы оправдывать свое общение с митрополитом в ту пору когда он возглавлял русскую церковь и должен был регулярно совершать

---

75 ПИВ. С. 161.

76 ПИВ. С. 163. Сам факт сбора свидетельских показаний на действующего митрополита способен вызвать удивление.

77 См.: «молю, яко да наказуеши и учиши все православное христьянство, еже не приходити к сквернителю оному и отступнику, ни благословения от него не приимати, ни ясти. Ни пити с ним» (ПИВ. С. 163). Заметим, что в этой части послания нигде речь не идет о митрополите.

78 ПИВ. С. 163.

богослужения с духовенством и владыками, решать многообразные вопросы церковной жизни и т.д.

Выявленные противоречия легко согласовать, если принять, что Послание написано после сведения Зосимы с митрополичьей кафедры. Ранние источники не связывают сведение Зосимы с митрополичьей кафедры с обвинениями в ереси.[79] Некоторое время Зосима находился в Симонове монастыре, а затем жил на покое в Троице-Сергиеве монастыре и даже в 1496 г. причащался там по святительскому чину.[80] Не исключено, что Зосима посоветовал Ивану III кандидатуру игумена Троице-Сергиева монастыря Симона на роль митрополита. Уже при митрополите Симоне назначение архимандритом Юрьева монастыря в Новгороде получил Кассиан, позднее осужденный собором 1504 г. как еретик.[81] Неизвестно, когда Зосима оставил Троице-Сергиев монастырь и переселился в Кирило-Белозерский, но полагаем, что он сохранял свое влияние до 1502 г., когда совершилось падение покровительствовавшей еретикам

---

79 В своей повольной грамоте на поставление Симона в митрополита Геннадий писал: «что отец Зосима митрополит … оставил стол русскиа митрополиа и, пришед в святую великую соборную церковь, пред всеми омофор свой на престоле положил, и свидетеля на то Господа Бога нарицая, яко невозможно ему к тому святительская действовати, ни митрополитом нарицатися, и отойде в монастырь в смиренно иноческое жительство…» (РНБ. Т. 6. № 121. Стб. 834-835). Сокращенный летописный свод 1495 г.: «Тоя же весны, маиа 17, митрополит Зосима остави митрополию и съиде в келию в манастырь на Симаново и оттоле къ Троици» (ПСРЛ. Т. 27. М., 1962. С. 366). Софийская 2-я сообщает об оставлении Зосимой митрополии 17мая 1494 г:. «не совею волею, но непомерно питья дрьжашеся и о церкви божией не радяше» (ПСРЛ. Т. 6. Вып. 2. Стб. 341). Типографская летопись: «Тоя же весны, мая 17, митрополит Зосима остави митрополию не по своей воли и съиде с митрополи в келью на Симаново в монастырь и оттоле къ Троици в Сергиевь монастырь» (ПСРЛ. Т. 24. М., 2000. С. 213). Вологодско-Пермская летопись: «В то же лето послал сослал князь великий Зосиму митрополита с митрополи» (ПСРЛ. Т. 26. Л., 1959. С. 289). Русский хронограф редакции 1512 г.: «В лето 7002 Зосима митрополит остави митрополию не своею волею» (ПСРЛ. Т. 22. Ч. 1. СПб., 1911. С. 532). Владимирский летописец: « Месяца маиа в 17 день митрополит Зосима остави митрополью по своей воли, иде на Симоново, а оттоле к Троице в Сергеев монастырь, а оттоле на Бело-озеро» (ПСРЛ. Т. 30. С. 138).

80 Владимирский летописец под 1496 г.: «Тоя же весны митрополит бывшой Зосима в Сергееве монастыре причащался божественных таин, став на орлеце и во всем святительском чину» (ПСРЛ. Т. 30. М., 1965. С. 139). Это противоречило канонам и существующей практике. (Голубинский Е. Е. История русской церкви. Т. 1. Ч. 1. С. 355-359; Т. 2. Ч. 1. С. 577, прим. 1; Т. 2. Ч. 2. С. 36. Отписная грамота новгородского архиепископа Сергия ок. 1484 г. РИБ. Т. 6. № 112. 1, Стб. 751; Русский феодальный архив (РФА). Ч. 2. № 70. С. 237; аналогично: РИБ. Т. 6. № 110, 112. Стб. 747, 751, 752; РФА. Ч. 2. № 77, 79, 85, 97.1, 99).

81 Нам не кажется невероятным предположение о тождестве Юрьевского архимандрита Кассиана со старцем Симонова монастыря Кассианом Брадатым, который в 1485 – 1490 гг. фигурирует в актах Симонова монастыря. См.: Акты социально-экономической истории (АСЭИ). Т. 2. М., 1958. № 398 (С. 403). Отсюда возникает серьезный довод в пользу того, что сведенный с престола митрополит Зосима смог добиться поставления своего родственника на пост главы черного духовенства Новгорода.

придворной группировки Елены Стефановны.[82] В апреле 1502 года венчанный на царство в 1498 г. Дмитрий-Внук и невестка Ивана III Елена Волошанка были посажены под арест.[83] В контексте описанной ситуации находит соответствие и использованная в Послании Нифонту ссылка на патриархов-исповедников Германа, Никифора и Мефодия. Если пример первых двух содержал в себе ясное указание на необходимость отстаивания догмата иконопочитания даже перед лицом высшей власти, то пример Мефодия, который ликвидировал последствия иконоборчества, проведя масштабную чистку духовенства, примкнувшего к ереси в период правления императоров-иконоборцев может быть понят, как относящийся к периоду, когда актуальными являлись именно дисциплинарные меры после падения покровителей еретиков при дворе.[84] Главной темой 12-го «Слова» как раз и были доказательства в пользу тезиса о том, что проклятие святителя-еретика является недейственным. Именно из этого текста Иосиф заимствовал канонические аргументы, использованные в Послании Нифонту.

Как мы видим, исторические реалии в тексте Послания Нифонту в гораздо большей степени соответствуют периоду 1502 – 1504 гг., нежели 1492 – 1494 гг. Подтверждают этот вывод дальнейшие наблюдения над текстом «Книги на еретиков» и текстами посланий Иосифа Волоцкого.

Лурье разделял мнение Н.Булгакова и И.Хрущова о датировке «Послания Иосифа Волоцкого архимандриту Вассиану о Троице» временем до 1479 года и полагал, что его текст послужил источником 1-го «Слова» «Просветителя».[85] Хотя еще И.Хрущов указывал, что текст послания имеет параллели не только в 1-м, но и в 5-ом «Слове». Однако, признание такой датировки неизбежно приводило к выводу о том, что Иосиф получил информацию о ереси жидовствующих почти за 10 лет до ее официального обнаружения. Сравнительный анализ текстов Послания о Троице и «Просветителя» позволил обнаружить, что между Посланием и 1-м «Словом» есть 4 параллельных чтения, между Посланием и 5-м «Словом» таких чтений 12, кроме того, можно говорить о близости двух

---

82 Из вкладной записи в одной из книг, данных в Ферапонтов монастырь, следует, что Зосима умер ок. 1510 г., находясь в Спасо-Каменном монастыре (Памятники письменности в музеях Вологодской области. Каталог-путеводитель. Ч. 1. Вып. 2: Рукописные книги XIV-XVIII вв. Вологодского областного музея (Под общ. ред. проф. П.А. Колесникова. Вологда, 1987. С. 56).

83 См.: «Тое же весны апреля 11, в понедельник, князь велики Ивань положилъ опалу на внука своего великаго князя Дмитреа и на егоматерь Елену, и от того дни не велел их поминати в октеньях и в литиах, ни нарицати великим княземь, посади их за приставы». ПСРЛ. Т. 6. Вып. 2. С. 367 (Софийская II).

84 О деятельности патриарха Мефодия см.: *Афиногенов Д. Е.* Константинопольский патриархат и иконоборческий кризис в Византии (784 - 847). М., 1997. С. 85-115. Д. Е. Афиногенов полагает, что сведения Жития Мефодия достоверны и извержению из сана могло подвергнуться порядка 20 тысяч священнослужителей.

85 ПИВ. С. 243.

мест Послания с фрагментами 6-го и 7-го «Слов».[86] Наблюдения над характером цитирования позволяют утверждать, что во всех случаях цитаты более полны в тексте «Просветителя». В силу несопоставимых объемов «Слов» и Послания мы не видим возможности, вслед за нашими предшественниками, усматривать в Послании источник «Слов». Следовательно, при написании Послания о Троице Иосиф уже имел перед собой текст «Просветителя», откуда заимствовал основные аргументы в пользу доказательства явления Троицы в Ветхом Завете. В любом случае, очевидно, что приходиться пересмотреть дату написания Послания о Троице, коль скоро единственным основанием для традиционной датировки выступает догадка о тождестве адресата Послания с архимандритом Вассианом Стригиным-Оболенским.

Обратившись к тексту Послания о Троице убеждаемся, что самоуничижительные формы обращения встречаются в нем чаще, чем в других посланиях Иосифа Волоцкого. Послание написано явно в ответ на обращение Вассиана: «Да нам было, господине, достоит о всем том мльчати по писаному, но твое, господине, рачительство пришло до нас, и аз, господине, глупой не могу ослушатися, поминая рекшаго: «Имея друга, вся открывает ему разумьна и неразумна. Ино вем твой разум и мудрость, на то утвръдихся, что можешь и мой глупой разум възразити».[87] И далее: «А сиа, господине, дръзнух к тебе писати своею глупостию по твоему велению. А и ты бы, господине, да не укаряя нас, к нам нашу глупость отписал».[88] Иосиф подчеркивает превосходный статус адресата: «А то ми, господине, от тебе велми за честь, а яз тебе, своему господину, чело бию».[89] Интересно, что Иосиф просит сохранить анонимность: «А лучить ти ся, господине, кому искусну мужу то казати, и ты бы, господине, нашего имени не явял никому». В конце Послания мы находим просьбу, ознакомить с текстом Послания «искусна мужа», а далее фразу, которая определенно звучит как поручение: «и ты бы, господине, то отписал, к нам подлинно, что възговорят, или чем похулять, и мы, господине, того поразумев, да въперед таковы не будем».[90] Просьба сохранить анонимность указывают на близкие доверительные отношения, которые связывали Иосифа Волоцкого и архимандрита Вассиана. Поручение собрать отзывы на присланный текст и доподлинно сообщить все автору позволяет разглядеть за этикетными формулами истинный характер взаимоотношений автора и адресата. Полагаем, что адресатом послания являлся младший брат и единомышленник Иосифа – Вассиан Санин, занимавший пост архимандрита Симонова монастыря в 1502 – 1506 гг.[91]

---

86 *Алексеев А. И.* О «Просветителе»... С. 145–149.

87 ПИВ. С. 139.

88 ПИВ. С. 143.

89 ПИВ. С. 144.

90 ПИВ. С. 144.

91 ПСРЛ. Т. 6. С. 51. *Строев П. М.* Списки иерархов и настоятелей монастырей Российской церкви. СПб., 1877. Стб. 150.

Брату Вассиану Санину адресовано другое послание Иосифа. Между Посланием брату и «Просветителем» («Сказанием о новоявившейся ереси») обнаруживается три общих фрагмента.[92] Послание Вассиану принадлежит к типу догматического учительного текста. Он предназначен для того, чтобы ознакомить с аргументацией Иосифа сторонних людей и заручиться их поддержкой или (автор не исключал этого!) получить критические отзывы. По этой причине личное обращение скрыто за самоуничижительными формулами, а мотивами написания указаны воля адресата-архимандрита. Послание брату – это, в первую очередь, личное обращение к ближайшему родственнику и другу с призывом «пострадати за пострадавшего по нас». У нас нет никаких оснований считать, что Послание брату написано еще до того как Вассиан Санин занял пост архимандрита Симонова монастыря. Оба Послания вполне могут датироваться одним временем.

Наблюдения над текстами «Просветителя» и известного Послания Иосифа духовнику Ивана III архимандриту Спасо-Андронникова монастыря Митрофану позволило обнаружить, что в последнем содержатся три общих чтения с 12-м «Словом», одно – с 13-м, одно – с 14-м.[93] Поскольку Послание Митрофану датируется временем до пасхи 1504 г., то это еще один аргумент в пользу того, что «Просветитель» в объеме не менее 14-ти «Слов» к этому времени уже существовал.

В свете предложенной датировки находит свое место и Послание Иосифа Волоцкого архимандриту Евфимию. Между Посланием архимандриту Евфимию и предваряющим «Просветитель» «Сказанием о новоявившейся ереси» обнаруживается 6 близких чтений, которые, на наш взгляд, свидетельствуют о зависимости послания от «Просветителя».[94] Как удалось показать В.Б.Кобрину наиболее вероятным адресатом Послания является архимандрит Владимирского Рождественского монастыря Евфимий, известный по упоминаниям в источниках в 1506 – 1509 гг.[95] Чтобы согласовать данный факт с принятой датировкой Послания периодом митрополии Зосимы (1490 – 1494 гг.) В.Б.Кобрин прибег к гипотезе о том, что Евфимий дважды занимал пост архимандрита: до 1494 г. и в 1506 – 1509 гг.[96] Поскольку нами были приведены доказательства в пользу того, что «Просветитель» послужил источником Посланий, необходимость в этой гипотезе отпадает. Послание архимандриту Евфимию вполне укладывается в один ряд с посланиями, который Иосиф Волоцкий адресовал епископу Нифонту, архимандритам Вассиану и Митрофану Андронниковскому, брату Вассиану Санину.[97]

---

92 *Алексеев А. И.* О «Просветителе»... С. 139-140.

93 Там же. С. 141-142.

94 Там же . С. 170, 176, 179.

95 *Кобрин В. Б.* Послание... С. 234.

96 Там же. С. 234-235.

97 В Послании архимандриту Евфимию Иосиф писал, имея в виду Зосиму: «Се убо сатанин угодник вооружается зле и ухищряет многи козни, яко же обычай есть дияволу воздвиза-

Я.С.Лурье пытался обосновать тезис о том, что «Просветителю» предшествовали написанные ранее отдельные «Слова» и циклы «Слов». Результаты наших текстологических исследований позволяют опровергнуть этот вывод и настаивать на том, что отдельно бытовавшие в сборниках «Слова» и циклы «Слов» также вторичны по отношению к тексту «Просветителя».[98]

Подводя итог нашим наблюдениям над текстами «Просветителя» и посланий Иосифа Волоцкого кратко обозначим сделанные выводы: 1) «Просветитель» в объеме не менее 14-и «Слов» был написан не позднее весны 1504 г.; 2) Иосиф Волоцкий написал свои послания епископу Нифонту, архимандритам Вассиану, Митрофану, Евфимию и брату Вассиану в период между 1502 – 1504 гг., используя цитаты из «Просветителя». Оба сделанных вывода позволяют поставить вопрос о необходимости пересмотреть господствующие в историографии взгляды на историю ереси жидовствующих. Из предложенной датировки «Просветителя» и посланий Иосифа Волоцкого следует, что период преобладающего влияния еретиков при дворе Ивана III не закончился ни осуждением части жидовствующих на церковном соборе 1490 г., ни с отставкой митрополита Зосимы в 1494 г., но продолжался до апреля 1502 г., когда попали в опалу венчанный на царство соправитель великого князя Дмитрий Внук и его мать Елена Стефановна. До падения высокопоставленных покровителей ереси публичная борьба с ересью, по-видимому, не велась, по крайней мере, свидетельств об этом не сохранилось. Иосиф Волоцкий, работая над текстом «Просветителя», уподоблял условия своей работы условиям, в которых писали свои труды преподобные Антоний из лавры Саввы Освященного при нашествии персов и Никон Черногорец при нашествии турок.[99] Следовательно, «Просветитель» является памятником, основная часть которого была создана «келейно», в опровержение действительных взглядов еретиков, а послания знаменуют собой переход в стадию открытой полемики с целью добиться осуждения ереси. Сделанный вывод позволяет утверждать, что за «Просветителем» следует признать значение основного источника по ереси жидовствующих.

ти поработивших ему до конца и научати своего слугу на благочестивыя: на вас, глаголю, и на брата нашего...». (*Кобрин В. Б.* Послание... С. 238).

98 См.: *Алексеев А. И.* О «Просветителе»... С. 150-153; 154-157; 157-161; 170-177; 177-180; 180-190; 190-200.

99 Просветитель. С. 14; Источники. С. 474, 483.

ПРОСВЕТИТЕЛЬ И ПОСЛАНИЯ ИОСИФА ВОЛОЦКОГО

Просветитель

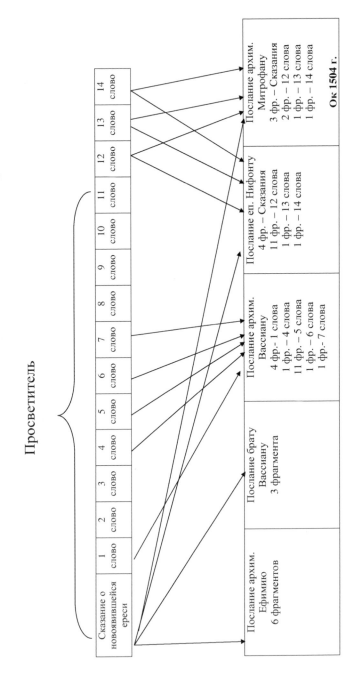

Von der Selbstfindung zur Selbstisolierung der russischen Orthodoxie. Zum Halleluja-Streit in Pskov

(Dem Andenken an Werner Philipp, 1908 – 1996, gewidmet[*])

FRANK KÄMPFER

Vorbemerkung

Bei der Beschäftigung mit Pskov als dem Geburtsort der Lehre vom Dritten Rom brachte mir V.O. Klučevskijs Aufsatz „Pskovskie spory" den Halleluja-Streit nahe.[1] Seine Bemerkungen über das „Spiel mit theologischen Termini" in einer „Zeit kasuistischer Fragen" schienen mir jedoch für eine Zeit eschatologischer Ängste, mit der wir es in der zweiten Hälfte des 15. Jahrhunderts zu tun haben, zu kurz gegriffen. Kljucevskij führt in dem Aufsatz mehrfach das in den Großen Lesemenäen überlieferte Sendschreiben eines anonymen Geistlichen an den „Ktitor Afanasij" an und bringt zwei Auszüge daraus in moderner Übersetzung. Der Text ist im „Pravoslavnyj sobesednik" 1866 publiziert.[2]

Mein Anliegen ist es nun, in Verbindung mit dem von N. I. Serebrjanskij edierten „Žitie prepodobnago Evfrosina Pskovskago" (im Folgenden unter jeweiliger Angabe der Kapitelnummer zitiert als Vita)[3] den Halleluja-Streit zu rekonstruieren und seinen „Sitz in der Geschichte" zu erklären.

Bei der Besorgung von Mikrofilmen und schwer zugänglicher Literatur haben mir Petr Grigor'evič Gajdukov (Moskau) und Reinhard Frötschner (München) geholfen. Peter Alberts (Münster) hat die Handschrift aus den Lesemenäen mit dem gedruckten Text abgeglichen. Allen drei Herren sage ich hiermit freundlichen Dank.

---

[*] Zu seinem Werk und Wirken vgl. zuletzt HANS-CHRISTIAN PETERSEN „Die Gefahr der Renazifizierung ist in unserer Branche ja besonders groß." Werner Philipp und die deutsche Osteuropaforschung nach 1945, in: DERS. (Hg.): Neuanfang im Westen. 60 Jahre Osteuropaforschung in Mainz. Stuttgart 2007, S. 31-52.

[1] V. O. KLJUČEVSKIJ Pskovskie spory, in: DERS. Sočinenija v vos'mi tomach, t. VII, Moskva, 1959, S. 33-105.

[2] Poslanie k Afanasiju, ktitoru velikija lavry st'ago Nikoly o treguboj alliluia, in: Pravoslavnyj Sobesednik, Kazan' 1866, ijun', S. 137-166. Überlieferung in den Čet'i minei: Sinodal'nyj spisok, Juni, fol. 998-1004; August, fol. 809-811.

[3] N. I. SEREBRJANSKIJ Očerki po istorii monastyrskoj žizni v Pskovskoj zemli, Sankt-Peterburg 1909 (=Pamjatniki literatury i isskustva 173), S. I-XXIV.

Kolonisation durch Transplantation

Die von dem Clan der Rurikiden getragene Christianisierung der Kiever Rus' ist in die zwischen dem 9. und dem 11. Jahrhundert laufende Königsmission der nord- und osteuropäischen Randstaaten einzureihen. Die Missionierung von Byzanz her enthielt im Falle der Rus' beide entscheidenden Komponenten, die klerikal-religiöse und die monarchisch-staatliche, eine Synthese, welche ein staatliches Zentrum auf stabiles Fundament stellt. André Grabar hat 1938 im „Vladimirskij sbornik" davon gesprochen, dieser Prozess sei für die Rus' eine „wirkliche Kolonisation durch die Kunst" gewesen. In einer von M. S. Kagan 1984 herausgegebenen strukturalistischen Synthese zur mittelalterlichen Kultur heißt es: „Die Geburt der altrussischen Ästhetik ist mit der Transplantation weltanschaulicher Vorstellungen, die in Byzanz entstanden waren, in das Massiv der slavisch-heidnischen Kultur verbunden".[4]

Darin kann man eine bekräftigende Variante des 1973 von D. S. Lichačev geprägten Begriffs der „Transplantation der byzantinischen Kultur" erkennen. Die kulturelle Durchdringung von Byzanz aus sei nicht als „Einfluss" zu sehen, vielmehr als Ausdruck einer „Transplantation der byzantinischen Kultur auf slavischen Boden. Die Denkmäler werden übertragen, transplantiert auf den neuen Boden und führen hier ihr selbständiges Leben weiter, unter neuen Bedingungen und manchmal in neuen Formen, ähnlich dem, wie eine umgesetzte Pflanze in neuer Umgebung zu leben und zu wachsen beginnt."[5] Lichačevs Begriff der Transplantation (entspr. Implantation) bezieht sich auf ein biomorphes Denkmodell und stammt aus dem Pflanzenreich. Das hat den Vorteil, sowohl die Vorstellung einer wachsend sich entwickelnden Ganzheit als auch die Möglichkeit der Implantation von Teilen mit zu umfassen. Sofern man von idealtypischen Vorstellungen einer vorchristlichen ostslavisch-varägischen Zivilisation und der byzantinisch-orthodoxen Hochkultur ausgeht, darf man aufgrund des Modells vom Organismus auch über das Okulieren jener Edelreiser sprechen, deren Aufpfropfung notwendig vorausgesetzt werden muss. Weil Lichačev wie Kagan im marxistischen Begriffssystem forschten und schrieben, ist innerhalb ihres Kultur-Begriffs das Segment Religion-Kultus nicht genannt. Hier bleibt die Wortwahl Lichačevs „Denkmäler" zu hinterfragen und auszuarbeiten.

Die ersten westeuropäischen Zeugnisse über kulturelle Transplantation stammen noch aus der Lebenszeit Großfürst Vladimirs Svjatoslavič. Sie kommen von den Bischöfen Brun von Querfurt und Thietmar von Merseburg; sie lassen erkennen, dass Kiev schon ein Jahrzehnt nach der offiziellen Taufe des Großfürsten und seiner Vermählung mit der byzantinischen Kaisertochter Anna die weit bekannte christliche Metropole an der Schwarzmeer-Ostsee-Route gewesen ist. Hier stand die Ma-

---

4 A. N. Grabar Kreščenie Rusi v istorii iskusstva, in: Vladimirskij sbornik v pamjat' 950-letija kreščenija Rusi 988-1938. Belgrad (1938) S. 73-88, hier S. 75; M. S. Kagan (Hrsg.): Chudožestvennaja kul'tura v dokapitalističeskich formacijach. Strukturno-tipologičeskoe issledovanie. Leningrad 1984, S. 264.

5 D. S. Lichačev Razvitie russkoj literatury X-XVII vekov. Epochi i stili. Leningrad 1973, S. 22.

rien-(Zehnt-)Kirche als Capella palatina, nach dem Vorbild der Pharos-Kirche des Kaiserpalastes von Konstantinopel erbaut.[6]

Entscheidend für diese Übertragung der byzantinisch-orthodoxen Kultur dürfte ein im Ersten Bulgarischen Reich geschaffener Fonds an liturgischen und theologischen Büchern geworden sein. Bei der Eroberung der Zarenstadt Preslav durch Kaiser Johannes Tsimiskes 971 sind vermutlich unter anderem altbulgarische Buchbestände, Übersetzungen aus dem Griechischen, beschlagnahmt worden. Diese Bücher, wie auch von südslavischen Migranten nach Kiev mitgebrachte Codizes, bildeten den Grundstock des altrussischen Schrifttums. Vorhandene südslavische Übersetzungen aus dem Griechischen konnten kopiert werden, so dass der Aufbau des primären liturgischen Schrifttums, mit dem jeder Priester arbeitete, schnell voranschreiten konnte.[7] Die Vernichtung des Ersten Bulgarischen Reiches am Anfang des 11. Jahrhunderts zog Konsequenzen für die altrussische Kultur nach sich, denn die bulgarische Vermittlung griechischer Bücher brach ab, die Ostslaven selbst aber beherrschten die griechisch-byzantinische Hochsprache nicht.

Die russische Selbstfindung beginnt mit der Homilie „Über Gesetz und Gnade" [O zakone Moiseom dannem emu i o blagodati i istine Isus Christom byvšim] des Metropoliten Ilarion, der Bewunderung ebenso wert wie der Verwunderung. Diese epochemachende denkerische Leistung ist nur dann vorstellbar, wenn der russische Geistliche (später, ab 1051, für kurze Zeit Metropolit) Ilarion seine theologische Bildung außerhalb des russischen Raums erworben hat. Die Bibliothek der Metropolie in Kiev dürfte überwiegend griechische theologische Werke umfasst haben. Glaubhaft bleibt die Hypothese, Ilarion habe sich – Antonij Pečerskij folgend – in der polyglotten Kultur des Heiligen Berges Athos gebildet, auf dem sich seit dem 10. Jahrhundert bulgarische und russische Klöster bzw. Skiten (Zografu, Xylurgu) entwickelten.[8]

Um 1050 ist dieses Werk eines Russen auf der intellektuellen Höhe byzantinischer Bildung verfasst worden. Im Hochgefühl des kulturellen Aufschwungs, die Marien-(Zehnt-)kirche der Residenz und den noch unvollendeten Koloss der So-

---

6 Zusammenfassend: FRANK KÄMPFER, Von heidnischer Bildwelt zur christlichen Kunst. Zur Bedeutung der Anna Porphyrogenneta für die Initialzündung der altrussischen Kultur, in: G. Birkfellner (Hg.): Millennium Russiae Christianae. Köln 1993, S. 109-135, Abb. (gekürzt: Eine Residenz für Anna Porphyrogenneta, in: JGO 41 (1993) S. 101-110).

7 Über das Schrifttum der Kiever Rus' allgemein vgl. F. J. THOMSON, "Made in Russia". A survey of the translations allegedly made in Kievan Russia, in: Millennium Russiae Christianae, hrsg. von G. Birkfellner. Köln 1993, S. 295-354; EDGAR HÖSCH Griechische Bischöfe in Altrussland, in: E. Hübner (u.a., Hg.), Zwischen Christianisierung und Europäisierung. Stuttgart 1998, S. 201-220.

8 G. PODSKALSKY Christentum und theologische Literatur in der Kiever Rus' (988-1237). München 1982, S. 84f. Die Verfasserschaft des Textes wird lediglich von G. M. BARAC Istočniki Slova o zakone i blagodati i Evangelistoj pesni. K voprosu o evrejskom elemente v drevnerusskoj literature, Kiev 1916 (wieder Paris 1927) ausführlich begründet in Frage gestellt. Die spätere Forschung hat seine Thesen nie behandelt, nie widerlegt.

phienkirche (den größten Kirchenbau seiner Zeit) vor Augen, stimmte Ilarion seinen Lobpreis an.

Für Historiker hat dieser Text als religiöse Standortbestimmung, als Selbstfindung und Projektion der russischen Orthodoxie zentrale Bedeutung. Das Werk ist Homilie und historischer Traktat zugleich. Er deutet die Taufe der Rus' als den krönenden Abschluss der Heilsgeschichte. Jerusalem liegt „wüst" – doch die „neuen Völker" haben die „neue Lehre" empfangen. „„Jerusalem, Jerusalem, die du tötest die Propheten und steinigst, die zu dir gesandt sind! [...] Siehe, euer Haus soll euch wüst gelassen werden', – wie es denn auch geschah; denn die Römer kamen, eroberten Jerusalem und zerstörten es bis auf den Grund."[9] „Denn der gnadenhafte Glaube hat sich über die ganze Erde erstreckt und ist auch bis zu unserem russischen Volke gekommen"[10]. „„Aller' [anderen] Völker hat sich der gütige Gott erbarmt, und auch uns hat er nicht übersehen"[11].

In dieser ersten Selbstdefinition der Russen ist bereits jene Historiosophie enthalten, welche am Ende des Mittelalters als Lehre vom „Dritten Rom" die exzeptionelle – und damit isolierte – Rolle Russlands im Heilsplan Gottes propagiert. Bei Ilarion wie später bei dem Mönch Filofej gilt Russland als „die Wüste" (der Apokalypse), die Russen gelten als „Letzte", die im Heilsplan Gottes schließlich „Erste" sein werden. Aus diesem religiösen Gleichnis, im 11. Jahrhundert nicht viel mehr als ein homiletisches Motiv, erwächst an der Schwelle zur Neuzeit das Bewusstsein religiöser Exklusivität.

Die Freude über die Zugehörigkeit zur rechten Erlösungsreligion hat dem Neophyten Ilarion die Feder geführt und seinen Geist beflügelt. Doch welchen Gebrauch machten die folgenden Generationen seines Volkes davon, auf welche Weise erwiesen sie sich des Geschenkes der Griechen würdig? Von mancher Seite ist die intellektuelle Unfruchtbarkeit der altrussischen Kultur konstatiert worden, nach den Worten von G. Florovsky: „Russia's ancient, enduring and centuries long intellectual silence".[12] Zwar wird von anderer Seite auf die bildenden Künste verwiesen, doch auch hier handelt es sich um Transplantation und Imitation kultischer Objekte.

Erzwungene Isolierung und selbstgewählte Introversion

Der Mongolensturm von 1237-1240 und das „Tatarenjoch" bedeuteten generationenlange Isolation der Rus' vom Mutterland der Orthodoxie. Die Goldene Horde

---

9 Die Werke des Metropoliten Ilarion, eing., übers. und erl. von Ludolf Müller, München 1971, S. 35.

10 Ilarion, S. 36.

11 Ilarion, S. 37.

12 Zitat von G. Florovsky (1937), zitiert nach F. W. THOMSON The Corpus of Slavonic Tranlations Available in Muscovy, in: Ders., The Reception of Byzantine Culture in Medieval Russia, Ashgate 1999, S. 179. Vgl. GEORGE FLOROVSKY The Problem of Old Russian Culture, in: Slavic Review 21 (1962) S. 1-15; EDGAR HÖSCH Griechische Bischöfe in Altrussland, in: E. Hübner u.a. (Hg.), Zwischen Christianisierung und Europäisierung. Stuttgart 1998, S. 201-220, hier S. 205, 209.

hatte die politische Struktur der altrussischen Föderation zerschlagen: Der Ruriki-den-Clan regierte nicht mehr nach autochthonen Regeln, sondern als eine Gruppe abhängiger fürstlicher Vasallen, deren Herrschaft in der Goldenen Horde bestätigt oder beendet zu werden pflegte. Zur neuen internen Ordnungsmacht erwuchs die orthodoxe Hierarchie, ökonomisch privilegiert und durch politische Immunität gesichert, bei gleichzeitiger Selbstisolation gegenüber den westslavischen Kulturen und den nordeuropäischen Nachbarn.

Dort aber hatte die hochmittelalterliche Antikenrezeption tiefgreifende Entwicklungen des geistigen Klimas ausgelöst. Hierzu ein Zitat von Werner Philipp: „Im Unterschied zu den Südslaven lebten die Russen niemals in der Nachbarschaft der Antike und hatten nie in ihren Ruinen gesiedelt. Noch bedeutsamer aber ist, dass – anders als das Latein in Westeuropa – das Griechische von der Kirche nicht nach Russland vermittelt wurde. [...] Damit aber blieb auch der Zugang zur Antike mit all ihren Schätzen an theoretischem und praktischem Wissen und mit der Einübung in ein Denken mit definierten Begriffen und rationaler Systematik bis in die Neuzeit verschlossen."[13] Den unerschöpflichen Reichtum der mediterranen Kultur lernte die intellektuelle Elite der Ostslaven ausschließlich durch die Filter der von Klerikern und Mönchen angefertigten Übersetzungen kennen, häufig nur aus Florilegien-Bänden. Francis J. Thomson fasste pointiert zusammen: „Kievan Russia was not heir to the intellectual world of Byzantine culture but to the obscurantism of Byzantine monasticism".[14]

An Stelle intellektueller Neugier und forschender Aneignung, die wir im lateinischen Westen sehen, findet sich im Osten die zufriedene Bescheidung mit dem aus Byzanz Importierten. In Byzanz, das kommt hinzu, begann während des 9./10. Jahrhunderts der Glaube mehr durch visuelle Anschauung, die Buch-, Wand- und Ikonenmalerei, gesteuert zu werden als durch den schriftlichen Diskurs. Als Stieftochter dieser ikonodulen Kultur entwickelt sich die russische Geisteswelt zu einer auf intellektueller Selbstbeschränkung und ästhetischer Ritualität basierenden Randkultur. Eine Bildungsgrenze zwischen dem mediterranen Nukleus und der ostslavischen Peripherie ist deutlich zu erkennen.

Wie niedrig das theologische Wissen des russischen Klerus vielfach war, das mag schon ein im Pskover Halleluja-Streit verwendetes Argument illustrieren: Der Verfasser des oben genannten Sendschreibens an Afanasij, selbst Anhänger des dreifachen Halleluja, führte unter Berufung auf angeblich Gregor von Nyssa aus: „Beachte um Gottes willen, ehrenreiches Haupt: Gregor hat ihm das Halleluja dreigeteilt, gemäss der Struktur der Trinität: **alli** – otcu, **lu** – synu, **ija** svjatomu Du-

---

13 Zu diesem Thema vgl. WERNER PHILIPP Ansätze zum geschichtlichen und politischen Denken im Kiewer Russland, in: Forschungen zur Geschichte Osteuropas. Werner Philipp. Ausgewählte Schriften, Berlin 1983, S. 152-226 (zuerst: Breslau 1940); W. PHILIPP Entwurf einer religionsbezogenen Epochengliederung der russischen Geschichte, ebenda S. 9-18; G. PODSKALSKY Christentum und theologische Literatur, S. 84 ff.; F. J. THOMSON The Reception of Byzantine Culture in Medieval Russia. Ashgate 1999.
14 THOMSON The Reception of Byzantine Culture S. 139.

chu."[15] Eine solche Teilung analog zur Trinität ist in dem Ausdruck „hallel Jah" („laudate dominum") nicht enthalten, es handelt sich um eine „Volksetymologie".

Schon in Ilarions Homilie „Über Gesetz und Gnade" wird die Differenz zwischen Ersten und Letzten, zwischen Judentum und Christentum, absolut gesetzt: Hölle oder Himmel stehen hinter diesem Dualismus. Die kompromisslose antikatholische Polemik der folgenden Jahrhunderte setzt dieses Denken in Antithesen fort, es ist von einem manichäistischen Weltbild der russischen Orthodoxie gesprochen worden. Die Akribeia, der buchstabengetreue Gehorsam den orthodoxen Satzungen gegenüber, wird in diesem rigorosen Denken nicht durch die (aus der Vorsehung, Pronoia, gespeiste) Oikonomia, die Heilsökonomie Gottes, gemildert und vermenschlicht. Das Bestreben der Zeloten von Pskov, die Varianten des Doppeloder Triple-Halleluja mit der Alternative Himmel ↔ Hölle zu verknüpfen, lässt ebenfalls erkennen, dass Schwarz-Weiß-Denken im Religiösen dominierte.

Gerade der Versuch, den Moskauer Metropoliten in die Kirchenunion von Ferrara-Florenz einzubeziehen, bewirkte den endgültigen Bruch zwischen russischer Orthodoxie und Katholizismus. Vielleicht war es die verspielte Chance einer allmählichen Europäisierung der Ostslaven ohne die Brutalitäten Peters des Großen. Metropolit Isidor, der die Unionsakte ebenso wie die griechischen Hierarchen unterzeichnet hatte, wurde bei seiner Rückkehr nach Moskau 1441 in Klosterhaft gesetzt, aus der er schließlich floh. Der Verlust der ökumenischen Mutter-Religion, deren Hierarchie der Union beigetreten war, machte den Russen deutlich, wie allein sie in der Konfrontation mit der offensiven Mission der Lateiner waren, wie verwundbar im Bewusstsein, „griechischen Glaubens" zu sein. Sich davor zu sichern, war ein Gebot des Selbsterhaltungstriebes.

Drittes Rom und dreifaches Halleluja

Im Gebiet von Pskov sind während des 15. Jahrhunderts zwei Konzeptionen entstanden, die die Rolle der russischen Orthodoxie in der Heilsgeschichte neu zu definieren suchten. Die These, Moskau sei ein Drittes Rom, ein viertes werde es nicht mehr geben, versucht zunächst nur, aus dem Blickwinkel der Russen den Absturz des „Alten Rom" aus dem Zentrum der Ökumene zu erklären und die „Nea Roma", also Konstantinopel, als durch die islamische Eroberung und Besetzung entweiht und vom Heiligen Geist als verlassen zu erweisen. In Moskau, dem Dritten Rom, sei dadurch eine neu zentrierte Ökumene entstanden. Ausgangspunkt ist das apokalyptische Motiv der ecclesia fugans, die vor der Flut „flieht von Stadt zu Stadt und versteckt sich in Wüsten und Bergen"[16] – die Metaphern der Wüste und der Flut verweisen zurück auf Metropolit Ilarion.

Es sei angemerkt, dass es für die heilsgeschichtlichen Konsequenzen des Falls von Konstantinopel von russischer Hand auch eine ganz andere Erklärung gibt. Ivan

---

15 Poslanie k Afanasiju o treguboj alliluia S. 149.
16 FRANK KÄMPFER Die Lehre vom Dritten Rom – pivotal moment, historische Folklore? In: JGO 49 (2001) S. 437.

Peresvetov fügt in seine Erzählung von der Eroberung Konstantinopels 1453 eine diesbezügliche Episode ein: Als der ökumenische Patriarch angesichts der nicht mehr zu bezweifelnden Erstürmung Konstantinopels im Gebet jammert und klagt, sagt ihm eine Stimme vom Himmel, Gott gebe seine Heiligtümer Jerusalem und Konstantinopel keineswegs auf immer der Schändung preis.[17] So wie die Datierung der These vom Dritten Rom umstritten ist, so lässt sich auch für die Werke Peresvetovs keine exakte Entstehungszeit nennen. In diesem Zusammenhang mag genügen, dass die Variante zum Konvoi der Texte um die Eroberung Konstantinopels gehört – und eine schlichte, nicht theoretisch befrachtete Erklärung gibt.

Stadt und Land Pskov sind in jüngster Zeit Gegenstand gründlicher Dissertationen geworden, Gertrud Pickhan[18] hat die politische und soziale Geschichte der Stadtrepublik Gospodin Pskov dargestellt; Julia Prinz-Aus der Wiesche[19] hat die parallele Geschichte der Kirche und der religiösen Bewegungen in Pskov bearbeitet. Nicht zugänglich war mir die Yale-Dissertation von M. A. Cosentini.

Der wohl bedeutendste Klostergründer, Asket und religiöse Polemiker des 15. Jahrhunderts im Lande Pskov war der 1547 kanonisierte hl. Evfrosin (* um 1425 als Eleazar, †1481). Er gründete das Drei-Hierarchen-Kloster (genannt auch Eleazar-Wüstenei) unweit Pskov, das er mit der ältesten russischen koinobitischen Klosterregel versah und lange als Prior (*nastojatel'*, vermutlich ohne Priesterweihe) leitete. Seine Vita (entstanden zu Beginn des 16. Jahrhunderts) bietet eine Geschichte des Halleluja-Streites, zugleich ist sie eine suggestive Beschreibung des Streits zwischen der städtischen Geistlichkeit und dem Starzen Evfrosin.

Die Protagonisten des Konflikts sind einerseits der Asket Evfrosin, der nach Worten der Vita noch vor seiner Mönchsweihe nach Konstantinopel gereist war, und andererseits der *raspop*, „ehemalige Priester", Iov, der, zweimal verwitwet, mit seiner dritten Gattin lebte. Er war deshalb seiner Priesterwürde entkleidet worden. Unabhängig hiervon trug er den offensichtlich ehrend gemeinten Beinamen *stolp*, „Säule". Dieser dürfte aller Wahrscheinlichkeit nach Autor des anonymen Sendschreibens an den „Ktitor Afanasij" eines Nikolaus-Klosters sein, und eigentlicher Adressat war der Starez Evfrosin. Iov war, geht man von dem Sendschreiben aus, Evfrosin an Belesenheit und Rhetorik weit überlegen. Der Brief ist inhaltlich die polemische Antwort auf einen Brief Evfrosins an die Pskover Geistlichkeit. Der einen Überlieferung in den Lesemenäen sind zusätzliche, nicht identifizierte Texte zur Bekräftigung des Dreifach-Hallelujas beigefügt.[20]

---

17 Sočinenija I. Peresvetova. Hrsg. A. A. ZIMIN Moskva-Leningrad 1958, 149.
18 G. PICKHAN Gospodin Pskov. Entstehung und Entwicklung eines städtischen Herrschaftszentrums in Altrussland. Wiesbaden 1992 (=Forschungen zur osteuropäischen Geschichte 47).
19 J. PRINZ-AUS DER WIESCHE Die russisch-orthodoxe Kirche im mittelalterlichen Pskov. Wiesbaden 2005 (=Schriften zur Geistesgeschichte des östlichen Europa 28); grundlegend: SEREBRJANSKIJ Očerki, S. 241ff.
20 Publiziert im Anhang zum Sendschreiben in: Pravoslavnyj sobesednik 1866: „Sij ustav položiša svjatii otci na sedmom sobore [...] na ikonoborci" über das Dreifach-Halleluja (S. 148-154) und

Die Vita beschreibt – wohl das erste Mal in der russischen Hagiographie – ausführlich ein religiöses Streitgespräch, sie zitiert Briefe Evfrosins, Iovs und des Erzbischofs Evfimij von Novgorod. Der anonyme Verfasser der Vita stellt den lokalen Verlauf des Streites dar. Dafür hat er etwa 25 Jahre nach dem Tode des Heiligen noch Zeitgenossen befragen können. Bekannt ist uns der in der Vita erwähnte Igumen Pamfil, der 1511 anlässlich der Pest-Epidemie in Pskov einen Protestbrief gegen die Quarantäne-Maßnahmen verfasst hat. Überdies hatte der Hagiograph auch Abschriften von Sendschreiben und anderes Material zur Verfügung, das er sorgfältig in der Vita wiedergab.

Von großem Interesse ist darunter die Erzählung Evfrosins über seine Griechenlandreise, die er als junger Mann – vor 1453, „zu guter Zeit" – unternommen habe, um die Wahrheit über das zwei- oder dreifache Halleluja zu ergründen. Ursache für den Streit scheinen einander widersprechende Weisungen des Moskauer Metropoliten gewesen zu sein. Der geborene Bulgare auf dem Moskauer Metropolitenstuhl, Kiprijan (†1406), hatte die Doppelung empfohlen, sein Nachfolger, der Grieche Photios, 1419 jedoch das dreifache Halleluja: „Was das Halleluja bei der Doxologie betrifft, so sprich folgendermaßen: Ehre sei Gott … Halleluja, halleluja, halleluja, Ehre sei Dir, Gott!"[21] – Wir dürfen wohl vermuten, dass Metropolit Fotij von der Anweisung seines Amtsvorgängers keine Kenntnis hatte.

Ausgangspunkt der Erzählung ist die öffentliche Hetze gegen den Asketen und sein das Doppel-Halleluja praktizierendes Kloster. Getragen wurde sie von dem raspop Iov Stolp. Einerseits zitiert der Hagiograph aus einem Brief Evfrosins, in dem dieser Iov deswegen beschimpft, weil er nach Verwitwung einmal als Priester, dann als Laie nun schon mit der dritten Frau zusammenlebt: „Du verderblicher Pfeiler und zudringliches dreckiges Schwein, verblendete Finsternis, Gesetzesbrecher, Apostat Christi" (Vita 116). Auf der anderen Seite zollt ihm der Hagiograph einen – vielleicht ironisch zu verstehenden – Respekt: „Er galt unter ihnen [den Leuten von Pskov] als perfekter Philosoph, denn er hatte scharfsinnigen Verstand in den heiligen Schriften, deswegen wurde er auch ‚der Pfeiler' genannt".

Als Laie betätigte sich Iov erfolgreich in der „Gemeindeverwaltung": „Die einen richtete, andere bestrafte er, weitere lehrte oder belehrte er, anderen gab er Gesetze, anderen eine Predigt, er richtete Geistlichen den Rang ein und die Aufgaben des Kirchendienstes [...] ebenso war er Gesetzgeber auch für Mönche" (Vita 12).

Der Raspop und sein Partner, der verwitwete ehemalige Diakon Filipp, der, folgt man der Vita, ebenso wegen seiner Fähigkeiten und Kenntnisse als „weiser Doktor der Buchweisheit und vortrefflicher Philosoph" (Vita 17) verehrt wurde, organisierten unter den Bewohnern von Pskov eine Kampagne gegen die ihrer Meinung nach häretischen Asketen. In der Vita mobilisiert der Hagiograph seinen einschlägigen

---

„O penii svjatych i treguby alleluija" angeblich von Johannes Theologos (S. 155-164), sowie zwei weitere kurze Texte zu diesem Thema.

21 PRINZ-AUS DER WIESCHE, Kirche in Pskov, S. 195.

Wortschatz, um den Streit um das Halleluja als eine wahre Hetzkampagne von Seiten Iovs zu schildern:

> „Iev hörte nicht auf und ließ nicht nach, den heiligen Starzen zu schmähen. Nicht nur auf der Volksversammlung schrie und sprach und predigte er vor dem ganzen Stadtvolk, er sei ein Häretiker und Feind Gottes, sondern er ging auch auf die Märkte und zu Festtreiben. Bei abendlichen Feiern wühlte er die die zahllose Menge des Volkes in der Stadt auf und verwirrte sie [...]" (Vita 33).

Die Folge war, dass man die Mönche des Klosters, sofern sie nach Pskov kamen, nicht mit der gewohnten Ehrfurcht behandelte, sie sogar beleidigte und vor ihnen ausspuckte. Wer am Kloster vorüberkam, verneigte sich nicht mehr, wie zuvor, beim Anblick der Klosterkirche, „nahm auch nicht die Mütze vom Kopf" (Vita 36). Nachdem ein langes Streitgespräch mit Filipp und weiteren Anhängern Iovs (Vita 23-32) nichts gefruchtet hatte, wandte sich Evfrosin brieflich an Erzbischof Evfimij von Novgorod (Vita 37-39, Antwort 44-45). Er trug ihm den beleidigenden, ja gefährlichen Vorwurf, ein Häretiker und Gottesfeind zu sein, vor und bat um ein Urteil und Schutz, jedoch ohne Ergebnis.

Evfrosin seinerseits war mit bösen Worten über den Popen Iov hergezogen und hatte ihn in einem Schreiben an den Klerus der Trinitäts-Kathedrale als „Mist-Pfeiler" (*motylnyj stolp*) bezeichnet. Diese Entgleisung hält der Anonymus – wie gesagt, wahrscheinlich Iov Stolp selbst – in der Antwort seinem Gegner vor und setzt ihn damit ins Unrecht, ebenso wie in der Replik auf die spöttische Bemerkung Evfrosins, aus Pskov sei bisher noch kein Prophet gekommen.

Im Konflikt über das zwei- bzw. dreifache Halleluja hatten sich aufgrund der sich widersprechenden Weisungen der Moskauer Metropoliten miteinander unvereinbare Meinungen ergeben. Die Position Afanasijs, also mutmaßlich von Evfrosinij selbst, beruhte auf der griechischen Tradition, die in Pskov seit langem vernachlässigt worden war. Deswegen – so erzählt Evfrosin im Streitgespräch und noch einmal in seinem Brief an den Novgoroder Erzbischof Evfimij (Vita 27-29; 38) – sei er in seiner Jugend nach Konstantinopel gewandert, denn von Konstantinopel aus sei „unser großes russisches Land" getauft worden. Er habe dort die Praxis in der Sophienkirche gesehen und gehört, habe u. a. den Patriarchen Joseph (1416-1439) befragt und sei durch dessen Segen auf das zweifache Halleluja festgelegt worden (Vita 38).

Sollte sich Evfrosin nun dem dreifachen Halleluja anschließen? „Der Zweifel darüber plagt mich sehr: soll ich auf euch hören und deswegen die ökumenische Kirche verlassen und einen Fluch aller sieben heiligen Konzile auf mich ziehen – oder auf die Überlieferungen der Heiligen hören, die von Anbeginn den orthodoxen Glauben überlieferten..." (Vita 38).

Evfrosin bleibt fest auf dem Boden der orthodoxen Tradition, er will in unbeirrbarem Glauben die ökumenische Kirche nicht verlassen, „an die ich geglaubt habe und von der ich zuvor getauft worden bin", sie ist das Zentrum der Heilsgeschichte von Abraham bis Christus. Ein Zitat aus dem Propheten Micha (4,2) bildet für ihn den zentralen Beleg: „Zion ist die Mutter der Kirchen, denn von Jerusalem aus werden die heiligen Evangelien bis an die Enden der Welt gepredigt und ist das wahre Licht aufgeleuchtet. Das ist das helle Auge der Ökumene, gemäß dem Prophetenwort von Micha: Von Zion geht das Gesetz aus, das Wort Gottes von Jerusalem" (Vita 86).

Dieses Bibelzitat wiederum bietet dem Anonymus bzw. Iov ein wichtiges Stichwort: „Noch hast du gesagt, dass von Zion das Gesetz ausging und das Wort Gottes von Jerusalem. Ich weiß, Vater, ich weiß, das ging aus und kam zu uns, doch nicht heute, sondern in der Zeit der Apostel und ihrer Nachfolger, der heiligen Patriarchen. Heute aber – ist nicht der Antichrist aus Jerusalem gekommen mit seiner verderblichen Lehre?"

Doch es geht nicht in erster Linie um Jerusalem, sondern um Konstantinopel und die angeblich von der rechten Orthodoxie abgefallenen Griechen, hier abfällig durch „hellenische Burschen" charakterisiert. „Wir glauben nicht so wie die hellenischen Burschen, sie sind in die Vielgötterei verfallen. Das Jüdische wäre: Eine Gestalt, und nicht drei nennen. Das Hellenische aber ist in die Vielgötterei verfallen. Hellenen – denn das griechische Reich nennt sich so zu Recht in diesen Zeiten zu seinem Untergang. [...] Sie haben sich von der Wahrheit abgewandt und das Siegel des Antichrist auf der Stirn und auf der Rechten empfangen. Es ist nichts Anderes als das Siegel des Antichrist, denn die Rechte nicht an die Stirn zu legen, nicht das ehrenreiche und lebensspendende Kreuz Christi zu zeichnen, das ist das Siegel des Antichristen." (Lesemenäen: Sinodal'nyj spisok, 31. August, fol. 809-811.)

Intentional hat der Verfasser des Sendschreibens hiermit die ganze Heilsgeschichte des Orients außer Geltung gesetzt. Zwischen der altchristlichen Welt (der sieben ökumenischen Konzilien) und der Gegenwart liege ein Bruch; aus Jerusalem komme nicht mehr Christus, sondern der Antichrist mit seiner alles verderbenden Lehre (dem Islam). Die verhängnisvolle Verdrehung der orthodoxen Lehre gehe von der Verletzung des Trinitäts-Dogmas aus: Auf der einen Seite bekennen die Juden den Monotheismus, auf der gegenüberliegenden stehen die Hellenen-Griechen, die sich dem Polytheismus ergeben haben. Das Siegel des Antichrist auf der rechten Hand und der Stirn erweise das.

Der Zweifel, ob denn wirklich die einst frommen Griechen dem Antichrist haben verfallen können, wird mit einem Paulus-Zitat beseitigt: „Der Apostel sagt, in den letzten Tagen werden manche vom Glauben abfallen" (1. Tim. 4,1). Überdies seien die Verführungskünste des Teufels bekannt: „Satan selbst verwandelte sich in einen lichten Engel, um so mehr noch seine Vorgänger [...]." Das Verderben komme aus Jerusalem, Konstantinopel sei ebenfalls in seiner Gewalt, eine neue Lehre verderbe von Griechenland aus die Orthodoxie, der Altar der Hagia Sophia gehöre bereits dem „Gräuel der Verwüstung" (Matth. 24,15). Auch das römische Reich sei verdorben – durch die Päpste der neuen Zeit. Die Zeit des Alten Testaments und Zions sei vergangen, heute komme aus Jerusalem der Anti-Christ, der Islam.

„Doch heute sieh, Vater, dass du vom griechischen Land verdorben bist. Es steht dir nicht an, Gottesmensch, diese neue Lehre anzunehmen. [...] Es stünde dir eher an, dich vor der neu eingeführten Lehre zu hüten, die schon besteht. Und der Tag nähert sich, denn schon steht das Gräuel der Verwüstung, vom Propheten Daniel genannt, an heiligem Ort, das heißt auf der ökumenischen und apostolischen Kirche von Konstantinopel. Wisse, von wem das römische Kaisertum verdorben worden ist – etwa nicht von den neu geschaffenen und verdammten Päpsten und Erzbischöfen und Priestern und dreifach verfluchten Mönchen?"[22]

In einem der dem Sendschreiben angehängten Texte, in dem der Verfasser den Mönch persönlich, sozusagen „unter vier Augen", anspricht, geht er auch auf das Unionskonzil von Florenz ein, weil Evfrosin in seinem Schreiben eine entsprechende Andeutung gemacht hatte. Von diesem Konzil ging – so der Briefschreiber – der Untergang des griechischen Landes und der anderen Hierarchen aus (genannt werden Patriarch Joseph und Metropolit Isidor): „Sei gewiss, wo der Glaube seinen Anfang genommen hat, dort wird auch der Unglaube früher sein, wie es auch bei den Israeliten war."

Die rhetorisch dem frommen Starzen Evfrosin überlegenen Ex-Kleriker Iov und Filipp bedrängen in ihrem Sendschreiben den Mönch bis zur Anschuldigung, ein Häretiker zu sein: „Wie konntest du das ‚Ruhm dir, Gott' ohne Halleluja gebrauchen? [...] Damit bist du in die Vielgötterei verfallen." „Das singe jeder Christ dreimal, doch nicht zweimal – wenn zweimal, dann trennst du den Heiligen Geist von Vater und Sohn." Die Forderung nach Anerkenntnis, Reue und Besserung wird dem Asketen ohne Verbrämung gestellt: „Darüber gib mir schnelle Antwort, wie du glaubst gemäß den Predigten der Apostel und gemäß den Lehren der heiligen Väter!"[23]

Jahre später fand der Hagiograph des hl. Evfrosin, augenscheinlich von den Klosterbrüdern engagiert und mit dem vorhandenen Material versehen, eine Strategie gegen die Überwältigungs-Rhetorik der Gegner Evfrosins. Zunächst aber war für den Handlungsspielraum des Vitenschreibers von entscheidender Bedeutung, dass bereits Erzbischof Gennadij von Novgorod beide Praktiken erlaubte, nachdem ihm der Diplomat Dimitrij Grek 1493 aus Rom berichtet hatte: „Ich habe in den Büchern nachgeschaut, aber es steht in den Büchern nicht geschrieben, wie man sprechen soll, zweimal oder dreimal."[24] Weder Konstantinopel noch Rom also hatten theologisch fundierte Urteile über das Halleluja: „Es steht in den Büchern nicht geschrieben". Für die Situation in Pskov war auch von Bedeutung, dass der Widersacher Evfrosins, der Raspop Iov Stolp, inzwischen auch verstorben war, den Worten der Vita zufolge eines bösen Todes, unter Würmern, in Gestank und langen Qualen (Vita 63).

---

22 Aus der Erweiterung des Sendschreibens: Pravoslavnyj sobesednik 1866, S. 159, 160.
23 Zitate Pravoslavnyj sobesednik 1866, S. 162, 162, 166, 161.
24 KLUČEVSKIJ Pskovskie spory S. 84.

Der Hagiograph führt folgerichtig in der Vita Evfrosins relativ früh das Kriterium des Geheimnisses ein. Auf der unteren Stufe gehe es um allgemeines Geheimwissen der Kirche, denn ungeschriebene Traditionen seien vor den Ungebildeten zu bewahren: „Der Unwissenden wegen wird dies im Schweigen gelesen, jenes aber wird gepredigt [...]" „Das Wesen des allheiligen Halleluja" sei „ein großes Geheimnis" (Vita 7). In dem vom Hagiographen gestalteten Streitgespräch zwischen Evfrosin und den Abgesandten Pskovs befragt der Mönch im Bewusstsein eigenen Wissens zweimal seine Gesprächsgegner nach „dem tiefen Geheimnis des allheiligen Halleluja" (Vita 21). „Was ist die Kraft und was ist die verborgene Tiefe des allheiligen Halleluja, welche Weisheit liegt in ihm und welches geheim versiegelte Bild" (Vita 30). Von „verborgener Kraft" (Vita 31) ist die Rede: „Denn diese Sache ist nicht niedergeschrieben." (Vita 32)

In einem langen Gebet vor der Marienikone, die Evfrosin einst aus Byzanz mitgebracht hatte, bittet der Hagiograph die Gottesmutter, den Christen das Geheimnis des Halleluja zu eröffnen (Vita 47). Er beeilt sich nicht, das Schlüsselereignis der Vita vorzutragen: „Ein wenig verspätet habe ich mich hier in dieser Erzählung und durch Langsamkeit die Rede über das Gewesene zurückgehalten." (Vita 75) Er bringt sich selbst in der Ich-Form ein und erzählt von der Traumvision, die ihm zuteil geworden ist. Erschienen sind ihm zuerst ein Erzengel, dann die Gottesmutter und Evfrosin; Maria spricht den Verfasser an und gibt ihm den Auftrag, das Geheimnis schriftlich zu fixieren. Das Halleluja werde zwar von Juden, Lateinern und sogar Häretikern gesungen, doch sie kennen nicht sein primäres Geheimnis (*ne vedjat tajny ea iskoma* Vita 77). Im Kern scheint es um die Zwei-Naturen-Lehre zu gehen: „Dieses ist das Geheimnis: auferstanden, auferstanden in der Gottheit und im Menschsein." Die Rehabilitierung des hl. Evfrosin wird noch weiter ausgeführt, das Dreifach-Halleluja hingegen sei Polytheismus – dieser war ja zuvor Evfrosin vorgeworfen worden: „Hier ist ein fremder, heidnischer Gott hinzugefügt worden, denn der hellenischen Götter gibt es viele" (Vita 78). Beim Abgang der numinosen Wesen gelingt es dem Hagiographen, den Erzengel zurückzuhalten und zu fragen, was denn mit den vielen, teils als heilig verehrten Verfechtern des Dreifach-Hallelujas geschehe. Der Erzengel erklärt darauf: „Wer dieses Geheimnis nicht kennt, der wird nicht gerichtet, wer es heute weiß, wird schon von Gott gerichtet werden. Und ich werde mich ihm beim Ausgang seiner Seele als gnadenlos und schwer und grausam erweisen" (Vita 80). Erwartungsgemäß hat der Heilige für die Unbill, der er bis zu seinem Tode ausgesetzt war, Genugtuung erhalten, und das Doppel-Halleluja ist gerechtfertigt.

Der Streit um das Doppel- bzw. Dreifach-Halleluja hat in Pskov noch vor 1400 seinen Anfang genommen, ist dort bis zum Häresie-Vorwurf und bis zur Ächtung des Asketen Evfrosin und seines ganzen Klosters getrieben, dann zu Anfang des 16. Jahrhunderts auf der Basis zeitgeschichtlicher Quellen in der Vita Evfrosins synthetisiert worden. Doch der Streit setzte sich hartnäckig fort. Maksim Grek wurde damit befasst, die Stoglav-Synode 1551 ebenfalls. Dem päpstlichen Legaten Antonio Possevino und seiner zudringlichen Unions-Propaganda mit dem Argument der griechischen Väterschriften erwehrte sich 1582 Zar Ivan IV. mit dem Satz „se non in Graecos, sed in Christum credere".[25] Patriarch Nikon wiederum betonte Mitte des 17. Jahrhunderts: „Ich bin Russe, Sohn eines Russen, aber mein Glaube und meine Religion sind griechisch", schließlich gehörte das Thema auch zum Repertoire des Streites um die Kirchenreformen Patriarch Nikons.[26] Es ist mehr als ein kasuistisches Hickhack gewesen, was in den Texten zum Halleluja-Streit verewigt worden ist.

Im Grenzland, in der Handelsstadt Pskov agierte – ohne Aufsicht von Seiten der Hierarchie – eine selbstbewusste städtische Geistlichkeit. Auf der „Wacht für die russische Orthodoxie" (Ključevskij) wehrten deren Führer die offensive Unionspropaganda ab und konterten sie sogar durch Streitgespräche jenseits der Grenze. Die russische Kirche in Dorpat galt ihrerseits als Vorposten der Orthodoxie und wurde dort argwöhnisch beobachtet.[27]

In der Polemik des Sendbriefes finden wir einen Beleg früher, besonders scharfer anti-griechischer Polemik innerhalb der russischen Geistlichkeit. Die Gruppe um Iov Stolp sieht in den Griechen nicht mehr orthodoxe Glaubensbrüder, sondern setzt sie mit den polytheistischen Hellenen gleich und sieht sie mit dem Stigma des Antichristen gebrandmarkt. „Es ging in der zweiten Hälfte des 15. Jahrhunderts um die Umwandlung der russischen Religion in eine 'authentische' Orthodoxie mit geheimen Zeichen. Das wird suggestiv deutlich in jener Vision, in der die Gottesgebärerin selbst das zweifache Halleluja zum zentralen Geheimnis des 'christlichen Rechtglaubens' (christ'jan'skoe pravover'stvo), für die Auferstehung Christi erklärt, zum discrimen veri et falsi."[28]

Zwischen 1441 und 1492 spekulierte man in Nordwestrussland, vor allem in der religiös von halbgelehrten Popen und Diakonen dominierten Stadtgemeinde von Pskov, über die Verpflichtungen, die das griechische Erbe mit sich brachte. In einem Hirtenbrief des Metropoliten Filipp vom 22. März 1471 an die Novgoroder wird das Thema der Veränderung der Zeiten warnend aufgegriffen und den Russen das zentrale Motiv vor Augen gehalten: „Heute wiederum in unseren Jahren – ihr wisst selbst, wie die große, zuvor in Frömmigkeit herrschende Stadt Konstantinopel von den heidnischen Türken schlimm bedrängt worden ist, sie ist untergegangen, und die strahlende Frömmigkeit wurde vernichtet."[29]

Die dann vom Mönch Filofej entwickelte Lehre vom Zeitalter eines Dritten Roms beruht auf dem Gedanken der Bußfrist, einer Parusieverzögerung, die von

---

25 P. NITSCHE „Nicht an die Griechen glaube ich, sondern an Christus". Düsseldorf 1991, S. 13 ff.

26 G. SCHEIDEGGER Endzeit. Russland am Ende des 17. Jahrhunderts. Bern 1999, S. 278.

27 KLJUČEVSKIJ Pskovskie spory, S. 73 ff.

28 F. KÄMPFER Autor und Entstehungszeit der Lehre "Moskau das Dritte Rom", in: Da Roma alla Terza Roma. IX Seminario internazionale di studi storici. Rom 1989, S. 61-83, hier S. 77.

29 Akty istoričeskie sobrannye i izdannye archeografičeskoj kommissieju, tom I, Sankt Peterburg, No. 281, S. 517.

Gott in Gestalt des russischen Zartums vor das Eschaton gelegt worden ist. Gehen
wir davon aus, dass Filofej alle Texte zum Pskover Halleluja-Streit kannte, ebenso
das übrige religiöse Schrifttum jener Jahrzehnte. Er hatte vermutlich erkannt, dass
die willkürliche, jederzeit bestreitbare Auslegung einer liturgischen Formel kein
Fundament für die moskovitische Orthodoxie und das orthodoxe Zartum hergeben
konnte. Nur eine neue Lehre auf höherer Ebene, die einerseits das „Gräuel der Verwüstung", den triumphierenden Islam im Vorderen Orient, einbezieht und das Aus-
bleiben des erwarteten Weltendes als Bußfrist der Vorsehung erklärt, konnte der
russischen Geschichte eine neue Perspektive bieten. An den großfürstlichen Djaken
M.G. Misjur'-Munechin formulierte Filofej: "Wisse, dass alle christlichen Reiche zu
Ende kamen und eingingen in das eine Reich unseres Gosudar', gemäß den prophe-
tischen Büchern. Das ist das russische Reich. Zwei Rome nämlich sind gefallen, das
dritte steht, ein viertes aber wird nicht sein."[30]

Die Trennung der Schafe von den Böcken (Matth. 25, 32), der Rechtgläubigen
von den Irrgläubigen, ist damit vollzogen. Der Pskover Streit um das Halleluja, um
dessen liturgische Praxis und heilsgeschichtliche Schlüsselrolle, hat vielleicht den
Anstoß zur Entstehung der Lehre vom Dritten Rom gegeben. Die Moskauer Orthodoxie hatte schließlich ihre Loslösung von der griechischen Mutterkirche und deren
Schicksal begründet.

---

30 KÄMPFER Beobachtungen zu den Sendschreiben, S. 23.

Essential Glue: Muscovy's Republic of Sacred Letters, Mid-XIV to Mid-XVI c.[*]

DAVID GOLDFRANK

This paper, which can only scratch the surface of an immense topic, may be nothing more than a statement or restatement of the obvious to anyone who regularly reads *Trudy Otdela drevnerusskoi literatury*,[1] or who has perused the major manuscript *opisaniia* for pre-Petrine Russia and the first several volumes of *Slovar' knizhnikov i knizhnosti drevnei Rusi*.[2] For all of these works provide an ample picture of the extent and interconnectedness of Muscovy's literary life. Nevertheless, since the leitmotif of this conference is "Religion and Integration in Muscovite Russia," I thought that I might discuss some aspects of how Orthodoxy's store of sacred literature and the original contributors to it served to help bind the realm together. I shall attempt to apply to this analysis the metaphorical-analytical notion of a republic of letters, which, according to Dena Goodman's study of the Enlightenment, developed in Europe in the early modern period among writers and thinkers across political and religious boundaries and constituted part of the emerging civic society, en route to liberation from the punitive power of established churches and (except for manifest sedition) its own social conventions and state authority.[3] Possessing implicit gradations of status – we cannot all be Voltaires –, it potentially rendered to its participants, at least subjectively, dual subject-hood/citizenship, one essentially legal and physical, the other intellectual. Historically preceding such a republic in most of pre-Reformation Western and Central Europe was what we certainly could consider a chiefly Latin-based republic of letters, which involved secular as well as sacred literature as points of reference and included the educated laymen as well as

---

[*] The author would like to thank Professor Robert Romanchuk of Florida State University for his excellent comments and suggestions.

[1] *Trudy Otdela drevnerusskoi literatury* (TODRL), 58 volumes to date (Leningrad/St. Peterburg, 1934–).

[2] *Slovar' knizhnikov i knizhnosti drevnei Rusi (SKKDR)*, 3 volumes in 7 (Leningrad/St. Peterburg, 1987–2004).

[3] Dena Goodman, *The Republic of Letters. A Cultural History of the French Enlightenment* (Ithaca, 1994); Avriel Bar-Levav provides a different approach to this concept: "The 'republic of letters' is defined as the group of people who make literature, cultural agents such as printers and editors, and especially the wide circle of readers who, with their expectations and interests, make literature possible" cited by Avriel Bar-Levav, "The Inception of the Jewish Republic of Letters," in *The Dutch Intersection: The Jews and the Netherlands in Modern History*, ed. Yosef Kaplan (Leiden/Boston, 2008), 235, and referencing Dan Miron, *Bodedim be-Mo'adam* [trans. *Alone in Their Time*] (Tel Aviv, 1988), 10.

the learned among the clerical orders. An Abelard or an Aquinas would be a super-star wherever he was in educated Catholic Europe. Analogously in the Islamic world, an itinerant scholar-diplomat such as Ibn Battuta would not only expect to be treated as a man of high prestige among the educated, but wherever he went in the Islamic world, from Granada to Timbuctu to Sarai to Jeddah to Bokhara to Delhi, he judged a society on the basis of the honors bestowed upon the learned such as himself.[4] Religious communities, such as Jewish enclaves, lacking their own political bases, but stretching across thousands of miles, necessarily relied upon such republics for their cohesiveness and preservation of their identity. This, in fact, was an essential feature of any of the (neatly termed) "portable congregational religions."[5]

As for the topic at hand, Muscovy certainly possessed a variety of political, economic, social and cultural means of integrating state and society. First among these of course was the Orthodox Church. Not only did a set of officially recognized shrines and cults, as, for example, Hammurabi's Babylonia had possessed, provide binding ties for the major, common religious communities of this realm.[6] Moreover, as in other pre-modern polities with a national or state version of this type of faith, Muscovy's religious elite required a set of common sacred texts and the equivalent of instructional textbooks. This being the case, Muscovy necessarily contained, as one of its societal sub-sets, its own republic of sacred letters, that is, a super-community of bookmen, who organized that portion of their lives where they operated as literati – liturgists, readers-listeners, copyists, teachers, writers, librarians, and project organizers – on the basis of a select and thematically restricted and restrictive number of received texts. In the light of the heavily mnemotic, as well as recitative nature of much of this book culture, individual memory might substitute for such common devotional books as the Psalter, but of the existence of an underlying authoritative text nobody could doubt.[7]

We can divide the participants in this republic into four main components along a continuum of activeness. Most participants appeared, from the literary standpoint, as relatively passive supplicators, chanters, readers, listeners, and, in some instances, even professional copyists, at least to the extent that none of them consciously attempted to alter received texts or to create or commission new ones. They constituted, in a sense, the plebeian foot-soldiers of this imagined polity, and, often as clerics or scribes, the direct intermediaries between the literate and illiterate members of society at large. So long as this quasi-proletariat was satisfied with the orthodoxy of

---

4   *The Travels of Ibn Battuta, A.D. 1325-1354*, vol. IV, trans. and ed. C. Defrémery et al. (London, 1994), 957-978.

5   J. R. McNeill and William H. McNeill, *The Human Web. A Bird's-eye View of World History* (New York/London, 2003), 60-62.

6   For the connection of the Hammurabi Code to temples, see http://www.yale.edu/lawweb/avalon/medieval/hamframe.htm, Preamble, Article 6, and Epilogue.

7   See the suggestive analysis for the medieval West in Mary J. Carruthers, *A Study of Memory in Medieval Culture* (Cambridge et al., 1990), 1-14.

official Orthodoxy, the entire realm would have religious cohesion, at least among the Christians, regardless of other possible societal fissures.

On the next, lower-middle and middle levels of this republic stood the questioning, active listeners and readers, and also re-arrangers – the creators, mainly monks, of individual *sborniki* (miscellanies) from the received didactic and hagiographic texts – a genre, which in the course of the fifteenth century eclipsed the single patristic book or the anthology of two or several Church Fathers.[8] We can envision these *sbornik* compilers as serious students, insofar as they took the trouble to identify and place together their favorite texts. Absent sufficient biographical data, we have little sense concerning how they balanced their literary and non-literary lives, but they were what I rather crassly term, the "active consumers,"[9] downloading sacred (and once in a while not so sacred) texts from their manuscript world-wide web, cutting and pasting their favorite passages, and creating their own playlists within their codex-Ipods for study/meditation. How these people communicated their preferences and specific ideas is not fully evident in the sources, but they certainly enjoyed some interactions with each other and/or the monastery's librarian and/or the owners of individual cell libraries,[10] and also monks or books from other monasteries.[11] Once a *sbornik* compiler of any stratum died, his codex usually passed, sometimes with his name, sometimes without it, into his cloister's library as his personal legacy to his chosen outpost of the republic, to be recycled and mentally digested as the monastery's superior and/or chance might determine.[12]

Still higher in this imagined polity could be found the elite-teachers, master-copyists, collectors, redactors, bibliographers, even research assistants – such individuals often combining several of these roles. These people functioned as machers and handlers of Muscovy's received and original literary legacy. If one were to apply Nancy Kollmann's notion of secular "façade ... autocracy" here,[13] one might

---

8 M. S. Egorova, "Russkie asketicheskie sborniki XIV-XVI vv. kak tip sbornika," *TODRL* 57 (2004), 185-191.

9 Robert Romanchuk sees these people as "meditative reader-compilers," as understood in his *"Lectio divina*: Monasheskoe chtenie na Vostoke i na Zapade," in *Monastyrskaia kul'tura: Vostok i Zapad*, ed. E. G. Vodolazkin (St. Peterburg, 1999), 37.

10 Egorova lists from among these miscellanies twenty-eight "most significant" texts of sixteen named and six allegedly anonymous authors: "Russkie asketicheskie sborniki XIV-XVI vv. kak tip sbornika," 193-195.

11 R. P. Dmitrieeva, "Chet'i sborniki XV v. kak zhenre," *TODRL* 27 (1972), 160.

12 For example, in 1570/1571 (7079), the Novgorodian *syn' boiarskii* Zinovii (as monk, Zakharei) Beztuzhov donated to Iosifov-Volokolamsk Monastery a ca. 360- small page (14.8 x 9.7 cm.) and evidently not particularly precious *sbornik*, which the scribe Simeon Mikulinets had copied several decades earlier (the paper is dated "second quarter XVI c.," while that of his own *sbornik* is from the "1540s"), and which the *igumen* Leonid (1563-1566, 1568-1573) authorized "to be lent out to any village:" see *Knizhnye tsentry drevnei Rusi. Iosifo-Volokolamskii monastyr'* (*KTsDRIVM*), ed. D. S. Likhachev et. al. (Leningrad, 1991), 366, 368-369 (State Historical Museum, *fond Eparkhal'nyi* (*GIM, Eparkh.*), number 352/527, 356/533).

13 Nancy Shields Kollmann, *Kinship and Politics. The Making of the Muscovite Political System 1345-1547* (Stanford, 1987), 1.

consider these literati to have been the effective oligarchs who promoted consensus among the overall ruling class within this republic. They served as the active guardians of tradition, who helped determine which original or newly translated works, if any, could acquire and retain prominent places.

Some of the above-described elite may have been writers too, but in this sphere they paled in comparison to the literary superstars, who usually attract most of our attention, namely the major original writers and the commissioners of the writings of others. A few such wordsmiths ascended to the upper rank on the basis of sheer personality and literary talent. Others made it to the top, because they worked the hierarchical system to their advantage, occupied the most powerful episcopal thrones in Novgorod and/or Moscow, and then utilized their posts to employ professional writers and translators and oversee the distribution of manuscripts. A few members of this elite seem to have stood, at least for parts of their careers, even if formally under some form of obedience or supervision, partially or completely outside the major hierarchical and patronage networks. Yet they knocked on doors with their own determination to be heard. Others may be known for only one, rather brief but very popular work. Several suffered imprisonment as heretics for a number of the positions they took. And still others pushed the textual or interpretive envelop much too far to be tolerated by the church authorities, who did their best to control the republic's ideational frontiers. We shall return to the structures, operations, and some of the individuals of this imagined, literary realm, but we shall first take a glance at its textual foundations.

The Muscovite bookmen, and under this designation we include the other northeastern Rus provincials, as well as Novgorodians and Pskovians, inherited many of their texts from the earliest crystallization their polity, pre-Mongol Rus. This land in turn acquired most of its texts, including indexes of forbidden literature, from the initial, south Balkan formation of *Slavia Orthodoxa,* created for newly converted peoples. Pre-Mongol Rus writers also produced a few original creations, such as chronicles, the *Paterik pecherskii* and other hagiography, the sermons of Metropolitan Ilarion and Bishop Kirill of Turov, the apologia of Klim Smoliatich, the penitential questions and arithmetical guide of the Novgorodian Kirik, and the travelogue of the *igumen* Daniil, and others. But, as observers have noted, original Rus and other Slavic texts could barely compete with the basic translated corpus, which predominated in the libraries, and which largely served a public function, rather than as texts for private reading. Early on in his magnificent scholarly career, N. K. Nikol'skii (1863-1936), relying on pure numbers, concluded that sixty-seven per cent of all the known Rus books dating up to the year 1400 were liturgical in nature; another twenty-nine per cent – hagiographic and (unoriginal) homiletic – were intended for the church lectern; and just three per cent for the monk's individual cell reading. Even the most popular book for solo study and meditation, the

Psalter, was, in its form and appendices, according to Nikol'skii, subordinated to the church-service.[14]

During the XIV and early XV century, as Muscovy was developing its regional hegemony, the northern Rus received a new set of Byzantino-Balkan texts, which responded to developments in the local languages and to the political ambitions and intellectual challenges of Roman Catholicism. In the linguistic sphere, Serbs, Bulgarians, and Rus participated in the translation projects in a double fashion, as some adepts made the fresh or original renditions from the Greek, and then others adapted the new Church Slavic translations into their own national Church Slavic.[15] To a certain extent, then, the wider *Slavia Orthodoxa* republic of letters persisted and even strengthened with a fresh liturgical crystallization (the *Jerusalem Typikon*), as well as this new set of translations. Regarding the latter, for monastic reading, spiritual literature of the ascetic, "desert" type such as John Climacus predominated. But more intellectual, theological speculation, for example, Pseudo-Dionysius, was not absent, and the more purely "academic" text, such as the *Dialectica* stemming from John of Damasacus, might be found.[16] Anti-Catholic works also figured. Of the original, Late Byzantine Greek works, the Orthodox Slavs were certainly interested in monastic teachings and methods associated with hesychasm, especially Gregory the Siniate (c. 1263-1336), but not the flights of theoretical fancy of the younger Gregory Palamas (1296-1359). So far as I can tell, only his writings against the Latins and Jews are found in extant codices of Slavic translations.[17] In addition,

---

14 N. K. Nikol'skii, *Istoricheskie osobennosti v postanovke tserkovno-uchitel'nago dela v Moskovskoi Rusi (XV-XVII vv.) i ikh znachenie dlia sovremennoi gomiletiki. Rech, chitannaia na godichnom akte S.-Peterburgskoi Dukhovnoi akademii 17 fevr. 1900 g.* (St. Peterburg, 1901), 10, 15; idem, *Opisanie rukopisei Kirillo-Belozerskogo monastyria v kontse XV veka* (St. Peterburg, 1897), XLVI-LII. Frank Kämpfer's conference paper here mentions the central role of the Bulgarian "geschaffener Fonds an liturgischen und theologischen Büchern," before focusing on one of the original Kievan writings, Hilarion's Eulogy, and linking it thematically to Filofei's much later formulation of Russia's special place in the divine plan for humanity and salvation.

15 I. Duichev, "Tsentry vizantiisko-slavianskogo obshcheniia i sotrudnichestva," *TODRL* 19 (1963), 107-129; the dialect switch is evident in a comparison of, for example, two versions of the same translation of John Climacus's *Ladder*: the Serbian HM SMS (Hilandar Monastery, Slavic Manuscripts), number 184 (ca. 1500) and *GIM, Eparkh.*, No. 331 (1505).

16 For the distinction between the more contemplative-intellectual "academic" and the more ethically oriented "desert" orientations in Eastern Orthodox texts for reading and study, see Robert Romanchuk, *Byzantine Hermeneutics and Pedagogy in the Russian North. Monks and Masters at the Kirillo-Belozerskii Monastery 1397-1501* (Toronto, 2007), 41-75.

17 For example, for Rus', E. E. Golubinskii, *Istoriia Russkoi tserkvi*, 2 vol. in 4 (Moscow, 1900-11), reprint: Slavistic Printings and Reprintings (SPR) 117/1-4 (The Hague, 1969), 2.2, 269; *KTsDRIVM*, 33, 72, 73; for the Balkans, manuscripts from Hilandar Monastery or the Bulgarian National Library or Academy of Sciences, as described in Predrag Matejic and Hannah Thomas, *Catalog. Manuscripts on Microform of the Hilandar Research Library*, 2 vols. (Columbus, 1992), Index, 1055; also Ioannes Kakrides, *Codex 88 des Klosters Dečani und seine griechischen Vorlagen. Ein Kapitel der serbisch-byzantinischen Literaturbeziehungen im 14. Jahrhundert* (München, 1988). I thus do not agree with Kämpfer's statement in his contribution

Eastern Rus writers produced their own original chronicles and hagiography, *moralia*, heroic tales, polemics around the issues of Church Union, dissidence, and monastic life, as well as an extended family of individual, devotional *sborniki*. Also of significance among Russia's original literature of the late fourteenth through the late sixteenth century were sermons, ascetic didactics, theological polemics, patriotic quasi-epos, political and ecclesiastic legends, sacralized historiography, monastic and general church rules, policy recommendations, and even a householder's guide.

Thanks, in part, to a variety of extant materials from episcopal and monastic archives and libraries, we can have some notion concerning how the literary plebeians functioned. If a person, lay or clerical, desired a book, he might order it from a likely supplier, as in the case when "Pan Iakov," a presumably Western Rus, Jagellonian crown clerk, requested from Moscow a *Synaxarion* (*Prolog*) with the *Oktaechos* (*Osmoglasnik*). In turn his addressee, the master-builder Vasilii Dmitrievich Ermolin, asked for paper and a money pre-payment, as well as more specifics concerning the content, in order to take care of the rest of the operation for Iakov.[18] So anybody with sufficient resources could order a book or orchestrate its production, as we know from a number of extant codices that master-copyists produced for themselves or the cell libraries of individual collectors. Such was the case of the Kirillov-Belozerski master-copyist Gurii Tushin, the Iosifov-Volokolamsk Monastery elder Dionisii Zvenigorodskii, and, for that matter, Iosif Volotskii himself, when he was still a Pafnutiev Monastery elder. For all three of them farmed out part of their work to other copyists,[19] who were very likely to have been literary plebeians, either at this stage of their careers or lifelong.

"Pan Iakov," though a West Rus'ian, appears emblematic of people, whose rank in society writ large was middle or high, but whose station in the literary republic was likely to have been modest. This surely was also the case for the majority of the recipients of the directed missives or epistles general of the leading prelates. Metropolitan Fotii wrote to the Pskovian authorities regarding the heretical *strigoloniki* and a number of other ecclesiastical issues.[20] Makarii, as Archbishop of Novgorod, instructed all of the clergy under him to teach their flock and force all the laymen, even the upper crust, to listen,[21] and thereby expressed the unrealizable ideal, held by the literary-administrative elite, concerning their plebeian foot soldiers.

---

here, that northeastern Rus/Russia was "zur Union fähige Schwesterreligion des Katholizismus" before 1441, but Pierre Gonneau's observation, also in his article here, about Moscow's political tranquility during the period of Metropolitan Isidor might induce me to revise this opinion.

18 *SKKDR*, 2.1, 226.

19 *KTsDRIVM*, c. 363-366, 368-370, 400 (*GIM, Eparkh.,* number 348, 351, 357, 405); N. A. Kazakova, "Knigopisnaia deiatel'nost' i obshchestvenno-politicheskie vzgliady Guriia Tushina," *TODRL* 17 (1961), 169-194; Romanchuk, *Byzantine Hermeneutics*, 196, 344, note 39.

20 N. A. Kazakova and Ia. S. Lur'e, *Antifeodal'nye ereticheskie dvizheniia na Rusi. Kontsa XIV-nachala XVI veka (AfED)* (Moscow/Leningrad, 1955), 243-255.

21 Pavel Nikolaevskii, "Russkaia propoved' v XV i XVI vekov," *Zhurnal Ministerstva narodnogo prosveshcheniia* 137 (1868), 380.

Among the preserved epistles of Iosif are the several concerning a runaway monk, a tonsured dependent, and a master's treatment of his slaves. In one case, Iosif wrote to several other abbots and a lay priest concerning the runaway and supplied them with canonical arguments, as he (Iosif) urged them to use their moral and clerical authority to effect the runaway's return. In this case Iosif wrote as if these clerics, upon receipt of his epistle and the church canons, could be expected immediately to cooperate. His style and strictures, moreover, emphasized that any who refused to do so were derelict in the clerical duty and hence, to use our metaphor here, unworthy citizens of the republic. Iosif appeared similar in his letters to the laymen concerning their slaves or other such dependents, for his main argument was that masters are required by God to raise their slaves to be pious, and that nothing befits the master or the slave more than the latter's becoming a monk.[22] In this instance, either the slave's master or the literate person reading the letter stood, regardless of his status in society at large, as a plebeian in this imagined republic, expected to comply with admonitions emanating from the ruling class. To bind the realm together, state officials threatened miscreants with physical punishment, and church authorities in their priestly capacity threatened excommunication from salvation procuring sacraments, while the sacred-literary figure appealed more to conscience and could threaten only possible damnation.

Even some of Muscovy's highest ranking people might appear as literary plebeians. In 1555 or a bit later the former Bishop of Smolensk Gurii Zabolotskii (r. 1539-1555), the former Igumen of Novgorod-Khutyn Monastery Gurii Korovin (c. 1551), and a certain Kassian, none of them known for literary activities, found themselves together in exile in Solovki. Subsequently, the elder-writer Zinovii of Novgorod's Otnia Hermitage took it upon himself to compose an epistle of consolation, urging them to bear up under "afflictions" and "misfortunes."[23] This was an important genre, whereby skilled writers, by means of an open epistle, helped to spare some of the imprisoned, disgraced of this world the equivalent of genuine social death.[24] In the realm of quotidian economics, politics, administration, and warfare,

---

22 *Poslaniia Iosifa Volotskogo (PIV)*, ed. A.A. Zimin and Ia. S. Lur'e (Moscow, 1959), 145-154.

23 A.I. Koretskii, "Novye poslaniia Zinoviia Oten'skogo," *TODRL* 17 (1961), 125-128.

24 On this concept, see Orlando Patterson, *Slavery and Social Death. A Comparative Study* (Cambridge, 1982). Ludwig Steindorff's paper, as well as his earlier monograph, *Memoria in Altrußland. Untersuchungen zu den Formen christlicher Totensorge* (Stuttgart, 1994) (= Quellen und Studien zur Geschichte des östlichen Europa, 38), raises the problem of social death in the sense of liminal people, such as beggars, who can do good or evil to the members of regular society, so that the prayers which beggars recite for their benefactors become a means of integration in one moral community. In this sense, both Iosif's regurgitation of standard Church teachings regarding responsibility to one's slaves (see above, text to note 22) and the Church's teachings regarding the moral economy of the redemption of captives (who otherwise would be "socially dead" vis-a-vis Orthodox society), are examples of Muscovy's republic of sacred letters serving the interests of social peace. Indeed, it would seem that the key to the success of slavery as an Muscovite institution, as in much of the Islamic world, was the ability of the dominant religion to include slaves in the general, moral community. It is thus regrettable that

Zinovii ranked well below the two Gurii's, but in the literary republic, Zinovii's erudition and mastery of rhetoric placed him well within the elite. Indeed, he felt equal to the task of treating as a virtual sacred-literary plebeian one of the state's premier officials, the managing *d'iak* of Novgorod, Ia. V. Shishkin, in an apparently unsolicited epistle complaining of the red tape entailed by judicial inquests and demanding a return to the simpler, more equitable, non-venal, and efficient cross-kissing oath. Zinovii may impute arguments to his addressee, but these are practical, without recourse the sacred texts.[25]

Curiously, Zinovii's most famous work, *Istiny pokazanie*, is one in which seemingly genuine near plebeians – two choir monks and one layman – stood forth in the guise of his visitors from Staraia Rusa with questions about the "new doctrine" of Feodosii Kosoi.[26] As Zinovii constructed his didactic dialogue, his interlocutors seemed at times to represent themselves in this situation as his students, but they were not always satisfied by the responses, and they raised sufficient objections on a variety of issues to be placed in the middle class of our imagined literary republic. They possessed, after all, the necessary wits to raise important questions, and this, in my opinion, put them on the par with the rank-and-file *sbornik* compilers, who read widely as they selected their texts, but neither copied or commissioned sufficiently on their own account to amass personal libraries, nor became prominent teachers or writers.

Since the serious, minute scholarly analysis by specialists of these ascetic miscellanies is still at a relatively early, if very promising stage, we are not yet in a position to single out the highly influential from among the individual, anonymous, or known-authored *sborniki*.[27] Somewhat typical of the middle stratum of such compilers may have been a certain Iosifov monk named Efrosin, who owned a Gospel copied in Tver, an *Apostol* (Acts and the Epistles) from the 1520s-1530s, and, according to the monastery inventory, an unidentified *sbornik* commencing with Nil's Sorskii's treatise "On Mental Activity", that is, his *Ustav*. If this book is the same as the now anonymous codex of the *fond Biblioteka Iosifova-Volokolamskogo*, number

---

this conference has no contribution devoted to the topic of slavery, religion, and social integration.

25 A. I. Klibanov and V. I. Koretskii, "Poslanie Zinoviia Otenskogo d"iaku Ia.V. Shishkinu," *TODRL* 17 (1961), 201-224. We might know more about Shishkin, if an onomastic study of book owners and donors were available, for he may have been similar to the presumably reading diak Daniil Momyrev, who donated copies of "Genesis" (maybe the entire Pentateuch) and a version of Basil of Caesarea's *Hexameron* to Iosifov: *KTsDRIVM*, 32.

26 *Istiny pokazanie k voprosivshim o novom uchenii: Sochinenie inoka Zinoviia* (Kazan', 1863), which, in my opinion, Zinovii never satisfactorily completed.

27 See for an excellent start: R.P. Dmitreeva, "Chet'i sborniki XV v., kak zhenr," *TODRL* 27 (1972), 150-180, and "Volokolamskie chet'i sborniki XVI v.," *TODRL* 28 (1974), 202-230; V.P. Adrianova-Perets, "K voprosu o kruge chteniia drevnerusskogo pisatelia," *TODRL* 28 (1974), 3-29; Wilem Veder, "Literature as a kaedoscope: The Structure of Slavic 'Četii Sborniki'," in *Semantic Analysis of Literary Texts*, ed. Eric de Haard et al. (Leiden, 1990), 599-697, and, most recently, Egorova, "Russkie asketicheskie," 183-234.

139/497, dated by Gelian Prokhorov, at least in part, from the first half of the six-teenth century, then our Efrosin was indeed a very earnest, if not totally systematic compiler of seventy-one additional numbered ascetic and ethical chapters and frag-ments, followed by some addenda, which created a personalized instructive antholo-gy introduced by Nil Sorskii's not terribly long *magnum opus*.[28] Dionisii Zvenigo-rodskii's disciple Anufrii Isakov was another such compiler, but of a more mixed, literary-historical content *sbornik*, which commenced also with Nil Sorskii, but here his four authentic epistles. Though Anufrii is not known to have been responsible for more than this single codex, his individual tastes have turned out to be of signifi-cance to modern students of Muscovy's sacred culture and intellectual life, as he included the only known copies of Nil Sorskii's "Little Epistle" and of the extended redaction of the so-called "Little Annals of Iosif Sanin."[29] Of loftier social status, but probably to be placed only within the highest level of this literary middle stratum would be the Spaso-Iaroslavl archimandrite of the mid 1590s, who, as "Pop Antonii" around 1565-1575, compiled a largely didactic-ascetic *sbornik*. Donated later to Kirillov-Belozerskii, this one featured both Nil Sorskii's epistles and his *ustav*, as well as a good deal of material for novices, and also a set of the standard, translated moral and practical instructions for rulers and officials.[30] If Efrosin's and Anufrii's *sborniki* appear to have been those of the now mature student, Antonii's seem rather to have served the teacher, who was also expected to be a guide to laymen.

Indeed, composing an ascetic *sbornik* was even more characteristic of the domi-nant monastic-episcopal wing of literary ruling class. In this regard, if numbers can tell us anything, then of the approximately sixty identifiable ascetic *sborniki* (out of ninety total) listed in the Iosifov Monastery inventory of 1591, maybe twenty-to-twenty-five had belonged to members of this literary middle stratum, while the other thirty-five-to-forty had constituted the work and/or property of twenty or so people better placed by us within the literary ruling class, or, in the case of Iosif himself and his successor *igumen* Metropolitan Daniil, even among the superstars. In fact, judging from the surviving Iosifov manuscripts, seemingly everybody who was anybody in this literary world compiled or commissioned at least one ascetic or partially ascetic *sbornik*. These included the two writer-organizer superstars; Iosif and Daniil, Iosif's copyist-cofounder Gerasim Chernyi; the two master-copyists whom Iosif sent to study and work with Nil Sorskii: Nil Polev and Dionisii Zveni-gorodskii; and six writers of varying genres: Iosif's nephew – the painter and histo-riographer Dosifei Toporkov, two of the administratively competent Iosifov *startsy*

---

28 Iosif, Ieromonakh, *Opis' rukopisei, perenesennykh iz biblioteki Iosifova monastyria v biblioteku Moskovskoi dukhovnoi akademii* (Moscow, 1882); also in *Chteniia v Imperatorskom Ob-shchestve istorii i drevnosti rossiiskikh (ChOIDR)* 118:3 (1881),121-126; Gelian Prokhorov, "Poslaniia Nila Sorskogo," *TODRL* 29 (1974), 135.

29 Iosif, Ieromonakh, *Opis'*, 231-234 (number 189/577); also Prokhorov, "Poslaniia," 135; *KTsDRIVM*, 85; A. I. Pliguzov, "Letopischik Iosifa Sanina," in *Letopisi i khroniki. Sbornik statei 1984 g.,* ed. V. I. Buganov (Moscow,1984), 184.

30 See the manuscript description in Egorova, "Russkie asketicheskie," 221-226.

who achieved episcopal rank under Ivan IV – Daniil's effective successor *igumen* Nifont Kormilitsyn and Feodosii, the ex-Southern Rus captive and prestigious teaching *starets* Fatei (Fotii), his writer-*arkhimandrit* disciple Vassian Koshka, and the Iosifov librarian, liturgist, registrar, and accounts-reforming *igumen* Evfimii Turkov. Missing from this list of *sbornik*-compilers are, among Iosif's own elite comrades and co-mentors, Kassian Bosoi and Iona Golova, and, among the Iosifov Monastery writers, only another bishop, Savva Cherny. Virtually all of the other known Iosifov master-copyists, librarians, and donators of or participants in the production of at least five codices are known to have compiled or owned at least one ascetic *sbornik*.

The attention we have just paid here to the Iosifov-Volokolamsk Monastery brings us to the question of the role of institutions in this imagined republic of sacred letters. First and foremost, as the leading sanctioning office of the orthodoxy of any text, person, or other institution, stood the metropolitanate, by whatever official name it went. Specialists have pointed to a special role played by Metropolitan Kiprian (r. Kiev, 1375-1406; Moscow, 1381-1382, 1390-1410) in the dissemination of the revised liturgical texts associated with the *Jerusalem Typikon*, as well as church law and perhaps a positive equivalent of the Roman Catholic *Index Librorum Prohibitorum*.[31] It may be no accident that first great period of the acquisition by Russians of the newly translated "hesychastic cell literature" of Dorotheus of Gaza (early 6th c.), John Climachus (579-649), Isaac the Syrian/of Nineveh (7th c.), Symeon the New Theologian (949-1032), and Gregory the Sinaite (d. 1346) (and one can add here the murky, 12th c. Peter Damaskenos), corresponds roughly to the reigns of the Bulgarian Kiprian and his Greek successor Fotii, the last two effective Byzantine appointees, whose overall policies harmonized with the ecclesiastical interests of that moribund remnant of Eastern Rome.[32] The Russian Metropolitan Daniil (r. 1522-1539) played an essential role in building up the capital's diocesan library and defining the literary boundaries of the republic, as well as orchestrating sacralized native history and composing homiletics in the guise of epistles, as well as genuine sermons.[33] His near successor Makarii (r. 1542-1563) was maybe somewhat less of an original writer, but operated in the same spheres as did Daniil, and also promoted the composition of native hagiography encompassing all of Rus and a sacralized history of Rus-Muscovy, the systematized adaptation of Church law to the

---

31 John Meyendorff, *Byzantium and the Rise of Russia. A Study of Byzantine-Russian Relations in the Fourteenth Century* (Cambridge, 1981), 123; N. F. Droblenkova and G. M. Prokhorov, "Kiprian," *SKKDR 2.1*, 469; Romanchuk, *Byzantine Hermeneutics*, 123, 311, notes 213-214; cf. I. M. Gritsevskaia, *Indeksy istinnykh knig* (St. Peterburg, 2003), 164-165.

32 Gelian Prokhorov, "Keleinaia isikhastskaia literatura (Ioann Lestvichnik, Avva Dorofei, Isaak Sirin, Simeon Novyi Bogoslov, Grigorii Sinait) v biblioteke Troitse-Sergievoi lavry s XIV po XVII v," *TODRL* 28 (1974), 317-324; Meyendorff, *Byzantium*, esp. 200-260.

33 V. I. Zhmakin, *Mitropolit Daniil i ego sochineniia* (Moscow, 1881; also in *ChOIDR* (1881), 1-2); V. G. Druzhinin, "Neskol'ko neizvestnykh literaturnykh pamiatnikov iz sbornika XVI-go goda," in *Letopis' zaniatii akademii nauk* (St. Peterburg, 1909), vyp. 21; *KTsDRIVM*, 4-15.

conditions of the mid-sixteenth century, and the anthologizing of much of available translated and native literature.[34]

Along side of the metropolitan's office, and, to varying degrees, the other dioceses, the great monasteries likewise served as essential republican institutions. We have already observed some aspects of this phenomenon in our references to Iosifov-Volokolamskii, and we could note, as well the seminal literary role played for all of Rus' by Kiev-Pecherskii in 11th-13th centuries. For our present purposes, though, our initial attention points to one cloister, founded with the support of Metropolitan Aleksei (r. 1354-1578), Troitsa-Sergiev, and one arising out of a discipleship network originating in Suzdal-Nizhnyi Novgorod, Spaso-Kamenyi. It was via the latter, in the fourteenth century, according to tradition, that Athonite influence first established itself "beyond the Volga." in Russia.[35] The extant library of Troitsa, on the other hand, possesses the richest set of the classics of hesychastic cell literature from one of the great period of copying, 1380s-1420s,[36] and direct and indirect disciples of the founder Sergii were responsible for a critical mass of new foundations for two centuries. According to the recent research of Robert Romanchuk, elders from the Spaso-Kamenyi and Troitsa-Sergiev Monasteries played essential roles in the development of Kirillov-Belozerskii Monastery as a particular, "textual community" during roughly 1435-1501, namely, a center of "academic" pedagogy, where monks learned to read and meditate on quasi-secular texts – grammar, geography, history, and what passed for natural science.[37] They also developed unique bibliographic skills for cataloguing.[38] Among the major literary actors within, from, or associated with Kirillov then and slightly later were Olesha Palkin, the ieromonk Efrosin, the 'superstar' master of hesychasm or stillness Nil Sorskii, his disciples or devotees, Innokentii Okhliabinin, German Podol'nyi, Gurii Tushin, Vassian Patrikeev (maybe self-styled here), and Nil's possible teacher from Kamenyi, Paisii Iaroslav.

Palkin, a devotee of the available grammato-philosophic legacy of John of Damascus, served as a master-teacher for two or three decades and appears to us as the first known Russian practitioner of "academic" pedagogy and reviser of received

---

34 On Makarii, *inter alia*, A. A. Zimin, *I. S. Peresvetov i ego sovremenniki* (Moscow, 1958), 71-102. Aleksander Filiushkin's conference volume paper here shows the degree to which the discourse of Russia's republic of sacred letters operated in the internal communications concerning war and diplomacy – not only in the correspondence between Makarii and the army or diplomats, but also in state instructions to diplomats who dealt with other Christians –, while the common ground of monotheism made up part of the etiquette of Russian-Crimean relations.

35 Paisi Iaroslavov, *Skazanie izvestno o Kamenom monastrye*, ed. Gelian Prokhorov, as "Skazanie Paisiia Iaroslavova o Spaso-Kamenom monastyre," in *Knizhnye tsentry Drevnei Rusi. Raznye aspekty issledovaniia*, ed. D. S. Likhachev (St. Peterburg, 1991), 256-259.

36 Prokhorov, "Keleinaia".

37 Romanchuk, *Byzantine Hermeneutics*, 81ff; cf. Brian Stock, *Listening for the Text: On the Uses of the Past* (Philadelphia, 1990), 22-24, 150-153.

38 Romanchuk, *Byzantine Hermeneutics*, 238-258.

texts.[39] Efrosin, known for his unique *sborniki* with the earliest extant copies of several secular or semi-secular works,[40] followed in Palkin's wake and also digested and glossed received geographical texts.[41] But, if these two maybe represent the peak of native "academic" interpretation of texts, others used this education and its methods to promote "desert" goals. Nil Sorskii, who could have found an "academic" basis for spiritual analysis in his most recent major authority, Gregory the Sinaite[42] authored, as we have seen, a treatise and epistles, which served as guides for others, as they studied, taught, and compiled their individual *sborniki*. Nil's close disciple Innokentii, eventual founder of his own hermitage, was responsible for a *sbornik*, which included not only Nil's treatise and epistles and a set of accompanying *ascetica* and *moralia*, but also a glossary of important Greek, Hebrew, and also Latin, "Tatar" (usually Arabo-Muslim), and Permian words and names.[43] German, a devotee if not necessarily a full disciple of Nil, also seems to have done some teaching in an "academic" vein, and was partially responsible for innovating in bibliography, as his Kirillov library catalogue described *sbornik* contents by means of their incipits.[44] Another devotee and co-literary executor, if not disciple of Nil, the master-copyist/publisher and brief-term igumen Gurii, maybe set a record with thirty-seven codices of various content to his credit.[45] Vassian Patrikeev went off into different, canonic-polemical directions, and we shall look at him later. Paisii, allegedly Nil Sorskii's hesychastic mentor, appears somewhat enigmatic as a literary figure. His only known original composition is a brief history of Spaso-Kamenyi, in which he foregrounds the lucrative miracle cults associated with the greatest of the cloister's deceased ascetics[46] – a theme, we might note, which was central to most of the Russian hagiography of the era, including the lives of Greek and Levantine monastic saints redacted by Nil Sorskii.[47]

39 Romanchuk, *Byzantine Hermeneutics*, 143-160.

40 M. D. Kagan, N. V. Ponyrko, M. V. Rozhdestvenskaia. "Opisanie sbornikov XV v. knigopistsa Efrosina," *TODRL* 35 (1980), 3-300; *SKKDR,* 2.1, 227-236.

41 Romanchuk, *Byzantine Hermeneutics*, 203-260 *passim*.

42 Gregory the Sinaite, *Acrostic Chapters (On Commandments and Doctrines... One Hundred Thirty-Seven Texts)* in *The Philokalia. The Complete Text Compiled by St. Nikodimos of the Holy Mountain and St. Makarios of Corinth,* transl. and ed. G.E.H. Palmer, Philip Sherrard and Kalistos Ware, 4 vols. (London/Boston, 1979-1995), vol. 4, 212-252; *Patrologiae cursus completus, series graeca (PG),* ed. Jacques-Paul Migne, 161 vols. in 166 (Paris, 1857-66), vol. 150, 1240A-1300B.

43 *Russian National Library, fond Biblioteka Kirillova-Belozerskogo monastryria (RNB, Kir.-Bel.),* number 25/1102, with the glossary on folios 147-158; for the manuscript description, M. C. Borovkova-Maikova, "Nila Sorskogo Predanie i Ustav," *Pamiatniki drevnei pis'mennosti* 179 (1911), 'Prilozhenie', xxv-xxxii.

44 N. K. Nikol'skii, "Opisanie rukopisei Kirillo-Belozerskogo monastyria, sostavlennoe v kontse XV veka," *Pamiatniki drevnei pis'mennosti* 113 (1897), xiii-xl; Romanchuk, *Byzantine Hermeneutics*, 195-196.

45 N. A. Kazakova, "Knigopisnaia," 174.

46 Prokhorov, "Skazanie Paisiia Iaroslavova," 143-149.

47 Tamara Pavlovna Lënngren, *Sobornik Nila Sorskogo,* 5 vols. (Moscow, 2000-2005).

Extant writings afford us a glimpse into the communication within Kirillov's literary ruling class around 1500. In instructing disciples, Innokentii treated Nil's writings as authoritative and reminded himself of the advantages of attentiveness towards "Divine Writing."[48] Efrosin in two *sborniki* pinpointed the need to query someone knowledgeable about truthfulness of several apocalyptic and visionary works.[49] Nil likewise insisted to Gurii that "not all writings are divine,"[50] which was apt, as the latter proved willing in his *sborniki* to introduce some new texts for Russia and to place works together which might have seemed to stand opposition to each other.[51] German advised the reader first to concentrate on the known, then to seek the advice of the wiser for the unknown, and, all else failing, hope for illumination from God himself.[52] But a kinsman or former student castigated German for leaving his vow of obedience,[53] while Nil, clearly either aware of or foreshadowing German's approach to bibliography, uniquely in his own (Nil's) original writings, employed incipits to point out two instructive texts to German, but, in an expressly identified citation, warned him against "sailing by presumption."[54] And Nil, taking from his own treatise, urged Vassian: "Have patience in afflictions and pray for those who afflict you and hold them as benefactors,"[55] something which the latter in his polemical writings certainly did not do.

The activities of Archbishop Gennadii of Novgorod (r. 1484-1504) shed light on some of the wider workings of the republic, albeit connected almost exclusively to high ecclesiastical politics and policy. Ivan III dispatched Gennadii to Novgorod after the first post-conquest archepiscopal appointee there had disdained some local Novgorodian cults and could not handle the job. Gennadii was made of sterner stuff,

---

48 "O, Innokentii, if you be zealous in attending with love of labor to Divine Writing, you shall obtain three things: first, you will feed yourself from your labors; second, you will expel the demon of idleness; third, you shall converse with God" *RNB, Kir.-Bel.*, No. 25/1102, folios 162-162v; Borovkova-Maikova, "Nila Sorskogo," 'Prilozhenie', xxviii; Gelian Prokhorov, *Prepodobnyi Nil Sorskii i Innokentii Komel'skii* (St. Petersburg, 2005), 299-300, 320.

49 M. D. Kagan, N. V. Ponyrko and M. V. Rozhdestvenskaia, "Opisanie sbornikov XV v. knigopistsa Efrosina," *TODRL* 35 (1980), 21, 213.

50 Prokhorov, *Prepodobnyi Nil Sorskii*, 236; adapted from Nikon Chernogorets, *Taktikon* (Pochaev, 1795), 42 (*Slovo* 5).

51 RNB, *fond Sofiiskaia biblioteka*, number 451, but with 'Slovo 12' misidentified as Iosif's by D. Abramovich, *Sofiiskaia biblioteka. Opisanie rukopisei S-Peterburgskoi Dukhovnoi akademia*, 3 vols (St. Peterburg, 1905-1910), vol. 3; 211-215; N. K. Nikol'skii, "Obshchinnaia i keleinaia zhizn' v Kirillo-Belozerskom monastyre v XV, XVI, i nachale XVII vekov," *Khristianskoe chtenie* 224.1 (1907), 176; N. K. Kazakova, "Knigopisnaia deiatel'nost' i obshchestvenno-politicheskie vzgliady Guriia Tushina," *TODRL* 17 (1961), 182-189.

52 *RNB, Kir.-Bel.*, number 101/1178, folio 4v, as cited and interpreted in Romanchuk, *Byzantine Hermeneutics*, 206.

53 Romanchuk, *Byzantine Hermeneutics*, 195-197.

54 Prokhorov, *Prepodobnyi Nil Sorskii*, 242; taken from *St John Climacus: The Ladder of Divine Ascent*, transl. Archimandrite Lazarus Moore (London/New York, 1959), 27.29, 240; *PG* 88:1105A.

55 Prokhorov, *Prepodobnyi Nil Sorskii*, 146, 228, adapted from his own treatise (*Ustav*), 146.

for earlier, in the intersection of opinion and policy, when he was archimandrite of Moscow's Chudov Monastery (r. 1477-1484), he had suffered humiliating confinement in an ice house for disagreeing with the metropolitan over a ritual issue.[56] At Novgorod Gennadii was less troubled by the task of integrating Moscow's and the local saints' cults than by ritual deviations, insubordination, and the ideational and textual map of Novgorod's local republic of sacred letters, especially as manifested by several members of its secular clergy.

Gennadii's extant, accusatory epistles claim that he discovered "Jewish reasoning Novgorod heretics," but these charges are somewhat murky and shall not detain us.[57] One immediate expressed concern for the prelate was the alleged divinational use by some local Novgorodian clerics of the calendrical tables of *Shestokryl*, a respected, mid-fourteenth century Provençal Jewish astronomical-astrological work, which was translated into Latin in 1406, into Greek in 1435, and then into Western Rus.[58] In Gennadii's thinking, such Jewish calculations were inherently flawed, due to their notion of a shorter time span since the creation of the world,[59] a reckoning which completely nullified Orthodox post-Creation chronology. Rather, the classical Church Fathers knew what they were talking about, since one of them, Gregory of Agrigentum (d. 603) had "completely learned arithmetic, geometry, music, and

---

56 *Polnoe sobranie russkikh letopisei (PSRL)* VI, 221-222, 233-234.

57 This issue is far to vast to broach in any significant way. Without either original texts by the dissidents or even clearly directed Orthodox apologiae against specific, current doctrines identified as such, all attempts to pinpoint an actual heresy held by the accused remain hypothetical. Perhaps some of them were Sabbatarians; perhaps some opposed specific or all icons; perhaps some questioned Orthodox christology; perhaps some rejected the Trinity altogether; perhaps some rejected incorruptible bodily resurrection; perhaps some opposed monasticism either in general or as practiced in Russia; perhaps some, as Gennadii (though not the Moscow Synod) accused Zakhar, revived the Strigolnik rejection of the contemporary clergy over simony and then abstained from the sacraments; perhaps some attacked specific Russian or all saints cults; perhaps some were adepts in Jewish or non-Jewish astrology; and perhaps some even secretly wished to follow the Torah in its ancient or rabbinic forms – perhaps, perhaps, perhaps –, as accuser sources justify all of these possibilities: *AfED*, 305-486; *Prosvetitel' ili oblichenie eresi zhidovstvuiushchikh*, 4th ed. (Kazan', 1903; rpt. Westmead, 1972), 27-464. However, if the interpretation of A. I. Alekseev's conference paper concerning the "decisive effect of Judaism in the genesis the heresy" is correct, then we surely have a rival textual community within Novgorod's local republic of sacred letters at the time of Gennadii's arrival.

58 George Sarton, *Introduction to the History of Science*, 3 vols. in 5 (Baltimore, 1927-48), III, 1517-1520; P. Solon, "The Six Wings of Immanuel Bonfils and Michael Chrysokokkes," *Centaurus* 15 (1970): 1-28: the original Hebrew title translates as *Eagle Wings*; for such translations, see also, below, note 70.

59 Officially 1748 years less, though Gennadii did not make this precise calculation, and he seems to have been somewhat confused. He spoke of "276 19's," and then the Jewish year 5228, which was in fact his 6976 = 1467/8. Actually the last of these 19 years ran from the Jewish year 5226 = 6974 = 1465/6 to 5244 = 6992 = 1483/4. Gennadii was writing during 1487-1490, yet he considered that he was living within the "sixth [? 276th] nineteen by which the Jews calculate the years" *AfED*, 318.

astronomy."[60] Denouncing the "heretics," whose alleged blasphemous acts he re-
counted, for their purported utilization of these Judaic calculations to their profit,
Gennadii tried moral suasion in 1489 to energize the recently retired archbishop of
Rostov, Ioasaf, by accusing him of acting as if he "reckoned that Novgorod and
Moscow did not have the same (*edino*) Orthodoxy."[61] Gennadii then asked Ioasaf to
try to get Paisii and Nil – no doubt the reputedly most learned men in the Beloozero-
Vologda region – to travel to Novgorod for consultation. Whether either did so is
not known.

Gennadii's rhetoric against several named dissidents, which emphasized sacri-
lege and dissimulation as much as any doctrines, skirted the simple fact, which he
also reported, that outside of *Shestokryl* and a "booklet by which they prayed in
Jewish,"[62] they had admirably stocked libraries of Christian or otherwise acceptable
literature. Among these texts which "all the heretics possessed," numbered a set of
Old Testament books: "Genesis" (likely, the entire Pentateuch), Kings, the
Prophets,[63] Proverbs, and Ecclesiasticus; four fully or partially polemical-theological
works: the anti-Judaic Pope Silvester," the anti-Arian "Athanasius of Alexandria,"
Photius's anti-Latin Epistle to Boris of Bulgaria, and Cosmas Presbyter's Discourse
Against the Bogomils; and three somewhat or fully philosophical tracts: the Christian speculative-theological (Pseudo-) "Dionysius the Areopagite," the gnomic "Me-
nander," and, surprisingly, for Gennadii's purposes, *Logika*, an Aristotelian digest of
Islamo-Jewish provenance. For the combative archbishop did not number *Logika*
among the objectionable works, which had been translated from Hebrew in Western
Rus. Rather he wanted Ioasaf to check if the libraries or literati at Kamenyi, Kirillov,
and its sister Beloozero cloister Ferapontov held these books too.[64]

Indeed one of Gennadii's chief missions was to utilize the textual, intellectual,
and financial resources of his archdiocese to commission both translations and original writings of various genres and to copy and distribute books to select monasteries,
such as Iosifov and Solovetskii, as well as, presumably, the above three, which he
mentioned, and probably some of the Pskovian cloisters as well. It is well known
that he established a circle of immigrant and Russian latinists to translate scriptural
and apologetic texts and to compose ecclesiological tracts, and that Latin textual
imput was essential to his crowning literary achievement, the 1499 "Gennadii Bible," necessarily modeled on the pre-standardized Vulgate, since no comparable,

---

60 *AfED*, 309-312, 318-319. P. V. Sedov's conference paper here illustrates the significance of the
   common notion of time, as understood in the sacred texts, and the limited use of Western time
   calculations after they were first necessarily utilized by Russians in the course of contacts with
   Westerners, and then even officially introduced by Peter the Great.
61 *AfED*, 317.
62 *AfED*, 310: *po-zhidovskii*, whatever that meant.
63 It is not clear whether Gennadii envisioned here complete versions of all of the Prophets, which,
   to my knowledge, did not exist as a set until "his" Bible of 1499, or an incomplete anthology,
   such as Russian State Library, *Fond Biblioteki Troitsy-Sergievoi Lavry*, number 90.
64 *AfED*, 320.

Greek, one-volume, super-anthology Orthodox "Bible" existed at the time. It is less well known that he also established an Orthodox hermitage, whose extant, apologetic-calendrical *sbornik* from the start of the sixteenth century also contained a discourse with a pointedly anti-Latin section.[65] Clearly, in thoroughly not just re-forming, but actually re-forming Novgorod's province of Muscovy's republic of sacred letters, Gennadii was not taking any chances with the Latins he welcomed.

However, while Gennadii was coping with some forms of dissidence in Novgorod, a combination of domestic and international factors led to literary developments in Moscow, which were just as distasteful to him. Within Moscow a court-protected intellectual circle seemingly arose, which Gennadii deemed to be heretical. Among its diverse members, if its accusers are to be believed, figured at various times two "heretical" Novgorodian priests installed by Ivan III in the most prestigious Moscow Kremlin churches, some intellectually envelop-pushing scribes working for the metropolitan's chancery, a talented diplomatic doubling as a domestic administrator, his jurist-brother, a Hungarian friend, a Moldavian-origin royal daughter-in-law with the opportunity to become the most powerful woman at court, a prominent merchant, and even, for four years, a dissolute metropolitan. On that side, as well, had stood an escaped Novgorodian "heretical" monk, who had composed broadsheets calling Gennadii a heretic.[66] Their few extant writings – original, edited, copied, or glossed – indicate an "academic" attempt to make sense of Old Testament and universal history;[67] a penchant for pedagogically useful alphabet games; an attraction to a Jewish-origin, chain poem, proclaiming faith as the fortification of learning[68] and a spectacularly gruesome political-diplomatic-historical tale.[69] But nothing which survives is incompatible with Orthodoxy,[70] so perhaps the

---

65 RNB, *fond Sofiiskaia biblioteka*, number 1474; description in Abramovich, *Opisanie* 3, 313-318. The anti-Latin the section is within (presumably Iosif's) second *slovo* to the Iconographer (future *Slovo* 7 of *Prosvetitel'*), and printed in *AfED*, 348-349.

66 *AfED*, 380.

67 *AfED*, 280-299.

68 *AfED*, 256-276.

69 *Povest' o Drakule*, ed. Ia. S. Lur'e (Leningrad, 1964); excluded here is anything produced by Zosima in his official capacity as metropolitan.

70 For example, neither the alphabetic table nor the Jewish-origin chain poem was subsequently seen as heretical by the sacred-literary republic, as they were adapted and copied together a minimum of thirty-one times through the seventeenth century. For distinct estimations of how rational, scholastic or otherwise, was any of the allegedly Jewish-influenced Russian thinking, see Moishe Taube, "The Kievan Jew Zacharia and the Astronomical Works of the Judaizers," in *Jews and Slavs* 3, ed. W. Moskovich et al. (Jerusalem, 1995), 168-198; "The 'Poem on the Soul' in the *Laodicean Epistle* and the Literature of the Judaizers," *Harvard Ukrainian Studies* 19 (1995/1997), 671-685; and "The Fifteenth-Century Ruthernian Translations from Hebrew and the Heresy of the Judaizers: Is There a Connection" in *Speculum Slaviae Orientalis*: *Ruthenia, Muscovy, and Their Vicinities in the Late Middle Ages,* ed. V.V. Ivanov, J. Verkholantsev (Moscow, 2005) (= UCLA Slavic Studies, 4), 185-208 and then the skepticism of Romanchuk, "The Reception of the Judaizer Corpus in Ruthenia and Muscovy: A Case Study of the Logic of Al-Ghazzali, the 'Cipher in Squares,' and the Laodicean Epistle," also in *Speculum Slaviae*

fundamental problem here was a juncture of court politics, useful calendrical skills, and heterodox predictive devices and literary interests, as Iosif Volotskii characterized the ex-Novgorodian archpriest Aleksei and the diplomat-state secretary Fedor Kuritsyn:[71]

> ... [they] ... like no others, had such free access to the sovereign: for they busied themselves with astronomy, and a lot of fiction (*basnoslovie*), and astrology, and sorcery, and black books.

Gennadii had a keen eye for talent, when he enlisted or accepted Iosif's collaboration in the campaign against dissidence, for the latter operated quite effectively within his country's literary republic. We first encounter him as a seasoned elder and recognized expert in theology answering an archimandrite's exegetical queries, and strictly delimiting how Orthodox the matters differently from "heretics, for they corrupt according to their knowledge, wishing to conceal the Trinity". Yet Iosif asked at this time that his authorship be concealed, as if he desired the advantages of anonymity.[72] When needed, he used his rhetorical skills in a combination of church-legal, ethical, and eschatological arguments to promote and defend his cloister's interests, as well as to promote a public policy, such as famine relief or an inquisition.[73] He also forayed into the realm of iconography, commented more than once on what makes for good sacred painting, and hence bridged the sacred-literary republic and that of sacred art.[74] He pioneered for Russia in several genres, including the multi-discourse apologetic-theological treatise (*Prosvetitel'*) and the similarly structured monastic Rule, and he brazenly and creatively declared that the revenue-producing "syndicon and quotidian memorial lists" are "the most profitable of all the Divine Writings, ... for they also profit dead souls."[75] He sent two of his charges to

---

Orientalis, 144-165.

71 *AfED*, 471. If Fëdor Kuritsyn was indeed a genuine Christian (as the moral judgments on Vlad Tsepesh in *Povest' o Drakule* would indicate – that is, unless the codex scribe, hieromonk Efrosin of Kirillov or someone else altered the end of the tale), then Kuritsyn fits the pattern noted in A. S. Lavrov's conference volume paper of religious dissidents, who shared most of the discourse of Orthodoxy, and hence of the sacred-literary republic, and thereby was well-poised to promote the expansionist interests of the Orthodox state.

72 *AfED*, 305-309, citation on 308. A. I. Alekseev has recently challenged Lur'e's identification of this "Epistle to Arkhmandrite Vassian" as a source of several *Prosvetitel'* discources and sees it, rather, as derivative: "Kogda nachalas' polemika 'iosiflian' i 'nestiazheatelei'" in *Nil Sorskii v kul'ture i knizhnosti Drevnei Rusi. Materialy Mezhdunarodnoi nauchnoi konferentsii* (St. Peterburg, 2008), 34.

73 *PIV*, 145ff.

74 *AfED*, 323-325, 372-373; *Drevnerusskie inocheskie ustavy. Ustavy rossiiskikh monastyre-nachal'nikov (DRIU)*, expanded reissue of *Istoriia rossiiskoi ierarkhii, vol. 7* (Moscow, 1812; modern ed., T.V. Suzdal'tsev: Moscow, 2001), 107-108: transl. D. Goldfrank, *The Monastic Rule of Iosif Volotsky, (MRIV)*, 2nd ed. (Kalamazoo, 2000) (= Cistercian Studies, 36), 236.

75 N. A. Kazakova, *Vassian Patrikeev i ego sochineniia* (Moscow/Leningrad, 1960), 355. *MRIV*, 309. See as well, Ludwig Steindorff's contribution here, for its discussion of the role of the literary introductions to the *sinodiki*. In this case, what Steindorff, correctly I believe, considers to

study with and assist Nil Sorskii, who in turn copied forty per cent of the earliest known and best complete edition of *Prosvetitel'*, while these two facilitated the creation of Nil's didactic-literary legacy and then its specific dissemination within Iosifov. Nil's copying the key section of *Prosvetitel'*, *Slovo* 7,[76] which states categorically that one is not to heed the damnation-producing policies of a wicked, blasphemous prince, constituted a clear delimitation of boundaries on the macro-scale by the republic's leading lights. Meanwhile, on the micro-scale, Iosif insisted in his Rule:[77]

> ... and no one shall inscribe anything in a book without the superior's or choirmaster's blessing: from this arise disturbances and trouble and the corruption of the Divine Writings, and discord and cliques, and then curses and anathemas.

To measure the success of what in retrospect must appear as cooperation among Gennadii and his assistants in Novgorod, Iosif and his colleagues in Volokolamsk, and Nil and some of his followers in Beloozero in seizing and directing some if not all of the commanding heights of Russia's sacred-literary republic, one can point to the textual success of the "Gennadii Bible," *Prosvetitiel'*, and Nil's spiritual corpus; to the political fortune of Iosifov trainees within the hierarchy and the careers and literary legacies of such key prelates as Metropolitan Daniil and Archbishop/Metropolitan Makarii; and also to two coenobiarchs, who utilized chiefly Iosif, but also Nil in their Rules. Kornilii Komel'skii (1455-1537/8), an erstwhile Kirillov resident and later one of Gennadii's *pustynniki*, became a dynamic monastic founder in the Vologda region with at least eight disciple-founders of his own.[78] Elena Devochkina (d. 1547 or 1549), earlier a nun in Suzdal, was selected by Vasilii III to be *igumena* of his newly founded Novodevichii Monastery in Moscow, where the sisters' charge was to pray for the fecundity of the dynasty – a solitary late evening cell activity in her Testament-Rule replacing the handicraft, meditative

---

be a rationalizing Iosifov innovation in commemorative practices, adheres to the pattern identified in Mikhail Krom's conference volume paper as casting a reform in terms of traditional concerns for piety and morality. But this reform is unique, because it aids, in addition to the souls of the executors of the good deed, not the living members of society at large, but their souls in the afterlife, and hence integrates the living and the dead of the realm.

76 See D. Goldfrank, "Nil Sorskii's Share of *Prosvetitiel'*," in *Rude and Barbarous Kingdom Revisited*, ed. Chester Dunning, Russell Martin and Dan Rowland (Bloomington, 2008). Insofar as social ethics are concerned, the late-XVII c. Pskovian Pëtr Ignatevich, described in P. S. Stefanovich's paper for this conference volume, is a perfect example of someone trying to live according to the positive ideals expressed in this *Slovo* 7. Pierre Gonneau's paper here, by foregrounding the princes' ethic duties, gives examples of churchmen consciously intervening in the XV c. civil strife in the interest domestic tranquility.

77 *DRIU*, 81-82; *MRIV*, 198.

78 *Zhitie Korniliia Komel'skgo*, ed. A. S. Gerd (St. Peterburg, 2004); also *Biblioteka literatury Drevnei Rusi (BLDR)*, ed. D. S. Likhachev et al. (St. Peterburg, 1997-), 13, 304-353; Kornilii Komel'skii, 'Kornilii Komel'skii, II. Ustav ili pravila', *DRIU*, 168-186; *SKKDR* 2.2, 485-490.

reading or stillness (hesychastic prayer) required by Iosif after Compline. Elena's manipulation of Iosif's Testament-Rule and her independent addition of patristic material places her squarely within the ruling elite of the sacred-literary republic, maybe the only such known Muscovite woman to be up there.[79]

Yet not everything in this literary realm worked out as the Orthodox superstars may have hoped. In the short run, Gennadii and Iosif (aided by Nil) enjoyed a inquisitional victory over the "Jewish-reasoning Novgorod Heretics." However, despite denunciations and prohibitions, popular Orthodox interest in heterodox divination persisted. Nothing is quite so telling in this respect as the fact that while the *Stoglav* Synod of 1551 banned *Rafli* and other such predictive devices,[80] many copies of the popular, roughly contemporary *Domostroi*, containing advice to large householders, a mixture of strictures for very pious living, and practical instructions for the quotidian management of the urban villa, attached a brief, three-dice combination divination table with 216 (= 6^3) possible outcomes under the title *Rafli*, among a set of what we would term superstitious calendrical guides as appendices.[81] In other words, and here Russia was hardly different from many other Old World societies, the normal, everyday desire for the fruits of bookish reading of the future diluted both orthodox religious practices and the textual purity of the stock of sacred literature.

How about the more independent writers, who figured among the ruling class or superstars of Moscow's republic of sacred letters? A solid example of a success story among this stratum would have been the immigrant Serbian hagiographer Pakhomii Logofet (in Russia by 1438, d. after 1484), whose home base became Troitsa-Sergiev, but who also wrote on commission for three archbishops of Novgorod, at least three metropolitans, and for Kirillov, as well as for Troitsa – a total of eleven lives, plus some other works.[82] Pakhomii appears to have navigated well through the vicissitudes of internecine warfare within Muscovy in the 1440s and between Moscow and Novgorod at various points of his stay in Russia. Perhaps he owed his continued, overall success in Russia to his always having had politically safe patrons. Whatever the case, his rather ample hagiographic output served as an essential building block for development of a unifying, national set of saints. In this endeavor, moreover, his efforts proved more fruitful than Nil Sorskii's, whose metaphrased, that is, stylistically redacted *Sobornik* of twenty-four Greek, Egyptian, and Levantine monastic saints lives in three codices enjoyed a much more limited

---

79 See David Goldfrank, "Sisterhood Just Might Be Powerful: The Testament-Rule of Elena Devochkina," *Russia History/Histoire russe* 34 (2007), 189-206. Angelika Schmähling's conference paper here discusses some of the other societal functions of female cloisters.

80 *Stoglav*, ed. D. E. Kozhanchikov (St. Peterburg, 1863; Repr.: Letchworth, 1971), 139-140 (Gl. 40, vopr. 22), which indicates that *Shestokryl* also still circulated, despite the suppression of the "Novgorod Heretics".

81 *Domostroi*, ed. V. V. Kolosova (Moscow, 1990), 260-282. This is not the same as the much longer and more complex calendrical *Rafli* discussed in A. A. Turilov and A. V. Chernetsov, "Otrechennaya kniga Rafli," *TODRL* 40 (1985), 260-344.

82 G. M. Prokhorov, "Pakhomii Serb," *SKKDR* 2.1, 67-177.

readership.[83] Muscovy's sacred-literary republic cherished Nil'spiritual instruction, but by the 1540s, if not earlier, was not interested in revising the standing corpus of translated hagiography on the basis of his editorial principles.[84]

A different sort of talented immigrant was the Italian-educated Michael-Maksim Tribole "the Greek" (c.1470-1555), who arrived from the Athonite Vatopedi Monastery in Moscow in 1518 under Metropolitan Varlaam (r. 1511-1522) to effect some critical translations from Greek and to help resolve some contentious questions. Under unavoidable suspicion as an Ottoman Greek, and using secular literature and reform Catholic models to criticize Russian thinking and practices, Maksim found himself, regarding more than one issue, on the wrong side of Varlaam's replacement Daniil, and ended up excommunicated as a heretic on trumped up petty charges. Maksim was confined, first in Iosifov, 1525-1531, and then in the palace of the bishop of Tver'.[85] He nevertheless wrote perceptively and cogently on a wide variety of topics, and his opinion carried huge respect, such that even if well into the seventeenth centuries his compositions were suspect among some Orthodox authorities, the sum total of manuscript copies of his original writings ended up being greater than those of Nil and Iosif combined.[86] Maksim's personal fate within Russia's literary republic was that of a quasi-martyr superstar. But in the light of his undoubted talents, precisely because his literary tastes and his ideals for governance were so Western, his repute among Russians could only rise as Russia itself progressively westernized in subsequent centuries.

The Rostock University-educated polymath German Nicholas Bülow/Nikolai Bulev ('Nemchin') represents a different type of temporarily successful foreigner, in that he was a Roman Catholic translator for Gennadii and later became Vasilii III's court physician. Using this position, Bulev promoted Church Union and also made a splash for himself with his use of Johannes Stöffler's *Almanach* of astronomical tables to predict a great flood in 1524. This led Maksim Grek, among others, to launch a serious rejoinder against both astrology and Church Union. Temporarily close to being a superstar due to court patronage, Bulev's own star quickly sank, and

---

83 Lënngren, *Sobornik Nila Sorskogo*, 12.

84 Iosif's successor *igumen*, Metropolitan Daniil, by sending one of those volumes as part of a hagiographic collection to Troitsa-Sergieva, evinced some interest in Nil Sorskii's editorial work, but Makarii did not utilize Nil at all in his *Velikie minei chet'ii* project; on Daniil here, B. M. Kloss, *Nikonovskii svod i russkie letoisi XVI-XVII vekov* (Moscow, 1980), 84.

85 The question of how Maksim's invitation to and fate in Russia was connected with the high church politics and the vicissitudes of the conflicts after Nil Sorskii's death in 1508 between the Iosifites (Iosif, Daniil, et al.) and a variety of opponents, including Vassian Patrikeev and other so-called "Trans-Volgans" or "Non-Possessors," is well beyond the purview of this essay. Among the best analyses of this question (though I interpret Nil Sorskii very differently) is N. V. Sinitisyna, *Maksim Grek v Rossii* (Moscow, 1977).

86 Hugh Olmsted, "Modeling the Genealogy of Maksim Grek's Collection Types. The 'Plectogram' as Visual Aid Reconstruction," in *Medieval Russia Culture*, vol. 2, ed. Michael Flier and Daniel Rowland (Berkeley et al., 1994) (= California Slavic Studies, 19), 107-108.

he remained within Muscovy's literary republic only as a significant whipping boy.[87]

Another Orthodox writer to attack Bulev's astrology and, implicitly, promotion of Church Union, was Filofei of the Pskov Eleazarov Monastery, whose founder Efrosin (d. 1479) preceded Iosif in composing a prestigious coenobitic rule, and which may also have received of some of Gennadii's texts. According to several scholars, Filofei was aware of the recent translation of IV Ezra from the Vulgate, which he utilized in his apocalyptic reading or original formulation of the "Third Rome" notion.[88] His 1523-1524 epistle on this matter, one of the most copied works of the time, must have vaunted him to a very high status in the literary republic, as a variety of derived versions circulated under his name.[89] This made him somewhat like Archbishop Vassian Rylo (r. 1468-1481), whose purported 1480 "Epistle to the Ugra" to Ivan III, with the summons to stand firm against the invading Tatars was likewise a very popular piece.[90] But this archbishop, the second or third prelate of the realm, spent part of every year in Moscow, while Filofei, lacking any official position, was more isolated in his Pskovian cloister.

Filofei's addressee Mikhail Grigorevich "Misiur'" (Egypt) Munekhin (d. 1528) is a fascinating type, since he was an ex-diplomat and became the *diak* most responsible for the continuous administration of Pskov for the first eighteen years after its incorporation into Muscovy in 1510. He also was one of the patron-founders of the Pskov Pecherskii Monastery, which subsequently also figured in Russia's literary life. We do not know if Munekhin himself was much of a writer beyond routine diplomatic and personal correspondence and a brief description of his trip to Cairo, Jerusalem, and Constantinople, but he was intellectually curious, posed at least written questions to both Bulev and Filofei, and thus, unlike Zinovii's diak-addressee in Novgorod, Shishkin, can be reckoned as pertaining to the republic's ruling class.[91] More literarily prominent among the diplomat writers stood not only, as we have seen, the "heretic" Fedor Kuritsyn, but also Dmitiri Gerasimov (c. 1465-1536) and Fedor Karpov (d. post 1545). Gerasimov, well versed in Latin and German, originally worked with Gennadii's team, crafted several translations from Latin, also helped Maksim Grek get his start in Russia by putting the latter's Latin translation of the *Interpreted Psalter* into Russian, and in addition went on a mission

---

87 D. M. Bulanin, "Nikolai Bulev (Biulov)," *SKKDR* 2.1, 101-103.

88 For the debate over whether IV Ezra, translated from the Vulgate, influenced Filofei, see Donald Ostrowski, *Muscovy and the Mongols. Cross-cultural Influences on the Steppe Frontier, 1305-1589* (Cambridge, 1998), 221-222.

89 The strictest analysis leaves Filofei with only one authentic "Third Rome" epistle, *Poslanie na zvezdochetev"* of 1523-1524: A. L. Gol'dberg, "Tri 'poslaniia' Filofeiia (Opyt tekstologicheskogo analiza)," *TODRL* 29 (1974), 68-97. Also see Frank Kämpfer, "Autor und Entstehungszeit der Lehre ,Moskau das Dritte Rom'," in *Da Roma alla Terza Roma. IX seminario internazionale di studi storici. Relazioni e comunicazioni, vol. 1* (Roma, 1989), 63-83.

90 Ia. S. Lur'e, "Vassian Rylo," *SKKDR* 2.1, 123-124.

91 R. P. Dmitrieva, "Munekhin Mikhail Gregor'evich," *SKKDR* 2.2, 120-122.

to Rome in 1525, where he informed some Italians about Russia and its geography and likewise obtained new information about the Europe's recent global discoveries.[92]

Karpov, also well versed in Latin, including at least a little Ovid and (in that language) some of Aristotle's *Nichomachian Ethics*, proved curious about astrology, and corresponded with Bulev, Filofei, Maksim, and Daniil. Perhaps Karpov's most interesting arguments were those written to Daniil and taken from Aristotle in favor of legality and justice, as a practical governing principle, the opposite of the Church's recommended pious patience, which, implicitly, results in all sorts of abuses. But, in keeping with the dominant ideas of the time, Karpov's most copied works were his theological and personal observations and questions directed to Filofei and Maksim.[93] Karpov's citing Aristotle as a source, while he concealed his inclusion of Ovid's verses, was, perhaps, a recognition that naming the latter would have pushed the envelop too far in the sacred-literary climate of his day, though maybe he was also playing a game for the possible lone reader or two, who might have seen what he was doing. Nil Sorskii, after all, did not identify all of his copied and adapted sources, though some, like Nikon of the Black Mountain or John Cassian, would have been obvious to his more numerous informed readers.[94]

The Kuritsyns, Munekhin, Gerasimov, and Karpov all illustrate the active role that lay officials enjoyed within the ruling class of sacred-literary republic and in discussing pressing intellectual and theological issues, but their varying personal and literary fates show that the prevailing orthodoxy, as determined by the political-ecclesiastical ruling class, could and did limit the activities and effects of individuals. And however functional and essential the Orthodox literary realm may have been in linking lay and clerical literary elites, it did not prevent even active participants such as Karpov from operating effectively as well within the ideational world of Tatar clan politics, which facilitated, as Bulat Rakhimzyanov shows, the integration of friendly steppe magnates into Muscovy's state and zone of clients to the east and southeast.[95]

---

92 N. A. Kazakova, "Dmitrii Gerasomov (Mitia Malyi)," *SKKDR* 2.1, 195-196; for his epistles and modern Russian translations, *BLDR* 9, 340-360.

93 On Karpov, *inter alia*, E. N. Kimeeva, "Poslanie mitropolitu Daniilu Fedora Karpova," *TODRL* 9 (1953), 220-234; A. A. Zimin "Obshchestvenno-politicheskie vzgliady Fedora Karpova," *TODRL* 12 (1956), 160-173; A. I. Klibanov, "'Pravda' Fedora Karpova" in *Obshchestvo i gosudarstvo feodal'noi Rossii. Sbornik statei posviashchennyi 70-iiu letiiu Akademika Lva Vladimirovicha Cherepnina,* ed. N. M. Druzhinin et al. (Moscow, 1975), 141-150; D. M. Bulanin, "Karpov, Fedor Ivanovich," *SKKDR* 2.1, 459-461.

94 See D. Goldfrank, "Nil Sorskii and Nikon of the Black Mountain," *Russian History/Histoire russe* 33 (2006), 365-405.

95 See Rakhimzyanov's conference volume paper, and also Paul Bushkovitch's regarding the accommodation of elite Moslems within Moscow and Muscovite diplomacy. Jukka Korpela's conference paper on Feodorit Kol'skii shows the Russian missionary also as princely agent. In this case the traditions of missionary-saint's Lives, such as Cyrill, Methodius and Stefan of Perm, which were standard texts of the sacred-literary republic, surely contributed to the repre-

The forcefully tonsured ex-magnate and prince, Vassian Patrikeev, serves as the perfect example of the talented and essentially independent writer, whose subjects and sources were impeccably Orthodox, but whose hierarchy-challenging positions on crucial matters, in this instance, execution of heretics, the sanctity of some of Russia's "wonder-workers," and, most important, monasterial real estate and quasi-serfs, rendered him eventually a literary outlaw. Vassian specialized in the church-legal argument supplemented by personal invective, in which he proved to be a literary match for Iosif and superior to Daniil, if, ultimately, a political loser.[96] As church law was one of the textual realms in which people of that time, for example Iosif and Vassian, disputed public and private issues with position papers and epistles, control over Russia's *Pedalion* equivalent – the *Kormchaia kniga* – became a point of issue. It thus may be no accident that the lone high official burned as a heretic in 1504-1505, Ivan Volk Kuritsyn, had compiled a *Kormchaia*, and that Vassian's, which likewise underscored state control over church property, provided the leading basis of his condemnation and incarceration as a heretic in 1531.[97] Accordingly, one of the top Iosifites, Nifont Kormilitsyn, compiled under Makarii an official *kormchaia*, which utilized some of Volk Kuritsyn's and Vassian Patrikeev's organizational principles, but emphasized the independence of the church from the state.[98]

Perhaps what landed Vassian Patrikeev in trouble was not so much the positions he took, as how he took them, for the priest Ermolai – later the monk Erazm – from Pskov, an apparent autodidact, proved that one could likewise be a relatively independent, versatile writer urging reform within church, state, and society and not (so far as we know) suffer for it. He was most influential in Russia for his popular *Tale of Peter and Fevroniia,* which combined hagiography, magic, folklore, a little forbidden sex, and criticism of presumptuous boyars.[99] For the historian of state and society, Ermolai is equally well known for his brief, reformist *Pravitel'nitsa,* which, if enacted, would have created state peasants out of the servicemen's incipient serfs and banned taverns and daggers.[100] For the church historian, moreover, he joins Iosif, Maksim Grek, Zinovii Oten'skii, and the pseudo-Zinovii author of *Poslanie mnogoslovnoe* as a creator of original apologetics for the defense of Orthodoxy and

---

sentation, if not also the inspiration, of Feodorit.

96 On Vassian in genereal, Kazakova, *Vassian Patrikeev;* also Andrei Pliguzov, *Polemika v russkoi tserkvi pervoi treti XVI stoletii* (Moscow, 2002).
97 Kazakova, *Vassian Patrikeev*, 285-287.
98 Iu. K. Begunov, "Kormchaia Ivana Volka Kuritsyna," *TODRL* 12 (1956), 141-159; Pliguzov, *Polemika*, 141-178.
99 R. P. Dmitrieva, *Povest' o Petre i Fevronii* (Leningrad, 1979) 147-324, for the most complete publication: over three hundred manuscript copies survive from the 16th-19th centuries.
100 Publications include V. F. Rzhiga, "Literaturnaia deiatel'nost' Ermolaia-Erazma," *Letopis' zaniatii Arkheologicheskoi komissii* 33 (1926), 193-199 and "Sochineniia Ermolaia-Erazma," in *Pamiatniki literatury drevnei Rusi. Konets XV-pervaia polovina XVI v.* (Moscow, 1984), 652-663, with also a modern Russian translation.

the edification of the faithful during this Middle Muscovite period.[101] As a person, though, Ermolai-Erazm is obscure, except for his brief enjoyment of Metrpolitan Makarii's patronage, which probably secured the high circulation of *Peter and Fevroniia*. Ermolai-Erazm knocked on the doors of the sacred literary republic's ruling class, and was maybe temporarily admitted, but despite his abilities and originality, could be no more than a member of his home town's and, presumably, his monastery's literary elite. He did not succeed, as did the archpriest and future metropolitan Andrei-Afanasii (d. ca. 1568-1575), whom Makarii commissioned not only to compose the Life of his (Afanasii's) mentor, Daniil of Pereslavl, but also to create *Stepennaia kniga*, the very popular hagiologized history of Russia.[102] Here the metropolitan's patronage facilitated the making of a superstar.

As noted at the start of this paper, we obviously have only scratched the surface of a small sample of the owners, copyists, writers, compilers, and editors, who populated our imagined republic, Moreover, we have avoided such people as I. S. Peresvetov, for whom no sixteenth-century manuscripts are extant, but we would be amiss if we did not mention Ivan IV, even if we also skirt the problematic issue of his alleged correspondence with Kurbsky, where such manuscripts likewise are absent. If indeed the two had a genuine, lively, polemical exchange, then they indeed both literary superstars, and Kurbsky initiated for Russia the phenomenon of the influential writer-in-exile. Whatever the case here,[103] we know that Ivan IV, whether as actual creator or by means of a ghost-writer, not only actively joined the sacred literary republic for his own purposes, as, for example, by composing or commissioning his excoriating epistle to the Kirillov brotherhood in 1573,[104] but also expanded the domain of the republic to include some of his European diplomatic correspondence, whereby his pretense to eminence in the international arena meshed with his dynasty's and his own claims at home.[105]

To conclude in some fashion, the very concept of the republic of sacred letters as a textually bound mega-community foregrounds function, while its members, those who took the content and strictures of Orthodox texts seriously, intersected with society at large. These people usually had other functions within the larger society, and their status within this imagined republic both influenced and was influenced by

---

101   On the Zinovii/Pseudo-Zinovii question, see Nancy Yanoshak, "Watermarks and the Dating of Old Russian Manuscripts: The Case of Poslanie Mnogoslovnoe," *Studies in Bibliography* 47 (1994), 252-265.

102   N. N. Pokrovskii, "Afanasii(v mire Andrei)," *SKKDR* 2.1, 73-79.

103   For one level-headed opinion and review of the problem, Charles J. Halperin, "Edward Keenan and the Kurbskii-Groznyi Correspondence in Hindsight," *Jahrbücher für Geschichte Osteuropas* 46 (1998), 376-403.

104   *Poslaniia Ivana Groznogo,* ed. Ia. S. Lur'e, D. S. Likhachev (Moscow/Leningrad, 1951), 162-192.

105   *Poslaniia Ivana Groznogo,* 144-161, 197-207, 213-277. Aleksandr Filiushkin's paper here has rich materials to this effect: see above, note 34.

their outside status. The leaders of the republic led by a combination of talent, ambition, organizational position, and access to patronage. One could be essentially a writer like (so far as we know) Pakhomii Logofet, master teacher-writer like Nil Sorskii and Maskim Grek, coenobiarch-writer like Iosif Volotskii, or prelate-organizer as much as a writer, like Gennadii, Daniil, and Makarii. But one had to have patronage, and the state authorities could curb a Iosif, cashier a Gennadii or Daniil, or allow the Church to confine a Maksim. Elite patronage also determined why a Filofei or a Ermolai-Erazm proved less prolific or successful than an Afanasii. But the orthodoxy of one's Orthodoxy also counted, and here the views of the ruling class and middle strata of the republic certainly were essential factors, and literary plebeians constituted part of the targeted audience. Hence the disputes between Gennadii and Zakhar, Iosif and Serapion, Vassian and the Iosifites, Karpov and Daniil, and Bulev and the opponents of astrology or Church Union played out to some degree in the public arena. So long as one did not go too far in offending the church and state authorities, and Zakhar, Vassian, Maksim (and maybe Bulev) certainly did, one could dispute before the court of republic opinion. The upper and middle strata also determined that Nil Sorskii's writings served as the chief home-grown guide to monastic spirituality, that Iosif's and Maksim's original defenses of and instruction in Orthodoxy prevailed over the texts translated from Latin, and that Filofei and eventually Nil and also Kurbskii and Ivan IV merited some pseudographica. Finally, both Ivan IV's operating at times within the republic and Maksim's ultimate, posthumous prevailing there by means of his compositions are tokens of its potency, as well as its capacity to allow for moderate change within a highly conservative and at times ruthlessly repressive framework. Some devotees of these sacred texts by necessity lived and operated along side of adherents of other bodies of sacred texts, but what was especially not to be tolerated was anything which might undermine Orthodoxy among those born into the faith and converts. And in the state-centered civil society of the time, which permitted no vibrant, parallel, free civic society, this impermissible anything included rival textual communities, large or small, which competed for the mantle of orthodox Orthodoxy. A more open Russian literary environment and republic of letters was still several centuries down the road.

Ein vergessener „Eiferer der Frömmigkeit" und Missionar: Daniil von Temnikov

ALEKSANDR LAVROV

In den 1630er bis 1640er Jahren traten in der russisch-orthodoxen Kirche die Anhänger einer religiösen Erneuerung hervor. Schon ein aufmerksamer Zeitgenosse, der holsteinische Gelehrte Adam Olearius, beschrieb diese Priester, die ihm zufolge die Predigt ins Leben gerufen sowie die traditionelle Ikonenverehrung kritisiert haben sollen.[1] Olearius beschreibt diese Priester mit deutlicher Sympathie als eine Art Vordenker der russischen Reformation, wobei seine eigenen lutherischen Überzeugungen eine gewisse Rolle spielen. Im Fall der vermeintlichen Ikonenverehrung projizierte er sogar seine eigenen Wünsche auf die Wirklichkeit. Einige Vertreter dieser Strömung konnten die liturgische Reform des Patriarchen Nikon nicht akzeptieren, die dieser im Jahr 1653 veranlasste, und schlossen sich zur Opposition gegen die Reform zusammen, also zum Kern des zukünftigen Altgläubigentums.

Diese religiöse Strömung, die für die Erneuerung des religiösen Lebens eintrat, geriet erst in den 1880er Jahren in das Blickfeld der Historiker. Der Kirchenhistoriker Nikolaj F. Kapterev gab dieser Strömung ihren Namen, als er in seiner Studie über den Kreis der „Eiferer der Frömmigkeit" sprach. Dieser neutestamentliche Ausdruck (ο ζηλωτής τοῦ θεοῦ) kommt wirklich in den zeitgenössischen Quellen vor, wird dort aber nicht nur zur Benennung der Anhänger der religiösen Erneuerung verwendet, sondern in einer ganzen Reihe von Bedeutungen. Kapterev rekonstruierte das Programm der Eiferer. Sie hatten sich demnach die Wiedereinführung der Predigt, die Bekämpfung des „Aberglaubens" und das Ersetzen der „Vielstimmigkeit" (*mnogoglasie*) im Kirchengesang durch „Einstimmigkeit" (*edinoglasie*) zur Aufgabe gemacht. Was die Frage der persönlichen Zusammensetzung des Kreises betrifft, war Kapterev sehr vorsichtig. Er vermutete, dass zu ihm der Erzpriester Stefan Vonifat'ev, Aleksej Michajlovič, der Beichtvater des Zaren, der zukünftige Patriarch Nikon, der Erzpriester Ivan Neronov und der Erzpriester Avvakum Petrov gehörten.

---

1 ADAM OLEARIUS Vermehrte Newe Beschreibung der Muscowitischen und Persischen Reyse. Schleswig 1656 (Neudruck, hrsg. von Dieter Lohmeier, Tübingen 1971), S. 291-292. Es ist zu bemerken, dass diese Information in der ersten Ausgabe des Olearius-Buches fehlt (ADAM OLEARIUS Offt begehrte Beschreibung der newen orientalischen Reyse, so durch Gelegenheit einer Holsteinischen Legation an den König in Persien geschehen. Schleswig, bey Jacob zur Glocken, 1647). Für Kommentare und Anregungen danke ich Pierre Gonneau, Angela Rustemeyer und Marnie Sturm.

Letzterer sollte zudem der zukünftige Gründervater und Märtyrer des Altgläubigentums werden.[2]

In seinem Abriss der russischen Geistesgeschichte des 17. Jahrhunderts schreibt Sergej A. Zen'kovskij den „Eiferern der Frömmigkeit" eine wichtige Rolle zu. Er schlug einen neuen Namen für den Kreis vor: Statt „Eiferer der Frömmigkeit" sollten sie nun „Gottesliebende" (*bogoljubcy*) heißen. Das Wort „*bogoljubcy*" kommt ebenfalls in den Quellen vor, bleibt dort aber mehrdeutig. Mit ihm wurden beispielsweise Personen bezeichnet, die reisenden Pilgern eine Übernachtungsgelegenheit anboten. Zen'kovskij versteht die Gruppe auch nicht als „Zirkel", sondern als „Bewegung". Der Historiker suchte den chronologischen Rahmen der Bewegung so weit auszudehnen und ihre persönliche Zusammensetzung so stark zu ergänzen, wie es ihm möglich war. So datiert er die Versetzung des Erzpriesters Ivan Neronov aus Nižnij Novgorod nach Moskau, die als wichtige Voraussetzung für die Zusammenarbeit der provinziellen „Eiferer" mit den Moskauer „Eiferern" gelten kann, auf 1647 statt auf 1649.[3] Damit bekam die „Bewegung" eine zweijährige chronologische Erweiterung. Noch unkritischer ging Zen'kovskij mit der Frage nach der persönlichen Zusammensetzung der „Bewegung" um. Von dem Programm der „Eiferer" ausgehend, das Kapterev rekonstruiert hatte, rechnete er alle Kirchenmänner der 1630er bis 1640er Jahre der Bewegung zu, die ähnliche Ansichten vertraten. Als besonders fragwürdig erweist sich hier die Bezeichnung einiger Mitarbeiter des Moskauer Druckhofes, unter anderem Šestak Martem'janovs, des Erzpriesters Michail Rogov und des Priesters Ivan Ševelev-Nasedka, als „Eiferer" oder als „Gottesliebende".[4]

Der sowjetischen Geschichtsschreibung waren solche Begriffe wie „Eiferer der Frömmigkeit" oder „Gottesliebende" zu stark religiös geprägt. Vielleicht schlugen deshalb V. Šul'gin und V. S. Rumjanceva einen neuen Namen vor – mittlerweile also bereits den dritten: „der Zirkel von Stefan Vonifat'ev".[5] Eine solche Umbenennung lässt vermuten, dass die Historiker den Zirkel als einen Moskauer Zirkel betrachteten, der stark auf Stefan Vonifat'ev, den Beichtvater des Zaren, angewiesen war. Obwohl Rumjanceva bemerkt, dass „es bis jetzt nicht gelang, die persönliche

---

2   N. F. KAPTEREV Patriarch Nikon i ego protivniki v dele ispravlenija cerkovnych obrjadov. Vremja patriaršestva Iosifa. 2-e izdanie. Sergiev Posad 1913 (die erste Ausgabe wurde 1887 veröffentlicht).

3   SERGEJ A. ZEN'KOVSKIJ Russkoe staroobrjadčestvo. Duchovnye dviženija semnadcatogo veka. München 1970, S. 106. Das richtige Datum s. V. S. RUMJANCEVA. Narodnoe anticerkovnoe dviženie v Rossii v XVII veke. Moskva 1986, S. 57.

4   ZEN'KOVSKIJ Russkoe staroobrjadčestvo, S. 92.

5   V. S. ŠUL'GIN Dviženija, oppozicionnye oficial'noj cerkvi v Rossii v 30-ch –60-ch godach XVII veka. Dissertacija kandidata istoričeskich nauk. Moskva 1967; V. S. RUMJANCEVA Kružok Stefana Vonifat'eva, in: Obščestvo i gosudarstvo feodal'noj Rossii. Moskva 1975, S. 178-188.

Zusammensetzung vollständig festzustellen", folgt sie in dieser Frage meistens der „erweiterten" Version Zen'kovskijs.[6]

Die Konzeption, die in der Studie Wolfgang Hellers über die „Eiferer der Frömmigkeit" angeboten wird, lässt sich als Kompromiss zwischen den Konzeptionen Kapterevs, Zen'kovskijs und Rumjancevas verstehen, obwohl der Autor sich durch ironische Bemerkungen von der dem „Istomat" treuen sowjetischen Geschichtsschreibung distanziert.[7] Das Buch lässt eine kritische Auseinandersetzung mit der den Eiferern gewidmeten Literatur vermissen; stattdessen bietet es einen kurzen Abriss der Historiographie der Kirchenspaltung. Heller zufolge existierte neben einem „Kreis der Eiferer", zu dem der Zar, sein Beichtvater, der Bojar B. I. Morozov und Nikon gehörten, ein anderer „Kreis der Eiferer", der von Ivan Neronov geführt wurde und dem hauptsächlich Vertreter der provinziellen Geistlichkeit angehörten. Dieser „andere" Kreis sei „bis 1652" in den großen Kreis „integriert" worden, danach aber sei der durch die Kirchenspaltung verursachte „Bruch" erfolgt.[8] Die Studie Hellers veranlasste Gabriele Scheidegger zu der Bemerkung, sie habe „in keiner einzigen zeitgenössischen Quelle einen eindeutigen Hinweis auf die Existenz eines solchen ‚Kreises' gefunden".[9] Obwohl ich mit der letzten Bemerkung nicht einverstanden bin – zum Beispiel erwähnt das Schreiben von Ivan Neronov an die Zarin Marija Il'inična vom 2. Mai 1654 explizit die "Eiferer der Frömmigkeit (*revniteli blagočestija*)"[10] –, stehe ich dem hyperkritischen Pathos Scheideggers viel näher als einer Einstellung, die zu sehr auf die Quellen vertraut, wie es Heller tut.

Im Laufe meiner Arbeit mit den Quellen zur russischen Kirchengeschichte des 17. Jahrhunderts kam ich zu meiner eigenen Vorstellung von der Bewegung der „Eiferer der Frömmigkeit", die ich im Folgenden kurz als Arbeitshypothese vorstellen will.

Zunächst einmal könnte man die Zeit zwischen 1636 und 1648 nur als „Vorphase" einer Bewegung der „Eiferer der Frömmigkeit" betrachten. Zu den wichtigsten Teilhabern an dieser Bewegung gehörten die Erzpriester aus der Provinz – in dieser Frage stimme ich mit Zen'kovskij vollkommen überein. Meiner Meinung nach gewann diese Gruppe der „weißen Geistlichkeit" fast zufällig an Bedeutung. Obwohl Erzpriester in der Literatur oft allgemein als „Vorsteher des städt[ischen] und ländl[ichen] Klerus" dargestellt werden, hatte ein Erzpriester den Beschlüssen des Hundertkapitelkonzils (*Stoglav*) zufolge nur den Domklerus, nicht aber den Kle-

---

6 RUMJANCEVA Kružok Stefana Vonifat'eva, S. 178-179.
7 WOLFGANG HELLER Die Moskauer „Eiferer für die Frömmigkeit" zwischen Staat und Kirche (1642-1652). Wiesbaden 1988.
8 HELLER Die Moskauer „Eiferer für die Frömmigkeit", S. 34.
9 GABRIELE SCHEIDEGGER Endzeit. Russland am Ende des 17. Jahrhunderts. Bern u.a. 1998, S. 24.
10 Materialy dlja istorii raskola za pervoe vremja ego suščestvovanija. T.1. Dokumenty, soderžaščie izvestija o licach i sobytijach iz istorii raskola za pervoe vremja ego suščestvovanija. Č.1. O licach, sudivšichsja na sobore 1666-1667 goda. Moskva 1875, S. 79.

rus der übrigen Gemeindekirchen und die Klöster in seinem Machtbereich.[11] Nur in der „Wirrenzeit" gelang es den Erzpriestern, zu Vorstehern der gesamten Bevölkerung der Bezirke (*uezdy*) zu avancieren. Mehrere Erzpriester unterschrieben 1613 die Urkunde, die die Wahl des Zaren Michail Romanov besiegeln sollte, und noch 1619 nahmen die Erzpriester an einer Landesversammlung teil. Dies war aber die letzte Landesversammlung, in der sie vertreten waren.[12] Der Machtverlust der Erzpriester entsprach der Stärkung der Macht der Gouverneure (*voevody*), die in der Zeit nach den Wirren die gesamten staatlichen und kirchlichen Angelegenheiten in den Bezirken verwalteten. Im Zuge dieser Konkurrenz um die Führungsposition traten die Erzpriester häufig als Vertreter der Interessen der Bezirksgeistlichkeit auf. Dabei schlugen sie eine Reihe von Verbesserungen des kirchlichen Lebens vor, wie es beispielsweise die Erzpriester von Nižnij Novgorod in ihrer berühmten Bittschrift von 1636 taten.

Zweitens bringe ich den Ausgangspunkt der „Bewegung" der Eiferer mit der Versetzung Ivan Neronovs nach Moskau (1649) in Verbindung, ebenso mit der Veröffentlichung des zarischen Erlasses über die Bekämpfung des Aberglaubens (1648). Meiner Meinung nach „erweckte" genau dieser Erlass mehrere potentielle „Eiferer" in der Provinz, die sowohl der „weißen" als auch der „schwarzen" Geistlichkeit zuzurechnen waren. Sie verstanden, dass der Erlass ihnen die Möglichkeit gab, sich als Verfechter Moskauer Politik zu profilieren und sich eventuell sogar gegenüber den Gouverneuren zu behaupten. Einige formulierten ihre Vorschläge in Bittschriften, wie der Mönch Grigorij von Vjaz'ma, dessen Fall Kapterev studierte, und bekamen daraufhin Verstärkung aus Moskau. Deswegen wäre meines Erachtens für einen solchen „Eiferer" eine persönliche (oder dienstliche) Beziehung zu Vonifat'ev, Ivan Neronov oder Avvakum nicht zentral oder obligatorisch. Es ging dabei offenbar eher um eine mediatisierte Verbindung, um eine Selbstidentifikation mit einer „Bewegung" – deswegen ziehe ich Zen'kovskijs „Bewegung" dem „Zirkel" von Kapterev vor. Als Medien der Identifikation mit der „Bewegung" erscheinen hier nicht nur die zarischen Erlasse und die oben erwähnten Bittschriften, sondern auch gedruckte Bücher ebenso wie die Briefe der Kirchenmänner, die gleichsam als offene Briefe verbreitet wurden. So ließe sich von der Formierung einer „textual community" sprechen.

---

11 KONRAD ONASCH Lexikon Liturgie und Kunst der Ostkirche unter Berücksichtigung der Alten Kirche. München 1993, S. 39; E. B. EMČENKO Stoglav. Issledovanie i tekst. Moskva 2000, S. 288 (Kap.8), 295 (Kap.34), 317.

12 HANS-JOACHIM TORKE Die staatsbedingte Gesellschaft im Moskauer Reich. Zar und Zemlja in der altrussischen Herrschaftsverfassung 1613-1689. Leiden 1974, S. 140. Der Bakkalaureus Richard James, der Russland 1618-19 besuchte, beschreibt die Erzpriester und die Protodiakonen als sekundär im Vergleich mit den Bischöfen und bemerkt, dass „sie in der Bischofskirche bei jedem Kirchendienst anwesend sind, aber es scheint, dass sie keine Macht über den anderen Klerus haben, und ihre Einnahmen sind geringer als die bischöflichen" (B. A. LARIN Russko-anglijskij slovar'-dnevnik Ričarda Džejmsa (1618-1619 gg.). Leningrad 1959, S. 117-118).

Drittens kann ich die Auffassung Hellers nicht teilen, es habe eine Spaltung des Kreises der „Eiferer der Frömmigkeit" gegeben, die auf die liturgische Reform des Patriarchen Nikon gefolgt sei. Die Frage ist, ob eine solch verschwommene, breite „Bewegung" sich überhaupt spalten konnte oder ob sie durch ihre Spaltung nennenswerte Energien freigesetzt hätte. Wahrscheinlicher ist, dass eine allgemeine Änderung der Kirchenpolitik zu einer Auflösung der Bewegung führte, die mit dem Amtsantritt des Patriarchen Nikon zusammenfiel. Dieser Ansatz ist bis jetzt relativ schlecht erforscht.

Diese Annahmen zugrunde legend, konzentrierte ich mich auf die Archive der Patriarchenämter der Bezirksverwaltungen (*prikaznye izby*), die neue Hinweise über die Aktivitäten der provinziellen Eiferer geben konnten. Dabei ging ich meistens von den Namen aus, die in der Geschichtsschreibung – mit guter oder zumindest relativ plausibler Begründung – mit der Bewegung der Eiferer in Verbindung gebracht wurden. Zu den wenigen Funden, die diese Suche zu Tage brachte, gehören vier Akten aus dem Bestand der Bezirksverwaltung von Temnikov (*Temnikovskaja prikaznaja izba*), die mit dem Namen des Erzpriesters Daniil Temnikov verbunden waren.[13] Zwei von ihnen beinhalten Autographen Daniils – die Kopie seiner Ordinationsurkunde (*stavlennaja gramota*) und der Ordinationsurkunde seines Vaters sowie die Kopie einer Bittschrift seines Vaters, des Priesters Mikita, die er eigenhändig anfertigte. Neben diesen Dokumenten gibt es noch drei Erlasse des Zaren, in denen Daniil ebenfalls erwähnt wird, von denen mir jedoch einer wegen seines schlechten Zustands unzugänglich blieb.[14] Die Bedeutung dieses Fundes liegt in dem authentischen, eigenhändigen Charakter der Dokumente. Georg Michels bemerkte vor kurzem: „Historians have neglected the fact that Avvakum's surviving letters and petitions – with one significant exception... – were written only after his return from exile in Siberia in 1664".[15] Das Gleiche gilt nicht nur für Avvakum, sondern auch für andere Gründerväter des Altgläubigentums (mit Ausnahme Ivan Neronovs), deren Zeugnisse über die Vorgeschichte der Kirchenspaltung und über die Kirchenspaltung selbst ebenfalls deutlich später geschrieben wurden. Die beiden neu aufgefundenen Autographen des Erzpriesters Daniil von Temnikov bilden somit eine Ausnahme, auch wenn die Kirchenspaltung in beiden noch keine Erwähnung findet.

Erzpriester Daniil von Temnikov: Versuch einer Biographie

Über den Erzpriester Daniil von Temnikov weiß man so gut wie nichts. Eine wichtige Erwähnung Daniils, die seinen Namen mit dem ersten Protest gegen die Kir-

---

13 Das Bestand der Temnikover Bezirksverwaltung wurde neulich von Nancy Shields Kollmann für eine Studie zur lokalen Kriminalität benutzt (NANCY SHIELDS KOLLMANN Russian Law in a Eurasian Settling: The Arzamas Region, Late Seventeenth – Early Eighteenth Century, in: The Place of Russia in Eurasia. Budapest 2001, S. 200-206).

14 Rossijskij gosudarstvennyj archiv drevnich aktov (RGADA), f.1167 (Temnikovskaja prikaznaja izba), op.1, N 296, Bl.1-5, N 297, Bl.1-35, N 675, Bl.1-5, N 694, Bl.3-5, N 1353, Bl.7-8.

15 GEORG MICHELS The First Old Believers in Tradition and Historical Reality, in: Jahrbücher für Geschichte Osteuropas 41,4 (1993), S. 481-508, hier S. 490.

chenreform des Patriarchen Nikon (1653) in Verbindung bringt, geht auf den Erzpriester Avvakum zurück. In seiner „Autobiographie" teilt Avvakum mit, dass „sie
[die Anhänger der Reform – A.L.] einen anderen Daniel, den Protopopen aus Temnikov, gefangen genommen und ihn ins Novospasskij-Kloster eingesperrt [...] haben", nachdem der Erzpriester Daniil von Kostroma verhaftet, geschoren und verbannt worden sei.[16]

Es ist nicht erstaunlich, dass lediglich die Kommentatoren der „Autobiographie"
Avvakums sich für die episodische Persönlichkeit Daniils interessierten. Die aus-
führlichste Biographie Daniils von Temnikov schrieb Pierre Pascal 1938 im Kommentar zu seiner Übersetzung der „Autobiographie" Avvakums. „Wir haben eine
ausführliche Instruktion, die am 20. Oktober 1652 dem Erzpriester von Temnikov
(einer kleinen Stadt nicht weit von Tambov) zugeschickt wurde, ihn aufzufordern,
gegen heidnische Riten, Gaukler und Bärenführer streng vorzugehen", schrieb Pierre
Pascal: „Also war dies ein Mitglied des Kreises der ‚Eiferer der Frömmigkeit'[...].
Es ist möglich, dass Daniil sich nach dieser Ungnade unterwarf, weil man ihn im
September 1670 als Erzpriester in Temnikov findet. Aber im Dezember dieses Jah-
res wurde er verfolgt und versteckte sich in Moskau: Sein Sohn wurde als Komplize
der Briganten Sten'ka Razins, die für einen Moment Herren der Stadt gewesen
waren, erhängt. Im Jahr 1673 wurde er zwecks strenger Isolierung im Derevjanickij-
Kloster in der Nähe von Novgorod eingesperrt."[17]

Die Behauptung Pierre Pascals, Daniil sei ein „Eiferer der Frömmigkeit" gewesen, wurde in der Literatur übernommen[18], wodurch der Erzpriester von Temnikov

---

16 Pamjatniki istorii staroobrjadčestva XVII v. Kn.1. Vyp.1 (Russkaja istoričeskaja biblioteka.
T.39). Leningrad 1927, S. 15-16, 97; Das Leben des Protopopen Avvakum, von ihm selbst niedergeschrieben. Übersetzt aus dem Altrussischen von Gerhard Hildebrandt. Göttingen 1965, S.
23. In der Redaktion „V" („C" nach der Terminologie von Gabriele Scheidegger) der Autobiographie wird „aus Temnikov" durch „Nikol'skij" ersetzt, was absolut korrekt ist, weil die
Hauptkirche von Temnikov der Verklärung Christi und dem Heiligen Nikolaus geweiht wurde,
was schon A. N. Robinson bemerkte. Andererseits beweist diese Korrektur in der Redaktion V,
also in der dritten und spätesten Redaktion, noch einmal, dass alle drei Avvakum zugeschriebe-
nen Redaktionen vom gleichen Autor kommen. Im Gegensatz dazu führt uns die von Gabriele
Scheidegger vertretene These von einer späteren Fälschung zu dem Schluss, dass der Fälscher
unvorstellbar genaue Kenntnisse über die Biographie Daniils und die kirchliche Geographie des
17. Jahrhunderts besaß. Das von Scheidegger bemerkte Fehlen jeder Erwähnung Daniils in der
Prjanišnikov-Redaktion der Autobiographie könnte man mit der Korrektur eines späteren Ver-
fassers dieser Redaktion erklären: Konfrontiert mit dem scheinbaren Widerspruch in zwei ihm
vorliegenden Texten („von Temnikov" und „Nikol'skij"), fand er es besser, die verdächtige
Stelle auszuradieren (Pamjatniki istorii, S. 169; A. N. ROBINSON Žizneopisanija Avvakuma i
Epifanija. Issledovanija i teksty. Moskva 1963, S. 233; GABRIELE SCHEIDEGGER Endzeit. Russland am Ende des 17. Jahrhunderts. Bern 1998, S. 220. Anm. 63).
17 La vie de l'archiprêtre Avvakum, écrite par lui-même et sa dernière épitre au tsar Alexis, tra-
duite du vieux russe avec une introduction et des notes par Pierre Pascal. Paris 1960, S. 93.
Note 5 (die erste Ausgabe erschien 1938).
18 Z. B.: VERA S. RUMJANCEVA Narodnoe anticerkovnoe dviženie v Rossii v XVII veke. Moskva
1986, S. 32.

in einen ganz neuen Kontext gerückt wurde. Einen weiteren Schritt machte 1963 A. N. Robinson in seinem Kommentar zur „Autobiographie" Avvakums. Robinson behauptet, dass „Daniil offensichtlich ähnlich wie Avvakum und Daniil von Kostroma wegen seines Kampfes gegen die Volksbräuche gezwungen wurde, seine Stadt zu verlassen und nach Moskau zu ziehen, wo er sich der ‚Bruderschaft' Stefan Vonifat'evs anschloss"[19]. Leider fällt in den von A. N. Robinson verwendeten Quellen kein Wort über die Bekanntschaft zwischen Daniil und dem Erzpriester Stefan Vonifat'ev, dem Beichtvater des Zaren Aleksej Michailovič. Dies ist eine reine Hypothese des Kommentators. Das Gleiche gilt für die Behauptung Wolfgang Hellers, der zufolge Daniil von Temnikov zum „Kreis von Ivan Neronov" gehörte. Leider gibt es in den bisher bekannten Quellen keine Erwähnung einer persönlichen Bekanntschaft zwischen Daniil und dem Erzpriester Ivan Neronov.[20]

Die von Pierre Pascal und A. Robinson verfassten Biographien Daniils von Temnikov werfen mehr Fragen auf, als sie beantworten. Warum wurde Daniil seine Opposition verziehen? Wann kehrte er nach Temnikov zurück? War seine zweite Verbannung ein Resultat der Aktivitäten seines Sohnes oder eine Folge seiner eigenen Verbindungen zu den Aufständischen oder zu den Altgläubigen? Die Dokumente der Bezirksverwaltung von Temnikov erlauben es eher, neue Fragen zu stellen, als die alten zu beantworten.

Geistlichkeit und Obrigkeit in der Stadt Temnikov

Mit der Bittschrift des Priesters Mikita kehren wir zum Jahr 1644/45 zurück. Aber um den Inhalt der Bittschrift zu kontextualisieren, muss man die Stadt Temnikov und ihre Machtstrukturen im zweiten Viertel des 17. Jahrhunderts ausführlich darstellen. Temnikov, das sich in der heutigen Mordwinischen Republik befindet, war im 17. Jahrhundert das Zentrum eines Bezirks *(uezd)*. Die Stadt- und Bezirksbevölkerung setzte sich aus orthodoxen Russen, Mordwinen, die teilweise alte animistische Riten ausübten und teilweise zum Christentum oder zum Islam konvertiert waren, sowie muslimischen Tataren zusammen.[21]

Die Tataren-*mišari* spielten eine wichtige Rolle in der Stadt und im Bezirk, weil sie eine der Gruppen stellten, die Militärdienst leisteten. Noch 1617 kamen auf 107 Höfe russischer Bewohner in Temnikov mehr als 200 Höfe tatarischer Einwohner, die mehrheitlich Dienstleute waren.[22] Insgesamt dienten 1678 im Temnikover Bezirk 294 tatarische Fürsten, darunter 26 Repräsentanten des bekannten Fürstenhauses Tenišev, und 239 Adlige *(Murzen)*, denen ungefähr fünftausend leibeigene Bauern und *Bobyli* (die Bauern, die ihre Steuerabgaben nicht vollständig entrichten konnten)

19 ROBINSON Žizneopisanija Avvakuma i Epifanija, S. 233.
20 HELLER Die Moskauer „Eiferer der Frömmigkeit", S. 34.
21 V. P. JAMUŠKIN K istorii g. Temnikova i ego uezda, in: Zapiski Mordovskogo instituta jazyka, literatury, istorii. 1952, N 15, S. 121-138; E. TEJRO Dozornaja kniga Temnikovskogo uezda 1613/14 goda, in: Archiv russkoj istorii. 2007. Vyp.8, S. 78-97.
22 A. L. STANISLAVSKIJ Graždanskaja vojna v Rossii XVII v. Kazačestvo na perelome istorii. Moskva 1990, S. 57.

im Bezirk untergeben waren.[23] Neben den muslimischen Tataren verrichteten auch die „mordwinischen Murzen" einen „mobilen Dienst" (*staničnaja služba*), ähnlich dem Dienst der Kosaken. In dieser Gruppe bildeten die Ungetauften, d.h. die Animisten, noch 1669/1670 im Vergleich zu den Christen die Mehrheit.[24] Die Moskauer Obrigkeit und die lokalen Machthaber waren deutlich auf die Kooperation mit diesem nichtchristlichen Teil der Oberschicht angewiesen.

Die Stadt und der Bezirk waren dem Moskauer Amt des Kazaner Palasts (*Prikaz Kazanskogo dvorca*) unterstellt. Dieses Amt ernannte den Gouverneur (*voevoda*) von Temnikov, der die Zentralmacht in Stadt und Bezirk verkörperte. Ganz anders als in Nord- oder Zentralrussland war das Gouverneursamt in Temnikov, wie auch in anderen Städten des Wolga-Gebiets und des südlichen Grenzgebiets, keine Neuerung, die neben den alten Strukturen der Selbstverwaltung aufgebaut wurde, sondern die ursprüngliche Machtstruktur. In Temnikov, wo noch 1627 Krimtataren und Nogaier „eine schreckliche Verwüstung verursachten",[25] trat der Gouverneur in seiner Hauptrolle als militärischer Befehlshaber auf. Der Gouverneur wurde normalerweise alle drei Jahre ausgewechselt und sein Erfolg hing von seiner Fähigkeit ab, schnell und effektiv Beziehungen zu den anderen Machthabern zu knüpfen. Zu diesen Kontaktpersonen gehörten die Stadtältesten (*posadskie starosty*), die die steuerpflichtige Bevölkerung der Stadt verwalteten, die Kriminalbeamten (*gubnye starosty*) und verschiedene kirchliche Würdenträger.

Es scheint, dass der Gouverneur Grigorij Bornjakov mit all diesen Würdenträgern gut zurechtkam. Eine Ausnahme bildeten allerdings die Kleriker. Die Bittschrift Mikitas' und Daniils listet eine ganze Reihe von informellen „Ratgebern" (*sovetniki*) des Gouverneurs auf. Zu ihnen gehörte nicht nur der Schreiber der Bezirksverwaltung, sondern auch der Murza Kasim Kučjukaev. Letztere Erwähnung ist besonders wichtig, weil sie zeigt, dass Bornjakov offenbar zu dem Teil der Moskauer Obrigkeit gehörte, der eine tolerante und kooperative Haltung gegenüber den Muslimen einnahm.

Von kirchlicher Seite gehörte der Temnikover Bezirk zur Diözese des Patriarchen von Moskau (*patriaršaja oblast'*). Zu den traditionellen Trägern der Christianisierung zählten hier die Klöster, darunter auch das Kloster Roždestvenskij Purdyševskij, und die Gemeindegeistlichkeit, die lediglich einen kleinen Personenkreis ausmachte. In der Stadt Temnikov gab es die Spasskij- oder Preobraženskij-Hauptkirche, die mit zwei Priestern besetzt war. Hinzu kam nur noch die Uspenskaja-Kirche mit ein oder zwei Priestern.[26] Dies war für eine Stadt, die in den 1660er Jahren

---

23 N. V. ZAVARJUCHIN Očerki po istorii Mordovskogo kraja perioda feodalizma. Saransk 1993, S. 28-29.

24 HANS-HEINRICH NOLTE Religiöse Toleranz in Rußland, 1600-1725. Göttingen u.a. 1969, S. 24.

25 ZAVARJUCHIN Očerki po istorii Mordovskogo kraja, S. 29.

26 RGADA, f.1167 (Temnikovskaja prikaznaja izba), op.1, N 297. Bl.15 (1644 wurden zwei Priester, Matvej und Gerasim, bei der Uspenskaja-Kirche erwähnt), Bl.24 (1645 wurde nur ein Priester erwähnt).

853 Bewohner zählte, ziemlich wenig.[27] Im Gegensatz zu den später aufkommenden Klagen über die hohe Zahl unbeschäftigter Priester im Moskauer Russland betont ein Erlass des Zaren, dass es „in Temnikov und Bezirk keinen Popen ohne Anstellung gibt".[28]

Es ist bemerkenswert, dass in den Jahren 1644 und 1645 in Temnikov weder Strukturen der Diözesanverwaltung noch eine Selbstverwaltung des Klerus nachgewiesen sind. Wäre dies der Fall gewesen, so hätte es dort einen Erzpriester oder Priesterälteste (*popovskie starosty*) gegeben. Auf diese Weise hatte der Klerus des Bezirks kein formelles Oberhaupt, das dem Gouverneur ebenbürtig gewesen wäre und dadurch auf Augenhöhe mit ihm hätte sprechen können.

Man kann aber nicht behaupten, dass zwischen dem Patriarchen und den Priestern von Temnikov niemand stand. Zu den wichtigen Amtsträgern der Diözese des Patriarchen gehörten die aus den Laien rekrutierten *desjatil'niki* (Zehnteinnehmer), die gerichtliche Macht über den Klerus hatten und von ihm die Steuern für den Schatz des Patriarchen eintrieben. Laut der überzeugenden Darstellung N. F. Kapterevs stellte selbst die Existenz solcher laikalen *desjatil'niki*, die Macht über die Kleriker ausübten, „eine für alle offensichtliche Verletzung jener Grundprinzipien der griechischen und der vormaligen russischen kirchlichen Administration dar, die die Einmischung der Laien in die kirchlichen Gerichte und in die Administration nicht erlaubten."[29] Die Existenz einer ähnlichen Institution im Rahmen der römisch-katholischen Kirche ist nur schwer vorstellbar. Einer anderen Bemerkung Kapterevs zufolge bot das Amt eines Zehnteinnehmers dessen Inhabern „große Möglichkeiten, ihre beträchtliche Macht zu missbrauchen, und sie missbrauchten sie tatsächlich." Die Bezirke der *desjatil'niki* fielen oft mit den staatlichen Verwaltungseinheiten zusammen, und der *desjatil'nik* von Temnikov bildete hier keine Ausnahme.[30] Dies bot den *desjatil'niki* die Möglichkeit, zur Machtspitze des Bezirks aufzusteigen.

Die Autoren der Bittschrift, Mikita und sein Sohn Daniil, könnten als typische Repräsentanten des lokalen Klerus gelten. Sie beide begannen ihren kirchlichen Dienst im Purdyševskij-Kloster und wechselten danach in die Stadt Temnikov.[31] Zwischen 1636 und 1641 schrieb Mikita ein Gesuch, in dem er sich erfolgreich um die vakante Priester-Stelle der Preobraženskij-Hauptkirche in Temnikov bewarb. Sein Sohn blieb damals als Diakon im Purdyševskij-Kloster. Vor dem 18. August 1641 schrieb er allerdings ebenfalls eine Supplik, in der er bat, ihm die unbesetzte Diakonstelle in ebendieser Preobraženskij-Hauptkirche zu übertragen, ihn also zu

---

27 ZAVARJUCHIN Očerki po istorii Mordovskogo kraja, S. 39.
28 „*i bezmestnych popov v Temnikove i v uezde net*" (RGADA, f.1167 (Temnikovskaja prikaznaja izba), op.1, N 297. Bl.29).
29 N. F. KAPTEREV Svetskie archierejskie činovniki v Drevnej Rusi. Moskva 1874, S. 116.
30 KAPTEREV Svetskie archierejskie činovniki, S. 130, 132.
31 Dem Purdyševskij-Kloster (Purdošanskij-Kloster) gehörten im Jahr 1616 119 Höfe von Bauern und Bobyli in seiner Domäne, darunter waren offensichtlich Mordwinen und Russen (ZAVARJUCHIN Očerki po istorii Mordovskogo kraja, S. 33).

seinem Vater zu versetzen.[32] Diese Bittschrift wurde gleichermaßen gnädig be-
antwortet. Es bleibt unklar, wann Daniil als Priester ordiniert wurde. In den Akten
zur Untersuchung der Klage Mikitas und Daniils gegen den Temnikover Gouverneur
Grigorij Bornjakov (1644-1645) treten sie beide als Priester in Erscheinung, die
gemeinsam in der Hauptkirche dienten.[33] Daraus lässt sich schließen, dass Daniil
nicht später als 1614 oder 1615 geboren wurde, weil die Ordination zum Diakon in
der russisch-orthodoxen Kirche frühestens im Alter von 25 Jahren möglich ist und
die Priesterweihe erst mit dreißig Jahren erfolgen kann. Es ist allerdings zu beach-
ten, dass diese Regel im 17. Jahrhundert nicht so streng eingehalten wurde, wie die
Lebensgeschichte des Erzpriesters Avvakum zeigt.

Den Anlass für einen Konflikt zwischen dem Gouverneur Bornjakov und den
Priestern Mikita und Daniil gaben leibeigene Bauern der Hauptkirche von Temnikov. Die Verfügung über „verschiedene kirchliche Einkünfte, Bauern und Ackerlän-
der und Heuschläge" (*cerkovnym vsjakim dochodom, k krest'jany, i pašneju, i sen-
nymi ugod'i*) wurde schon im zarischen Erlass über die Versetzung Daniils nach
Temnikov ausdrücklich erwähnt.[34] Obwohl die Vor- und Vatersnamen der in den
Akten erwähnten Bauern und Bäuerinnen russisch sind, gewinnt man den Eindruck,
dass es sich um Mordwinen handelt, die getauft und danach der Hauptkirche „zugeschrieben" wurden. Diese Bauern stellten eine wichtige Einnahmequelle für den
Klerus dar, da man in einem neuchristianisierten Gebiet nicht davon reden kann,
dass die Gläubigen reiche Abgaben eingebracht hätten. Es ist dank dieses Umstands
klar, dass die Bauern ihre eigene Lage nicht unbedingt als optimal betrachteten und
dass sie nach Möglichkeiten suchten, sich aus dem kirchlichen Machtbereich zu
befreien – zum Beispiel, indem sie sich in die städtischen Steuergemeinden (*posad*)
oder in die Strelitzentruppen, die nichtadlige Infanterie, einschrieben. Letztere Maßnahme könnte mit dem Bau der Verhaulinie von Atemar oder von Saransk zusam-
mengespielt haben. Bei Baubeginn wurden die Festungen Atemar (1638) und Saransk (1641) gegründet, in die man Kosaken, Strelitzen und Kanoniere aus den alten
Stützpunkten, auch aus Temnikov, übersiedelte.[35]

An dieser Stelle birgt die Interpretation der Bittschrift Mikitas und Daniils gewisse Schwierigkeiten, weil darin niedergeschrieben steht, dass die Bauern nicht
geflohen, sondern verschleppt worden seien, um danach zu unterschiedlichen Arbeiten für den Gouverneur, etwa zum Weinbrennen und zum Bierbrauen, gezwun-

---

32 Erlass des Zaren Michail Fedorovič an den Gouverneur Mikita Borisovič Kolyčev über die Ver-
    setzung Daniils, 18. August 1641 (RGADA, f.1167 (Temnikovskaja prikaznaja izba), op.1, N
    575. Bl.3); Erlass des Zaren Michail Fedorovič an den Gouverneur Mikita Borisovič Kolycev
    über die Versetzung Mikitas, nicht früher als 1636-1637 (Ibid., Bl.1). Beide Dokumente stellen
    eigenhändige Kopien Daniils dar.
33 RGADA, f.1167 (Temnikovskaja prikaznaja izba), op.1, N 297, Verzeichnis der Kränkungen
    der Priester durch Bornjakov (*Rospis' popov ob obidach Bornjakova*), Bl.4 und weiter.
34 RGADA, f.1167 (Temnikovskaja prikaznaja izba), op.1, N 575, Bl.3.
35 ZAVARJUCHIN Očerki po istorii Mordovskogo kraja, S. 30.

gen oder gar um versklavt zu werden (*pocholopil*).[36] Die Einseitigkeit des vorhandenen Teils der Prozessakten ist zu bedauern, weil im Gegensatz zur Bittschrift Mikitas und Daniils die Rechtfertigung Bornjakovs nicht vorhanden ist. Damit kommen die eigenen Tätigkeiten des Vaters und des Sohnes etwas zu kurz.

Der Bittschrift zufolge ist es dem Gouverneur gelungen, die Repräsentanten fast aller oben erwähnten Eliten in einer Koalition gegen die Priester zu vereinigen. Selbstverständlich war das ein Bündnis des Gouverneurs mit seinen eigenen Untergebenen. Dem Schreiber der Bezirksverwaltung von Temnikov, Evtifej Ondreev, der in der Bittschrift sogar als „Ratgeber" (*sovetnik*) des Gouverneurs erscheint, wurde zum Leben ein Grundstück zugewiesen, das eigentlich der Hauptkirche gehörte.[37] Obwohl Mikita und Daniil gegen diese Beschlagnahme protestierten und einen entsprechenden zarischen Erlass bekamen, überließ der Gouverneur das Grundstück dem neuen Inhaber und gewann somit einen treuen Verbündeten.

Dem anderen „Ratgeber" des Gouverneurs, dem Murza Kasim Kučjukaev, gelang es, von Daniil zehn Rubel Gerichtsstrafe zu bekommen. Es ist sehr interessant, dass Kučjukaev, der offensichtlich Moslem war, sich mit seiner Klage wegen „Beschimpfung und Beleidigung" (*bran' und besčest'e*) direkt an den *desjatil'nik* Stepan Korjakin wendete, also an einen Beamten der Diözesanverwaltung des Patriarchen. Dieser nahm die Klage an und verlangte ein entsprechendes Strafgeld von dem Priester, das er auch behielt. Diese Episode ist bezeichnend für die gemeinhin tolerante und kooperative Einstellung der unterschiedlichen lokalen Machthaber von Temnikov gegenüber den Muslimen, die für dieses Jahrzehnt charakteristisch war. Ebenfalls bemerkenswert ist, dass später dem Erlass des Zaren entsprechend befohlen wurde, „die Murzen und die Tataren" während der allgemeinen Zeugenbefragung (*poval'nyj obysk*) zusammen mit Repräsentanten der anderen Gruppen der Bevölkerung über die Tätigkeit Mikitas und Daniils zu befragen.[38] Andererseits fand der *desjatil'nik* als Laie ganz leicht eine gemeinsame Sprache mit dem Gouverneur und handelte unter seinem Einfluss. Seit dem 29. April 1643 gelang es dem gleichen *desjatil'nik* Korjakin, von Daniil noch fünf Rubel zu erpressen. Auch die Sklaven

---

36 RGADA, f.1167 (Temnikovskaja prikaznaja izba), op.1. N 297, Bl.8. Besonders gute Gelegenheiten für diese Entführungen bot die mit dem Kirchendienst verbundene regelmäßige Abwesenheit des Priesters von zuhause. Am 5. Mai 1643, während Mikita die Liturgie (*obednja*) feierte, einschlugen die vom Gouverneur geschickten „Leute" zwei Türen in seinem Haus und verschleppten die Bäuerin Avdot'ja mit ihrem Sohn Vasilij (ibidem, Bl.16-17).

37 Ibidem, Bl.9-10.

38 Ibidem, Bl.3. Die Einziehung der Murzen und Tataren, die „nach ihrem Glauben Eid" (*po ich vere po šerti*) schwören sollten, in der allgemeiner Zeugenbefragung entsprach der Norm des Gesetzbuchs von 1649 und der Praxis der Lokalbehörden von Temnikov. Ungewöhnlich ist nur, dass es sich bei dieser Befragung um eine Untersuchung der Aktivitäten des Gemeindeklerus handelte, inklusive der Missionierung, womit die Muslime die Möglichkeit erhielten, ihre Meinung dazu zu äußern (Ibid., Bl.3; Sobornoe uloženie 1649 goda. Tekst, kommentarii. Leningrad 1987, S. 48 (Kapitel X, Aufsatz 161); NANCY SHIELDS KOLLMANN Russian Law in a Eurasian Settling: The Arzamas Region, Late Seventeenth – Early Eighteenth Century, S. 202).

(*ljudi*) des *desjatil'nik* kamen auf den Geschmack und erpressten von Daniil noch einmal sechzig Kopeken.[39]

Das war der Hintergrund, vor dem noch drei weitere Konflikte zwischen dem Gouverneur und den beiden Priestern entstanden. Den Anlass zum ersten gaben die Wahlen des Kriminalbeamten.[40] In Temnikov gab es zwei Kriminalbeamte. Für den einen, Neveža Rogožin, sollte ein Nachfolger gewählt werden. Der Gouverneur bevorzugte die Kandidatur des Sohnes von Rogožin, Garasim Nevežin, weil er, Nikita und Daniil zufolge, dem Gouverneur 30 Rubel Bestechungsgeld gegeben und ein Pferd zu schenken versprochen hatte. Laut Nikita und Daniil war Garasim Nevežin „zu jung, um bei einer solchen großen Angelegenheit dabei zu sein, [er] ist noch nicht dreißig Jahre alt; es ist unmöglich, (ihm) zu glauben, [weil er] bei keiner Angelegenheit des Herrschers gewesen ist... und von seinem Geist [ist er] hochmütig."[41] Einige Bewohner der Stadt und des Bezirks (zum Beispiel der Abt des Purdyševskij-Klosters, Pimen) meinten sogar, dass man überhaupt auf den zweiten Kriminalbeamten verzichten könne, und übergaben dem Gouverneur eine entsprechende Bittschrift. Die wichtige Rolle, die Mikita und Daniil bei dieser Wahl spielten, ist auf den Analphabetismus vieler Stadtleute zurückzuführen, die das Recht, für sie zu unterschreiben, dem Beichtvater anvertrauten. Dieser Konflikt endete mit der Niederlage Mikitas und Daniils. Daniil „versteckte sich aus Angst vor der Ermordung durch Bornjakov", und Mikita wurde in die Bezirksverwaltung gebracht und gezwungen, statt seiner Gemeindemitglieder „in ihrer Abwesenheit" die Bittschrift für die Wahl von Nevežin zu unterschreiben, d.h. die Bittschrift zu verfälschen.[42]

Der zweite Konflikt, der zwischen den Priestern und den Stadtleuten, wurde vom Gouverneur erfunden oder gut instrumentalisiert. Mikita bestritt, dass „er bei sich Stadtleute (*posadskich ljudej*) in Ketten und in Fesseln" halte. Seiner Behauptung zufolge war dies eine Verleumdung aus der „gefälschten" Bittschrift des Stadtältesten Tren'ka Borisov. Diese Bittschrift sei „ohne... Wissen" der Stadtleute geschrieben und statt von den Stadtleuten von den beiden Priestern der Uspenskaja-Kirche unterschrieben worden, die zu dieser Fälschung von dem Gouverneur gezwungen worden seien.[43] Wahrscheinlich waren tatsächlich der Stadtälteste und die Priester der Uspenskaja-Kirche mit dem Inhalt dieser Bittschrift einverstanden.

---

39 RGADA, f.1167 (Temnikovskaja prikaznaja izba), op.1. N 297, Bl.13. Außerdem organisierte Bornjakov die Abfassung kollektiver Bittschriften der Stadtleute gegen die Priester, die die Priester selbst als „Gefälscht (*sostavnye*)", d.h. ohne Genehmigung der „Unterzeichner" verfasste, charakterisierten.

40 Ibidem, Bl.8. Über die Kriminalbeamten s. eine neue Monographie: V. N. GLAZ'EV Vlast' i obščestvo na Juge Rossii v XVII veke: protivodejstvie ugolovnoj prestupnosti. Voronež 2001.

41 „U takova velikogo dela byt' molod let tritcati net, verit' ne močno, i ni u kakova gosudareva ne byval... a umom svoim zanosciv" (RGADA, f.1167 (Temnikovskaja prikaznaja izba), op.1. N 297, Bl.19-20).

42 „bojas' ego Grigor'eva ubojstva, uchoronilsja" (ibidem, Bl.20).

43 „bez ich posadckich ljudej vedoma" (ibidem, Bl.15).

Der dritte Konflikt, der ziemlich interessant werden könnte, ist in der Bittschrift zu lakonisch dargestellt. Es ist nicht klar, warum es dem Gouverneur gelungen war, einen gewissen Semen Korol'kov und einen gewissen Dmitrij Michajlov, deren soziale Identität unklar bleibt, gegen Mikita und Daniil aufzubringen. Bornjakov soll ihnen befohlen haben, „die Popen Mikita und Daniil und ihre Frauen und ihre Kinder mit allerhand unanständigem Geschimpfe zu schelten und mit Schimpfwörtern zu benennen, und [...] ihre Frauen zu beleidigen."[44] Diese Beleidigungen sollten in Anwesenheit des Schenkenältesten (*kabackij vybornoj golova*) und der Schenkenverantwortlichen (*kabackie vybornye celoval'niki*) stattfinden.[45] Man kann sich vorstellen, dass Nikita und Daniil die Schließung der Schenken während der kirchlichen Feiertage verlangt oder die Veranstaltungen der Gaukler in den Schenken verboten hatten, doch dies sind reine Hypothesen, die keine Unterstützung in der Bittschrift finden.

In jedem Fall nahm die Schikane gegen die Priester und ihre Frauen Züge an, die auch für die späteren Proteste gegen die „Eiferer der Frömmigkeit" typisch waren. Der schon erwähnte Michajlov kam auch zum Hof der Priester, um sie und ihre Frauen zu beschimpfen, oder zeigte ihnen auf dem Markt die „Feige" (*kukiš*) „in Anwesenheit vieler Leute und der Ladenverkäufer"[46]. Am 3. Juni 1643 ordnete der Gouverneur an, Daniils Frau, Varvara Kirilova, in die Bezirksverwaltung zu bringen. Der Bittschrift zufolge wurde sie nur in „*Telogreja* und *Soroka* durch den ,Markt für die Schande'" geführt (*v odnoj telogree da v soroke po bazaru mimo rjadov dlja pozoru*). *Soroka* bedeutet sicherlich *soročka*, also „Hemd mit langen Ärmeln", ein Kleidungsstück, das eine Frau zu Hause tragen konnte, aber nicht bei einem öffentlichen Auftritt. *Telogreja* hingegen war eine „breite Ausgehkleidung [...] mit Knöpfen und Bändern vorne", deren Ärmel bis zum Zipfel reichten.[47] Deswegen ist nicht vollkommen klar, warum das öffentliche Erscheinen einer Priesterfrau gerade in dieser Kleidung als Schande erscheinen konnte. Vielleicht ist es in dieser Hinsicht wichtig, dass der Gerichtsvollstrecker (*pristav*), der die Priesterfrau in die Verwaltungsgebäude führte, Tren'ka Skomoroch (also „Tren'ka der Gaukler") hieß.[48] Es ist unklar, ob es sich um einen Vornamen handelt oder dieser Tren'ka

---

44 „ich popov Mikitu i Danila i ich popodej i detej branit' vsjakoju nepodobnoju bran'ju i sramnymi slovesami velel nazyvat' i popadej ich pozorit'" (ibidem, Bl.16).

45 Ibidem, Bl.15.

46 Diese Provokationen der einzelnen Bewohner nahmen nicht jene gewalttätige Form, die für die Proteste gegen andere „Eiferer", den Erzpriester Daniil von Kostroma und Avvakum von Jur'evec-Povol'skij, kennzeichnend war. Vielleicht ist der Unterschied damit zu erklären, dass Temnikov in gewissem Sinne eine Welt für sich darstellte, wo alle Konflikten unter den eigenen Leuten geregelt wurden, während sich im am Wolgaufer liegenden Kostroma und in Jur'evec immer eine Menge „fremder" Personen aufhielten (S. VVEDENSKIJ Kostromskoj protopop Daniil. Očerk iz istorii raskola v pervoe vremja ego suščestvovanija, in: Bogoslovskij vestnik (1913) T.1. N 4, P.845-846, 849-850).

47 N. GILJAROVSKAJA Russkij istoričeskij kostjum dlja sceny. Moskva-Leningrad 1945, S. 98-99.

48 „v odnoj telogree da v soroke po bazaru mimo rjadov dlja pozoru" (RGADA, f.1167 (Temnikovskaja prikaznaja izba), op.1. N 297, Bl.18).

wirklich ein Art Hofnarr des Gouverneurs gewesen ist: Im letzteren Fall nähme die Verhöhnung der Priesterfrau karnevalistische Züge an.

Einmal ordnete der Gouverneur an, Mikita aus dem Verwaltungsgebäude hinauszustoßen, und beschimpfte ihn, ein andermal wollte er Mikita und Daniil mit Holzstöcken (*oslop'em*) schlagen.[49] Jeder der beiden Priester wurde wenigstens einmal ins Gefängnis gebracht. Mikita wurde wegen Ausschreitung (*besčinstvo*) und wegen „unhöflichen von Lärm [begleiteten] Ankommens" beim Gouverneur verhaftet. Der Gouverneur drohte, ihn mit Stöcken (*batogi*) schlagen zu lassen. „Die Hauptkirche stand in dieser Zeit ohne Gesang", und seine Befreiung kam nur durch eine Intervention von „Leuten verschiedener Stände" zustande.[50] Als Daniil vom *desjatil'nik* „in Ketten und in Fesseln" gelegt wurde, brachte ihm nur die dringende Not des Notars (*ploščadnoj pod'jačej*) Stepan Aristov, der für seinen verstorbenen Schwager die Begräbnisliturgie bestellen wollte, die Freiheit.

Einmal (offensichtlich 1641/42) floh Daniil „rennend, in der Nacht" nach Moskau, um dort eine Bittschrift gegen den Gouverneur abzugeben.[51] Der Aufenthalt Daniils in Moskau ist besonders interessant. Man kann sich vorstellen, dass Daniil von Temnikov bei seinen Besuchen der Patriarchenämter andere Priester kennengelernt hat, die wegen der Konflikte mit Gouverneuren und mit anderen lokalen Machthabern mit Klagen nach Moskau kamen. Solche Begegnungen könnten auch bei der Formierung des Zirkels der „Eiferer der Frömmigkeit" eine Rolle gespielt haben. Nach der Abgabe der Bittschrift weigerte er sich wegen einer möglichen Racheaktion des Gouverneurs, aus Moskau zurückzukehren.[52] Daniils Reise nach Moskau war allerdings erfolgreich: Als die durch die Bittschrift initiierte Untersuchung zustande kam, wurde Temnikov schon von einem neuen Gouverneur, Grigorij Semenovič Vodorackij, verwaltet. Trotz des zarischen Erlasses, dem zufolge die beiden Priester bis zum Ende der Untersuchung in einer anderen Stadt oder im Purdyševskij-Kloster untergebracht werden mussten, weigerte sich der neue Gouverneur, die beiden aus Temnikov zu schicken, weil ohne die beiden Priester in der Stadt kein Gottesdienst mehr stattfinden konnte. Auch konnte die Kommunion nicht gespendet und die Beichte nicht abgelegt werden. Die Geschichte endete 1645 mit einem friedlichen Ausgleich zwischen Mikita und Daniil und dem ehemaligen Gouverneur.[53]

Die allgemeine Bilanz der Auseinandersetzung zwischen den Priestern und dem Gouverneur ist eindeutig: Eine effektive Unterstützung für die Priester war nur von Moskau zu erwarten. Das 1649 durch die Landesversammlung verabschiedete neue

---

49 Ibidem, Bl.10, 17.

50 „*a sobornaja cerkov' stojala v te pory bez pen'ja*" (ibidem, Bl.18).

51 „*begom, noč'ju*" (ibidem, Bl.8).

52 Ibidem, Bl.9, 17-18.

53 Ibidem, Bl.34. Das Schicksal Bornjakovs muss keineswegs als Ungnade interpretiert werden. Noch 1646 finden wir diesen Gouverneur, der, einem Historiker zufolge „große Erfahrung im Grenzdienst hatte", in der nahe gelegenen Stadt Atemar, wo er Vorbereitungen für einen möglichen Einfall der Nogaïer traf (ZAVARJUCHIN Očerki po istorii Mordovskogo kraja, S. 31).

Gesetzbuch (*Sobornoe uloženie*) sollte die Beziehungen zwischen der Geistlichkeit und der lokalen Obrigkeit reglementieren. Viele Paragraphen des Gesetzbuches lesen sich als die Antworten auf die Fragen, die nach dem Lesen der Bittschrift Mikitas und Daniils entstehen. Die endgültige Einführung der Leibeigenschaft machte auch den willkürlichen Umgang mit den Kirchenbauern schwierig oder unmöglich. Das Gesetzbuch bewilligte ausschließlich den Erzpriestern und den Protodiakonen das Recht, Sklaven aufgrund von Schuldurkunden (*služilye kabaly*) zu halten: Dem ganzen geistlichen Stand wurde im Allgemeinen Sklavenbesitz verweigert. Man kann vermuten, dass es sich nicht um Diener handelte, sondern um Knechte,[54] die ein in Konflikt mit dem Gouverneur geratener Erzpriester gut gebrauchen konnte.

Seit Dezember 1648 startete die Moskauer Regierung eine Kampagne gegen volkstümliche Riten, Aberglauben und Gaukler (*skomorochi*), bei deren Durchführung dem lokalen Klerus eine wichtige Rolle zugewiesen wurde. Die „Eiferer der Frömmigkeit" nahmen gern an dieser Kampagne teil, weil sie damit die Möglichkeit bekamen, sich gegenüber den lokalen Eliten zu profilieren.

Daniil von Temnikov als „Eiferer der Frömmigkeit" und Missionar

Die im Folgenden behandelten Dokumente aus dem Bestand der Bezirksverwaltung von Temnikov sind die zarischen Erlasse von 1647-48 und von 1652. Im ersten Erlass, also 1647-48, wurde Daniil Mikitin noch als Priester erwähnt.[55] Im zweiten, am 8. April 1652 aus Moskau geschickten Erlass des Zaren tritt er jedoch bereits als Erzpriester (*protopop*) hervor – eine Würde, die sein Vater Mikita nie bekam.[56] Wie Pierre Pascal anmerkt, schuf diese Erhebung eines Priesters in den Grad eines Erzpriesters – genauso wie die Erhebung eines Abtes in den Grad eines Archimandriten – einen gleichgestellten Gesprächspartner des Gouverneurs, was besonders wichtig in einer Stadt ohne Bischofssitz war.[57] Mikita selbst wurde in letzterem Erlass nicht erwähnt; es kann sein, dass er gerade in diesem Zeitabschnitt starb. Also übernahm Daniil vor 1652 formell die Führung der kirchlichen Angelegenheiten in Temnikov.

Andererseits waren Erzpriester der Diözese des Patriarchen nicht auf den lokalen Bischof, sondern direkt auf den Patriarchen selbst angewiesen. Durch die Zugehörigkeit des Bezirks Temnikov zur Diözese des Patriarchen konnten auch die neuen Initiativen der kirchlichen Obrigkeit in Temnikov schneller rezipiert werden.

Das Thema beider Erlasse ist eher unerwartet. Es geht um die Bekehrung der Nichtorthodoxen. Mit Ausnahme Pierre Pascals werden die „Eiferer der Frömmigkeit" in der Geschichtsschreibung stets als Initiatoren einer „zweiten Christianisierung" dargestellt, die die Russen und nicht die Tataren und Mordwinen im Visier

---

54 Sobornoe uloženie 1649 goda. Tekst, kommentarii. Leningrad 1987, S. 115 (Gl.XX. st.104).
55 RGADA, f.1167 (Temnikovskaja prikaznaja izba), op.1, N 296.
56 RGADA, f.1167 (Temnikovskaja prikaznaja izba), op.1, N 1353. Bl.7a.
57 Pierre Pascal verbindet die Erhebung Daniils zum Erzpriester, ebenso wie eine ganze Reihe weiterer Erhebungen dieser Art, mit der Tätigkeit der „Eiferer der Frömmigkeit" (PIERRE PASCAL Avvakum et les débuts du Raskol. La crise religieuse au XVIIe siècle en Russie. Paris 1938, S.169).

hatten.[58] Hier aber geriet ein „Eiferer der Frömmigkeit" in einen für das Moskauer Russland typischen Konflikt. Obwohl der russischen Kirche der Missionseifer nicht fehlte, bevorzugte der Staat eine Politik der Toleranz, um die Loyalität der nichtrussischen Eliten zu sichern. Neu ist, dass gerade die „Eiferer" ein Opfer dieses typischen Konflikts zwischen staatlichen und kirchlichen Interessen darstellten.

Der erste Erlass, der in Reaktion auf die Bittschrift eines „litauischen Gefangenen" (*litovskoj polonjanik*) namens Petruška Grigor'ev erging, beweist diesen Konflikt. Der Inhalt der Bittschrift ist höchst bemerkenswert und gibt einem die seltene Möglichkeit, nicht nur die Eindrücke eines Missionars von den „Ungläubigen", sondern auch die Reaktion der von der Mission Betroffenen zu verfolgen. Petruška behauptete, dass er „polnischen Glaubens gewesen" sei (*very byl ljackie*), und „jetzt lebt er in Temnikov beim Temnikover Almakaj (?) Murza... und glaubt im tatarischen Glauben". Petruška zufolge wollte „der Temnikover Erzpriester Danilo... ihn gegen seinen Willen taufen, und er bittet... um die Gnade, ihn gegen seinen Willen nicht taufen lassen."[59] Anders ausgedrückt: Petruška, der zu den wenig zahlreichen Gefangenen des Smolensker Krieges (1632-34) gehörte, war ursprünglich katholisch, wurde danach zum Islam bekehrt – vermutlich nicht ganz ohne Zutun seines mohammedanischen Besitzers – und lehnte die Perspektive einer zweiten, diesmal orthodoxen Taufe kategorisch ab. Um dies einordnen zu können, muss man wissen, dass die Konvertierung eines Orthodoxen zum Islam zu den schwersten Verbrechen gehörte: Ein Mohammedaner, der einen Orthodoxen beschnitt, wurde mit dem Tode bestraft. Dennoch drückte die Moskauer Regierung bei der Konvertierung der Nichtorthodoxen durch ihre Besitzer ein Auge zu.[60] Eine ähnliche Sichtweise war auch für Daniil typisch, der weder für das Vorgehen des Besitzers noch für die ursprüngliche religiöse Identität des Sklaven Interesse zeigte.[61] Ganz abgesehen von der möglichen Selbstidentifizierung Petruškas mit seinem neuen Glauben, kann man annehmen, dass die neue Konvertierung ihm die Freiheit versprach. Dem schon erwähnten Erlass des Zaren von 1628 zufolge wurde ungetauften

---

58 Nur Pierre Pascal bemerkte, dass „die Missionen ein Teil des Programms" der ‚Eiferer der Frömmigkeit' bildeten und betrachtete die Vorrede zum Gebetbuch (*Služebnik*) von 1651 als ein Missionsprogramm (PASCAL Avvakum et les débuts du Raskol, P.171).

59 „very byl ljackie, i nyne živet v Temnikove u Temnikovskogo Almakaja murzy..., i nyne veruet tatarskuju veru, i tamnikovskij de pop Danilo chočet krestit' v nevolju, i nam by evo Petruški požalovati, v nevolju krestit' ne velit" (Erlass des Zaren Aleksej Michajlovič an den Gouverneur von Temnikov Fürst Jakov Andreevic Šelešpal'skij, 1647-1648, in: RGADA, f.1167, op.1, N 296. Bl.6).

60 Sobornoe uloženie, S. 131 (Kapitel 22, Aufsatz 24); ANDREAS KAPPELER Russlands erste Nationalitäten, S. 166, 239. Kappeler bemerkt, dass „christliche Nachnamen von Kriegsgefangenen [...] oft [...] mit tatarischen Vornamen verbunden" seien (ibidem, S. 239).

61 Die Missionare der Frühen Neuzeit betrachteten die Christen, die zu anderen Konfessionen gehörten, nicht unbedingt als potentielle Helfer. Die portugiesische kirchliche Obrigkeit in Goa „vertraute [...] den lokalen Christen, die zum Chaldeischen Patriarchat gehörten, nicht, und verdächtigte sie, vom Induismus beeinflußt zu sein" (JEAN-MICHEL SALLMANN Géopolitique du XVIe siècle, 1490-1618. Paris 2003, S. 180).

Besitzern der Besitz christlicher Sklaven verweigert, und dieser Erlass wurde gerade durch das Gesetzbuch von 1649 in dem Sinne bestätigt, dass ungetaufte Sklaven ungetaufter Besitzer nach der Taufe die Freiheit erhielten.[62] Die Entscheidung des Zaren im Fall Petruškas kann als vollkommen unerwartet bezeichnet werden – der Zar ordnete an, Petruška „gegen seinen Willen nicht taufen" zu lassen (*v nevolju krestit' ne velel*), und sicherte damit die Rechte des Besitzers, obwohl der „polnische Glaube" in den Augen der Moskauer Obrigkeit dem „tatarischen" vorzuziehen war.

Die gleiche Politik setzte Daniil auch nach seiner Ernennung zum Erzpriester fort. Der Bittschrift der Murzen und Tataren von Temnikov zufolge, die sich aufgrund des gnädigen Erlasses des Zaren vom 8. April 1652 rekonstruieren lässt, „nimmt der Erzpriester von Temnikov Daniil mit Hilfe vieler Leute sie, die Murzen und die Tataren, von ihren Höfen und von dem Markt auf seinem Hof und schickt auch viele unbekannte Leute auf ihre Dienstgüter, auf ihre Erbgüter und in ihre Dörfer [...] und dieser Erzpriester legt ihre Frauen und ihre Kinder in Ketten und in Fesseln, wirft sie in den Keller, hängt sie über den Zaun (?) und quält sie mit unterschiedlichen Qualen, und die Leute, die alt und verkrüppelt sind und sich nicht taufen lassen wollten, nimmt er zu sich und tauft sie mit Gewalt und verwüstet ihre Höfe und stiftet die Bauern an, sie ohne Grund wegen unterschiedlicher Sachen zu denunzieren, und befiehlt ihren Bauern, den Bauern der Murzen und den Tataren, ihnen nicht zu gehorchen und nicht für sie zu arbeiten, und wenn einige Murzen und Tataren, ihre Brüder, sich taufen lassen, dann verbieten sie, die Tataren und Murzen, diesen Leuten nicht, sich taufen zu lassen".[63] Als ein einziges Pendant zu dieser Missionstätigkeit Daniils erscheint die Zwangstaufe von 1647 in Romanov.[64]

Die Bittschrift zeigt, dass Daniil eine erweiterte Lesart des schon erwähnten zarischen Erlasses von 1627 bevorzugte, der den Gutsbesitzern muslimischen Glaubens nur den Besitz christlicher Sklaven verweigerte, die auf ihren Höfen lebten, aber keineswegs den Besitz von Dörfern mit orthodoxen Leibeigenen.[65] Daniil interpretierte diesen Erlass viel zu weit und hetzte die orthodoxen Leibeigenen gegen ihre muslimischen Gutsbesitzer auf, was offensichtlich nicht so schwer war. Die Interes-

---

62 KAPPELER Russlands erste Nationalitäten, S. 165-166 (hier auch die einschlägige Literatur); Sobornoe uloženie 1649 goda. Tekst, kommentarii. Leningrad 1987, S. 111 (Kapitel 20, Aufsatz 70).

63 „...emlet ich murz i tatar temnikovskoj protopop Danil iz dvorov i na torgu k sebe na dvor so mnogimi ljudmi, i v pomestja i v votčiny v derevni posylaet, potomu ž mnogich nevedomo kakich ljudej..., i žen i detej ich tot protopop sažaet v cep i v železa, i mečet v pogreb, i vešaet čerez grjadku i vsjakimi mukami mučit, a ljudi ich, kotorye stary i uvečny, i krestitca ne pochotjat, i tech ljudej emlet k sebe ž, i krestit nasilstvom i dvory ich razorjaet, i naučaet na nich krest'jan ich dovodit' naprasno vsjkie dela, a ich murz i tatar krestjanom ich slušat i rabotat' im ne velit, a kotorye de ich bratja murzy i tatarove i ich ljudi pochotjat iz voli krestitca, i oni de murzy i tatarove tem ljudem krestitca ne zapreščajut" (RGADA, f.1167, op.1, N 1353. Bl.7-8). Ein Beispiel der Verfolgung einer tatarischen Familie, die sich taufen ließ, durch die Verwandten im Bezirk Svijažsk: KAPPELER Russlands erste Nationalitäten, S. 166.

64 KAPPELER Russlands erste Nationalitäten, S. 167.

65 KAPPELER Russlands erste Nationalitäten, S. 165-166.

sen der Gemeinschaft der Gläubigen standen also für Daniil viel höher als die innere Solidarität innerhalb der Oberschicht. Im Gegensatz dazu war die Position der Murzen und Tataren durchaus loyal und basierte auf dem Recht. Auch eine mögliche – und sehr glaubwürdige – Anklage, dass die Neugetauften von Moslems schikaniert wurden, wurde abgelehnt. Die Reaktion des Zaren war vorauszusehen – er nahm in seinem Erlass auf die Interessen seiner muslimischen Dienstleute und Sklavenbesitzer Rücksicht zuungunsten der Initiativen des Priesters Daniil von Temnikov und schrieb deutlich vor, die Taufe nur auf freiwilliger Basis durchzuführen.

Die deutlich kämpferische Einstellung gegenüber dem Islam war eine Eigenart Daniils, dessen Tätigkeit in der Zeit des Patriarchen Filaret anfing, welcher ein bemerkenswertes Bündnis mit dem Krimkhanat gegen die polnische Adelsrepublik billigte. Andererseits gehört Daniil mit seiner Gleichstellung des „polnischen" und des „tatarischen" Glaubens zu den Vertretern dieser intoleranten Zeit, in der zur Orthodoxie konvertierenden Katholiken eine zweite Taufe vorgeschrieben und die Rechtgläubigkeit der orthodoxen Ukrainer und der Weißrussen in erniedrigender Weise „überprüft" wurde.

Hätte Daniil seine Missionsversuche etwas später angefangen, so hätte er die Zustimmung der Moskauer Obrigkeit leicht bekommen. Der erwähnte zarische Erlass traf im April 1652 in der Temnikover Bezirksverwaltung ein, aber schon am 26. Juli 1652 wurde Nikon – auch er ein ehemaliger „Eiferer" – zum Patriarchen gewählt. Als Sohn einer Mordwinin wusste Nikon sehr gut, wie lebendig die animistischen Vorstellungen im Leben der „Neugetauften" waren. Ein Forscher schreibt sogar in Bezug auf Nikon vom „Eifer eines Neugetauften" (*novokreščenskoe userdie*).[66] In jedem Fall kann man vermuten, dass es in dieser Frage keine Widersprüche zwischen Nikon und den anderen „Eiferern" gab. Die Politik der Christianisierung der Nichtorthodoxen erlebte einen Sprung. Der Erzbischof von Rjazan' Misail wandte sich an den „großen Herrscher" Nikon und bat ihn um Genehmigung, die „Tataren und Mordwinen" in den Bezirken von Šack und Tambov zu taufen.[67] Seine Mission stieß auf Widerstand, und er selbst starb am 1. April 1655, von einem Pfeil tödlich getroffen.[68] Misail war der erste russische Bischof seit dem 11. Jahrhundert, der während einer Mission starb.

---

66 A. A. ŠENNIKOV O jazyčeskich chramach u vostočnych slavjan, in: Jazyčestvo vostočnych slavjan. Leningrad 1990, S. 58-59.

67 Bittschrift des Erzbischofs von Rjazan' Misail an den Patriarchen Nikon (1655), in: Dokumenty i materialy po istorii Mordovskoj ASSR. T.1. Saransk (1940) N 69, S. 297-298.

68 Dokumenty i materialy po istorii Mordovskoj ASSR. T.1. Saransk (1940) N 70, S. 298-300 (Bericht des Bojarensohnes Akindin Bacholdin über den Tod Misails); I. DUBASOV Rjazanskij archiepiskop Misail, in: Istoričeskij vestnik. T.XXXVIII. (1889) N 10, S. 109-121; P. STROEV Spiski ierarchov i nastojatelej monastyrej Rossijskija cerkvi. Sankt-Peterburg 1877, S. 415; S. VVEDENSKIJ Missionerskaja dejatel'nost' rjazanskogo archiepiskopa Misaila sredi inorodcev Mordovskogo kraja v 1653-1656 gg., in: Bogoslovskij vestnik (1910) T.19. N 2; JOSEF GLAZIK Die russisch-orthodoxe Heidenmission seit Peter dem Großen. Ein missionsgeschichtlicher Versuch nach russischen Quellen und Darstellungen. Münster 1954; HANS HEINRICH NOLTE Religiöse Toleranz in Rußland, 1600-1725. Göttingen u.a. 1969, S. 24 (Misail wird fälschlich in

Dies war eigentlich ein Grund, um zur Feder zu greifen. Schon im Sommer oder im Frühherbst 1652 verfasste Daniil eine neue Bittschrift. Der Text dieser Bittschrift ist nicht vorhanden, lässt sich aber einfach aufgrund der Instruktion rekonstruieren, die Daniil am 20. Oktober 1652 aus Moskau bekam. [69] Diese Instruktion stellt nichts anderes dar als eine Kopie des allgemeinen zarischen Erlasses vom Dezember 1648 mit Ergänzungen, die sich offensichtlich auf die Lage in Temnikov beziehen. Wie im Moskauer Russland üblich, wiederholte die Instruktion buchstäblich die Punkte der Bittschrift Daniils.

Zum Beispiel sollen der Instruktion zufolge „die Orthodoxen keineswegs die abscheuliche Kleidung der heidnischen Tataren und Mordwinen tragen und die Kirche in dieser Kleidung nicht besuchen, und sie sollen ungetaufte Tataren und Mordwinen in den Schenken und zu Hause nicht besuchen und sie zu sich nicht einladen und mit ihnen nicht essen und nicht trinken, weil es den Orthodoxen von den Heiligen Vätern verboten wird, mit Ungläubigen zusammen zu essen und zu trinken."[70] In der Logik der Moskauer Obrigkeit wurden die Volksbräuche der orthodoxen Russen als „heidnisch" angesehen. Damit wurden die Erfolge bei ihrer Ausrottung mit den weiteren Missionsversuchen gegenüber den Nichtchristen verbunden. Aber in der Praxis stießen die Missionsversuche auf Widerstand der lokalen und zentralen Behörden, die die nichtchristliche Oberschicht schützten. Als Ausweg blieb nur die in der Instruktion von 1652 vorgesehene möglichst strenge Isolierung der Russen von Moslems und Animisten – ein Projekt, das für das 17.Jahrhundert eine Ausnahme zu bilden scheint.[71] Andererseits entstand im Zusammenhang mit diesen Versuchen eine rigoristische Ablehnung der ganzen russischen Volkskultur. Die Bittschrift von Daniil vertieft und erweitert die Verbote der Erlasse von 1648 so weit, dass sie keine Analogien in der zeitgenössischen russischen Praxis hat – wohl aber im gesamteuropäischen Kontext, in dem der Kampf Daniil ins allgemeine Bild der gegenreformatorischen und protestantischen Bekämpfung der Volkskultur passt.

Das allgemeine Verbot der Hasardspiele und der Schaukel wird in der Instruktion um das Verbot des Ball-, des Knöchel- und des Knüttelspiels, der *Čecharda*, der *Svajka* und einer mir vollkommen unbekannten *Sušč* ergänzt.[72] Die Instruktion verbietet den Bauern darüber hinaus, zu pfeifen, während sie das Korn auf der Tenne

---

„Michail" umbenannt).

69 Izvestija Tambovskoj učenoj archivnoj komissii. Vyp.8. Tambov 1886. Priloženie 4-e, S. 71-76. Publikation eines Fragments der Instruktion: Dokumenty i materialy po istorii Mordovskoj ASSR. T.1. Vyp.1. Saransk (1940) N 67, S. 297.

70 „I skvernago b plat'ja u poganych tatar i u mordvy pravoslavnye christiane otnjud' ne imali, i v cerkov' by v nem ne vchodili. I po korcmam i k nekreščenym tatarom i k mordve v domy ne prichodili, i k sebe v domy ich ne prizyvali, i s nimi vmeste ne pili i ne eli, ponez bo to svjatymi otcy zapovedano est' pravoslavnym xristianom otnjud' s nevernymi ne piti, ne jasti" (Izvestija, S. 72).

71 Kappeler findet kein Pendant zu diesem Punkt der Instruktion (KAPPELER Russlands erste Nationalitäten, S. 165).

72 „i šarom, i mjačem, i babkami, i gorodkami, i šachardoju, i svajkoju, i suščem ne igrali" (Izvestija, S. 73).

schwingen.[73] Schließlich verbietet sie noch das Schlitten- und Skifahren,[74] obwohl man sich vorstellen kann, dass diese Maßnahme nicht auf die allgemeine winterliche Transportform zielte, sondern auf die Abfahrt, und in diesem Sinne als Pendant zu dem im allgemeinen Erlass proklamierten Verbot der „lebensgefährlichen" Schaukel zu verstehen ist.

Schon der allgemeine Erlass von 1648 wird oft als Beispiel des gesamteuropäischen Trends der Bekämpfung der Volkskultur genommen. Die Instruktion oder, besser gesagt, die anhand der Instruktionen rekonstruierte Bittschrift zeigt eine ähnliche, aber noch viel rigorosere Einstellung. Der Katalog der verbotenen Spiele und Vergnügungen wird verfeinert und erweitert und es ist klar, dass der Sittenverfall und der Verkehr mit den Nichtorthodoxen für den Autor zwei Seiten einer Medaille darstellen. Es ist nur fragwürdig, ob diese Trennung der Orthodoxen von den Nichtorthodoxen im Alltagsleben so einfach durchzusetzen war, insbesondere vor dem Hintergrund des zeitgleich steigenden rigoristischen Drucks auf die Orthodoxen und der Missionsversuche, die übrigens in der Instruktion keine Spiegelung fanden.

Man kann versuchen, ein Fazit der Tätigkeit Daniils zwischen 1647 und 1652 zu ziehen. Schon vor seiner Ernennung zum Erzpriester machte Daniil seine ersten Missionsversuche, die der späteren Politik der Moskauer Obrigkeit zuvorkamen. Diese Missionsversuche waren eher spontan als von oben gelenkt, weil die von Pierre Pascal zitierte Vorrede zum Gebetbuch (*Služebnik*) nur 1651 veröffentlicht wurde. Damit ging er etwas weiter, als ihm die geltenden Gesetze erlaubten, er wurde aber trotzdem zum Erzpriester erhoben. Diese Erhebung, die noch vor dem Amtsantritt des Patriarchen Nikons stattfand, wirft die Frage auf, ob die Wende in der Missionspolitik nicht etwas früher kam (zum Beispiel im Jahr 1651). Es ist interessant, dass Daniil seine Bittschrift, die sich als eine Antwort auf den Erlass von 1648 lesen lässt, nicht sofort nach der Veröffentlichung dieses Erlasses schrieb, sondern erst nach seiner Erhebung zum Erzpriester – oder nach dem Amtsantritt des Patriarchen Nikons? War für den Erzpriester Daniil die Bekämpfung der Gaukler, des Aberglaubens und der Volksriten im Vergleich mit der Mission sekundär? In jedem Fall kann man bemerken, dass nicht der „Eifer" der Eiferer einen Konflikt mit der lokalen Obrigkeit verursachte, wie es eine oberflächliche Lesung der „Vita" des Erzpriesters Avvakum vermuten lässt, sondern dass ein breiter Konflikt, der mit den kirchlichen Einkünften genauso wie mit der Machtfülle der Kirche verbunden war, noch vom Anfang der Kampagne der Bekämpfung der Gaukler, der „Aberglauben" und der Volksriten vorhanden war.

Ein Gründervater des Altgläubigentums?

Aus den folgenden siebzehn Jahren – zwischen 1652 und 1669 – haben wir fast keine Dokumente über die Tätigkeit Daniils. Wenn wir das Zeugnis der Autobiogra-

---

73 „I muziki po selam i po derevnjam na gumnach, kogda vejut vsjakoe žito, vetru ne nasvistyvali" (ibidem).

74 „i na sanjach by i na lyžach mužiki i baby i devki i robjata nikogda ne katalis'" (ibidem).

phie des Erzpriesters Avvakum über seine gemeinsam mit Daniil 1653 vorgelegte Bittschrift gelten lassen, dann werden wenigstens zwei Schlussfolgerungen zu ziehen sein.

Erstens verwandelte sich der Erzpriester Daniil innerhalb weniger Monate nach seiner erfolgreichen Bittschrift zum „Aberglauben" in einen Opponenten der Generallinie der kirchlichen Obrigkeit. Zweitens befand sich Daniil offensichtlich in Moskau, wo er zusammen mit Avvakum gegen die liturgischen Neuerungen eintrat. Wann Daniil im Novospasskij-Kloster inhaftiert wurde und wie lang er dort blieb, ist schwer zu sagen.[75]

Es scheint, dass sich Daniil zumindest im Mai 1655 nicht mehr – oder noch nicht – in Temnikov befand. Als indirekten Beweis dafür könnte man ein Fragment des Erlasses des Zaren an den Gouverneur von Temnikov betrachten, in dem die Deportation zweier Priester der Uspenskaja-Kirche, Epifan Fedorov und Matvej Alekseev, nach Moskau verordnet wird. Bei Letzterem könnte es sich um unseren alten Bekannten aus dem Jahr 1644 handeln.[76] Es ist bemerkenswert, dass die Figur des Erzpriesters Daniil als eines Vorstehers des lokalen Klerus in diesem Erlass nicht vorkommt. Vielleicht wurde Daniil im verlorenen Teil des Erlasses erwähnt?[77]

Aber noch vor 1669 kehrte Daniil nach Temnikov zurück und war weiter als Erzpriester tätig. Erst in diesem Jahr wurde ihm durch eine Anweisung des Geistlichen Amtes des Patriarchen seine Würde entzogen.[78] Dieser Umstand gibt wenigstens zu einer Bemerkung Anlass. Die Ungnade kam zu spät, um in Verbindung mit der nicht vorhandenen Bittschrift von 1653 oder mit den Beschlüssen der Konzile von 1666/67 zu stehen. Übrigens kommt in den Beschlüssen des Konzils, die die Namen der Opponenten der liturgischen Reform auflisten, der Name des Erzpriesters nicht vor. Dies alles macht folgende Hypothese sehr glaubwürdig: Daniil bereute seine Fehler kurz nach 1653 und bekam nach 1655 seine Stelle als Erzpriester zurück, um 1669 wegen etwas anderem abgesetzt zu werden. Als wichtigen Grund für diese hypothetische Reue sehe ich die vollkommen umstrittene Position dieses Erzpriesters in der lokalen Gesellschaft an, wo er gewichtige Feinde hatte und sich nur mit Unterstützung aus Moskau durchsetzen konnte.

---

75 Als grober Fehler muss die Bemerkung S. Zen'kovskijs betrachtet werden, der zufolge Daniil „vielleicht" im Novospasskij-Kloster „starb" (ZENKOVSKIJ Russkoe staroobrjadčestvo, S. 215).

76 Erlass des Zaren Aleksej Michajlovič von 27. Mai 1655 (RGADA, f.1167 (Temnikovskaja prikaznaja izba), op.1, N 2014. Bl.1-3).

77 Beide Priester wurden des „Vieltönens" beschuldigt. Trotz des entsprechenden deutlichen Verbots des Konzils von 1651 wurden die Gebete in mehreren Kirchen gleichzeitig gelesen und gesungen. Damit war der Gottesdienst fast unverständlich, aber ging sehr schnell, was von einigen faulen Gemeindemitgliedern als Vorteil betrachtet werden konnte. Die Ersetzung des „Vieltönens" durch das „Eintönen" wird in der Geschichtsschreibung der Tätigkeit der „Eiferer der Frömmigkeit" zugeschrieben.

78 RGADA, f.1167 (Temnikovskaja prikaznaja izba), op.1, N 694. Bl.3-5. Leider ist dieser Erlass in solch kläglichem Zustand, dass er nicht eingesehen werden kann. Auch der genaue Monat und Tag des Erlasses bleiben unbekannt. Ich benutze die Zusammenfassung des Inhalts dieser Quelle aus der Bestandsübersicht.

Offensichtlich gelangte gleichzeitig oder später (aber vor 1670) noch ein weiterer Erlass nach Temnikov, diesmal über die Verbannung Daniils. Während man ihn in Temnikov suchte, floh Daniil mit seinem Sohn, dem Priester Pimen, nach Moskau.[79] Die Verfolgung seines Vaters und die gemeinsame Flucht aus der Heimatstadt sollten die Hoffnungen Pimens, die Stellung seines Vaters einmal zu erben, so wie es sein eigener Vater vormals getan hatte, vollkommen zunichte machen.

Der Aufstand Stepan Razins gab ihm Gelegenheit, sich zu revanchieren. Als die vom Ataman Fedor Sidorov geführten Aufständischen die Stadt eroberten, kehrte der Priester Pimen nach Temnikov zurück und beanspruchte „seine" Stelle von Erzpriester Perfilij. Perfilij wollte ihn nicht in die Hauptkirche lassen, aber Pimen „drohte ihm und prahlte mit dem Namen des ehemaligen Patriarchen Nikon und mit den verbrecherischen Kosaken, und damit schüchterte er viele städtischen Leute ein". Es mutet wie Ironie des Schicksals an: Pimen betete in der Hauptkirche für den Erzfeind seines Vaters, für den Patriarchen Nikon, den die aufständischen Kosaken für den legitimen Patriarchen hielten. Pimen kam mit den Aufständischen zurecht, weil er nicht nur die Genehmigung des Atamans erhielt, in der Kirche zu dienen, sondern auch die Bittschriften für sie schrieb und sogar mitteilte, was er in Moskau über die Kriegsvorbereitungen gehört hatte.[80] Das letzte Detail lässt vermuten, dass Pimen speziell aus Moskau zurückkehrte, während die Aufständischen Temnikov kontrollierten.[81]

Als die von Fürst Jurij Dolgorukov geführten Regierungstruppen nach Temnikov kamen, wurden sie von einer Delegation loyaler Bürger mit dem Erzpriester Perfilij an der Spitze empfangen. Pimen wurde verhaftet und verhört. Unter anderem erzählte er im Verhör, dass „sein Vater, der ehemalige Erzpriester von Temnikov, Danilo, in Moskau lebt und sich vor der Verbannung bei seinem Sohn, dem Schreiber des Getreideamtes (Chlebnyj prikaz) Makar" versteckt.[82] Diese Bekenntnisse retteten Pimen nicht. In seinem Bericht meldete Jurij Dolgorukov dem Zaren lakonisch: „Und wir, deine Sklaven, haben befohlen, diesen Priester für sein Verbrechen (vorovstvo) bei Temnikov zu erhängen".[83]

---

79 Die Zusammenfassung der Verhöre des Erzpriesters Perfilij von Temnikov im Bericht des Fürsten Jurij Dolgorukov an das Kazaner Amt, 6. Dezember 1670, in: Krest'janskaja vojna pod predvo-ditel'stvom Stepana Razina. Sbornik dokumentov. T.II. Avgust 1670 – janvar' 1671. Č.I. Massovoe narodnoe vostanie v Povolž'e i smežnych oblastjach. Moskva 1957, N 293, S. 367.

80 Zusammenfassung des Berichts Vasilij Čeliščevs und des Verhörs des Erzpriesters Perfilij von Temnikov im Bericht des Fürsten Jurij Dolgorukov an das Kazaner Amt, 6.Dezember 1670, in: Krest'janskaja vojna. T.II. Č.I. N 293, S. 367.

81 Gabriele Scheidegger findet es merkwürdig, dass Pimen „die Absetzung und Verbannung seines Vaters offensichtlich nicht davon abgehalten haben, sich den nikonfreundlichen Kosaken anzuschließen." (SCHEIDEGGER Endzeit. Russland am Ende des 17. Jahrhunderts, S. 221). Mir erscheint dies nur als scheinbarer Widerspruch.

82 Bericht des Fürsten Jurij Dolgorukov an das Kazaner Amt, 6. Dezember 1670, in: Krest'janskaja vojna. T.II. Č.I. N 293, S. 367-368.

83 Bericht des Fürsten Jurij Dolgorukov an das Kazaner Amt, 6. Dezember 1670, in: Krest'jans-

Die Hinweise Pimens klingen verräterisch genau. Offensichtlich wurde Daniil wirklich gefangen genommen. 1673 wurde er schon „der Priesterweihe entzogen (*ot svjaščenstva otlučen*)" und er wurde in das abgelegene Derevjanickij-Kloster im Novgoroder Gebiet verbannt, wo man ihn „unter strenger Überwachung" (*pod krepkim načalom*) halten und ihm weder Papier noch Tinte geben sollte. Daniil durfte „keine Briefe schreiben", andernfalls sollte „man ihn gefesselt unter Bewachung" halten (*deržat' skovana za storožeju*).[84] Diese allgemein gehaltenen Weisungen, die für alle aus politischen oder religiösen Gründen Verbannten galten, lassen nicht sagen, ob Daniil wegen der Aktivitäten seines Sohnes oder wegen seiner eigenen Vergangenheit als Altgläubiger verbannt wurde.

Eine Bilanz der Tätigkeit Daniils ergibt sich bereits aus der vollkommenen Abwesenheit seines Namens in beiden russischen religiösen Erinnerungskulturen. Offensichtlich wussten die Altgläubigen nicht, ob Daniil als treuer Altgläubiger oder als zum „neuen Glauben" Konvertierter starb. Deswegen fehlt sein Name im Synodikon der Orthodoxie der Altgläubigen, das jedes Jahr am Sonntag der Orthodoxie gelesen wird. Auch die Russisch-Orthodoxe Kirche würdigt den Eifer Daniils als Missionar nicht.

Es gibt zwei Möglichkeiten, die oben rekonstruierte Lebensgeschichte des Erzpriesters Daniil von Temnikov zu interpretieren. Einerseits kann man sich auf die existierende Tradition der Geschichtsschreibung über die Zugehörigkeit Daniils zu den ‚Eiferern der Frömmigkeit' berufen und die neuen Befunde als Zugewinn zu unserem spärlichen Wissen über die „Eiferer" betrachten. In diesem Fall erscheinen die Missionsversuche Daniils, die ich oben als einen der wichtigsten Gründe seines Konflikts mit den lokalen Eliten zu beschreiben bestrebt war, als weiterer und bisher noch unbeachteter Streitpunkt in der Positionierung der „Eiferer" gegenüber der lokalen Obrigkeit.

Es scheint, dass die Aktivitäten Daniils besser zu dem oben von mir angebotenen Bild der Bewegung der „Eiferer" als einer „textual community" passen als zum traditionellen historiographischen Bild. „Geweckt" durch die Erlässe von 1648, konnte er seine eigene Initiative an die neue Linie anpassen, machte die notwendigsten Korrekturen und bekam die Genehmigung für seine Initiativen in der Instruktion von 1652.[85]

---

kaja vojna. T.II. Č.I. N 293, S. 368.

84 Letopisnye izvestija i dokumenty Novgorodskogo Derevjanickogo Voskresenskogo monastyrja (1335-1839), in: Vestnik archeologii i istorii. Vyp.XXI. 1911.

85 Auch die zur Tradition gewordene Darstellung der „Eiferer" als Vertreter der ersten Bewegung in der Geschichte der russischen Kirche, die von der weißen Geistlichkeit gerührt wurde (ZEN'KOVSKIJ Russkoe staroobrjadčestvo, S. 87-88), ist mit der oben rekonstruierten Biographie Daniils schwer zu vereinbaren. Obwohl Daniil, genauso wie sein Vater, zur „weißen Geistlichkeit" gehörte, spielten die Klöster in seinem Leben eine wichtige Rolle. Genauso wie sein Vater fing Daniil seine Tätigkeit eines Geistlichen im Purdyševskij-Kloster an, wurde danach vom Abt dieses Klosters in seinem Streit mit dem Gouverneur unterstützt und fand einmal sogar im Kloster Unterschlupf.

Andererseits scheint es viel reizvoller zu sein, die Aktivitäten Daniils in einem etwas breiteren Kontext zu untersuchen, nämlich im Kontext des Zusammenhangs zwischen der „ersten" und der „zweiten" Christianisierung Russlands. Diese beiden Probleme wurden bis zuletzt getrennt betrachtet, auch in einem neuen Sammelband finden sich nur einzelne Ausnahmen.[86] Die besondere Stellung des Moskauer Russlands im frühneuzeitlichen Europa hängt damit zusammen, dass die sogenannten „Heiden" nicht in den weit entfernten Kolonien, sondern im geographischen Zentrum des Landes lebten. Es ist wichtig zu bemerken, dass dem Erzpriester Daniil, der als ein Militant der „ersten" sowie der „zweiten" Christianisierung angesehen werden kann, in beiden diesen Bereichen das Gleiche fehlte – der Katechismus und die Predigt (Letztere wurde gerade in dieser Zeit von anderen Eiferern, z.B. von Loggin von Murom und von Ivan Neronov, wieder eingeführt). Ein Vergleich der Missionstätigkeit Daniils mit der frühneuzeitlichen katholischen Mission zeigt das andere Manko: Der Erzpriester zeigte weder Kenntnisse der mordwinischen oder tatarischen Sprache noch ein Interesse, sich mit den Kindern der „Ungläubigen" zu beschäftigen. Im Gegensatz dazu versuchte beispielsweise Franz Xaver in Indien seit 1541 zuerst die Kinder der „Eingeborenen" im Katechismus zu unterrichten und nicht nur in der Landessprache zu predigen, sondern auch die Gebete zu übersetzen.[87] Die Bekehrung ist für Daniil nur als Bekehrung einer erwachsenen Person denkbar – und dies entsprach vollkommen einer „staatlichen" Sichtweise, in der nur die Bekehrung einer erwachsenen Person, verknüpft mit Geschenken und Privilegien des Bekehrten, sozial relevant sein konnte.

Als eine rein individuelle Besonderheit Daniils ist die Priorität zu betrachten, die er der Bekehrung der Moslems zuwies. Wir haben gesehen, dass Daniil nur sie zu bekehren versuchte und kein Interesse an der Taufe der Animisten zeigte. Obwohl für die Moskauer staatliche und kirchliche Obrigkeit die Bekehrung der „Heiden", also der Animisten, immer die erste Aufgabe darstellte (seit der Vorrede zum „Gebetbuch" bis zum berühmten Gespräch Peters des Großen mit dem Patriarchen Adrian), beharrte Daniil auf der Bekehrung der Muslime, die offensichtlich noch mehr Schwierigkeiten bot. Dies ist besonders interessant, weil gerade die Christianisierung der Animisten im Temnikover Bezirk im 17. Jahrhundert weit von ihrer Vollendung entfernt war.[88] Es könnte aber sein, dass diese Gegenüberstellung zu streng

---

86 Of Religion and Empire. Missions, Conversion, and Tolerance in Tsarist Russia. Ed. by ROBERT P. GERACI and MICHAEL KHODARKOVSKY. Ithaca and London 2001.

87 RITA HAUB Franz Xaver – Pionier, Organisator, Kommunikator, in: Franz Xaver – Patron der Missionen. Festschrift zum 450. Todestag. Hrsg. RITA HAUB und JULIUS OSWALD (Jesuitica, Bd.4). Regensburg 2002, S. 13-38, hier S. 18-19; ANGELA FISCHER - BRUNKOW Franz Xaver als Missionar in Japan. (Inter)kulturelle Aspekte der frühen Japanmission im 16. Jahrhundert, in: Ibidem, S. 81-102.

88 MICHAEL KHODARKOVSKY The Conversion of Non-Christians in Early Modern Russia, in: Of Religion and Empire. Missions, Conversion, and Tolerance in Tsarist Russia. Ed. by ROBERT P. GERACI and MICHAEL KHODARKOVSKY Ithaca and London 2001, P. 126 (im Jahr 1678 gehörten von 674 Höfe der Mordwinen im Temnikover Bezirk nur 34 den Getauften).

ist, weil schon die Bemühungen Misails von Rjazan deutlich die Muslime und die Animisten trafen.[89] Auch die Bekehrungsversuche in der Regierungszeit Fedor Alekseevičs (1680-81) nahmen wie die Muslime auch die Animisten in Visier.[90]

Es war nicht klar, ob man sich auf die Internalisierung der christlichen Werte bei der orthodoxen Bevölkerung konzentrieren konnte, ohne den Rest der Animisten zu taufen. Es war auch ein finanzielles Problem, weil die erste genauso wie die zweite Christianisierung ein sehr teures Unternehmen bedeutete. Einerseits wären reiche finanzielle Abgaben zugunsten der Kirche eher von musterhaften orthodoxen Gläubigen, in welche die Russen im Zuge der „zweiten Christianisierung" verwandelt werden sollten, zu erwarten als von den neugetauften Animisten. Andererseits wurden in der Optik der Moskauer Obrigkeit die Volksbräuche der orthodoxen Russen als „heidnisch" (*ellinskie*) angesehen, damit wurde ihre Ausrottung mit den weiteren Missionsversuchen gegenüber den Nichtchristen verbunden. Damit entstand eine besonders streng rigoristische Ablehnung der ganzen russischen Volkskultur. Und damit entstand der Erlass von 1648 (dessen Verbote Daniil noch vertiefen und erweitern wollte), der keine Analogien in der zeitgenössischen russischen Praxis hat – wohl aber im gesamteuropäischen Kontext, in dem der Kampf Daniils in das allgemeine Bild der gegenreformatorischen und protestantischen Bekämpfung der Volkskultur passt.

---

89 Es ist auch fraglich, ob die getrennte Behandlung der russischen Politik gegenüber den Moslems und den Animisten die Sichtweise der russischen Obrigkeit adäquat spiegelt (z. B. NOLTE Religiöse Toleranz in Rußland). Man könnte sich vorstellen, dass die Moskauer Obrigkeit die Animisten als eine Art „Niemandsland" betrachtete, aber sie musste gleichzeitig bemerken, dass dieses „Niemandsland" auch von den Bekehrungen im Islam betroffen wurde.
90 NOLTE Religiöse Toleranz in Rußland, S. 72.

Theological Dispute and Integration in Mid-XVIIth Century Muscovy: the Argument about Pseudo-Dionysius the Areopagite and Negative Theology

ANDRÉ BERELOWITCH

> Il importe extrêmement de ne pas m'affubler en père
> de l'Église. C'est déjà beaucoup d'en être le fils.
> *Charles Péguy*

Introduction

Before the XVIIth century, no religious crisis (the *strigol'niki* and "judaisers" affairs) or controversy (about Church property) had been deep enough, or, perhaps, sufficiently documented, to reveal to what extent religious dissent could perturb social order and State policy[1]. In sharp contrast, the Raskol is a bountiful mine for historians: a schism, wich breaks up the Christian community – wound unhealed as late as the beginning of XXth century; numerous rebellions, more or less directly inspired by religious protest; not always learned, but fierce controversies about dogma and ritual; archives documents by the thousands.

For all that, we are little the wiser: if the facts are there, their deeper meaning escapes us. We still don't know, for instance, not for sure, not from within, why did tsar Alexis choose to support patriarch Nikon's positions, even after he had left Moscow and practically resigned, instead of listening to advices of moderation from the Greek patriarchs. Since no vital point of faith was in question – or so it seems from our point of view –, it was quite possible for him to adopt a lenient, or at least a neutral, course, as did the grand princes of Moscow, his predecessors. Granted that, after a few years of protest from the first Old Believers, he had to repress opposition, was it necessary to go to such extremes, as for instance to have the Pustozersk prisoners burnt on the stake or the Solovki convent taken by storm?

This uncompromising attitude is the all the more striking since the sovereign had shown, in other and more difficult situations (the 1648 rebellions, for example) a

---

1 The following paper is meant as a sequel to my previously published article, "De modis demonstrandi in septidecimi sæculi Moschovia," *Forschungen zur osteuropäischen Geschichte (FOG)* 56 (2000), 8-46, which dealt with judicial proof and economic reasoning. The present first steps toward exploring religious thought have been guided by my colleagues, Aleksandr Lavrov and Georg Michels. Useful criticism, questions and advice came, during the conference, from Paul Bushkovitch, Pierre Gonneau, Petr Stefanovich, Ludwig Steindorff. I wish to express my deep gratitude to them all, while of course taking full responsibility for my mistakes.

commendable tolerance, and also because it meant a complete reversal of policy. During the reign of Mikhail Fedorovich, all books written or printed in the neighbouring Polish-Lituanian territories had been banned at a time[2]. Later on, the State controlled press (*Pechatnyi dvor*) had issued two bulky volumes of anti-Latin controversy, the so-called *Kirillova kniga* in 1644, the *Kniga o vere* in 1648, the latter «by order» of Alexis himself[3]. Both emphasized the crucial value of tradition, and certainly didn't advocate any changes in ritual; both were subsequently treasured by the Old Believers as preserving the spirit and doctrine of true orthodoxy[4].

We must assume, therefore, that for some unclear, yet potent, reason, Nikon's essentially liturgical and textual reform was important in the eyes of tsar Alexis, that somehow it fitted with his conception of what Muscovy was or should become. One might, certainly, explain it away by Nikon's pervasive influence on the young monarch. But how could it account for Alexis's perseverance, even after Nikon's *de facto*, and then *de iure*, deposition? The reason often advanced by historians to explain Alexis' attitude, *viz.* the desire to put Russian liturgy in harmony with Greek and Ukrainian practices, a feeling arising in its turn from the imminent annexion of Ukrainian territories, isn't really convincing: even setting aside the balance of forces and Muscovite usual ethnocentric thinking, the motive seems out of proportion with its dramatic results[5]. The resistance to Nikonian reforms may in itself provide another clue: it is almost entirely focused on the defence of tradition for the sake of tradition, disregarding the contents[6]. Could it be that Alexis wanted, unwittingly following the views of Pope Urban II[7], to do away with custom as a rule for belief? Hardly: all the available evidence argues clearly to the contrary.

One could, possibly with more success, seek the answer in the tsar's numerous writings, e. g. in his brief esthetic-moral excursus on the virtues of form and ceremonial[8]. Perhaps the key to this problem is to be found in Aleksei Mikhailovich's

---

2   *Cf.* A. A. Bulychev, *Istoriia odnoi politicheskoi kampanii XVII veka. Zakonodatel'nye dokumenty vtoroi poloviny 1620-kh godov o zaprete svobodnogo rasprostraneniia «litovskikh» pechatnykh i rukopisnykh knig v Rossii* (Moscow, 2004).

3   Precise dates of printing: *Kirillova Kniga*, April 21st, 1644; *Kniga o vere*, May 8th, 1648 (I. V. Pozdeeva, V. P. Pushkov and A. V. Dadykin, *Moskovskii Pechatnyi dvor – fakt i faktor russkoi kul'tury,1618-1652 gg.* (Moscow, 2001), 422, notes 40-41).

4   *Cf.* Hans Peter Niess, *Kirche in Rußland zwischen Tradition und Glaube? Eine Untersuchung der Kirillova kniga und der Kniga o vere aus der 1. Hälfte des 17. Jahrhunderts* (Göttingen, 1977); *Slovar' knizhnikov i knizhnosti drevnei Rusi, vyp. 3 (XVII v.), chast' 2 (SKKDR, III/2)* (St. Peterburg, 1993): «Kirillova kniga», 163-166.

5   See Robert Crummey's remarkably balanced summary of the Church reform in *Cambridge History of Russia I, From Early Rus' to 1689*, ed. Maureen Perrie (Cambridge, 2006), 626-635.

6   On the special importance of tradition to Orthodox Christianity, as distinct from Catholic or Protestant, see Niess, *Kirche*, 72, 2.1.1.

7   «Quod si prætendis hoc ex antiquo usu in terra tua processisse, scire debes Creatorem tuum dixisse: "Ego sum veritas", non autem "usus" vel "consuetudo"». See Berelowitch, "*De modis*," 8.

8   «Uriadnik sokol'nich'ia puti», *Pamiatniki literatury drevnei Rusi, XVII vek, kniga 2* (Moscow, 1989), 286-299, foreword, 286-287; English translation: *The Slavonic and East European Review (SEER)* (1924), 63-64.

fervent piety, and definitely in the realms of thought rather than in the sphere of practical policy. I have tried to gather some indications on this subject from a different type of source: the rather one-sided theological dispute, following the 1666 synod of the Russian Church, between Nikita Dobrynin[9], nicknamed "Pustosviat" ("The Bigot"), a priest attached to Suzdal' cathedral, Paisios Ligarides[10], metropolitan of Gaza *in partibus*, and Simeon of Polotsk[11].

The setting

"One-sided" because of the huge difference, in terms of rank, influence and means, between the opponents. Paisios and Simeon, who had the ear of the tsar, were already acquainted before the 1666 synod[12] and later on even achieved familiarity[13], whereas the provincial Nikita was a complete outsider. They were commissioned by the synod to refute the views of Dobrynin, who was condemned by that same synod. They had at their command not only the whole machine of State and Church, but also that formidable weapon: the printing press. They were thus in a position to remonstrate; he had no choice but to acknowledge his wrongs, or hold his ground and suffer for it. Moreover, the controversy was never held face to face and was conducted exclusively through the written word – a situation which, at least for the historian, has its good points: he knows as much about what went on as did the debaters themselves.

The only known contact of Nikita Dobrynin with either of them, actually with Simeon, occurred between the 29th of April, when his "Large petition" (*Velikaia chelobitnaia*), directed against patriarch Nikon's ritual and textual innovations, came up for discussion at one of the synod sessions, and May, 10th, 1666, when he was found guilty of heresy, anathematized, barred from priesthood and sent in seclusion, together with Avvakum and deacon Fedor, to Saint-Nicholas monastery on the Ugresha[14].

---

9 *SKKDR*, III/2: «Nikita Dobrynin», 380-383; Georg Michels, "The Place of Nikita Konstantinovich Dobrynin in the History of Early Old Belief," *Revue des études slaves* LXIX, 1-2 (1997), 21-31.

10 *SKKDR*, III/3: «Paisii Ligarid», 8-12; Emile Legrand, "Ligaridès Pantaléon, en religion Païsios", in *Bibliographie hellénique ou description raisonnée des ouvrages publiés par des Grecs au dix-septième siècle, T. IV*, ed. Emile Legrand (Paris, 1896), 8-61; Gerhard Podskalsky, *Griechische Theologie in der Zeit der Türkenherrschaft (1453-1821)* (München, 1988), 251-258 *et passim*.

11 *SKKDR*, III/3, «Simeon Polotskii», 362-379.

12 At least from December, 1664, when Simeon acted as Latin-Russian interpreter for Paisios (*SKKDR*, III/3, 366).

13 If we are to believe the well known, but somewhat mysterious, relation of a quodlibet *disputatio* (1671) published by I. F. Golubev, "Vstrecha Simeona Polotskogo, Epifaniia Slavinetskogo i Paisiia Ligarida s Nikolaem Spafariem i ikh beseda," *Trudy otdela drevnerusskoi literatury (TODRL)* 26 (1971), 294-301.

14 Ivan Rumiantsev, *Nikita Konstantinovich Dobrynin («Pustosviat»)* (Sergiev Posad, 1916), I, 163 (note 6), 164-165, 189 and note 3.

The verdict is recorded in the fifth act (*deianie*) of the synod, which lists the prelates who took part in the judgement: metropolitans, archbishops, bishops, archimandrites and abbots (the Alexandria and Antioch patriarchs arrived later). Simeon of course wasn't a member[15], but he was secretary to the assembly and it was he who drafted the text[16]. So he heard and saw Nikita Dobrynin, who, "like the deaf adder" in the Scripture (Psalm 57 [58], 5-6), "put his fingers in his ears" and wouldn't listen to his opponents' arguments – another proof of his "devilish pride[17]". At the end of May, he repented (apparently from fear of punishment, or so he stated later) and wrote several letters to the synod, renouncing his errors and pleading for mercy[18]. Open-minded controversy was therefore impossible, either with the arrogant sinner or with the penitent priest, partly because of Dobrynin's difficult temper, but chiefly because of the penalties incurred by dissenters, a fact which of course precluded free discussion. As Pitirim of Novgorod put it, when addressing tsar Alexis on behalf of the synod fathers, they were willing "to bring the dissenters round to obedience amicably" or, failing that, "to wield the full strength of their pastoral crosier, reinforced by the help of the tsar's right hand[19]".

Although most of the accused retracted on the spot, and some of them, as we have seen, later, the synod decided to refute their opinions in print, aiming specifically at Nikita Dobrynin and the priest Lazarus. Here again, one might wonder about the reasons for this, since Nikita's petition had been read only by deacon Fedor (it is he who named it "the Large petition") and all copies, mostly drafts, had been destroyed or confiscated[20]. The explanation is probably that his was "the most substantial critique of the new liturgical books", and the prelates didn't want to leave it unanswered[21]. The honour of the Church was also at stake, in a way, especially if we think of the insults showered by the Old Believers on their official opponents, "heretic" being one of the mildest – a kind of abuse which was even actionable[22]. Besides, there was enough demand for such books as the already mentioned *Kirillova kniga* and *Kniga o vere* to create some kind of public arena for theological dispute[23].

---

15 He never wanted to enter the higher spheres of the Church (*SKKDR*, III/3, 363).

16 *Materialy dlia istorii raskola za pervoe vremia ego sushchestvovaniia (Materialy)*, T. I (Moscow, 1874), 387, note 1. He usually took notes in Latin characters, using Polish transcriptions of Slavic phonetics – a detail which would have made the Old Believers indignant, had they but known.

17 *Materialy*, T. II (Moscow, 1876), 82-91, here 87.

18 *Materialy*, T. I, 385-393. Rumiantsev thinks his repentance was sincere (Rumiantsev, *Dobrynin*, 190-204, 258-259).

19 Rumiantsev, *Dobrynin*, 160.

20 *Ibidem*, 510-512.

21 Michels, "The Place," 23 *et passim*.

22 Nancy S. Kollmann, *By Honor Bound* (Ithaca/London, 1999), 47 and note 61.

23 True, *Kniga o vere* was printed but once, and sold, from January 1650 to July 1653, only 111 copies out of a 327 run (S. P. Luppov, ed., *Chitateli izdanii Moskovskoi tipografii v seredine XVII veka* (Leningrad, 1983), 12, 40-41, 88-94). But for a theological treatise it wasn't such a

The ninth act of the synod states that the assembly, after hearing "the sacrilegious [*bogomerzskii*] roll" written by priest Lazarus, and finding in it "the very same satanic work and teachings as those which had previously induced the already mentioned priest Nikita to slander and calumny", devised [*sooruzhi*] "a new book called *Zhezl pravleniia* (*The Crozier of Direction*), where all their calumnies and denunciations will be [in turn] denounced in every particular[24]". The title page of Simeon's *Zhezl pravleniia* declares proudly that it was "devised on behalf of the whole holy synod, convened by order from the most pious, most serene and most autocratic ... tsar and grand prince Aleksei Mikhailovich ... in ... Moscow, in the year 7174, of May the 7th day[25]". The *Crosier* was meant to *direct* (*pravleniia*) the flock of the Russian Orthodox Church, to *steady* (*utverzhenie*) the wavering, to *punish* (*nakazaniia*) the unruly and to *execute* (*kazneniia*), i. e. "to vanquish the rebellious, predatory wolves attacking Christ's flock".

Nothing definite has been published about the origin of Paisios' manuscript. Being one of the main advisers of Alexis Mikhailovich in Church matters, he was, quite naturally, asked to look up Nikita's petition and to prove its falsity. Since he didn't understand Russian, and Church slavonic neither, it had to be translated into Latin for him. This was probably the work of Simeon, who also translated from Latin into Russian Paisios' refutation. But florid style, numerous digressions, little-known authorities and *baroque* rhetoric made his *Otrazheniia i oblicheniia na onye slovesa* (*Refutation and denunciation of these writings*) difficult to understand even for high-ranking clerics – not to speak of the flock it was meant to save. The text was not approved by the synod and therefore remained unpublished until it appeared, much later, in Subbotin's publication[26].

Of course, Nikita couldn't read Paisios' manuscript. Was he acquainted with Simeon's arguments? A later document, the "Anonymous petition" (*Bezymiannaia chelobitnaia*), revised and corrected by Nikita Dobrynin some time before July 5th, 1682, which bears unmistakably his mark[27], provides the answer. The twelfth item, almost identical with the first point of the "Large petition[28]", discusses a statement of the *Skrizhal'*, or *Tablet*, a book published in 1655 under the patronage of patriarch

---

bad score, and we must take into account the free copies, number unknown, given by tsar Alexis to various individuals or ecclesiastical bodies (Pozdeeva et al., *Moskovskii Pechatnyi dvor*, 414: on March 19th, 1652, three copies each of *Kirillova kniga* and *Kniga o vere*; 416: on September 10th, 1652, two copies of *Kirillova kniga*; 417: on April 23rd, 1653, three copies of *Kniga o vere* to be sent to Chigirin).

24 *Materialy*, T. II, 110-112.

25 *Zhezl pravleniia* (Moscow, 1667). This is probably a clue as to the date of the ninth act, which doesn't even bear indication of the month and has moreover been modified after Nikita's retractation (*Materialy*, T. II, 111 and note 6). *Zhezl pravleniia* is quoted from a print off a microfiche, put at my disposal by Aleksandr Lavrov, whom I'll never be able to thank enough for his kindness.

26 Rumiantsev, *Dobrynin*, I, 512 sq. Published in *Materialy*, T. IX (Moscow, 1895), 13-265.

27 Rumiantsev, *Dobrynin*, I, 260-263.

28 See Annex I of the present paper.

Nikon[29]: "For it is better to name God "darkness" and "invisibility" rather than "light"[30]". The 1682 petition goes on[31]: "And about this sentence, in the new heretical book, *Zhezl pravleniia*, they refer it to Dionysos Areopagites, claiming that Dionysos Areopagites did say these words, that they were not written by the author of *Skrizhal'*. Please your majesties[32] to have the patriarch and prelates questioned separately, and their answers put on record, as to in which chapter of Dionysos Areopagites are these words to be found, have they been correctly quoted in this *Skrizhal'* of Nikon, and is it a good thing to write thus, and is it true that it is better to name God "darkness" and "invisibility" rather than "light"?" Simeon was dead at that time, and so was Paisios; Nikita Dobrynin himself was beheaded soon after[33]. So the dissenter didn't get his answer, after all, and his (rather ludicrous) demands were not met by Church or State.

Nevertheless, we are entitled, I think, to call it a debate in the broader sense, admittedly informal but conducted, as we shall see, in a scholarly way. We may deplore the absence of further exchanges, but, such as they are, they present us with a wealth of arguments and quotations, revealing both of the theological culture of these clerics and of their ways of reasoning. Last but not least, we must remember that, unless we consider tsar Alexis as a cynic (and he certainly wasn't), the theological thought of the winning side was, in his opinion, the appropriate bind for religious integration of the Russian empire.

Methods

Since Nikita Dobrynin's petition was systematically divided into separate items, each being dealt with in turn, without overlapping, his opponents naturally followed although adopting sometimes a different order. I have chosen to analyse the first item ("For it is better to name God "darkness" and "invisibility" rather than "light""), one of the most interesting since it concerns a central problem about the nature of God and the believer's devotional attitude which this nature commands[34].

Although the debaters differ on many counts, they have several features in common. They do not really try to convince their opponents, only to display as many proofs as possible in favour of the point they are making. Nikita Dobrynin had

---

29 A composite book, containing among other works "an important Greek commentary on Orthodox liturgy" (see: Georg Michels, *At War with the Church: Religious Dissent in Seventeenth-Century Russia* (Stanford, 1999), 23 and 240, note 8) translated by Arsenios the Greek (*SKKDR*, III/1: «Arsenii Grek», 105-108, here 106). The *Skrizhal'* was meant to justify Nikon's first reforms, among them the three-fingers sign of the cross, which, as G. Michels has convincingly shown, didn't at the beginning affect laity and not even many among the clergy: *Ibidem*, 23 sq.

30 Nikita Dobrynin refers the sentence to *Skrizhal'*, f. 665.

31 Rumiantsev, *Dobrynin*, I, 549.

32 Ivan and Petr Alekseevich.

33 Paisios Ligarides died on August 24, 1678, Simeon of Polotsk on August 25, 1680, Nikita Dobrynin on July 11, 1682. See notes 10, 11 and 9 respectively.

34 See Annex 1 and 2 for the relevant passages in our documents.

hopes, it is true, to persuade Aleksei Mikhailovich that Nikon's reforms were wrong, but in all probability he didn't bank on the sincerity of his superiors. Simeon and Paisios endeavour to confound Nikita, definitely filed as a "wolf" and treated accordingly ("ignorant", "stupid", "liar", "accursed", "lawless", "calumniator", "venomous snake[35]", "this dark man[36]"); this is hardly the way to reach an agreement, but our own century has nothing to boast about in that respect. Every now and then, after apostrophing the unworthy Nikita, Simeon turns to his real public : "See, o you of the Orthodox Faith![37]".

But this was, up to a point, accepted behaviour: Nikita was no more courteous than his opponents, and besides Simeon of Polotsk *did* convince some of the Old Believers, not perhaps that they were wrong, but at least that some of their arguments were. Rumiantsev remarks that quite a few of the points refuted in *Zhezl pravleniia* were dropped by the tenants of the Old Faith after the publication of the book[38]. The paragraph quoted above about the problem of God's "darkness" can be understood as a reluctant acknowledgement by Nikita Dobrynin (in 1682) that Simeon, although a shameless heretic, had a point there.

Another feature the three disputants share is their reliance on authority. We needn't go here into the well-known question of the repudiation of authority by the Renaissance thinkers: as soon as we reach the realm of faith, the only and uppermost authority is Revelation, which can't be discussed. The Apostles come next, then the Holy Fathers. This accounts, of course, for the numerous quotations adduced by the disputants. One could suppose that the more, the better, and Paisios probably thought along those lines; he could boast of eighteen quotations, taken about half from the Bible, half from Holy Fathers and two from pagans, Plato and Maximus of Tyre. But apparently this approach didn't necessarily lead to success: his text was rejected by the synod, Simeon's (nine quotations, six biblical, three patristic) adopted. A sober style was more to the taste of Russian prelates. Nikita's sobriety bordered on austerity: ten quotations (out of thirteen) from the Bible, one from the Apostles' Creed (ND, § 12[39]), two from John Chrysostom, and even one of those taken from 1 Timothy (ND, § 10-11).

The authority of the Scripture is of course paramount and above discussion, but the Fathers don't entirely share this privilege. That is why, when Paisios and Simeon mention Dionysos Areopagites, they bestow upon him emphatic encomiums: "Dionysos Areopagites, that great pillar and strengthener of Orthodox Church[40]", "The

---

35 *Zhezl pravleniia*: f. 15-17: невежда, малоумный, «ложь», окаянный, беззаконный, змий ядовитый.

36 *Materialy*, T. IV, 21.

37 E. g. *Zhezl pravleniia*: f. 16 v°: «Виждь оубо православный народ».

38 Rumiantsev, *Dobrynin*, I, 514; Items n° 3, 5, 6, 8, 9, 11, 12, 16, 27 in *Zhezl pravleniia*, part I.

39 «ND, § 12» refers to quotation n° 12 in Nikita Dobrynin's quotations, Annex II *infra*. Similarly, Paisios Ligarides is abbreviated as «PL», and Simeon of Polotsk as «SP».

40 *Zhezl pravleniia*, f. 15.

top of theologians[41]". Of course, they didn't know at the time that the author of *Celestial Hierarchy* had nothing to do with the Areopagites allegedly converted by Paul (Acts of the Apostles, 17, 34), and that his writings would one day be considered as Platonist rather more than Christian[42].

For all of them, quoting is, or so it seems, at the core of their theological thinking: its function is not primarily to illustrate or strengthen a piece of reasoning, it's practised as an art for art's sake. This is probably because the Scripture and, to a lesser extent, the Fathers cannot be disputed; therefore, one has to thread his own way through a maze of writings, dodging inconvenient ones and clinging to the favourable. I daresay many Soviet controversies, in the recent past, have been conducted in the same fashion.

Still, there are substantial differences about the way our authors are finding and using quotations. Nikita Dobrynin quotes invariably through the pericopes he finds in the lectionaries (*Evangelie, Apostol*), the only exception being John Chrysostom. He doesn't seem to be acquainted with Dionysios' writings, which is unexpected since they were much in demand in XVII century Muscovy[43]. He apparently didn't have access to libraries either, since between 1667 (publication of *Zhezl pravleniia*) and 1682 (when the *Anonymous petition* was drafted) he could have found an occasion to check by himself the Dionysios' quotations. Or perhaps didn't he want to check, and was only anxious to spot errors in his enemies' books?

All in all, and despite any sympathy we may feel for the underdog, his level of learning is nothing to compare with the vast culture of his opponents – true scholars, who seldom forget to give the equivalent of footnotes (even once, in SP, § 6, indicating the exact folio!) and make the historian feel he is treading familiar ground among colleagues. Paisios draws from an impressing array of Greek writers, whom he almost certainly, being himself a Greek, read in the original: Dionysios (PL, § 2, 12), Plato (PL, § 8), Justin (PL, § 8), Maximus of Tyre (PL, § 14), Epiphanius of Salamis (PL, § 16) and Gregory of Nysse (PL, § 18). These fragments he translated into Latin (or did Simeon transcribe the relevant passages from the Latin copies he could have had in his personal library[44]?), and then they were retranslated again into

---

41 «Верх богословцев», *ibidem*, f. 16 v°; *Materialy*, T. IV, 24.

42 Further research has shown that he was Christian, probably a Palestinian or Syrian monk of the late V[th] century A.D. (J. Daniélou, A. H. Couratin and John Kent, *The Pelican Guide to Modern Theology, Vol. 2* (Harmondsworth, 1969), 114-115). If the question of authenticity didn't arise yet, Dionysos' authority was even then in dispute (Podskalsky, *Griechische Theologie*, 111).

43 Mikhaïl V. Dmitriev, "Denys l'Aréopagite lu en Russie et en Ruthénie aux XVe-XVIIe siècles. Joseph de Volokolamsk, le *starets* Artemii, le *protopope* Avvakum," *Istina* 52 (2007), 449-465 (I thank again Aleksandr Lavrov who acquainted me with this article); G. M. Prokhorov, *Pamiatniki perevodnoi i russkoi literatury XIV-XV vekov* (Leningrad, 1987), 56-57. It must be added that readers frequently complained about the obscurity of his works (*ibidem*), which is why Evfimii Chudovskii translated them anew in 1675 (*SKKDR*, III/1, 290).

44 *Cf.* Anthony Hippisley and Evgeniia Luk'ianova, *Simeon Polotskii's Library: A Catalogue* (Köln/Weimar/Wien, 2005). He did have an edition of Justin, Paris, 1615 (213, n° 418-419), two folios in Latin of Cyril of Alexandria and John Damascene (Zabelin inventory, 194 *sq.*,

Russian Church slavonic by Simeon. This protracted process may account for some minor discrepancies – they are surprisingly few – with the originals. One hypothesis, though, shouldn't be neglected: unless he made previously a special study of Dionysios' teachings, he may have found these references in some anthology or treatise, for instance while he was studying at the Jesuit Greek college St. Athanasios in Rome[45].

Another, and very substantial, difference is that while Simeon, as we shall see, builds up a real argument, leading the reader from simple enough premises to a not entirely predictable conclusion, Nikita, once he has expressed his unqualified rejection of the debated sentence ("And this, Sire, is printed from heretical chaff, it is blasphemy: for in Divine Scripture incomprehensible God is styled Light inexpressible and incomprehensible[46]"), repeats the same judgement, with slight variations, over and over, quoting each time a new authority. We find a similar pattern, for instance, in Iosif Volotskii's letter to archimandrite Vassian on Trinity[47].

This linear form of reasoning has parallels in a completely different field, *viz.* the disputes on precedence among nobility. For instance, in dispute n° 1231, between Basil son of Nikita Pushkin and Andrew son of Joseph Pleshcheev[48] (March 1627), the list of precedents takes page 173 pages in-8. Each litigant brings in an enormous amount of cases and concludes every time: "And on the face of these precedents, I, your humble servant Basil, may lawfully take precedence even over Andrew's father, Joseph the son of Timothy Pleshcheev", or vice versa[49].

Issues

The whole argument revolves around a well-known aspect of Neo-Platonician philosophy, and later of Christian spirituality, the so-called "negative" or "apophatic" theology. At the beginning, it only applied the Platonician method of abstraction to the concept of God, or Maker of the Universe. Being beyond and above any human or terrestrial quality, He shouldn't be called "omniscient", "omnipotent", because it still means that He is implicitly compared with human knowledge, power or dignity. Later on, as Plotinus and his disciples stressed the absolute transcendency of God, beyond being and even thought, the only approach left to divinity remained the mystical. To gain access to the universal Cause, the believer must forget every pre-

---

respectively n° 43 and 35).

45 He was accepted as student in June 1623 and became doctor (philosophy and theology) in 1636 (*SKKDR*, III/3, 8).

46 *Materialy*, T. IV, 19.

47 *Poslaniia Iosifa Volotskogo*, ed. A. A. Zimin and Ia. S. Lure (Moscow/Leningrad, 1959), 139-144.

48 *Cf.* Iurij Moiseevich Èskin, *Mestnichestvo v Rossii XVI-XVII vv. Khronologicheskii reestr* (Moscow, 1994), 162.

49 *Vremennik imperatorskogo Moskovskogo Obshchestva istorii i drevnostei rossiiskikh XIV* (Moscow, 1852), 19-192, here 39 (taken at random); this source is, for some reason, not recorded in Iu. M. Èskin's *Reestr*.

vious experience, forego rituals of consecration or purification, and step forth, ignorant and naked, into the Darkness which is the abode of God. Only those who go "not only beyond any conceivable light, but beyond even the absence of knowledge, up unto the very highest peak of mystic Scriptures" can have access to the "simple, absolute and incorruptible mysteries of theology, which are revealed in the more than luminous Darkness of Silence[50]". Dionysos Areopagites, whose influence was greatest during the Middle Ages, is probably the most famous, but by no means the only, exponent of this doctrine[51].

Further research is needed to understand why Dionysos Areopagites' popularity (measured by the number of manuscript copies of his works) increased during the XVII century, and how this particular shade of spirituality, which could be shared only by a minority, found its way into the *Tablet*. Meanwhile, we are able to observe the reactions of the debaters to this piece of theological reasoning.

Nikita Dobrynin's response is almost purely instinctive. True, he has been prying, along with other dissenting clerics, at the new books, intent on finding faults in them. But this shouldn't mask the deeper workings of his mind. The immediate rejection is not based on reflexion about what may justify a surprising, and apparently unknown to him, theological statement. What he pounces at is blasphemy. In other words, his belief is, to a large extent, narrow, obsessively formal, admitting only two categories: the sacred and blessed, the satanic and accursed – Good versus Evil, Light against Darkness. That may seem at first sight to be basic Christian, but in fact it goes back to manichæan thinking, or to even more archaic religions, where deity is not a personal God, but a faceless, ruthless force or power, which has to be placated and domesticated to make human life possible. In such a context (and in Muscovite officialdom too) a *lapsus linguæ* or *calami* may well be fatal. This mental short-sightedness looks even more flagrant if we remember that Nikita Dobrynin agrees with the second sentence he quotes from *Skrizhal'*: "And after that, Sire, among this demented speech there is good talk to cover up, to wit: "since [human] mind is unable to understand, of what nature [*kakov est'*] is God"[52]".

This approach to Christian faith has been aptly described by John Meyendorff:

> If there is a feature of "Russian" Orthodoxy which can be seen as a contrast to the Byzantine perception of Christianity, it is the nervous concern of the Russians in preserving the *very letter* of tradition received "from the Greeks". This concern caused an ecclesiastical crisis in Muscovy, when, in the sixteenth and seventeenth centuries, the problem of which "books" were "correct" came to the fore. [...] At all times, in Russia, there was a certain unconscious awareness that Christianity had been "imported". This awareness

---

50 *Œuvres complètes du pseudo-Denys l'Aréopagite,* trans. Maurice de Gandillac (Paris, 1943), 177 [translated into English by me, A. B.].

51 See Pierre Hadot, "Théologie negative," in *Encyclopædia universalis,* T. 22 (Paris, 1992), 495-498.

52 *Materialy,* T. IV, 19, note 2 (a variant glued on the drafted version of the *Large petition*).

prompted Russian – particularly Muscovite – churchmen towards a conservative devotion for the imported "books" whose content often appeared mysterious, but which remained the only authentic criterion of Orthodoxy originally received from Byzantium. Any significant departure from this written deposit in words or thoughts was seen as a potential heresy[53].

Moreover, this uncompromising refusal of "ratiocination" (Nikita uses the word *ukhitroslovleno, ibidem*) is no accident. It is explicitly assumed in argument n° 3 (and elsewhere): the question of whether the godly Verb grew "little by little" in the Virgin's womb is entirely dismissed by the dissenter. Since it is a mystery unattainable for human mind, any attempt to understand it is pure, impudent blasphemy[54]. This is perhaps the most fundamental assertion among the entire range of Dobrynin's arguments. He only states it repeatedly, buttressing it with a number of quotations; faithful to the principle, he doesn't even try to explain or justify his position. It is valid and quite defendable theology, with just a hint at the supposed virtues of ignorance. He could have pointed out to his opponents that they lacked coherence: Simeon for instance on the one hand makes it clear that the hidden God is incomeprehensible and unknowable, and on the other indicates the precise moment (fourty days after conception) when Jesus' growth coincides with the normal development of human fœtus[55].

Ligarides' reaction is just as thoughtless as Nikita's, although of course for opposite reasons. Having corrected the dissenter's mistake (Dobrynin still half believed, in 1682, that Nikon had invented the whole thing), he takes negative theology for granted, since Dionysos Areopagites is above criticism. He quotes some passages from the Scripture as proof that God *is* Darkness, and soon embarks in a lengthy and somewhat irrelevant excursus, markedly Middle- or Neo-Platonist in tone, on the alleged pagan prophecies about the unicity of God, the coming of the Saviour and even the Holy Trinity[56]. All perfectly correct, to be sure, from the Orthodox point of view, and vouched for by none less than Clement of Alexandria. But it's a pity Nikita Dobrynin didn't have access to it: the only mention of Egyptians, Chaldæans, Greek philosophers and god Ammon would have made him frantic. Only on second thoughts, starting from page 24, does Paisios try to explain *why* may God be called "Darkness". Even so, he is more parading his knowledge of patristics than really teaching anything.

The only real contribution to the question raised by Nikita Dobrynin is made by Simeon: first he refutes Dobrynin's criticisms, much as Paisios has done, but wisely refrains from wading into Middle- or Neo-Platonism. In the end, he drops the routine and comes up with a new and clever argument:

---

53 John Meyendorff, *Byzantium and the Rise of Russia: A Study of Byzantino-Russian Relations in the fourteenth century* (Cambridge, 1981), 25-26.

54 See Rumiantsev, *Dobrynin*, I, 345 and Annex I.

55 *Ibidem*, 346-349; *Zhezl pravleniia*: f. 20 v°-22 v°.

56 See *infra* Annex II, «Paisios Ligarides».

This [the negative approach to God] could be well explained through an analogy: who would dare to call the Cross of our Lord "foolishness"? Yet saint Paul the apostle doesn't hesitate to give it that name, in his first Epistle, where he speaks to the Corinthians: "For the preaching of the cross is, to them that perish, foolishness; but unto us who are saved, it is the power of God". And a little further he calls Christ, our God, "scandal" and "foolishness": "we preach Christ crucified, unto the Jews a scandal, and unto the Greeks foolishness; but unto them who are called, both Jews and Greeks, Christ the power of God, and the wisdom of God[57]." I have submitted this only example of a sermon conveying the opposite [meaning], which can be preached [using] a different [kind of] reasoning, as shown in many passages in Holy Scripture similar to this one[58].

In this brief paragraph we can find, I think, the key to the whole argument about God and Darkness. It doesn't revel in the shallow "to and fro" motions of quotations-fuelled controversy, but delves into the very heart of the matter. It is clearly an appeal, not perhaps, or not only, to Nikita Dobrynin, but to Russian clerics and believers at large, urging them to abandon narrow, linear, purely logical thinking in favour of what could be called "dialectical" theology (as opposed to blind faith), the only one appropriate to deal with all the complexities and contradictions in the Evangelical message.

To conclude

If this small sample of the 1666-1667 debate is to be trusted (there are still 27 points to investigate), the problem that Church authorities, and above them the tsar, had to solve wasn't only coping with dissent, understood as rebellion. They had actually to fight (although far from being enlightened themselves) the tendency of Russian churchmen, when left to themselves, to narrow down progressively the diversity and profusion of early Christian heritage. For Avvakum, Neronov and the other "Zealots of Piety", including Nikon, meant well. They wanted to restore "pristine" piety and devotion. But compared with the writings of five or six centuries ago, e. g. of metropolitan Hilarion or John-Elijah, archbishop of Novgorod, their religious thought seems poor, reduced to bare bones – and this goes for both sides. XVIIth century clerics have lost the feeling of freedom, restricted of course by the bounds of tradition, which is required for good theology – the knowledge that it is the spirit, not the letter, that is important for the believer.

It's certainly a harsh thing to say, given their unbelievable courage, steadfastness and unnecessary sufferings, but it seems to me that the Old Believers have claimed, and retained, the worst part of this Old-Russian religious heritage. I certainly

---

57 See Annex II, SP § 9 [Biblical quotations from the *Holy Bible* of 1611, Simeon's text translated by me, A.B.]
58 *Zhezl pravleniia*: f. 16-16 v°.

wouldn't agree with A. M. Panchenko, when he writes: "Both [Paisios Ligarides and Simeon of Polotsk] reproached Nikita Dobrynin his ignorance, the fact that he didn't know grammar or philosophy. But Nikita expounded here the Old-Russian literary conception (separating grammatical forms between "eternal" and "transitory", the substantional understanding of texts, etc.) – a conception incomprehensible to these most learned baroque scholars[59]". "Old-Russian literary conception" is all very well, but how can it account for Nikita Dobrynin being unable even to read a book properly? His opponents keep pointing out all the explanations he missed on the same pages of *Skrizhal'* which he criticized! In the case analysed here, they are undoubtedly right.

To return to my initial question: why did tsar Alexis settle for Church reform? He probably didn't read Ligarides (or did he?), he may have glanced at the *Zhezl pravleniia* – he was, after all, a tsar of letters – and if he did, he probably liked it. He was concerned with style, and the Polish fashion was already in full swing[60]. Baroque theology (less dogmatic, more flexible, smaller books, smiling wisdom instead of fierce looks) went better, possibly, with the new Russia he had in mind.

All this is probably beside the point. Montaigne wrote that habit was no doubt a second nature, but that "nature", conversely, was but an older habit. In the same vein, we could say that the sacrosanct tradition, glorified by the Old Believers while they reviled Greek inspired innovations, had also been imported in its time. We may perhaps say that Alexis' role, as he saw it, was an attempt to keep moving with the times, and to break up the recurring Russian habit of withdrawing into itself by replacing old imports by new ones.

---

59 *SKKDR,* III/2, 381.
60 A. M. Panchenko, "Dva ètapa russkogo barokko," *TODRL* 32 (1977), 100-106.

Annex I

«Большая челобитная» Никиты Добрынина «Пустосвята»

Доводы и их опровержения Симеоном Полоцким и Паисием Лигаридом (№ и стр.)

Содержание	У Пустосвята
Бог тьма и невидение	№ 1, с. 19-22
Распинаться за некое погрешение	№ 2, с. 22-23
Не растай младенец мало по малу	№ 3, с. 23-30
Ниже соединися Бог Слово с плотию	№ 4, с. 36-38
Умно услышим, и да не прельщаемся	№ 5, с. 8
Начинаемое … совершаемое – не Бог	№ 6, с. 8-9, 32-35
Яко и он младенец изначала дар бе	№ 7, с. 6, 31-32
Но отверзеся утроба и заключися	№ 8, с. 9
Зане скверна прародительная … в ней	№ 9, с. 9, 39-50
Зане Захария, отец предотечев…	№ 10, с. 38-39
«Деторождаеши», «детотвориши»	№ 11, с. 10-11
О времени пресуществления святых даров	№ 12, с. 11-13, 54-65
О … Константинопольском … обычае вырезывания агнца … диаконами	№ 13, с. 13-14, 65-67
… Диакону совершать крещение	№ 14, с. 68-69
О пропусках в требниках и о книгах, напеч. в Риме, Париже, Венеции	№ 15, с. 14-16
«Тебе собеседуют звезды»	№ 16, с. 16, 137
О «молении духу лукавому»	№ 17, с. 16
О перстосложении	№ 18, с. 17, 70-87, 132-134
О четвероконечном кресте Господнем	№ 19, с. 17-18, 95-99, 131-132
О чине освящения церквей	№ 20, с. 18, 110-114
Об изменениях в … литургии	№ 21, с. 89-94, 100-110, 149-150
О трисвятой песни	№ 22, с. 123-124
О чтении 8 члена символа веры	№ 23, с. 124-130
О церк. песни «Честнейшую херув.»	№ 24, с. 87-88
О троении аллилуи	№ 25, с. 114-117, 122-123
О чтении 7 члена символа веры	Нет[61]
О молитве Иисусовой	Нет[62]

---

61 Критика Никиты Добрынина известна только благодаря возражениям Симеона Полоцкого.

62 См. примечание 61.

У Симеона	У Лигарида	См. Румянцев
№ 2, л. 15-17	№ 4, с. 21-26	№ а, с. 338-342
№ 3, л. 17	№ 5, с. 26-30	№ б, с. 342-345
№ 5, л. 19-22об.	№ 7, с. 34-39	№ в, с. 345-349
№ 6, л. 22об.-24	№ 8-10, с. 39-52	№ г, с. 349-352
№ 7, л. 24-24об.	Нет	№ д, с. 352-353
№ 8, л. 25	Нет	№ е, с. 353-354
№ 4, л. 18-19	№ 6, с. 31-34	№ ж, с. 354-355
№ 9, л. 25об.-26об.	№ 11, с. 52-56	№ з, с. 355-357
№ 10, л. 26об.-29	№ 12, с. 57-66	№ и, с. 357-362
№ 11, л. 29-30	№ 13, с. 67-73	№ i, с. 362-364
№ 12, л. 30	№ 14, с. 73-79	№ к, с. 364-366
№ 13, 14, 15, л. 31-37об.	№ 15, 16, 17, с. 79-105	№ л, с. 366-373
№ 16, л. 38	Нет	№ м, с. 373-375
№ 17, л. 38об.-41	№ 18, с.105-115	№ н, с. 375-377
№ 18, л. 41-42об.	№ 19-20, с. 115-123	№ о, с. 377-380
№ 19, л. 43	№ 21, с.123-128	№ п, с. 380-381
№ 20, л. 43об.-44	Нет	№ р, с. 381-383
№ 21-22, л. 44об.-50об.	№ 22-23, с. 128-154	№ с, с. 383-399
№ 23, л. 50об.-53 об.	№ 24, с. 154-169	№ т., с.399-403
№ 24, 53 об.-56	№ 25, 26, 27, с. 169-185	№ у, с. 403-410
Нет	Нет	№ ф, с. 410-417
№ 25, л. 56	№ 28, с. 185-194	№ х, с. 417-419
№ 26, л. 56об.-60об.	№ 28 bis, с. 194-208	№ ц, с. 419-425
№ 27, 60об.-63об.	№ 29, с. 208-216	№ ч, с. 426-431
№ 29, л. 65 об.-68 об.	№ 26, конец, с. 178-179	№ ш, с. 431-438
№ 28, л. 63об.-65об.	Нет	№ щ, с. 438-440
№ 30, л. 68об.-69об.	Нет	№ ъ, 440-442

Приведенные места относятся :

- у Никиты Добрынина «Пустосвята» : к изданию *Большой челобитной* Н. Субботиным, *Материалы для истории раскола за первое время его существования*, т. 4, ч. 1, Москва, 1878, с. 1-178.
- у Симеона Полоцкого: к изданию *Жезл правления,* Москва, Печатный Двор, 1667.
- у Паисия Лигарида: к изданию его опровержения Никиты Добрынина, в русском переводе с латинского, осуществленным Симеоном Полоцким, *Материалы для истории раскола за первое время его существования*, т. 9, Москва, 1895, с. 13-231.
- у Ивана Румянцева, к книге *Никита Константинов Добрынин («Пустосвят»)*, Сергиев Посад, 1916.

Доводы Никиты Добрынина, не подвергшиеся опровержению со стороны Симеона Полоцкого или Паисия Лигарида, в таблице не упомянуты.

Annex II[*]

Identified quotations in 1666 debate

Orthography has been slightly modernized, superscripts or omitted letters restored.

Abbreviations: for Nikita Dobrynin : ND
                   for Simeon from Polock : SP
                   for Paisios Ligarides : PL

Biblical references in Russian [hereafter: RB] are from: *Библия сиречь книги Ветхаго и Новаго Завета, по языку славенску*, Moscow, Pečatnyj dvor, 1663.

Psalms are numbered according to the Septuagint Bible or the Vulgate (hebraic Bible numbers in brackets).

By Nikita Dobrynin

1. From Saint John, Gospel: «Якоже самый Феолог, на перси Господни возлегий, свидетельствует сице : В том живот бе, и живот бе свет человеком, и свет во тме светится и тма его не объят. Бысть человек послан от Бога, имя ему Иоанн. Сей прииде во свидетельство, да свидетельствует о свете, да вси веру имут ему. Не бе той свет, но да свидетельствует о свете. Бе свет истинный, иже просвещает всякого человека грядущего в мир (Зачало 1[63])» (ND, p. 19-20). This is indeed part of pericope[64] 1 in the Gospel according to st. John, taken from 1, 4-9.

2. From saint John, Gospel: «Яко свет прииде в мир: и возлюбиша человецы паче тму, неже свет» (зачало 10[65])» (ND, p. 20). Pericope 10 is taken from John, 3, 19.

3. From saint John, Catholic Epistle: «Яко Бог свет есть, и тмы в нем несть ни единыя» (зачало 66)» (ND, p. 20). Pericope 66 is taken from the First Epistle of John, 1, 5.

---

[*] I am grateful to Claas Lattmann (Kiel University) for verifying the Greek quotations in this article.

63 Corrected according to Rumiancev, *Dobrynin*, II, 260, note 5.

64 All pericopes (Russian *зачало*) from the Gospel, although they appear in Moscow 1663 Bible, have been checked with a more handy modern edition: *Sviatoe Evangelie v poriadke tserkovnych chtenii izlozhennoe* (Moscow, 1904). They are numbered separately for each of the four Gospels (Matthew 1-116, Mark 1-71, Luke 1-114, John 1-67). Those from the *Acts of the Apostles* and the *Epistles* are numbered together (1-335 in all), and have been compared here with a modern reprint (w. p., w.d., perhaps 1900's?) of the 1648 *Apostol*.

65 Added according to Rumiancev, *Dobrynin*, II, 261, note 1.

4. From saint Paul, Epistle to the Corinthians: «Кое бо причастие правде к беззаконию ? ли кое общение свету ко тме ? (зачало 182)» (ND, p. 20). Taken from 2 Cor., 6, 14.

5. From saint John: «Аз есмь свет миру: ходяй по мне не имать ходити во тме (зачало 29)» (ND, p. 21). Gospel pericope from John, 8, 12.

6. From saint John: «Егда в мире есмь, свет есмь миру (зачало 34)» (ND, p. 21). Gospel pericope from John, 9, 5.

7. From saint John: «Еще мало время свет в вас есть : ходите дондеже свет имате, да тма вас не имет (зачало 42)» (ND, p. 21). Gospel pericope from John, 12, 35.

8. From saint John: «Дондеже свет имате, веруйте во свет, да сынове света будете (зачало 43)» (ND, p. 21). Gospel pericope from John, 12, 36.

9. From saint John: «Аз свет в мир приидох, да всяк веруяй в мя во тме не пребудет (зачало 370[66])» (ND, p. 21). Gospel pericope from John, 12, 46; the same text in 1663 Bible is included in pericope 43 (RB, f. 444 v°).

10. From John Chrysostom: «И Иоанн Златоглаголивый свидетельствует сице: Нарицаем убо царя царствующим и Господа господствующим, единаго имущаго безсмертие, свет [sic] неприступен живуща, егоже никтоже от человек виде, ниже видети может» (О непостиж. л. 22)» (ND, p. 21). This is taken from John Chrysostom's IIIrd Homily, 78-81[67], being itself a quotation from saint Paul, First Espistle to Timothy, 6, 16 (see *infra* SP, § 3).

11. From John Chrysostom, same Homily: «И паки в тойже беседе пишет: Царь царствующим, Господь господствующим, един имеяй безсмертие, во свете живый неприступне. Зде стани, и вопроси еретика : что убо есть се, еже во свете живый неприступне ? и внемли опаству Павлову, – не рече: свет сый неприступен, но : свет живый неприступен. Да навыкнеши, яко аще дом есть неприступен, множае паче, иже в нем живяй, Бог» (ND, p. 21-22). IIIrd Homily, 114-120, coming back to the same quotation from Paul, slightly altered, and commenting it[68].

---

66 Pericope 370 is impossible (see note 64) and anyway it is from the Gospel. Possible misreading of Subbotin? But how could «мг» be mistaken for «то»?.

67 Cf. Jean Chrysostome, Sur l'incompréhensibilité de Dieu (Homélies I-V), ed. Jean Daniélou, Robert Flacelière and Anne-Marie Malingrey, 2nd ed. (Paris, 2000), 192; Greek original: « Καλῶμεν τοίνυν „αὐτὸν τὸν βασιλέα τῶν βασιλευόντων καὶ κύριον τῶν κυριευόντων, τὸν μόνον ἔχοντα ἀθανασίαν, φῶς ἀπρόσιτον οἰκοῦντα, ὃν εἶδεν οὐδεὶς ἀνθρώπων οὐδὲ ἰδεῖν δύναται"».

68 *Ibidem*, 196; Greek original: «Ὁ βασιλεὺς τῶν βασιλευόντων, φησί [ὁ Παῦλος], καὶ κύριος τῶν κυριευόντων, ὁ μόνος ἔχων ἀθανασίαν, φῶς οἰκῶν ἀπρόσιτον.‟ Ἐνταῦθα στῆθι καὶ ἐρώτησον τὸν αἱρετικὸν τί ποτέ ἐστι τοῦτο „τὸ φῶς οἰκῶν ἀπρόσιτον", καὶ πρόσεχε τῇ ἀκριβείᾳ τοῦ Παύλου. Οὐκ εἶπε· φῶς ὢν ἀπρόσιτον, ἀλλά „φῶς οἰκῶν ἀπρόσιτον", ἵνα μάθῃς ὅτι εἰ ὁ οἶκος ἀπρόσιτος, πόσῳ μᾶλλον ὁ ἐνοικῶν αὐτὸν Θεός».» French transl. (R. Flacelière): "Le Roi des rois, dit Paul, le Seigneur des seigneurs, le seul qui possède l'immortalité, lui qui habite une lumière inaccessible". Fais attention à la précision du langage de Paul. Il n'a pas dit: lui qui est

12. From the Apostles' Creed: «Еще же и в самом Символе Сына Божия исповедаем света от света, Бога истинна от Бога истинна, рожденна, и прочее» (ND, p. 22). There is no need, perhaps, to check the accuracy of this quotation, which can be found in any prayer-book!

13. From Isaiah: «И Исаия пророк вещает: *Люте глаголющим сладкое горко, а горкое сладко, и полагающим свет во тму, и тму во свет*» (ND, p. 22). Taken from Isaiah, 5, 20: «Woe unto them that call evil good, and good evil; that put darkness for light, and light for darkness; that put bitter for sweet, and sweet for bitter!». Perhaps quoted from memory, since the 1663 Bible also has it in a different order from Nikita Dobrynin's: «Горе глаголющим : злу добро, и добру зло, полагающым тму свет, а свет тму, полагающим горкое сладко, а сладкое горко» (RB, f. 258).

By Paisios Ligarides

1. From saint James: «Бог есть первый свет, паче отец светов» (PL, p. 21). This is a paraphrase of the Epistle of James, 1, 17: «и всяк дар совершен свыше есть, сходя от отца светом» (RB, f. «444 v» by mistake; should be УξГ, 463 v).

2. From (Pseudo-) Dionysos Areopagites (also quoted by ND, from *Скрижаль*, f. 665) : «Ибо лучши имать именовати Бога тму и невидение, нежели свет». Although both PL (p. 21) and SP (f. 15 v) state that the quotation is taken from Dionysos' *Theologia mystica*, chapter 1, no exactly matching sentence could be found, even if the general meaning is doubtless the same. Best approximations: «la Ténèbre plus que lumineuse du Silence [...] dont c'est trop peu dire que d'affirmer qu'elle brille de la plus éclatante lumière au sein de la plus noire obscurité» (f. 997b); «Puissions-nous pénétrer, nous aussi, dans cette Ténèbre plus lumineuse que la lumière[69]» (f. 1025 B, but this is chapter 2).

3. From the Epistle of saint Paul to the Hebrews, 11: «... по глаголу Апостола Павла в послании ко Евреом в главе 11, на еяже, веры, мрачности, яко на тме пресветлейшей, за Божие свидетельство утверждаемся ...» (PL, p. 22). This is not a quotation, but a paraphrase: the whole chapter is devoted to different instances of blind faith in the Old Testament, the best known being the sacrifice by Abraham of his son Isaac (Heb., 11, 17).

4. From Psalm 103: «Бездна яко риза одеяние Его» (PL, p. 22). Misquoted from Ps. 103 (104), 6: «Бездна яко риза одеяние ея» (RB, f. 244 v).

5. From Psalm 17: «Положи тму закров Свой» (PL, p. 22). This is Ps. 17 (18), 12: «и положи тму закров свой, окрест селение его» (RB, f. 230 v).

6. From Psalm 96: «Облак и примрак окрест Его» (PL, p. 22). This quotation is from Ps. 96 (97), 2 (RB, f. 243, v).

---

une lumière inaccessible, mais "lui qui habite une lumière inaccessible": c'est pour que tu apprennes que, si sa demeure est inaccessible, Dieu qui habite cette demeure l'est encore bien davantage!».

69 Œuvres complètes du pseudo-Denys l'Aréopagite, 177, 180.

6 bis. No author quoted: «Темже Бог тма есть, и именуется у люботщателей тайнофилософии, тако Халдейския, яко Египетския и Пиθагорическия...» (PL, p. 23). See *infra* under PL n 9.

7. From saint John, First Epistle: «Бог бо свет есть, и тма в Нем никая же есть» (PL, p. 23). See *supra*, ND, § 3.

8. From Plato: «О коль зело неудобно обрести Бога, иже изъявлен и сказан яве никоим образом быти может» and again: «другий же ясне исповедует Бога умопостижению неудобна, ко изглаголанию невозможна» (PL, p. 23). Might come, among other writers, from Clement of Alexandria, both in his *Protreptikos*, VI, 68, 1[70] and in *Stromateis*, V, 12, 78, 1[71]; V, 17, 92, 3 [72]. Taken from Plato's *Timæus*, 28 C, 3-5, the sentence has been slightly altered (but not here) by successive Early Christian writers (the so-called «Middle Platonists[73]») who wanted to achieve a synthesis of Christian faith with Greek philosophy.

9. From «saint Justin» (actually Pseudo-Justin), *Cohortatio ad Græcos*: «Темже Бог тма есть, и именуется у люботщателей тайнофилософии, тако Халдейския, яко Египетския и Пиθагорическия [...] Поистине Иустин мученик и философ во *Увещении к языком* блажит философа некоего, Акмона реченна, такожде и Трисмегиста Меркурия, тако реченна, за познание Св. Троицы, от неюже един Бога именует παν΄ρυφον, еже есть весьма тайна и несказанна, другий же ясне исповедует Бога умопостижению неудобна, ко изглаголанию невозможна. Чего вящше требе? Египтяне Бога своего Аммоном нарицаху, сие же изъявствует, яко свидетельствуют Египетскаго искуснии глаголания, тайнаго, или утаение.» (PL, p. 23).

The somewhat bewildering association of saint Justin, the martyr (100?-165?), with Chaldeans, Egyptians, Pythagoreans, pagan gods Mercury (better known as Hermes Trismegistus) and Ammon, all of them acknowledging the Holy Trinity and testifying that God is unknowable, is readily explained by the word «тайнофилософи[я]», a rather fortunate rendering of «gnosis». Middle-Platonists, whether pagan or Christian, endeavoured to reconcile what they took for Oriental wisdom[74]

---

70 Clementis Alexandrini, *Protrepticus*, ed. M. Marcovich (Leiden/New York/Köln, 1995), 103, lines 3-5 (=Supplements to *Vigiliæ christianæ*. Texts and Studies of Early Christian Life and Language, XXXIV): «Τὸν γὰρ πατέρα καὶ ποιητὴν τοῦδε τοῦ παντὸς εὑρεῖν τε ἔργον καὶ εὑρόντα εἰς ἅπαντας ἐξειπεῖν ἀδύνατον».

71 Clément d'Alexandrie, *Les Stromates. Stromate V*, ed. Allain Le Boulluec, T. I (Paris, 1981) (=Sources chrétiennes, 278),152 [Greek text: same text as in note 70, with a slight variation: πάντας instead of ἅπαντας], 153 [French translation: «Quant au père et à l'auteur de cet univers, le découvrir est une tâche ardue et, une fois découvert, il est impossible de le faire connaître à tous»].

72 *Ibidem*, 176 [Greek text: «Τὸν μὲν οὖν ποιητὴν καὶ πατέρα τοῦδε τοῦ παντὸς εὑρεῖν τε ἔργον»], 177 [French translation: «Quant au créateur et au père de cet univers, c'est une tâche ardue que de le découvrir»].

73 *Cf.* Jean Daniélou, *Message évangélique et culture hellénistique aux IIᵉ et IIIᵉ siècles* (Tournai, 1961), 103 *sq.* (=Histoire des doctrines chrétiennes avant Nicée, II).

74 See for instance Iamblichus, <Περὶ τῶν αἰγυπτίων μυστηρίων>, Th. Taylor, trans., *Iamblichus*

(including a substantial addition of hellenistic astrology and alchemy, of which Hermes Trismegistus was the master) with Plato's philosophy reinterpreted.

Unless he found it in some anthology, PL almost certainly took these references from Pseudo-Justin: he even repeats the (probable) misreading of Ἄκμωνος for Ἄμμωνος. The so-called Justin[75] states that Moses was, according to Philo and Josephus, of Chaldean origin, a fact which explains, of course, how Chaldean mysteries came to merge with Jewish tradition[76]. He draws then from hellenistic gnostics to demonstrate that God is unattainable: «If anyone believes that the [true] doctrine about God was learnt from those ancients that they call philosophers, let him listen to Akmon [Ammon] and Hermes. Akmon, who, in his writings about him [i. e. God] calls God "the most unknowable", whereas Hermes says, clearly and openly, that God is difficult to understand, and impossible to disclose, even if one could understand Him[77]». This last sentence is obviously a paraphrase of the Plato's quotation (see above, PL, § 8).

10. Isaiah, 5 (according to PL): «поистине ты еси Бог сокровенный, Бог Израилев Спаситель» (PL, p. 24; added in the margin: *absconditus*). Probably mistaken reference; rather 45, 15: «Ты бо еси Бог и неведохом Бог Израилев и Спас» (RB, f. 299 v).

11. From Exodus: «Но и Моисей же, аще и высочайшаго верха Божественных изволений достиже, обаче дотоле несть сопребывал с самим Богом, ниже Его виде, того ради, яко невидим и поистине ἀθέατος[78] есть.» (PL, p. 24). This is a perfectly accurate paraphrase of Exodus, 24, 12 («And the Lord said unto Moses, Come up to me into the mount, and be there»), 24, 18 («And Moses was in the mount forty days and forty nights») and 33, 20 («And he said, Thou canst not see my face: for there shall no man see me, and live[79]»).

12. From (Pseudo-) Dionysos Areopagites, *Celestial Hierarchy*, chapter II: «Поистине Дионисий, Богословцев верх, утверждает отречения во Бозе паче утвержения быти преносительна, во гл. 2 о Небесной Иерархии.» (PL, p. 24). An almost textual paraphrase of *Caelestis hierarchia*, II, 3: «Итак, если по

---

on the Mysteries of the Egyptians, Chaldeans and Assyrians (London, 1895) and Julian the Gnostic, Edouard des Places, trans., *Julien le Théurge: Oracles chaldaïques* (Paris, 2003).

75 An anonymous author of the IIIrd century, who tries to convert pagan Greeks to Christianism using the (dubious) testimony of Greek authors (*cf.* Daniélou, *Message*, 18).

76 «... Φίλων τε καὶ Ἰώσηπος. Οὗτοι γὰρ, τὰς Ἰουδαίων ἱστοροῦντες πράξεις, ἀπὸ μὲν τοῦ Χαλδαίων γένους Μωϋσέα γεγενῆσθαί φασι», *Patrologiae cursus completus, Series graeca (PG)*, ed. J. P. Migne, T. 6 (Paris, 1857), 261-262 (§ 10).

77 *Ibidem,* 312 (§ 38): «Εἰ δέ τις οἴοιτο παρὰ τῶν πρεσβυτάτων παρ' αὐτοῖς ὀνομασθέντων φιλοσόφων τὸν περὶ Θεοῦ μεμαθηκέναι λόγον, Ἄκμωνός τε καὶ Ἑρμοῦ ἀκουέτω· Ἄκμωνος μὲν ἐν τοῖς περὶ αὐτοῦ λόγοις πάγκρυφον τὸν Θεὸν ὀνομάζοντος· Ἑρμοῦ δὲ σαφῶς καὶ φανερῶς λέγοντος, Θεὸν νοῆσαι μὲν ἔστι χαλεπὸν, φράσαι δὲ ἀδύνατον, ᾧ καὶ νοῆσαι δυνατόν».

78 «Invisible».

79 *Holy Bible*, transl. 1611, orthography modernized.

отношению к Божественным предметам отрицательный образ выражения ближе подходит к истине, чем утвердительный ...[80]».

13. From Psalm 138: «Яко тма ея, тако и свет ея, и нощь яко день просветится» (PL, p. 24). This, slightly altered, is from Ps. 138 (139), 12: «Яко тма не помрачится от тебе, и нощь яко день просветится, яко тма ея, тако и свет ея» (RB, f. 250).

14. From Maximus of Tyre: «Добре бо назнаменова Максим Тирский сицевое быти ума человеческаго безстудство, яко явная сущая и предручная мало почитают и говеют народницы ; сущая же тайная и гадательственная со удивлением обыкоша приимовати» (PL, p. 25). Taken from *The Philosophical Orations*, Oratio 4, «Poetry and Philosophy on the Gods»: «Given the boldness of its nature, the human soul tends to think little of what is close to hand, while it admires what is distant[81]».

15. From saint John[82]: «Бога никтоже виде, глаголет Ученик возлюбленный» (PL, p. 25). Might be taken from John, 1, 18 : «No man hath seen God at any time» or from John, 6, 46, 1 John, 4, 12.

16. From saint Epiphanius, bishop of Salamis, *Ancoratus*: «якоже, глаголет, зряй на море, аще его появленность, или широту некако и узрить, обаче занеже его зельныя глубины и величайшия долготы не может внутрь прозрети, аще бы имети ему Аргова и Островиздова очеса» (PL, p. 25). Freely quoted from *Ancoratus*, §53 («The properties of Divine nature are incomprehensible to creatures»): «We look at some part of the sea from a mount or from a plain, and we maintain, speaking the truth, that we have seen it; but if anyone declares that we haven't seen it, he wouldn't be lying, but stating the truth, since we haven't reached full knowledge of its true dimensions, whether in depth or in length, in mass or in volume[83]». Mention of hundred-eyed Argus and proverbial Lynx has been added by PL for good measure.

17. From saint Peter's, First Epistle: «Тако и пренебесные оныи и превысочайшии Архангелове, по глаголу Петра святаго во первом его послании, Христа, в Егоже страсти и славы желают приникнути, никакоже объемлют»

---

80 Psevdo-Dionisij Areopagit, *O nebesnoj Ierarxii*, transl. A. Viridov (Moscow, 1994), 27.

81 Maximus of Tyre, *The Philosophical Orations*, ed. and transl. M. B. Trapp (Oxford, 1997), 36, § 5. *Cf.* Greek original in: *Maximi Tyrii dissertationes ex recensione Ioannis Davisii*, ed. Io. Iacobus Reiske, 2nd ed., vol. I (Leipzig, 1774) (the Oration is n° 14 in this edition), 176, § 4: «Θρασεῖα γὰρ οὖσα ἡ ἀνθρωπίνη ψυχή, τὰ [var. τὸ] μὲν ἐν ποσὶν ἧσσον τιμᾷ, τοῦ δὲ ἀπόντος θαυμαστικῶς ἔχει».

82 «The Disciple whom Jesus loved».

83 Epiphanius, «Ancoratus», in: *Opera*, Bd. 1 (Leipzig, 1915), 61-63 (Die Griechischen Christlichen Schriftsteller der ersten Jahrhunderte). Greek original: «ὁρῶμεν τὴν θάλασσαν ἐκ μέρους τινὸς (ἐξ) ὄρους ἢ πεδιάδος καὶ ἀληθεύομεν ἐν τῷ (λέγειν) ἑωρακέναι. κἂν δέ τις εἴπῃ ὅτι οὐχ ἑώρακεν, οὐ ψεύδεται, ἀλλ' ἀληθεύει, οὐκ οἶδε γὰρ ποῦ τὸ βάθος ποῦ τὸ μῆκος, οὐκ οἶδε τὸν ὄγκον οὐκ οἶδε τὸ κύτος».

(PL, p. 25-26). Paraphrase of 1 Peter, 1, 12: «и яже по сих славах [...], вняже желают ангели приникнути[84]» (RB, f. «445», actually 464).

18. From saint Gregory, bishop of Nyssa: «кая свыше сила понуждающая иныя человек во тме творящи претыкатися, иныя же во ясне свете пребывати ? но в нас самех, внутрь же, в нашей силе, хоти[85], и избрании тмы и света вину людие державствуем, яко да овогда видящи, овогда слепи, якоже хощешь тако и будем. Ибо по истории не стены, не горы, ниже что ино сицевое Египтяном лучи солнечнии отъимоваше ; но равне убо солнцу вся просвещающу, Иудеи светом дневным услаждахуся, Египтяне паки видети не могоша» (PL, p. 26). Commenting on the ninth plague of Egypt (the darkness, Exodus, 10, 21-23) in his *Life of Moses*, Gregory of Nyssa stresses human free will, which enables us to choose between good and evil, between light and darkness. PL gives a fairly accurate translation of the relevant passage (Theoria, II, 80-81): «...ce n'est pas quelque fatalité qui plonge l'un dans la lumière et l'autre dans les ténèbres, mais nous-même intérieurement par notre liberté qui sommes cause de l'un ou de l'autre selon l'orientation de notre volonté. Notons en effet que dans le récit ce n'est pas l'écran de quelque muraille [ou d'une montagne] qui arrête la lumière et plonge les yeux des Égyptiens dans l'obscurité. Mais, tout en étant également éclairés par le soleil, les Égyptiens ne voient pas la lumière, tandis que les Hébreux continuent de la voir briller[86]».

Simeon Polockii

1. From saint John, 8: «Аз есмь свет мира» (SP, f. 15v°). This is John, 8, 12: «аз есмь свет миру» (RB, f. 441 v).
2. From saint John, First Epistle, 1: «Бог есть свет» (SP, f. 15v, 16). *Cf.* 1 John, 1, 5: «This then is the message which we have heard of him, and declare unto you, that God is light».

---

84 *Cf.* 1 Peter, 1, 10-12: «Of which salvation the prophets have enquired and searched diligently [...] Searching what, or what manner of time the Spirit of Christ which was in them did signify, which things the angels desire to look into».

85 Subbotin has questioned the word, but he is wrong: «хоть» is attested in Sreznevskii (*Materialy dlia slovaria drevnerusskogo iazyka*, III (St. Peterburg, 1903; repr. Moscow, 1958), col. 1389, with the meaning of «желание». Gregory has written «ἐν τῇ ἑαυτῶν φύσει τε καὶ προαιρέσει»; PL, or rather SP, translates appropriately by «сила» (φύσις may mean «force» in a philosophical context) and «хоть».

86 Grégoire de Nysse, *La vie de Moïse ou traité de la perfection en matière de vertu*, ed. and trans. Jean Daniélou, 2nd ed. (Paris, 1955), 54. Greek original: «οὐκ ἄνωθέν τις ἀναγκαστικὴ δύναμις τὸν μὲν ἐν ζόφῳ, τὸν δὲ ἐν φωτὶ γενέσθαι παρασκευάζει, ἀλλ᾽ οἴκοθεν ἔχομεν ἐν τῇ ἑαυτῶν φύσει τε καὶ προαιρέσει τὰς τοῦ φωτός τε καὶ σκότους αἰτίας οἱ ἄνθρωποι, πρὸς ὅπερ ἂν ἐθέλωμεν ἐν τούτῳ γινόμενοι. Καὶ γὰρ κατὰ τὴν ἱστορίαν οὐ διά τινος τείχους ἢ ὄρους ἐπιπροσθοῦντος τὰς ὄψεις καὶ τὰς ἀκτῖνας ἀποσκιάζοντος ὁ τῶν Αἰγυπτίων ὀφθαλμὸς ἐν σκότῳ ἦν· ἀλλ᾽ ἐπίσης πάντα τοῦ ἡλίου ταῖς ἀκτῖσι καταφωτίζοντος, οἱ μὲν Ἑβραῖοι τοῦ φωτὸς κατετρύφων οἱ δὲ ἀναισθήτως εἶχον τῆς χάριτος» (*ibidem*).

3. From saint Paul, First Epistle to Timothy, 6: «Царь царствующих, и Господь господствующих : един имея безсмертие, и во свете живый неприступнем, егоже несть видел никтоже от человек, ниже видети может» (SP, f. 15 v). This is chapter 6, 15-16, identical to the letter with the text of Moscow Bible, 1663 (f. 496). It's worth noting that pseudo-Dionysos' *Celestial Hierarchy*, chapter II, § 3, refers the reader to the very same passage; see also *supra* ND, § 10-11.

4. From saint John Damascene, *De Fide orthodoxa*, book I, chap. 16: «суть же и некая нарицателно о Бозе глаголемая, мощь, сила[87], всеимуществительного (*sic*) отрицания имуща : яко тма, не яко Бог тма есть, но яко не есть свет, но паче света» (SP, f. 16). Taken from the third part of *The Fountain of Wisdom*, the complete title of which is «An Exact Exposition of the Orthodox Faith», book I, chapter 4 (according to *Patrologia græca*[88]): «There are things which are said about God affirmatively, but which have above all [«всеимуществительного»] negative strength, as for instance when talking about God we say "darkness", we don't mean "darkness", but that He is not light, being beyond light; when we say "light" – that He is not darkness».

5. From Psalm 17, «Положи тму закров свой» (SP, f. 16). See *supra*, PL § 5.

6. From saint Cyril of Alexandria, «…пророческое слово толкует святый Кирилл сице глаголя: тму зде еже от непостижения именова мрак, иже оума нашего очесем нападая, иже вечне сущаго со Отцем, временными мерами мерити не попущает» (SP, f. 16-v). This is taken from Cyril's commentary on Psalm 17, 12, a quotation which Simeon found in, or refers the reader to, the Psalter-Gloss («Псалтырь толкованая[89]»), f. 17. Cyril's text reads : «"Darkness" here should be understood as the obscurity arising from incomprehensibility, which, coming down so to speak on the eyes of our mind, forbids us to measure with the measure of time the One who dwells eternally with the Father[90].» (see also *supra*, PL § 5).

7. From Psalm 96 (97): «Облак и мрак окрест его» (SP, f. 16v). See *supra*, PL § 6.

8. From (Pseudo-) Dionysos Areopagites, *Celestial Hierarchy*, chap. II: «Отречения в Бозе паче оукреплений суть преносителна» (SP, f. 16v). See *supra*, PL§ 2.

9. From saint Paul, First Epistle to the Corinthians:

---

87 «Сила», which is printed in the margin, could be a comment on, or an equivalent of, «мощь». But both, being complements of «имущая», should be in the accusative. «Мощь» is ambiguous, but «сила», instead of «силу», is clearly a mistake, or a misprint.

88 *PG*, 94 (Paris, 1860), 800: «Εἰσὶ δὲ καί τινα καταφατικῶς λεγόμενα ἐπὶ Θεοῦ, δύναμιν ὑπεροχικῆς ἀποφάσεως ἔχοντα· οἷον, σκότος λέγοντες ἐπὶ Θεοῦ, οὐ σκότος νοοῦμεν, ἀλλ᾽ ὅτι οὐκ ἔστι φῶς, ἀλλ᾽ ὑπὲρ τὸ φῶς· καὶ φῶς, ὅτι οὐκ ἔστι σκότος».

89 In Florovsky's *Ways of Russian Theology* (Belmont, 1979), the term is translated literally (by R. L. Nichols) «interpreted psalter». But similar manuscripts from medieval England, i. e. the Psalter (Latin) with comments (*gloss*) in Old English, are called «Psalter Gloss» by the specialists.

90 *PG*, 69 (Paris, 1859): «Εἰς τοὺς Ψαλμούς" „Σκότος ἐνταῦθα τὴν ἐκ τῆς ἀκαταληψίας ἀχλὺν, ἢ καὶ τοῖς εἰς νοῦν τὸν ἡμέτερον ὀφθαλμοῖς ἐμπίπτουσα, τὸν ἀϊδίως ὄντα μετὰ Πατρὸς, χρόνου μέτροις μετρεῖν οὐκ ἐᾷ».

first quotation: «Слово крестное, погибающым оубо юродство есть, спасающымжеся нам сила Божия» (SP, f. 16v). This is, with slight variations, the text of RB, f. 476. Taken from 1 Cor., 1, 18: «For the preaching of the cross[91] is to them that perish foolishness; but unto us which are saved it is the power of God».

second quotation: «Мы проповедуем Христа распята, Иудеом оубо соблазн, Еллином же безумие, самем же званным Иудеом же и Еллином, Христа Божию силу, и Божию премудрость» (SP, f.16v). From, 1 Cor., 1, 23-24 (*cf.* RB, f. 476): «But we preach Christ crucified, unto the Jews a stumbling block [French: «scandale»], and unto the Greeks foolishness; but unto them which are called, both Jews and Greeks, Christ the power of God, and the wisdom of God».

---

91 The French is nearer to the Russian text: «le langage de la croix».

Whose Cults are They? The Local and Central Contexts of the Veneration of Saints Arsenii and Mikhail of Tver'

Isolde Thyrêt

Western accounts of the discovery (*inventio*) and translation (*translatio*) of the relics of saints have long provided medieval scholars with the incentive to mine these hagiographic materials for various aspects of the political, economic, social, and cultural history of Europe from Late Antiquity onward. Experts in the study of Russian Orthodoxy, however, with the exception of Eve Levin and Gail Lenhoff, have not yet paid any serious attention to similar tales that arose in Muscovite Russia in the sixteenth and seventeenth centuries.[1] Western tales of relics have rendered valuable insights regarding the establishment or reestablishment of saints' cults and their corresponding pilgrimage routes, the political and economic tensions between monasteries and churches controlling certain relic shrines, shifting tastes for relics from specific regions, and the recovery of local memory and communal identity after a period of political upheaval.[2] Since Muscovite tales of the transfer of saintly

---

1 Eve Levin, "From Corpse to Cult in Early Modern Russia," in *Orthodox Russia: Belief and Practice under the Tsars*, ed. Valerie Kivelson and Robert Greene (University Park, Pa, 2003), 81-103; Gail Lenhoff, "The Notion of 'Uncorrupted Relics' in Early Russian Culture," in *Christianity and the Eastern Slavs*, ed. Boris Gasparov and Olga Raevsky-Hughes, vol. 1 (Berkeley, 1993), 252-275. An earlier version of this paper was presented at the conference "The Modern History of Eastern Christianity: Transitions and Problems," Harvard University, March 26-27, 2004.

2 For some of the major historical studies of relics in the Catholic West, see Peter Brown, *The Cult of the Saints: Its Rise and Function in Latin Christianity* (Chicago, 1981); M. Heinzelmann, *Translationsberichte und andere Quellen des Reliquienkultes* (Turnhout, 1979); Patrick Geary, *Furta sacra: Thefts of Relics in the Central Middle Ages* (Princeton, 1978); Idem, *Living with the Dead in the Middle Ages* (Ithaca, 1994); Idem, "Humiliation of Saints," in *Saints and their Cults. Studies in Religious Sociology, Folklore and History*, ed. Stephen Wilson (Cambridge, 1983), 123-140; H. Silvestre, "Commerce et vol des reliques au moyen âge," *Revue de philologie et d' histoire* 30 (1952), 721-739; J. Guiraud, "Le culte des reliques au IXᵉ siècle," in *Questions d' histoire et d' archéologie chrétienne*, ed. J. Guiraud (Paris, 1906), 235-261; David Rollason, *Saints and Relics in Anglo-Saxon England* (Oxford, 1989); Idem, "Relic-cults as an Instrument of Royal Policy c. 900-1050," *Anglo-Saxon England* 15 (1986), 91-104; Felice Lifshitz, "The Migration of Neustrian Relics in the Viking Age: The Myth of Voluntary Exodus, the Reality of Coercion and Theft," *Early Medieval Europe* 4,2 (1995), 175-192; A. T. Lucas, "The Social Role of Relics and Reliquaries in Ancient Ireland," *Journal of the Royal Society of Antiquaries of Ireland* 116 (1986), 5-37; Isabel Moreira, "Provisatrix optima: St. Radegund of Poitiers' Relic Petitions to the East," *Journal of Medieval History* 19 (1993), 285-305; Alan Thacker, "Cults at Canterbury: Relics and Reform under Dunstan and his Successors," in *St. Dunstan: His Life, Times and Cult*, ed. Nigel Ramsay, Margaret Sparks and Tim Tatton-Broen

relics are structured according to the same Christian hagiographic conventions as their Western counterparts, examining them for their historical content can vastly enrich our knowledge of the practice of medieval Russian religious experience, specifically the meaning of shrines holding saintly remains and their use by the ecclesiastical hierarchy and the population of a specific locale. This study will concentrate on several tales of two saints associated with the town of Tver', the tales of the discovery and the translation of Saint Mikhail of Tver' and the tale of the translation of Saint Arsenii of Tver', which all were composed some time after the middle of the seventeenth century. An analysis of their structure and their place in the hagiographic corpus of each of these saints will show that these tales played a significant role in efforts to reshape Tver''s local religious and cultural identity after the Time of Troubles. Moreover, they testify to a keen sense on the part of Tver''s ecclesiastical hierarchy of the need to raise funds for reconstruction projects necessitated by the destruction in the wake of Russia's first civil war. Finally, the accounts of the transfer of the relics of Arsenii and Mikhail of Tver' demonstrate how the two cults' ecclesiastic patrons, who were appointed by the Muscovite central church authority, manipulated the religious ritual surrounding the cults to advance their own position in Tver' to the benefit of the whole town community.

Sources and Methodology

Inaccessibility to the accounts of the posthumous handling of the relics of medieval Russian saints largely accounts for the lack of scholarly attention to the dynamics of the medieval Russian cult of relics. Few accounts have been published, and those that are available in print appear in obscure publications, often without reference to the original manuscripts. Scholarly editions of tales of the discovery and translation of the relics of medieval Russian saints are virtually non-existent. The search for such tales in archives is hampered by the fact that with few exceptions, the traditional descriptions of medieval Russian archival collections do not list them individually but rather lump them with the saints' *lives* (*zhitiia*). The only useful guide

(Woodbridge, 1992), 221-246; Julia M. H. Smith, "Oral and Written: Saints, Miracles, and Relics in Brittany, c. 850-1250," *Speculum* 65,2 (1990), 309-343; Gabrielle Spiegel, "The Cult of St. Denis and Capetian Kingship," in Wilson, *Saints and their Cults*, 141-168; François Dolbeau, "Un vol de reliques dans le diocese de Reims au milieu de XIe siècle," *Revue benedictine* 91 (1981), 172-184; Heinrich Fichtenau, "Zum Reliquienwesen im frühen Mittelalter," *Mitteilungen des österreichischen Instituts für Geschichtsforschung* 60 (1952), 60-89; W. Holtzelt, "Translationen von Martyrerreliquien aus Rom nach Bayern im 8. Jh.," *Studien und Mitteilungen zur Geschichte des Benediktiner-Ordens* 53 (1935), 286-343; Klemens Honselmann, "Reliquientranslationen nach Sachsen," in *Das erste Jahrtausend. Kultur und Kunst im werdenden Abendland an Rhein und Ruhr*, ed. V. H. Elbern, 3 vols. (Düsseldorf, 1962), 1: 159-193; H. H. Schultze, "Heiligenverehrung und Reliquienkult im Mittelalter," in *Festschrift für Friedrich von Zahn*, ed. W. Schlesinger (Cologne, 1968), 3: 294-312; Klaus Schreiner, "'Discrimen veri ac falsi,' Ansätze und Formen der Kritik in der Heiligen- und Reliquienverehrung des Mittelalters," *Archiv für Kulturgeschichte* 48 (1966), 1-53; idem, "Zum Wahrheitsverständnis im Heiligen- und Reliquienwesen des Mittelalters," *Saeculum* 17 (1966), 131-169.

to medieval Russian relic tales, Barsukov's *Istochniki russkoi agiografii,* unfortunately covers a limited number of collections and often contains mistakes.[3] Although they form a part of a saint's standard hagiographic corpus, accounts of the discovery and translations of saintly relics do not appear in a specific place within that corpus. Rather, they are randomly wedged between a saint's *vita* and his miracles, between individual miracles or miracle cycles, or between miracles and a eulogy (*pokhvala*) or prayer (*molitva*) for the saint, which often forces the researcher hunting for these tales to engage in the time-consuming task of scanning every folio of thick miscellanies.

An examination of the role of tales about the appearance and relocation of the relics of saints in medieval Russian society cannot proceed without considering the exact nature of these tales. Not every medieval Russian saint has a tale about his or her relics. In some cases a saint's hagiographic corpus contains either a tale of the discovery of his relics or a translation story, but in numerous cases both types of tales appear in connection with one saint. Like their Western counterparts, medieval Russian hagiographers distinguished clearly between accounts of the discovery of relics and accounts of relic translations. The former did not refer to the random finding of holy remains but rather the intentional unearthing of saintly bodies by members of a specific religious and/or social group. In numerous instances the texts speak of a specific person wanting to discover (*obresti*) the relics of a saint. The discovery (*obretenie*) of relics entailed searching for a saint's coffin and raising it out of the ground for pious believers to see. This often involved the construction of a shrine over the saint's original resting place. For this reason Western medievalists call this process the elevation of a saint's relics. While tales of the discovery of saintly relics may include descriptions of their verification by members of the ecclesiastical hierarchy, they generally describe a process in which the relics remain stationary in the place they are found. In contrast, accounts of the translation (*perenesenie*) of saints describe the ritual removal by a community of a saint's remains from his original resting place and their relocation to a new place, usually a church or a chapel. This often involved dismantling a saint's old shrine and placing his relics into a new sarcophagus, which was displayed at the new site. Besides these two basic categories of relic tales, there exists a curious hybrid form of these accounts, which describes a situation where the relics of a saint stay in place but are moved from an old stone sarcophagus or wooden coffin to a more elaborate container – a process referred to as *perelozhenie*. A saint could experience numerous *perelozheniia* throughout the development of his or her cult, but not all were considered noteworthy enough to warrant the composition of a hagiographic account.

The fact that some medieval Russian saints' *lives* were accompanied by stories of the discovery and/or translation of their relics while others were not and the circumstance that only some *perelozheniia* stories were considered worthy reporting invite historians to investigate the reason behind the hagiographer's selectivity by

---

3   N. P. Barsukov, *Istochniki russkoi agiografii* (St. Petersburg, 1882).

establishing the historical context and meaning of these tales. Such work requires a proper methodology that takes into account both the potential and the limitations of relic accounts as historical source material. As a genre, medieval Russian tales of the discovery and translation of relics fall somewhat between literary and documentary sources. In as far as they are part of the hagiographic corpus of a saint, they often use stylized language and follow a predetermined patterned structure. Like the *vitae* and miracle stories of saints, they are occasionally redacted, which necessitates the establishment of the role of each redaction in the development of the cult of a specific saint.[4] With regard to their subject, they stand between a saint's *vita* and his miracles since they focus on the posthumous attention a community is willing to pay to the holy person and his commitment to the welfare of this community expressed in the saint's miraculous acts of benefaction. Quite commonly the verification of relics and their *perelozhenie* or *perenesenie* are accompanied by acts of public healing performed by the relics.

While the hagiographic nature of medieval Russian relic accounts clearly calls for the application of literary techniques to these tales, the fact that they narrate specific (often dated) historical events involving specific historical figures opens a path to historical investigation. In contrast to literary scholars, who seek to distinguish later redactions from the original texts of hagiographic works, historians studying tales of the discovery and translation of relics benefit from paying close attention to later copies of a saint's hagiographic corpus since these sources are more likely to contain material about the development of a saint's cult. In the case of Saints Mikhail and Arsenii of Tver', for example, evidence of the veneration of these saints already exists for the sixteenth century. Nevertheless, only late-seventeenth or eighteenth century hagiographic manuscripts contain information about the cult of their relics since the discovery and translation of their relics occurred only after the Time of Troubles. Moreover, these late sources carry the added benefit of providing more detailed factual information about occurrences at saintly shrines than similar stories dating from the sixteenth century or earlier.

The dual nature of relic accounts thus forces historians to go beyond studying the focus of these stories on one specific event in the evolution of the cults of saints. The meaning of individual tales of the discovery and translation of relics emerges when we place them into their broad literary, cultural and political context. Correlating textological questions regarding these tales (i.e. studying their redactions) and miracle stories and eulogies composed in connection with the appearance or transfer of a saint's relics can render insights into the significance of the actual rituals of discovering and translating the relics of a specific saint within the broad spectrum of the development of his cult. Similarly, the inclusion of references to a saint's *vita* in one of his relic tales gives clues to historicizing trends in the believers' perception of

---

4   Some references to different redactions of translation accounts can be found in *Slovar' knizhnikov i knizhnosti drevnei Rusi*, ed. D. S. Likhachev, 3 vols. (Leningrad/St. Petersburg, 1987-2004).

their holy patron. At the same time the correlation of factual information contained in the relic tales with the larger body of historical knowledge about the political, economic, and social conditions affecting the locale of a saint's shrine may bring to the fore issues that the patterned structure of relic accounts obscures. This approach also lends itself to the investigation of the local aspects of Russian saints' cults as distinct from the central perspective on these cults, a yet largely unknown subject in the study of medieval Russian religion.[5]

Origin of the Cults of Saints Arsenii and Mikhail of Tver'

The establishment of the cults of Saints Arsenii and Mikhail of Tver' are closely bound up with Tver''s desperate and eventually futile struggle for survival in the face of the looming political take-over by Grand Prince Ivan III of Moscow in 1485. When Vassian, the archimandrite of the Otroch' Monastery in Tver', became the thirteenth bishop of Tver' on December 6, 1478, the Tverites must have seen his tenure as a sign of increasing Muscovite influence in their ecclesiastical affairs since Vassian was the son of Prince Ivan Vasil'evich Obolenskii-Striga, who functioned as the Muscovite *namestnik* of the recently conquered city of Novgorod.[6] In 1485, shortly before Tver''s take-over by Moscow, Vassian tried in vain to ease the friction between the Tverite ruler, Mikhail Borisovich (1461-1485), and Ivan III. After Mi-khail Borisovich fled Tver' in September of that year, it was Vassian who opened the town's gates to the Muscovite ruler.[7] Two years earlier, when Ivan III stopped in Tver' on his way to Novgorod, Vassian petitioned the Muscovite Grand Prince for permission to discover the relics of Saint Arsenii, who had been bishop of Tver' from 1390 to 1409 and had founded the Zheltikov Monastery outside Tver'.[8]

---

5 Most scholars investigating medieval Russian saints' cults have approached the subject solely from the perspective of the Muscovite center, i.e. the ecclesiastical or tsarist authorities; see for example E. Golubinskii, *Istoriia kanonizatsii sviatykh v russkoi tserkvi*, 2nd ed. (Moscow, 1903); V. Vasil'ev, "Istoriia kanonizatsii russkikh sviatykh," in *Chteniia v obshchestve istorii i drevnostei rossiiskikh* (Moscow,1893), no. 3, III.1, I-VIII, 1-256; Paul Bushkovitch, *Religion and Society in Russia: The Sixteenth and Seventeenth Centuries* (New York, 1992). Eve Levin recently has focused attention on popular involvement in the cult of Muscovite and early Imperial Russian saints; see Eve Levin, "From Corpse to Cult," 81-103. For the role of women in the establishment of Muscovite saints' cults, see Isolde Thyrêt, "Muscovite Miracle Stories as Sources for Gender-Specific Religious Experience," in *Religion and Culture in Early Modern Russia and Ukraine*, ed. S. H. Baron and N. Shields Kollmann (DeKalb, Ill, 1997), 115-131.

6 Protoierei Grigorii Petrovich Pervukhin, *O tverskikh ierarkhakh*, ed. A. A. Tiazhelov (Tver', 1901), 55. V. Pokrovskii dates Vassian's episcopate from 1476-1508; see V. Pokrovskii, *Istori-ko-statisticheskoe opisanie Tverskoi gubernii*, vol. 1 (Tver', 1879), 92.

7 *Polnoe sobranie russkikh letopisei (PSRL),* 41 vols. (St. Petersburg/Moscow, 1846-1995) 8: 216 (*Voskresensk Chronicle*); 15: 499-500 (*Tver' Chronicle*); A. A. Zimin, "Feodal'naia znat' tverskogo i riazanskogo velikikh kniazhestv i moskovskoe boiarstvo kontsa XV-pervoi treti XVI veka," *Istoriia SSSR* (1973), no. 3, 217.

8 *PSRL* 15: 164 (*Rogozhskaia Chronicle*). On the dating of the founding of the monastery, see E. L. Koniavskaia, "Zhitie sv. Arseniia episkopa tverskogo," *Drevniaia Rus'. Voprosy medievistiki* 3,5 (2001), 66.

After Arsensii's death on March 2, 1409, the Tverites had buried him in the Cathedral of the Dormition, which Arsenii himself had built in 1404, and honored him as a saint.[9]

Vassian's petition reveals a distinct pro-Muscovite tone since he impressed on Ivan III that the public display of Arsenii's relics would glorify the Grand Prince's realm and scatter his enemies.[10] With Ivan's approval in 1483, Vassian organized a procession to the Zheltikov Monastery, took the saint's coffin out of the earth, and placed it in the Cathedral of the Dormition. Upon examination, the saint's relics and his clothes appeared uncorrupted and emitted a sweet smell. Vassian then had the coffin covered again and waited for further instructions by the Grand Prince. He subsequently ordered an icon of the saint painted and put it up near the tomb for veneration.[11] Moreover, a shroud with a depiction of Arsenii was placed on the tomb and a service to the saint was composed.[12] According to V. Matveev, the Zheltikov Monastery possessed a manuscript from 1483 that mentioned that, with the blessing of Bishop Vassian, the monk Feodosii composed a *kanon* and *stikhiry* for Arsenii during the tenure of Hegumen Gerontii and in the reign of Grand Prince Mikhail Borisovich of Tver'.[13]

Vassian's promotion of the cult of Arsenii may well have presented a balancing act that expressed his effort to appease the local population while he maintained his loyalty to Moscow. The named manuscript in the Zheltikov Monastery does not refer to the Muscovite ruler but his local counterpart. The short *prolog* version of the *life* of the saint, which according to B. M. Kloss was written in connection with the event of 1483, hailed Arsenii as a native Tverite who benefited the local population by accepting the position of bishop against his will and by building many churches

9 V. Vladislavlev, "Kratkiia istoricheskiia svedeniia o monastyriakh i bolee zamechatel'nykh tserkvakh goroda Tveri," in *Pamiatnaia knizhka Tverskoi gubernii na 1863 god* (Tver', 1863), otdel III, 81-82; Pervukhin, *O tverskikh ierarkhakh*, 47. According to B. M. Kloss, Arkhimandrite Kirill of the Tver' Afanasiev Monastery composed a hagiographic tale of Arsenii's final days shortly after his death; see B. M. Kloss, "Zhitie episkopa Arseniia," in *Izbrannye trudy*, ed. B. M. Kloss, vol. 2 (Moscow, 2001), 218; *Pamiatniki literatury drevnei Tveri*, ed. and trans. V. Z. Isakov (Tver', 2002), 178. The tale is included in the *Novgorod IV Chronicle*.

10 Pervukhin, *O tverskikh ierarkhakh*, 58. The *Tver' Chronicle* notes that after the take-over of Tver', Ivan III kept Vassian as the town's spiritual head; see *PSRL* 15: 500.

11 Arkhimandrit Platon's description of the Zheltikov Monastery records an icon of Arsenii standing in prayer pose. The saint is dressed in archiepiscopal garb and wears a *schema* and *omophorion*. The image, which in 1701 was decorated with a *riza* by *stol'nik* Vasilii Ivanovich syn' Davydov, is said to have been painted in 1483; see Arkhimandrit Platon, *Istoricheskoe i statisticheskoe opisanie Tverskago Uspenskago Zheltikova monastyria s prisovokupleniem zhitiia Sviatago osnovatelia onago, Sviatitelia Arseniia, episkopa Tverskago* (Tver', 1852), 34.

12 Vladislavlev, "Kratkiia svedeniia," 85; Pervukhin, *O tverskikh ierarkhakh*, 58; *Zhitie sviatago ottsa nashego Arseniia episkopa tverskago* (Moscow, 1905), 12.

13 V. Matveev, *Opisanie tverskikh drevnostei s ocherkom goroda Tveri i Orshina monastyria* (Moscow, 1878), 34; also see Vladislavlev, "Kratkiia svedeniia," 83-84; Platon, *Istoricheskoe opisanie*, 39; V. O. Kliuchevskii, *Drevnerusskiia zhitiia sviatykh kak istoricheskii istochnik* (Moscow, 1871), 181.

in the environs. Moreover, it called the saint a defender of all Tverites as well as the Grand Prince.[14] The establishment of a local feast day for Arsenii in the Zheltikov Monastery two years before Tver' lost its political independence to Moscow seems to have focused the piety of Tverites on a local religious figure of the past in which they could take pride while they awaited an uncertain future. At the same time, by linking the discovery of Arsenii's relics to the Muscovite Grand Prince, Vassian opened up Arsenii's cult to a potentially wider audience.[15]

The dual support for Arsenii's cult from the local Tverites and the Muscovite leadership becomes more evident in the sixteenth century. The Muscovite church council of 1547 acknowledged Arsenii's local veneration and thereby accepted him as a member of the Muscovite pantheon of saints.[16] Shortly thereafter the saint started to work miracles in Tver'. In 1566 Arsenii resurrected the fisherman Terentii from death at his tomb in the Zheltikov Monastery. When news of the miracle spread, Akakii, the bishop of Tver' (1522-1567), organized a procession to the saint's tomb and questioned Terentii about his experience. The bishop was so impressed by the story that he became a committed patron to the saint and his monastery. He expressed his intention to be buried close to the saint's relics and, with Ivan IV's and Metropolitan Afanasii's permission, he bestowed archimandrite status on the head of the saint's monastery.[17] In 1594 a chanter of the archbishop of Tver', Mikhail Laptev, who suffered from possession, was cured at Arsenii's shrine.[18]

---

14 *Pamiatniki drevnerusskoi tserkovno-uchitel'noi literatury*, ed. A. I. Ponomarev, vol. 4, pt. 2 (St. Petersburg, 1898), 47-48; Kloss, "Zhitie episkopa," 220. E. L. Koniavskaia disputes Kloss's notion that the same Feodosii who composed the service for Arsenii also wrote the *Prolog* version of his *life*; see E. L. Koniavskaia, "Sviatitel' Arsenii episkop Tverskoi v agiograficheskikh i letopisnykh tekstakh," in *Mir zhitii. Sbornik materialov konferentsii (Moskva, 3-5 oktiabria 2001 g.)* (Moscow, 2002), 146. As Koniavskaia points out, the chronicles are silent on Arsenii's background; Koniavskaia, "Sviatitel' Arsenii," 149.

15 A. S. Khoroshev emphasizes the fact that the cult was not sanctioned by Boris Mikhailovich and sees the veneration of Arsenii as an ideological reworking of the take-over of Tver' by the local population; see A. S. Khoroshev, *Politicheskaia istoriia russkoi kanonizatsii (XI-XVI vv.)* (Moscow, 1986), 137.

16 Golubinskii, *Istoriia kanonizatsii*, 101; Diakon Petr Veretennikov, "Moskovskie sobory 1547 i 1549 godov," *Zhurnal Moskovskoi patriarkhii* (1979), no. 12, 70. Khoroshev argues that the goal of the sixteenth-century church councils was the centralization of local cult sites; see Khoroshev, *Politicheskaia istoriia,* 170. On this point, also see Svetlana Smolik, "Mikhail Iaroslavich Tverskoi (Politicheskaia biografiia)," in *Mikhail Iaroslavich Velikii kniaz' Tverskoi i Vladimirskii*, ed V. Nikolaev (Tver', 1995), 325.

17 *Gosudarstvennyi arkhiv Tverskoi oblasti (GATO)*, fond 1409, opis' 1, no. 1298, ll. 86ob-92ob.

18 *GATO*, fond 1409, opis' 1, no. 1298, ll. 93ob-96. The Muscovite interest in patronizing the cult of Saint Arsenii seems to have persisted during that time. In the reign of Boris Godunov, a nun named Feogniia of the Ogneev clan, who lived in the Moscow Zachat'ev Monastery, donated a shroud to the Zheltikov Monastery that depicted Arsenii in his entirety with a *schema, omophorion*, and an archbishop's mantle. The shroud also featured a *troparion* and a *kondakion* for the saint; see Matveev, *Opisanie tverskikh drevnostei*, 33.

The pivotal role of the Tver' ecclesiastical hierarchy in the promotion of Saint Arsenii's cult suggests that the political subordination of Tver' to Moscow, evident in the loss of its independent administration in the 1490s and the integration of the Tverite nobility in the court in Moscow by the 1540s did not preclude the survival of a sense of local identity expressed primarily in religious terms.[19] As Salimov points out, after 1490 only the church of Tver' could afford expensive building projects in the area.[20] Bishop Akakii of Tver' worked tirelessly to replace the liturgical vessels and icons of the cathedral of Tver' after a fire destroyed it on July 22, 1537.[21] The bishop kept close ties with the central authorities in Moscow – he attended the church councils of the 1540s and 1550s – and seemed to have exploited his connections with the center to foster the well-being of his diocese. Possibly his attendance of the council of 1547 had some bearing on that council's decision to establish Arsenii's local veneration. By seeking Ivan IV's and Metropolitan Afanasii's approval for his preferential treatment of the Zheltikov Monastery, he strengthened the importance of the local cult site. Akakii seems to have supported the hegumen of the Zheltikov Monastery in his efforts to acquire books for the saint's monastery.[22] Moreover, by stipulating that his own body be buried close to the relics of Saint Arsenii, Akakii heightened the Tverites' respect for the saint's shrine.[23] According to the royal official Potap Narbekov's description of Tver' from the early seventeenth century, the Tverites linked the memory of Akakii with that of Arsenii by depicting the former with the saint in icons.[24] Clearly the memory of the two bishops

---

19 For the integration of Tver' into the Muscovite realm, see B. N. Floria, "O putiakh politicheskoi tsentralizatsii russkogo gosudarstva (na primere Tverskoi zemli)," in *Obshchestvo i gosudarstvo feodal'noi Rossii. Sbornik statei, posviashchennyi 70-letiiu akademika L'veva Vladimirovicha Cherepnina*, ed. V. T. Pashuto (Moscow, 1975), 281-290; also see N. V. Sereda, *Tverskoi krai v period stanovleniia rossiiskogo samoderzhaviia (konets XV-XVII vv.) Uchebnoe posobie* (Tver', 1991), 26. Also see E. Klug, "Das Fürstentum Tver' (1247-1485). Aufstieg, Selbstbehauptung und Niedergang," *Forschungen zur osteuropäischen Geschichte* 37 (1985), 7-355.

20 A. M. Salimov, *Tverskoi Spaso-Preobrazhenskii sobor* (Tver', 1994), 77.

21 The fire was described by Maksim Grek; see V. Kolosov, *Proshloe i nastoiashchee g. Tveri* (Tver', 1994), 32-33, 91. On Akakii, also see E. V. Krushel'nitskaia, "Dva avtografa volokolamskogo knizhnika Vassiana Koshki v sobraniiakh Otdela rukopisei Rossiiskoi Natsional'noi biblioteki," in *Rus' i iuzhnye slaviane. Sbornik statei k 100-letiiu so dnia rozhdeniia V. A. Moshina (1894-1987)*, ed. V. M. Zagrebin (St. Petersburg, 1998), 323n. 6.

22 See Platon, *Istoricheskoe opisanie*, 37.

23 *GATO*, fond 1409, opis' 1, no. 1298, ll. 91ob–92. Akakii's wish to be buried in the Zheltikov Monastery is also noted in Vassian Koshka's tale of Akakii's death; see "Rasskaz Vassiana Koshki o polednikh dniakh i prestavlenii Tverskogo episkopa Akakiia," in *Biblioteka literatury Drevnei Rusi*, ed. D. S. Likhachev, L. A. Dmitriev, A. A. Alekseev and N. V. Ponyrko, vol. 13 (St. Petersburg, 2005), 442 (original), 443 (modern Russian translation). On Vassian's tale, see E. V. Krushel'nitskaia, "K voprosu o avtobiografizme v drevnerusskoi literatury," in *Russkaia agiografiia. Issledovaniia, publikatsii, polemika*, ed. T. R. Rudi and S. A. Semiachko (St. Petersburg, 2005), 105-106; Krushel'nitskaia, "Dva avtografa," 323.

24 Cited from Platon, *Istoricheskoe opisanie*, 14. Akakii died January 14, 1567 and was buried in the Zheltikov Monastery; see Pervukhin, *O tverskikh ierarkhakh*, 64. For Akakii's life, see Krushel'nitska, "Dva avtografa," 323, n. 6. Saint Arsenii's liturgical veneration in the early seven-

committed to the prospering of its town presented the local population with a sense of cultural identity.

The Tverite focus on Arsenii as a cultural icon and communal identity figure in the face of Moscow's overpowering influence is also evident in the long redaction of Arsenii's *life* that according to B. M. Kloss was composed in the 1590s.[25] This redaction claims that Arsenii spent some time in his youth in the Kievan Caves Monastery where Hegumen Kiprian, who later became metropolitan of Russia, tonsured him.[26] The idea may well have been connected with the fact that Arsenii built a church to Saints Antonii and Feodosii Pecherskie in 1394 and was responsible for the composition of the oldest redaction of the Kievan Caves Paterikon in 1406.[27] The long redaction of Arsenii's life relates that in 1390, Kiprian, Arsenii, Archbishop Stephen of Perm, Bishop Mikhail of Smolensk, and two Greek metropolitans came to Tver' to settle the religious strife involving the controversial bishop of Tver', Evfimii Vislen'. At the request of Grand Prince Mikhail Aleksandrovich, Kiprian then made Arsenii bishop of Tver'.[28] The efforts of the author of this redaction to link Arsenii with the illustrious Kievan monasticism of Saints Antonii and Feodosii Pecherskie and the respected Russian metropolitan Kiprian, placed the Tverite saintly bishop into a historical setting that preceded the Muscovite era. Moreover, the redaction stressed Arsenii's close connection with the Grand Princes of Tver'. It states that Mikhail Aleksandrovich donated lands to the Zheltikov Monastery and that his son Ivan Mikhailovich visited the saint on his deathbed.[29]

While the establishment of Arsenii's cult in Tver' before the seventeenth century is well documented, much less is known about the early stages of the cult of Saint

---

teenth century is attested in "Palinodiia sochinenie Zakharii Kopustenskago 1621 goda," *Russkaia istoricheskaia biblioteka (RIB)* 39 vols. (St. Petersburg/Leningrad, 1872-1927), 4: 851.

25 Kloss, "Zhitie episkopa," 223; also see *Pamiatniki literatury drevnei Tveri*, 178; Koniavskaia, "Sviatitel' Arsenii," 148.

26 Kiprian never was hegumen of the Kievan Caves Monastery. Arsenii, however, served as archdeacon of the metropolitan before being appointed bishop; see *PSRL* 15: 445 (*Tver' Chronicle*). Both Kloss and E. L. Koniavskaia point out the historical inaccuracies of this redaction; see Kloss, "Zhitie episkopa," 225; Koniavskaia, "Sviatitel' Arsenii," 147. The *prolog* version does not connect Kiprian with the Kievan Caves Monastery.

27 Matveev, *Opisanie tverskikh drevnostei*, 29; Koniavskaia, "Sviatitel' Arsenii," 153.

28 *GATO*, fond 1409, opis' 1, no. 1298, ll. 70ob-75. The two Greek metropolitans were Matthew of Adrianople and Nikandr of Gaza; see *PSRL* 15: 150 (*Rogozhskaia Chronicle*), 445 (*Tver' Chronicle*). On Saint Stephen of Perm's participation in the removal of Evfimii, see Khoroshev, *Politicheskaia istoriia*, 128.

29 *GATO*, fond 1409, opis' 1, no. 1298, ll. 80, 80ob-81. Kliuchevskii argues that the long redaction of Arsenii's *life* was written in the fifteenth century while the shortened *prolog* version was composed in the mid-sixteenth century; see Kliuchevskii, *Drevnerusskiia zhitiia*, 181-82. Since the oldest copies of the long redaction date only from the 1580s and 90s, Kloss's dating scheme seems preferable. The appearance of the long redaction makes more sense after the official establishment of the saint's feast day in 1549 and in the wake of Akakii's patronage of Arsenii's cult. On the manuscripts of the long redaction, see *Slovar' knizhnikov*, 2, pt. 1: 248; *Pamiatniki literatury drevnei Tveri*, 178-179.

Mikhail of Tver'. The *Tver' Chronicle* includes a description with hagiographic overtones of Grand Prince Mikhail Iaroslavich's death at the hands of the Mongols on November 22, 1318.[30] According to the account found in this and numerous other chronicles, celestial portends revealed the sanctity of the Tver' prince's body when the Muscovite Grand Prince Iurii Danilovich took Mikhail's body to Moscow. Soon thereafter the Tverites demanded Mikhail's body back from the Muscovite Grand Prince, and Mikhail's widow, Anna, and his sons sent a contingent of Tver' boyars and clerical and monastic figures to fetch the princely remains. Bishop Varsonofii, Mikhail's family, and the people of Tver' met the returning body at the Monastery of Archangel Michael on the shore of the Volga and accompanied it in a religious procession to the church of the Transfiguration in Tver' where Mikhail was buried in a stone sarcophagus next to Bishop Simeon of Tver'.[31]

Presuming that Mikhail's violent death and his political struggle with the Moscow prince made Mikhail an excellent choice as a local saint that expressed Tver' identity and pride, scholars like Golubinskii insist that Mikhail's veneration as a martyr prince started as soon as his relics arrived in his home town.[32] Nevertheless, while Mikhail's memory was kept alive in Tver' after his death, no firm evidence exists for his popular veneration in that city before the seventeenth century. According to B. A. Kuchkin and B. M. Kloss, a Tverite composed a hagiographic tale describing Mikhail Iaroslavich's violent death shortly after his demise.[33] The earliest rendition of this composition found in the *Sophia I Chronicle*, however, does not express the cult of a martyred hero but rather reflects an effort on the part of the Tverites to give the humiliating murder of their hapless ruler a palatable meaning.[34] This version tries to portray Mikhail Iaroslavich as a saintly ruler on whom the infidel Mongol khan Uzbek forced the position of Grand Prince. Unable to stop the ambitious Muscovite prince Iurii Danilovich, who ingratiated himself with Uzbek, from ravaging the entire Tver' territory and its inhabitants, Mikhail took the advice

---

30 *PSRL* 15: 410-413. For a detailed discussion of the texts of the hagiographic tale of Mikhail's death and their various redactions, see V. A. Kuchkin, *Povesti o Mikhaile Tverskom. Istoriko-tekstologicheskoe issledovanie* (Moscow, 1974), 34-190.

31 In 1285 Simeon, the first bishop of Tver', Grand Prince Mikhail, and his mother Kseniia founded the Cathedral of the Transfiguration in Tver'. Simeon died on February 3, 1289; see Pervukhin, *O tverskikh ierarkhakh*, 5-12.

32 Golubinskii, *Istoriia kanonizatsii*, 42. Also see Smolik, "Mikhail," 328.

33 Kuchkin dates the composition to 1319/1320, Kloss to 1322-1327; see Kuchkin, *Povesti*, 234, Kloss, "Zhitie episkopa," 176. The tale of Mikhail's death is often referred to in the literature as a saint's *life*. Although it does contain hagiographic *topoi* and makes reference to the saint's birth and childhood, it focuses exclusively on the period leading up to the saint's death and thus resembles more a martyr account than a *vita*. On this point, also see Kliuchevskii, *Drevnerusskiia zhitiia*, 71.

34 On this point, also see Kloss, "Zhitie episkopa," 175. The *Sophia I Chronicle* version dates from the 1530s-50s; see Kuchkin, *Povesti*, 274. For a translation of the tale into modern Russian, see V. Z. Isakov, *Povest' o sviatom blagovernom velikom kniaze Mikhaile Iaroslaviche Tverskom* (N. p., 1991).

of his boyars and moved against his political foe. He defeated his enemy with the help of his supernatural protector, Archangel Michael, who kept the prince from bodily harm. Mikhail eventually fell victim to the machinations of the Mongol Kavgadyi, who maligned him with the khan and with Iurii's knowledge, arranged his brutal murder. Mikhail, who was left naked, with his heart cut out by a Russian in Iurii's retinue, joined "the ranks of the saints and his relatives, the saints Boris and Gleb, and his namesake, Grand Prince Mikhail of Chernigov, and took the crown of eternal life from the hands of the Lord."[35]

The tale ends with three miracles proclaiming Mikhail's innocence that occurred when Iurii transported the body of the Tver' ruler back to Moscow. When the Muscovites tried to keep Mikhail's body out of sight and denied the population of local towns the opportunity to pay respect to the slaughtered prince, lit clouds and fiery columns illuminated his resting place at night, animals did not dare to go near it, and an invisible force protected the prince's body from any further mistreatment.[36] Mikhail's remains were placed in the church of the Savior in Moscow where they remained for half a year before the Tverites managed to negotiate with Iurii its release and brought it back to their home town. Mikhail's body, which miraculously showed no decay, was received in a large procession and interred in the Cathedral of the Transfiguration, which he himself had built.[37]

Mikhail's comparison in the tale found in the *Sophia I Chronicle* with Boris and Gleb, victims of the internecine strife between the Kievan Russian princes, and Mikhail's own insistence that he was ready to die to save his own people from the khan's wrath relate the prince's death to the political problems of Russian society rather than portraying him as a martyr for his Orthodox faith.[38] As A. S. Khoroshev points out, the first redaction of the tale paints Mikhail's enemies, Iurii Danilovich and his men, in dark colors and stresses Mikhail's suffering from "his brother's" ruthless ambition.[39] Thus the image of the slain Tverite prince that emerged after his death was not that of a religious hero that drew the attention of his pious subjects to his cult.

The lack of a wide-spread cult for Mikhail in the century following his demise is further corroborated by the absence of any fourteenth-century copies of the tale of his death. Moreover, the fact that the Tver' chronicles do not record any miracles occurring at his grave nor mention the construction of a chapel in his honor at his resting place shows that Mikhail Iaroslavich did not enjoy popular cult status in his hometown immediately after his death. The assertion of a number of scholars that in 1411 Mikhail's relics were taken out of the earth and put up in the Cathedral of the

---

35 *PSRL* 5: 207-215, 214 (quote).
36 *PSRL* 5: 214-215.
37 *PSRL* 5: 215.
38 *PSRL* 5: 214, 213.
39 Khoroshev, *Politicheskaia istoriia*, 78.

Transfiguration for veneration is not corroborated by any known sources.[40] Moreover, iconographic evidence for a wide-spread cult of Saint Mikhail during this period is also lacking. The only extant image of the Tver' ruler, a fourteenth-century miniature in a copy of the *Chronicle of Hamartolas*, shows Prince Mikhail and his mother Kseniia in prayer pose, flanking the Savior enthroned. Neither Mikhail nor his mother is depicted with a nimbus, suggesting their portrayal as donors and patrons rather than saints.[41]

The preservation of Mikhail Iaroslavich's memory in Tver' was ultimately connected with his dynasty's continued struggle with its Muscovite counterpart for hegemony in Russia. With the Muscovite Grand Princes rallying around the cult of Metropolitan Peter, who had strengthened the position of the Danilovichi by moving the Russian metropolitanate from Vladimir to Moscow, their Tverite counterparts stressed the just cause of their murdered ancestor. E. A. Rikman's observation that by 1438 four out of the six churches in the Tver' kremlin mentioned in the *Tver' Chronicle* bore the names of Tverite rulers suggests that Mikhail Iaroslavich's successors promoted the cult of their ancestors to bolster their dynastic legitimacy.[42] According to the *Tver' Chronicle*, Grand Prince Mikhail Aleksandrovich (1368-1399) before his imminent death went to the Cathedral of the Savior to venerate the Savior, the Virgin Mary, and Archangel Michael. He then bowed before the tomb of

---

40 See for example Vladislavlev, "Kratkiia svedeniia," 97; N. N. Ovsiannikov, *Tver' v XVII veke. Istoricheskii arkheologicheskii putevoditel' po gorodu Tveri* (Tver', 1889), 14.

41 See V. V. Barybin, "Miniatiury Khroniki Georgiia Amartola i siiskogo evangeliia kak otrazhenie sotsial'nogo simvola vremeni," in *Mikhail Tverskoi: lichnost', epokha, nasledie*, ed. M. A. Il'in, R. D. Kuznetsova and O. G. Usenko (Tver', 1997), 264; G. V. Popov, "Miniatiury Khroniki Amartola i tverskoe iskusstvo epokhi Mikhaila Iaroslavicha," in *Mikhail Tverskoi: lichnost'*, 257-263; N. A. Kurochkina, S*viatoi blagovernyi velikii kniaz' Mikhail Iaroslavich Tverskoi v russkoi ikonopisi kontsa XVI-nachala XX vv* (Tver', 1996), 2. G. V. Popov's assumption that the miniature is based on the tale of Mikhail's death and was produced shortly after his death, when his veneration flourished locally, is not supported by evidence. In contrast, the miniature clearly inspired seventeenth-century icons of Mikhail and his mother, who are depicted nimbed and praying to the Savior Enthroned with the city of Tver' in the background; see G. V. Popov, *Tverskaia ikona XIII-XVII vekov* (St. Petersburg, 1993), plate 180, pp. 275-276 (discussion). Kurochkina records a similar late-seventeenth-century icon where the two figures hold a model of the wooden town of Tver' while praying to the Savior above; see Kurochkina, *Sviatoi*, 6. Voronin's assumption that icons of Mikhail and Kseniia were already painted in the fifteenth century is not supported by evidence; see N. N. Voronin, *Zodchestvo severo-vostochnoi Rusi XII-XV vekov* (Moscow, 1962), 2: 391.

42 Apart from the Cathedral of the Holy Savior, the churches in question were dedicated to Saints Mikhail, Vasilii, Aleksandr, Afanasii, and Boris and Gleb; see E. A. Rikman, "Novye materialy po topografii drevnei Tveri," *Kratkie soobshcheniia Instituta istorii material'noi kul'tury* 49 (1953), 41-44. The church of Saint Mikhail, founded by Grand Prince Mikhail Aleksandrovich in 1399 and consecrated by Bishop Arsenii, was not named after Mikhail Iaroslavich but rather after the protector of the Tverite dynasty, Archangel Michael; see *PSRL* 15: 165 (*Rogozhskaia Chronicle*). The *Tver' Chronicle* dates the foundation to 1397 (*PSRL* 15: 457).

his grandfather, Mikhail Iaroslavich, and that of his father, Aleksander Mikhailo-vich.[43]

In the wake of the efforts of the Tverite Grand Prince Boris Aleksandrovich to emphasize the illustrious roots of his dynasty and to glorify its most tenacious re-sisters against the Muscovite line, Mikhail Iaroslavich became a symbol for the righteousness of the Tverite rulers' claim to the grand princely title. The introduction to the *Chronicle of the Rule of the Pious Grand Princes of Tver'* commissioned by Boris Aleksandrovich traced back the genealogical roots of Boris's father through Mikhail Iaroslavich to Grand Prince Vladimir, who had baptized Rus', and included eulogies for Aleksandr Mikhailovich and Mikhail Aleksandrovich, who had distin-guished themselves by their anti-Muscovite stance.[44] Khoroshev connects the re-newed interest in Mikhail Iaroslavich in mid-fifteenth-century Tver' with concurrent efforts to canonize both Aleksandr Mikhailovich and Mikhail Aleksandrovich.[45] Around that time a short redaction of the tale of the death of the "blessed and Christ-loving prince" Mikhail was included into the *Rogozhskaia Chronicle* and the new Tverite chronicle compilation.[46] These chronicles also included an appended obitu-ary to the late prince.[47] The original, so-called expanded redaction of the tale of Mi-khail Iaroslavich's death, with the obituary to Saint Mikhail, made its way into hagi-ographic *sborniki*.[48] The eulogy characterized Mikhail as strong of body, brave, awe-inspiring, a ruler beloved by his people, personally pious and respectful of the church, thus stressing his superiority vis-à-vis his Muscovite competitor. Like the introduction to the *Chronicle of the Rule of the Pious Grand Princes of Tver'*, it fo-cused on the genealogical connection of Mikhail with Grand Prince Vladimir, while stressing his readiness to sacrifice himself for the well-being of his people.

The documentary, literary, and topographical evidence regarding Mikhail Iaro-slavich's veneration in Tver' after his demise thus suggests that the slain prince did not immediately enjoy wide-spread veneration in Tver'. The primary promoters of his cult were members of his own family, who used Mikhail's image of a pious and innocent ruler who had encountered an unjust death to bolster the prestige of their own dynasty vis-à-vis their Muscovite challengers. In fourteenth and fifteenth-cen-

---

43 *PSRL* 15: 460. For Mikhail Aleksandrovich's death, see *PSRL* 15: 461.

44 *PSRL* 15: 464-467.

45 Khoroshev, *Politicheskaia istoriia*, 136.

46 *PSRL* 15: 38-41, 410-413 (tale), 40, 412 (quote); Kloss, "Zhitie episkopa," 176-177. Kloss argues convincingly that this shorter redaction does not date earlier than the 1420s; see Kloss, "Zhitie episkopa," 180.

47 *PSRL* 15: 40-41, 413.

48 Kuchkin, *Povesti*, 273-274; Khoroshev, *Politicheskaia istoriia*, 136. The expanded redaction of the tale without the obituary is published in V. I. Okhotnikova, "Prostrannaia redaktsiia Povesti o Mikhaile Tverskom," in *Drevnerusskaia knizhnost' po materialam Pushkinskogo Doma. Sbornik nauchnykh trudov*, ed. A. M. Panchenko (Leningrad, 1985), 16-27 and in Kloss, "Zhitie episkopa," 188-201. Kloss points out that the earliest copies of the hagiographic tale date from the sixteenth century; see Kloss, "Zhitie episkopa," 176.

tury Tver', patronage of the cult of Saint Mikhail Iaroslavich was thus primarily tied to the household of the Grand Princes of Tver'.

As in the case of Saint Arsenii, the impetus for establishing a larger cult of Mikhail in Tver' came from the outside. After Tver''s integration into the Muscovite realm, the story of the slain prince was reinterpreted to suit the victors' attitudes. The *Nikon Chronicle* (composed in the early sixteenth century at the court of Metropolitan Daniil in Moscow) includes a shortened version of the tale, which does not refer to Mikhail Iaroslavich as a saint and understandably whitewashes the actions of Iurii Danilovich.[49] At the same time the *Nikon Chronicle* version dwells on the accusations leveled against Mikhail Iaroslavich, which include disobedience to the khan, roughing up his envoys, killing the khan's daughter, withholding tribute, making common cause with the Lithuanians, and sending the treasury to the pope in Rome (a reference explained by Moscow's anti-Latin stance in the sixteenth century).[50] Mikhail's instructions to his son Konstantin before his death contain the added stipulation that Konstantin honor the Orthodox faith and its servants and exercise charity toward the poor.[51] This remark sets up the *Nikon Chronicle's* interpretation of Mikhail as a Russian figure that, in spite of his problematic relations with his Muscovite counterpart, showed virtue by giving his life not for his own people but in defense of the Orthodox faith. This theme is underscored in the attached obituary of Grand Prince Mikhail, which notes that if Mikhail had not gone to the Horde to give himself up, the Tatars would have defiled the holy churches.[52] Thus the *Nikon Chronicle* denies Mikhail's saintliness on the grounds that he was a victim of Russia's internecine strife but at the same time interprets Mikhail's sacrifice as true martyrdom. The obituary notes that "he gave himself for all" and joined Christ in the heavenly kingdom.[53]

The Muscovite ambivalence toward Mikhail Iaroslavich persisted throughout the sixteenth century. On the one hand, as Khoroshev points out, the anti-Tatar ideology of mid-sixteenth century Muscovy motivated the church leadership to proclaim Mikhail's general veneration at the Muscovite church council of 1549.[54] At the same time a new redaction of Mikhail's hagiographic tale was included in Makarii's *Velikie chet'i minei*.[55] On the other hand, the rendition of the tale of Mikhail's death in the *Litsevoi letopisnyi svod* (composed ca. 1570 and based on the *Nikon Chronicle*) contains a passage that states that Mikhail deserved his death because of his evil

---

49 The *Nikon Chronicle* omits the reference to a Muscovite cutting out Mikhail's heart; see *PSRL* 10: 185.
50 *PSRL* 10: 183.
51 *PSRL* 10: 184.
52 *PSRL* 10: 187.
53 *PSRL* 10: 187.
54 Khoroshev, *Politicheskaia istoriia*, 175; also see Golubinskii, *Istoriia kanonizatsii*, 104; Veretennikov, "Moskovskie sobory," 71-72.
55 Kuchkin, *Povesti*, 34. The redaction in the *Velikie chet'i minei* is based on the pro-Muscovite chronicle version; see Kuchkin, *Povesti*, 178.

deeds, but that because of the tsar's kindness, his veneration had to be accepted.[56] The author of the comment was clearly at odds with the Muscovite leadership's decision to order the general veneration of Mikhail Iaroslavich as a saint. In the end, the Muscovite interest in the celebration of the "killed saint, Prince Mikhail Iaroslavich of Tver'" assured his permanent veneration regardless of political attitudes.[57]

The official canonization of Mikhail in 1549 as an all-Russian saint lifted the cult of Saint Mikhail out of his narrow (and by 1549 passé) dynastic context in Tver'. The *Dozornaia kniga* of 1616 and the *pistsovye knigi* of Fedor Ignat'ev and *pod"iachii* Timofei Stefanov (1627-28), record a chapel of Saint Mikhail in the Tver' cathedral along with another chapel in the name of Saint Aleksandr Svirskii.[58] The curious appearance of Saint Aleksandr Svirskii, who was canonized at the church council of 1547, in a Tver' context led Salimov to the conclusion that Muscovite church policy was responsible for the local interest in both saints in Tver'.[59] More evidence of continued (or renewed) interest in Saint Mikhail in Tver'at the end of the sixteenth and in the early seventeenth century is provided by Potap Narbekov, who in 1626 records a wooden church named after Mikhail of Tver' in the Zagorodskii *posad*. According to his *pistovye knigi*, the Transfiguration church contained an icon of Mikhail, whom Narbekov refers to as "miracle-worker."[60]

The Cults of Arsenii and Mikhail of Tver' in the Seventeenth Century

The century spanning the period from the 1560s to the 1650s presented the Tver' region with tough challenges regarding its survival. The years 1567-69 brought harvest failures to the region, which led to large-scale deaths by starvation amongst the local population. In 1569 Ivan IV's *oprichniki* at the tsar's order terrorized the inhabitants of Tver' and looted the town, its suburbs, and most monasteries and churches.[61] During the Time of Troubles Tver' suffered more physical destruction and

---

56 V. Uspenskii and S. Pisarev, eds., "Sviatyi blagovernyi kniaz' Mikhail Iaroslavich tverskii. Vypis' iz litsevago Tsarstvennago Letopistsa" in Nikolaev, *Mikhail Iaroslavich velikii kniaz' tverskoi*, 281; also see M. V. Stroganov and O. M. Levsha, eds., *Mikhail Tverskoi. Teksty i materialy* (Tver', 2002), 113.

57 "Palinodiia," 850.

58 V. N. Storozhev, *Dozornaia kniga Tveri 1616g.* (Tver', 1890), 13. Salimov points out that the land records of Tver' of the end of the sixteenth century do not refer to this chapel; see Salimov, *Tverskoi Spaso-Preobrazhenskii sobor*, 49. Voronin's dating of Mikhail's chapel to the early fifteenth century therefore must be rejected; see Voronin, *Zodchestvo*, 2: 392.

59 Salimov, *Tverskoi Spaso-Preobrazhenskii sobor*, 49-51; also see Vladislavlev, "Kratkiia svedeniia," 90. On the canonization of Aleksandr Svirskii, see Golubinskii, *Istoriia kanonizatsii*, 100.

60 *Vypis' iz tverskikh pistsovykh knig Potapa Narbekova i pod"iachago Bogdana Fadeeva 1626 goda (Vypis')*, ed. Tverskaia uchenaia arkhivnaia komissiia (Tver', 1901), 740, 9. The earliest extant icon of Mikhail Iaroslavich dates from the first third of the seventeenth century; see Kurochkina, *Sviatoi*, 4; V. I. Antonova and N. E. Mneva, *Gosudarstvennaia Tret'iakovskaia Gallereia. Katalog drevnerusskoi zhivopisi XI-nachala XVIII vv.*, 2 vols. (Moscow, 1963), 2: 490, no. 1024.

61 Sereda, *Tverskoi krai*, 35; Kolosov, *Proshloe i nastoiashchee*, 33-34.

social dislocation, which sent the town and its environs into a long period of economic decline. Cultural life in the city seems to have ceased until the middle of the
seventeenth century when religious ritual involving the local saints cults and, along
with it, local hagiographic production resumed. The verification of Arsenii's relics
in 1654 and their translation in 1656 and the discovery of Mikhail's relics in 1634
and their translation in 1654 led to an expansion of the hagiographic corpus of each
saint shortly after these events. The *life* of Arsenii was supplemented with additional
miracles and an account of the verification and translation of the saint's relics. A
new redaction of the tale of Mikhail's death was produced to which accounts of the
discovery and translation of his relics were added. Mikhail's hagiographic corpus
was further enhanced by the addition of three miracle stories and a eulogy.[62]

In view of the dearth of sources for the history of Tver' in the early seventeenth
century, the hagiographic compositions about Saints Arsenii and Mikhail of Tver' of
the mid-seventeenth century can provide valuable clues to the puzzle how Tver'
managed to keep alive or resurrect its local identity even after the devastating political, social and economic effects of the Time of Troubles. The miracle stories composed in the 1650s and 1660s engage painful and embarrassing issues of a troubled
past and recast them in a way that gave Tver''s past a sense of divine purpose. At
the same time the stories of the discovery and translation of Arsenii's and Mikhail's
relics shed light on efforts to rebuild the community of Tver' both from a physical
and a cultural perspective in the face of continuing economic difficulties and new
disasters, such as fires and the plague.

The repeated attacks on Tver' by Polish troops during the Time of Troubles left
the town, its suburbs, and environs in ruin and led to large-scale dislocation and the
desertion of large areas of land. In 1606, the Poles seized Tver' along with the towns
of Bezhetsk and Torzhok. The citizens of Tver' were divided in their loyalties to the
Muscovite government and the pretender Dmitrii. The pro-Dmitrii faction helped the
Poles to take Tver', but Archbishop Feoktist (1605-1609) organized the resistance to
the occupiers and managed to force them out. A second attempt by the Poles later
that year failed as well. Still, the town and its environs had to endure burning and
pillaging by the enemy.[63] In 1608, Tver' was again occupied, this time by troops of
the second false Dmitrii. During the following year it witnessed the battle between
the Poles and the forces of M. V. Skopin-Shuiskii, who eventually retook the town
for the Moscow government. The battle for liberation dragged out until 1618 when

---

62 All these components make up the redaction 2d identified by Kuchkin; see Kuchkin, *Povesti*,
   189-90. Kliuchevskii refers to this version as the third redaction; see Kliuchevskii, *Drevne-*
   russkiia zhitiia, 354.

63 Sereda, *Tverskoi krai*, 44-50; Kolosov, *Proshloe i nastoiashchee*, 35; Kh. D. Sorina, *Rol'*
   Verkhnevolzh'ia v obrazovanii i razvitii russkogo tsentralizovannogo gosudarstva v XV-XVII
   vv. Uchebnoe posobie (Kalinin, 1978), 57-58; Salimov, *Tverskoi Spaso-Preobrazhenskii sobor*,
   140. Salimov notes that the Cathedral of the Transfiguration contains an *antimins* dated to 1606,
   which may have been used to reconsecrate the church after the liberation of the town from the
   Catholic Poles.

Tver' came under Polish attack once more when Vladislav made his way to Russia.[64]

The physical destruction resulting from the constant sieges was enormous. According to Sereda, many homesteads in the environs of Tver' lay abandoned with the result that in the 1620s and 1630s, 45 percent of the region's arable was not cultivated.[65] The *pistsovaia kniga* of 1626 notes that in the Zat'matskii suburb of Tver' the Fedorovskii Monastery was destroyed with only three cells remaining intact. The monastery church of Fedor Stratilat had no roof.[66] According to the *pistsovaia kniga* of 1685, the nearby Marfin Monastery and the Nikitskii Monastery and the Grigorevskii Monastery in the same suburb were also burnt to the ground during the Time of Troubles.[67] Ovsiannikov notes that in 1629, Tver' had eleven deserted churches and monasteries and 1450 deserted homesteads. In the four suburbs and the city's kremlin only 554 homesteads remained that were populated by about 600 people of various social ranks.[68] The *perepisnaia kniga* of Prince F. D. Mezetskii of 1648 records 283 *posad* homesteads in Tver' that housed 632 people; another 62 peasant homesteads contained 79 people.[69]

If the inhabitants of the Tver' region were to survive the demoralizing effect of the destruction of their physical, social, and cultural environment, they needed to gain some sense that their suffering had not been in vain and at some level evoked justice and compassion. In the middle of the seventeenth century, Tver' ascribed this function of providing protection and kindness to the saints connected with their town, Arsenii and Mikhail. Several of their miracle stories composed around that time describe the two saints as compassionate protector saints. Miracle 4 of Arsenii's miracle cycle speaks of a man from the area west of Belgorod, who fled from the Poles to the Tver' lands but could not feed his family there because of the economic devastation in the region. Arsenii eventually appeared to him in a vision and told him to go to the Zheltikov Monastery where he would receive wealth. The man followed the saint's advice and received permission from the monks of the Zheltikov Monastery to fell trees on their monastic lands, from which he made pitch. He eventually gathered so much wealth from this activity that he was able to move with

---

64 Kolosov, *Proshloe i nastoiashchee*, 35-36; Sorina, *Rol' Verkhnevolzh'ia*, 61-66; Salimov, *Tverskoi Spaso-Preobrazhenskii sobor,* 140-141. It is not clear when exactly the civil war ended in Tver'. Kolosov notes that as late as 1615 a *voevoda* in Tver' named Ianov called an official sent by the Romanov government a thief; see Kolosov, *Proshloe i nastoiashchee*, 36.

65 Sereda, *Tverskoi krai*, 53.

66 *Vypis'*, 95.

67 Ovsiannikov, *Tver' v XVII veke*, 76-77; also see *Vypis'*, 96 (Marfin Monastery), 112 (Nikitskii Monastery), 116-117 (Grigorevskii Monastery).

68 Ovsiannikov, *Tver' v XVII veke*, 69; also see Pokrovskii, *Istoriko-statisticheskoe opisanie,* 103.

69 Cited from Ovsiannikov, *Tver' v XVII veke*, 69. Iu. V. Got'e notes that in the 1620s the entire Tver' *uezd* had only 590 peasant households and 541 servant households. 910 households lay deserted; see Iu. V. Got'e, *Zamoskovnyi krai v XVII veke. Opyt issledovaniia po istorii ekonomicheskogo byta Moskovskoi Rusi*, 2d ed. (Moscow, 1937), 132.

his family to Moscow. For the rest of his life he annually undertook a pilgrimage to Arsenii's monastery to thank him for his help.[70]

One of the few bright spots in Tver''s recent history, the foiled attack of the Polish troops on Tver' in 1606, presented another opportunity to make the point that the city in spite of all its troubles was not abandoned but enjoyed supernatural protection. Miracle 3 of the Arsenii cycle recalls the Polish attack on the Zheltikov Monastery. When the enemy arrived, they found nothing but a shroud with Arsenii's image lying on the saint's tomb since the monks managed to hide their possessions in time. When one of the soldiers pulled the shroud off the tomb and tried to ride off with it, the saint killed both the man and his horse. The story takes pains to tell the reader that the man's soul went straight to hell. When the shroud rose by itself to the church steeple, the remaining soldiers ran away in fear. When they reached Tver', they managed to enter the town with the aid of the treasonous Russian voevody, but since they were still under the shock of Arsenii's forceful act, they promised not to harm the population.[71] In a similar manner one of Mikhail's miracles describes him as a saint that fiercely protected his city against the impious Poles. Every time the enemy attacked in 1606, the saint charged out of the city on a white steed, swinging a sword to wreak terror and confusion amongst the Polish troops. The story tells us that when they finally succeeded in entering the town because of deceit and the treasonous acts of Tver''s voevody, they too were so awed by the saint's deeds that they did not injure the inhabitants.[72]

The reference in both miracle tales to the treasonous behavior of the pro-Dmitrii faction in Tver' that undermined the efforts of Arsenii and Mikhail to save the town and its people shows that the stories sought to provide the survivors with a sense that all their suffering had served a just cause.[73] Those resisting the Poles not only rejected the Pretender but also stood up for the true faith. Moreover, the saints' role in the defense of the town made clear that in the eyes of God and his saintly servants, Tver' was still a place that enjoyed favor with the divine. No matter what the odds were, the town could always rely on its supernatural protectors to keep it from ruin. The new eulogy composed for Mikhail rejoiced in the fact that with Mikhail's arrival, the destruction of churches was over.[74] The powerful image of Saint Mikhail engaging the enemy in battle similar to the Archangel Michael, Tver''s heavenly

---

70 *GATO*, fond 1409, opis' 1, no. 1298, ll. 99ob-102.

71 *GATO*, fond 1409, opis' 1, no. 1298, ll. 97-99ob. Arkhimandrite Platon notes that according to an inscription on the shroud, a Koz'ma Semenov *syn'* Glazunin commissioned the embroidery in 1600 for Arsenii's tomb. The shroud, which was crafted by a nun of the Alekseevskii Monastery in Moscow, also contained a *troparion* and *kontakion* for Arsenii; see Platon, *Istoricheskoe opisanie*, 36.

72 *Rossiiskaia gosudarstvennaia biblioteka (RGB)*, fond 310, Sobranie Undol'skogo, no. 341, ll. 92-93ob.

73 Sorina points out that the pro-Dmitrii faction in Tver' is hard to identify; see Sorina, *Rol' Verkhnevolzh'ia*, 61.

74 *GATO*, fond 1409, opis' 1, no. 1299, ll. 79ob-80.

protector of old, instilled confidence in the local population that their community would stay intact.

The effort to strengthen Tver''s self-image by connecting the town's historical memory of the Time of Troubles with saints whose commitment was beyond question is also evident in the mention of Archbishop Feoktist in the named miracle story involving Mikhail. According to the story, the Poles entered the archbishop's quarters after finally gaining access to the town. Sighting an icon of Saint Mikhail in Feoktist's cell, they inquired about the saint's identity. When the archbishop told them it was Mikhail, they gave testimony to the saint's frequent moves against them.[75] The story shows that Feoktist was thought to have had a special relationship with the saint, who in 1606 did not yet have a large following in Tver'. The heroic hierarch, who participated in Vasilii Shuiskii's coronation in 1606 and who managed to fight off the Poles that year, was celebrated by Filaret, Metropolitan of Rostov, Iaroslavl' and Ustiug, and Patriarch Germogen as a defender of the true faith and a loyal supporter of Moscow. Letters by Filaret and Germogen noted that due to Feoktist's victory, many Poles had been captured and sent to Moscow, and other towns were declaring their support for Vasilii Shuiskii.[76] Eventually, however, Feoktist fell victim to the cruelty of the Poles. In 1609 when the Polish colonel Kernozitskii appeared before Tver', the archbishop's efforts to defend the town were undermined by the pro-Polish faction, and the archbishop was captured and sent to Tushino. He managed to escape but was caught on the road to Moscow and tortured and killed.[77]

The death of the courageous cleric must have been a personal blow to all Tverites identifying with his cause. More importantly, it tore apart the fabric of the Tverite religious community since the town was without a bishop for four years after Feoktist's demise.[78] By tying the archbishop to Saint Mikhail, the miracle story kept alive the historical memory of Feoktist and reconnected the contemporary Tverite religious community with one of its illustrious predecessors. The righteousness of Feoktist's anti-Latin stance became a cause Tverites could rally around in their efforts to rebuild their community.

The effective restructuring of the Tver' community began with efforts to repair and rebuild the churches in and around Tver'. The houses of worship served as foci of religious life and represented opportunities for both the church leadership of Tver' and the monasteries in the environs to gather pious believers for regular liturgical ceremonies at their shrines. The reconstruction process, however, required fi-

---

75 *RGB*, fond 310, Sobranie Undol'skogo, no. 341, ll. 92ob-93ob.

76 *Akty sobrannye v bibliotekakh i arkhivakh Rossiiskoi Imperii Arkheograficheskoiu ekspeditsieiu*, 4 vols. (St. Petersburg, 1836), 2: no. 57, p. 128; no. 58, p. 132; also see Pervukhin, *O tverskikh ierarkhakh*, 71-72; Pokrovskii, *Istoriko-statisticheskoe opisanie*, 101.

77 Ovsiannikov, *Tver' v XVII veke*, 71; Pervukhin, *O tverskikh ierarkhakh*, 72-73; Sorina, *Rol' Verkhnevolzh'ia*, 64-66; Pokrovskii, *Istoriko-statisticheskoe opisanie*, 103; Salimov, *Tverskoi Spaso-Preobrazhenskii sobor*, 52.

78 In 1613 the Greek Arsenii is mentioned as Tver''s next hierarch; see Pervukhin, *O tverskikh ierarkhakh*, 75.

nancial resources that the Tver' region was unable to provide. The Time of Troubles had disrupted trade and reduced the number of *posad* people involved in trading, leading to an increase of dues for those who remained. Moreover, other townsmen not part of the *posad* community and monasteries had taken over much of their land.[79] After four years of vacancy, the archbishopric of Tver' was in financial disarray as well. Narbekov's *pistsovaia kniga* of 1626 notes that the vestiary of Archbishop Pafnutii (1620-1626) was very poor.[80]

In the struggle of church and monastic authorities to acquire the financial resources necessary for the rebuilding of churches, local protector saints, such as Mikhail and Arsenii of Tver', assumed a crucial role that led to an increased visibility of their relics and a strengthening of their local cults. When Eufimii II became archbishop of Tver' in 1627, he found the main church of the town, the Cathedral of the Transfiguration, in a dilapidated state. In 1620/1621 efforts had been made to repair some of the damage resulting from the ravages of the Time of Troubles, and in 1622 the Moscow master Mikhail Ushakov had strengthened the west wall of the cathedral. Ten years later, however, the site was in need of a complete overhaul.[81] In 1634, shortly after the death of Patriarch Filaret, Eufimii used the sad occasion to petition Filaret's son, Tsar Mikhail Fedorovich, for funds to rebuild the Cathedral of Transfiguration for the sake of his late father. Out of filial piety, the tsar granted the request, and the reconstruction started that very year.[82] In 1639 the under-master Ivan Neverov was sent from Moscow to supervise the restoration, which entailed the use of building materials from old torn down churches, a sign of Tver''s destitution.[83]

Realizing that the project of the physical reconstruction of Tver''s main cathedral needed a spiritual component in order to inspire the local population to again view the cathedral as a center of local religious life, Eufimii decided to consecrate a chapel in the name of Saint Mikhail in the cathedral that contained the saint's relics. By instituting holy services at the saint's tomb, the archbishop could be sure to bolster his own position amongst the Tverite believers both economically and politically. At the same time, he fulfilled a cultural and spiritual function by reconnecting his flock with a saintly protector that embodied the city's glorious past.[84] With these considerations in mind, Eufimii decided to discover Mikhail's relics.

---

79 In search of a stable income, local monasteries after the Troubles sought to have their rights to the new landholdings confirmed and aggressively pursued the attainment of more land grants and donations. In constant search for extra income, monasteries went as far as renting out uninhabited lands and hay making rights to local peasants; see Sereda, *Tverskoi krai*, 59-60, 68.

80 *Vypis'*, 3-12; Pervukhin, *O tverskikh ierarkhakh*, 76.

81 Salimov, *Tverskoi Spaso-Preobrazhenskii sobor*, 144-145.

82 *RGB*, fond 310, Sobranie Undol'skogo, no. 341, ll. 77ob-78ob.

83 Salimov, *Tverskoi Spaso-Preobrazhenskii sobor*, 145.

84 The redirection of the cathedral's focus under Eufimii is evident in the architectural changes of the cathedral. In 1634/1635 the previously lost chapels of the Introduction of the Virgin in the

The story of the discovery of Mikhail's relics shows that Eufimii's task of reactivating the cult of Mikhail in Tver' was not an easy one. The tale states that many years had gone by since the saint's death and that numerous people told Eufimii that his relics had burnt up in a fire. The archbishop finally turned to an old priest of the cathedral, who volunteered the information that the relics had once been placed above ground in the cathedral but that he and a past bishop of Tver' had hidden them after the fire.[85] They had buried the relics in the saint's stone sarcophagus and erected a wooden shrine over them that survived intact in the cathedral. When Eufimii had the apprentice Ioann remove the shrine and dig in the charred earth in the presence of priests and other people, he found a stone sarcophagus next to the church wall. Before setting about his work, Ioann expressed his fear of the saint's anger for probing his grave and asked Eufimii for intercessory prayers. Unsure himself whether indeed it was the coffin of Saint Mikhail they had found, Eufimii finally remembered from the tale of Mikhail's death that the saint had been buried next to Bishop Simeon of Tver' and accepted this as a witnessed statement.

The account of the discovery of Mikhail's relics makes clear that Eufimii meant to use the event to ensure the tsar's continued interest in and financial support of the church of Tver', which had been blessed with the reappearance of the saint in his community. After Mikhail's sarcophagus had been recovered, the archbishop had a wooden shrine erected near the sacrificial altar but did not dare to take up the relics without the tsar's consent. Thus he sent a detailed report to Mikhail Fedorovich about the discovery of Mikhail's remains and asked the tsar for permission to verify the saint's relics. The tsar's written approval shows his interest in the developments concerning Mikhail's relics and suggests that, providing the verification of the saint's relics was successful, Mikhail Fedorovich would continue to show his royal generosity to the church of Tver'.[86]

The verification of the saint's relics that took place on November 24, 1634, documents Eufimii's carefully thought out plan to reinvigorate the cult of Saint Mikhail amongst the local population. Eufimii ordered a carpenter named Nazarii to prepare the coffin for its removal from the ground without damaging it. After lifting it Nazarii put his hand into a gap between the rim of the coffin and its lid and pulled out some holy debris. His hand immediately started to hurt, and he felt as if his hand was crushed. The carpenter ran to the archbishop's court screaming. After lying ill for five days, he managed to tell Eufimii before witnesses what had happened to him. Eufimii sang a *moleben* in the church for the sick man, and Nazarii prayed near the saint's coffin. After the service Eufimii blessed Nazarii with a cross containing

---

Temple and Saint Dmitrii were resurrected, while the chapels of Saints Sergius of Radonezh and Aleksandr Svirskii were dismantled; see Salimov, *Tverskoi Spaso-Preobrazhenskii sobor*, 53.

85 The date of the fire is not clear, but it must have occurred some time during the Time of Troubles. The 1616 *Dozornaia kniga* of Tver' mentions that a fire earlier that year destroyed nearly the whole town, leaving only the suburbs untouched; see Storozhev, *Dozornaia kniga*, 13.

86 *RGB*, fond 310, Sobranie Undol'skogo, no. 341, ll. 82ob-83ob.

relics and sprinkled his hand with holy water. Soon thereafter Nazarii's hand was healthy as before. On the following day Eufimii, his holy council, other church servants, and a number of *deti boiarskie* from the archbishop's court celebrated the liturgy in the church of the Transfiguration, and Nazarii, at the archbishop's command, lifted Mikhail's coffin and placed it into a prepared place. The spot where the coffin had lain previously was then filled in. After performing a *moleben*, Eufimii had the lid moved halfway and covered the relics with a shroud. The archbishop touched and kissed the relics, and the other priests crossed themselves in their presence. Eufimii then had the sarcophagus closed, and they thanked God for revealing the saint to them. The next morning the inhabitants of the town of Tver' told Eufimii that they had seen a fiery column and two shining clouds over the city. The archbishop then remembered that soon after Mikhail's death at the Horde, people had witnessed the same signs.[87] Hearing about this miracle, the Tverites came to Mikhail's sarcophagus and received cures from their illnesses there after performing a *moleben*. Eufimii then had an altar erected and consecrated the chapel in which the saint's sarcophagus was displayed in the name of "the great miracle-worker Mikhail Iaroslavich." He further ordered regular services performed there.[88]

The circumstances around the discovery of Mikhail's relics suggest that the entire event was carefully planned and executed by the archbishop of Tver' and his staff. In view of the fact that the popular memory of the saint in Tver' was weak and his relics were deemed lost, Eufimii had to reacquaint the populace with the saint's story and reproduce his relics in order to reinvigorate his cult locally. The archbishop drew support from his staff – the old priest in the cathedral, the apprentice Ioann, and the carpenter Nazarii – to make the point that the saint was still both physically present and thaumaturgically active. Eufimii himself was solely responsible for providing the proof that the found remains indeed were those of Saint Mikhail, evident in his efforts to document the saint's location and miracle-working power with references to the saint's hagiographic tale. Moreover, the archbishop performed the actual ritual of verification of the saint's relics in a private ceremony with his own clerical staff and servants, thereby carefully excluding local secular figures that might not have been as spiritually sensitive to the saint as Eufimii. The good news of the holy man's desire to become more visible in his community was then disseminated amongst the inhabitants of Tver' along with the appropriate stories from his hagiographic tale. Not surprisingly, the people responded positively to the news, eager to see the long lost sarcophagus of their past prince and to give testimony to the saint's miracle-working power.

Eufimii's success in attracting financial aid for the reconstruction of the cathedral of Tver' and his ability to mobilize the local believers may well have served as an inspiration to other religious institutions in the environs. One year after the

---

87 *RGB*, fond 310, Sobranie Undol'skogo, no. 341, ll. 84-90ob.
88 *RGB*, fond 310, Sobranie Undol'skogo, no. 341, ll. 90ob-91ob, 91(quote); also see Pervukhin, *O tverskikh ierarkhakh*, 77.

discovery of Mikhail's relics in Tver', reconstruction started in the nearby Zheltikov Monastery. The Zheltikov monks were eager to have their old stone church replaced by a new stone structure and in 1637 managed to acquire the funds for the project from Mikhail Fedorovich. Just as the Tverite archbishop had done in the case of Saint Mikhail, the monks took the opportunity to link the building of the new church to their patron saint, Saint Arsenii. One of Arsenii's miracle stories notes that Saint Arsenii's relics were moved from the old stone church to a wooden one for temporary safe-keeping. On the same day the saint made his presence known by appearing to an intoxicated monk named Germogen, who fell asleep near the saint's tomb in the new location. Arsenii upbraided the sinner, who was shaken up by the experience and told his brothers about his encounter with the saint.[89]

The fact that this represented Arsenii's first miracle since the Time of Troubles suggests that the renewed interest in the saint was linked to the monastery's new building project. Possibly the monastery sought to direct attention to their patron saint to assert its demands for building personnel and materials. Salimov, who points out that the reconstruction of the church of the Transfiguration in Tver' after a fire in 1636 was delayed for three years, connects the postponement with the building activities in the Zheltikov Monastery.[90]

The renewed interest in the cults of the relics of Saints Mikhail and Arsenii of Tver' in the seventeenth century was based on a tacit understanding between the common believers and the ecclesiastic and monastic authorities in their environs that increased attention to these saints was beneficial to the life of their community. The cult of these saints enhanced the image of the Tver' community towards outsiders and therefore strengthened the position of its leaders. Moreover, the shrines with the saintly relics provided the local believers with an opportunity to overcome the social divisiveness arising from the political and economic differences that resulted from the traumatic events of the early seventeenth century. The physical presence of the relics of the two Tver' saints served to assure both the people of Tver' and its ecclesiastical and monastic leadership that their town and its vicinity were on the way to recover economically and socially and still represented a place to be proud of.

While both the people of Tver' and their church institutions thus had a stake in the veneration of Saints Arsenii and Mikhail, the two parties differed decisively in the manner they embraced their cults. In both instances the common believers did not commit themselves to a vigorous veneration of these saints in their region after the church councils of 1547 and 1549 pronounced them officially as saints. This circumstance proves that the Tverite population was remarkably resistant to the church

---

89 *GATO*, fond 1409, opis' 1, no. 1298, ll. 102-103ob. The tale makes up the first part of the tale of the translation of Arsenii's relics. The other two parts consist of the verification of the saint's relics in 1654 and the actual translation into the old shrine of Saint Filip, performed by Archbishop Lavrentii in 1656. The entire relic account is included in Arsenii's miracle cycle as one of the saint's miracles.

90 Salimov, *Tverskoi Spaso-Preobrazhenskii sobor*, 148.

policies enacted at the center. In the early seventeenth century, Saint Mikhail did not enjoy a popular following in his hometown. His relics were considered lost and there was no regular service for him in the church of the Transfiguration where he had been buried. Even the existence of his hagiographic tale did not spur his veneration. The believers showed interest in Mikhail's cult only after their local ecclesiastic leader verified the saint's relics and refamiliarized them with the saint's spiritual deeds.

A similar development can be observed in the case of Saint Arsenii although the discovery of his relics in the late fifteenth century and Bishop Akakii's interest in the saint in the mid-sixteenth century assured Arsenii at least a minimal following. The saint's miracles of 1566 and 1594 show that in the sixteenth century, the monks of the Zheltikov Monastery controlled the manner of the saint's veneration at his tomb. In an effort to attract pilgrims to the saint's shrine, they emphasized the importance of liturgical objects at the saint' tomb, such as the saint's icon that was put up next to the site. For example, the miracle of 1594 makes clear that the paralyzed Mikhail Laptev, who had an icon of Arsenii at home, was healed when he embraced the saint's icon near his tomb.[91] In 1566 the possessed fisherman Terentii had been cured when he touched the same icon.[92] On the whole, however, the monastery was not able to promote one established method to reach a cure from the saint. Out of the nineteen healing miracles in Arsenii's entire miracle cycle, ten were associated with his tomb, two happened specifically at his icon, two involved drinking holy water or relic water at the saint's tomb, another imbibing holy water at home, and two other cures focused on an icon of Arsenii in people's homes.[93]

The miracle stories clearly indicate that beyond representing a powerful protector for his monastery, the saint was respected by the population in and around Tver' for being a helper in all kinds of distress. Out of the saint's clients, three were associated with his monastery (miracles 12, 13, 22), eight came from a clerical background, and the remaining people were peasants, fishermen, or people from outside Tver'.[94] In two cases, one person experienced more than one miracle, and in one case a miraculous cure of a family member inspired a relative to seek out the saint for help.[95]

---

91 *GATO*, fond 1409, opis' 1, no. 1298, ll. 94-96.

92 *GATO*, fond 1409, opis' 1, no. 1298, ll. 86ob-89.

93 Arsenii's miracle cycle consists of 26 stories attributed to the time before the translation of his relics in 1656 and another story from 1663. The cycle in *GATO*, fond 1409, opis' 1, no. 1298 consists of nineteen healing miracles (miracles 1, 2, 6, 7, 8, 9, 10, 14, 15, 16, 17, 18, 19, 20, 21, 23, 24, 27, 28), two punishment miracles (miracles 3, 22), one rescue miracle (miracle 11), three miracles in which the saint gives aid (miracles 4, 13, 26), one warning miracle (miracle 12), and one miracle containing a simple vision of the saint (miracle 25). Miracle 5 represents the story of the translation of the saint's relics.

94 Twenty-three of the miracles involved people from Tver' or staying in the Tver' region, another four came from Kashin, Uglich, and a place two hundred miles away. The latter case happened after the saint's translation. The Kashin and Uglich cases involve a soldier and a merchant, who by the nature of their profession were mobile.

95 See miracles 18 and 19; and 35 and 26; 9 and 10 in *GATO*, fond 1409, opis' 1, no. 1298.

The fact that many of Arsenii's clients experienced visions of the saint suggests that they cultivated a personal relationship with the holy man.[96] Arsenii's attraction can be associated with the saint's display of compassion with people's common plights and concerns. The saint's repertoire went far beyond the standard cures and rescue methods associated with the genre of miracle stories. Arsenii provided life skills such as helping people to feed their families and deal with a criminal past, or combating nightmares. The saint also helped a man to recover his possessions, which he had buried in the ground and subsequently was unable to find.[97]

While most of the miracle stories portray Arsenii as a protector of his monastery and a caretaker of those who believed in him, they testify to the lack of initiative of his monastery or his lay followers to increase the visibility of the saint's relics and to link his cult to the larger issues of economic revival and the rebuilding of the local identity of his monastery. This also held true for Saint Mikhail, who in addition to the rescue miracle of 1606, could boast only two healing miracles after the discovery of his relics in 1634.[98] The role of Bishop Akakii in the verification of Arsenii's miraculous activity and his patronage of the saint's monastery, Feoktist's personal attachment to Saint Mikhail, and Eufimii's interest in discovering Mikhail's relics suggest that the development of the cults of both Tver' protector saints was closely tied to the ecclesiastical leadership of Tver', which had much to gain from tying the cults of the two saints' to the town's struggle for resources and an improved self-image. The pivotal role of the Tver' hierarchs in anchoring the development of the two cults is particularly visible in the case of Archbishop Lavrentii of Tver' (1654-1657), who initiated the verification and the translation of the relics of Saint Arsenii and the translation of Saint Mikhail in the middle of the seventeenth century.

Lavrentii, who originally was a monk in the Viazhitskii monastery in Novgorod and later served Patriarch Nikon as a deacon, may well have acquired a keen sense at the patriarchal court for the political and economic benefits that could accrue from the control of holy relics.[99] His master, Patriarch Nikon, just as Tsar Aleksei Mikhailovich, was an avid collector of relics from the Holy Land and the Eastern Orthodox world.[100] In 1552, Nikon had brought the relics of Metropolitan Filip back to Moscow from Solovki. Subsequently Nikon was elevated to the patriarchal throne.[101]

The connection of the prestigious relics with Nikon's promotion was not lost on Lavrentii, who two years later accompanied Nikon on a trip to the Iverskii Monas-

---

96   Miracles 4, 12, 13, 21, 25, 26 in *GATO*, fond 1409, opis' 1, no. 1298.

97   Miracles 4, 12, 26, 13, in *GATO*, fond 1409, opis' 1, no. 1298.

98   *RGB*, fond 310, Sobranie Undol'skogo, no. 341, ll. 91ob-94.

99   On Lavrentii, see S. V. Lobachev, "Patriarch Nikon i tserkovnaia ierarkhiia," in *Rossiia XV-XVIII stoletii. Sbornik nauchnykh statei*, ed. I. O. Tiumentsev (Volgograd/St. Petersburg, 2001), 190-191.

100 On this subject see Isolde Thyrêt, "The Cult of the True Cross in Muscovy and its Reception in the Center and the Regions," *Forschungen zur osteuropäischen Geschichte* 63 (2004), 236-258.

101 Philip Longworth, *Alexis, Tsar of All the Russias* (New York, 1984), 80-83.

tery. The patriarch and his entourage arrived in Tver' on March 1, 1654 and stopped at the Zheltikov Monastery to attend services there. When Nikon heard of Saint Arsenii's relics resting there, he insisted on seeing the saint's body. Lavrentii used the occasion to arouse Nikon's curiosity with the remark that he had heard that Arsenii's body was completely intact. While the local clergy remained standing at the altar, the patriarch and his deacon opened Arsenii's tomb and, with the exception of a small part, found the saint's body uncorrupted and exuding a sweet smell. The two took the body from the old stone tomb and removed his clothes, which had suffered damage. Before redressing the body in new clothes, they found four gold crosses worn by the saint. After they covered the saint's body with shrouds made out of gold thread, Nikon had the clergy and people of Tver' kiss the relics and then placed them back into the old tomb. Before continuing on his journey to the Iverskii Monastery, Nikon distributed the saint's old clothes amongst the people who requested to be blessed. The four crosses found on the saint's body were divided up. At Nikon's order, two of the crosses, along with a part of Arsenii's relics, were dispatched to the Cathedral of the Dormition in Moscow. Another cross was sent to the church of the archbishop of Tver', while the last one remained in the Zheltikov Monastery. After the patriarch's return from the Iverskii Monastery to Moscow, he appointed Lavrentii as the next archbishop of Tver'. On April 17, 1654, Nikon personally blessed his deacon with "the seat of the blessed Arsenii."[102]

The verification of Arsenii's relics in 1654 seems to have been a carefully planned event by both the patriarch and his deacon that aimed at underscoring Lavrentii's religious authority in his upcoming position as archbishop of Tver'. Nikon's stop in Tver' was apparently connected with the fact that the recent death of Archbishop Iona had left the seat of the Tver' diocese vacant.[103] The similar mindset of Nikon and Lavrentii regarding the state of Arsenii's relics (one notes that the slight decay they found did not deter them from declaring the body whole and intact) and their collaboration in the process of verifying and redressing them give evidence of Lavrentii's privileged position.[104] The task of handling holy relics usually fell to high-ranking members of the church hierarchy. Laymen touching sacred remains without clerical permission generally do not fare well in relic accounts. Thus before the discovery of Saint Mikhail's relics, the apprentice Ioann asked for Archbishop Eufimii's blessing because he feared the saint would be angry with him for disturbing his grave.[105] When the carpenter Nazarii pulled relic dust out of Mikhail's tomb

---

102   *GATO*, fond 1409, opis' 1, no. 1298, ll. 104-108, 107ob (reference to Arsenii's seat). Lopachev gives the date as April 16, 1654; see Lopachev, "Patriarch Nikon," 190.

103   Pervukhin surmises that Iona died in 1653; see Pervukhin, *O tverskikh ierarkhakh*, 78.

104   The lack of concern about the state of Arsenii's relics in 1654 may be partially explained by the fact that Vassian had already witnessed the relics in the late fifteenth century. Still, by the middle of the seventeenth century, the physical state of relics had become an important concern for the Muscovite ecclesiastical leadership, as is evident from numerous accounts of relic verification from that period.

105   *RGB*, fond 310, Sobranie Undol'skogo, no. 341, ll. 80-81.

in his efforts to move the coffin on his own, the saint punished him by injuring his hand.[106] Lower-ranked clergy generally were invited to witness relics and to pay obeisance to them but were excluded from the direct handling of the relics.[107] In the case of the verification of Arsenii's relics, the local Tver' clergy was kept at a respectful distance. The choreography of verification thus served the added purpose of highlighting the privileged role of the patriarchal deacon, who soon would be their next leader. In essence it foreshadowed the new power relationships in the church of Tver'. By sharing in the patriarch's role of touching the relics, Lavrentii was seen to gain the saint's approval for becoming one of his successors as bishop of Tver'. Nikon's own efforts to make Lavrentii's appointment appear sanctioned by the saint are evident in the fact that he destined one of Arsenii's crosses for the Tver' archbishopric.

Once on the archiepiscopal throne, Lavrentii continued to manipulate the cults of local relics to cement his role as the new spiritual leader of his archdiocese. When the plague struck Russia later in 1654 and in the process decimated the population of Tver', Lavrentii decided to stage the translation of Saint Mikhail's relics to make the saint's relics more accessible to the people, who were in dire need of the intervention of the divine.[108] After gaining the tsar's and the patriarch's approval, Lavrentii consulted with the clergy and the monastic leaders of Tver' about the details and ordered a week-long fast to prepare the Tverites spiritually for the event. Then in the presence of some local dignitaries and with the help of experienced monks, Lavrentii opened the saint's tomb and found his relics intact and giving off a sweet fragrance. With his helpers Lavrentii censed and wrapped the relics in new white robes. After kissing them and covering them with shrouds, the archbishop translated the holy remains into a new wooden shrine. On the following day, September 30, 1654, the people of Tver' gathered in the Cathedral of the Transfiguration for an all-night vigil. Then the archbishop performed the liturgy outside the town. For this purpose he organized a procession with crosses and icons and Saint Mikhail's relics, which drew a multitude of people. The relics were carried in procession all over town, and at various stops the archbishop performed the liturgy. At the end of the ceremonial outing, Mikhail's shrine and relics were carried back to their previous place in the cathedral. The archbishop announced that the discovery of Mikhail's relics was to be officially celebrated. Moreover, he established the feast of the translation of Mikhail's relics in the cathedral, the monasteries, and the parish churches of Tver'.[109]

---

106 *RGB*, fond 310, Sobranie Undol'skogo, no. 341, ll. 84-84ob. The text makes clear that even though Nazarii had been ordered by the archbishop to study the tomb, he acted on his own when disturbing the relics. At the time he put his hand into the coffin, he was in the church alone.

107 During the verification of Mikhail's relics, Archbishop Eufimii was the only person who handled the relics; see *RGB*, fond 310, Sobranie Undol'skogo, no. 341, ll. 88-89ob.

108 *GATO*, fond 1409, opis' 1, no. 1299, ll. 84ob-85ob. On the plague's catastrophic impact on Tver', see Pokrovskii, *Istoriko-statisticheskoe opisanie*, 104.

109 *GATO*, fond 1409, opis' 1, no. 1299, ll. 84-89.

The arrival of the plague in the Tver' region only months after Lavrentii's accession to the archiepiscopal throne had represented a challenge to the new hierarch's spiritual authority.[110] To firm up his position, the archbishop had quickly gained approval for his idea to translate Mikhail's relics from the tsar, the patriarch, and the holy church council and then approached all the local religious figures – the archimandrites, hegumens, priests, deacons, and the Tver' church council – for their support of his undertaking.[111] In contrast to the verification of Arsenii's remains previously, the ceremony of the translation of Mikhail's relics was marked by the inclusion of experienced local figures in the handling of the relics. The joint action by all the local clerics and monks under the aegis of the archbishop was bound to boost the hierarch's image as a caring pastor in the mind of his flock. Lavrentii's decision to personally head a procession of Mikhail's relics through the town ravaged by disease further increased his respect and religious prestige. By connecting his fate with the promotion of the local protector saint, the archbishop hoped to share in the spiritual appeal of the saint.

Lavrentii's plan seems to have met with instant success. After the procession the plague abated in the town and its vicinity, and the local population celebrated Saint Mikhail as a protector against epidemics.[112] The archbishop himself, who was promoted to Metropolitan of Kazan' on July 26, 1657, claimed responsibility for facilitating the Tverite believers' access to the healing relics and for establishing a feast day for the saint in the local churches and monasteries that commemorated the town's salvation from the scourge of 1654.[113] The introduction to Mikhail's translation account compares Lavrentii's act to Moses taking Joseph's bones out of Egypt into the Promised Land.[114]

---

110 In the aftermath of the plague, the archbishop played an important role in the local repopulation efforts by relocating some of the peasants from archiepiscopal lands to some of the deserted places; see Ovsiannikov, *Tver' v XVII veke*, 70.

111 *GATO*, fond 1409, opis' 1, no. 1299, ll. 84, 85ob.

112 In 1831, when a cholera epidemic struck Tver', Archbishop Amvrosii had Mikhail's relics carried around the town; see Vladislavlev, "Kratkiia svedeniia," 98. Saint Arsenii seemed to have been deemed effective against epidemics as well. In Miracle 17 of his cycle he heals a child of a Moscow cleric that had become infected with the plague; see *GATO*, fond 1409, opis' 1, no. 1298, ll. 126ob-128.

113 In Skurat's view, the actual local veneration of Saint Mikhail started after the translation of his relics; see K. Skurat, "Sviatoi blagovernyi velikii kniaz' Mikhail Iaroslavich Tverskoi," *Zhurnal Moskovskoi patriarkhii* (April 1958), 71. For Lavrentii's promotion, see Lopachev, "Patriarkh Nikon," 191.

114 *GATO*, fond 1409, opis' 1, no. 1299, ll. 82-82ob. The interest of the Tver' ecclesiastical hierarchy in the cult of Mikhail's relics continued well into the Imperial period. During the remodeling of the Cathedral of the Transfiguration under Archbishop Sergii in the late seventeenth century, the chapel of Saint Mikhail was reoriented to the north side to be in visual distance from the archbishop's living quarters; see Salimov, *Tverskoi Spaso-Preobrazhenskii sobor*, 53, 61. During the construction work, which lasted from 1682-1698, Mikhail's relics were placed in the Church of the Procession of the True Cross. Bishop Varlaam Kossovskii (1714-1720) turned Mikhail's chapel into the archbishop's vestiary and transfered the saint's

Lavrentii's skillful use of Mikhail's relics reinforced the notion that the saint was a powerful intercessor for the people of his town and, by extension, gave Tver' a much needed identity boost. The archbishop's intention to resurrect the memory of Tver''s native intercessors in order to enhance the town's prestige – and by implication that of his own position – eventually led him to perform yet another translation that involved two Tverite saints at once. In 1655, during one of his visits with Patriarch Nikon in Moscow, Lavrentii asked his master for Metropolitan Filip's old shrine in which the saint had been transported from Solovki to Moscow in 1652. Nikon agreed to the request along with the stipulation that Lavrentii go to the Zheltikov Monastery and transfer Arsenii's relics from his previous tomb into Saint Filip's sarcophagus. The patriarch further ordered that the archbishop honor the event with a yearly procession to the Zheltikov Monastery.[115] Lavrentii carried out the patriarchal order on July 2, 1656, and following the translation, Arsenii's relics continued to work miracles.[116]

---

relics to the right front pillar. In 1740 Archbishop Mitrofan Slotvinskii placed Mikhail's shrine back in its previous place and had it decorated with depictions of Christ and angels. The Grand Prince's image was embroidered on a new shroud; see Pervukhin, *O tverskikh ierarkhakh*, 90-92, 107-108; Vladislavlev, "Kratkiia svedeniia," 90, 97; A. V. Sokolov, "Sviatoi blagovernyi Velikii kniaz' Tverskoi," in Nikolaev, *Mikhail Iaroslavich velikii kniaz' tverskoi*, 82. In 1747 Mitrofan had the shrine decorated with a silver housing that featured medallions depicting scenes from the saint's hagiographic tale and posthumous miracles. A medallion on the top of the shrine showed the saint with the following description: "The holy pious prince Mikhail prays to the Lord for the salvation of the town of Tver' and its people"; see N. A. Krinitskii, "Svedeniia o rake dlia khraneniia moshchei sv. blagovernago velikago kniazia Mikhaila Iaroslavicha, ustroiennoi arkhiepiskopom Lavrentiem v 1655 godu," in *Trudy vtorogo oblastnogo Tverskogo Arkheologicheskago s"ezda 1903 goda 10-20 Avgusta*, ed. Tverskaia uchennaia arkhivnaia komissiia (Tver', 1906), otdel IV, 161. When a fire broke out in Tver' in 1763, the clergy took Mikhail's relics in a procession to the mouth of the T'maka River. The fire was said to have destroyed most of the town except the place where the relics were placed; see Sokolov, "Sviatoi blagovernyi Velikii kniaz'," 83.

115   Koniavskaia points out that the oldest copies of the service for the translation of Arsenii's relics connect the composition with Patriarch Nikon and Archbishop Lavrentii; see Koniavskaia, "Sviatitel' Arsenii," 155. According to E. I. Vallich, the tale of Arsenii's translation was composed sometime during Lavrentii's tenure as archbishop of Tver', i.e. between 1654 and 1657; see E. I. Vallich, "Opyt tekstologicheskogo analiza pamiatnika Tverskoi literatury XVII v.," in *Problemy otechestvennoi istorii. Sbornik statei aspirantov i soiskatelei Instituta istorii SSSR* (Moscow, 1973), 56.

116   *GATO*, fond 1409, opis' 1, no. 1298, ll. 108-109. In 1713, on the occasion of another restoration of the Church of the Dormition in the Zheltikov Monastery, Arsenii's relics were translated once more from the Cathedral of the Dormition to the nearby Church of Aleksii, Man of God by Bishop Aleksei Titov of Tver' (1712-1714). According to a note composed at the bishop's orders, the night before the translation the saint appeared to Aleksei Titov in a vision. Aleksei recognized him by the saint's image on his icon; see Pervukhin, *O tverskikh ierarkhakh*, 88-89; Matveev, *Opisanie tverskikh drevnostei*, 34; Platon, *Istoricheskoe opisanie*, 21, 40, 44-48. Aleksei's experience shows that Arsenii continued to be valued by the Tver' hierarchy as a patron saint. At the same time the saint drew patrons from the lay population of Tver'. In 1734 the Tverites Ivan and Maksim Iankovskie and Vasilii Volchaninov com-

The ritual transfer of Arsenii's relics from one tomb to another affirmed Lavrentii's commitment to the saint and his monastery. In the same year the archbishop also petitioned Patriarch Nikon that Archimandrite Arsenii of the Zheltikov Monastery be allowed to serve the liturgy in a bishop's miter and with a staff. Nikon's approval of the petition made Arsenii the fourth highest archimandrite in Tver'.[117] Still, the hierarch's curious preoccupation with Saint Filip's coffin suggests that his intentions went further than the mere reinforcement of Arsenii's cult. Filip, the unfortunate metropolitan who was killed at Ivan IV's orders in 1569 when he was imprisoned in the Otroch' Monastery near Tver', represented yet another sad figure of Tver''s troubled past. When in 1652 Aleksei Mikhailovich had Nikon bring the metropolitan's relics back from Solovki to Moscow, the event marked a period of atonement for the capital. The tsar himself is said to have asked the saint for forgiveness for the deed of his ancestor.[118] The publicity of the event seems to have stirred interest in the cult of saints in general; for example, the translation of Filip's relics to Moscow inspired the monks of the Danilov Monastery in Pereslavl' to petition for the discovery of their own patron saint, Daniil.[119] In Tver', Filip's memory had never been forgotten. According to Matveev, the Otroch' Monastery collected relic particles of the saint.[120] Under the circumstances, Lavrentii's determination to bring Filip's old sarcophagus, a kind of contact relic that represented an extension of the saint's power, to Tver' represented an attempt to give the town back another one of the revered holy figures of its past. By associating Filip with the relics of the miracle-working Arsenii, Lavrentii and Nikon created a team of protector saints consisting of Mikhail, Arsenii, and Filip that was specifically connected with the town of Tver' and its environs.

Lavrentii's efforts to create a team of Tver' protector saints were reflected both in the hagiographic texts and in the icons that were produced locally. Out of the earliest thirty-four manuscripts of Kuchkin's redaction 2d of Mikhail's hagiographic corpus, twenty-two include materials from Arsenii's hagiographic corpus. According to Kuchkin's study of the texts, the coupling of the two saints, a kind of joint marketing, was taking place already in the later part of the seventeenth century.[121] A similar phenomenon occurred in Tverite icon painting, which from the second part

---

missioned a silver shrine for Arsenii's relics. The *perelozhenie* was performed by Archbishop Feofilakt of Tver'; see Vladislavlev, "Kratkiia svedeniia," 84; Platon, *Istoricheskoe opisanie*, 22. For a description of the shrine, which contained eight medallions with scenes from Arsenii's *life* and miracles, see Platon, *Istoricheskoe opisanie*, 51-52. The *perelozhenie* seems to have been connected with the production of a new redaction of Arsenii's *life* by Makarii, Rector of the Tver' Seminary, in the same year; see Koniavskaia, "Zhitie," 66; Koniavskaia, "Sviatitel' Arsenii," 148-149; Kloss, "Zhitie episkopa," 223.

117   Pervukhin, *O tverskikh ierarkhakh*, 79; Platon, *Istoricheskoe opisanie*, 40-43 (letter by Lavrentii from January 12, 1656 announcing Nikon's decision).
118   Vallich, "Opyt," 58n. 10.
119   *RGB*, fond 299, Sobranie Tikhonravova, no. 255, l. 244ob.
120   Matveev, *Opisanie tverskikh drevnostei*, 8-9.
121   Kuchkin, *Povesti*, 189.

of the seventeenth century on depicted Prince Mikhail and Saint Arsenii standing together in prayer, with the city of Tver' and its cathedral church in the background.[122] These icons clearly portray the two saints as intercessors for their town.

The politics of the manipulation of relics practiced by Archbishop Lavrentii with the active support of Patriarch Nikon enhanced the appeal of Saints Mikhail and Arsenii with the native population.[123] Through the establishment of feast days and processions in honor of their relics, Lavrentii anchored the cults of these two saints in the local religious institutional framework.[124] The archbishop also seems to have been connected with the production of new hagiographic works celebrating the two saints shortly after their translations. According to Kliuchevskii, a service for Arsenii was written in 1655.[125] Based on his study of the earliest manuscripts of redaction 2d of Mikhail's *vita*, which contained the relic accounts of Mikhail and was composed in the late 1650s, Kuchkin concluded that this redaction seemed to have been composed in the Tver' region.[126]

The specific association of the focus of saintly activity with the town of Tver' in the new hagiographic works of the mid-seventeenth century reinforced the local population's sense of pride in its town by highlighting Tver''s special place within Christian salvation history. By comparing Mikhail's translation to the transfer of Joseph's bones to the Promised Land, the author of the introduction to Mikhail's translation account made the Tverite region appear as a second Israel. The same

---

122   In these icons Arsenii is dressed as a monk while Mikhail is clad in princely garb. See for example icon no. Zh-860 in the Tver' Picture Gallery, published in G. V. Popov, *Tverskaia ikona XIII-XVII vekov* (St. Petersburg, 1993), plate 182. For a discussion of this icon, see Popov, *Tverskaia ikona*, 276 and Kurochkina, *Sviatoi*, 5. A vessel for holy water produced for the Transfiguration Cathedral in 1687 also pairs the images of Arsenii and Mikhail; see Kurochkina, *Sviatoi*, 5. This icon type enjoyed popularity in the Tver' region throughout the Imperial period; for a discussion and reproductions of eighteenth- and nineteenth-century examples, see Kurochkina, *Sviatoi*, 7-14.

123   The clever archbishop clearly exploited his relations with Patriarch Nikon. In 1656 he accompanied Nikon on a visit to one of the patriarch's monastic foundations, the Iverskii Monastery, to participate in the patriarch's translation of the relics of Saint Iakov Borovitskii; see "Akty Iverskago Sviatozerskago monastyria (1582-1706)", ed. Arkhimandrit Leonid, *RIB* 5 (1878), no. 86, cols. 222-224; Lobachev, "Patriarch Nikon," 191; V. K. Ziborov, "Lavrentii," *Slovar' knizhnikov* 3, pt. 2: 212-213.

124   Lavrentii's success in manipulating the cult of relics seems to have presented a challenge for his successor, Archbishop Ioasaf of Tver' (1657-1676), who apparently sought to suppress Lavrentii's reputation. A shortened version of the tale of the translation of Arsenii's relics, produced under Archbishop Ioasaf around 1657, makes no mention of Lavrentii at all and ascribes the initiative entirely to Patriarch Nikon; see Kloss, "Zhitie episkopa," 222. For a detailed comparison of the long and short versions of the tale, see Vallich, "Opyt", 50-61.

125   Kliuchevskii, *Drevnerusskiia zhitiia*, 354.

126   Kuchkin, *Povesti*, 189. Kuchkin dates the composition of this redaction between July 26, 1657 and July 10, 1658, but in view of Archbishop Ioasaf's efforts to downplay Lavrentii's relic politics, evident in the second redaction of the tale of Saint Arsenii's translation, his dating ought to be pushed back; see Kuchkin, *Povesti*, 189, 197. The copies studied by Kuchkin date from the 1670s to 1764.

strategy is evident in Mikhail's eulogy found in redaction 2d of his tale. The eulogy states that Saint Mikhail was to Tver' what Peter and Paul were to Rome, John the Theologian to Ephesus, the Apostle Thomas to India, Jacob, the brother of the Lord, to Jerusalem, Constantine and Helena to Greece, and Vladimir to Kiev.[127] The text continues by addressing the town of Tver' directly: "Blessed are you, city saved by God, glorious Tver', which was given such a gift by God not only in this life but also after death."[128]

The comparison of Saint Mikhail to biblical and early Christian figures serves to underscore the point that like all important Christian places, Tver' could claim its own powerful intercessor. The list of these places carefully omits Moscow, the cause of much of Tver''s (and Mikhail's) suffering. Instead, the eulogy includes Russia's previous capital, Vladimir, which once had been graced by Grand Prince Mikhail's presence.[129] The eulogy ends by rejoicing in the fact that Mikhail had always remembered Tver' and kept his city and its cathedral with his relics from harm and showered his hometown with acts of kindness.[130]

While the interest of the ecclesiastical hierarchy in the cults of Saints Arsenii and Mikhail of Tver' in the middle of the seventeenth century gave the two saints more visibility in their hometown and increased their popular appeal in the Tver' region, the involvement of the church leadership also helped spread the knowledge of the two regional protector saints beyond the narrow geographic boundaries of their cults. In the case of Saint Arsenii, Patriarch Nikon's decision to divvy up the crosses he and Lavrentii found on the saint's body and to send them to the Cathedral of the Dormition in Moscow helped establish Arsenii's reputation there. In addition to these contact relics, Nikon also extracted a piece of Arsenii's relics and thus brought the saint's physical presence to Moscow.[131] The saint eventually attracted the attention of Aleksei Mikhailovich, who on November 17, 1663 donated an altar gospel "to the great miracle-worker Arsenii of Tver'."[132] Arsenii's general appeal may also have been strengthened by Lavrentii's and Nikon's efforts to link him with Metropolitan Filip. Tverites moving to Moscow seem to have spread Saint Arsenii's cult

---

127 *GATO*, fond 1409, opis' 1, no. 1299, ll. 77ob-78.
128 *GATO*, fond 1409, opis' 1, no. 1299, l. 79.
129 *GATO*, fond 1409, opis' 1, no. 1299, l. 79.
130 *GATO*, fond 1409, opis' 1, no. 1299, ll. 79ob-80. Kliuchevskii notes that a eulogy written for Arsenii in the second part of the seventeenth century featured the same themes as the one for Mikhail, leading him to conclude the two pieces might have been composed by the same author; see Kliuchevskii, *Drevnerusskiia zhitiia*, 354.
131 Gail Lenhoff argues that medieval Russians were reluctant to truncate relics but that in the Muscovite period contact relics of the saints could be broken up for distribution; see Gail Lenhoff, "The Notion," 252-275. In the seventeenth century, Muscovites clearly practiced fragmentation of the relics themselves, as is evident in the case of Saint Filip; see S. V. Lopachev, *Patriarkh Nikon* (St. Petersburg, 2003), 103, 357. The Life-giving True Cross that was commissioned by Patriarch Nikon in 1656 contained the relic particles of numerous Russian saints; see M. V. Osipenko, *Kiiskii Krest Patriarkha Nikona* (Moscow, 2000).
132 Platon, *Istoricheskoe opisanie*, 49.

beyond their hometown. Three of the saint's seventeenth-century miracles deal with patrons of Arsenii's cult in Moscow, who had either moved there from Tver' themselves or had relatives who did.[133] Miracle 10 mentions the presence of a church in Saint Arsenii's name in Moscow that celebrated his feast day.[134] According to Miracle 11, the son of a Tverite priest living in Moscow kept in touch with the monks of the Zheltikov Monastery and asked them to send him the saint's *life* and miracles, which he copied himself.[135] Vice versa, a manuscript containing the *life* and miracles of Saint Arsenii, his eulogy, prayers to the saint, and services on the feasts of his death and translation was composed in Moscow for the Zheltikov Monastery in 1665.[136]

The reconnection of Tver' with Moscow from a cultural perspective evident in the cult of Saint Arsenii seems to have occurred as well in the case of Saint Mikhail. The translation of Mikhail's relics in 1654 attracted the attention of some potential patrons from the Muscovite court. On September 30, 1655, the saint's feast day, the *stol'nik* Roman Fedorovich Boborykin commissioned a shroud with Mikhail's image for the saint's relics for his commemoration and that of his family.[137] Moreover, although the hagiographic compositions of the mid-seventeenth century emphasized Mikhail's concern for his hometown, the local aspect of the cult did not prevent the conception of this saint as an all-Russian saint. On the contrary, the author of Mikhail's eulogy sought to advertise the intercessory capacity of the powerful Tver' saint to a larger audience by celebrating him as a protector of all Christian churches that had previously been destroyed and defiled by the "pagans."[138]

The study of the accounts of saintly relics in medieval Russia can render new insights into the cultural and religious life of local communities that scattered the vast landscape of the Muscovite realm. The accounts of the relics of Saints Arsenii and Mikhail of Tver' provide important clues to the reconstruction of the history of Tver' in the seventeenth century. The tales about the discovery, verification, and translation of the two saints suggest that the town was remarkably resilient when faced with the task of rebuilding itself and accomplished this task by redefining itself as a spiritual center of the region. The discovery of the relics of Saint Mikhail by Archbishop Eufimii in 1634 occurred as a direct response to the hierarch's need for money to rebuild the central church of his diocese. Eufimii's act, the verification of the relics of Saint Arsenii by Archbishop Lavrentii of Tver' in 1654, and the translation of Arsenii's relics by the same hierarch in 1656 led to the institutionali-

---

133 See miracles 4, 10, 11 in *GATO*, fond 1409, opis' 1, no. 1298.

134 *GATO*, fond 1409, opis' 1, no. 1298, ll. 116-116ob.

135 *GATO*, fond 1409, opis' 1, no. 1298, ll. 116ob-118ob.

136 See Platon, *Istoricheskoe opisanie*, 38.

137 Boborykin became *okol'nichii* on September 5, 1681 and was a member of the boyar duma that year. He died on February 23, 1682; see Robert Crummey, *Aristocrats and Servitors: The Boyar Elite in Russia, 1613-1689* (Princeton, 1983), 203.

138 *GATO*, fond 1409, opis' 1, no. 1299, ll. 79-79ob.

zation of the cults of Arsenii and Mikhail in Tver' and thus turned the town and its environs that housed the shrines of these saints into a place that seemed blessed by the divine. In this context the two holy men, newly defined as Tver''s own protector saints, represented a means for the local population to explain its suffering during the Time of Troubles and to rebuild its communal identity by taking recourse to the language of religious myth. Moreover, Lavrentii's translation of Mikhail's relics during the plague year 1654/1655 served to reassure the local population that the Tver' region continued to enjoy the supernatural protection of its native intercessors.

In the politics of the manipulation of saintly relics in seventeenth-century Tver', the leading role of the Tver' ecclesiastical leadership in the orchestration of the ritual surrounding the relics stands out. Like their Western medieval counterparts, the Tver' bishops Akakii, Eufimii, and Lavrentii functioned as impresarios of the cults of Arsenii and Mikhail, who provided a meaningful local interpretation for the cults and anchored them in the popular consciousness through the establishment of regular feast days, processions, and the encouragement of new hagiographic productions about these saints. Archbishop Lavrentii's collaboration with Patriarch Nikon, who himself had a passion for relics and strove to institute their centralized veneration, led to a widening of the appeal of the two Tverite saints beyond their regional confines. The Tver' bishops engaged in the politics of relics and control of shrines to strengthen their own position as newcomers in their diocese with the spiritual authority of the supernatural intercessors with whom they allied themselves. Lavrentii, who in just a few years rose from a simple monk to one of the leading Russian church hierarchs, owed much of his success to the manipulation of the cult of holy relics. The common Tverite believers, who enthusiastically embraced the veneration of Saints Arsenii and Mikhail and accorded these saints a vital role in the reconstitution of the identity of their community, followed their ecclesiastical leaders, who seemed to have an exquisite talent to mobilize the spiritual disposition of their flock.

Изменения представлений о времени в России во второй половине XVII – начале XVIII в. (по переписке монастырского стряпчего)

Павел Седов

Проблема перехода от Средневековья к Новому времени представляет интерес как в конкретно-историческом, так и в методологическом плане. Применительно к истории России условным рубежом между Средневековьем и Новым временем считают эпоху Петра I, хотя часть исследователей помещает этот рубеж в допетровской Руси: в середине или в последней четверти XVII в. Сразу оговоримся, что автор придерживается здесь традиционного подхода. С этих позиций в недавно вышедшей книге нами рассмотрена придворная и политическая история, а также культура и быт последней четверти XVII в. Полемика вокруг затронутых в книге сюжетов[1] стала поводом обратиться к проблеме перехода России от Средневековья к Новому времени на новом материале.

Едва ли не лучшим сюжетом для анализа перехода от Средневековья к Новому времени могут служить изменения представлений о времени как таковом. Попытаемся определить, когда в буквальном смысле возникает новое понятие о времени, отличное от средневекового. Может показаться странным, что указы Петра I о реформе календаря 1699 г. и переходе на астрономический счет времени 1706 г. не вызвали бурной рефлексии современников. Создается впечатление, что радикальное «хирургическое» вмешательство власти было совершено «под наркозом»: общество не почувствовало болезненной операции и очнулось уже при «новом времени». Эта знаковая перемена петровского времени мало привлекала внимание исследователей.[2] Среди последних работ выделим исследование О. Г. Агеевой, посвятившей этой проблематике главу своей монографии о петровском Петербурге.[3] Наименее изученными остаются

---

1 См.: *Седов П. В.* Закат Московского царства. Царский двор конца XVII в. 2-е изд. СПб., 2008. Рецензии на книгу опубликованы в Отечественной истории за 2008 г., № 1 и в журнале «Родина». 2007. № 11. Наш ответ опубликован в Отечественной истории. № 4 за 2008 г.

2 Лучшим исследованием на этот счет остается работа: *Прозоровский Д.* О старинном русском счислении часов // Труды второго археологического съезда в Санкт-Петербурге. Вып. 2. СПб., 1881. С. 105-194. – Из новейших работ ср. *Hoffmann P.* Einführung in Literatur, Quellen und Hilfsmittel. Stuttgart, 2004 (= Handbuch der Geschichte Rußlands. Bd. 6). С. 190-192; *Cvetkovski R.*. Modernisierung durch Beschleunigung. Raum und Mobilität im Zarenreich. Frankfurt, New York, 2006. С. 84-87.

3 *Агеева О. Г.* «Величайший и славнейший более всех градов в свете...» - град святого Петра. СПб., 1999. С. 237-276.

представления о времени XVII в., что объясняется, главным образом, нехваткой источников, в первую очередь, частного происхождения: писем, дневников и воспоминаний.

Между тем, такие источники имеются: в составе монастырских фондов отложилась переписка представителей монастырей в Москве и других крупных городах со своими властями. Эти документы до сих пор рассматривались как разновидность хозяйственной документации и не обращали на себя внимание исследователей. Речь идет о десятках тысяч листов внутренней переписки, которая носила отчасти деловой, а отчасти личный характер. Для истории русского Средневековья этот новый вид источников выводит изучение проблем повседневности на принципиально иной уровень. Источники впервые дают возможность перейти от гипотетических предположений к детальному анализу, и что важно на персональном уровне, того, что люди XVII в. писали и думали по самым различным аспектам своей повседневной жизни. В данной работе автором использована такая переписка из фондов Воскресенского Иверского, Успенского Тихвинского монастырей и вологодской архиепископской кафедры за период с 1660-х годов до 1710-х. В качестве объектов изучения взята переписка с представителями в Москве и Новгороде, что позволяет сопоставить ситуацию в столице с одним из крупнейших провинциальных городов.

Распространение часов в Европе существенно меняло повседневную жизнь и представления о времени. Первые башенные часы появились в 1288 г. в Лондоне на башне Вестминстерского аббатства, затем в Милане (1306 г.), Падуе (1344 г.) и т.д.

Первые часы в Москве были установлены у Благовещенского собора Кремля Лазарем Сербениным в 1404 г., на год раньше, чем, например, в Любеке. В 1435 г. башенные часы были установлены на дворе новгородского владыки, в 1470-е гг. – в Псковском Святогорском монастыре, в 1539 г. – в Соловецком монастыре. О последних известно, что они отбивали не только часы, но и получасья и четверти часа.

Здесь важно отметить два обстоятельства. Во-первых, появление механических часов в России не было тождественно появлению «светского» времени. Так же как и в Европе, изначальная потребность знать более точное время была вызвана желанием уточнить начало церковной службы. Характерно, что первые часы в России были установлены у домовой церкви государя, на дворе епархиальных владык и в крупнейших монастырях.

Во-вторых, первые часы в России были привозными или были изготовлены иноземными мастерами. Уже в XVI в. европейские часы были предназначены для счета астрономического времени, то есть они вели счет часов по полудни и пополуночи, так же как это принято и сейчас. В России дело обстояло иначе. Счет часов велся отдельно днем и отдельно ночью: первый час дня означал не середину дня, как сейчас, а первый час после восхода солнца, то есть раннее утро. Поскольку зимой и летом солнце всходило в разное время, первые часы дня в разное время года не совпадали, но это никого не смущало, поскольку астрономического счета времени не велось, и в нем не было потребности. Следовательно, заимствование часовых механизмов из Европы в XVI – XVII вв. не сопровождалось заимствованием европейских представлений о времени. В соседней с Россией Речи Посполитой уже в XVI в. счет времени велся пополудни и пополуночи, хотя местами использовалась и система, аналогичная московской.[4] Таким образом, в XVI – XVII вв. современный счет времени не перешел еще границ Московского государства.

Европейские представления раннего Нового времени предполагали непрерывность счета времени. Время воспринималось быстротекучим, мимолетным. Надписи на европейских часах отражают постепенную секуляризацию представлений о времени. Например, на часах первой половины XVI в. читаем: «Годы, проходя, похищают у нас единственное». На часах 1700 г. смысл надписи делают человека уже хозяином собственного времени: «Часы проходят, но остаются на нашем счету».[5]

Повсеместное распространение астрономического счета времени рассматривается здесь как наиболее очевидное выражение секуляризации сознания. Разница европейского счета времени и московского хорошо видна по запискам приезжавших в Россию иностранцев. В Московии они продолжали вести счет и указывать астрономическое время (пополудни и пополуночи), используя ручные и настольные часы, тогда как жители Московского государства считали часы отдельно для дневного и ночного времени суток.

Во второй половине XVII в. монастырские стряпчие, нанимавшихся монастырем из мирян, преимущественно отмечали в своих отписках время церковное. В московском или новгородском Кремлях перед их глазами постоянно были часы, отбивавшие даже четверти часа, но в своих отписках они преимущественно употребляли традиционные ориентиры времени, связанные с церковной службой. В мае 1671 г. иверский иеромонах Досифей так описывал подачу челобитной царю: «Как было [празднование – П. С.] чудотворца Алексея митрополита в Чюдове монастыре, подал я, Досифей, две челобитные самому государю <...> И великий государь сказал, что не дашь де мне Богу помолится, а челобитные взял. И на другой день он же, великий государь, был в Новодевиче монастыре у обедни <...> И после обедни, как будет великий государь в болнице, и я челобитную ему подавать учал. И государь сказал: «И здесь де мне не дашь покою. <...> И наутре великий государь пошол в поход».[6]

Традиция вести счет времени, ориентируясь на ход церковной службы, сохранялась и в дальнейшем. Например, в 1702 г. наместник Иверского

---

4 *Ясинский М. Н.* Счисление суточного времени в Западной России и в Польше в XVI – XVII вв. Киев, 1902.

5 Западноевропейские часы XVI – XIX в. из собрания Эрмитажа. Л., 1971. № 7, 16.

6 Архив С-Петербургского института истории (СПбИИ). Ф. 181. Оп. 1. №. 1821. Л. 46-47.

монастыря иеромонах Филарет сообщал в монастырь, что «августа 3-го числа перед обеднею» был на дворе боярина Т. Н. Стрешнева.[7]

В Новгороде отчет времени велся по часам, установленным архиепископом Евфимием в 1449 г. на сторожне владычного двора в Кремле. В 1671 каменный столб сторожни рухнул, и в 1673 г. здесь же была сооружена новая Часозвоня при Сергиевской церкви, простоявшая до II мировой войны.[8] По этим часам совершалась служба в Софийском соборе, по бою курантов на Сергиевской часозвоне шел отчет и обычного времени.

Неудивительно поэтому, что в Новгороде указание на время чередовалось ссылками то на начало церковной службы, то на точное упоминание о количестве часов. В 1675 г. старец Аркадий и стряпчий Венедикт Самсонов сообщали в Иверский монастырь о том, как они старались избежать постоя посольских людей на новгородском подворье монастыря: «Да июня в 9 де поутру на первой час от послов приехали к столнику люди, чтоб послом дворы отвесть <…>. И сего ж девятого числа в десятом часу дни <…> приехал слуга <…> и привез великого государя подлинную грамоту, что стояльцов на нашем иверском подворье ставить не велено». Стряпчий тут же поспешил на двор к воеводе: «в софейскую вечерню к столнику на двор з грамотою ходил».[9] В данном случае упоминание о 9-м часе дня естественным образом соседствует с обозначением времени церковной службы: когда слуга привез царскую грамоту на Часозвоне пробило девятый час дня, а, идя в Кремль, стряпчий видел, что в Софийском соборе шла вечерня.

В сознании людей XVII в. время церковной службы было столь же непреложным временным ориентиром как восход и заход солнца, полдень. Стряпчий Успенского Тихвинского монастыря в Москве Е. Васильев сообщал своим властям, что за последние дни был дважды взят под стражу: «за решеткою седел до полудни», а во второй раз «посажен был за решетку и седел с утра до вечерни. <…> И как государь патриарх поехал к вечерне в Вознесенской монастырь, и я, откупяся у подьячих и у пристава, бил челом ему государю святейшему Иоасафу патриарху». Однако патриарх разгневался на стряпчего и велел посадить того «в приказе на цепь, и сидел сутки».[10] В 1685 г. старец Арсений подал митрополиту челобитную «после часов на Алексеев день в Крестовой».[11]

Время службы было столь привычным, что здесь существовало более дробное его деление, чем бой часов, отбивавших лишь четверть часа. В ноябре

7 Там же. № 5577. Л. 79.
8 *Ядрышников В. А.* Часозвоня на владычном дворе // Новгородский исторический сборник. Вып. 5(15). СПб., 1995. С. 160-168.
9 Архив СПбИИ. Ф. 181. Оп. 1. № 2421. Л. 83-84.
10 Там же. Ф. 132. Оп. 1. Картон 12. № 203. Л. 1-2. Принято считать, что слово «сутки» не употреблялось в Московской Руси (*Прозоровский Д.* О старинном русском счислении часов… С. 161). Однако, как видим, это не так.
11 Там же. Ф. 181. Оп. 1. № 3454. Л. 84.

1700 г. иверский стряпчий Е. Григорьев подал новгородскому митрополиту челобитную «после обедни на псалтыре».[12] 4 августа 1702 г. новгородский владыка говорил со стряпчим «в церкве во время псалтыри».[13]

Но главное, что церковное время было пронизано более высоким смыслом. Событие случившееся во время службы воспринималось в средневековом сознании символично. В 1666 г. в собор Иверского монастыря влетел соловей. Об этом необычном событии иверские власти подробно написали Никону, особенно тщательно соотнося события с этапами службы: «маия в 20-е число в шестую неделю по Пасце в соборной церкве на утрени[14] на втором чтении пошел дьякон Варсонофей,[15] и встрони церковных северных дверей летит ему встречу птица <…> вверх через деисусы в олтарь. И как почали петь степенную песнь первой антифон, и в олтари на горнем месте, на окне седя, преж почал посвистывать по обычаю и защокотал и запел и пропел трижды».[16]

Наряду с церковными существовало еще бытовые временные ориентиры. Стряпчий вологодского архиепископа в Москве И. Суровцев упомянул об обычае посещать архиереев только в определенное время: «ведомо тебе государю, когда ко властем ходят: после обедного времени до вечера».[17]

Во второй половине XVII в. исчисление дней по церковному календарю держалось весьма стойко. В 1672 г. пристав при ссыльном Никоне стольник С. Шейсупов сообщил вологодскому архиепископу о встрече с владычным служкой «перед Петровым днем святых апостол дни за три».[18] Вместе с тем, люди того времени иногда считали удобным намеренно заменить церковный календарь на светский. Старец Николького Вяжицкого монастыря Тихон и служка Максим Анкидинов в письме своему архимандриту из Москвы сделали характерное исправление. Сначала они написали, что подали челобитную «на зборной недели в субботу», а затем зачеркнули эти слова и сверху приписали «февраля в 27 де». Все другие даты письма даны только с указанием месяца и числа, в том числе и сообщение о кончине царицы Марии Ильничны «марта в 3 де на победье».[19]

К концу XVII в. исчисление времени в часах становится более частым. Здесь не заметно какого-нибудь общего движения, скорее на индивидуальном уровне и по обстоятельствам. В августе 1674 г. иверский стряпчий в Новгороде упомянул о ремонте моста через Волхов и в связи с этим – о неизбежной потере времени при переправе через Волхов: «А к боярину и в приказ ходить

---

12 Там же. № 5153. Л. 317.

13 Там же. № 5578. Л. 227.

14 Здесь в письме зачеркнуто: «по второй кафизме».

15 Здесь в письме зачеркнуты слова: «шубы сдавать». Видимо, такое прозаическое уточнение не соответствовало высокому настрою повествования и было вычеркнуто.

16 Архив СПбИИ. Ф. 181. Оп. 1. № 1065. Л. 49-50.

17 Вологодский областной государственный архив. Ф. 1260. № 1403. Л. 1.

18 Там же. № 2066. Л. 1.

19 Архив СПбИИ. Ф. 132. Оп. 1. Картон 12. № 40. Л. 3.

стало с Петрова дни худо, мост розрыт, все судном; и придешь, а судно за рекою и ждешь четверть и полчаса, а как скорое дело, перевозывают своими денгами. Везде стало задержание большое».[20] Описывая свои хлопоты, стряпчий несколько сгустил краски: четверть часа никогда не считалось большой задержкой и вряд ли пивший запоем Венедикт Самсонов тратил свои деньги на скорый перевоз. Но подчеркнуть перед начальством трудности своей службы никогда не бывает лишним.

Письмо келаря Успенского Тихвинского монастыря Иринарха Тарбеева 14 марта 1678 г. явно выбивается из общего ряда указаниями на точное время. Он сообщает о своем приезде в Москву «марта в 12 день во вторник за час до дни. <…> Того ж, государь, дни часу в третьем и у великого господина святейшаго Иоакима патриарха <…> в Крестовой у благословения был. <…> Да после, государь, того ж часу духовнику священно Лазарю отписки твои подал. <…> В те ж, государь, часы был у пресвещеннейшаго Варсонофия митрополита Сарского и Подонского. <…> Того ж, государи, дни к боярину к Ивану Михайловичю Милославскому ходил и отписку ему подал. <…> В то ж, государь, время тут прилучилися князь Василей Петрович да князь Алексей Петровичи Прозоровские, нарочно, государь, я к ним для ради того бродил. И после того, государь, часа с три помешкав, князь Василей Петрович и князь Алексей Петрович, едучи от боярина от Ивана Михайловича, заехали ко мне чернцу на монастырскоре подворье». На следующий день келарь поехал в подмосковную вотчину боярина князя П. С. Прозоровского, «был на мало время, отписку и писание, государь от тебя, отца, ему вручил, в то время [боярин ее – П. С.] не чол того ради, завтреню говоря».[21] Достойно восхищения как много успел тихвинский келарь в Москве менее чем за сутки. При такой спешке время становится помощником, условием успеха, едва ли не действующим лицом описываемых событий. Вероятно, здесь сказывалась и какая-то личная особенность успенского келаря. Он был единственным из монахов Успенского Тихвинского монастыря в те годы, кто в своей отписке пометил время получения послания из обители: 31 марта «Пасхи, в день часу в третьем».[22]

Тихвинский келарь был столь расторопен, что это даже вызвало сетование сопровождавшего его служки. Тот попросил от монастырских властей вознаграждения, поскольку служба при деятельном келаре оказалась чрезмерно хлопотной: «сего, государь, году с келарем старцем Иринархом на Москве был многое время: <…> куды келарь поедет, я сирота за лошадью бродил да и на дворе как келарь приедет, упокою не бывало ни на час. А как келарь для какова дела в приказ или на боярские дворы с утра съедет, пробудет часов до семи и до девяти дня, и я сирота, за лошадью стоя, проел своих денег с полтину, а

---

20 Там же. Ф. 181. Оп. 1. № 2307. Л. 145.

21 Там же. Ф. 132. Оп. 1. Картон 24. № 127. Л. 1.

22 Там же. Картон 20. № 64.

время, государь, было вешенное, грязное: за лошадью в беспрестанных воло-китах, я, сирота, обовью ободрался, покупал все на свои ж денги».[23]

К середине XVII в. часы прочно вошли в повседневный обиход мона-шества: монастырские описи повсеместно фиксируют их наличие на колоколь-нях. В описи Новоезерского монастыря 1657 г. на колокольне стояли «часы с перечасьем».[24] «На колокольнице часы боевые железные» упомянуты в отпис-ной книге Троицкого Устьшехонского монастыря 1660 г.[25] и т.д.

В Валдайском Иверском монастыре пользовались и комнатными часами. В приходо-расходную книгу 1666/1667 г. были включены записи московского подворья о даче 13 рублей «Немчину зегармисту Ивану Яковлеву, что он часы шатровые столовые направлял и цепочки новые делал <...> Ему ж дано от починки часов малых, что починивал архимандриту Филофею столовые часы» – полтина.[26] Любопытно, что иноземные часы, которые были призваны пока-зывать астрономическое время, использовались в Иверском монастыре для счета времени на московский лад – от восхода солнца. Из монастыря сообщали о смерти архимандрита Филофея 18 апреля 1669 г. «в 11-м часу дни».[27] Не исключено, что время смерти архимандрита было замечено по часам ино-земного происхождения в его келье, но фиксировалось оно от восхода солнца.

Эта традиция продолжалась и далее. Архимандрит Феодосий умер 18 октября 1671 г. в монастыре «в пятом часу дни»,[28] наместник Иоиль на московском подворье в ноябре 1673 г. «ко второму числу в четвертом часу ночи»,[29] а архимандрит Иосиф – в монастыре в январе 1691 г. «против 6-го ча-са в ночи в день Богоявления Господня во время всенощного пения».[30]

Распространение настольных и ручных механических часов привело к бо-лее точному исчислению времени, но точность эта была особого рода. В декабре 1690 г. стряпчий Иверского монастыря Афанасий Шалашник сообщал из Москвы в монастырь: «А часы твои, государь отец архимандрит, которые ты мне, послушнику своему Афонке, изволил отдать на поездке с Москвы для починки, тотчас пришлю. А ныне не поспели, а перечинены и зделаны в лицах, поставлены мастерски, а починиваны на Кукуе у немчина самого доброго, которой и в перстнях часы делает. И впредь о том о всем подлинно известно

---

23 Там же. Картон 24. № 188. Л. 2.

24 *Сазонова Т. В.* Опись строений и имущества Кирилло-Новоезерского монастыря 1657 го-да // Белозерье. Краеведческий альманах. Вологда, 1998. С. 152. В монастырской описи 1646 г. часов еще не обозначено.

25 *Васильев Ю. С.* 1660 г. Отписная книга Троицкого Устьшехонского монастыря. Отпис-чика сына боярского Вологодского архиерейского дома Федора Блинова игумену Иоанну // Белозерье. Историко-литературный альманах. Вологда, 1994. С. 101.

26 Архив СПбИИ. Ф. 181. Оп. 1. № 39. Л. 217.

27 Там же. № 1443. Л. 55. Письмо на московское подворье.

28 Там же. № 1825. Л. 3. Письмо архимандриту Чудова монастыря Иоакиму.

29 Там же. № 2169. Л. 77.

30 Там же. № 4211. Л. 3. Письмо на новгородское подворье.

учиню и часы пришлю».[31] Однако дело почему-то замешкалось, и часы стряпчий выслал лишь два месяца спустя, о чем он известил в феврале 1691 г.: посылаем «часы столовые на ходу, и мы их достоверили з болшими часами, ровно идут, толко против болших часов, ходя, упередят или оставаютца малою вещею всего четью или полчетверти, а в сутки приходят истинно».[32] В июне 1692 г. А. Шалашник хлопотал о починке еще каких-то часов, присланных из монастыря.[33]

Ныне систематическое отставание часов даже на одну минуту может вынудить нести их в ремонт. На исходе XVII столетия дело обстояло иначе: «малою вещею», считалось даже отставание часов на четверть часа. Такие часы, как полагали, «ровно идут», поскольку не нарушалось самое малое деление времени – четверть часа. Время было как бы сегментарным: между ударами колокола, которые происходили каждые четверть часа, не было неразрывной связи.

Скорость времени была такова, что в разговорной речи Московской Руси час был синонимом самой малой единицы времени: сделать за час означало сделать немедленно: «тотчас», «сейчас». В современной речи это значение слов «тотчас» и «сейчас» сохранилось, парадоксальным образом противореча их нынешнему буквальному смыслу. Синонимично мы употребляем ныне выражения: «минуточку», «ожидаю с минуты на минуту», «одну секунду». Такая языковая ситуация отражает историю словообразования: старые значения слов остались в языке, отрываясь от их изначального смысла. В Московском государстве XVII в. не использовали еще минутную стрелку, изобретенную в 1577 г., и потому мысль о мгновенном выражали иначе: «мы ради, хотя б часом зделать, да мочи нашей нет»;[34] «как возьмут меня перед великого государя, а того ожидаю с часу на час».[35] Одновременно уже утвердилось представление о том, что час разделен на четверти и, следовательно, это длительный промежуток времени, в который может многое уместиться. В 1668 г. иверские старцы в деталях описали как дьяки ругали в приказе монастырского стряпчего и заключили свой рассказ словами: «И много того было с час».[36]

Постепенному формированию представления о времени как слитного и непрерывного потока – «реки времени» – способствовало заимствование у западных соседей календаря. В XVIII в. календари уже вошли в повседневный обиход и не рассматривались как угроза православию. Это стало возможным в связи с появлением светского сознания или, по крайней мере, его элементов. В

---

31 Там же. № 3922. Л. 100.

32 Там же. № 4085. Л. 33.

33 Там же. № 4249. Л. 6.

34 Там же. № 1193. Л. 201. Письмо с московского подворья октября 1667 г.

35 Там же. № 1271. Л. 20. Письмо с московского подворья января 1668 г.

36 Там же. № 1271. Л. 36.

Московской Руси дело обстояло иначе: календари были запрещены. Секретарь австрийского посольства Иоганн Герг Корб, побывавший в Москве в 1698 г., записал в своем Дневнике, что в России «астрономы, опозоренные названием чародеев, нередко подвергались наказанию по приговору суда. Астроном Фогт в своем «Месяцеслове» <...> предсказал мятеж в Московии, почему ввоз в Россию этого календаря был воспрещен. Москвитяне считают астрономию безбожной наукой, основанной на сношении с нечистыми духами, и то, что астрономы предсказывают будущее, знание которого непостижимо умом смертных, считают предсказанием и объявлением демонов».[37] Привезенный с Запада календарь подрывал уверенность в истинности православия.

Это не означало полного неприятия западных календарей в Московской Руси. В январе 1691 г. с московского подворья писали в Иверский монастырь: «А календаря на нынешней год опричь Посолского приказу ни у кого нет. И хотел дать списать дьяк Андрей Виниус, толко ныне вскорости переписать не успели, да и то дает списать за великим страхом, чтоб нихто не ведал. И как отпишем, и к вам, государем, пришлем тотчас».[38] Однако, дело почему-то замешкалось, и лишь в письме ноября того же года с московского подворья сообщили, что посылают «новопереведенный календарь».[39] В последующие годы посылка календаря из Москвы в Иверский монастырь упоминалась как дело заурядное. Так, в марте 1698 г. стряпчий просто приписал в конце письма: «Да послал я, послушник ваш, к вам, государи, список с календаря немецкого в тетратех».[40] Таким образом, впечатления И. Корба о категорическом запрете календарей в России, относящиеся как раз к 1698 г., носят несколько преувеличенный характер. Как сторонний наблюдатель он уловил официальный категорический запрет в отношении календарей, но не был в курсе того, что в реальности этот запрет молчаливо обходили. Списки с западных календарей, сделанные в XVII в., ходили по рукам и сохранились доныне.[41]

Впрочем, Иверский монастырь стоял особняком среди прочих московских обителей. Он был населен православными монахами, приглашенными из Речи Посполитой, многие из них продолжали писать на западнорусский манер. Возможно, для иверских монахов календарь был более знакомым и обычным делом, чем в других монастырях.

В связи с изменениями в восприятии времени уместно упомянуть и заведенную в середине XVII в. почту. Это новшество установило особый счет времени, вокруг которого стала строиться жизнь тех, кто пользовался услугами

---

37 *Корб И. Г.* Дневник путешествия в Московское государство // Рождение империи. М., 1997. С. 220-221.

38 Архив СПбИИ. Ф. 181. Оп. 1. № 4085. Л. 12.

39 Там же. Л. 102.

40 Там же. № 4863. Л. 39.

41 *Соболевский А. И.* Переводная литература Московской Руси XIV – XVII вв. СПб., 1903. С. 135-137.

почты. Ее работа не была связана с церковным календарем. В отписке из Новгорода в Иверский монастырь сообщали как о важном событии, что 21 июля 1687 г. «великих государей почта пришла в пятом часу дни, и о служивом деле пишут всемирно».[42] Важные известия о крымском походе 1687 г., как и всякие другие новости стали поступать регулярно: в установленный день и час, что было частью глобального процесса развития светского времени, которое сосуществовало с привычным церковным. В декабре 1689 г. с новгородского иверского подворья оправдывались, что приготовили для посылки нужный документ «к Москве через почту да за недосугом почты не застали: прежде бывало к ночи отпущаетца, а ныне отпустили до обеден».[43]

С осени 1692 г. в Иверском монастыре взяли за правило помечать на обороте отписок, где ранее ставилась дата их получения, – «прислано через почту» или «прислано через уставную почту».[44] Почта прочно вошла в повседневный обиход и сама по себе стала временным ориентиром. В апреле 1693 г. с иверского московского подворья писали в монастырь, что получили письмо от властей «апреля в 24 де в Фомин понедельник поздо часу в девятом». Сведения, полученные из монастыря, позволили стряпчему отсрочить монастырское дело с 24 апреля до 5 мая «до почты, покамест от вас, государей, против нашего писания подлинная отповедь будет». При этом стряпчий не удержался, чтобы не высказаться о значении почты вообще: «Да еще и то, государи, благодарить Бога, что дьяк Андрей Андреевич Вениус учинил почту повсенедельную, а когда б почты не было, и достала бы от неприсылок всяких ведомость обители святой были б великие разорения, и так от приставов проходу нет».[45] Регулярность почтовых отправлений стала своеобразным мерилом времени: раз в неделю следовало отсылать отписку в монастырь и получать письмо от своих властей. Даже пропуск одного почтового отправления стал чрезвычайным делом и требовал оправдания. В январе 1695 г. иверский стряпчий в Москве А. Шалашник оправдывался на этот счет: «А что мы <...> пропустили в Святки прошлую почту для того, что строитель от славильщиков уехал в село Щапово и по се число к Москве не бывал. А я, послушник ваш Афонка, во все святки был за великим государем, Христа славили, и в те числа дел никаких не делали и в приказах не седели».[46]

Упоминания о почте теперь появляются в связи с изменениями в ее работе. В 1699 г. из Новгорода сообщили, что ранее почта приходила по пятницам, а ныне день изменен.[47] С началом Северной войны режим работы почты стал сбиваться. В мае 1700 г. с московского подворья извещали, что вынуждены

---

42 Архив СПбИИ. Ф. 181. Оп. 1. № 3664. Л. 24.

43 Там же. № 3816. Л. 148 об.

44 Впервые такую помету находим на отписке из Новгорода, полученную в монастыре 2 ноября 1692 г. (Там же. № 4222. Л. 74 об.).

45 Там же. № 4325. Л. 5, 8.

46 Там же. № 4605. Л. 4.

47 Там же. № 4942. Л. 26.

были отправить отписку в монастырь со своим человеком (как и было заведено до почты) «для того, что ныне почта мало ходит».[48] И все же регулярное почтовое сообщение стало настолько привычным, что отправление письма не по почте стало особо фиксироваться как необычное. В 1701 г. два иверских стряпчих пометили в своем письме, что послали его «с Москвы марта в 21 де в обед, в 9-м часу дни после почты».[49]

Всякое регулярное, связанное с расписанием, дело требует более внимательного отношении ко времени. Теперь знать время было нужно не только для того, чтобы поспеть на церковную службу, но и для того, чтобы не пропустить отправления почты.

Распространение часов и их использование в повседневном быту меняло восприятие времени, которое, как казалось, убыстряло свой ход. Но еще большее значение имело «убыстрение» темпа самой жизни. Применительно к нашему герою – монастырскому стряпчему – такое убыстрение было связано с возрастанием числа дел, которые стряпчему надлежало решить. Рост приказного делопроизводства заставлял стряпчего поспешать. При этом, как водится, начальству казалось, что тот медлит, и потому власти подгоняли своих стряпчих и пеняли ему на неисполнительность.

Литературные произведения Московского государства второй половины XVII в. отразили новое явление – «живость» персонажей, выраженную в их речи и поступках. По справедливому наблюдению А. С. Демина такая «живость» была знаком Нового времени.[50] Но повседневная жизнь, отраженная в монастырской переписке дает более сложную картину: в письмах монастырских стряпчих находим и «живость», и характерное для средневековой традиции ее отрицание и порицание.

В рамках средневековой традиции увеличение хлопот воспринималось с негативным оттенком как суета, а изменения – как нежелательные и в психологическом плане неуютные. В конце сентября 1667 г., в связи с резким изменением положения Иверского монастыря после осуждения Никона на церковном соборе, иверский старец в Москве так выразил свои ощущения от этих перемен: «бутто колясо ходит наше житие от непостоянства».[51] В 1669 г., урезонивая иверские власти в их настойчивых хлопотах по уменьшению налогов, думный дьяк Д. М. Башмаков заявил: «а вам де, едчи скором, узнать надобе и сором».[52] Слово «суета» неизменно употребляется в переписке с осуждением. В 1672 г. иверский стряпчий А. Семенов передавал свой разговор с приказным судьей: «Да говорил мне в приказе думной дворянин Александр

48 Там же. № 5140. Л. 83.

49 Там же. № 5334. Л. 45.

50 *Демин А. С.* Русская литература второй половины XVII – начала XVIII века. М., 1977.

51 Архив СПбИИ. Ф. 181. Оп. 1. № 1193. Л. 144.

52 Там же. № 1443. Л. 147 об.

Савастьянович Хитрово: что де вы суетеся бьете челом о рыбных ловлях <…> И я говорил, что они новгородцы суетятца, бьют челом ложно».[53]

В 1691 г. иверский стряпчий А.Шалашник сетовал, что «все стало непостоянно, уже о сем преж сего к вам, государем, многажды писано, а ныне и писать омерзело».[54] Оправдываясь, стряпчий, разумеется, преувеличивал свои трудности. В 1693 г. А. Шалашник пространно описал это так: «А что изволите, государи, к нам, послушником своим писать гневно, что дела не скоро делаютца, и то стало не от нас, еще я, послушник ваш Афонка, ни единого себе дни после твоего, отец архимандрит, съезду с Москвы не обретал покойного, чтоб своею братиею с стряпчими или с ыными приятели, нарочно изобрав день, возвеселитца, а все возвеселяюся поторжнинами, хотя и у своей братии или у приказных людей седя за делом, не токмо что напившися возвеселитца и тверезой обуялой от дел хмель из головы валитца. И самому тебе, государю, известно как изволил ты, государь, быть на Москве, что моево убогово было нерадения или непопечения обители святой, и о вас, государех властех, елико силы моея мочь моя сягла и ныне тако ж работать желаю. А что в чем и неисправа в монастырских и ваших, государи, делах, и то ставаитца не от нас для того: известно государем и самим, что и не в нынешнее время Москва завтремя отнимаетца, да хотя б и не на Москве, и повсюду. Однако ж которые и иногородные, и за одним делом живут блиско года и харчатца и убытчатца чрез меру, а нам, послушником вашим, и не диво на таком многолюдстве, что какому делу учинитца и медление для того, что на всякой день по росписи за которыми надобно ходить нужных самых семдесят девять дел. Хотя от всякого дела по рублю дать, и тому будет семдесят девять рублев. А на всякое ж дело не по одному уму надобно, и над однем делом бывает думы немало».[55]

Те же сетования на убыстряющееся течение времени находим и в начале XVIII в. В январе 1702 г. с московского подворья писали, что «во многосуетные нынешние времена указов добитца невозможно и боргомистры почасту все бывают в походех».[56]

В письмах часто встречаются ссылки на то, что раньше было лучше, а ныне «все стало не по старому».[57] Таково было характерное для Средневековья убеждение, что идеал находится в прошлом, а не в будущем. В 1659 г. Иверский стряпчий В. Самсонов писал из Новгорода в монастырь: «А ныне не старое [время – П. С.]: какова дела с ними [приказными – П. С.] добром не зделаешь, а лихом никак не зделать». В ноябрьском письме того же года он опять высказался на эту же тему: «гораздо о делах стало хлопотко против старого».[58]

---

53 Там же. № 2006. Л. 15.
54 Там же. № 4085. Л. 4.
55 Там же. № 4325. Л. 50-51.
56 Там же. № 5577. Л. 10.
57 Там же. № 2726. Л. 40.
58 Там же. № 329. Л. 60, 70.

Каждый раз, описывая конкретную ситуацию, стряпчий подводил ее под общий принцип: теперь стало хуже, чем было. В январе 1675 г. тот же В. Самсонов писал с новгородского подворья: «А стало ныне суетливо: старой боярин сшол, живет пятой день на двори, а к новому не признатось. И подьячие врознь суетятца, только и прииску, что по вечерам и по утрам и то как подьячий придет, а как не придет побывать, да без подьячево и делать нечево. А в день суеты: враги холыши [голышами презрительно называли новгородских дворян за их известную бедность – П. С.] бьют челом и приставливают».[59]

Восприятие времени в России оставалось традиционным вплоть до начала XVIII в., до появления башенных часов в Петербурге и Москве, отсчитывавших астрономическое время на западный лад: пополудни и пополуночи. Это нововведение было не завершением перехода на новое исчисление времени, а, скорее, его началом. В других городах башенные часы продолжали показывать время по-старомосковски, и лишь смена часового механизма и циферблата где-нибудь в середине, а то и во второй половине XVIII в., ломала вековую традицию. Так, в Вологде местные летописцы фиксировали местные события от сотворения мира и от восхода и захода солнца и в послепетровское время: «В лето 7239, а от Рождества Христова 1731, декабря 9 дня» был поставлен новый вологодский архиепископ, который умер 6 октября 1735 г. «в 6-м часу нощи».[60]

На протяжении одного – двух поколений новые представления о времени исподволь утверждались до петровских указов и постепенно усваивались обществом в XVIII в. Современники Петра не восприняли насаждение нового счета времени как болезненную «хирургическую операцию» не только потому, что элементы таких представлений уже проникали в Россию до Петра, но и потому, что и после смерти царя-преобразователя старые представления о времени продолжали существовать.

Наблюдения над монастырской перепиской показывают, что во второй половине XVII в. не существовало единой шкалы времени. Для его обозначения использовались время суток (утро, день, вечер, ночь), порядок церковной службы (заутреня, обедня, вечерня), использовался и счет времени по часам. Другими словами, время носило не абстрактный, а конкретный характер. Время было таким, каким человек сознавал, слышал и видел его в данный момент. Рассвет, обедня, десятый час дня выступали ориентирами времени, но не самим временем. Это было фиксирование события, а не временем как таковым. Без события указание на время не упоминалось и не мыслилось. Между событиями время не фиксировалось, и его как бы не существовало. Отсутствовало ощущение непрерывности времени, оно было фрагментарным и состояло из неподвижных частей, покоящихся во времени. Если между событиями

---

59 Там же. № 2421. Л. 20.
60 Полное собрание русских летописей. Т. XXXVII. Л., 1982. С. 143.

вклинивались еще другие события, которые соединяли общий ход времени в единый поток, то это считалось суетой, вызывало неприятие, отторжение, понималось как греховное время, противостоящее доброму, неподвижному. С этой точки зрения во второй половине XVII в. средневековые представления о времени еще преобладали. И только в первой половине XVIII в. счет времени пополудни и пополуночи переводил время из плоскости переживаемого в плоскость измеряемого. Тем самым, механические часы, и что еще важнее, астрономический счет времени в рамках суток конструировали рационалисти-ческую модель мира.

Vom Nutzen der Klausur:
Religiöse und gesellschaftliche Funktionen der Frauenklöster im Moskauer Reich

ANGELIKA SCHMÄHLING

Es ist prinzipiell nicht schwer, sich in Russland auf den Spuren des Mönchtums zu bewegen. Nur wenige Schritte von der Historischen Bibliothek entfernt liegt beispielsweise in Moskau das Ivanovskij-Frauenkloster. Auch wenn die Kuppeln und Tortürme derzeit hinter Baugerüsten verschwinden, beeindruckt doch allein das Areal, das die Klostermauern umfassen. Neben dem Novodevičij-Kloster konnten sich auch das Roždestvenskij- und das Začatievskij-Kloster gegen den Abriss oder die völlige Vereinnahmung durch säkulare Neubauten schützen. Von der Existenz weiterer Frauenklöster zeugen noch Straßennamen wie *Strastnoj-* oder *Nikitskij bul'var*. Die Klöster haben das Stadtbild von Moskau, Vladimir oder Suzdal' sichtbar geprägt. Doch welche Stellung nahmen sie in der Gesellschaft ein, welche Rolle und Funktionen wählten sie sich, welche wurden ihnen zugeschrieben? Diese Fragen sollen im Folgenden näher untersucht werden.[1]

Die Frauenklöster bildeten den kleineren Teil der russischen Konvente. Ihre genaue Zahl lässt sich erst im Kontext der Säkularisation 1764-1795 bestimmen: Die Kirchenreform Katharinas II. erfasste 222 Frauenklöster, die somit ein Fünftel aller Klöster ausmachten. Die ersten Nonnenklöster außerhalb Kievs waren im 11. Jahrhundert entstanden; bis ins 15. Jahrhundert lassen sich nur wenige Dutzend nachweisen. Aus der Folgezeit sind deutlich mehr Klöster bekannt, was auch auf die bessere Quellenlage zurückzuführen ist. Im 17. Jahrhundert erreichte ihre Zahl mit etwa 250 den Höhepunkt.[2] Die meisten von ihnen konzentrierten sich auf die Bistümer[3] Moskau, Vladimir, Novgorod und Pskov, während in ganz Sibirien bis zum 17. Jahrhundert sechs Frauenklöster gegründet wurden.

---

1 Ausführlich habe ich mich mit diesem Thema in meiner Dissertation auseinandergesetzt. ANGELIKA SCHMÄHLING Hort der Frömmigkeit – Ort der Verwahrung. Russische Frauenklöster im 16.-18. Jahrhundert. Stuttgart 2009.

2 Diese Zahlen ergeben sich aus der Auswertung des Klosterlexikons von V. V. Zverinskij. Dieses Werk führt insgesamt 2245 Mönchs- und Nonnenklöster an, deren Existenz vor 1890 sich nachweisen lässt, und kommt damit dem Anspruch auf Vollständigkeit so nahe wie nur möglich. V. V. ZVERINSKIJ Material dlja istoriko-topografičeskago izsledovanija o pravoslavnych monastyrjach v Rossijskoj imperii, s bibliografičeskim ukazatelem. 3 Bände. St. Petersburg 1890-1897.

3 Da sich die Bistumsgrenzen im Lauf der russischen Geschichte immer wieder verschoben, werden zur besseren Orientierung die Bistumsbezeichnungen und -grenzen des ausgehenden 19.

Verglichen mit den katholischen Konventen waren die orthodoxen Klöster auf den ersten Blick sehr homogen. Wie alle christlichen Klostergemeinschaften fußten sie auf den drei Gelübden Armut, Keuschheit und Gehorsam. Doch auch wenn Mönchsväter wie Varlaam Chutynskij, Kirill Belozerskij oder Iosif Volokolamskij diese Prinzipien unterschiedlich streng auslegten,[4] führte dies nicht zu einer so starken funktionellen und organisatorischen Differenzierung wie zwischen den katholischen Orden. Letztere spezialisierten sich auf bestimmte Aufgaben wie Krankenpflege, Schuldienst, Seelsorge und Predigt; nur einzelne Orden widmeten sich allein der Kontemplation.[5] Das Leben der orthodoxen Mönche und Nonnen sollte dagegen vorrangig von Askese, Gottesdienst und ständigem Gebet bestimmt sein.[6] Karitative Tätigkeiten spielten demgegenüber nur eine geringe Rolle.

Wenn alle orthodoxen Klöster auf den gleichen Grundlagen aufbauten, unterschieden sie sich in der Praxis dennoch stark voneinander. Wohl trugen alle Schwestern das schwarze Nonnenkleid, doch hatten die einen Schuhe an, die anderen Fußlappen. Soziale Herkunft und damit die finanzielle Ausstattung unterschieden sich innerhalb der Schwesternschaft, zwischen den Klöstern und zusätzlich noch von Region zu Region; sie wirkten sich auf das religiöse Leben ebenso aus wie auf die gesellschaftliche Stellung, die ein Kloster einnahm.

Gerade die materielle Versorgung war ein kritischer Punkt des Klosterlebens. Das Gelübde der Besitzlosigkeit war im Alltag kaum leichter erfüllbar als der Wunsch, den Engeln gleich ohne Essen, Trinken und Schlaf auszukommen. Der menschlichen Schwäche ebenso wie der praktischen Vernunft geschuldet ist daher die Regel des Iosif von Volokolamsk, der je nach persönlichem Vermögen drei Grade der Enthaltsamkeit in Bezug auf Essen und Kleidung erlaubte. Dies bedeutet allerdings nicht, dass Iosif Luxus akzeptierte; der Unterschied bestand nur darin, dass ein Mönch wählen konnte, ob er alte Kleidung benutzen wollte, abgetragene gegen neue tauschte oder von jedem Kleidungsstück ein altes und ein neues verwendete.[7] Größere Bequemlichkeit war dem Einzelnen nicht gestattet, außerdem gab es keinen Privatbesitz.

Dieses koinobitische Prinzip, das der Gleichheit der Klosterbewohner dienen sollte und eine gemeinsame Kleiderkammer und Tafel beinhaltete, zieht sich als

---

Jahrhunderts verwendet, nach denen auch V. V. Zverinskij die Klöster ordnet, vgl. ZVERINSKIJ Material, Band 1-3.

4   AMVROSIJ [ORNATSKIJ] Drevnerusskie inočeskie ustavy. Hrsg. und kommentiert von T. V. SUZDAL'CEVA. Moskau 2001. (= Ders.: Istorija Rossijskoj ierarhii. Band 7. Moskau 1817; zuvor unveröffentlicht).

5   Zur Übersicht vgl. Mönchtum, Orden, Klöster. Von den Anfängen bis zur Gegenwart. Ein Lexikon. Hrsg. von GEORG SCHWAIGER. München 2003.

6   Daher gibt es im Russischen die Bezeichnung „angel'skij obraz" für den Mönchsstand. Vgl. einleitend Dizionario degli Istituti di Perfezione. 10 Bände. Rom 1974-2003, Band 10, Spalte 187-191.

7   AMVROSIJ [ORNATSKIJ] Drevnerusskie inočeskie ustavy, S. 79.

Ideal durch die gesamte Klostergeschichte. Die beiden aus vorpetrinischer Zeit bekannten Regeln für Frauenklöster loben ebenfalls das Gemeingut. Elena Devočkina († 1547), die erste Äbtissin des Novodevičij-Klosters, beschrieb in ihrem Testament das gemeinsame Essen im Speisesaal. Die Nonnen durften weder Essen noch Getränke in ihren Zellen aufbewahren noch Geschenke annehmen.[8] Der Gründer und Seelsorger des Uspenskij-Klosters von Aleksandrov, Vater Lukian, ordnete das Koinobium an, als die Klostergemeinschaft auf sieben Schwestern anwuchs.[9] Nach seinem Tod ging dieses Prinzip allerdings wieder verloren. Von den übrigen Klöstern ist nicht überliefert, welcher Regel sie folgten. Vermutlich herrschte aber das Idiorrhythma vor, so dass die Nonnen im Kloster ihren eigenen Haushalt führten.[10] Grund dafür konnte einerseits sein, dass ein Kloster nur geringe Einkünfte aus seinen Ländereien bezog oder gar keine Leibeigenen besaß, die Nonnen also nicht versorgen konnte; im anderen Extrem entsprach die Gemeinschaftsversorgung unter Umständen nicht den Ansprüchen adeliger Schwestern.[11]

Die individuelle Versorgung der Nonnen setzte sich aus unterschiedlichen Quellen zusammen. Bis 1649 war Klosterinsassen privater Landbesitz erlaubt. Das Sobornoe Uloženie verpflichtete dann Novizinnen und Novizen, ihre Güter vor Eintritt ins Kloster aufzugeben. Erbten Verwandte den Besitz, so waren sie verpflichtet, ihnen Unterhalt zu zahlen.[12] Weiter existieren zahlreiche Gnadenurkunden des Zaren (*žalovannye gramoty*), die den Insassen eines Klosters eine bestimmte Zuteilung an Geld oder Naturalien zuwiesen.[13] Meist gingen sie vom Zaren aus, allerdings gab es

---

8 Akty Rossijskogo gosudarstva. Archivy Moskovskich monastyrej i soborov XV – načalo XVII vv. Hrsg. von V. D. NAZAROV u.a. Moskau 1998, Nr. 126: Duchovnaja inokini Novodevič'ego monastyrja Eleny Devočkinoj (18.11.1547), S. 299-301, hier S. 301. Eine Übersetzung der Quelle findet sich bei DAVID M. GOLDFRANK Sisterhood Just Might Be Powerful: The Testament-Rule of Elena Devochkina, in: Russian History/Histoire Russe 34 (2007), S. 189-205.

9 A. L. Istoričeskoe i archeologičeskoe opisanie pervoklasnago Uspenskago ženskago monastyrja v gorode Aleksandrove (Vladimirskoj gubernii). 2. Aufl. Moskau 1891, S. 15f.

10 Zur Entwicklung der beiden konkurrierenden Versorgungssysteme siehe IGOR SMOLITSCH Russisches Mönchtum. Entstehung, Entwicklung und Wesen 988-1917. Würzburg 1953, S. 247-251.

11 Als 1722 im Rahmen der Petrinischen Reformen im Moskauer Voznesenskij-Kloster die Gemeinschaftsversorgung eingeführt werden sollte, protestierten die Adeligen unter den Nonnen erfolgreich dagegen. Neben dem Verweis auf die Bedürfnisse ihres Standes argumentierten sie damit, dass die Ausstattung des Klosters mit Speisesaal, Küche, Bäckerei und dem entsprechenden Personal erhebliche Kosten verursachen würde. Vgl. Opisanie dokumentov i del, chranjaščichsja v archive Svjatejšago Pravitel'stvujuščago Sinoda (ODDAS). 30 Bände. St. Petersburg 1868-1916, hier Band 2, Teil 2, Nr. 1222, Spalte 566.

12 Das Sobornoe Uloženie von 1649. Hrsg. von CHRISTIAN MEISKE. 2 Bände. Beiträge zur Geschichte der UdSSR Nr. 9 u. 10. Halle (Saale) 1985/1987, hier Band 2, Kap. XVII/43 u. -/44, S. 242.

13 Im Knjaginin-Uspenskij-Kloster beispielsweise erhielten 32 Nonnen seit 1512 pro Person 1,5 Rubel sowie Roggen, Hafer und Salz, die Äbtissin eine gesonderte Zuteilung. Eine Urkunde von 1667 nennt einen Lohn von ca. 2,5 Rubeln pro Person, aber nur noch einem Drittel der

auch den Fall, dass ein Patriarch ein Kloster versorgte.[14] Interessanterweise ist im Kontext der Moskauer Klöster nicht nur von einem „Gehalt" die Rede, wie sich *žalovan'e* übersetzen lässt, sondern auch von Almosen sowie von einer Gabe für Bittgebete und *panichidy* („žalovan'ja godovye milostyni i molebnych i ponachidnych deneg").[15] Einzelne Häuser wie das Varsonofiev- oder das Ivanovskij-Kloster erhielten mit der Geldzuweisung den Auftrag, für die Familie des Zaren zu beten.

Unklar ist, inwieweit die einfachen Schwestern am Gewinn aus den Klostergütern beteiligt waren. Nur vereinzelt weisen Quellen darauf hin, dass die Einkünfte anteilig vergeben wurden, wie beispielsweise im Novgoroder Michalickij-Kloster.[16] Im Pokrovskij-Kloster zu Suzdal' – einem der drei reichsten Frauenkonvente – erhielten die Nonnen auf Anweisung des Zaren hin aus der Klosterkasse je ein Pud Salz.[17] Allerdings hatte über die Hälfte der Frauenklöster keine Leibeigenen, so dass die Nonnen dort auf sich selbst gestellt waren; nur wenige ausgewählte Klöster bildeten eine Klasse von Großgrundbesitzern.[18] Nonnen, die weder vom Zaren oder dem Kloster eine Zuwendung erhielten noch über ein Privatvermögen verfügten, waren auf ihre eigene Arbeit angewiesen, zur Not auf das Betteln.

Auch wenn die Versorgung der Schwestern nicht notwendigerweise dem Kloster oblag, gab es doch immer noch allgemeine Bedürfnisse der Klostergemeinschaft. Zu den größten finanziellen Posten gehörte die Kirche. Sowohl das Gebäude als auch die Innenausstattung mussten in Stand gehalten werden, und den Ausgaben waren keine Grenzen gesetzt: Eine Steinkirche war dauerhafter als eine Holzkirche, zwei Altäre würdevoller als einer. Darüber hinaus galt es, Bedienstete, Priester und Diakone zu entlohnen; alle diese Ausgaben machten Landbesitz und die damit verbundenen Einkünfte für Klöster äußerst wünschenswert. Der Landerwerb erfolgte fast ausschließlich durch Schenkungen seitens des Zaren oder von Privatpersonen. Dazu kamen zahlreiche Privilegien wie Abgabenfreiheit oder Schutz vor Gerichtsverfah-

---

vormaligen Getreidezuteilung. Vgl. Istoričeskoe opisanie pervoklassnago Knjaginina Uspenskago ženskago monastyrja v gubernskom gorode Vladimire. Moskau 1900, S. 32 sowie Anhang I, S. III.

14 I. F. TOKMAKOV Istoričeskoe i archeologičeskoe opisanie Moskovskago Nikitskago devič'jago monastyrja, osnovannago roditelem patriarcha Filareta, Nikitoju Romanovičem. Moskau 1888, S. 14f.

15 Dopolnenija k aktam istoričeskim, sobrannyja i izdannyja Archeografičeskoju komissieju (DAI). 12 Bände. St. Petersburg 1846-1872, hier Band 9, Nr. 107 (1677), S. 321f.

16 Die Geistlichkeit erhielt dabei ein Drittel der Einkünfte vom Klosterland. DAI, Band 1, Nr. 113 (1560).

17 Aus dem Dokument von 1648 geht hervor, dass es diese Auszahlung schon in den Vorjahren gegeben hatte. I. M. KATAEV, A. K. KABANOV Opisanie aktov sobranija Grafa A. S. Uvarova. Moskau 1905, otd. 2, Nr. 203.

18 Dies ergibt sich aus den Daten der Revision von 1719. Vgl. dazu P. V. VERCHOVSKOJ Naselennyja nedvižimyja imenija Sv. Sinoda, archierejskich domov i monastyrej pri bližajšich preemnikach Petra Velikago. St. Petersburg 1909.

ren, die große Konvente zusätzlich bereicherten.[19] Ein Kloster benötigte deshalb Gönner, um Ansehen und Wohlstand zu erlangen – und auf diese Weise weitere Gönner anzuziehen.

Ansehen und Wohlstand bildeten auch die Parameter, nach denen sich die Rangfolge der Klöster bestimmte. Diese Verbindung lässt sich an der Klasseneinteilung unter Katharina II. ablesen. Ihr Säkularisationsmanifest überführte den Kirchenbesitz in weltliche Hand und teilte die Klöster in drei Gehaltsklassen ein. Nur Klöster, die eine Votčina besaßen, sollten weiter bestehen. Über die Zugehörigkeit zu einer Klasse wiederum bestimmte der traditionelle Rang eines Klosters („po drevnim ich stepenjam byt'").[20] In jeder Gouvernements- und Provinzstadt durfte zumindest ein Frauenkloster erhalten bleiben, und zwar dasjenige, das am besten in Stand war. Auf diese Weise wurde die Klosterlandschaft stark ausgedünnt. Als 1796 mit der Einordnung der kleinrussischen Klöster in den Etatplan die wichtigsten Umstrukturierungen vollzogen waren, ergab sich folgendes Bild: Fünf Frauenklöster bildeten die erste und oberste Gehaltsklasse,[21] 25 die zweite Klasse und 50 die dritte Klasse, zehn weitere Häuser erhielten die Erlaubnis, auf eigene Kosten weiter zu bestehen. 125 Frauenklöster wurden zwischen 1764 und 1796 aufgelöst. Vergleichsweise starke Verluste mussten dabei die alten Zentren hinnehmen. Novgorod und Pskov hatten sehr viele Klöster, die allerdings meist verarmt waren und nur noch wenige alte Nonnen beherbergten, so dass sie mehrheitlich der Aufhebung anheim fielen.[22] Nach der Säkularisation blieben in Novgorod drei der zwölf Frauenklöster erhalten, in Pskov zwei der neun. Moskau dagegen behielt neun seiner elf Frauenklöster.[23] Stärker als je zuvor drückte sich darin Moskaus Vormachtstellung aus.

Diese Entwicklung war kein Zufall, sondern hatte sich schon früher abgezeichnet. Bis auf wenige Ausnahmen waren die Frauenklöster in Städten, Siedlungen oder zumindest in deren Nähe gegründet worden. Ihre Verbreitung spiegelt klar die Machtverhältnisse wider. Die ersten Klöster waren in Kiev entstanden, die wenigsten von ihnen überdauerten jedoch den Überfall Batu Chans. Seit dem 11. Jahrhundert sammelten sich im Norden weitere Klöster um die Sitze der Teilfürsten. Diese Potentaten hatten das Interesse und die Mittel dazu, aus religiösen Motiven oder zu

---

19 Seit dem 16. Jahrhundert wurden verschiedene Versuche unternommen, durch gesetzliche Regelungen die Privilegien der Klöster einzudämmen und ihr Recht auf Landerwerb zu beschränken, dies hatte aber in der Praxis kaum Folgen; vgl. SMOLITSCH Russisches Mönchtum, S. 166-179.

20 Polnoe sobranie zakonov Rossijskoj imperii (PSZ). 1. Serie (1649–1825). 46 Bände. St. Petersburg 1830. Microprint. Leiden 1991, hier Band 16, Nr. 12.060, besonders S. 551f. und 557.

21 Voznesenskij- und Novodevičij-Kloster in Moskau; Pokrovskij-Kloster in Suzdal'; Uspenskij-Kloster in Aleksandrov im Bistum Vladimir; Florovskij-Kloster in Kiev.

22 A. PANOV Opisanie Pskovskago Ioanno-Predtečenskago ženskago monastyrja. 2. Aufl. St. Petersburg 1874, S. 68.

23 ZVERINSKIJ Material Band 2, S. 1-28 (Liste der Etat-, Außer-Etat- und aufgelösten Klöster).

Repräsentationszwecken neue Konvente zu gründen.[24] Spätestens nach dem Fall Kievs bildete Novgorod das neue Zentrum des Mönchtums. Auch in Vladimir und Suzdal' entstanden bedeutende Klöster, gefolgt von Tver' und Pskov. Im 14. Jahrhundert schließlich kam Moskau ins Spiel. Elf Frauenkonvente entstanden in der Stadt und ihrer nächsten Umgebung, und so, wie Moskau zum weltlichen und kirchlichen Zentrum Russlands aufstieg, profitierten auch seine Klöster. Zwei von ihnen – das Neujungfrauen- und das Voznesenskij-Kloster – nahmen noch im 18. Jahrhundert zwischen den Mönchsklöstern einen Platz in der Liste der reichsten Konvente ein; nur das Suzdaler Pokrovskij-Kloster reichte an sie heran.[25]

Die geographische Lage in einem politischen Machtzentrum erleichterte die Entwicklung eines Klosters, genügte jedoch noch nicht, um sein Überleben zu sichern. Betrachtet man die erfolgreichen Klöster – und das sind diejenigen, welche die Säkularisation überdauerten –, dann scheint in den meisten Fällen der Grundstein für ihren späteren Rang bereits in ihrer Gründungsgeschichte gelegt zu sein. Zwei Entstehungswege lassen sich unterscheiden, die als „evolutionär" und „spontan" bezeichnet werden können. Im ersten Fall entwickelte sich die Schwesterngemeinschaft langsam. Immer wieder gab es in Gemeinden Frauen, die den Schleier nehmen wollten, ohne dass ein Kloster erreichbar gewesen wäre. Entweder versuchten sie dann, zu Hause dem Gelübde zu folgen, oder sie errichteten sich neben der Kirche eine „Zelle" (*kel'ja*), d.h. eine kleine Hütte. Solche Laiengemeinschaften konnten vom Bischof die Erlaubnis bekommen, sich zu einem Kloster zusammenzuschließen. Im günstigen Fall durften sie ein verwaistes Mönchskloster beziehen oder es fanden sich Förderer, die einen Neubau ermöglichten.[26] Allerdings fehlten diesen Konventen häufig die Beziehungen und damit der für den Unterhalt so wichtige Land- und Leibeigenenbesitz, so dass sie auf Almosen angewiesen waren.[27]

Besser gestellt waren die Klöster, die spontan, ohne eine bestehende Grundlage, durch Stifter gegründet wurden. Da als Stifter Bojaren auftraten, am Ende gar Mitglieder der Zarenfamilie oder des höchsten Klerus, hatte ein solches Kloster gute Chancen, von Beginn an ausreichend mit Grundbesitz und Leibeigenen ausgestattet zu werden. Ein wohlhabender Konvent zog wiederum Bojarinnen als Stifterinnen

---

24 SMOLITSCH Russisches Mönchtum, S. 59f.

25 VERCHOVSKOJ Naselennyja nedvižimyja imenija, Pril. VII–XI. Demzufolge verfügten die beiden Moskauer Klöster nach dem Stand von 1719 jeweils über 13.000 Leibeigene, das Pokrovskij-Kloster über 8000.

26 Das Fedorovskij-Mönchskloster in Perejaslavl' zum Beispiel stand nach einer Seuche leer. Zuvor privat untergebrachte Nonnen durften das Kloster übernehmen; unter Katharina II. erreichte es schließlich die 2. Etatklasse. Vgl. ZVERINSKIJ Band 2, Nr. 1334. 1620 ließ der Erzbischof von Perm' das Pokrovskij-Kloster in Verchotur'e errichten, um den „in der Welt" lebenden Nonnen eine Heimat zu geben (ebenda Band 1, Nr. 372).

27 Dieses Schicksal drohte zunächst dem Aleksandrovskij-Uspenskij-Kloster, das nach bescheidenen Anfängen letztlich erstrangigen Status erhielt. Vgl. A. L. Istoričeskoe i archeologičeskoe opisanie, S. 14f.

und Nonnen an, die den Klosterbesitz weiter vermehrten; die Moskauer Klöster hatten dabei einen klaren Vorteil durch ihre Nähe zum Zarenhof. Besondere religiöse Anziehungspunkte wie zum Beispiel wundertätige Ikonen, die über die allgemeinen klösterlichen Funktionen hinausreichten, verstärkten diesen Effekt, waren aber nicht unbedingt notwendig, um ein Kloster am Leben zu halten.

Funktionen der Klöster

Um die religiöse Bedeutung der Frauenklöster ist es seltsam bestellt, denn sie bleibt in weiten Teilen im Verborgenen. Bittschriften, die den Hauptteil der Quellen in vorpetrinischer Zeit ausmachen, dokumentieren die materielle Seite des Klosteralltags. Frömmigkeit – sei es die gemeinschaftliche religiöse Praxis oder individuelle Überzeugung – findet darin selten ihren Ausdruck. Normative Quellen wie die Regeln der Mönchsväter sind deshalb nötig, um zumindest den Soll-Zustand darzustellen.

Armut, Gehorsam und Keuschheit bilden die drei Säulen des Mönchtums, an denen sich alle Elemente des Klosteralltags messen lassen mussten. Grundsätzlich war es nicht nötig, im Kloster zu wohnen, um nach den Gelübden zu leben; in den „evolutionär" entstandenen Klöster waren es am Anfang sowohl heimatlose Nonnen als auch Frauen, die zwar den Wunsch hatten, sich einkleiden zu lassen, denen aber die Möglichkeit dazu fehlte. Andererseits hatte die heilige Evrosinija, Gattin Dmitrij Donskojs, der Überlieferung nach als Witwe lange Jahre hinter der Fassade ihres fürstlichen Daseins asketisch gelebt und war erst kurz vor ihrem Tod ins Kloster eingetreten.[28] Trotzdem favorisierten die Klosterregeln die Klausur, um die Abkehr von der Welt zu erleichtern. Am stärksten ist die Forderung der Weltflucht bei Nil Sorskij ausgeprägt. Er sah im Einsiedeltum, genauer gesagt dem Zusammenleben von zwei oder drei Mönchen, das Ideal des Mönchtums verwirklicht. Zugleich warnte er aber davor, dass gerade diese frommen Männer besonders den Versuchungen des Teufels ausgesetzt seien.[29] Bei Iosif von Volokolamsk finden sich solche Argumente in abgeschwächter Form. Dass der Mönch Vater und Mutter, Frau und Kinder und die ganze Welt hinter sich lassen sollte, war bei Iosif der Furcht vor dem Jüngsten Gericht geschuldet.[30] Die Rückkehr ins weltliche Treiben barg Gefahren: Wie ein Fisch im Trockenen sterbe, so sterbe ein Mönch, der zu lange in der Welt weile, den „seelischen Tod" („smertiju umiraet duševnoju"); deshalb sollte kein Mönch außerhalb seines Klosters leben.[31]

---

28 A. PŠENIČNIKOV Kratkoe istoričeskoe opisanie pervoklassnago Voznesenskago devič'jago monastyrja v Moskve. Moskau 1894, S. 25f.

29 Vgl. Prepodobnye Nil Sorskij i Innokentij Komel'skij. Sočinenija. Hrsg. von G. M. PROCHOROV. St. Petersburg 2005.

30 Duchovnaja gramota prepodobnago Igumena Iosifa, in: AMVROSIJ [ORNATSKIJ] Drevnerusskie inočeskie ustavy, S. 57-157, hier S. 58. Vgl. The Monastic Rule of Iosif Volotsky. Hrsg. u. übers. von DAVID M. GOLDFRANK. Kalamazoo 1983.

31 Duchovnaja gramota prepodobnago Igumena Iosifa, in: AMVROSIJ [ORNATSKIJ] Drevnerusskie

Die Abgrenzung zur säkularen Umgebung zeigte sich baulich in festungsartigen Mauern oder zumindest Palisaden, von denen die Klöster umgeben waren. Zur räumlichen Abtrennung nach außen ordnete Iosif an gleicher Stelle an, die Klostertore nachts verschlossen zu halten und auf Hintereingänge zu verzichten. Die Klosterkirchen standen Gläubigen offen, dagegen war der Bereich der Zellen Außenstehenden, auch Verwandten, verschlossen. Diese Regelung bestätigte Peter I. in seiner Ergänzung zum Geistlichen Reglement,[32] erlegte den Frauenklöstern jedoch noch zusätzliche Einschränkungen auf. Dem Gesetz nach durften Nonnen nicht einmal im Rahmen von Prozessionen Kirchen außerhalb ihres Klosters besuchen. Gottesdienste für Gäste sollten in der Torkirche abgehalten werden, so dass die Besucher die Kirche direkt von der Straße aus betreten konnten, ohne in den inneren Bereich des Klosters zu gelangen. Während des Gottesdienstes standen die Nonnen von der Gemeinde getrennt. Alle wirtschaftlichen und rechtlichen Angelegenheiten des Klosters sollten durch einen Vogt oder Geistlichen weitergeleitet werden, so dass keine Nonne die Klausur verlassen musste. Ausgenommen waren nur Angehörige der Zarenfamilie, die auch im Nonnenstand außerhalb des Konvents wohnen durften.[33] Eine ähnlich strenge Klausur ist aus älteren Quellen nur vom Uspenskij-Kloster in Aleksandrov bekannt. Gemäß dem Bericht der Chronik wies ihr geistlicher Vater die Nonnen an, Almosen nur durch ein Fenster entgegenzunehmen und keinesfalls das Tor zu öffnen, da der Teufel ihnen in vielen Formen, darunter auch in Menschengestalt, schwer zusetzte. Allerdings erlaubt Lukian den Schwestern den Besuch seiner Einsiedelei, um dort zur Gottesmutter zu beten und sich geistlichen Beistand zu holen.[34] Pragmatischer begründete Elena Devočkina in ihrem Testament die Anordnung, dass die Schwestern nur zu zweit Einkäufe machen sollten – sie sollten nichts Überflüssiges kaufen.[35] Auch wenn der Ausgang aus dem Kloster somit nicht gänzlich untersagt war, war es doch unerlässlich, dass die Nonnen nur mit Erlaubnis der Äbtissin das Kloster verließen. Iosif von Volokolamsk illustrierte drastisch, wie ein Mönch, der dem Abt diesen Gehorsam verweigerte, leichte Beute des Teufels werden konnte.[36]

---

inočeskie ustavy, S. 97. Vgl. The Monastic Rule of Iosif Volotsky, S. 130.

32 PSZ, Band 6, Nr. 4022 (1722), S. 699-715.

33 PSZ, Band 6, Nr. 4022 (1722), S. 712.

34 A. L. Istoričeskoe i archeologičeskoe opisanie, S. 15f.

35 „A komu čto nadobno šiti ili čto kupiti, bes čeg(o) nemočno v kel(')e byti, i vy b(y) im dali na to staricu ili dve k tomu prichoditi tako by, kotorych by iz bezdelnych veščei ne pokupali." Duchovnaja inokini Novodevič'ego monastyrja Eleny Devočkinoj, in: Akty Rossijskogo gosudarstva, S. 301. Vgl. GOLDFRANK Sisterhood Just Might Be Powerful, S. 203: „And if someone is needed to sew or to purchase something, they are not to be in a cell without your providing an eldress or two go with him, so that they do not purchase any useless objects." Der russische Text ist nicht eindeutig übersetzbar. Im Gegensatz zu David Goldfrank scheint mir auch die Lesart überzeugend, dass die Schwestern das Kloster verlassen durften, um im Dorf ihre Besorgungen zu erledigen.

36 Duchovnaja gramota prepodobnago Igumena Iosifa, in: AMVROSIJ [ORNATSKIJ] Drevnerusskie

Die Abschottung von der Außenwelt allein genügte daher noch nicht; auch innerhalb des Klosters sollten sich Mönche und Nonnen im Sinne der Gelübde stets sittsam verhalten. Iosif verurteilte deshalb weltliche Gespräche und Lachen. Elena Devočkina griff seine Vorstellungen der klösterlichen Disziplin auf: Die Schwestern sollten sich in der Kirche ganz ihrer Aufgabe als Chorsängerinnen widmen und nicht etwa miteinander flüstern oder herumgehen; während des Essens galt Schweigepflicht. Weder durften sie im Hof stehen und sich unterhalten noch sich gegenseitig in ihren Wohnungen besuchen. Zum Zeichen ihres Ranges trugen sie auch im Kloster ihren Umhang (*mantija*). Alle Anweisungen der Äbtissin sollten demütig befolgt werden und alle Tätigkeiten von Gebet begleitet sein.[37]

Die Klausur hatte aus religiöser Sicht doppelten Nutzen. Zum einen schützte sie vor den Versuchungen der Außenwelt, zum anderen erlaubte sie den Klosterbewohnerinnen die Konzentration allein auf das Gebet und die täglichen Gottesdienste. Dennoch spielten die Klöster eine wichtige Rolle im religiösen Leben der Gesellschaft im frühneuzeitlichen Russland. Die Klosterkirche bildete den Raum, in dem die Gläubigen mit dem monastischen Leben in Kontakt treten konnten. Zu den Frömmigkeitsformen, die zwischen Kloster und Gesellschaft, Klerikern und Laien Gemeinschaft schufen, gehörte die Verehrung von Ikonen und Heiligen. Als Adressat von Stiftungen und Spenden diente der Konvent dabei allen gesellschaftlichen Schichten, nicht zuletzt aber dem Adel.

Ikonen prägten die Geschichte vieler Klöster entscheidend. Zu Ehren eines Gottesmutterbildes wurden beispielsweise das Kazaner Bogorodickij-Kloster, das Moskauer Strastnoj-Kloster und das Novodevičij-Kloster gegründet. Die Kazaner Ikone war 1579 aufgefunden worden, Ivan IV. stiftete für sie das Bogorodickij-Kloster. Die Ikone wie auch viele ihrer Kopien galten als wundertätig, so dass Klöster, die ein solches Gottesmutterbild besaßen, zahlreiche Pilger anzogen. Die mit legendären Elementen durchsetzte Gründungsgeschichte des Strastnoj-Klosters gibt I. F. Tokmakov in einer seiner zahlreichen Klosterbeschreibungen wieder.[38] Der Überlieferung nach hatte die Gottesmutter selbst die Existenz dieser Ikone offenbart. Eine Frau war auf ihr Gebet hin von Besessenheit geheilt worden, jedoch musste Maria ihr noch zweimal erscheinen und sie erneut mit Krankheit schlagen, bevor die Frau die Weisungen befolgte. Ein Traum führte die Kranke schließlich nach Nižnij Novgorod zu einem Ikonenmaler, wo die Darstellung der „Gottesmutter der Passion" („Strastnaja") sie heilte. Da die Ikone noch weitere Wunder vollbrachte, wurde sie nach Moskau gebracht und dort von Zar und Patriarch feierlich empfangen. Michail Fedorovič ließ zunächst nur eine Kirche für die Ikone errichten, sein Sohn und

inočeskie ustavy, S. 83f. Vgl. The Monastic Rule of Iosif Volotsky, S. 107f.

37 Duchovnaja inokini Novodevič'ego monastyrja Eleny Devočkinoj, in: Akty Rossijogo gosudarstva, S. 300f.

38 I. F. TOKMAKOV Istoriko-statističeskoe i archeologičeskoe opisanie Moskovskago Strastnago devič'jago monastyrja. Moskau 1897, S. 5-13.

Nachfolger stiftete das Frauenkloster dazu. Das gesellschaftliche Ansehen des Klosters lässt sich daraus ermessen, dass seine Nonnen aus den bekanntesten Adelsgeschlechtern stammten.[39] Damit war das Kloster mehrfach ausgezeichnet, sowohl durch die Ikone als auch durch die Beachtung des Zaren und der Moskauer Familien. Diese Wertschätzung hielt auch an, als die Ikone 1681 wieder an den Ort ihrer ursprünglichen Verehrung, das Heimatdorf der geheilten Kranken, zurückgebracht wurde.

Einen besonderen Rang nahm das Novodevičij-Kloster ein. Dieser Konvent war auf ein Gelübde des Großfürsten Vasilij III. hin zu Ehren der Smolensker Gottesmutter-Ikone errichtet worden. Auch wenn das Original der Ikone erst im 19. Jahrhundert nach Moskau zurückkehrte, wurde doch eine Kopie verehrt. Vasilij III. und seine Nachfolger sorgten für die Ansiedlung von Nonnen aus guten Familien und die Wahl geeigneter Äbtissinnen, beispielsweise der ersten Äbtissin Elena Devočkina, die aus dem Suzdaler Pokrovskij-Kloster stammte.[40] Außerdem erhielt das Kloster umfangreiche finanzielle Zuwendungen. Allein die Gründungsstiftung Vasilijs umfasste zwei Kirchdörfer mit 2000 *četvert'* Ackerland sowie 3000 Rubel für den Bau.[41] Das Fest der Gottesmutterikone zählte zu den jährlichen Großereignissen in Moskau. Wie Paulos von Aleppo, Sohn des Patriarchen Makarios von Antiochien, berichtet, kamen der Zar, zahlreiche Hofbeamte und einfaches Volk bereits am Vorabend des Feiertages zum Kloster, um an den vom Patriarchen zelebrierten Gottesdiensten teilzunehmen. Ein interessantes Detail ist, dass alle Gäste, selbst der Zar und der Patriarch, vor dem Kloster in Zelten und Hütten schlafen mussten. Im Kloster waren weder männliche noch weibliche Übernachtungsgäste gestattet.[42]

Die Verehrung von Ortsheiligen gab einigen Klöstern zusätzliche Bedeutung. Nur wenige Frauen haben es in den Rang von russlandweit bekannten Heiligen gebracht, doch wurden einige Nonnen lokal verehrt. Zu ihnen zählt die Witwe Dmitrij Donskojs, Evdokija (im Kloster Evrosinija). Wie bereits erwähnt, führte sie nach dem Tod Dmitrijs nach außen hin ihr weltliches Leben weiter, folgte tatsächlich aber schon asketischen Regeln, indem sie fastete und unter ihren Kleidern Ketten trug. Als ihr ein Engel den nahen Tod offenbarte, ließ sie sich im Voznesenskij-Kloster einkleiden, wo sie zwei Monate später starb. Bereits zu Lebzeiten soll sie Wunder

---

39 Dies zeigt eine Inventur des Klosters von 1702, vgl. TOKMAKOV Istoriko-statističeskoe i archeologičeskoe opisanie Moskovskago Strastnago devič'jago monastyrja, S. 118f.

40 Duchovnaja inokini Novodevič'ego monastyrja Eleny Devočkinoj, in: Akty Rossijskogo gosudarstva, S. 299.

41 N. ANTUŠEV Istoričeskoe opisanie Moskovskago Novodevič'jago monastyrja. Moskau 1885, S. 7.

42 Putešestvie Antiochijskago Patriarcha Makarija v Rossiju v polovine XVII veka, opisannoe ego synom, archidiakonom Pavlom Aleppskim. Perevod s arabskago G. Murkosa (po rukopisi Moskovskago Glavnago Archiva Ministerstva Inostrannych Del). Moskau 1896-1898. Nachdruck Moskau 2005, S. 442f.

vollbracht und Kranke geheilt haben.[43] Dass eine Frau als Witwe ins Kloster ging, war nicht unüblich; vermutlich galt dies für die Mehrheit der Novizinnen.[44] Evdokija konnte für diese Frauen als Vorbild gelten. Indem sie sich im Witwenstand ausschließlich religiösen Pflichten widmete, hielt sie ihrem Gatten über den Tod hinaus die Treue. Zudem betont die Überlieferung ihre Bescheidenheit, da sie die Askese nur ihren Kindern offenbarte. Mit Evdokijas Tod wurde die Tradition begründet, im Voznesenskij-Kloster Großfürstinnen und Zarenangehörige beizusetzen.

Die räumliche Lage im Kreml' beförderte eine solche Auszeichnung sicherlich. Dass das Gedenken an Heilige allein nicht genügte, um ein Kloster zu ernähren, zeigt nämlich das Beispiel des Pokrovskij-Chot'kov-Klosters. Die Eltern des heiligen Sergij von Radonež waren in dieses Kloster eingetreten und dort gestorben. Von ihrem Grab soll Sergij aufgebrochen sein, um in der Wildnis zu leben.[45] Trotz solcher namhafter Patrone blühte das Kloster erst auf, als es dem benachbarten Troice-Sergiev-Kloster unterstellt wurde und entsprechende finanzielle Unterstützung erhielt. Ähnlich erging es dem Rizpoloženskij-Kloster in Suzdal'. Im 13. Jahrhundert nahm dort eine Fürstentochter den Schleier, deren Bräutigam verstorben war. Ihr Gebet soll das Kloster vor dem Überfall Batu Chans gerettet haben, während Suzdal' verwüstet und die dort lebenden Mönche getötet oder gefangen genommen wurden.[46] Evrosinija wurde lokal verehrt. Erst im 16. Jahrhundert wurde der höhere Klerus auf ihre Wunder aufmerksam und sprach sie heilig; 1693 öffnete man ihr Grab und fand ihren Leichnam unversehrt.[47] Das Rizpoloženskij-Kloster hatte damit gute Voraussetzungen, zum Pilgerort zu werden, doch konnte es mit dem Pokrovskij-Kloster letztlich nicht konkurrieren.

Das Suzdaler Pokrovskij-Kloster war 1364 von einem Fürsten zum Dank für seine Errettung vor dem Ertrinken gestiftet worden. Der örtliche Bischof unterstützte das Vorhaben, und Abt Evfimij wählte den Bauplatz in direkter Nachbarschaft zu dem von ihm begründeten Spaso-Evfimiev-Kloster. Die Mutter Evfimijs oder eine nahe Verwandte war erste Äbtissin des Pokrovskij-Klosters.[48] Damit waren schon wichtige Beziehungen geknüpft, um den Reichtum des Konvents zu fördern. Großen Einfluss auf die weitere Geschichte des Klosters hatte dann das Schicksal der Solomonija Saburova (mit Klosternamen Sofija). Sie war die Ehefrau Vasilijs III.; da die Ehe kinderlos blieb, wurde sie als Nonne eingekleidet, so dass der Großfürst wieder

---

43 PŠENIČNIKOV Kratkoe istoričeskoe opisanie, S. 22-26.
44 Dies geht aus verschiedenen Aufnahmegesuchen aus dem Suzdaler Pokrovskij-Kloster hervor, siehe beispielsweise KATAEV, KABANOV Opisanie aktov sobranija Grafa A. S. Uvarova, otd. 2, Nr. 177, 1640 (7148); Nr. 215, 1651 (7159); Nr. 231, 1660 (7168).
45 Pokrovskij-Chot'kov devičij monastyr'. 8. Aufl. Svjato-Troickaja Sergieva Lavra 1896, S. 4.
46 V. T. GEORGIEVSKIJ Suzdal'skij Rizpoloženskij ženskij monastyr'. Istoriko-archeologičeskoe opisanie. Vladimir 1900, S. 11.
47 GEORGIEVSKIJ Suzdal'skij Rizpoloženskij ženskij monastyr', S. 16.
48 ZVERINSKIJ Material, Band 2, Nr. 1066.

heiraten konnte.[49] Es war kein Zufall, dass sie ins Pokrovskij-Kloster kam: Bereits Ivan III. hatte den Konvent besucht und mit Stiftungen bedacht, eine Tochter von ihm trat als Nonne ein.[50] Auch Vasilij III. hatte das Kloster schon während seiner Ehe mit Solomonija unterstützt. Nach ihrer Einkleidung unterstützte er Sofija großzügig, wovon auch die Schwesternschaft profitierte. Postum wurde sie als Heilige verehrt. An ihrem Grab ereigneten sich Wunder und Heilungen, so dass es viele Pilger und Pilgerinnen anzog – wieweit die tragische Geschichte Solomonijas dazu beitrug, die Herzen zu bewegen, sei dahingestellt. Frauen aus dem Zarenhaus und angesehenen Familien traten der Schwesterngemeinschaft bei, so dass das Pokrovskij- ebenso wie das Voznesenskij- und Novodevičij-Kloster eine zentrale Stellung im religiösen Selbstverständnis der Herrscherfamilie und des Adels einnahm.

Neben der Verehrung von Ikonen und Heiligen war das Fürbittgebet ein weiteres sinnstiftendes Element des klösterlichen Lebens. Es stellte zugleich Daseinsberechtigung und Existenzsicherung dar. Der materielle Faktor bestand darin, dass die Klostergemeinschaft Stiftungen in ganz unterschiedlichen Formen erhielt, um für die Wohltäter zu beten. Das Stiftungsbuch des Novodevičij-Klosters zeigt, welchen Umfang dies erreichen konnte: Beinahe täglich gab es Einträge für das Gedenken an weltliche Personen und Nonnen. Die dafür gezahlten Beträge konnten von zehn bis eintausend Rubeln reichen.[51] Außerdem erhielt das Kloster Sachspenden für die Ausstattung der Kirchen, die von Ikonen über Kerzenleuchter bis hin zu Glocken reichten. Darüber hinaus überschrieben Stifter dem Kloster Land und Dörfer. Im Gegenzug beteten die Schwestern für den Stifter und dessen Familie, entweder für das Seelenheil der Verstorbenen oder die Gesundheit der Lebenden.[52] Die Großklöster wie Novodevičij-, Voznesenskij- und Suzdal'skij-Pokrovskij-Kloster profitierten davon besonders, da in ihnen Nonnen aus reichen Häusern lebten und dort auch begraben wurden. Außerdem pflegten die Zaren den Kontakt zu einzelnen Klöstern. Michail Fedorovič hatte offensichtlich eine besondere Beziehung zum Moskauer Alekseevskij-Kloster. Er förderte dessen Renovierung nach der Zeit der Wirren und noch einmal nach dem Brand Moskaus 1629. Auch Aleksej Michailovič besuchte das Kloster regelmäßig an seinem Namenstag, um das Patrozinium zu

49 I. F. TOKMAKOV Istoričeskoe i archeografičeskoe opisanie Pokrovskago devič'jago monastyrja v gorode Suzdale (Vladimirskoj gubernii) v svjazi z žitiem Prepodobnoj Čudotvoricy Sofii (v mire velikoj knjagini Solomonii) i caricy inokini Eleny (v mire Evdokii Feodorovny Lopuchinoj). Vladimir 1913, S. 11-16.

50 Suzdal'skij Svjato-Pokrovskij ženskij monastyr'. Moskau 2002, S. 23.

51 Vkladnaja kniga 1674–1675 (7183) goda Moskovskogo Novodevič'ego monastyrja, in: Istočniki po social'no-ėkonomičeskoj istorii Rossii XVI-XVII vv. Iz archiva Moskovskogo Novodevič'ego monastyrja. Hrsg. von V. I. KORECKIJ, V. B. PAVLOV-SIL'VANSKIJ. Moskau 1985, S. 152-210.

52 Vgl. dazu beispielsweise LUDWIG STEINDORFF Commemoration and Administrative Techniques in Muscovite Monasteries, in: Russian History/Histoire Russe 22,4 (1995), S. 433-454.

feiern.[53] Im Moskauer Ivanovskij-Kloster begingen die Zaren jährlich das Fest der Enthauptung Johannes' des Täufers. Möglicherweise war dieses Kloster durch Ivan III. oder Ivan IV. zu Ehren ihres Namenspatrons gestiftet worden.[54] Auch das Voznesenskij-Kloster besuchten Aleksej Michailovič und Patriarch Nikon regelmäßig. Wie Paulos von Aleppo miterlebte, betete der Zar dort sowohl bei seiner Rückkehr von einem Feldzug als auch beim erneuten Aufbruch.[55] Außerdem feierte Aleksej Michailovič dort den letzten Sonntag vor Beginn der österlichen Fastenzeit. Traditionell bitten die orthodoxen Christen einander an diesem Tag um Verzeihung. Zar und Zarin taten dies gegenüber den Nonnen des Voznesenskij-Klosters und den Mönchen des Čudov-Klosters, um ihrerseits die Versöhnungsbitte der Bojaren entgegenzunehmen.[56] Zumindest einige Frauenklöster spielten im höfischen Zeremoniell eine tragende Rolle, indem sie die Legitimation der Großfürsten und Zaren als orthodoxer Herrscher bekräftigten. Punktuell waren gesellschaftliche Unterschiede aufgehoben; vor den Toren des Novodevičij-Klosters waren Zar und Gemeinde für kurze Zeit gleich.

Ob die klösterliche Klausur selbst dazu diente, verschiedene Gesellschaftsschichten zu einen, ist zweifelhaft. Fest steht, dass sich soziale Differenzierungen in der Klostergemeinschaft fortsetzten. Bojarinnen und Angehörige der Zarenfamilie gaben zwar ihren Taufnamen auf, nicht aber ihre Standesbezeichnung, so dass eine der Ehefrauen Ivans IV. den Klosternamen *carica starica* Dar'ja trug. Das Idiorrhythma förderte zudem die Kluft zwischen Arm und Reich, da die adeligen Nonnen bessere Versorgungsmöglichkeiten hatten als einfache Frauen. Der gemeinsame religiöse Dienst war keine Garantie, dass die sozialen Schranken tatsächlich überwunden waren.

Dieser Umstand, der streng genommen im Widerspruch zum Gedanken der Gelübde steht, erklärt sich auch dadurch, dass die Klöster nicht allein geistlichen Zwecken dienten. Aus kirchlicher Sicht bot die Klausur den Nonnen Schutz und Abgrenzung von der Welt, aus gesellschaftlicher Sicht zusätzlich eine soziale Absicherung. Dies wird aus Bittschriften ersichtlich, mit denen Frauen im 18. Jahrhundert um die Aufnahme ins Kloster ersuchten.[57] Drei Argumente dominieren diese Schriftstücke: Alter, Krankheit und Armut. Dies war dem gesetzlichen Rahmen geschuldet, der das Eintrittsalter in den Nonnenstand auf 50 Jahre erhöhte und jüngeren Frauen allenfalls das Noviziat erlaubte; zwischenzeitlich war selbst der Novizinnenstand Offi-

---

53 E. V. UŠAKOVA Kratkij istoričeskij očerk Moskovskago Alekseevskago devič'jago monastyrja. Moskau 1877, S. 14-20.

54 I. F. TOKMAKOV Kratkij istoričeskij očerk Moskovskago Ivanovskago devič'jago monastyrja. Moskau 1882, S. 3-8.

55 Putešestvie Antiochijskago Patriarcha, S. 270 u. 530.

56 Putešestvie Antiochijskago Patriarcha, S. 513.

57 Solche Gesuche bzw. deren Protokolle finden sich in den Synodalakten (ODDAS; Rossijskij gosudarstvennyj archiv drevnych aktov, f. 1183, op. 1,1-1,8 und 3) sowie lokal in den Akten des Moskauer Geistlichen Konsistoriums (Central'nyj istoričeskij archiv Moskvy, f. 203).

zierswitwen vorbehalten.[58] Entsprechend betonten Frauen, die ins Kloster eintreten wollten, ihre Bedürftigkeit, während religiöse Argumente keinerlei Rolle spielten.

Allerdings hatten sich auch in vorpetrinischer Zeit Frauen häufig erst im Alter einkleiden lassen. Die Epitaphien im Voznesenskij-Kloster zeigen mehrere solcher Fälle. Ähnlich wie die Witwe Dmitrij Donskojs lebte auch die Ehefrau Vasilij Temnyjs 17 Jahre im Witwenstand, bevor sie ins Kloster eintrat und dort die letzten acht Jahre ihres Lebens verbrachte.[59] Für andere Frauen war Krankheit ein Anlass, ins Kloster einzutreten. Sie legten das Gelübde ab, im Fall ihrer Gesundung oder zumindest des Überlebens den Schleier zu nehmen.[60] Eine dritte Gruppe von Frauen erkaufte sich das Recht, im Kloster zu leben. Eine Stifterin erhielt beispielsweise gegen Leistungen im Wert von 6,10 Rubeln die Erlaubnis, in einem Mönchskloster zu arbeiten. Die Brüder verpflichteten sich, sie mit Nahrung und Kleidung zu versorgen und ihrer nach ihrem Tod zu gedenken.[61] Bei höheren Summen entfiel die Arbeitsleistung, so dass die Stiftung eine Art Rentenversicherung darstellte.[62]

Von solchen Vereinbarungen abgesehen stellte der Eintritt ins Kloster keine Unterhaltsgarantie dar, da Nonnen sich, wie bereits erwähnt, zumindest teilweise selbst versorgen mussten. Stifterinnen, die im Kloster lebten, ohne die Gelübde abgelegt zu haben, waren von den Zuwendungen des Zaren meist ausgeschlossen. Wirtschaftliche Gründe spielten also vermutlich eine nachgeordnete Rolle beim Gang ins Kloster. Stärker motivierte die Sorge um das Seelenheil ältere Frauen, ihr Lebensende im Nonnenstand zu verbringen. Denkbar ist aber auch, dass sich die Frauen erhofften, in der klösterlichen Gemeinschaft bei Krankheit, Gebrechlichkeit oder einer sonstigen Behinderung versorgt zu werden. Gerade für unverheiratete Frauen und kinderlose Witwen konnte dies von großer Bedeutung sein. Allerdings wurde die freie Wahl dadurch erschwert, dass viele Klöster eine Aufnahmegebühr in Form einer Spende verlangten.[63]

Zuletzt gewinnt die Klausur noch eine dritte, ganz andere Bedeutung, da der Begriff in seiner Wurzel auch das Wort „wegschließen" beinhaltet. Bei weitem nicht alle Frauen lebten freiwillig im Kloster; Zwangseinkleidung und die Nutzung als

---

58 PSZ 6, Nr. 4022 (1722), S. 713; Polnoe sobranie postanovlenij i rasporjaženij po vedomstvu pravoslavnago ispovedanija Rossijskoj imperii. 10 Bände. St. Petersburg/Petrograd 1869-1911. Hier Band 10, Nr. 3309 (1738) und Nr. 3379 (1739).

59 PŠENIČNIKOV Kratkoe istoričeskoe opisanie, S. 30-53.

60 Sankt-Peterburgskij institut istorii Rossijskoj akademii nauk (SPb II RAN), k. 117 (Kollekcija P. I. Savvaitova), d. 442 (1657), l. 1–2; d. 1922 (1692), l. 1–2.

61 SPb II RAN k. 117, d. 1852 (1689), l. 1.

62 Vgl. dazu A. A. SAVIČ Vklady i vkladčiki v severnorusskich monastyrjach XV-XVII v. Otdel'nyj ottisk iz „Učenych Zapisok Permskogo Gosudarstvennogo Universiteta". Vyp. 1. Perm' 1929, S. 67-96, hier S. 91f.

63 Dies geht indirekt aus den Quellen hervor, in denen der Zar oder Patriarch die Aufnahme von Frauen „bezvkladno", ohne Stiftung, anordnete. Vgl. beispielsweise KATAEV, KABANOV Opisanie aktov sobranija Grafa A. S. Uvarova, otd. 2, Nr. 231 (1660), Nr. 278 (1668).

Gefängnis sind die Schattenseiten der Klostergeschichte. Da eine Ehescheidung kirchenrechtlich schwer durchzusetzen war, bestand die einfachere Variante darin, dass ein Ehepartner ins Kloster ging. Lapidar berichtete eine Frau in ihrer Bittschrift, dass ihr Mann nicht mehr mit ihr leben wollte und sie deshalb den Schleier genommen habe.[64] Da andere Frauen davon berichten, von ihrem Ehemann betrogen und geschlagen worden zu sein, bot das Kloster für sie trotz aller Entbehrungen möglicherweise die besseren Lebensumstände.[65] In einem Fall wie dem der oben erwähnten Solomonija Saburova (s. o., S. 471) hatte der Gang ins Kloster pragmatische Gründe, da die Notwendigkeit eines Thronfolgers selbst kirchenrechtliche Bedenken überstimmte. Während der Opričnina waren zudem viele Frauen und Männer gezwungen, die Mönchskutte anzulegen, um so der Rache Ivans IV. zu entgehen. Prominentes Beispiel ist die Fürstin Evfrosinija Starickaja, die ins Gorickij-Voskresenskij-Kloster eintrat, letztlich aber dennoch ermordet wurde.[66]

Darüber hinaus dienten die Klöster als Gefängnis. Dies konnte alle Frauen betreffen, die in irgendeiner Weise aus dem Rahmen der gesellschaftlichen Normen fielen. Die Klosterhaft diente als kirchliches Disziplinarmittel bei Ehevergehen wie Ehebruch, der Ehe mit einem verheirateten Mann, der Ehe zwischen Blutsverwandten oder der Wiederheirat einer Witwe vor Ende der Trauerzeit. Dazu kam – vor allem im 18. Jahrhundert – die Häresie. Da viele *raskol'nicy* bereits das Nonnenkleid trugen, wurden sie in Klöster gesandt, um dort bekehrt und in den orthodoxen Mönchsstand aufgenommen zu werden.[67] Auch weltliche Vergehen konnten die Klosterhaft zur Folge haben, von Betrug und Diebstahl bis hin zum Kindermord.[68] Schließlich wurden im 18. Jahrhundert psychisch kranke bzw. auffällige Frauen im Kloster untergebracht.

Die eigentliche Strafe bestand darin, dass viele Gefangene im Kloster arbeiten mussten. Im Extremfall wurden sie sogar in Ketten gehalten.[69] Dennoch hatte das Leben der Delinquentinnen und Nonnen zahlreiche Parallelen, wie am Beispiel der Fürstin Olena Mosalskaja ersichtlich wird. Sie war aus uns unbekanntem Grund ins Belozerskij-Gorickij-Kloster verbannt worden. Dort stellte man ihr eine Nonne zur Seite, um sie zu beaufsichtigen und vermutlich auch um sie positiv zu beeinflussen.[70] Wie die Schwestern besuchte auch Olena täglich den Gottesdienst. Allerdings

---

64 SPb II RAN k. 117, d. 591 (1664-84), l. 1.
65 SPb II RAN k. 117, d. 420 (1656), l. 1; d. 1082 (1675), l. 1.
66 ZVERINSKIJ Material, Nr. 770.
67 PSZ Band 7, Nr. 4153 (1723).
68 KATAEV, KABANOV Opisanie aktov sobranija Grafa A.S. Uvarova, otd. 2, Nr. 179 (1640) und Nr. 237 (1663).
69 Gosudarstvennyj archiv Vladimirskoj oblasti, f. 575 (Suzdal'skij Pokrovskij devičij monastyr'), op. 1, d. 237, l. 9 (1688/89).
70 Akty, sobrannye v bibliotekach i archivach Rossijskoj imperii Archeografičeskoju ėkspedicieju Imperatorskoj Akademii nauk. Dopolneny i izdany Vysočajše učreždennoju kommissieju. 4 Bände. St. Petersburg 1836, Nr. 104 (1619).

war es ihr verboten, das Kloster zu verlassen. War der Empfang von Besuch im Kloster üblicherweise unter Aufsicht erlaubt, sollte Olena Mosalskaja keinerlei Kontakt zur Außenwelt haben. Die Begründung für diese Anordnung wiederum konnte auch für die Schwestern gelten, denn die Fürstin sollte nicht durch weltliche Reize abgelenkt werden. Für die Schwestern bot die Klausur Schutz vor der Welt und der Sünde; der Welt bot das Kloster Schutz vor der Sündhaftigkeit der Delinquentinnen. War das Ziel der Nonnen die Seligkeit, sollten die Klostergefangenen geläutert werden. Deshalb war die Dauer der Klosterhaft selten begrenzt und konnte sich über Jahre hinziehen, denn das Kloster garantierte ein wohlgeordnetes Leben, wie es die Ehe und das familiäre Umfeld der betroffenen Frauen nicht so leicht bieten konnten.

Die Gesellschaft wirkte somit auf vielfältige Weise auf die Gestalt der Klöster ein. Besonders materielle Faktoren bestimmten die soziale Zusammensetzung der Schwesterngemeinschaft wie auch die Möglichkeiten geistlicher Entfaltung. Der Einfluss der Frauenklöster auf das religiöse Leben des Zarenreichs war wenig spektakulär, auch liefen die Konvente Gefahr, für fremde Ziele vereinnahmt zu werden, da Kirche und Obrigkeit sie zur Aufrechterhaltung von Ordnungsprinzipien nutzten. Dennoch prägten die Nonnenklöster auf eine stille Art den orthodoxen Alltag, indem sie, neben den Mönchsklöstern und Gemeindekirchen, Gläubigen ein weiteres Pilgerziel boten. Vor allem aber gaben sie Frauen unterschiedlicher Herkunft und Motivation die Chance, eine kürzere oder längere Spanne ihres Lebens in religiöser und schwesterlicher Gemeinschaft zu verbringen.

Donations and Commemoration in the Muscovite Realm – a Medieval or Early Modern Phenomenon?[*]

LUDWIG STEINDORFF

About the year 1040 Gausfredus, bishop of Auxerre in Burgundy, and his brother Dalmacius left their revenues from one of their villages to the monastery of Cluny and disposed:

> *Tali conventu, ut in anniversario patris mei Dalmacii ipsa refectio senioribus Cluniacensibus lautissime preparetur, ut libentius ipsi fratres memoriam illius habeant in cunctis divinis obsequiis.*

> "Under this condition: On the anniversary of my father Dalmacius this refreshment shall be deliciously prepared for the senior monks of Cluny, and those brethren will commemorate him even more willingly in all divine services."[1]

Were it not for the names of persons and places, this phrase could be the translation from an Old Russian document from Muscovy as well. In hundreds of deeds donors ordered a *korm*, literally a "feeding", a festive meal like the quoted "refreshment", on the anniversary of their death or on their Saint's day.

Quite frequently specialists in Old Russian history have turned our attention to structural parallels between phenomena in Muscovy and the West in the High Middle Ages.[2] A close look at the complex of memorial culture will strengthen this impression, and by the comparison it will turn out, that the parallelisms are partly of genetic character because of common roots, partly of structural character because of similar premises. Of course we shall also register numerous differences, and we shall see that there are also aspects which remind us much more of the contemporary societies and states in Early Modern Western Europe.

---

[*] I would like to thank David Goldfrank for his numerous helpful comments and suggestions.

1 *Recueil des chartes de l'abbaye de Cluny, tome quatrième, 1027-1090*, ed. Auguste Bernard and Alexandre Bruel (Paris, 1888), 142, No. 2940.

2 For instance: Edward L. Keenan, "The Trouble with Muscovy. Some Observations upon the problem of the comparative study of form and genre in historical writing," in *Major Problems in Early Modern Russian History*, ed. Nancy Shields Kollmann (New York/London, 1992), 1-24 [originally in *Medievalia et Humanistica* 5 (1974), 103-126], here 1-2; Nancy Shields Kollman, *Kinship and Politics: The Making of the Muscovite Political System, 1345-1547* (Stanford, 1987), 29; Daniel Rowland, "Ivan the Terrible as a Carolingian Renaissance Prince," *Harvard Ukrainian Studies* 19 (1995), 594-606; *The Monastic Rule of Iosif Volotsky. Revised edition*, ed., transl. and intr. by David Goldfrank (Kalamazoo/Spencer, 2000), 10 (Preface).

We shall seek the religious and social preconditions which favored the development of an elaborated system of commemoration; we shall compare the realization
of the commemoration and the technical solutions for securing the administration of
vast numbers of names to be remembered; and we shall investigate the functions of
the social practice of donating and commemoration.

By this means we shall use both approaches to historical comparisons: We shall
attempt to explain, why, when comparing two environments, we meet some common traits and some differences. And we shall ask as well, if behind the surface of
similarity hide principal differences, or if the similarity is based on structural parallels and genetic links.[3]

I have avoided limiting the comparison to only two individual cases, for instance
Cluny and the Troitse-Sergiev monastery, since we would be in danger of taking one
case as representative of a standardized whole. Likewise we would be obliged to
verify to which extent the one is paradigmatic of Western monasticism in general
and the other of the Muscovite, or if they are quite specific cases within their sur-
roundings. So I prefer an approach, in which I certainly concentrate on some monasteries, but also take into account more generalizing results of the historiography.

The Christian idea of the necessity and possibility to care for the salvation of the
soul was firmly established in Muscovy as well as in the High Middle Ages in the
West, and it was based on the common Christian heritage, which had been transferred via Byzantium and Bulgaria to Kievan Rus' and Muscovy. The ideas were
worked out and illustrated in patristic texts which floated from East to West and vice
versa. The Life of Bishop John the Merciful of Alexandria was popular in the West
as well, and the *Dialogues* of Pope Gregory the Great were translated into Greek and
further into Church Slavonic. The tales of Gregory about the use of charity, donation
and prayer appear in many forewords to the Russian *sinodiki*[4] as of the end of the
15th century.[5] They correspond to motifs, which we find within the Old Russian text
tradition already in the Kievan *Paterikon*.[6] Also the texts of deeds reflect the religious concepts by their imagery.[7]

3   On the basis of Hartmut Kaelble, *Der historische Vergleich. Eine Einführung zum 19. und 20.
    Jahrhundert* (Frankfurt etc., 1999), 12-24.
4   The Russian term for the paraliturgical book which served for the daily commemorations of the
    dead, corresponding to Greek diptychs and to the South Slav *pomenik*. It must be distinguished
    from the *Sinodik pravoslaviia* which was read only on the first Sunday of Great Lent, cf. for
    instance Ludwig Steindorff, "Sinodik," in *Encyclopedia of Russian History*, ed. James R. Millar
    (New York etc., 2004), vol. IV, 1398-1399.
5   Cf. Ludwig Steindorff, *Memoria in Altrußland. Untersuchungen zu den Formen christlicher
    Totensorge* (Stuttgart, 1994) (=Quellen und Studien zur Geschichte des östlichen Europa, 38),
    11-12, 110; Irina Dergacheva, *Stanovlenie povestvovatel'nykh nachal v drevnerusskoj literature
    XV-XVII vekov (na materiale sinodika)* (München, 1990), 145-147.
6   *Das Paterikon des Kiever Höhlenklosters. Nach der Ausgabe von D. Abramovič*, ed. Dmitrij
    Tschiževskij (München, 1964), 183-185 (Slovo 35: O Pimine).
7   Willibald Jorden, *Das cluniazensische Totengedächtniswesen vornehmlich unter den drei ersten*

The general principles are in common: The gift – in the form of donation, charity or prayer – will be rewarded by a gift in return: by the prayer of the receiver of the donation or of the alms, by the intercession of the saint, by the assistance of God. Here Christianity follows the almost universal anthropological principle of the exchange of gifts.[8] The gift to the poor or to the monks is helpful, since they will pray for their benefactor. At the same time the monks like the poor appear as representatives of Christ, and the gift to them is a gift to Christ himself following the Gospel: "I tell you this: anything you did for one of my brothers there, however humble, you did for me (Matthew 25:40)."[9] On this level of course, the making of this circle of gift and gift in return required the Christian conception of transcendence: "Lend without expecting any return; and you will have a rich reward; you will be sons of the Most High (Luke 6:35)."[10]

The notion of charity as care for Christ himself appears as the Christianization of pagan traditions. Feeding the abjectly poor, the "socially dead", had replaced the feeding of the dead, who, following the pre-Christian concept, were still close to the living and needed food and drink. The socially dead – the poor, people with permanent diseases, slaves, banished persons, etc. – were representatives of the physically dead.[11] This closeness of the poor and the deceased was present in the pre-modern West as well as in the East.[12] In a document from Cluny the poor appear as the "dead brethren", who receive alms.[13]

Äbten, Berno, Odo und Aymard (910-954) (Münster, 1930) (=Münsterische Beiträge zur Theologie, 15), 79-84; Marina Sergeevna Cherkasova, "Pozemel'nye akty kak istochnik dlia izucheniia religioznogo soznaniia srednevekovoi Rusi," *Drevniaia Rus'. Voprosy medievistiki* 2 (8) (iiun' 2002), 35-47.

8 Worked out in detail for the first time in 1924 by Marcel Mauss, *Essai sur le don. Forme et raison de l'échange dans les sociétés archaïques* (Paris, 2007), respectively numerous translations.

9 Matthew 25:40, following the translation in the New English Bible. Among the humble are the hungry, the thirsty, the strangers, the naked, the sick, and the imprisoned. – In the East as well as in the West, this list is completed or varied by the burial of the dead, cf. Steindorff, *Memoria*, 109-110.

10 Arnold Angenendt, "Das Offertorium in liturgischer Praxis und Kommunikation," in *Zeichen – Rituale – Werte. Internationales Kolloquium des SFB 496 an der WWU Münster*, ed. Gerd Althoff (Münster, 2004), 71-150, has worked out how perfectly the principle of gift exchange is realized in the different forms of the Christian sacrifice. The article refers only to the medieval Western Church, but the results are easily applicable to the Eastern church as well. Cf. also the article by Russell Martin in this volume.

11 The very helpful and convincing concept of "social death" was worked out by Hans-Peter Hasenfratz, *Die toten Lebenden. Eine religionsphänomenologische Studie zum sozialen Tod in archaischen Gesellschaften* (Leiden, 1982); I have applied it to Russian monasticism in Ludwig Steindorff, "Einstellungen zum Mönchtum im Spiegel altrussischer Quellen," *Archiv für Kulturgeschichte* 75 (1993), 65-90. Orlando Patterson, *Slavery and Social Death. A Comparative Study* (Cambridge, 1982), especially 38-45, uses the term "Social Death" as a simple metaphor for exclusion and absolute dependence, but he does not discuss religious implications of the category, except in regard to redemption and manumission.

12 Cf. for instance: Joachim Wollasch, "Toten- und Armensorge," in *Gedächtnis, das Gemeinschaft stiftet*, ed. Karl Schmid (Freiburg 1985), 9-38; Hermann Queckenstedt, *Die Armen und*

At that time when the community of Cluny rose and flourished, the image of purgatory had been born long ago, but the rise of the popularity of this idea in the Western church had not yet started. The calculus of the success of intercession[14] – how many years in purgatory would be remitted by how many masses or other gifts – was still unknown. So the reigning eschatological conception was still close to that of the Eastern Church. There, notwithstanding the conviction about the use and necessity of the care for the deceased, a fixed correlation between the effort and the result was never established, the achievement of the intention was never "guaranteed".

In the East as well as in the West, a short period after death played a special role, thirty days in the West, forty in the East. The periods are both of pre-Christian origin and roughly correspond to observations of the decomposition of the corpse.[15] The concept of the heavenly tollhouses, the Greek *teloneia* and Russian *mytarstva*, which must be passed during that period, on the way to the throne of God,[16] is a specific mark of the Eastern Church. This motif was introduced in the Icon of the Last Judgement as well.[17] Charity and prayers of the living and good deeds during life time of the deceased pay for the toll for the individual sins, which are distributed among the different stations. Literary forewords of *sinodiki* contain various texts about the journey of the soul during the forty days.[18]

Maybe, the pious activities of donating and charity were stipulated in the West by the fear of the year 1000[19], as later in Russia in expectation of the Last Judgement

---

die Toten. Sozialfürsorge und Totengedenken im spätmittelalterlich-frühneuzeitlichen Osnabrück (Osnabrück, 1997).

13 *Recueil des chartes*, V, No. 4132, 478-479 (1147-1148).

14 Cf. for instance the classical study by Jacques Chiffoleau, *La comptabilité de l'au-delà: Les hommes, la mort et la religion dans la région d'Avignon à la fin du Moyen Âge (vers 1320 - vers 1480)* (Rome, 1980); Ralf Lusiardi, "Fegefeuer und Weltengericht," in *Stiftungen und Stiftungswirklichkeiten. Vom Mittelalter bis zur Gegenwart*, ed. Michael Borgolte (Berlin, 2000) (=Stiftungsgeschichten, 1), 97-110.

15 Cf. Steindorff, *Memoria*, 98-101.

16 As a part of the Life of Basilius the Younger. The Slavic text was recently re-edited by Irina Dergacheva, *Posmertnaia sud'ba i "inoi mir" v drevnerusskoi knizhnosti* (Moskva, 2004), 221-234.

17 David M. Goldfrank, "Who Put the Snake on the Icon and the Tollbooth on the Snake? – A Problem of Last Judgment Iconography," *Harvard Ukrainian Studies* 19 (1995), 180-199.

18 Cf. the texts, published by E. V. Petukhov, *Ocherki iz literaturnoi istorii sinodika* (St. Peterburg, 1895); for the practice in Russia cf. Daniel H. Kaiser, "Death and Dying in Early Modern Russia," in *Major Problems in Early Modern Russian History*, 217-257, here 235-239.

19 Johannes Fried, "Awaiting the End of Time around the Year 1000," in *The Apocalyptic Year 1000. Religious Expectation and Social Change*, ed. Richard Landes, Andrew Gow and David C. von Meters (Oxford, 2003), 17-66, originally in German: "Endzeiterwartung um das Jahr 1000," *Archiv für Erforschung des Mittelalters* 45 (1989), 381-473. Cf. also Edward Peters, "Mutations, Adjustments, Terrors, Historians, and the Year 1000," in *The Year 1000. Religious and Social Response to the Turning of the First Millenium*, ed. Michael Frasseto (New York/Houndsmill, 2002), 9-28.

in the year 7000, i. e., in 1492. But as modern research has shown, the proofs of fear concentrating on the year 1000, are not so numerous as formerly supposed. Instead it is evident that a general attitude of fear, unfixed to certain dates, started to prevail. These results, so it seems, are transferable to the year 7000 in Russia.[20] After centuries of established Christianity, the optimistic confidence in salvation on the basis of baptism and credo only had been replaced by the fear that salvation depended on a pure life, including good deeds such as donations and alms. So, the monastic "culture of commemoration" was not motivated exclusively by the expectation of the Last Judgement, and it continued to flourish, after the prophesied dates had passed.

Beside the given precondition of corresponding religious images and values, the memorial culture was able to develop thanks to a sufficiently large number of potential and willing donors of land and dependent people or of other assets. Only on the basis of economic stability was it possible to secure an elaborated liturgical life. This circumstance corresponds to France or Germany in the 11th century as well as to Muscovy in the 15th century. The donations were motivated not only by the accepted religious reasons, but also by considerations of prestige. As Pierre Bourdieu has conceptualized this exchange, "economic capital" was converted by the donations into "symbolic capital."[21] It consisted in the consciousness of being commemorated within the community of brethren and all donors and in the contribution to the prosperity of the institution, which was regarded as the most competent administrator of prayer and commemoration, i. e. the large coenobitic monasteries. They could offer more than could the small private churches, "Eigenkirchen", which donors had erected on their own ground, as mentioned for the first time in the *Povest' vremennykh let* under the year 1037 from the time of Grand Prince Iaroslav the Wise.[22] Thanks to donations and in correspondence to the wishes of the donors, the large monasteries were able to develop a rich liturgical life and to erect imposing church buildings.[23] We may look at this attitude also as at the aesthetic dimension of the memorial culture.

Liturgical commemoration flourished in a time, when it, in addition to serving salvific functions, was recognized as "symbolic capital", as a matter of prestige, despite the collective character of the "realization," except for the moment of the pronunciation of the name in case of individual commemoration. Corresponding to the importance of the spoken name, visual individual symbols of memory in the form of decorated and prestigious tombs were hardly known, reserved only to persons in very high positions.

---

20 Aleksei Ivanovich Alekseev, *Pod znakom kontsa vremeni. Ocherki russkoi religioznosti* (St. Peterburg, 2002), chapter 1, especially 62-72.

21 Cf. Pierre Bourdieu, "Ökonomisches Kapital, kulturelles Kapital, soziales Kapital," in *Soziale Ungleichheiten*, ed. Reinhard Kreckel (Göttingen, 1983), 183-198.

22 *Povest' vremennykh let*, ed. D. S. Likhachev (Moskva/Leningrad, 1950), 102.

23 Cf. Georg Schreiber, *Gemeinschaften des Mittelalters. Recht und Verfassung. Kult und Frömmigkeit* (Münster, 1948), 111, referring to Cluny.

We may take the Iosifo-Volokolamskii monastery (about 80 miles west of Moscow) for example. As we shall see below, it played a crucial role in the development of the practice of commemoration. On the basis of the indications in the Feast book from about 1580 about the position of the graves on the territory of the monastery[24], it was possible during excavations around the main church in 2001 to identify the graves and bones of a number of well known donors. All of them were buried in wooden caskets. As Sergei Chernov argues convincingly, for people who had spent huge sums for the establishment of their liturgical commemoration, it was obviously not a matter of costs to afford a sarcophagus. The simple graves served for the expression of modesty and equality.[25]

As Barbara Rosenwein pointed out referring to Cluny, it is hardly possible to define an economic motivation for the donations in the sense of a material advantage. The donors simply wanted "to be the neighbour of Saint Peter," because of the expectation of the prayers and because of the prestige gained by the donation.[26]

Again we meet asynchronous parallels: the rise of monastic life and the filling up of the landscape by monasteries took place in the West during the High Middle Ages, but in Muscovy after the mid-14th century, starting with the foundation of the Troitsa monastery by Sergii of Radonezh. From there the monastic colonization spread to the north and reached the White Sea with the foundation of the monastery on the island of Solovki in 1436.

The first impulse for the foundation of new communities in remote areas may have been the desire for ascetism and loneliness, but simply due to their success as pious communities the monasteries soon became attractive receivers of donations and were expected to fulfill the role as competent supplicators. This process can be followed in the history of monasticism in the West as well as in Russia. And as we are able to establish a "genealogical tree" starting from the foundation by Sergii of Radonezh, to his disciples and further to their disciples,[27] we can trace the links

---

24 *Das Speisungsbuch von Volokolamsk. Kormovaia kniga Iosifo-Volokolamskogo monastyria. Eine Quelle zur Sozialgeschichte russischer Klöster im 16. Jahrhundert*, ed. and transl. Ludwig Steindorff in cooperation with Rüdiger Koke, Elena Kondrashkina, Ulrich Lang and Nadja Pohlmann (Köln/Weimar/Wien, 1998) (=Bausteine zur Slavischen Philologie und Kulturgeschichte, NF, B 12), 367-374 (table of grave indications within the text of the Feast book). – For the source type see below.

25 S. Z. Chernov, "Nekropol' Iosifo-Volokolamskogo monastyria v svete arkheologicheskikh issledovanii 2001 g. Staryi i novyi predely," in *Prepodobnyi Iosif Volotskii i ego obitel'. Sbornik statei*, ed. Igumen Sergii (Voronkov), Monakh Panteleimon (Dementienko) and G. M. Zelenskaia (Moskva, 2008), 269-314, here 307. The slabs with the inscriptions, which are mentioned in the Feast book, were removed when the church was rebuilt at the end of the 17th century, the bones remained in their place.

26 Barbara Rosenwein, *To Be the Neighbor of Saint Peter. The Social Meaning of Cluny's Property, 909-1049* (Ithaca/London, 1989), 44.

27 We can follow these links best by the transfer of didactics and literature. Igor Smolitsch, *Russisches Mönchtum. Entstehung, Entwicklung und Wesen 988-1917* (Würzburg, 1953) (=Das östliche Christentum, NF, 10/11), 533-535, has composed "genealogical trees" of spiritual fathers

between monasteries in the West, as it is sometimes even obvious looking at the names: the monastery of Corvey, *Nova Corbeia* (founded in 822), on the river Weser as a daughter foundation of Corbie in Northern France (founded between 657 and 661).[28]

Certainly, compared to the Western monastery the coenobitic character of the monastic life was never so thorough in Russia, and traces of idiorrhythmic life remained present,[29] but the particular *ustavy* and *obikhodniki* of individual monasteries reveal an intention to regulate the communal life as smoothly as possible. The *obikhodniki*, which appeared at the end of the 15th century, may be compared to the Western *consuetudines*, as they survived for instance from Cluny as well.[30]

So, the conditions under which the rich memorial culture developed were quite similar. As mentioned before, the genetic links between Russian and Western monasticism reach back to early Christianity and the Late Antiquity, and they were mediated by Byzantium to Russia, but the structural parallels of Muscovite monasteries to the role of Western medieval monasteries seem to be even more striking than to Byzantine or South Slav Orthodox ones, since there the role in the colonization process is less obvious, and the evidence of a rich memorial culture stems mostly from large foundations which concentrated solely on the commemoration of the founder.[31]

When we start now to look at the organization of commemoration in the West, we must go back to the Carolingian period. Following the tradition since Antiquity, the living and the dead were commemorated in the diptychs which were read within the Eucharistic service. Instead of the double tables as in the original sense of the word, the names were written on free pages of the Evangeliary on the altar[32], in

---

and sons from the different founder generations, starting from Sergii Radonezhskii.

28 For the "tree" of monasteries linked to Cluny, cf. Dietrich Poeck, *Cluniacensis ecclesia (10.-12. Jahrhundert). Der Cluniazensische Klosterverband* (München, 1998) (=Münstersche Mittelalterschriften, 71). In a painting from about the 17th century, a copy of which I saw in the exhibition room of the former Cistercian monastery Riddagshausen near Braunschweig, the whole family of Cistercian monasteries is presented as such a genealogical tree. So far I have not succeeded in tracing the original of the painting.

29 Allan Smith, "Beobachtungen zum geistlichen Leben des heiligen Iosif Volockij," in *Tausend Jahre Christentum in Rußland*, ed. Karl Christian Felmy et al. (Göttingen, 1988), 671-680.

30 The most famous one: *Liber tramitis aevi Odilonis abbatis*, ed. Petrus Dinter (Siegburg, 1980) (=Corpus consuetudinum monasticarum, X), composed at the beginning of the 11th century.

31 Cf. Schreiber, *Gemeinschaften*, 3-80; Steindorff, *Memoria*, 119-135; the central sources are collected in translation in: *Byzantine monastic foundation documents: a complete translation of the surviving founders' 'typika' and testaments,* ed. John Thomas, transl. by Robert Allison (Washington, 2000).

32 As famous example the Evangeliary of Cividale, in which the list contains also the names of the Slav princes Pribina and Trpimir, cf. Uwe Ludwig, "Krise des Karolingerreichs und Gebetsgedenken. Anmerkungen zum Problem der „großen Personengruppen" in den frühmittelalterlichen Libri vitae," in *Les élites au haut moyen âge. Crises et renouvellements*, ed. François Bougard, Laurent Feller and Régine Le Jan (Turnhout, 2006), 439-457, here 450.

Sacramentaries or in special books, the *libri vitae* or *libri memoriales*.[33] The size of these books and the number of entered names rose quickly due to the practice of associating numerous monasteries within a confraternity. We may take the links of the Reichenau monastery on the Lake Constance as one of the famous examples. The names of the brethren from one monastery were sent to the other monasteries within the confraternity, as the intention was to increase the moments of commemoration and to make the names present on as many sacred places as possible.[34] After the middle of the ninth century the number of entries of monastic communities declined, and the entry of whole families of laics from the elite dominated.[35] We may look at this tendency as an indication that this form of memorial culture was increasingly accepted by the laics.

Despite the fact that *libri memoriales* were kept and actualized by new entries also in later times, in general starting with the ninth century they were replaced by the necrologue. This type of book registers brethren and donors to be commemorated in the order the day of their death within the year. It had developed within the martyrologue, the calendar of the anniversaries of the death of martyrs. In the early stage the "common" dead to be commemorated on that day had been added to the entries of the martyrologue. Then the list of these names was separated in a special book.[36] The individual commemoration was now linked not to the mass, but to the reading in the chapter room and only once a year.

The practice of forming confraternities was transferred also to the entry in the necrologue. Thanks to this practice it was possible to reconstruct the missing necro-

---

33 Nicolas Huyghebaert, *Les documents nécrologiques* (Turnhout, 1972) (=Typologie des sources du moyen âge, 4), 13. – The Western memorial practice during the High Middle Ages is briefly presented by Frederick S. Paxton, "Christian Death Rites, History of," in *Macmillan Encyclopedia of Death and Dying*, ed. Robert Kastenbaum (New York etc., 2003), vol. I, 163-167, the Eastern practice is not mentioned at all.

34 *Das Verbrüderungsbuch der Abtei Reichenau*, ed. Johanne Autenrieth and Dieter Geuenich (Hannover, 1979) (=Monumenta Germaniae Historica. Antiquitates 4. Libri memoriales et necrologia, N.S., 1). On f. 4 (field A 1) of the facsimile we meet an entry *Methodius episcopus*, which almost certainly refers to the archbishop of Moravia, the brother of Constantine-Cyril, cf. Roland Rappmann and Alfons Zettler, *Die Reichenauer Mönchsgemeinschaft und ihr Totengedenken im frühen Mittelalter* (Sigmaringen, 1998) (=Archäologie und Geschichte, 5), 119.

35 Ludwig, "Krise," 442.

36 Huyghebaert, *Les documents*, 33-37. The monks from Saint-Emmeram at Regensburg put the names of the saints in one column, those of the "common" defunct in a parallel one, cf. *Das Martyrolog-Necrolog von St. Emmeran zu Regensburg*, ed. Eckhard Freise (Hannover, 1986) (=Monumenta Germaniae Historica. Antiquitates 4. Libri memoriales et necrologia, N.S., 3). As for the scrupulous analysis of a necrologue cf. Heinrich Dormeier "Domkapitel, Bischöfe und Memoria in Vercelli (10.-13. Jahrhundert)," in *Memoria. Ricordare e dimenticare nella cultura del medioevo. Memoria. Erinnern und Vergessen in der Kultur des Mittelalters*, ed. Michael Borgolte, Cosimo Damiano Fonseca and Hubert Houben (Bologna/Berlin, 2005), 287-326. Also other contributions of the volume refer to different types of memorial lists.

logue of Cluny itself on the basis of the comparison of surviving necrologues from associated monasteries.[37]

The change to the new book type may be explained just by the fact that the innovation was bound to another phase of revival of monastic life. But the main reason was probably the anonymity of the huge amount of names in the *Libri vitae*.[38] There was no hope of securing any regular reading of these names, only collective commemoration from these books was possible. The reduction to reading the name once a year was an act of economization and of rationalization as well as of individualization.

As for the practice of commemoration in the Kievan Rus', we know about it from indirect hints, since the first lists survive only from the 14th century. The *pominanie*, which is mentioned in the Kievan *Patericon*, served for the same liturgical purpose as the *libri vitae* and fulfilled the function of the diptychs. We do not know if this *pominanie* was reserved to monks, or if it contained also the names of donors and of the ruling dynasty.[39]

When the monastic landscape in Russia developed during the 15th century, and monasteries became increasingly attractive as receivers of donations, the donors expected to be commemorated in the prayers of the monks. Some monasteries kept *sinodiki* by this time, but so far we do not at all know if donors were regularly entered in these books, or if these people were satisfied by the fact of their being donors to the monastery, "neighbours of the Holy Trinity", and by their confidence in the power of the prayers of the monks.[40] The deeds from the 15th century only very rarely mention the desire to be commemorated in the *sinodik* or the *pominanie*.[41] Of course this may be due to the shortness of the formulae in the deeds, and the entry was assumed as self-evident. But we also may doubt it. Less than one per cent of the preserved *sinodiki* derives from the period before the 16th century, and the lack of

---

37 *Synopse der cluniazensischen Necrologien*, ed. Joachim Wollasch, vol. 1-2 (München, 1982) (=Münstersche Mittelalter-Schriften, 39). Dieter Geuenich, "Von der Adelsforschung zur Memoriaforschung," in *Pro remedio et salute anime peragemus. Totengedenken am Frauenstift Essen im Mittelalter*, ed. Thomas Schilp (Essen, 2008), 9-18, presents an outline of the research on *libri vitae* and necrologues during the last decades.

38 This also remains beyond question, if we take into account that the composition of the lists and the order of the entries followed certain rules, as worked out in detail for instance by Rappmann and Zettler, *Die Reichenauer Mönchsgemeinschaft.*

39 Generally for the traces of memorial practice before the end of the 15th century cf. Steindorff, *Memoria*, 136-156, 163-164 and, closely following, A. I. Alekseev, "O nachale gosudarstvennogo pominaniia praviashchich dinastii Riurikovichei (XIV-XV vv.)," in *Drevneishie gosudarstva Vostochnoi Evropy. 2005 god. Riurikovichi i rossiiskaia gosudarstvennost'*, ed. M. V. Bibikov, E. A. Mel'nikova and V. D. Nazarov (Moskva, 2008), 426-435.

40 For the activities of donors to the Troitsa-Sergii monastery at that time, cf. Pierre Gonneau, *La maison de la Sainte Trinité. Un grand-monastère russe du Moyen-âge tardif (1345-1533)* (Paris, 1993). He concentrates on economic motivations and demonstrates that there is an obvious correspondence between years of crisis (epidemic plagues, hunger, wars) and increasing donation activities. Still, we may wonder if this was caused even more by a religious than by an economic impulse.

41 Steindorff, *Memoria*, 156.

lists is probably not caused exclusively by losses of formerly existing lists. Commemoration was certainly an aspect of elite culture in the 16th century, from which only about two percent of the preserved lists derive. The vast majority belongs to the 17th and 18th century when small donations for the entry for commemoration had become a part of popular culture.[42]

The conclusion that in the 15th century donors probably were not regularly entered in the *sinodik* of the monastery is supported by the argumentation of Barbara Rosenwein concerning Cluny. There the deeds never mention the expectation of an entry in the necrologue, and the indication of the annual commemoration, as in the deed quoted above, appears as an exception. She wonders if the donors expected at all to be entered in the necrologue and to enjoy an individual commemoration. She supposes that they were satisfied to be "neighbours of Saint Peter", to profit from the power of the prayer in the monastery by this means and to be buried on the donated territory. In contrast to Georg Schreiber, who supposed that from the beginning of the growth of Cluny via donations, all donors expected to be commemorated individually, she points out that the practice of individual commemoration of donors was firmly established only when the monastery had already received about 2000 donations.[43] Joachim Wollasch stresses that the monasteries around Cluny concentrated on the individual commemoration of the brethren, and only five percent of the names in the necrologue refer to donors.[44]

Such a ratio is different from Muscovy. Certainly also the Muscovite monasteries secured commemoration to their deceased brethren, but they concentrated on the individual commemoration of the donors, irrespectively of how they had died, as laics or as monks, or of where they had died, in the commemorating monastery or elsewhere.[45]

Also in Muscovite Russia the differentiated organization of the commemoration started only when the first monasteries of the colonization era had existed for more than a century. As it seems, the model was created in a comparatively young monastery, the already mentioned *Uspenie* monastery near Volokolamsk, founded by Iosif Sanin in 1479. Maybe his innovation was just an attempt to attain the attraction and authority of the older monasteries by offering the donors something new which corresponded to their desire to be assured an individual commemoration. Soon other monasteries followed the example of Iosif's monastery.

---

42 On the basis of the calculation by I. V. Dergacheva, "K literaturnoi istorii drevnerusskogo Sinodika XV-XVII vv.," in *Literatura drevnei Rusi. Istochnikovedenie. Sbornik nauchnykh trudov*, ed. D. S. Lichachev (Leningrad, 1988), 63-76, here 64.

43 Rosenwein, *To be the Neighbor*, 39.

44 Joachim Wollasch, *Cluny. Licht der Welt. Aufstieg und Niedergang der klösterlichen Gemeinschaft* (Zürich/Düsseldorf, 1996), 130.

45 This argument is based on my excerpts from a great number of *sinodiki* and on the normative texts concerning commemoration since the end of the 15th century. As for *bratskie spiski* cf. Steindorff, *Memoria*, 183-184. The first *bratskii spisok* from the Iosifov monastery survives from 1658: *Rossiiskii gosudarstvennyi arkhiv drevnikh aktov*, fond 1192, opis' 2, No. 560.

The *Uspenie* monastery near Volokolamsk. On the left the *trapeza* (the place of the *kormy*), on the right the *Uspenie* church (new building from 1682-1692), behind the *Kuznetskaia bashnia*, the "Smith's tower" (1685-1688).

So far we may speak about parallels between West and East concerning the individualization of the commemoration, but the means of securing individual naming to large numbers of donors, was absolutely different. In Muscovy the commemoration was not separated from the diptychs and transferred to the necrologues, from which an entry was read once a year. Rather, instead of only one list, two were introduced, which were differentiated by the value of the donation and by the liturgical gift in return.

The number of entries in the cheap *vechnyi* ("eternal") *sinodik* [46] rose quickly thanks to the low price of the entry – a quarter of a rouble for a whole family –, and the list was read during long parts of the day, independently from the ongoing services. The expensive *povsednevnyi spisok*, the "list for every day", grew very slowly, so it could be read on the corresponding stations during the daily liturgical cycle. This usage of this list corresponded much more to the original diptychs. Here entries could be limited to a certain period. The price for one name per year was one rouble. Monks from the Iosifov monastery obtained commemoration from this list automatically for a period of three years. [47] The same practice existed at Solovki. [48] Only after a donation of fifty roubles did the commemoration become permanent.

The different ways of securing individual
commemoration

As I have demonstrated in other publications, we are able to establish a table of which donations corresponded to which type of commemoration. The donation cost was expressed in money value, in roubles. We dispose of normative sources, and we are able to show that the practice corresponded to the norm. [49]

---

46 I follow the most frequent terms in the Iosifo-Volokolamskii monastery; see below.

47 "Obikhod Iosifo-Volokamskogo monastyria," ed. E. E. Golubinskii, *Istoriia Russkoi tserkvi*, Vol. II,2 (Moskva, 1911; reprint: The Hague/Paris, 1969), 577-582, here 578.

48 Jennifer Spock, "Community Building and Social Identity: Donations to the Solovki Monastery 1460-1645," *Jahrbücher für Geschichte Osteuropas* 55 (2007), 534-565, here 537; eadem, "Regarding the Good Order of the Monastery: The *Tipik Solovetskago* and the Integration of the Spiritual with the Temporal in the Early 17th Century," in *Rude & Barbarous Kingdom Revisited. Essays in Russian History and Culture in Honor of Robert O. Crummey*, ed. Chester L. Dunning, Russell E. Martin and Daniel Rowland (Bloomington, 2008), 251-268, here 263-266.

49 For instance in Ludwig Steindorff, "Commemoration and Administrative Techniques in Muscovite Monasteries," *Russian History/Histoire russe* 22 (1995), 4, 433-454; L. Shtaindorf, "Sravnenie istochnikov ob organizatsii pominaniia usopshikh v Iosifo-Volokolamskom i v Troitse-Sergievom monastyriakh," in *Arkheograficheskii ezhegodnik za 1996 g.* (Moskva 1998), 65-78; Ludwig Steindorff, "Memorial Practice as a Means of Integrating the Muscovite State," *Jahr-*

The highest level in this system was the annual *korm*, a feast in memory of the donor or of the person in whose memory the donor had established the feast. By the donation the donor created the material basis of the *korm*. In the Muscovite sources we encounter only very few examples, whereby the food for the *korm* was secured simply by deliveries from the former possessions of the donor.[50] Normally the *korm* was covered only indirectly by the corresponding donation as part of the revenues of the monastery. We do not know about the practice at Cluny before 1147, but in that year or in 1148 abbot Peter Venerabilis initiated the establishment of a plan by which every *decania* had to send food to the monastery at specific times to secure a regular supply of the monks and the poor.[51] So we may surmise that this decision meant the separation of the delivery from the dates of anniversaries and special feasts.

The price for an annual *korm* in memory of one person was one hundred roubles. The date of the *korm* was bound either to the Saint's Day of the commemorated person or to the anniversary of his death. As we know from the *Kormovaia kniga* of the Iosifov monastery, each day twelve *zapisnye nishchie*, "registered poor," took their seat in the *trapeza*,[52] and especially on high feasts distributions to a not defined number of poor were provided. Corresponding to the last will and testament of his uncle Iurii Ivanovich, Tsar Ivan IV gave a church village and the surrounding settlements to the Iosifov monastery in 1556. Beside securing the entry in the two lists, Ivan established four *kormy*, and ordered: "At these four *kormy* they shall also feed as many poor as show up on that day."[53]

In the practice of commemoration at Cluny the feeding of the poor played an even more central role. Since the commemoration of each name was linked to the feeding of a poor person, the distribution of the alms became a serious economic burden which endangered the regular alimentation of the living. So, in the mentioned regulation from 1147/48 the abbot, Peter Venerabilis, fixed the number of poor to be fed at fifty.[54]

The *kormy* in Muscovite monasteries and the commemoration following the necrologue in Cluny were both bound to anniversaries and included a commemorative meal and alms. But in Muscovy this kind of commemoration was restricted to only those donors who were able to make very big donations, and the distribution of alms played a less important role.[55]

---

bücher für Geschichte Osteuropas 55 (2007), 517-533, especially tables C and D on p. 532-533.

50 Cf. Steindorff, *Memoria*, 213-214.

51 *Recueil des chartes*, V, No. 4132, 475 (1147-1148).

52 *Das Speisungsbuch von Volokolamsk*, 313.

53 *Akty feodal'nogo zemlevladeniia i khoziaistva, ch. 2*, ed. Aleksandr Aleksandrovich Zimin (Moskva, 1956), No. 261, 265.

54 *Recueil des chartes*, V, No. 4132, 475 (1147-1148); Wollasch, *Cluny*, 209, 236.

55 In his letter to the princess Mariia Golenina Iosif Volotskii mentions the feeding of the poor as one of the big expenses of the monastery, cf. "Poslanie kniagine Goleninoi," in *Poslaniia Iosifa Volotskogo*, ed. A. A. Zimin and Ia. S. Lur'e (Moskva/Leningrad, 1959), 179-183, here 181. – The

For the administration of the *kormy* the monasteries introduced *kormovye knigi*, "Feast books", which listed the commemorations in the order of the calendar, beginning from 1 September.[56] Sometimes, beside the date, they note only the names, sometimes also the donations on the basis of which the *kormy* had been established, and also the food which should be served. If we look for a direct parallel to the Muscovite *kormovye knigi*, we have to go to the Late Middle Age in the West, when monasteries and urban confraternities[57] composed anniversary books which noted the gifts of the commemorated person to the confraternity as well.[58]

Beside the feeding of the poor and distributions of alms, charity could be expressed also by the establishment of hospitals. In 1056 a donor gave a house to the monastery of Cluny which had to use it as a hospital for the poor. Georg Schreiber stresses how modest this hospital was compared to the contemporary hospitals at Constantinople.[59] In the West a more efficient organization of hospitals, which were able to serve as centers of medical care, was closely linked to the rise of urban communal culture in the Late Middle Ages.

From Muscovy we know about *kel'i* in church villages which were reserved for the poor, and we may regard the function of the *bogoradnye monastyri*, dependent monasteries, which were open to the poor, as similar to hospitals.[60] But I do not know of a single example, that the disposition in a donation included the construction of *kel'i* or of a *bogoradnyi monastyr'*. The *bol'nitsy* within the complex of the

---

huge number of up to 600 or 700 poor to be fed refers to the extreme situation of the famine relief about 1510-11, when the expenses of the monastery were reimbursed by the Grand Prince, cf. *The Monastic Rule*, ed. Goldfrank, 41 (introduction); Tom E. Dykstra, *Russian Monastic Culture. "Josephism" and the Iosifo-Volokolamsk Monastery 1479-1607* (München, 2006) (= Slavistische Beiträge, 450), 186-187.

56 As for the method for coordinating fast days and *kormy* by removing the latter, cf. Ludwig Steindorff, "Realization vs. Standard: Commemorative Meals in the Iosif Volotskii Monastery in 1566/67," in *Rude & Barbarous Kingdom Revisited*, 231-249.

57 The Old Russian *bratshchiny*, confraternities which met for *piry*, feasts, certainly served for the reassurance of the community, but they were not based on the traditions of Christian memorial culture, cf. Steindorff, *Memoria*, 139.

58 For this tendency from necrologue to anniversary book cf. Wollasch, *Cluny*, 241; Peter-Johannes Schuler, "Das Anniversar. Zu Mentalität und Familienbewußtsein im Spätmittelalter," in *Die Familie als sozialer und historischer Verband. Untersuchungen zum Spätmittelalter*, ed. idem (Sigmaringen, 1987), 67-117 (including a good overview over the different source types, which refer to commemoration); Wolfgang Eric Wagner, "Von der Stiftungsurkunde zum Anniversarbucheintrag. Beobachtungen zur Anlage des Liber oblationum et anniversariorum (1442 – ca. 1480) im Wiener Schottenkloster," in *Stiftungen und Stiftungswirklichkeiten*, 145-170.

59 Schreiber, *Gemeinschaften*, 37, following *Recueil des chartes*, IV, 512, No. 3406.

60 Ludwig Steindorff, "Glaubenswelt und Prestige. Stiftungen in der Geschichte Altrusslands," in *Stiftungen in Christentum, Judentum und Islam vor der Moderne. Auf der Suche nach ihren Gemeinsamkeiten und Unterschieden in religiösen Grundlagen, praktischen Zwecken und historischen Transformationen*, ed. Michael Borgolte and Tillmann Lohse (Berlin, 2005) (=Stiftungsgeschichten, 4), 159-177, 174; for the *Spirov monastyr'*, which was maintained by the Iosif Volotskii monastery, see the introduction to *Das Speisungsbuch von Volokolamsk*, XXXVI-XXXVIII.

monastery, which we know from the 17th century, for instance from the Troitse-Sergiev monastery or the Kirill Belozerskii monastery, were reserved for the brethren. It is a specific trait of the history of Russia, that here the secular power started the hospitalization for the poor. We still have to doubt if the decisions of the *Stoglav* council in 1551 about the creation of such hospitals were realized. But we definitively know about workhouses from the time of Tsar Aleksei Michailovich. The measures undertaken by Peter the Great concerning the poor – disciplining, hospitalization, and criminalization – certainly follow Western patterns, but at the same time they appear as the consequence of a continuous development within Russia.[61]

In Muscovy as in the West, the donation acts – for instance in favor of Cluny – were composed separately from the testament. Muscovite testaments only rarely contain dispositions concerning the establishment of permanent commemoration, though sometimes they refer to foregoing deeds. Only dispositions concerning the first forty days are a regular matter of the testament.[62] As in Cluny, frequently the donor reserved himself the right to use the land until his death; only then the monastery was allowed to dispose of it.

Despite a large spectrum of variations, the structure of the deeds is quite similar. The minimal elements at Cluny are *intitulatio* and *dispositio*: Who is giving what to whom? The purpose *pro remedio anime* is very general and cannot be regarded as an order for the inscription in the necrologue.[63] We find the explicit desire of the celebration of the anniversary only in documents starting in the second half of the 11th century, and by no means regularly. The following example from 1091 reminds us of Muscovite deeds again:

> *ut quotannis anniversarium nostrum in ecclesia Cluniacensi cum pleno officio, missa videlicet et vigilia, in fratrum conventu celebretur et ut eadem die duodecim paupers de cibo, qui dei competat, reficiantur.*[64]

> "Every year our anniversary shall be celebrated in the church of Cluny by a complete service, by the mass and the vigil, in the convention of the brethren, and on that day twelve poor shall be refreshed by the food, which corresponds to the day."

---

61 Cf. the first chapter in Adele Lindenmeyr, *Poverty Is Not a Vice. Charity, Society, and the State in Imperial Russia* (Princeton, 1996). As for the changes of the attitude to poverty cf. also Ludwig Steindorff, "'Ein Mensch ist nicht deswegen arm, weil er nichts hat, sondern weil er nicht arbeitet.' Wandlungen in der Einstellung zur Armut in Russland (18.-20. Jahrhundert)," in *Christiana Albertina. Forschungen und Berichte aus der Christian-Albrechts-Universität zu Kiel* 52-53 (2001), 26-43. – Russian translation: "Izmenenie otnosheniia k bednosti v Rossii v XVIII-XX vekakh," in *Vostochnokhristianskaia tsivilizatsiia i problemy mezhregional'nogo vzaimodeistviia*, ed. M. N. Gromov (Moskva, 2004), 407-426.

62 Steindorff, *Memoria*, 167-169. – There I had erroneously supposed that the practice of donating during one's life and not only after death, following the testament, was a specific trait of the Eastern church.

63 Rosenwein, *To be the Neighbor*, 41.

64 *Recueil des chartes*, vol. V, No. 3661.

Implicitly the disposition includes the entry in the necrologue, since the date of the celebration of the anniversary could be known only from the entry in the necrologue.

Many deeds from Cluny specify in memory of whom the donation is made: the donor himself, parents, brother, wife, children, etc. But I did not encounter any deed in which the date of the commemoration of deceased relatives was fixed. The documents from Cluny often add "all relatives" or even "all those who serve me," whose souls should profit from the donation. It is obvious from such unspecific formulations, that they cannot refer to the entry in the necrologue; rather the group will be included in the collective general prayers of the monks.

Only as of the beginning of the 16th century are the Muscovite deeds frequently much more precise concerning which services in return were expected by the donors. Already in the 15th century the entry in the *sinodik* was sometimes fixed. And after the introduction of the two lists of different value at the end of that century, we encounter the request for the entry in both lists quite frequently. The naming of the lists varies even within the group of documents from one monastery, but certainly it always contains the same principle of differentiation on the basis of the amount of the donation and the specific commemorations in the monastery.[65] I doubt if the lack of dispositions for commemoration in a deed from that later period can serve as the proof that in this case no entry was expected.[66]

The Muscovite deeds register exactly in memory of whom a donation is made and whose names should be entered in the *povsednevnyi spisok*. Also the dates of *kormy* were fixed in the deeds. The group of relatives, for whom a donor felt responsible, turns out to be quite similar in the documents from Cluny and the Muscovite monasteries: for himself or herself – for the parents – for the husband – for the children, in fact a group which corresponds to the modern understanding of close relationship.[67]

In Muscovy individual deeds were composed only about donations of land, not about donations of cash or movable property. These appear only in the *vkladnye knigi,* the donation books which were composed in many monasteries soon after the

---

65 Cf. the table of various namings in Steindorff, *Memoria*, 252-254.

66 Cf. the discussion by Spock, "Community Building," 543. – The question can be solved only on the basis of the verification of the memorial lists and under the condition that the names within the list are identifiable by the added family names.

67 Cf. the similar results on the basis of different source groups: Kaiser, "Death and Dying," 244; David B. Miller, "Motives for Donations to the Trinity-Sergius Monastery, 1392-1605: Gender matters," *Essays in Medieval Studies* 14 (1997), 91-107; Ludwig Steindorff, "Kto blizhnie moi? Individ i kul'tura pominoveniia v Rossii rannego novogo vremeni," in *Chelovek i ego blizkie na Zapade i Vostoke Evropy (do nachala novogo vremeni)*, ed. Iurii Bessmertnyi and Otto Gerhard Oexle (Moskva, 2000), 208-239. The results referring to the role of female donors at Cluny are surprisingly similar to the results referring to Muscovite Russia, cf. Maria Hillebrandt, "Stiftungen zum Seelenheil durch Frauen in den Urkunden des Klosters Cluny," in *Vinculum Societatis. Joachim Wollasch zum 60. Geburtstag*, ed. Franz Neiske, Dietrich Poeck and Mechthild Sandmann (Sigmaringendorf, 1991), 58-67.

Stoglav council in 1551 following the order of Tsar Ivan IV, but in numerous cases including also donations from earlier periods. Or course, the donation books repeated the content of the deeds in an abbreviated way as well. If the anniversary of death was chosen as the future date of commemoration of still living persons, the entry noted only *na den' prestavleniia*, "on the day of death".[68] As is obvious from donations of cash, the number of names to be commemorated on the basis of one donation normally corresponded to the value of the donation. All Cluny deeds refer to land; only rarely do they mention cash. For instance, the brother of the donor obtained the right to take the donated land back and give fifty *solidi* instead.[69]

As in the medieval West, liturgical commemoration in Muscovy was not reserved only to the deceased, but the living asked for prayer also for themselves and their relatives and for *zazdravnye kormy*, "feasts for health". Sometimes deeds or entries in the donation book specify that the monks should pray for the health of the donor until his death, and then enter his name in the books for the commemoration of the deceased, or we encounter a corresponding instruction in the introduction to the donation book.[70] But compared to the commemoration of the defunct, the commemoration of the living was much less important.[71]

There is no parallel in Muscovy to the Western confraternities and to the multiplication of the commemorations from the exchange of the lists of names. We may view this as an aspect of the general phenomenon of the weak formalization of horizontal social relations in Muscovy, where neither monastic orders nor their principles of self administration were known. Still, monks from one monastery appear in the lists of other monastery. In the donation book of the Troitse-Sergiev monastery we find a whole, albeit short chapter of entries which refer to donations from other monasteries. But we must suppose that most of these entries refer to individual acts of monks in the role of donors.[72]

Indeed, only if we look at vertical social relations do we meet similar phenomena of parallel commemoration of large groups: namely the copies of the so called *Sinodik opal'nykh,* which were sent to numerous monasteries by order of Tsar Ivan Groznyi, or the establishment of parallel commemorations of fallen soldiers in the time of Tsar Aleksei Michailovich.[73] But in contrast to the Western confraternities, here the multiple commemorations were not the result of relations between the mon-

---

68 For examples cf. the table at the end of *Das Speisungsbuch von Volokolamsk,* 342-346, column "Vkladnaja", all entries with only a cross instead of a specified day. From the entry in the younger Kormovaia kniga we learn on which day the *korm* was fixed, when that person had died, cf. column "Korm. Kniga".

69 *Recueil des* chartes, V, Nr. 3660 (1091).

70 *Vkladnaia kniga Troitse-Sergieva monastyria,* ed. E. N. Klitina et al. (Moskva, 1987), 18.

71 Steindorff, *Memoria,* 221-225.

72 *Vkladnaia kniga Troitse-Sergieva monastyria,* 188-190.

73 Steindorff, *Memoria,* 226-234; cf. also Angela Rustemeyer, *Dissens und Ehre, Majestätsverbrechen in Russland (1600-1800)* (Wiesbaden, 2006) (=Forschungen zur osteuropäischen Geschichte, 69), 251.

asteries, but of the will of the donor, that is the ruler. We may think also about the *Sinodik pravoslaviia*, which was read only once a year, on the first Sunday of Great Lent. The lists of names within it were in principle identical within one realm, and the entry was the matter of the church council, which in this case depended on the order of the ruler. But the *Sinodik pravoslaviia* did not form a part of the practice of commemoration of the dead; the reading was not addressed to God, but to the living. It served for the anathematization of heretics and other enemies of church and state; it contained wishes for a long life to the ruler and other distinguished persons, and promised eternal memory to them after their death. We encounter entries of fallen soldiers also in manuscripts of the *Sinodik pravoslaviia*.[74]

What was the intended effect of the practice of commemoration? It served for self-assurance of the groups which participated in it. It was a means of reconciliation; it served for the integration of the group on a synchronous level. It established a link between the present and former generations on a diachronic level and was an answer to the experience of mortality. The statement by Barbara Rosenwein on donations to Cluny is applicable to Muscovy as well: "It was primarily a social mechanism for uniting society too often seen as simply fragmented and disorderly."[75] Clans strengthened their inner cohesion by concentrating on the support of one chosen monastery.[76] The distribution of donations in Muscovy, along with the commemorations which were established thanks to them, corresponds in general to the extension of the Muscovite state. The integration of the Russian North into the Muscovite state was accompanied by a wave of big donations by Muscovite nobles to Solovki.[77]

Certainly, donations were given "abroad" to Kiev, to Mount Athos or even to the Sinai monastery, but most of the donated values circulated within Muscovy.[78] Donations and commemoration were one of the means of integrating the Muscovite state, and at the same time they sanctioned social distinctions, since the level of commemoration corresponded to economic capabilities and to social status. The presence of a number of merchants from Moscow and other cities in the donation book

---

74 Steindorff, *Memoria*, 234-236.

75 Rosenwein, *To Be the Neighbor*, 48; cf. the similar statement by Megan McLaughlin, *Consorting with the Saints. Prayer for the Dead in Early Medieval France* (Ithaca/London, 1994), 252.

76 P. V. Sedov, *Zakat moskovskogo tsarstva. Tsarskii dvor kontsa XVII veka* (St. Peterburg, 2006), 93. – Still, so far we do not dispose of sufficient research concerning to what extent families stayed "loyal" to one monastery, or if they tried to be present simultaneously in the memorial lists of as many representative monasteries as possible.

77 Spock, "Community building," 540.

78 Steindorff, *Memoria*, 196-198; Sergei Mikhailovich Kashtanov, "Tsarskii sinodik 50-kh godov XVI v.," in *Rossiia i grecheskii mir v XVI veke. Tom I*, ed. idem (Moskva, 2004), 388-430, source publication 398-400: "Pomiannik velikikh i udel'nykh kniazei i kniagin' (oktiabr' – ianvar' 1557 g.)"; cf. also Iu. A. Piatnickii, "Zhalovannaia gramota 1689 g. monastyriu sv. Ekateriny na Sinae," in *Rossiia i khristianskii vostok*, ed. B. L. Fonkich, vol. II-III (Moskva, 2004), 434-450.

of the Troitse Sergiev monastery from 1678 is a proof only of their economic rise.[79] They had succeeded in reaching equality with the nobles after death, but it did not mean that they had changed their status and become equal with the elite of princely and service nobility at lifetime.

Also in the West the distribution of donations and commemorations reflected personal groups and processes of territorial integration. Following the disintegration of the Frankish realm the confraternity links around the monastery Reichenau started to concentrate on the East Frankish area in the forties of the 9th century.[80] After the deposition of Tassilo III in 788 by Charlemagne, the Bavarian nobles tried to keep away donors from outside. It was a means to prevent the integration of Bavaria into the Frankish realm, at least on this level.[81]

In Muscovy as well in the West the ability to rule was expressed by the ability to make donations, and the ruler was bound to the same rules as was the entire elite. But I do not know of an analogy in Western sources of a ruler, who spent such vast excessive amounts just for commemorations as Ivan IV since about 1581, when the sums exceeded any "normal" amount within the Muscovite tradition. And the donations for the permanent commemoration of the victims of the persecutions, which he had ordered himself, are a unique case anyhow.[82]

The inclusion in the Muscovite system of commemorations was one of the means for servitors of Muslim origin to be integrated in the group after the baptism. Since these people did not dispose of relatives who would give donations for them, Tsar Ivan himself secured the commemoration by donations.[83] Of course the materials from Cluny, from a region of Christian tradition since the Late Antiquity, do not offer corresponding examples, but maybe it is possible to discover similar phenomena among the people from the newly baptized West Slavic territories in the High Middle Ages.

---

79 *Vkladnaia kniga Troitse-Sergieva monastyria*, 222-235. The first donations are from the beginning of the 16th century, but most of them refer to the 17th century.

80 Ludwig, "Krise," especially 441.

81 Stefan Esders and Heike Johanna Mierau, "Die bairischen Eliten nach dem Sturz Tassilos III.: das Beispiel der adligen Stiftungspraxis in der Diözese Freising," in *Les élites au haut moyen âge. Crises et renouvellements*, 283-314.

82 Ludwig Steindorff, "Mehr als eine Frage der Ehre. Zum Stifterverhalten Zar Ivans des Schrecklichen," *Jahrbücher für Geschichte Osteuropas* 51 (2003), 342-366 on the basis of the donations to the Iosif Volotskii-, Troitse-Sergiev- and Kirill Belozerskii monastery. – Surprisingly, in: "Vkladnaia i kormovaia kniga Moskovskogo Simonova monastyria," ed. A. I. Alekseev, *Vestnik tserkovnoi istorii* 3 (2006), 5-186, here 22-31, the rise of the amounts of the tsar's donations is much less extreme.

83 Cf. Steindorff, "Mehr als eine Frage der Ehre," the entries 12, 15, 16, 50 in the table at the end of the article. M. Khamamoto, "Popolnenie Gosudar'eva dvora Rossii v XVI-XVII vv. (vykhodtsy s Vostoka i problemy ikh assimiliatsii)," in *Gosudarev dvor v istorii Rossii XV-XVII stoletii. Materialy mezhdunarodnoi nauchno-prakticheskoi konferentsii 30. X – 01.XI. 2003. g., Aleksandrov*, ed. A. S. Petruchno and V. D. Nazarov (Vladimir, 2006), 282-295, stresses that baptism qualified one for a career within the Muscovite service, but that the baptized had to cut off contacts with their families of origin.

As well in the West as in Muscovy, the peak of monastic commemoration was followed by a period when the practice of commemoration was more and more bound to the parish network in the urban settlements and in the countryside, and became a part of the popular religiosity.[84]

So far we have looked only for genetic and structural parallels between the High Middle Ages in the West and Muscovy in the 15th and 16th century. Curiously, Early Modern Western travelers looked at the Muscovite ways of care for the deceased as on something quite strange. In fact they did not realize that they could have found parallels in the past of their own countries of origin.[85]

But in some aspects the Muscovite practice was quite distant from the Western Middle Ages and reminds us much more of contemporary phenomena of the Early Modern state. First of all I think of the scrupulous administrative literacy[86] and the ability to describe administrative procedures as to be found in the *obikhodniki*. As the research of the last decades has proved, the description corresponds almost exactly to the realization, and in hundreds of cases we can follow the path from the donation, which is noted in special deeds or only in the donation book, to the entry in the different memorial lists. We are also able to verify that the entries for a limited period were really erased on the due date. We may look at the whole set of rules associated with the practice of commemoration, at the instructions of the *Stoglav* or the *Domostroi*, as aspects of social disciplining.

The pragmatic literacy within the monasteries corresponded to the abundant writing activities at the Muscovite court and its aim to regulate and classify as much as possible, as visible in the *pistsovye*, *razriadnye* or *rodoslovnye knigi*. The existence of a court bureaucracy which developed rapidly in the 16th and 17th century brought Russia closer to the model of the Western Early Modern states.[87]

Indeed, the system of commemoration was "overwhelmed" by its success, and it declined in the 17th century, just because it was impossible to include even more names in the regular reading of the memorial lists. When the practice of donating for permanent commemoration in the *sinodik* was no longer limited to the elite, it lost its attractiveness as a matter of prestige. It took only a little more than a hundred years from the first signs of decline of the symbiosis of donating and commemoration until the reforms of Peter the Great when new forms of expressing prestige were introduced, and the role of the monasteries was reoriented by the ruler himself.

---

84 Dergacheva, *Stanovlenie*, 51. About the role of parish churches cf. Petr Sergeevich Stefanovich, *Prikhod i prikhodskoe dukhovenstvo v Rossii v XVI-XVII vekakh* (Moskva, 2002), especially 245 about the intensive building activities in the 17th century.

85 Cf. Steindorff, *Memoria*, 160-162.

86 Cf. Keenan, "The Trouble," 4. Keenan qualifies Muscovy as an archaic society with a rich literacy compared to other archaic societies.

87 In this sense Sigurd Ottovich Shmidt, *U istokov rossiiskogo absoliutizma. Issledovanie sotsial'no-politicheskoi istorii vremeni Ivana Groznogo* (Moskva, 1996), 302-329.

The great role of money[88] is another aspect of the Muscovite practice which reminds of Early Modern phenomena in the West. Certainly it was a matter of state interest that donations of land were restricted as early as under the reign of Ivan IV and finally forbidden in the *Ulozhenie* from 1649 to avoid the weakening of the economic basis of the servitors. But donors of the 16th century disposed of more cash than did donors of earlier periods, and cash was regarded as equally valuable as land or mobile objects; its greatest advantage was the flexibility of use.[89] Most important of all, the functioning of the price system was connected to a systematic measuring of the value of a donation, expressed in currency.

Finally: does the attitude of the Muscovite secular power towards monasteries and the church hierarchy, the drive to dominate, remind us of the attitude of Western rulers in the age of confessionalization, or do we have to view the tendency towards predominance of the secular over the ecclesiastical power as a continuous development, starting from roots in the Byzantine tradition? The latter, more probable, would mean, that we compare similar phenomena which are based on very different preconditions. Only starting with the age of Peter the Great were the relations between secular and ecclesiastical power undoubtedly formed under the influence of contemporary Protestant patterns as well.

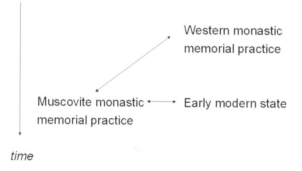

„Contemporary co-existence
of non-contemporary phenomena"

Despite some genetic similarities due to the common roots in early Christianity, the structural parallels were based on similar indigenous developments in Muscovy and the West. We can hardly assume transfers from the West as cause of the simi-

---

88 Certainly, also in the economy of Cluny money was present. Rosenwein, *To be the Neighbor*, 178, note 111, refers to researches which prove a return in the middle of the 12th century from a money economy to an economy based on domains. But this period of money economy can be hardly equalled with the dominance of donations of cash to Muscovite monasteries in the 16th century.

89 Spock, "Community building," 543, 550-551.

larities. This does not exclude the exceptional transfer of a text: the Low German "Dispute between Life and Death", a product of the late medieval *Ars moriendi* literature translated into Old Russian in Novgorod.[90] But the ideas and images which are expressed in it, are not reflected in the numerous literary introductions to *sinodiki* or in Russian iconography.

Looking at the commemoration practice in Muscovy in the 15th and 16th century compared to the developments in the West at that time, the Reformation and Counterreformation, we may speak about contemporary co-existence of non-contemporary phenomena. As of the age of Peter the Great, this co-existence was transferred to Russia herself. On the one hand the elite culture was reshaped following Western contemporary patterns. On the other hand popular culture retained many traits which were characterized by continuity compared to earlier periods, as well on the level of normative religiosity as of syncretic forms in the *bytovoe pravoslavie*.[91] Within the elite culture the traditional Orthodox memorial culture certainly did not disappear completely, but it became a marginalized part of the code of behavior, and it was no longer a matter of prestige to take part in it.

Certainly also Peter the Great based the legitimization of his rule on the foundation of a monastery and on the transfer of relics, by establishing the *Aleksandro-Nevskaia lavra* in the newly erected capital in 1710. But otherwise the role, which was ascribed to the monasteries in the statements and decisions of this ruler, serves as proof that according to him they were no more needed as an integrating factor within the elite.[92] Monasteries were intended to serve as variations of workhouses, hospitals or barracks, all of them places for the exercise and furthering of social discipline.

But the Russian monastic landscape did not succumb at the end to this pattern. Nor did the traditional forms of care for the deceased completely disappear. In a reduced form the practice of giving to the church for the individual commemoration of living and deceased relatives has prevailed as part of Orthodox religious life until today.[93]

---

90 Cf. R. P. Dmitrieva, *Povesti o spore zhizni i smerti* (Moskva/Leningrad, 1964); Theodor Lewandowski, *Das mittelniederdeutsche Zwiegespräch zwischen dem Leben und dem Tode und seine altrussische Übersetzung: eine kontrastive Studie* (Köln etc., 1972) (=Slavistische Forschungen, 12).

91 Cf. for instance the research by Elena Borisovna Smilianskaia, *Volshebniki, bogokhul'niki, eretiki. Narodnaia religioznost' i "dukhovnye prestupleniia" v Rossii XVIII veka* (Moskva, 2003); Ol'ga Evgen'eva Kosheleva, *Liudi Sankt-Peterburgskogo ostrova Petrovskogo vremeni* (Moskva, 2004).

92 Smolitsch, *Russisches Mönchtum*, 391-394.

93 Also in the Finnish Orthodox church the believers may ask for the commemoration and give the priest lists of names. But different from Russia, the church does not demand a payment, that is a gift which justifies the commemoration (Information obtained in 2004 in the Orthodox cathedral at Helsinki and confirmed by Jukka Korpela, Joensuu, one of the contributors of this volume). The difference may be explained by the circumstance, that the commemoration is "covered" by the church tax, which all registered Finnish Orthodox believers have to pay.

Gifts and Commemoration: Donations to Monasteries, Dynastic Legitimacy, and Remembering the Royal Dead in Muscovy (7159/1651)[*]

RUSSELL MARTIN

On July 11, 1651, Tsar Aleksei Mikhailovich ordered that money be sent to more than thirty different monasteries for commemorative prayers for his father, the first Romanov ruler, Tsar Mikhail Fedorovich. A little more than a month later, on August 19, 1651, he again ordered money to be sent to the same monasteries, this time for commemorative prayers for his mother, Tsaritsa Evdokiia Luk'ianovna.[1] These donations – made six years after Tsar Mikhail's and Tsaritsa Evdokiia's deaths in 1645 – provided for the Office for the Dead (*panikhida*) on the eve of these dates, something Orthodox Christians then and now consider obligatory for the living and consoling for the souls of the departed. They also paid for a commemorative meal (*korm*) on the anniversary of their deaths, an ancient, even pre-Christian custom that one finds in both the Christian East and West.[2] Everything about these transactions was traditional: the gift from the donor, and the *kormy* and *panikhidy* offered in return by the monks. So, too, was the goal underlying these transactions very traditional: the genuine hope of salvation of the souls of the departed.

These *panikhidy* and *kormy* were neither small nor private affairs. Hundreds of monastic and non-monastic clergy, rank-and-file monks, and other lower orders of

---

[*] Funding for this research was provided by the International Research Exchanges Board (IREX) and by Westminster College's Faculty Development Fund. I extend my sincere thanks to both. I also thank Connie Davis of McGill Library at Westminster, for repeatedly working wonders with interlibrary loan for me; and the staff of the Hilandar Library at The Ohio State University, especially to Predrag Matejic, whose helpfulness and expertise was essential to this study. I also offer my thanks to the entire staff at the Russian State Archive of Ancient Acts (RGADA) in Moscow, but especially Iurii M. Eskin, whose willingness to help and unexceeded professionalism must always be noted with deepest gratitude. Finally, I wish to thank the participants of the Tenth International Conference on Old Russian History, entitled "Religion and Integration in Muscovite Russia," in Kiel, Germany, April 30-May 3, 2008, who offered insightful advice and commentary on this study.

1 See Rossiiskii gosudarstvennyi arkhiv drevnikh aktov (RGADA) [Russian State Archive of Ancient Acts, Moscow], fond 156 [Historical and Ceremonial Collection], delo 140 [Zapiska o den'gakh, poslannykh v monastyri na pominanie tsaritsy Evdokii Luk'ianovny/Listing of monies sent to monasteries in commemoration of Tsaritsa Evdokiia Luk'ianovna], listy 1-22.

2 See Ludwig Steindorff, *Memoria in Altrußland: Untersuchungen zu den Formen christlicher Totensorge* (Stuttgart, 1994) (= Quellen und Studien zur Geschichte des östlichen Europa, 38); and Russell E. Martin, "Death and Dying: The Early Period (up to Peter I)," in *Supplement to the Modern Encyclopedia of Russian and Soviet History*, vol. 7 (Gulf Breeze, 2006), 210-214.

clergy were given small amounts of money to offer prayers for the departed royal couple, and the commemorative meal was open to all those living at or otherwise associated with the monastery. Nor was this a cheap affair. The amount distributed in July, 1651, on behalf of the tsar's father, was a small fortune in the currency of the day: 755 rubles, 20 altyn, and 2 den'gi. The sum distributed in August, on behalf of his mother, was even larger: 893 rubles, 23 altyn, 2 den'gi. Commemoration of the royal dead was a public and expensive matter, not at all a wholly private or familial matter, and it occupied a central place in the rich and varied panoply of rituals and observances that the Muscovite court engaged in during the seventeenth century.

Moreover, not just the tsar's parents, but all the reposed members of the ruling family would be commemorated on the specified day, with lists of relatives – in the case of the tsar's parents, a list of previous rulers of Muscovy going back centuries – being remembered in prayer. Thus, while ostensibly only about the tsar's father and mother, these anniversaries were very much about the dynasty, about the links between the ruling house and these monastic foundations, and about the status of the dynasty. And Tsar Aleksei Mikhailovich had much to be concerned about when it came to his dynasty. Having come to the throne in 1613 with the election of his father at the end of the Time of Troubles, the Romanovs were historically a boyar clan that, like many others, had kinship ties to the old dynasty. Tsar Aleksei Mikhailovich was only the second ruler of the royal line, and much of the ritual and ceremonial at the Romanov court since the time of his father was about, in David Miller's apt phrase, "inventing legitimacy" – promoting and projecting the image of the Romanov dynasty as the legitimate heirs of the old Danilovich Dynasty that had died out in 1598.[3] Scattering gifts to monasteries was a key part of the work of projecting that image.

The donation of these large sums in 1651 was probably not a unique moment. *Panikhidy* and *kormy* were likely requested at these and perhaps other monasteries every year on these dates. But the gifts in 1651 happen to be recorded in an inventory, preserved in an unlikely location, which provides details about the amounts distributed, the identities of those that received these gifts, and the size and composition of the monasteries themselves.[4] These highly precise data therefore provide an

---

3   David B. Miller, "Creating Legitimacy: Ritual, Ideology, and Power in Sixteenth-Century Russia," *Russian History/Histoire Russe* 21,3 (1994), 289-315. On efforts to legitimate the Romanov dynasty, see also Russell E. Martin, "Choreographing the 'Tsar's Happy Occasion': Tradition, Change, and Dynastic Legitimacy in the Weddings of Tsar Mikhail Romanov," *Slavic Review* 63,4 (2004), 794-817; Robert O. Crummey, "Court Spectacles in Seventeenth-Century Russia: Illusion and Reality," in *Essays in Honor of A. A. Zimin*, ed. Daniel Clarke Waugh (Columbus, 1985), 130-158; Isolde Thyrêt, *Between God and Tsar: Religious Symbolism and the Royal Women of Muscovite Russia* (Dekalb, 2001), 53-64; Chester S. L. Dunning, *Russia's First Civil War: The Time of Troubles and the Founding of the Romanov Dynasty* (University Park, 2001), 443; G. Edward Orchard, "The Election of Michael Romanov," *Slavonic and East European Review* 67 (1989), 378-402; Sergei Fedorovich Platonov, *Ocherki po istorii smuta v Moskovskom gosudarstve XVI-XVII vv.* (Moscow, 1937), 175-176, 424-433.

4   The Ceremonial Collection (fond 156) is not a typical place to find commemoration documents.

opportunity to explore the nature of gift giving in Muscovy in the context of monastic donations, a topic of increasing scholarly interest in the European medieval West that has yet to be fully treated in the East Slavic context. Gift giving was, in Muscovy as elsewhere, a ubiquitous feature of the pre-modern culture; and this rare inventory permits a detailed exploration of how gifts to monasteries for the royal dead furthered the political aims of the Romanov dynasty in the middle of the seventeenth century.

Perspectives on the Gift

Gifts and gift giving remain one of the most active, yet least fully mapped, fields for the modern historian, anthropologist, or sociologist. And for good reason. Even defining the terms – the form of the gift – is, firstly, tricky business. How is a gift different from, say, a donation, or charity, or a counter-gift. The setting of a gift, secondly, also requires the precise defining of terms and relationships. Gifts were given externally (at diplomatic receptions or dispatched with ambassadors) and internally (at weddings, at birthdays and namedays, and in remembrance of past events and persons, such as *panikhidy*). As Natalie Zemon Davis has amply shown in her study of early modern France, the gift existed both in "different settings" and "diverse forms."[5]

The starting point for nearly all studies of gift exchanges is Marcel Mauss's pathbreaking work, "*Essay sur le Don.*" According to Mauss, "archaic societies" were total gift economies, where social relations operated through the circulation of gifts. Three fundamental elements characterized gift giving in these societies: "the obligation to give, the obligation to receive and reciprocate." Gifts were "in theory... voluntary, in reality they are given and reciprocated obligatorily."[6] This cycle of gift giving accomplished many things at the same time: it created social stability even as it reinforced existing social hierarchies; it circulated goods through pre-market economies; it served as a form of peace-making among rival clans, kinship networks, tribes, and settlements; and it bolstered the formation and stability of political order. The engine for this cycle of gift giving was the imperative in these "archaic

---

It contains, in large measure, documents pertaining to various court happenings, including, for example, marriages in the dynasty. On the wedding documents in this collection, see Russell E. Martin, "Dynastic Marriage in Muscovy, 1500–1729," 2 vols. (PhD diss., Harvard University, 1996), 2, 316-21, 444-453; and idem, "Muscovite Royal Weddings: A Descriptive Inventory of Manuscript Holdings in the Treasure Room of the Russian State Archive of Ancient Acts, Moscow," *Manuscripta* 50.1 (2006), 77-189, at 82-83. Alas, the archival inventory (*opis'*) for this important and underutilized collection remains unpublished.

5   Natalie Zemon Davis, *The Gift in Sixteenth-Century France* (Oxford, 2000), 14.

6   Marcel Mauss, "Essay sur le Don. Forme et Raison de l'Échange dans les Sociétés archaïques," *L'Année sociologique* 1 (1923-24), 30-186, reprinted in Marcel Mauss, *Sociologie et Anthropologie*, 2d ed. (Paris, 1980), 145-279. All quotations are taken from Marcel Mauss, *The Gift: The Form and Reason for Exchange in Archaic Societies*, trans. W. D. Halls (New York/London, 1990), 3, 6, 39, and 68. Mauss was himself influenced by the work of Bronislaw Malinowski, *Argonauts of the Western Pacific* (London, 1922; repr. New York, 1950).

societies" to reciprocate – the third element in Mauss's tripartite theory of the gift. Here, Mauss's theory drifted away from the firmer conclusions he drew based on his observations of the American northwest, of Micronesia, Polynesia, Australia, and his studies of Indo-European law, and toward a "spiritual" explanation of the need to reciprocate. For Mauss, gifts take on some of the properties and qualities of their owners, and, in a manner of speaking, themselves seek to cycle back to their former owners.

Students and critics of Mauss's ideas came to emphasize one or another piece of the theory, and some sought to overturn the entire model. Lévi-Strauss, one of Mauss's first admirers and early critics, agreed that exchange lay at the heart of all pre-modern society, but insisted that kinship was the underlying glue in society, not the gift. Marriage, even more than descent, was the fundamental element, and the "gifts" exchanged were not mere symbolic tokens or rich decorative objects or even land, but women, who were married off and moved around between and among clans, accomplishing many of the goals Mauss had seen as the sole achievement of the gift.[7] Lévi-Strauss's ideas went on to spawn their own entire school of kinship anthropology, quite independent of its roots in Mauss's arguments on gifts. Raymond Firth and Marshall Sahlins both objected to Mauss's notion that gifts themselves had a spirit that desired to return to their owner. Sahlins in particular offered a devastating reevaluation of some of the texts that, it turns out, were misread and misinterpreted by Mauss, and offered a theory of self interest and profit in gift giving over Mauss's "excessively religious" model.[8] Finally, the "absolute obligation to reciprocate" has drawn fire from scholars who otherwise saw much to recommend Mauss's theory. Annette Weiner has pointed to what for Mauss was the inconvenient fact that some belongings were simply too valuable, too associated with the individual or the clan, or were too strong a signifier of status in the society, ever to be given away as gifts. Once obtained, these precious (though not always intrinsically valuable) objects would be kept – horded – by its owner and never relinquished to the general circulation of goods in the "total gift economy."[9] Weiner demonstrates that, however insightful Mauss's original study may be, there are nuances and undis-

---

7   See Claude Lévi-Strauss, "Introduction à l'œuvre de Mauss," in Mauss, *Sociologie*. In English, see: *Introduction to the Work of Marcel Mauss*, trans. Felicity Baker (London, 1987); and Claude Lévi-Strauss, *Les Structures élémentaires de la parenté* (Paris, 1949); and idem, *La Pensée sauvage* (Paris, 1962). See also Mauss, *The Gift*, 8.

8   Raymond Firth, *Elements of Social Organization* (London, 1951); and idem, *Primitive Economics of the New Zealand Maori* (London, 1929); Marshall Sahlins, *Stone Age Economics* (New York, 1972), 149-183.

9   Annette Weiner, *Inalienable Possessions: The Paradox of Keeping-while-Giving* (Berkeley, 1992). Mauss also allows for some objects not to circulate as gifts because of their sacred quality, though they might nonetheless still be given on loan (Mauss, *The Gift*, 43). He also acknowledged that some of the more valuable copper objects belonging to elite families among the Kwakiutl "do not go out of the family" (Mauss, *The Gift*, 134, n. 245).

covered areas of behavior and perception not yet fully accounted for in his theory of the gift.

Mauss has been roughed up a bit, but few theories in any field have been as fertile a spawning ground as his.[10] From it have emerged specialized studies of charity, social relations, trade, and religious gifting, among other topics.[11] For our purposes, studies on religious giving have been increasingly influential to the larger *Problematik* of gift theory and rich territory for comparative analysis. Religious giving entailed, in the medieval and early modern periods, donations to monasteries (a phenomenon of the Christian East and West) and donations for commemorative masses (a feature more of the Western Church), which could be served, of course, by priest-monks at monastery chapels or by secular clergy at the parish level.[12] With time, monasteries became, in both the Latin and Greek varieties of medieval and early modern Christianity, the principal recipient of religious giving. This is because monks took onto themselves "the angelic way" not only for the salvation of their own souls – following St. Paul's injunction to "be as I am myself", that is to say: celibate (I Cor. 7:7 NJB) – but also to offer their continuous prayers for the salvation of the world – following another Pauline admonition to "pray without ceasing" (I The. 5:12 NJB). Too immersed in the struggles of their daily lives to do it properly themselves, patrons of monasteries came gradually to see monks as ideal intercessors for the souls of their departed relatives. But the Christian Church, East and West, never quite resolved – theologically, at least – how the reciprocity implicit in the gifts of patrons and the prayers of monks reconciled with the impulse to "lend without any hope of return" (Lk 6:35 NJB). In other words, donations to monasteries had one foot in this world and one foot in the afterlife. Patrons gave gifts to monasteries and expected, in return, monks to pray for them and their kin. Patrons were not giving what Jonathan Parry called the "pure" gift[13] – a donation to a monastery without any expectation of something in return. On the other hand, patrons also understood that the return on their investment was "other-worldly": immaterial and eschatological.[14] There was no way to recycle (or, in Mauss's terminology, "reciprocate") the monks' gift of prayer.

---

10 For an excellent historiographical review of the literature on the gift, see Maurice Godelier, *The Enigma of the Gift*, trans. Nora Scott (Chicago, 1999), 10-107.

11 The literature is substantial and growing. For a start, see, on social relations, Aafke E. Komter, *Social Solidarity and the Gift* (Cambridge, 2005). On trade, see Georges Duby, *The Early Growth of the European Economy: Warriors and Peasants from the Seventh to the Twelfth Century* (Ithaca, 1974); and Arnoud-Jan A. Bijsterveld, "The Medieval Gift as Agent of Social Bonding and Political Power: A Comparative Approach," in *Medieval Transformations: Texts, Power, and Gifts in Context*, ed. Esther Cohen and Mayke B. de Jong (Leiden, 2001) (= Cultures, Beliefs, and Traditions, 11). On religious gifts, see below, note 15.

12 See Zemon Davis, *The Gift*, 173-183.

13 See Jonathan Parry, "The Gift, the Indian Gift and the 'Indian Gift'," *Man* 21 (1986), 453-473.

14 On these theological debates about gifts and commemoration, see Megan McLaughlin, *Consorting with Saints: Prayer for the Dead in Early Medieval France* (Ithaca, 1994).

The relationship between Christian monasteries and lay patrons has been given more and more attention in the last several decades, opening the gift to comparative analysis across the Christian space and presenting new opportunities to explore further Mauss's original theory of the gift.[15] Ilana F. Silber's important study of donations to monasteries in the medieval West showed better than any previous attempt the strengths and limitations of applying Mauss's theory of the gift in this context.[16] Silber found that donations by patrons to medieval monasteries in the West did not fit Mauss's three-part theory of gift exchange (giving, receiving, reciprocating) since monasteries tended to "pool" the gifts they acquired over time as they build their wealth as institutions in society and players in the political world of the West. At the same time, according to Silber, donations to monasteries "entailed a fully articulate doctrinal emphasis on reciprocity and a powerful, non-doctrinal fusion of this-worldly and other-worldly orientations hardly compatible with the ideology of other-worldly, 'pure' gift otherwise encouraged...."[17] Gifts to monasteries straddled the boundaries between reciprocity and charity and therefore fit neither Mauss's tripartite theory, nor the model of Christian selflessness. Silber does, however, go back to Mauss's notion of "total gift economies" – "total" in the sense that gifts to monasteries expressed "all sorts of dimensions of social life (religious, legal, moral, political, familial, economic, aesthetic, etc.)" and "total" in that they related "to society *as a whole*."[18] In this way, religious gift-giving – "this specific variant of the gift-mechanism" – had the "capacity...to merge a range of individual and particularistic interests with a more public and supra-local, collective orientation."[19] In other words, despite its flimsy theological underpinnings, the gift-relationship between the donors and the monasteries – partly reciprocal, partly other-worldly – was a vital part of the larger society, culture, economy, and political world.

We arrive historiographically at our destination when we reach Florin Curta's reorientation – or, perhaps better, application – of Silber's essentially theoretical

---

15 On gifts to Western medieval monasteries, see, for a start, McLaughlin, *Consorting with Saints*; Maureen C. Miller, "Donors, Their Gifts, and Religious Innovation in Medieval Verona," *Speculum* 66,1 (1991), 27-42; Constance Bouchard, *Holy Entrepreneurs, Cistercians, Knights, and Economic Exchange in Twelfth-Century Burgundy* (Ithaca, 1991); Stephen D. White, *Custom, Kinship, and Gifts to Saints: The* Laudatio Parentum *in Western France, 1050–1150* (Chapel Hill, 1988); Barbara Rosenwein, *To Be St. Peter's Neighbor: The Meaning of Cluny's Property* (Ithaca, 1988); Philippe Jobert, *La notion de donation: Convergences, 630–750* (Paris, 1977) (= Publications de l'Université de Dijon, 49); Joan Wardrop, *Fountains Abbey and Its Benefactors, 1132–1300* (Kalamazoo, 1987); Joel T. Rosenthal, *The Purchase of Paradise: Gift-Giving and the Aristocracy, 1307–1485* (London, 1972); and Susan Wood, *English Monasteries and Their Patrons in the Thirteenth Century* (Oxford, 1955).

16 Ilana F. Silber, "Gift-giving in the great traditions: the case of donations to monasteries in the medieval West," *Archives européenes de sociologie* XXXVI (1991), 209-243.

17 Silber, "Gift-giving," 237.

18 Silber, "Gift-giving," 238 (italics in original).

19 Silber, "Gift-giving," 238.

insights.[20] Curta sought to "shift the emphasis from what has too often been viewed as their [i.e., gift-giving practices – REM] exclusively social 'use' to the use various actors made of gifts in specific situations, and thus to reevaluate gift giving as a political phenomenon, instead of an economic strategy or a mere mechanism for maintaining social stability."[21] Curta shows through numerous examples drawn from the turn of the sixth to the turn of the tenth centuries that "[g]ift giving was not about social bonds or glue."[22] Put plainly, "Merovingian and Carolingian gift giving was primarily about politics, not economics, although the two spheres of social activity were certainly not completely separate. Merovingian and Carolingian Francia had no gift economy, but Merovingian and Carolingian political economy can only be understood in terms of gift-giving practice that often took a public, almost ceremonial form."[23] Whereas Silber tested and critiqued Mauss's theory by applying it to donations to monasteries and identifying those pieces of it that faltered and those that stood up to the comparison, Curta focused instead on "'internal' gift-giving practices within Merovingian and Carolingian societies" and found, in this setting, that gifts "should be treated as a category of power and as a political strategy."[24]

Gift Exchange and Muscovite Monasteries

The donations by Tsar Aleksei Mikhailovich in 1651 can be interpreted in terms of the insights and conclusions that have emerged out of the study of the gift, especially those by Silber and Curta – the "total," public, and (peculiarly) reciprocal nature of gifts to monasteries, and the notion that gifts given to monasteries for *panikhidy* and *kormy* were about power. Gifts to Muscovite monasteries in many ways mirrored the donations to Western medieval holy houses studied by Silber: the same eschatological beliefs and expectations; the same growth of monastic wealth through the holding (rather than reciprocating, as Mauss would have it) of donated wealth, moveable and immoveable; the same gift-relationship between donors and monks. As Ludwig Steindoff put it, "[t]he social practice of commemoration" was "a common feature of the Western and Eastern churches, and the acceptance of this practice appeared everywhere as an aspect of Christianization."[25] The comparison is not, to be sure, perfect. Muscovite Orthodox monasteries came to focus far more on the commemoration of donors rather than of the monks in the monasteries, which is directly opposite the trend in western monasteries. Moreover, Muscovite monasteries, starting probably at Iosifo-Volokolamsk Monastery in the late fifteenth century, elaborated a two-tiered system of commemoration, rooted in two different liturgical memorial books – the very expensive daily list (*posvednevyi spisok*) and the cheaper eternal

---

20 Florin Curta, "Merovingian and Carolingian Gift Giving," *Speculum* 81,3 (2006), 671-699.
21 Curta, "Merovingian," 677.
22 Curta, "Merovingian," 698.
23 Curta, "Merovingian," 698-699.
24 Curta, "Merovingian," 677-678.
25 Ludwig Steindorff, "Memorial Practice as a Means of Integrating the Muscovite State," *Jahrbücher für Geschichte Osteuropas* 55 (2007), 517-533, here 520.

sinodikon (*vechnyi sinodik*). Finally, Orthodox commemoration of the dead was far more synthetically integrated into the cycle of daily, weekly, and annual services – and therefore was more "publicly" celebrated – than were comparable Offices for the Dead in the Latin West.[26] And as Curta would insist, we must see these gifts to monasteries as relating to power – power, not in the sense that the tsar, or other royal donors before and after him, was attempting to assert his power over these monasteries (this sort of power and control he already had) but rather that the tsar was attempting to assert and project his power, legitimacy, and majesty outside the context of the monastery, into the larger social context of Muscovite court politics. The prayers of monks in dimly lit sanctuaries had an immediate and highly political significance, one that the donor – the tsar – could and likely did use to his own very this-worldly advantage.

It was an annual custom, one rooted likely in his own deepening religious convictions but probably also in his and his counselors' perception of the political utility of commemorative prayer, that Tsar Aleksei Mikhailovich prayed for the souls of his departed parents on or near the anniversary of their deaths. Every year he could, which was most, on July 12, the date of his father's death, the tsar would travel, likely walking in a procession of clergy and courtiers, across the Kremlin's Cathedral Square to the Cathedral of Archangel Michael, the resting place of Muscovy's rulers since the time of Ivan I Kalita (died 1340), including his father, Tsar Mikhail, to hear a *panikhida*. Similarly, on August 19, the tsar would walk the few extra steps in the Kremlin over to the Voznesenskii Convent, the usual final resting place of the consorts of Muscovite rulers, to hear a *panikhida* for his mother.[27] Some years, evidently, circumstances prevented *panikhidy* from being served on the actual anniversaries of their deaths. Of the thirty documented *panikhidy* attended by Tsar Aleksei Mikhailovich in the Cathedral of Archangel Michael, ten were on July 11, fifteen were between July 10 and July 20 (mostly on July 10 and 12), and the remaining five in September or October. The dates in July all fall around the date of Tsar Mikhail Fedorovich's death, which happened to coincide with his birthday and nameday (St. Michael Malein). Of the twenty-one documented *panikhidy* attended by the tsar in Voznesenskii Convent for his mother, ten were in August (on August 16, 17, 18, or 19), three in February (on February 21, 26 or 27) and two in March (on March 1 and March 7).[28] The dates in August all fall around the date of Tsaritsa Evdokiia

26 See Ludwig Steindorff, "Commemoration and Administrative Techniques in Muscovite Monasteries," *Russian History/Histoire Russe* 22,4 (1995), 433-454; and idem, "Princess Mariia Goleniina: Perpetuating Identity Through 'Care for the Deceased'," in *Culture and Identity in Muscovy, 1359-1584*, ed. A. M. Kleimola and G. D. Lenhoff (Moscow, 1997), 557-577; and idem, "Donations and Commemoration in the Muscovite Realm – A Medieval or Premodern Phenomenon?", in *this volume*.

27 On the Cathedral of Archangel Michael and Voznesenskii Convent as royal mausoleums, see T. D. Panova, *Kremlevskie usypal'nitsy: Istoriia, sud'ba, taina* (Moscow, 2003), 10-88, 114-163.

28 Sources for this reconstruction of Tsar Mikhail's attendance at *panikhidy* for his parents are: *Dneval'nyia zapiski prikaza tainykh del, 7165–7183 gg.*, ed. S. A. Belokurov, in *Chteniia v*

Luk'ianovna's death, the dates in March on or near her nameday (March 1, Holy Martyr Eudoxia). The February dates are likely on or around her birthday.[29] The variability in the commemorations, as Ludwig Steindorff has argued in another context, were "not a matter of arbitrariness, but had some well-justified reason at that time," such as when the date of one would ordinarily serve a *panikhida* or offer a *korm* conflicted with other major feasts or fasting periods. Moving the date of a commemoration – whether by *panikhida* or *korm* – was not at all uncommon, giving the vagaries of the liturgical calendar.[30]

These services were often quite public spectacles, not private familial moments for grief-filled tears. On Saturday, July 11, 1657, for example, the tsar heard Divine Liturgy at the Church of St. Eudoxia – the private royal chapel – then went in procession (*khod so kresty*) to the Church of the Rzhev Mother of God (one of the few times he did not hear the *panikhida* at the Cathedral of St. Michael the Archangel) for a *panikhida* for his father served by the patriarch and numerous other clergy (*so svem osviashchennym soborom*).[31] Clergy from abroad were also included in these services when they happened to be in Moscow at the time of the anniversary of the death of the tsar's parents, making the commemoration even more public and grand. On Monday, August 19, 1667, Tsar Mikhail Fedorovich went to the Voznesenskii Convent for a *panikhida* for his mother served by Patriarchs Ioasaf of Moscow, Paisius of Alexandria, and Macarius of Antioch, along with other bishops and clergy (*i ves' osviashchennyi sobor*). The same hierarchs, plus numerous other bishops, monastics, and other clergy (*i s nimi inye vlasti*), served again 2 months later, on September 19, at a *panikhida* for Tsar Mikhail, at the Cathedral of St. Michael the Archangel.[32]

What Tsar Aleksei Mikhailovich did in the year 7159/1651 to commemorate his parents goes unreported except for the inventory of donations he made in July (and then corrected for use again in August). We do not know that he attended any *panikhiky* served in the Cathedral of St. Michael the Archangel or in Voznesenskii Convent. We do know, however, that in that year he spent well more than 1600 rubles to have *panikhidy* and *kormy* served in more than 30 different monasteries:

---

imperatorskom Obshchestve istorii i drevnostei rossiiskikh pri Moskovskom universitete (Moscow, 1908), pt. 1: 1-224; pt. 2: 225-346: 1:24; 2:246, 243, 244, 255, 308 (*panikhidy* for Tsar Mikhail Fedorovich), and 1:126; 2:250, 296, 311 (*panikhidy* for Tsaritsa Evdokiia Luk'ia-novna); and *Vykhody gosudarei, tsarei, i velikikh kniazei, Mikhaila Fedorovicha, Alekseia Mi-khailovicha, Fedora Alekseevicha, vseia Rusii samoderzhavtsy, s 1632 po 1682 god* (Moscow, 1844), 162, 183, 210, 249, 334, 358, 381, 403, 422, 443, 464, 499, 506, 519, 528, 554, 562-63, 600 (*panikhidy* for Tsar Mikhail Fedorovich), and 141, 151, 165-66, 186, 213, 238, 265, 324, 383, 413, 433, 475, 544, 556, 568, 578, 591, 601 (*panikhidy* for Tsaritsa Evdokiia Luk'ianovna).

29 Gosudarstvennyi istoricheskii muzei (GIM) [State Historical Museum], *Muzeinoe sobranie (Muz.)* [Museum Collection], 3652 [Sinodik Tsaria Fedora Alekseevicha], l. 165ob.

30 See Steindorff, "Memorial Practice," 518-519.

31 *Dneval'nyia zapiski*, 250.

32 *Dneval'nyia zapiski*, 255.

In the present year, in [7]159, July 11 [corrected to August 19], by the decree of Tsar and Grand Prince Aleksei Mikhailovich, given of his own resources [*dano evo gosudareva zhalovan'ia*] for the commemoration [*pomin*] of his father [corrected to his mother] of blessed memory Tsar and Grand Prince Mikhail Fedorovich of all Rus' [corrected to Tsaritsa and Grand Princess Evdokiia Luk'ianovna] to monasteries [gifts] to the altars [*na stoly*] and [gifts] from his own hand [*ruchnye milostiny*], and the monies are to be taken from the Chancellery of the Great Court [*is prikaza Bol'shogo dvortsa*] and from the Kostroma Fiscal District [*is Kostromskoi cheti*].[33]

The text mentions both gifts given "to the altar" and "from his own hand," meaning gifts to the heavenly patron of the monastery (to whom the altar was dedicated), and to individuals living at these holy houses and who could themselves offer prayers on behalf of the tsar's parents. In this way, the gifts offered each of these monasteries was both institutional – to the monastery as a whole through the patron of the altar – and individual, personal gifts from the sovereign to single individuals serving or otherwise residing or linked with the monastery. Three men were charged with requisitioning the funds from the Chancellery of the Grand Court and from the Kostroma Fiscal District and for distributing them to the monasteries listed in the text: *okol'nichii* Vasilii Vasil'evich Buturlin, *okol'nichii* Bogdan Matveevich Kitrovo, and *stol'nik* Rodion Streshnev.[34]

Gifts "to the altar" appear in all of the entries and range in amounts from 30 rubles (the single largest donation, to Savino-Storozhevskii Monastery, a favorite of Tsar Aleksei Mikhailovich) and 20 rubles (to eleven monasteries and convents), to smaller gifts of 10, 7, and 5 rubles (see table). Still, there is a clear ranking of monasteries and convents implied in the amounts given to servers and "to the altar"; and the ranking has probably more to do with the preferences of Tsar Aleksei Mikhailovich than the relative importance historically of one monastery or convent over another. Monasteries and convents located closest to the tsar's palace in the Kremlin seem also to be advantaged over more remote holy houses, but the trend is not without exceptions. And it is worth noting that several important monasteries appear to be missing from the list, such as Solovetskii Monastery or Iosifo-Volokolamsk Monastery.[35] For the Holy Trinity-St. Sergius Monastery and Kirillo-Belozerskii Monastery, it was the monastery houses in Moscow (*podvor'ia*), not the monas-

---

33 RGADA, f. 156, d. 140, l. 1.
34 RGADA, f. 156, d. 140, l. 22.
35 Not all of the monasteries and convents listed are identifiable due to the illegibility of the hand or to the excessive trimming of folios. Some entries (e.g., Znamenskii Monastery or Bogoiavlenskii Monastery or Kirillo-Belozerskii's Moscow *podvor'e*) appear more than once, possibly because different scribes duplicated their work or because the inventory as it survives today contains entries from other occasions when donations were made. Other explanations, no less plausible, could be offered as well. The summary table presents the entries in the inventory in the order they appear in the inventory, without correction.

teries themselves, that received the gifts. The inventory also omits gifts sent abroad (to Kiev, to Athos, to St. Catherine's of Mount Sinai – all traditional recipients of royal gifts for commemoration). While some donations did go some long distances (such as the Suzdal' Pokrov Convent), most were in Moscow or relatively close by. And while the inventory is arranged by first listing monasteries then convents, Tsar Aleksei Mikhailovich seems to have given equally to both – 20 ruble donations "to the altar" went to the Chudov, Novospasskii, Simonov, and Andron'ev monasteries, with lesser amounts to others, for example; and to the Novodevichii, Voznesenskii, and Alekseevskii convents, with, again, lesser amounts to others.

These gifts likely paid for a *panikhida* on behalf of the tsar's father and mother before the main altar (rather than any of the ancillary altars, or *pridely*), and for a *korm*. The text does not specify that a *korm* was procured with these gifts. In fact, the only mention of a *korm* is at the end of the inventory, when it is recorded that 20 rubles were given to *okol'nichii* Vasilii Vasil'evich Buturlin for *kormy* for those in prison (*korm v tiurmu*).[36] The usual sum, established in the previous century, to obtain annual *kormy* was high (100 rubles); but this inventory appears not to record gifts for an annual commemoration, but rather a one-time gift for a one-time *korm*.[37]

After noting the ruble amounts given "to the altar," the entries then go on to report the specific sums dolled out to the monks and other servers at the monasteries. Thus, at Chudov Monastery, 1 ruble each was given to the archimandrite and cellarer, 20 altyn to the treasurer (*kaznachei*), 1 poltina to the keeper of the vestry (*rizhnichei*), 10 altyn each to 12 priests, 1 polpoltina each to 6 deacons, and 2 grivny each to 132 rank-and-file monks (*riadovye brat'ia*) at the monastery. Next follows a subtotal for all the *ruchnye milostiny* (in this case, 34 rubles and 20 altyn), and then a grand total for the monastery: 54 rubles, 20 altyn.[38] Sometimes there was a difference in the composition of the monastery or convent between July 11, when the gifts for Tsar Mikhail Fedorovich were distributed, and August 19, when those for Tsaritsa Evdokiia Luk'ianovna were distributed. The entry for Voskresenskii Monastery (presumably, the New Jerusalem Monastery near Zvenigorod) shows that, in July, the tsar gave 5 rubles "to the altar," then gifts "from the hand" to the igumen (1 poltina), 1 priest (10 altyn), 1 deacon (1 polpoltina), 10 rank-and-file monks (2 grivny each), and 6 lower non-monastic altar servers (*mirskie prichetniki* – 2 grivny each), that totaled 9 rubles, 8 altyn. But an inscription reports that, in August, there was a second priest who received 10 altyn, so the totals were revised: 9 rubles, 18 altyn.[39] In a few cases, small amounts were given to monastics who were residing at, but evidently not attached to a given monastery. In the entry for Andron'ev Monas-

---

36 RGADA, f. 156, d. 140, l. 22.
37 See Ludwig Steindorff, ed. and trans., *Das Speisungsbuch von Volokolamsk. Eine Quelle zur Sozialgeschichte russischer Klöster im 16. Jahrhundert* (Köln/Weimar/Wien, 1998) (= Bausteine zur Slavischen Philologie und Kulturgeschichte, Reihe B, 12), xxiv-xxxvi, 281.
38 RGADA, f. 156, d. 140, l. 1.
39 RGADA, f. 156, d. 140, l. 5.

tery, an archimandrite from Nizhnii Novgorod is mentioned receiving 10 altyn (not 1 ruble, as the appointed archimandrite and cellarer of the monastery received).[40] The "old archimandrite" at Storozhevskii Monastery also received 10 altyn (again, not 1 ruble customary for archimandrites).[41] The text also refers to numerous monastic and non-monastic clergy and altar servers who were given small sums (usually 2 grivny): non-monastic priests, deacons, subdeacons and readers and altar servers (*mirskie popy, mirskie d'iakony, mirskie d'iachki, mirskie prichetniki*) and lower ranks of servers (*kryloshchanin*). The text also lists a number of persons who were linked to the monasteries and convents less formally or who provided services to the monastery, probably voluntarily out of piety. Thus we find lay brothers (a *sluzhka* and *sluzhebniki*), choir directors (*golovshchik*, and *kanarkhist*), and bakers of *prosfora*, or loaves (*prosvirnitsa*). Finally, two women with aristocratic backgrounds residing at convents are mentioned by name as receiving relatively sizeable personal gifts: Paraskeva Khitraia, the mother of Tsar Aleksei Mikhailovich's favorite, Bogdan Matveevich Khitrovo, who was living at the Ivanovskii Convent, was given 1 ruble; and Tat'iana Miloslavskaia, a kinswoman of the tsar's wife living at the Nikitskii Convent, was given 20 altyn.[42]

The range of the amounts given in the tsar's name in these personal gifts of money (*ruchnye milostiny*) ranged widely over monastery and convent. The leaders of the community – the archimandrite or igumen, cellarers and treasurers – usually received a ruble, but sometimes lesser amounts (1 poltina or 20 altyn, e.g.) at monasteries or convents lower on the list. Other clergy – priests, deacons, and the lower orders of the clergy (subdeacons and readers), probably those that actually served at the *panikhida* – also received money gifts: priests usually 10 altyn, deacons usually 1 polpoltina, lesser clergy usually 2 grivny, though the sums again could vary (see table). Of particular interest here are the rank-and-file monks (*riadovye brat'ia*) and nuns (*staritsy*), who were given the smallest amounts but were often the largest group singled out in the inventory. The numbers of *riadovye brat'ia* and *riadovye staritsy* receiving gifts varied substantially across these holy houses for the year 1651, ranging from as many as 132 monks at Chudov monastery and 123 nuns at the nearby Voznesenskii Convent, to just a handful at some of the other holy houses listed. The numbers receiving gifts extends far beyond that needed to serve a *panikhida* – minimally, just a priest and few singers – but the numbers even at Chudov Monastery and at Voznesenskii Convent are certainly not high enough to constitute a full census. What criteria were used to decide which monks and nuns received gifts and which did not is unexplained in the source, but it may be as simple a matter as how much money had been requisitioned and how far it went. The fact that more money was requisitioned in August than in July may be because the tsar and

---

40 RGADA, f. 156, d. 140, l. 2.
41 RGADA, f. 156, d. 140, l. 8.
42 Neither Khitraia nor Miloslavskaia are recorded with any monastic rank or title in the inventory. For Khitraia, see RGADA, f. 156, d. 140, l. 11; for Miloslavskaia, l. 13.

his counselors realized and regretted the deficit the first time, though even in August the numbers are not so much higher that everyone in every monastery listed was given a gift. Whatever the case, the variation in sums to different monasteries shows that, while the tsar wanted a great many monasteries and convents praying simultaneously for his parents, he did not evenly disburse the sums needed to procure these prayers, probably because of his own relationships with these individual holy houses.

What did these gifts buy? Despite the variation in the sums he gave, Tsar Aleksei Mikhailovich was giving gifts to more than just the "altar"; he was blanketing the monastery's population with money, the amount varying according to one's rank, in order to solicit as great a number as possible to remember the first Romanov tsar and his consort in their daily prayers, at least on the date of commemoration (July 12 or August 19), but perhaps as well, out of gratitude, for long after the anniversaries of their deaths had passed. Thus, Tsar Aleksei's commemoration of his parents (something he was obligated to do anyway by the precepts of the Orthodox faith) became an opportunity for the integration of the individual monastic communities – from lowest *prosfora* baker or altar server, to highest ranking hieromonk – around the ruler through prayers for the royal dead. All members of these communities united on these dates to pray for a single soul, forging a liturgical unity not unlike the unity of prayer a major feast day on the liturgical calendar produces. Moreover, each individual monastery or convent was integrated with all the others that had been enlisted to pray for the tsar and tsaritsa, linking each of them to the *panikhidy* served in the Cathedral of St. Michael the Archangel or in Voznesenskii Convent or wherever the tsar happened to be attending the *panikhida* with the members of his court and with the highest ranking hierarchs of the Church. On these two dates in the year 1651 (and probably in other years, as well), much of the Muscovite realm was offering a single prayer to heaven, one as much political as pious.

Gifts to monasteries were as much about social integration as about politics, as Silber might suggest and Curta insist they had to be. As Silber put it, "monastic endowments – which...bear only a partial similarity to 'pure' giving and in some ways even contradict it – were able to thrive and acquire major economic and politico-integrative significance in a context of deep socio-economic fragmentation where market and state were, precisely, hardly effective."[43] In other words, gifts to monasteries served a very public function in pre-modern Christian societies, East and West; and even if the gift of money to a monastery was not a grandly performed public or court spectacle but rather, necessarily, an act of religious devotion, the political gain for the donor – the creation and projection of an identity of the donor's own choosing – was at least as great, if not more, as that he obtained from the symbols and rituals at a wedding, a royal banquet, or an ambassadorial reception. These gifts were, in Curta's words, "gifts of power."[44]

---

43 Silber, "Gift-giving," 235.
44 Curta, "Merovingian," 698.

Gifts and Dynastic Legitimacy

How were Tsar Aleksei Mikhailovich's gifts to monasteries in 1651 "gifts of power" with a "politico-integrative significance"? One way they were about power was in the composition of the other names read in commemoration when a *panikhida* was served. Donors had not just the name of the deceased person commemorated, but also often other relatives whose names would be read by the serving priest. By looking at what names were included in these lists, one can move the analysis beyond the meaning and significance of the lone commemoration (of the tsar's father and mother, in this instance) to a broader circle of kin. The composition of that broader circle provides the best clues possible to decipher Tsar Aleksei Mikhailovich's political goals in giving these gifts. Three sources are examined: the Feast Book (sinodikon) of the Iosifo-Volokolamsk monastery (1646);[45] the Feast Book of Holy Trinity-St. Sergius Monastery (1660);[46] and the sinodikon (*sinodik*) of Tsar Fedor Alekseevich of the Church of the Icon "Not Made By Hands" (1677).[47] The first two date from Tsar Aleksei Mikhailovich's reign, and record the dates of *kormy* at the monasteries and the names of those to be commemorated throughout the year. The third is the sinodikon for a royal chapel favored by Tsar Fedor Alekseevich, and provides baseline data on dates of death, namedays, births, and other important and traditional moments of commemoration. All three are arranged calendrically, starting from September 1 and ending on August 30, and so allow for a comparative study of when and how the royal dead were being remembered.[48]

Tsar Fedor Alekseevich's sinodikon notes, appropriately, that Tsar Mikhail Romanov was to be commemorated on July 12 (both the anniversary of his death and his nameday), and that Tsaritsa Evdokiia Luk'ianovna was to be commemorated twice, on March 1 (her nameday) and on August 18 (her date of death).[49] The sinodikon from Holy Trinity-St. Sergius Monastery records a *korm* for the Tsar Mikhail Fedorovich on July 12 as well (*korm na ego prestavlenie*), but none for the tsaritsa.[50] The Feast Book for Iosifo-Volokolamsk Monastery has Tsar Mikhail Fedorovich listed for July 12, and Tsaritsa Evdokiia Luk'ianovna listed on March 1, and again on August 18.[51] Instructions in the Feast Book for Iosifo-Volokolamsk Monastery

45 GIM, *Eparkhial'noe sobranie (Eparkh.)* [Diocesan Collection], 413 (672). See *Knizhnye tsentry drevnei Rusi. Iosifo-Volokolamskii monastyr'*, ed. D. S. Likhachev (Leningrad, 1991), 406-407.

46 Rossiiskaia gosudarstvennaia biblioteka (RGB) [Russian State Library], f. 304 [Holy Trinity-St. Sergius Monastery Collection], op. 1, d. 814.

47 GIM, *Muz.*, 3652.

48 Ludwig Steindorff has studied a sixteenth-century text which he calls an Annual Feast Book (*Godovaia kormovaia kniga*) and which arranges entries of commemorations and *kormy* by date within one specific year. See his "Realization vs. Standard: Commemorative Meals in the Iosif Volotskii Monastery, 1566/67," in *The Rude and Barbarous Kingdom Revisited: Essays in Russian History and Culture in Honor of Professor Robert O. Crummey*, ed. Chester S. L. Dunning, Russell E. Martin and Daniel Rowland (Columbus, 2008), 231-249.

49 GIM, *Muz.*, 3652, ll. 165ob and 232.

50 RGB, f. 304, op. 1, d. 814, l. 126ob.

51 GIM, *Eparkh.*, 413, ll. 10, 11, 212 (Tsar Mikhail Fedorovich); and 6, 13a. 145ob, 228 (Tsaritsa

on these dates indicate that the priest-monks serving the *panikhida* were supposed to read a fuller list of names, "the sovereign's list," located at the beginning of the text (*a spisok gosudarskoi v nachale*). This instruction is inscribed as part of the basic text of the manuscript, and appears next to the entries in the text for all members of the ruling families of Muscovy – whether Romanov and Daniilovich.[52]

What was the "sovereign's list"? The sovereign's list is a patrilineal list of rulers beginning with St. Vladimir (also listed by his baptismal name, Vasilii) down to Tsar Mikhail Fedorovich and many of his children (with other Romanov rulers added later). The "sovereign's list" also includes a separate entry for spouses of Rus' and Muscovite rulers, starting with St. Ol'ga and Anna of Byzantium (respectively, the ancestress and spouse of St. Vladimir), then jumping over 8 generations to the wives of Ivan I Kalita and the wives of his successors, down to Tsaritsa Evdokiia Luk'ianovna (and, again, other tsaritsas added later). This "sovereign's list," in one redaction or another, appears as part of the formulaic introductory commemoration of Muscovy's rulers (grand princes and tsars) and first hierarchs (metropolitans and patriarchs) in many late sixteenth- and seventeenth-century sinodikons (including the Holy Trinity-St. Sergius, Iosifo-Volokolamsk, and Tsar Fedor's sinodikons).[53] In other words, when any member of the Romanov dynasty in the seventeenth century was to be commemorated at Iosifo-Volokolamsk Monastery, the list of names read (in addition to the person commemorated that day) included this list of rulers and consorts going back to the tenth century.

What is important about the "sovereign's list" for our purposes is that, in reading it on the dates when the first Romanov tsar and his consort were commemorated, the monks serving the *panikhidy* were dramatically linking the new dynasty with the old Daniilovich dynasty. In Tsar Fedor Alekseevich's sinodikon, the list of rulers after Ivan IV is broken up by gilt boxes around groups of names: around Ivan IV and his sons, around Tsar Fedor Ivanovich, around Tsar Boris Godunov and his son, around Tsar Vasilii Shuiskii, around Tsar Mikhail Fedorovich and his sons, and around Tsar Aleksei Mikhailovich and his sons. The groupings are not so much markers of dynastic breaks as they are groupings of generations across all the dynasties (Daniilovich, Godunov, Shuiskii, and Romanov).[54] The list of consorts proceeds without these groupings nor any kind of breaks in the list, even across dynastic boundaries:

> "...the pious tsaritsa and grand princess Anastasiia, the pious tsaritsa Mariia, the pious tsaritsa Marfa [the first, second, and third wives of Ivan IV], the pi-

Evdokiia Luk'ianovna).

52 See, for example, GIM, *Eparkh.*, 413, ll. 35, 40, 53ob, and elsewhere.

53 On the redactions of the royal lists at the beginning of sinodikons, see Russell E. Martin, "Praying for the Dead in Muscovy: Kinship Awareness and Orthodox Belief in the Commemorations of Muscovite Royalty," in *The Tapestry of the Russian Orthodox Church*, ed. Donald Ostrowski and Nicholas Lupinin (forthcoming).

54 GIM, *Muz.*, 3652, ll. 44–45ob.

ous tsaritsa and grand princess Mariia [the wife of Boris Godunov], tsarevna and grand princess Feodosiia [daughter of Boris Godunov], the pious tsaritsa and schema nun Aleksandra [wife of Fedor Ivanovich], the pious tsaritsa and nun Marfa [seventh wife of Ivan IV], the pious tsaritsa and grand princess Mariia [first wife of Mikhail Fedorovich], the pious tsaritsa and grand princess Evdokiia [the second wife of Mikhail Fedorovich, and mother of Tsar Aleksei Mikhailovich]...."[55]

In the sinodikon from Holy Trinity-St. Sergius Monastery, the lists of rulers and consorts are nearly identical to the one in Tsar Fedor's Alekseevich's sinodikon, though includes no artistic embellishments in the list of the Daniilovich, Godunov, Shuiskii, and Romanov dynasties. In the sinodikon for Iosifo-Volokolamsk Monastery, the list is again nearly identical except, significantly, Tsar Boris Godunov is omitted from the list of tsars, though not, strangely, his wife.[56]

The Romanovs (and the Shuiskiis and Godunovs) had their names merely tacked onto the bottom of the "sovereign's list" in the same locations in the texts where rulers of the old dynasty, the Daniilovichi, could be found. When a *korm* or *panikhida* was served, it was this list that was read along with the names of Tsar Mikhail Fedorovich and Tsaritsa Evdokiia Luk'ianovna: we know this was done at Iosifo-Volokolamsk Monastery, and it was likely also done at each and every monastery and convent listed in the inventory for 1651. Thus, these new dynasties were easily able to tap into and exploit conventions for commemoration so as to invent their own legitimacy by associating themselves to the old dynasty, the legitimacy of which was, of course, unassailable.

But these new dynasties were posed with a problem that the old dynasty never had to address: The Romanovs, Shuiskiis, and Godunovs were all old Muscovite boyar clans that had not inherited the throne. Before they came to the throne, they commemorated their kin in the way other great clans at court did: in entries arranged by family in the main body of the text of the sinodikon (that is, after the standard commemoration of tsars, grand princes, and Church hierarchs). To take the Holy Trinity-St. Sergius Monastery sinodikon as an example, the Mstislavskii princes were commemorated with a *panikhida* and *korm* on November 11 (9 names are included in their list).[57] The Vasil'chikovs (who supplied Ivan IV with his fifth wife), were commemorated on December 16 (6 names appear on their list, including Anna, Ivan IV's wife).[58] Simeon Bekbulatovich and his relatives (9 names), were remembered on April 29.[59] This sinodikon, and the others like it, are filled principally with families that paid for *kormy* on the dates indicated. The Romanovs (and the Shuiskiis and Godunovs) were no different: October 3 was the commemoration of Patri-

---

55 GIM, *Muz.*, 3652, ll. 46ob-48.
56 GIM, *Eparkh.*, 413, ll. 21-25.
57 RGB, f. 304, op. 1, d. 814, ll. 49-49ob.
58 RGB, f. 304, op. 1, d. 814, l. 64.
59 RGB, f. 304, op. 1, d. 814, l. 95.

arch Filaret and the schema nun Marfa (Tsar Aleksei's grandparents), and 11 names are listed from the period before the Romanovs – known then as the Iur'evs or Za-kharins – had ascended the throne.[60] Boris Godunov and his family is in this same sinodikon remembered with *kormy* on October 27, on May 1, and on July 23 (15 names), though Tsar Boris's wife (June 10) and son (May 18) are also given indivi-dual *kormy*.[61] The commemoration of the non-royal ancestors and kin of these new royal lines are found in other sinodikons, as well.

The significance of these separate commemorations is clear: prayer for the dead was a fundamental Orthodox Christian obligation, and just because one had been elected, or appointed, or usurped the throne (and could thereby co-opt new ances-tors), one was not thereby relieved of the duty of praying for one's own actual an-cestors and kin. Thus, the new dynasties had to attach themselves to the traditional conventions of royal commemoration (hoping that by doing so some of the royal charisma of Muscovy's former dynasty would rub off on them) and continue to commemorate their own family (hoping, perhaps, nobody noticed).

Conclusion

The detailed study of royal commemorations recorded in this unique inventory from 1651 reveals the public nature of royal commemorations. It was an affair that in-volved large numbers of clergy and monastics. There were processions and public prayers. The tsar's high-ranking courtiers were involved. The sums requisitioned from the treasury would hardly go unnoticed. The annual commemoration of the tsar's royal ancestors was thus a ritual moment in the court like any other, and so must be seen as serving the same role as any other – bolstering a good and just im-age of monarchical power, projecting majesty, displaying the accoutrements of le-gitimate power, and enacting through rites and ceremonies and speeches and prayers the sacred nature of power in Muscovy.[62] This is exactly what Silber and Curta saw in their analyses of Western medieval donations to monasteries, and what the sources for seventeenth-century Muscovite monasteries show, as well.

But as much as donations were public and political, they were also acts of pious (or, perhaps better, dutiful) observance of Orthodox praxis. Who can penetrate the minds of the countless donors to Muscovy's monasteries in the seventeenth or any century to know their motivations and beliefs? Yet it does appear that Tsar Aleksei Mikhailovich accepted that his gifts did his dead parents some good in the after life. Gifts to monasteries have their beginning in the belief that prayer for the dead is proper and efficacious. Only in an environment that accepts that doctrine a priori can

---

60 RGB, f. 304, op. 1, d. 814, l. 30.

61 RGB, f. 304, op. 1, d. 814, ll. 40, 96, 105, 115ob, 130.

62 On gift exchanges at royal weddings, see Russell E. Martin, "Gifts for the Bride: Dowries, Di-plomacy, and Marriage Politics in Muscovy," *Journal of Medieval and Early Modern Studies* 38,1 (2008), 119-145; and idem, "Gifts for Kith and Kin: Gift Exchanges and Social Integration in Muscovite Royal Weddings," in Dunning, Martin and Rowland, *The Rude and Barbarous Kingdom Revisited.*

the practice of gifts to monks be borrowed, adopted, and abused for ends that have a very this-worldly end.

The gift was about relationships – maintaining or renewing old ones and forging new ones; and, to be sure, that implies power. But essential to all relationships is memory. The gift continues to be such an "enigma" because it functions differently in different settings and comes in different guises, but in all these settings and forms, memory is essential: the gifts from ambassadors (a reminder of a treaty, or entreaty, of peace); the exchange of gifts at Muscovite royal weddings (a memento of a new regime built on the marriage alliance); the gifts to the tsar on his nameday (a symbol of past and future fidelity); and the gifts to monasteries: a call to remember the dead, even if the past is manipulated for the benefit of the present.

Caption for the table on the following pages:

KEY:

Column A: *Na stol* (for the altar)
Column B: archimandrite
Column C: igumen
Column D: cellarer (*kelar'*)
Column E: treasurer (*kaznachei*)
Column F: monk in charge of vestry (*riznichei*)
Column G: father superior at *podvor'e* (*stroitel'*)
Column H: priests (*pop; sviashchennik; chernyi sviashchennik*)
Column I: deacon
Column J: monks (*riadovye brat'ia*)
Column K: reader (*d'iachki*)
Column L: sexton (*ponomar'*)
Column M: watchman (*storozh*)
Column N: nuns (*staritsy, riadovye staritsy*)
Column O: nuns (*bezmestnye* and *bol'nichnye*)
Column P: other (*mirskie prichetniki, sluzhka, proskurnitsa, prosvirnitsa, govovshchiki, kanarkhisty, kryloshchane*)

* The number in parentheses indicates how many received *ruchnye milostiny*.

\# When amounts differ between July 11 and August 19, the latter is listed separately and is italicized.

§ Novinskii records 6 *mirskie diachki* and *ponamary*, but does not indicated how many of each.

** At Andron'ev Monastery, a second archimandrite (*Nizhegorodetskomu arkhimaritu*) is mentioned.

§§ The Savino-Storozhevskii Monastery is listed twice, as Savinskii and then as Storozhevskii Monastery.

ABBREVIATIONS:

r   = ruble(s)
p   = poltina
pol = polpoltina
a   = altyn
d   = den'ga
g   = grivna

Summary Table of Donations Made in the Year 7159/1651
by Tsar Aleksei Mikhailovich to Monasteries
For the Commemoration of his Father (on July 11) *and Mother (on August 19)*#

	A	B	C	D	E	F	G	H	I
Chudov Monastery	20 r	1 r		1 r	20 a	1 p		(12)* 10 a	(6) 1 pol
Novospasskii Monastery	20 r	1 r		1 r	20 a	1 p		(7) 10 a	(6) 1 pol
Simonov Monastery	20 r	1 r		1 r	20 a	1 p		(7) 10 a	(4) 1 pol
Andron'ev Monastery	20 r	(1) 1 r; (1) 10 a **		1 r				(2) 10 a	1 pol
Znamenskii Monastery	10 r		1 r	1 r	20 a			(4) 10 a	1 pol
Znamenskii Monastery	*10 r*		*1 r*	*1 r*	*20 a*			*(4) 10 a*	*(1)1 pol; (1) 8 a, 2 d ?*
Bogoiavlenskii Monastery	5 r		1 r	1 r	20 a			(4) 10 a	(1) 1 pol
Bogoiavlenskii Monastery	*5 r*		*1 r*	*1r*	*20 a*			*(5) 10 a*	*(1)1 pol; (1) 8 a, 2 d ?*
Nikol'skii Staryi Monastery	5 r		1 p		10 a			(2) ? 10 a	1 pol
Nikol'skii Staryi Monastery	*5 r*		*1 p*		*10 a*			*(3)? 10 a*	*1 pol*
Spasskii za ikonnym riadom	5 r		1 p					(2) 10 a	1 pol
Spasskii za ikonnym riadom	*5 r*		*1 p*					*(2) 10 a*	*1 pol*
Troitskoe podvor'e	5 r						1 p	(2) 10 a	1 pol
Kirillovskoe podvor'e	5 r						1 p	(2) 10 a	1 pol
Vozdvizhenskii Monastery	7 r		1 r					(2) 10 a	1 pol
Voskresenskii Monastery	5 r		1 p					10 a	1 pol
Voskresenkii Monastery	*5 r*		*1 p*					*(2) 10 a*	*1 pol*

J	K	L	M	N	O	P	Total
(132) 2 g							54 r, 20 a
(100) 2 g							46 r, 23 a, 2 d
(55) 2 g							37 r, 6 a, 4 d
(20) 2 g							27 r, 5 a
(40) 2 g							22 r, 10 a
(40) 2 g							
(12 *startsy*) 2 g		(2) 5 a					11 r, 15 a
(12 startsy) 2 g		*(2) 5 a*					12 r ? (11 r, 23 a ?)
(8) 2 g							8 r, 18 a, 2 d
(8) 2 g							*8 r, 28 a, 2 d*
(12) 2 g	2 g	2 g	2 g				7 r, 11 a, 4 d
(12) 2 g, (10) startsy, 2 r	2 g	*2 g*	2 g				*9 r, 11 a, 4 d*
(11) 2 g	(3) 1 g						8 r, 28 a, 2 d
(?) 2 g							? r, 11 a, 4 d
(13) 2 g						(3 *mirskie prichetniki*) 2 g	12 r, 10 d
(10) 2 g						(6 *mirskie prichetniki*) 2 g	9 r, 8 a
(10) 2 g						*(6) 2 g*	*9 r, 18 a*

	A	**B**	**C**	**D**	**E**	**F**	**G**	**H**	**I**
Sretenskii Monastery	7 r		1 p					10 a	1 pol
Zlatoustovskii Monastery	7 r		1 p					(2) 10 a	(2) 1 pol
Donskoi Monastery	5 r							10 a	
Danilov Monastery	5 r		1 p		10 a			(2) 10 a	
Petrovskii Monastery	5 r		?					10 a; (3) 2 g (*mirskie popy*)	1 pol
Novinskii Monastery	5 r		? a	1 p	10 a			(?) 10 a	
Novinskii Monastery	*5 r*								*(1) ?*
Fedorovskii Monastery	5 r							(2) 10 a	
Fedorovskii Monastery	*5 r*							*(2) 10 a*	
Savinskii Monastery§§								10 a	
Storozhevskii Monastery§§	30 r	(1) 1 r; (1) 10 a		1 r	20 a		10 a	(17) 10 a	(11) 1 pol
Novodevichii Convent	20 r		1 r	1 r					
Voznesenskii Convent	20 r		1 r	1 r	20 a				
Alekseevskii Convent	20 r		1 r					(?) 10 a	8 a
Alekseevskii Convent	*20 r*		*1 r*		*20 a*			*(?)10 a*	*(2) 8 a*

J	K	L	M	N	O	P	Total
(17) 2 g						(2 *mirskie prichetniki*) 2 g	11 r, 17 a
(-9? *startsy*) 2 g						(1 *mirskie prichetniki*) 2 g	8 r, 20 a
(6) 2 g						(1 *sluzhka*) 2 g	6 r, 23 a, 2 d
(12) 2 g						(2 *mirskie prichetniki*) 2 g	9 r, 6 a
(2) 2 g							7 r, 10 d
(?) 2 g	(?) 2 g§	(?) 2 g§					11 r
(2) *startsy*							12 r?, 10 ? a
(21) *startsy*, 2 g	5 a	5 a					10 r, 3 a, 2 d
			(2) 6 a, 4 d ?				*? r, 13 a, 2 d*
	(2) 5 a	5 a				(1 *proskurnitsa*) 5 a	30 a
(5 *sobornye startsy*, 10 a; (38 *riadovye brati*, 2 g	(?) 2 g					(4 *golovshchiki*) 1 pol; (10 *kanarkhisty i kryloshchane*) 2 g	53 r, 25 a, 2 d?
				(105 *staritsy*) 10 a	(55 *bezmestnye i bol'nichnye*) 1 pol		67 r, 8 a, 2 d
				(121 *staritsy*) 10 a	(30 *bezmest-nye*) 1 pol		46 r, 13 a, 2 d
	(2) 6 a, 4 d?	(2) 6 a, 4 d ?	(4) 6 a, 4 d ?	(123? *staritsy*) 10 a	(20) 1 pol		
	(2) 6 a, 4 d?	*(2) 6 a, 4 d ?*	*(4) 6 a, 4 d ?*	*(123? staritsy) 10 a*	*(20) 1 pol*		

	A	B	C	D	E	F	G	H	I
Rozhdestvenskii Convent	7 r		20 a					(3) 10 a	1 pol
Zachat'evskii Convent	7 r		25 a					(4) 10 a	(3) 1 pol
Ivanovskii Convent	7 r		1 r					(2) 10 a	
Strashnoi	7 r		25 a						
Strashnoi	*7 r*		*25 a*						
Georgievskii	7 r		1 r					(2) 10 a	1 pol
Nikitskii Convent	7 r		1 r					(2) 1 pol	2 g
Nikitskii Convent	*7 r*		*1 r*					*(2) 1 pol*	*2 g*
Varsonof'ev Convent	7 r		20 a					(2) 10 a	1 pol
Varsonof'ev Convent	*7 r*		*20 a*					*(2) 10 a*	*1 pol*
Suzdal' Pokrov Convent	20 r		1 r					(2) 10 a	1 pol
Kirillovskoe podvor'e	5 r						(2) 1 p	(2) 10 a	(2) 1 pol
Bogoiavlenskii Monastery	5 r		1 r	1 r	? a			(3) 10 a	(2) 1 pol
Znamenskoi Monastery	10 r		1 r	1 r	? a			(4) 10 a	(2) 1 pol
[indecipherable] Monastery	20 r	1 r		1 r				(?) 10 a	(1) ?
Donskoi Monastery	5 r							(2) 10 a	
Troitskii Sergiev Bogoiavlenskii							1 p	(?) 10 a	8 a

J	K	L	M	N	O	P	Total
	2 g	2 g	2 g	(64 *staritsy*) 10 a	(20 *bezmestnye*) 1 pol		33 r, 18 a, 2 d
	2 g	2 g	(2) 2 g	(104 *staritsy*) 10 a; (6 *sobornye staritsy*) 1 pol			44 r, 23 a, 2? d
1 pol	2 g	2 g	(2) 2 g	(? *staritsy*) 10 a	(30 *bezmestnye*) 1 pol	Paraskeva Khitraia, 1 r	48 r, 5 a
				(60) 10 a	(20? *bezmestnye*) 1 pol		? r, 8 a, 2 d
				(?) 10 a	(?) 1 pol	*proskurnitsa*	30? r, 31 a, 4 d
	2 g	2 g	2 g	(39 *staritsy*) 10 a	(60 *bezmestnye*) 1 pol	*prosvirnitsa*, 2 g	36 r, 11 a, 4 d
	(2) 5 a	5 a		(66 *riadovye staritsy*) 10 a	(? *bezmestn.*) 2 g	*prosvirnitsa*, 5 a	32 r, 10 a
	(2) 5 a	5 a		(66) 10 a	(?) 2 g	*prosvirnitsa*, 5 a; Tat'iana Miloslavskaia, 20 a	32 r, 26 a, 2 d
	2 g	2 g		(40 *riadovye staritsy*) 10 a	(19 ? *bezmestny*) 1 pol	*provirnitsa* 2 g	25 r, 10 a
	2 g	2 g		(40) 10 a	(?) 1 pol	*provirnitsa* 2 g	25 r, 18 a, 2 d
	(?) 2 g		(?) 2 g	(30+ *staritsy*) 10 a			55 ? r, ? a, 4 d
(5 *riadovye brat'e*) 2 g							7 r, 11 a, 4 d
(2) 2 g						(2) 5 a	12 r, 60 a; (7 others given 7 g ?)
(42) 2 ? g	(4) 1 g						
(20) 2 g	(8) 2 g ?						
(10 + 6 + 4 *riadovye*) 2 g	1 g					(2) *sluzhebniki* 1 g	
(16 *riadovye*) ?	(6) 1 g					4 *startsy riadovye*, 5 *d'iachkov*, 40 a	8 r, ? a

	A	B	C	D	E	F	G	H	I
[unspecified] Monastery	20 r	1 r		1 r	20 a	1 p		(8) 10 a; (1) 5 a	(5) ?; (1) 5 a
[undecipherable] Monastery	15 r			1 r	? a			(6) ? a	(3)
[undecipherable] Convent	20 r		1 r		20 a			(?) 10 a	(2) 1 pol

J	K	L	M	N	O	P	Total
(50+ *riadovye*)							37 r, 6 a, 4 d
(13 *riadovye*)	(3) 1 g					(9 *startsy sobornye*), ? a	
	(2) *mirskie diachki* 10 a, 4 d	(2) 6 a 4 d	(4?) 6 a 4 d	(20 *staritsy*) 1 pol; (2? *staritsy*) 20 a;		*prosfirnitsy*, 6 a, 4 d	67 r, 10 a

Abbildungsverzeichnis